公务员录用考试系列教材

公共基础科目高分必备

璧尘公基十年真题分类解析

2015 正版独享在线模考系统

璧 尘 主编

U0727400

江苏大学出版社
JIANGSU UNIVERSITY PRESS

镇 江

图书在版编目(CIP)数据

璧尘公基十年真题分类解析 / 璧尘主编. – 镇江：
江苏大学出版社，2014.11

ISBN 978-7-81130-859-4

Ⅰ. ①璧… Ⅱ. ①璧… Ⅲ. ①公务员－招聘－考试－
中国－题解 Ⅳ. ①G630.3 - 44

中国版本图书馆 CIP 数据核字(2014)第 280252 号

璧尘公基十年真题分类解析

Bi Chen Gong Ji Shi Nian Zhen Ti Fen Lei Jie Xi

主　编/璧　尘
责任编辑/李经晶　常　钰
出版发行/江苏大学出版社
地　　址/江苏省镇江市梦溪园巷 30 号(邮编:212003)
电　　话/0511-84446464(传真)
网　　址/http://press.ujs.edu.cn
排　　版/南京南海彩色印刷有限公司
印　　刷/南京南海彩色印刷有限公司
经　　销/江苏省新华书店
开　　本/787mm×1 092mm　1/16
印　　张/28.25
字　　数/760 千字
版　　次/2014 年 12 月第 1 版　2014 年 12 月第 1 次印刷
书　　号/ISBN 978-7-81130-859-4
定　　价/80.00 元

如有印装质量问题请与本社营销部联系(电话:0511-84440882)

前　言

　　公共基础知识是江苏省公务员招录考试的特色科目,也是广大考生备感头疼的难点科目。对于公共基础的备考,书不在多,而在于有用。有用的书包括哪些? 所有成功"上岸"的考生都一致认为是,教材＋真题＋习题。的确,研读历年真题是复习备考的最佳途径。据初步统计,每年公共基础知识重复考查的考点高达 35％以上。

　　应广大考生的强烈要求,《璧尘公基十年真题分类解析》正式面市,与其他传统真题集相比,本书有如下特点:一是体例新颖。该书突破传统的真题编写体例模式,将每个章节划分为历年分值分布、真题分类详解和命题规律及备考建议三个部分,让考生对各章节的分值权重、考点主次和命题趋势一目了然。二是内容全面。该书是目前市面上唯一一本收录江苏省 A,B,C 三类 2005 年—2014 年所有考题的图书,并独家对历年真题进行分类、归纳和提炼。三是解析深入。依据最新评分参考组织专业人员对近 3000 道真题进行深入解析,全面解密历年真题的命题规律、考查重点、考查方式,直击高频考点,明确复习重点。

　　"全国公考看江苏",江苏作为全国的科教大省、经济强省,公务员考试题目的命制水平也一直属于全国前列,江苏的公共基础真题一直被其他部分省份的公基科目,以及各地事业单位招考的必考科目——"综合基础知识"的命题所参考和借鉴。大家若仔细研究各地公职考试的公共基础(综合知识)真题,就会发现不少题目源自江苏省考,因此,该真题集也是各地事业单位备考的必备之书。

　　由于公共基础科目涉及学科众多、范围较广、内容繁杂,加之许多真题的命制有特定的年代背景,故个别题目解析难免有疏漏或争议,敬请读者批评、指正。

　　另外,所有真题璧尘已输入璧尘公务员网(www.bcgwy.com)在线模考系统,正版图书用户可按书后图书增值服务卡的提示登陆练习,最后再次祝愿所有参加公考的朋友都能心想事成,美梦成真。

璧尘

2014 年 12 月

目　录

马克思主义哲学原理

分值　　年份　类别	2014	2013	2012	2011	2010	2009	2008	2007	2006	2005
A类	3.2	3.5	3.5	3.2	3.2	3.2	5	9	3	5
B类	1.2	3.5	2.5	1	3.4	2.2	3	4	2	4
C类	2.8	2.5	3.5	2.2	2.2	2.2	4	2	1	7

真题分类详解

2004 年 A 类

1. 马克思主义哲学的根本特征是（　　）的统一。

   A. 理论和实践

   B. 科学的世界观和方法论

   C. 实践性、革命性和科学性

   D. 绝对真理和相对真理

   【璧尘解析】C。马克思主义哲学是实践基础上科学性和革命性的统一，最显著特征是实践性。

2. 唯物主义认识论和唯心主义认识论的根本区别在于是否承认（　　）。

   A. 世界的本质是物质

   B. 矛盾是事物发展的动力

   C. 认识是客体在人脑中的反映

   D. 人有认识世界的能力

   【璧尘解析】C。唯物主义认识论承认认识是客体在人脑中的反映，而唯心主义认识论则否认这种观点，这是唯物主义认识论与唯心主义认识论的根本区别。

3. "仁者见仁,智者见智",这说明（　　）。

   A. 意识是主体的自由创造

   B. 意识受主体状态的影响

   C. 意识不受认识客体的制约

   D. 意识的内容和形式都是主观的

   【璧尘解析】B。"仁者见仁,智者见智"说的是不同的人对同一事物可能会有不同的见解和主张,这就说明意识受主体状态影响。

4. "橘生淮南则为橘,生于淮北则为枳。"即橘这种水果适宜生长在淮南,如果移到淮北就变成又小又苦的枳了。这种情况说明（　　）。

   A. 事物的存在和发展是与一定的条件紧密相关的,因此办事情、想问题必须顾及这些条件,从实际出发。

   B. 外在的环境和条件对事物的发展起决定作用

   C. 外因是事物发展变化的根本原因

D. 条件决定一切,人们在环境和条件面前是无能为力的

【璧尘解析】A。"橘生淮南则为橘,生于淮北则为枳。"寓意是同样一件事物,由于环境不同,其结果可能有很大的差异,对不同事物的处理要因地制宜,不能盲目照搬复制。同时,也说明环境对人的影响是很大的。内因是事物发展变化的根本原因,内在的条件对事物的发展起决定作用,故 BCD 选项错误。

5. 马克思主义认为,文明是指人类所创造的( )。
 A. 社会物质财富
 B. 社会财富和一切成果的总和
 C. 社会政治文明
 D. 社会文化财富

【璧尘解析】B。马克思主义认为,人类所创造的社会财富和一切成果的总和就是文明。

61. 世界观、历史观、人生观的关系是( )。
 A. 世界观包括历史观和人生观
 B. 世界观和历史观决定人生观
 C. 人生观离不开世界观和历史观
 D. 人生观影响世界观和历史观

【璧尘解析】ABCD。世界观、历史观、人生观的关系表现为:世界观包括历史观和人生观,世界观和历史观决定人生观,人生观离不开世界观和历史观,人生观也影响世界观和历史观。

62. "风定花犹落,鸟鸣山更幽",此诗句体现的运动和静止的关系是( )。
 A. 动中有静
 B. 静中有动
 C. 绝对运动和相对静止的统一
 D. 动者恒动,静者恒静

【璧尘解析】ABC。题干出自王安石的诗句,上句"风定花犹落"是说"静中有动",下句"鸟鸣山更幽"是指"动中有静",两句合起来体现了动静相映成趣,即"绝对运动和相对静止的统一"。

68. "生产力发展的规律"主要内容包括( )。
 A. 生产关系适合生产力状况的规律
 B. 上层建筑适合经济基础状况的规律
 C. 生产力是社会发展的最终决定力量
 D. 社会存在决定社会意识的规律

【璧尘解析】ABC。"生产力发展的规律"主要内容包括:生产关系适合生产力状况的规律,上层建筑适合经济基础状况的规律,生产力是社会发展的最终决定力量。D选项与题干意思无关。

2005 年 A 类

6. 在实际工作中害怕矛盾、回避矛盾的表现违背了( )。
 A. 矛盾的普遍性原理
 B. 矛盾的特殊性原理
 C. 矛盾的同一性原理
 D. 矛盾的斗争性原理

【璧尘解析】A。因为开展工作必然要解决问题,而工作中的各种问题恰恰是矛盾所在,矛盾是无处不在、无时不有的,在实际工作中害怕矛盾、回避矛盾的表现显然是违背了矛盾的普遍性原理。

7. "宿命论"在物质和意识关系上的错误观点是( )。
 A. 夸大人的自觉活动
 B. 否认社会规律的客观性
 C. 强调客观规律性同人的自觉活动的统一
 D. 否认人的自觉能动性

【璧尘解析】D。宿命论认为世间发生的每一件事都是上帝或上天预先安排好的,是

人无法改变的,人在自然和社会中完全是被动的,其根本错误是否认了人的主观能动性。

19. 从个人和社会相互关系看,人的自我价值的实现在于通过自身的活动( )。

A. 实现不受任何制约的自身选择

B. 满足社会和自我多方面的需要

C. 摆脱社会的限制使人自身成为目的

D. 满足个人对物质财富和社会地位的追求

【璧尘解析】B。任何现实的个人都是社会的人,是"一切社会关系的总和",因此人的自我价值的实现在于通过自身的活动,满足社会和自我多方面的需要。

21. 马克思说:"任何一个民族,如果停止劳动,不用说一年,就是几个星期,也要灭亡。"这是因为( )。

A. 能否从事生产劳动是人和动物的本质区别

B. 生产劳动是人类社会存在和发展的基础

C. 在生产劳动中人们结成了各种社会关系

D. 生产劳动是人们的体力活动和脑力活动

【璧尘解析】B。人类的一切活动都是以物质资料的生产为基础的,停滞了物质资料的生产,人类的一切活动将无从谈起,因此生产劳动是人类社会存在和发展的基础。

41. 辩证唯物主义认为,真理是( )。

A. 标志主观与客观相符合的哲学范畴

B. 人们对客观事物及其发展规律的正确反映

C. 同谬误相对立的认识

D. 绝大多数人的认识

【璧尘解析】ABC。真理是客观事物及其规律在人的意识中的正确反映,即主观与客观相符合的认识。但真理并不一定是绝大多数人的认识,而且许多时候真理和谬误是相伴而生的。

2006年A类

4. 不断促进社会主义物质文明、政治文明和精神文明的协调发展,体现了( )。

A. 矛盾的普遍性和特殊性相统一的观点

B. 内因和外因相结合的观点

C. 两点论和重点论相统一的观点

D. 联系和发展的观点

【璧尘解析】D。联系和发展的观点是唯物辩证法的总特征。物质文明、政治文明和精神文明三者间的协调发展,体现了联系和发展的观点。

5. 人们自己创造自己的历史,因此历史发展的方向是由人自觉选定的,这是( )。

A. 唯意志论的观点

B. 历史唯物论的观点

C. 机械唯物论的观点

D. 宿命论的观点

【璧尘解析】A。唯物史观认为人民群众是历史的创造者,但题干后半句陈述,历史发展的方向是由人自觉选定的,这句话实际上体现的是唯心主义观点中的唯意志论,与唯物论无关。

31. 下列命题中,体现辩证法思想的是( )。

A. 有无相生,难易相成

B. 千里之堤,溃于蚁穴

C. 天不变,道亦不变

D. 祸兮福所倚,福兮祸所伏

【璧尘解析】ABD。辩证法认为世界是普遍联系和永恒发展的,事物的内部矛盾是发展的根本动力。"有无相生,难易相成"、"千里之堤,溃于蚁穴"、"祸兮福所倚,福兮祸所伏"皆体现了辩证法思想。而"天不变,道亦不变"是形而上学的思想,形而上学将世界看作是彼此孤立、不变、静止的,或者把变化看作是某种外力作用而产生的量变。

2007 年 A 类

3. 认识是主体对客体的反映,从信息的角度看,反映的发生就是( )。

A. 信息的产生过程

B. 信息的传播过程

C. 信息的刺激过程

D. 接受和保留信息的过程

【璧尘解析】D。从信息的角度看,反映的发生就是接受和保留信息的过程。

4. "事情有大道理,有小道理,小道理都归大道理管着,服从和服务于社会主义现代化建设这个中心,就是大道理。"这句话体现的哲理是( )。

A. 要抓矛盾的主要方面

B. 要抓事物的主要矛盾

C. 要尊重客观规律性

D. 要发挥主观能动性

【璧尘解析】A。大道理和小道理实际上就是矛盾的主要方面和非主要方面,而事物的很多矛盾中最重要的矛盾才是"事物的主要矛盾",关系着事物的总体格局和发展方向,并制约着其他的矛盾。

27. 下列说法中,属于客观唯心主义的有( )。

A. 万物皆备于我

B. 吾心即宇宙

C. 理在事先

D. 谋事在人,成事在天

【璧尘解析】CD。主观唯心主义和客观唯心主义的区别是考试的重点和难点。一般有"我"、"人"、"心"这些字眼的是主观唯心主义,如"万物皆备于我"、"宇宙即是吾心,吾心即是宇宙"等;而包含"绝对观念"、"神"、"理"等字眼的是客观唯心主义,如"理在事先"、"道生万物"等。

28. 江苏省在全面建设小康社会的实践中坚持"科技优先"的方针,其哲学依据是( )。

A. 科学技术是第一生产力

B. 科学技术是社会发展的根本动力

C. 科学技术是先进生产力的集中体现

D. 科学技术是社会意识形态的重要组成部分

【璧尘解析】AC。社会发展的根本动力是生产力,科学技术不属于意识形态范畴,故正确选项为 AC。

综合分析题

材料一:2007 年 3 月 8 日胡锦涛在参加十届全国人大五次会议重庆代表团的审议时强调,越是形势好了,越要保持清醒的头脑;越是条件好了,越要发扬传统。各级干部特别是领导干部要进一步增强忧患意识,始终保持开拓进取的锐气;要进一步增强公仆意识,始终牢记全心全意为人民服务的宗旨;要进一步增强节俭意识,始终发扬艰苦奋斗的精神,团结带领广大群众不断夺取改革开放和社会主义现代化建设的新胜利。

材料二:2007 年 3 月 16 日,温家宝在答中外记者问时说,近些年来,中国经济保持了平稳较快的发展,但无论是过去、现在还是将来,都不必评功摆好,我的脑子里充满了忧患。"名为治平无事,而其实有不测之忧。"中国经济存在着诸多结构性问题。

61. "越是形势好了,越要保持清醒的头脑;越是条件好了,越要发扬传统。"这句话蕴藏的哲理是( )。

A. 矛盾双方在一定条件下可以相互转化

B. 外因也可以成为事物发展的根据

C. 正确发挥主观能动性,能够促进事物的发展

D. 条件是决定一切的

【璧尘解析】A。在形势、条件好了的时候，要保持清醒的头脑和发扬传统，否则事情就可能往不好的方面发展，表明矛盾双方在一定条件下可以互相转化。外因是事物发展的条件，内因才是事物发展的依据，因此B项错误；C项跟题干无关；D项的表述错误。

62. 下列与"名为治平无事，而其实有不测之忧"寓意相近的有（　　）。

A. "学而不思则罔，思而不学则殆"

B. "安而不忘危，存而不忘亡，治而不忘乱"

C. "生于忧患而死于安乐"

D. "处治忘乱"

【璧尘解析】ABC。题干的意思是表面上看起来平安无事，实际上却隐藏着难以预料的隐患，表达的是一种辩证的思维。ABC选项的表述都有这样的意思，而D项出自《贞观政要》，原文为"自古失国之主，皆为居安忘危，处治忘乱，所以不能长久"，但单独一句"处治忘乱"体现不出对立统一的辩证色彩。

63. 温家宝所忧患的中国经济存在的结构性问题，主要是指（　　）。

A. 城乡之间、地区之间、经济与社会发展之间不平衡

B. 还没能很好地解决节能降耗问题和生态环境保护问题

C. 一二三产业不协调，投资与消费不协调

D. 投资增长率过高，信贷投放过多，货币流动性过大，外贸和国际收支相差过高

【璧尘解析】ABCD。材料来自2007年3月16日温家宝答记者问原文，中国经济存在着不稳定、不平衡、不协调、不可持续的结构性问题。所谓不稳定，就是投资增长率过高，信贷投放过多，货币流动性过大，外贸和国际收支顺差过高；所谓不平衡，就是城乡之间、地区之间、经济与社会发展之间不平衡；所谓不协调，就是一二三产业不协调，投资与消费之间不协调，经济增长过多地依赖于投资和外贸出口；所谓不可持续，就是我们还没

能很好地解决节能降耗问题和生态环境保护问题。

64. 下列体现节俭意识的做法有（　　）。

A. 兴建楼堂馆所

B. 压缩行政开支

C. 降低银行存款利率

D. 限制公款消费

【璧尘解析】BD。A项明显错误，C项降低银行存款利率跟节俭没有关系。

65. 在新的形势下，增强忧患意识的重要性在于（　　）。

A. 有利于始终保持清醒头脑

B. 有利于始终保持开拓进取的锐气

C. 有利于始终牢记全心全意为人民服务的宗旨

D. 有利于始终发扬艰苦奋斗的精神

【璧尘解析】ABCD。给定的材料和常识均可推出答案。

2008年A类

2. 旧唯物主义反映论的根本缺陷是（　　）。

A. 坚持先验论

B. 坚持不可知论

C. 离开了社会实践，没有把辩证法应用于反映论

D. 认为一切具有普遍性的必然的知识不可能来自经验

【璧尘解析】C。马克思主义哲学指出辩证唯物主义将实践的观点引入认识论，而旧唯物主义则离开实践考察认识问题，忽视实践对认识的决定作用。

3. 马克思根据人的发展状况把人类历史划分为依次更替的三种社会形态，分别是（　　）。

A. 自然经济社会、商品经济社会、产品经济社会

B. 人对人的依赖性社会、人对物的依赖

性社会、个人全面发展的社会

C. 原始公有制社会、私有制社会、共产主义公有制社会

D. 农业社会、工业社会、信息社会

【璧尘解析】B。马克思在《1857－1858年经济学手稿》中,依据作为主体的人的生存发展状况,把人类社会的历史发展划分为依次更替的三大形态:人的依赖性社会、物的依赖性社会、个人全面自由发展的社会。该题出自 2007 年考研真题第 3 题。

26. 每一个复杂的生物个体都是由各种不同的细胞构成的系统,其中每个细胞中的 DNA 都包含了该生物个体所有性状的遗传信息。这段话蕴含的哲理有( )。

A. 整体和部分是相互渗透的

B. 整体和部分在一定条件下相互转化

C. 整体等于部分之和

D. 整体具有部分所不具有的特性

【璧尘解析】ABD。整体不"等于"各部分的"总和",而是各部分的有机统一。出自 2001 年考研政治真题第 17 题。

27. 下列观点中属于主观唯心主义的是( )。

A. 存在就是被感知

B. 上帝创造世界

C. 人是万物的尺度

D. 理念是事物存在的根据和模仿的原型

【璧尘解析】AC。参见 2007 年 A 类第 27 题。

30. 新技术的应用使劳动资料的内容变得更加丰富,下列属于劳动资料的有( )。

A. 能源动力系统

B. 信息传递系统

C. 地下各种矿藏

D. 仓储包装设备

【璧尘解析】ABD。劳动资料是生产过程中人们影响和改变劳动对象的物质系统。它包括生产工具、动力和能源、运输和辅助工具,以及为实现各种劳动资料的最佳结合所必需的信息传递系统等。

2009 年 A 类

4. "没有哪一次巨大的历史灾难,不是以历史的进步为补偿的。"恩格斯这句话蕴含的哲理是( )。

A. 矛盾双方相互排斥

B. 矛盾双方相互渗透

C. 矛盾双方在一定条件下相互依存

D. 矛盾双方在一定条件下相互转化

【璧尘解析】D。由恩格斯的这句话,我们可以看出,历史灾难与历史进步是互为矛盾的对立面,由历史灾难到历史进步体现了矛盾双方的相互转化。2008 年 5 月 23 日,温家宝视察四川地震灾区重建,在北川中学临时学校的黑板上写下"多难兴邦",命题的背景源自于此。

5. 下列选项中,全部属于社会意识形式中的非意识形态部分的是( )。

A. 政治思想、语言学、道德

B. 技术科学、哲学、艺术

C. 自然科学、逻辑学、语言学

D. 法律思想、逻辑学、宗教

【璧尘解析】C。意识形态包括政治法律思想、道德、文学艺术、宗教、哲学等。非意识形态是指不反映一定社会集团的利益和要求的意识形式,在阶段社会中不具有阶级性,如自然科学、语言学、形式逻辑等。

23. 国家调整汽车消费税政策,旨在抑制大排量汽车的生产和消费,促进国家节能减排工作目标的实现。这体现的哲理有( )。

A. 事物的联系是普遍的

B. 事物的联系是主观的

C. 人具有主观能动性,能够认识和利用

客观规律

　　D. 正确把握因果联系,提高实践活动的自觉性和预见性

【璧尘解析】ACD。国家调整汽车消费税政策,旨在抑制大排量汽车的生产和消费,体现了事物之间的联系是普遍的这一哲理。通过征收汽车消费税与抑制大排量汽车的生产和消费来促进国家节能减排工作目标的实现,体现了正确把握因果联系,提高实践活动的自觉性和预见性的哲理。

2010 年 A 类

　　4. 从哲学角度看,成语"守株待兔"中农夫的错误在于(　　)。

　　A. 把偶然当必然

　　B. 把现象当本质

　　C. 把可能当现实

　　D. 把原因当结果

【璧尘解析】A。成语"守株待兔"中农夫的错误显然是把偶然当成了必然。

　　5. 下列关于客体与物质形态关系的观念正确的是(　　)。

　　A. 所有客体都是物质形态,所有物质形态都是客体

　　B. 所有客体都是物质形态,部分物质形态都是客体

　　C. 部分客体都是物质形态,所有物质形态都是客体

　　D. 部分客体都是物质形态,部分物质形态都是客体

【璧尘解析】C。客体是主体的实践和认识活动所指向的一切对象,具有客观性、对象性和历史性。根据主体活动的指向与侧重点的不同,客体可以分为自然客体、社会客体和精神客体。精神客体也是认识的客体,比如人的心理变化。所以,客体不仅可以是物质形态,也可以是精神形态。

　　23. 温家宝总理在 2010 年政府工作报告中指出:"必须坚持发挥中央和地方两个积极性,既强调统一思想,顾全大局,又鼓励因地制宜,探索创新,形成共克时艰的强大合力。"这句话蕴含的哲理有(　　)。

　　A. 整体与部分的辩证关系

　　B. 共性与个性的辩证关系

　　C. 内因与外因的辩证关系

　　D. 量变与质变的辩证关系

【璧尘解析】AB。中央和地方是整体和部分的关系。"统一思想"体现共性,"因地制宜"体现个性。

2011 年 A 类

　　1. "我国正处于并将长期处于社会主义初级阶段,但我国经济社会发展又呈现出新的阶段性特征。"这一判断的哲学依据是(　　)。

　　A. 事物的主要矛盾没有变化,矛盾的主要方面发生了变化

　　B. 事物的基本矛盾没有变化,主要矛盾发生了变化

　　C. 事物的主要矛盾没有变化,次要矛盾发生了变化

　　D. 事物的根本矛盾没有变化,主要矛盾发生了变化

【璧尘解析】A。"我国正处于并将长期处于社会主义初级阶段",这是我国最基本的国情,由此决定了我国现阶段的主要矛盾是"人民群众日益增长的物质文化需要同落后的社会生产之间的矛盾",主要任务是大力发展社会生产力,这体现了事物的主要矛盾没有发生变化。"我国经济社会发展又呈现出新的阶段性特征",说明我国的社会生产力不断得到发展,形成了新的时代特征,这体现了矛盾的主要方面发生了变化。

　　2. 下列关于"历史规律的实现过程"的看法,不正确的是(　　)。

　　A. 表现为必然性和偶然性的统一

B. 表现为盲目性和自觉性的统一

C. 表现为预期性和非预期性的统一

D. 表现为决定性和选择性的统一

【璧尘解析】B。恩格斯通过对社会历史发展过程中动力因素辩证关系以及经济基础与上层建筑的辩证关系的研究得出结论,到目前为止人类社会历史的发展是必然性与偶然性的辩证统一,社会发展过程中主体的选择性与社会发展的决定性也是内在统一的。

21. 在2010年南非举办世界杯期间,德国奥博豪森水族馆的章鱼"保罗"因"成功预测"了八场比赛的结果而名噪一时。下列关于章鱼"保罗""成功预测"的说法,正确的有( )。

A. "万物有灵论"的观点是正确的

B. 章鱼"保罗"的"预测"是无目的的本能活动

C. 不能否认动物的活动与人的活动有本质的区别

D. 思维能够正确地反映存在

【璧尘解析】BC。根据辩证唯物主义原理,A项"万物有灵论"显然是错误的。"预测"等思维活动是人类所特有的,章鱼"保罗"的"成功预测"只是其无目的的本能活动,由此并不能否认动物的活动与人的活动之间有本质区别,因此BC两项正确。人的思维能够正确地反映存在,其他生物则不具备这种能力,因此D项表述不正确。

2012 年 A 类

1. 中国共产党江苏省第十二次代表大会提出:"在率先基本实现现代化的征途上,我们必须传承好江苏人民创造的宝贵精神财富,大力培育与弘扬'创业创新创优、争先领先率先'的新时期江苏精神。"这段话蕴含的哲理是( )。

A. 社会意识具有相对独立性

B. 社会意识是社会存在的基础

C. 社会意识对社会存在具有决定性作用

D. 社会意识对社会存在的发展具有促进作用

【璧尘解析】D。社会存在决定社会意识,社会意识对社会存在具有能动的反作用。新时期的江苏精神作为先进的、积极的社会意识,对社会的发展有积极的促进作用,必须大力培育与弘扬。题干材料出自2011年11月江苏省第十二次党代会报告。

7. "价值规律是通过商品价格围绕价值上下波动体现出来的。"这句话蕴含的哲理是( )。

A. 事物的发展是一个由量变向质变转化的过程

B. 偶然性存在于必然性之中,必然性背后隐藏着偶然性

C. 偶然性通过必然性来表现自己并为自己的发展开辟道路

D. 必然性通过偶然性来表现自己并为自己的发展开辟道路

【璧尘解析】D。A项与本题无关。必然性总是通过大量的偶然性表现出来,并由此为自己开辟道路,没有脱离偶然性的纯粹必然性;偶然性是必然性的表现形式和必要补充。本题中价格规律是客观存在的、必然的,是通过商品价格来表现的。

36. "飞花两岸照船红,百里榆堤半日风。卧看满天云不动,不知云与我俱东。"这首诗蕴含的哲理有( )。

A. 静止是运动的特殊状态

B. 运动是绝对的,静止是相对的

C. 运动是静止的特殊状态

D. 运动是相对的,静止是绝对的

【璧尘解析】AB。唯物辩证法认为运动是物质的固有性质和存在方式,是绝对的、无条件的;静止是相对的、有条件的,是运动的特殊状态。"卧看满天云不动,不知云与我俱

东"正体现了运动与静止的辩证关系。C,D两项本身表述错误。此题与2004年A类第62题相似。

2013年A类

4."只要有信心,黄土变成金"所蕴含的哲理是(　　)。

A. 意识对物质具有能动的反作用

B. 意识活动本身可以改变客观世界

C. 人们的精神活动依赖于物质活动

D. 社会意识决定社会存在

【璧尘解析】A。2013年元旦前夕,习近平总书记到河北阜平看望困难群众,新华社记者将此新闻标题定为"只要有信心,黄土变成金"。这里体现了物质与意识的辩证关系,正确的意识对客观事物的发展具有促进作用。其余三个选项表述错误。

5."物必先腐,而后虫生"所体现的哲理是(　　)。

A. 必然性与偶然性的辩证关系

B. 内因与外因的辩证关系

C. 可能性与现实性的辩证关系

D. 现象与本质的辩证关系

【璧尘解析】B。"物必先腐,而后虫生",这条古训符合唯物辩证法原理,即在事物发展的过程中,外因是变化的条件,内因是变化的根据,外因通过内因起作用。内因是事物发展变化的第一位原因,外因对事物的发展变化起加速或延缓的作用。中共十八大后习总书记引用这一成语,告诫全党:只有党的自身肌体健康才能抵制外部的侵蚀,才能永葆先进性和纯洁性。

38.党的十八大强调必须树立尊重自然、顺应自然、保护自然的生态文明理念。这体现的哲理有(　　)。

A. 自然环境是社会存在和发展的必要条件

B. 自然环境已成为社会发展的决定性因素

C. 自然环境对社会劳动生产力有重要影响

D. 自然环境对社会发展的影响是一个可变量

【璧尘解析】ACD。B项表述错误,生产力才是社会发展的决定性因素。

2014年A类

5.纪录片《舌尖上的中国》不光获得满意的收视率,还引发了美食连锁效应,带旺了美食图书、烹饪器具、土特产等相关销售。这体现的哲理有(　　)。

A. 价值评价具有主体性

B. 矛盾的普遍性寓于特殊性之中

C. 精神产品离不开物质载体

D. 事物是普遍联系的

【璧尘解析】D。世界上的一切事物都不可能孤立的存在而是和周围的其他事物相联系的,事物或现象之间以及事务内部要素之间常常相互依赖、相互影响、相互作用、相互转化,本题干表述的现象正是体现了这样的道理。

6.我国延迟退休政策将采取小步走、渐进式,并充分考虑不同群体的退休年龄现状的诉求,让相关群体有必要的准备期。这体现的哲理是(　　)。

A. 客观规律限制主观能动性的发挥

B. 重视量的积累,为实现事物的质变创造条件

C. 事物由量变到质变再到新的量变,不断往复,无限循环

D. 认识和利用客观规律必须发挥主观能动性

【璧尘解析】B。事物的发展总是从量变开始的,量变是质变的必要准备,质变是量变的必然结果。因此,要重视量的积累,为实现

事物的质变创造条件。我国延迟退休政策采取小步走、渐进式的方法,正是重视量的积累的表现。故本题答案选 B。

38. 任何树都是一样的,它越是向往高处温暖的阳光,它的根就越要伸向土地深处。这体现的哲理有(　　)。
A. 矛盾双方相辅相成
B. 矛盾具有普遍性
C. 矛盾双方相互转化
D. 矛盾具有特殊性
【璧尘解析】AB。矛盾双方是相辅相成、辩证统一的。"高处温暖的阳光"和"根伸向土地深处"也是不可分割、相互统一的,故 A 选项正确。矛盾存在于一切事物中,世界上任何事物都有矛盾。题干中提到"任何树都是一样的",体现的就是矛盾的普遍性,B 选项正确。

2004 年 B 类

1. 唯物主义一元论和唯心主义一元论对立的根本点在于(　　)。
A. 意识的本质问题
B. 世界的本原问题
C. 事物发展的动力问题
D. 世界能否认识的问题
【璧尘解析】B。唯物主义一元论认为世界的本原是物质,而唯心主义一元论认为世界的本原是意识,世界的本原问题是两者对立的根本点。

2. 人在心情愉快时会感到"光阴似箭",心情抑郁时会感到"度日如年"。这表明(　　)。
A. 时间是由人的主观感觉决定的
B. 时间随人的感觉的变化而变化
C. 时间的具体特性是可变的
D. 人的时间观念具有相对性
【璧尘解析】D。观念是相对的,不同的人在不同的环境下对同一事物的看法和感受

是不一样的。人在不同的心境下对时间观念的迥异理解正是表明了人的时间观念具有相对性。

3. 唯物辩证法和形而上学斗争的焦点集中在是否承认(　　)。
A. 事物是普遍联系的
B. 事物是永恒发展的
C. 事物的内部矛盾
D. 事物的外部矛盾
【璧尘解析】C。唯物辩证法和形而上学是两种根本对立的发展观。它们的对立主要表现在以下三个方面:第一,唯物辩证法用普遍联系的观点看世界,形而上学则用孤立的观点看世界。第二,唯物辩证法用发展变化的观点看世界,形而上学则用静止不变的观点看世界。第三,唯物辩证法认为矛盾是事物发展的动力,形而上学则否认矛盾的存在。唯物辩证法和形而上学的根本分歧和斗争焦点在于是否承认矛盾是事物发展的动力。

4. 马克思主义认识论首要的、基本的观点是(　　)。
A. 联系的观点　　B. 发展的观点
C. 实践的观点　　D. 科学的观点
【璧尘解析】C。在马克思主义认识论中,实践的观点是首要的和基本的观点。

5. 生产力反映的是(　　)。
A. 人和自然的关系
B. 自然界中物与物的关系
C. 人与人之间的关系
D. 个人和社会的关系
【璧尘解析】A。生产力是指人们控制自然、改造自然,进行物质资料生产的能力。它反映的是在生产过程中人同自然的关系。

6. 英雄史观的理论前提是(　　)。
A. 社会存在决定社会意识
B. 社会意识决定社会存在

C. 生产力决定生产关系

D. 经济基础决定上层建筑

【璧尘解析】B。唯心主义英雄史观从社会意识决定社会存在出发，否认人民群众对历史发展的决定作用，宣扬少数英雄人物创造历史的观点。

24. 制约人的行为和动机的根本条件是（ ）。

A. 传统意识　　　　B. 阶级关系

C. 生产方式　　　　D. 政治制度

【璧尘解析】C。人的行为和动机与生产方式有着不可分割的密切联系。生产方式是制约人的行为和动机的根本条件。

61. 马克思主义哲学的直接理论来源是（ ）。

A. 黑格尔的辩证法

B. 康德的经验论

C. 达尔文的进化论

D. 费尔巴哈的唯物论

【璧尘解析】AD。黑格尔辩证法"合理内核"和费尔巴哈唯物主义"基本内核"是马克思主义哲学的直接思想理论来源。

62. 唯物辩证法就其本质来说是批判的、革命的，因为它（ ）。

A. 认为凡是现存的都是应当灭亡的

B. 对每一种既成的形式都从其暂时性方面去理解和对待

C. 在对现存事物的肯定理解中包含对现存事物的否定理解

D. 认为凡是存在的都是合理的

【璧尘解析】ABC。唯物辩证法的观点认为，凡是现存的都是应当灭亡的；对每一种既成的形式都从其暂时性方面去理解和对待，对现存事物的肯定理解中包含对现存事物的否定理解。这些观点从本质上来说是批判的、革命的。D项表述错误。

2005 年 B 类

4. "任何真理都有自己适用的范围和条件"，说明真理具有（ ）。

A. 主观性　　　　　B. 客观性

C. 绝对性　　　　　D. 相对性

【璧尘解析】D。任何绝对真理都是对客观事物及其规律的正确反映，都包含不依赖于人和人类的客观内容，这是无条件的、绝对的；真理的相对性是指人们在一定条件下对客观事物及其规律的正确认识是有限的，即真理是有条件的、相对的。

5. 规律的客观性是指（ ）。

A. 它的存在和发生作用不需要任何条件

B. 人们在规律面前是无能为力的

C. 它是事物本身所固有的，不依人的主观意志为转移的

D. 人们只能做规律的奴隶，而不能成为规律的主人

【璧尘解析】C。规律是指事物之间的内在的必然联系，决定着事物发展的必然趋向。规律是客观的，不以人的意志为转移。人在客观规律面前并不是完全消极被动的，人们在实践中，可以认识或发现客观规律，并用这种认识指导实践、改造自然、改造社会。

6. "时势造英雄"是（ ）。

A. 历史唯心主义的观点

B. 历史唯物主义的观点

C. 唯意志论的观点

D. 宿命论的观点

【璧尘解析】B。英雄人物是历史进程的影响者，能够加速或延缓历史的发展，但不能改变历史发展的基本趋势，他们的产生是社会发展的必然性和偶然性的统一，这是历史唯物主义的观点。

41. 生产关系一定要适合生产力状况规律的主要内容是（　　）。

A. 生产关系在任何情况下都必须与生产力的发展相适应

B. 生产力决定生产关系的产生及其发展变化的方向

C. 生产关系的反作用归根到底取决于和服从于生产力发展的客观要求

D. 生产关系对生产力的发展也起决定作用

【璧尘解析】BC。生产力和生产关系是相互制约、相互作用的，生产力决定生产关系，生产力状况决定生产关系的性质和发展；生产关系对生产力具有能动的反作用，这种反作用的性质取决于生产关系是否符合生产力的状况。AD选项表述错误。

2006 年 B 类

7. 让一部分人、一部分地区先富起来，最终达到共同富裕，这一思想所体现的是（　　）。

A. 主观和客观相统一的观点

B. 物质决定意识的观点

C. 联系和发展的观点

D. 内因和外因相结合的观点

【璧尘解析】C。通过一部分人的先富带动大多数人的后富体现了联系和发展的观点。

18. 资本主义社会里无产阶级不能真正享有民主权利，从根本上说是因为（　　）。

A. 资本主义民主制度不完善

B. 资产阶级在经济上占统治地位

C. 无产阶级缺乏政治斗争经验

D. 无产阶级在议会中不占多数

【璧尘解析】B。阶级是指与特定生产关系相联系的、在社会经济结构中处于不同地位的社会集团，它首先是个经济范畴。无产阶级不可能在资本主义社会里享有真正的民主权利，是因为资产阶级是资本主义社会的统治阶级，在经济上占据统治地位。

2007 年 B 类

31. 人们越来越重视地理环境在社会存在和发展中的作用，这是因为（　　）。

A. 地理环境是人类物质生活的必要条件

B. 地理环境能决定社会的性质

C. 地理环境直接决定社会形态的更替

D. 地理环境通过物质生产制约社会发展

【璧尘解析】AD。地理环境是人类物质生活的必要条件，通过物质生产制约社会发展。BC 两项的说法错误。

3. "我们不可能从马克思、恩格斯那里找到我国社会主义建设的全部现成答案，必须结合我国实际、通过实践来不断加以回答。"这句话体现的哲理是（　　）。

A. 整体与部分的辩证关系

B. 认识与实践是具体的、历史的统一

C. 现象与本质的辩证关系

D. 事物的发展是前进性与曲折性的统一

【璧尘解析】B。实践是认识的基础，人们在实践的基础上，从感性认识能动地发展到理性认识，又以理性认识能动地指导革命实践，这就是我们平常所说的物质变精神、精神变物质，它贯串着认识和实践的具体的历史的统一。

22. "要正确处理好投资和消费、内需和外需的关系，最根本的是扩大国内消费需求。"这句话体现的哲理是（　　）。

A. 内因是事物变化发展的根据

B. 量变与质变的辩证关系

C. 两点论与重点论的统一

D. 整体与部分的辩证关系

【璧尘解析】AC。研究事物矛盾发展过

程中,既要研究主要矛盾,又要研究次要矛盾,既要研究矛盾的主要方面,又要研究矛盾的次要方面,二者不可偏颇,这就是两点论。重点论是指着重把握事物的主要矛盾,看问题、办事情,既要全面,统筹兼顾,更要善于抓住重点和主流,这就体现了两点论和重点论的统一。题干材料出自2006年12月中央经济工作会议。

23. 下列属于社会意识形态的有(　　)。

A. 形式逻辑　　　　　B. 语言学
C. 伦理学　　　　　　D. 历史学

【璧尘解析】CD。社会意识形式有意识形态与非意识形态之分。意识形态指政治、法律、道德、哲学、艺术、宗教等各种社会观念的总和,是上层建筑的组成部分。非意识形态是指不反映一定社会集团的利益和要求的意识形式,在阶段社会中不具有阶级性,如自然科学、语言学、形式逻辑等。

2008 年 B 类

2. "讲原则而不空泛,讲具体而不琐碎。"这句话反映了(　　)。

A. 本质与现象的辩证关系
B. 主要矛盾与次要矛盾的辩证关系
C. 矛盾普遍性与特殊性的辩证关系
D. 必然性与偶然性的辩证关系

【璧尘解析】C。讲原则的目的是为了办事有遵循、有准头,讲具体是为了掌握实情、解决实际问题,讲原则而不失之于空,讲具体而不失之于碎,原则之中有实际,具体之中有概括,反映了矛盾的普遍性和特殊性的辩证关系。题干材料出自李瑞环《辩证法随谈》(2007年4月出版)。

4. 历史唯物主义认为社会进步的内在根据是(　　)。

A. 社会基本矛盾运动
B. 物质文明的发展

C. 精神文明的发展
D. 生态环境不断改善

【璧尘解析】A。社会进步的深刻根源在于社会基本矛盾,特别是生产力和生产关系的矛盾之中。生产力的发展要求生产关系变革、生产关系变革又推动生产力发展、生产力发展再要求生产关系变革,这样不断地产生和解决矛盾是社会进步的根源。

21. "奢糜之始,危亡之渐"这句话蕴含的哲理是(　　)。

A. 现象是本质的外部表现
B. 特殊性中包含着普遍性
C. 量变是质变的必要准备
D. 质变是量变的必然结果

【璧尘解析】ACD。"奢糜"反映出统治阶层贪图安逸享乐,导致其自身执政能力下降,一旦受到外部强力影响即会走入"危亡"的结局。因此奢糜是危亡的外在表现,A项正确。奢糜是量的积累,也说明了量变是质变的必要准备,质变是量变的必然结果,CD项正确。

2009 年 B 类

3. "任何个别(无论怎样)都是一般。"这句话的含义是(　　)。

A. 特殊性就是普遍性
B. 特殊性存在于普遍性之中
C. 普遍性是特殊性的总和
D. 特殊性中包含着普遍性

【璧尘解析】D。普遍性是同类事物中许多不同的特殊事物所共同具有的性质和特点,所以它只能存在于各种特殊性之中,而不可能在种种特殊性之外独立存在。所以说普遍性存在于特殊性之中,特殊性中包含着普遍性。

22. 胡锦涛指出,要胜利完成2009年的各项任务,"必须大力弘扬伟大抗震救灾精神、北京奥运精神、载人航天精神,迎难而上,锐意改革,共克时艰。"这句话体现的哲理有( )。

A. 意识对物质具有能动作用

B. 在一定条件下,意识可以决定物质

C. 社会意识对社会存在具有能动的反作用

D. 先进的社会意识能够促进社会存在的发展

【璧尘解析】ACD。意识可以决定物质,犯了唯心主义的错误,故 B 选项错误。题干材料出自 2009 年 1 月 1 日胡锦涛在全国政协新年茶话会上的讲话。

2010 年 B 类

3. 下列属于社会实践中最基本的实践活动的是( )。

A. 农民播种小麦

B. 演员登台表演

C. 警察侦破案件

D. 科学家进行物理实验

【璧尘解析】A。实践是人们改造客观世界的感性的物质活动。在人的一切社会实践活动中,生产活动是最基本的实践活动,农民播种小麦就属此类。

22. 经济上落后的国家在哲学上仍然能够演奏第一小提琴,18 世纪的法国对英国来说是如此,后来的德国对英法两国来说也是如此。这表明( )。

A. 社会意识具有相对独立性

B. 社会意识的发展不依赖于社会经济的发展

C. 社会意识的发展同经济的发展并不是完全对应的

D. 社会意识的发展同经济的发展水平具有不平衡性

【璧尘解析】ACD。社会存在与社会意识的关系是:社会存在决定社会意识,社会意识具有相对独立性。体现为:(1)社会意识的发展变化与社会存在的发展变化不完全同步。一是社会意识的发展变化可能落后于社会存在的发展变化。二是先进的社会意识可以在一定程度上超越社会存在的现有状态,预见到未来的发展。(2)社会意识的发展同经济发展水平之间具有不平衡性。经济发达国家的社会意识并不一定就是最进步、最先进的;同样,经济上落后的国家,其社会意识也不一定就是落后的。

25. 科学发展观是在实践的基础上提出并随着实践的发展而发展的科学理论。这表明( )。

A. 真理具有相对性

B. 实践无止境,理论创新无止境

C. 真理具有客观性

D. 科学发展观是一种开放的理论

【璧尘解析】ABCD。科学发展观作为一种先进的理论,随着实践的发展而不断发展,说明真理具有相对性。随着实践的不断发展,科学的理论需要不断创新和完善,这也体现了科学发展观是一种开放性的理论。

2011 年 B 类

1. 与"有无之变,更出迭入"这句话的哲学意思相一致的是( )。

A. 塞翁失马,焉知非福

B. 斗转星移,物是人非

C. 机不可失,时不再来

D. 动者恒动,静者恒静

【璧尘解析】A。"有无之变,更出迭入"是指有可以转化为无,无可以转化为有。"塞翁失马,焉知非福"比喻一时虽然受到损失,也许反而因此能得到好处。"有无之变,更出迭入"和"塞翁失马,焉知非福"都体现了矛盾双方在一定条件下可能会相互转化的辩证思想。

2012 年 B 类

1. 马克思主义认为,社会形态的发展是一个自然历史过程,下列对此观点的理解,正确的是( )。

A. 社会形态的发展具有客观规律性

B. 社会形态的发展受自然规律的支配

C. 社会形态的发展是一个纯粹自发的过程

D. 社会形态的发展不受人类思想和行为的影响

【璧尘解析】A。马克思、恩格斯揭示的生产力与生产关系的矛盾运动规律和经济基础与上层建筑的矛盾运动规律,是人类社会发展的一般规律。这些规律决定了社会形态的更替和历史发展的基本趋势。社会形态的发展具有客观规律性,是一个自然历史过程。

31. 中国共产党江苏省第十二次代表大会提出:"率先基本实现现代化,必须坚持因地制宜、分类指导。"这句话体现的哲理有( )。

A. 一切从实际出发

B. 矛盾特殊性原理

C. 矛盾普遍性原理

D. 具体问题具体分析

【璧尘解析】ABD。物质决定意识,这要求我们要一切从实际出发,使主观符合客观。矛盾具有特殊性,具体事物的矛盾及每一个矛盾的各个方面都有其特点,在发展的不同阶段也各有特点,这要求我们要具体问题具体分析,具体地分析矛盾的特殊性。"因地制宜,分类指导"是指根据各地的具体情况,制定适宜的办法,分类加以指导,体现了具体问题具体分析的哲理。

2013 年 B 类

4. "只要有信心,黄土变成金"所蕴含的哲理是( )。

A. 意识对物质具有能动的反作用

B. 意识活动本身可以改变客观世界

C. 人们的精神活动依赖于物质活动

D. 社会意识决定社会存在

【璧尘解析】A。参见 2013 年 A 类第 4 题。

5. "物必先腐,而后虫生"所体现的哲理是( )。

A. 必然性与偶然性的辩证关系

B. 内因与外因的辩证关系

C. 可能性与现实性的辩证关系

D. 现象与本质的辩证关系

【璧尘解析】B。参见 2013 年 A 类第 5 题。

31. 党的十八大强调必须树立尊重自然、顺应自然、保护自然的生态文明理念。这体现的哲理有( )。

A. 自然环境是社会存在和发展的必要条件

B. 自然环境已成为社会发展的决定性因素

C. 自然环境对社会劳动生产率有重要影响

D. 自然环境对社会发展的影响是一个可变量

【璧尘解析】ACD。参见 2013 年 A 类第 38 题。

2014 年 B 类

3. 药物对于健康人并没有直接的价值,对病人则具有直接的价值,这说明( )。

A. 价值具有主体性

B. 价值具有客观性

C. 价值具有社会历史性

D. 价值具有多维性

【璧尘解析】A。"药物对于健康人并没有直接的价值,对病人则具有直接的价值",说明客体对于主体的价值会由于不同主体需要和要求的不同或者同一个主体需要和要求的变化而发生转移，即价值具有主体性。

2004 年 C 类

1. 唯物主义一元论和唯心主义一元论对立的根本点在于（ ）。
A. 意识的本质问题
B. 世界的本原问题
C. 事物发展的动力问题
D. 世界能否认识的问题
【璧尘解析】B。参见 2004 年 B 类第 1 题。

2. 实现意识能动性的基本途径是（ ）。
A. 正确的理论指导
B. 人类的社会实践
C. 正确的逻辑思维方法
D. 提高人的素质
【璧尘解析】B。意识只有通过人类的社会实践才能实现其能动性。

3. 区分事物量变和质变的根本标志是事物的变化是否（ ）。
A. 迅速
B. 超出度的界限
C. 显著
D. 产生新物质
【璧尘解析】B。量变与质变尽管在表现上有许多不同，但是区分量变和质变的根本标志在于事物的变化是否超出度的范围。

6. 英雄史观的理论前提是（ ）。
A. 社会存在决定社会意识
B. 社会意识决定社会存在
C. 生产力决定生产关系
D. 经济基础决定上层建筑
【璧尘解析】B。参见 2004 年 B 类第 6 题。

31. 马克思主义哲学的指导作用表现在（ ）。
A. 为科学研究提供正确的理论思维和研究方法
B. 排除唯心主义和形而上学对科学的干扰
C. 帮助科学工作者树立正确的世界观和方法论
D. 指导科学研究少走弯路，坚持正确的科研方向
【璧尘解析】AC。马克思主义哲学是关于自然、社会和思维发展一般规律的科学，是关于认识世界和改造世界的一般规律的科学。马克思主义哲学以实践为基础，具有重要的指导作用，帮助人们树立正确的世界观和方法论，为人们提供正确的理论思维和研究方法等。

32. 道德与法律的关系是（ ）。
A. 道德先于法律产生
B. 道德是执法守法的基础
C. 法律是道德的补充
D. 道德与法律的作用不同
【璧尘解析】ABD。C 选项应该表述为道德是法律的评价标准和推动力量，是法律的有益补充。

2005 年 C 类

2. 人类全部社会关系中，最基础最本质的关系是（ ）。
A. 血缘关系　　　B. 利益关系
C. 生产关系　　　D. 协作关系
【璧尘解析】C。马克思主义认为生产力是人类全部社会关系中的最基础最本质的关系。

8. "国家的实质是阶级统治的工具"属于（ ）。
A. "君权神授论"观点

B. "社会契约论"观点

C. 历史唯物主义观点

D. 剥削阶级的观点

【璧尘解析】C。"国家的实质是阶级统治的工具"属于历史唯物主义观点。

综合分析题

马克思深入研究资本主义内在矛盾,发现了资本主义发生、发展和灭亡的客观规律,得出共产主义必然代替资本主义的科学结论。但是,共产主义作为一种美好的理想,需要经过我们长期努力和奋斗才能实现。共产主义理想是建立在现实共产主义运动基础上的科学预见。坚持共产主义理想,就要脚踏实地为实现党的最低纲领而不懈努力。

41. 马克思主义认为,理想是( )。

A. 从社会实践中产生的

B. 对社会发展规律的提示

C. 经过努力能够实现的目标

D. 主观对客观的反映

【璧尘解析】ACD。理想是人们在实践中形成的、有可能实现的、对未来社会和自身发展的向往与追求,是人们的世界观、人生观和价值观在奋斗目标上的集中体现。它不是对社会发展规律的提示。

42. 共产主义理想是一种( )。

A. 生活理想　　　B. 道德理想

C. 阶级理想　　　D. 社会理想

【璧尘解析】CD。共产主义理想是无产阶级的社会理想,不仅代表了无产阶级的利益,具有无产阶级的阶级性,而且代表了全人类的长远利益和共同利益,这一理想的完全实现,标志着全人类的彻底解放,标志着无产阶级自身的最后解放。

43. 共产主义理想的特征有( )。

A. 预见性　　　B. 政策性

C. 时代性　　　D. 科学性

【璧尘解析】ACD。AD显而易见。共产主义理想是一定阶段的产物,具有时代性。

44. 我们今天所说的共产主义,通常包括

( )。

A. 共产主义理想社会

B. 人类到达必然王国

C. 共产主义思想体系

D. 共产主义实际运动

【璧尘解析】ACD。共产主义既是一种社会形态,也是一种思想体系,还是一种实践。共产主义是实现从必然王国到自由王国的飞跃,为了实现人的解放和全面发展。所以,B选项错误。

45. 中国共产党现阶段的最低纲领是

( )。

A. 实现共产主义

B. 党在社会主义初级阶段基本纲领

C. 党在社会主义初级阶段基本路线

D. 实现社会主义现代化

【璧尘解析】B。实现共产主义是党的最高纲领。基本路线与基本纲领虽然有联系,但也有区别。前者决定后者,后者是对前者在经济、政治、文化等方面的展开,不能把党在社会主义初级阶段的基本纲领简单概括为实现社会主义现代化。

2006 年 C 类

4. "从群众中来,到群众中去"的认识论依据是( )。

A. 矛盾普遍性和特殊性的辩证统一原理

B. 实践和认识的辩证统一原理

C. 认识是在不断深化和发展的原理

D. 感性认识和理性认识的辩证统一原理

【璧尘解析】B。党的群众路线是"一切为了群众,一切依靠群众,从群众中来,到群众中去"。它的理论基础是马克思主义认识论关于实践、认识、再实践、再认识的反复循环和无限发展的原理以及历史唯物主义关于人民群众是历史的创造者的原理。

2007 年 C 类

3. "不登高山,不知天之高也;不临深渊,不知地之厚也。"这句话说明(   )。

A. 人的一切知识都是从直接经验中获得的

B. 人的意识具有创造性

C. 人的认识是独立于实践之外的

D. 实践在认识过程中具有决定作用

【璧尘解析】D。AC 选项表述错误,B 选项与题干意思无关。

17. 下列表述中,体现"和谐"哲学思想的有(   )。

A. 动中有静,静中有动

B. 和而不同

C. 万物并育而不相害,道并行而不相悖

D. 真理和谬误是相互包含的

【璧尘解析】AC。"君子和而不同"是儒家的思想,意思是君子在人际交往中能够与他人保持一种友善的关系,但在对具体问题的看法上却不必苟同于对方,与和谐思想无关。D 选项也与"和谐"的哲学思想无关。

2008 年 C 类

2. 物质的根本属性是(   )。

A. 客观实在性   B. 运动

C. 发展   D. 辩证性

【璧尘解析】B。马克思主义哲学的基本问题。运动是物质的根本属性。

4. "手中无网看鱼跳"、"临渊羡鱼,不如退而结网"强调的是(   )。

A. 劳动者的重要性

B. 生产工具的重要性

C. 科学技术是第一生产力

D. 生产关系的重要性

【璧尘解析】B。题干中的"手中无网"和"退而结网"都提到了"网",强调了生产工具

的重要性。

21. 社会发展往往面临多种可选择的道路,其中符合历史发展规律的是(   )。

A. 多数人选择的道路

B. 统治阶级选择的道路

C. 先进阶级选择的道路

D. 能够解放和发展生产力的道路

【璧尘解析】CD。社会发展道路先进与否有两个标准:阶级标准和生产力标准。

22. 唯物辩证的否定观认为(   )。

A. 否定是事物内部矛盾引起的自我否定

B. 否定是事物发展环节和联系环节的统一

C. 否定的实质是扬弃

D. 否定就是克服

【璧尘解析】ABC。辩证的否定观认为,否定是事物内在矛盾所引起的自我否定;否定是发展的环节和联系的环节,是包含肯定的否定,作为发展环节和联系环节的否定就是扬弃,既克服又保留。

2009 年 C 类

3. 与"水滴石穿,绳锯木断"具有相同哲理的是(   )。

A. 千里之堤,毁于蚁穴

B. 一着不慎,满盘皆输

C. 一言九鼎,一诺千金

D. 百尺竿头,更进一步

【璧尘解析】A。"水滴石穿,绳锯木断"与"千里之堤,毁于蚁穴"均体现了质量互变的哲理。

22. 温家宝总理在谈到今年政府工作时强调,要"坚持把扭转经济增速下滑趋势作为宏观调控最重要的目标,把扩大国内需求作为促进经济增长的长期战略方针和根本着力

点"。从哲学的角度看,这是因为( )。

A. 主要矛盾是对事物的发展过程起决定作用的矛盾

B. 解决了主要矛盾也就解决了其他矛盾

C. 内因是事物发展的条件

D. 内因是事物发展的根据

【璧尘解析】AD。主要矛盾是指在事物发展过程中处于支配地位,对事物发展起决定作用的矛盾。题干中扭转经济增速下滑趋势是现阶段经济工作的主要矛盾,对现阶段的经济发展起着决定性的作用。唯物辩证法认为外因是变化的条件,内因是变化的根据,外因通过内因而起作用。

2010 年 C 类

3. 下列属于社会实践中最基本的实践活动的是( )。

A. 农民播种小麦

B. 演员登台表演

C. 警察侦破案件

D. 科学家进行物理实验

【璧尘解析】A。参见 2010 年 B 类第 3 题。

22. 中央经济工作会议指出,2010 年的经济工作要在保持宏观经济政策的连续性和稳定性的同时,根据新形势新情况着力提高宏观调控政策的针对性和灵活性。这蕴含的哲理有( )。

A. 一切从实际出发

B. 用发展的观点看问题

C. 具体问题具体分析

D. 意识能够决定事物发展的方向

【璧尘解析】ABC。会议指出在稳定的基础上"求提高",是在用发展的观点看问题;又提出要根据"新情况"来采取新政策,体现了一切从实际出发和具体问题具体分析的原则;D 选项说法错误,马克思主义唯物论认为物质决定意识,意识对物质有能动作用,而不起决定作用。

2011 年 C 类

1. "我国目前仍处于并将长期处于社会主义初级阶段,但我国经济社会发展呈现新的阶段性特征",这一判断的哲学依据是( )。

A. 事物的根本矛盾没有变化,主要矛盾发生了变化

B. 事物的基本矛盾没有变化,主要矛盾发生了变化

C. 事物的主要矛盾没有变化,矛盾的主要方面发生了变化

D. 事物的主要矛盾没有变化,次要矛盾发生了变化

【璧尘解析】C。参见 2011 年 A 类第 1 题。

21. 新民主主义革命时期,中国共产党在国民党全面统治时期建立起延安革命根据地,实现了局部执政。从哲学的角度看,这种状况表明( )。

A. 事物的发展处于量变阶段,尚未发生质变

B. 事物的发展处于质变阶段,但只是出现了部分质变

C. 事物的发展处于量变阶段,但出现了局部性部分质变

D. 事物的发展处于量变阶段,但出现了阶段性部分质变

【璧尘解析】CD。新民主主义革命时期,中国的社会性质仍然是半殖民地半封建社会,虽然中国共产党领导人民建立了革命根据地,实现了局部执政,但这种改变只是阶段性和局部性的,并没有改变整体的社会性质。

2012 年 C 类

1. "垃圾是放错地方的资源。"这句话蕴

含的哲理是（　　）。

A. 矛盾双方相互依存

B. 矛盾双方相互排斥

C. 矛盾双方相互对立

D. 矛盾双方相互转化

【璧尘解析】D。"垃圾是放错地方的资源"这句话表明"垃圾"在一定条件下可以转化为"资源"，体现的是"矛盾双方在一定条件下可以相互转化"这一哲理。

6. 据世界旅游组织测算，旅游收入每增加1元，可带动相关行业增收4.3元；每增加1个就业岗位，可间接带动7个人就业。这体现的哲理是（　　）。

A. 事物是变化发展的

B. 事物是普遍联系

C. 事物的量变引起质变

D. 事物是多种多样的

【璧尘解析】B。联系是指一切事物、现象之间，以及事物内部诸要素之间相互依存、相互作用、相互影响和相互制约关系。联系具有普遍性，任何事物都不能孤立地存在，都同其他事物处于一定的相互联系之中。

31. 下面各选项反映事物之间存在联系的有（　　）。

A. 生态破坏和环境污染会影响人类的健康

B. 欧债危机的蔓延会影响中国经济的增长速度

C. 在一定生产力发展水平上，人口条件影响社会发展

D. 地下水异常、气象异常会引起地震

【璧尘解析】ABC。联系是指一切事物、现象之间，以及事物内部诸要素之间的相互依存、相互作用、相互影响和相互制约关系。D项中地下水异常、气象异常是地震的表现或前兆，并非引起地震的原因。

2013年C类

5. "物必先腐，而后虫生"所体现的哲理是（　　）。

A. 必然性与偶然性的辩证关系

B. 内因与外因的辩证关系

C. 可能性与现实性的辩证关系

D. 现象与本质的辩证关系

【璧尘解析】B。参见2013年A类第5题。

32. "用社会主义核心价值体系引领社会思潮，凝聚社会共识"，这一主张的哲学依据有（　　）。

A. 感性认识是理性认识的来源和基础

B. 社会意识始终是社会发展的推动力

C. 社会意识对社会存在具有反作用

D. 个体意识和群体意识可以相互转化

【璧尘解析】ACD。题干出自十八大报告原文，感性认识是理性认识的来源和基础；社会意识对社会存在具有反作用，正确的社会意识推动社会的发展，错误的社会意识会阻碍社会的发展；个体意识和群体意识可以相互转化；B选项表述错误。

2014年C类

5. 近年来，某旅游城市的部分公园免费向社会开放，公园门票收入锐减，旅游总收入却大幅度增加。这对我们的启示是（　　）。

A. 要正确认识和处理内因与外因的关系

B. 要正确认识和处理部分与整体的关系

C. 要正确认识和处理主要矛盾和非主要矛盾的关系

D. 要正确认识和处理矛盾的主要方面和非主要方面的关系

【璧尘解析】B。整体和部分是辩证统一的，整体由部分组成，部分制约着整体，关键

部分的功能及其变化甚至对整体的功能起决定作用。本题中,公园免费开放导致门票收入减少是部分变化,但是这个部分的变化对整体的旅游总收入却起着决定作用。

27. 任何树都是一样的,它越是向往高处温暖的阳光,它的根就越要伸向土地深处。

这体现的哲理有(   )。

A. 矛盾双方相辅相成

B. 矛盾具有普遍性

C. 矛盾双方相互转化

D. 矛盾具有特殊性

【璧尘解析】AB。参见 2014 年 A 类第38 题。

命题规津及备考建议

马克思主义哲学原理部分考查的内容包括马克思主义哲学概论、辩证唯物论、唯物辩证法、辩证唯物主义认识论、历史唯物主义。纵观历年真题,考点规律较为突出,在分值权重方面,除 2004 年、2005 年分值略高以外,其余年份分值都较为稳定,一般为 2～4 分,题型一般为单项选择题和多项选择题。在命题趋势方面,从单纯考基本知识点向联系当前社会生产实践转变。通常是引用党和国家领导人讲话或者官方文件中的有关内容,要求分析其中所蕴含的哲理。备考建议:马克思主义哲学部分虽然分值不高,但是是每年必考的内容,题目相对较简单,建议在掌握哲学基本概念和基本原理的基础上,多联系当前社会实践,在平时的阅读和学习中多思考,逐步提高用马克思主义辩证法的思维认识问题、思考问题、解决问题的能力。

毛泽东思想概论

分值 \ 年份	2014	2013	2012	2011	2010	2009	2008	2007	2006	2005
A 类	2	4.5	3	3.4	3.2	3.4	4	1	2	1
B 类	1.6	2.5	3.5	2.2	2.2	3.2	2	1	0	3
C 类	1.2	1	2.5	2.2	2.2	3.2	2	0	0	1

真题分类详解

2004 年 A 类

7. 毛泽东指出,中国新民主主义革命的首要问题是( )。

   A. 建立共产党

   B. 分清敌我友

   C. 建立革命统一战线

   D. 开展武装斗争

【璧尘解析】B。毛泽东指出,分清敌我友是中国新民主主义革命的首要问题。

8. 毛泽东在《论十大关系》中确立的社会主义建设的基本方针是( )。

   A. 调动国内外一切积极因素为社会主义事业服务

   B. 加强执政党的建设

   C. 正确处理两类不同性质的矛盾

   D. 巩固我国国防建设

【璧尘解析】A。1956 年 4 月 25 日,毛泽东在政治局扩大会议上作了《论十大关系》的报告,报告总结了我国社会主义建设的经验,提出调动一切积极因素为社会主义建设事业服务的基本方针,对适合中国情况的社会主义建设道路进行了初步的探索。十大关系包括:(1) 经济方面①重工业、轻工业、农业的关系;②国防建设和经济建设的关系;③沿海工业和内地工业的关系;④中央和地方的关系;⑤集体、国家、个人的关系。(2) 政治方面①汉族和少数民族的关系;②共产党和民主党派的关系;③革命和反革命的关系;④是和非的关系;⑤中国和外国的关系。

9. 毛泽东提出的新民主主义革命总路线的核心是( )。

   A. 无产阶级的领导

   B. 人民大众的参与

   C. 工农联盟的建立

   D. 共产党的建设

【璧尘解析】A。1948 年 4 月,毛泽东《在晋绥干部会议上的讲话》中完整提出新民主主义革命总路线,即无产阶级领导的,人民大众的,反对帝国主义、封建主义和官僚资本主义的革命。其中无产阶级的领导是新民主主义革命总路线的核心。

10. 我国生产资料私有制社会主义改造基本完成后,所有制结构呈现的状态是( )。

A. 完全的国有制

B. 基本单一的公有制

C. 社会主义公有制为主、私有制为辅

D. 国营经济为主导,各种经济并存

【璧尘解析】B。到 1956 年,全国绝大部分地区基本完成了对生产资料私有制的社会主义改造,国民经济结构发生了根本性变化,无论城市还是农村,社会主义公有制经济已占据统治地位。

11. 毛泽东提出对待外国文化的方针是( )。

A. 批判吸收

B. 以中为主,以洋为辅

C. 洋为中用

D. 鉴别真伪

【璧尘解析】C。毛泽东提出的对待外国文化的方针是洋为中用,就是要有分析、有批判地吸收外国各民族文化的长处,加以消化,使之与本民族的文化传统相结合,促进本民族文化事业的发展。

63. 我国在 50 年代后期的一个历史阶段内,社会主义建设中的重大失误有( )。

A. 急于求成、盲目冒进

B. 把变革生产关系绝对化,认为社会主义所有制形式越大越公越好

C. 不重视发展生产力

D. 坚持以阶级斗争为纲

【璧尘解析】ABCD。急于求成、盲目冒进;把变革生产关系绝对化,认为社会主义所有制形式越大越公越好;不重视发展生产力;坚持以阶级斗争为纲。这些都是我国在 20 世纪 50 年代后期的一个历史阶段内,社会主

义建设中存在的重大失误。

64. 中华人民共和国建国初期,建立社会主义国营经济的主要途径有( )。

A. 没收四大家族的官僚资本

B. 对外国资本主义在华的企业采取管制、征用等做法,使之逐步归国家所有

C. 没收民族资本家的企业

D. 没收地主阶级的土地

【璧尘解析】AB。新中国成立初期社会主义国营经济的构成主要有三个方面:①没收的官僚资本;②解放区的公营企业;③接收的帝国主义在华企业。

2005 年 A 类

8. 抗日战争胜利后,国共两党斗争的焦点是( )。

A. 建什么国　　B. 战争与和平

C. 独裁与民主　　D. 卖国与反卖国

【璧尘解析】A。抗日战争胜利之后,国共两党斗争的焦点实质上是争夺决定国家的领导权的斗争,即建什么国的问题。1945 年 10 月 10 日,国共两党在重庆签订了《国共代表会谈纪要》(也就是《双十协定》),双方一致表示要“避免内战”、“实现和平建国”。

2006 年 A 类

6. 毛泽东思想形成的时代条件是( )。

A. 中国沦为半殖民地半封建社会

B. 中国工人阶级的成长壮大

C. 第一次世界大战的爆发

D. 十月革命开辟的世界无产阶级革命新时代

【璧尘解析】D。20 世纪前、中期世界和中国政局的变动,是毛泽东思想产生和形成的时代背景;俄国十月革命开辟的世界无产阶级革命新时代,是毛泽东思想形成的时代

条件;新的社会生产力的增长和工人运动的发展,为毛泽东思想的产生和形成提供了物质基础;马克思列宁主义和中国优秀传统文化是毛泽东思想形成的思想理论渊源;中国共产党成立后领导人民革命斗争的实践,是毛泽东思想形成的实践基础。

7. 中国新民主主义革命的武装斗争实质是(　　)。

A. 无产阶级领导的农民战争

B. 资产阶级领导的人民革命

C. 资产阶级领导的农民革命

D. 无产阶级领导的民族革命

【璧尘解析】A。中国社会的性质决定了农民是中国民主革命的主力军。中国的民主革命实质上是农民土地革命,中国的武装斗争实质上是无产阶级领导的以农民为主体的革命斗争。

2007 年 A 类

29. 毛泽东思想产生的社会历史条件有(　　)。

A. 近代中国社会和革命运动发展的客观需要和历史产物

B. 新的社会生产力的增长和工人运动的发展,中国共产党领导的人民革命

C. 新文化运动的兴起和马克思列宁主义的传入和传播

D. 20 世纪前期、中期世界和中国政局的变动

【璧尘解析】ABCD。参见 2006 年 A 类第 6 题。

2008 年 A 类

4. 中国共产党第一次自主地运用马列主义基本原理解决中国革命问题的会议是(　　)。

A. 八七会议　　B. 遵义会议

C. 瓦窑堡会议　D. 党的十七大

【璧尘解析】B。遵义会议确立了以毛泽东为代表的新的中央的领导,是中国共产党第一次独立自主地运用马克思列宁主义基本原理解决自己的路线、方针政策的会议。八七会议是 1927 年 8 月 7 日在第一次国内革命战争失败的紧要关头召开的一次会议,会议正式确定了实行土地革命和武装起义的方针。瓦窑堡会议是在 1935 年 12 月抗日民主运动日益高涨的形势下召开的,会议分析了华北事变后国内阶级关系的新变化,讨论了抗日民族统一战线。

24. 中国共产党首次提出关于执政党建设的会议是(　　)。

A. 七大　　　　B. 七届二中全会

C. 八大　　　　D. 十六届四中全会

【璧尘解析】B。1949 年 3 月,中共七届二中全会在河北省平山县西柏坡召开,首次提出关于执政党建设的问题,强调全党在革命胜利后务必继续保持谦虚谨慎、不骄不躁的作风,务必继续保持艰苦奋斗的作风,警惕资产阶级"糖衣炮弹"的侵蚀和攻击。

28. 新民主主义革命的对象有(　　)。

A. 帝国主义　　B. 封建主义

C. 官僚资本主义 D. 小资产阶级

【璧尘解析】ABC。毛泽东在《新民主主义论》中指出,新民主主义革命的对象是帝国主义、封建主义、官僚资本主义。

44. 中华人民共和国建国初期,国营经济建立的途径是(　　)。

A. 没收官僚资本

B. 对外国资本主义在华企业采取多种形式收归国家所有

C. 解放区的公营经济

D. 没收地主的土地

【璧尘解析】ABC。参见 2004 年 A 类第 64 题。

2009 年 A 类

6. 在中国革命过程中,具有新民主主义革命和社会主义革命双重性质的是( )。

A. 没收封建地主阶级的土地归农民所有

B. 没收官僚资本归新民主主义的国家所有

C. 接收帝国主义在华企业归新民主主义的国家所有

D. 赎买民族工商业归人民民主专政的国家所有

【璧尘解析】B。新民主主义三大经济纲领:没收封建地主阶级的土地归农民所有,没收四大家族的官僚垄断资本归新民主主义的国家所有,保护民族工商业。官僚资本是买办的封建的国家垄断资本主义,是反动政权的经济基础;没收官僚资本,是新民主主义革命的三大经济纲领之一,自然具有新民主主义革命的性质,同时,没收官僚资本,使这部分控制国家经济命脉的巨大经济力量集中到了人民民主专政的国家手中,成为对国民经济进行社会主义改造具有决定意义的开端。因此,没收官僚资本又具有社会主义革命的性质。

24. "中国革命斗争的胜利要靠中国同志了解中国情况",毛泽东这一论断强调的是( )。

A. 一切从实际出发

B. 独立自主

C. 坚持群众路线

D. 反对教条主义

【璧尘解析】AD。"中国革命斗争的胜利要靠中国同志了解中国情况"这一著名论断反驳了教条主义的错误及其对革命事业的危害,表达了学习马克思主义必须同中国的实际情况相结合的思想。

35.《中国人民政治协商会议共同纲领》的主要内容有( )。

A. 确立了新中国的国体和政体

B. 规定了新中国基本的民族政策

C. 规定了新中国的经济工作方针和外交工作原则

D. 规定了新中国的过渡时期总路线

【璧尘解析】ABC。1949 年 9 月 29 日,中国人民政治协商会议第一届全体会议选举了中央人民政府委员会,宣告中华人民共和国的成立,并且通过了具有临时宪法作用的《中国人民政治协商会议共同纲领》。《中国人民政治协商会议共同纲领》除序言外,分为总纲、政权机关、军事制度、经济政策、文化教育政策、民族政策、外交政策共 7 章 60 条。而党在过渡时期的总路线是毛泽东 1952 年底提出的,主要内容是要在一个相当长的时期内,逐步实现国家的社会主义工业化,并逐步实现国家对农业、手工业和资本主义工商业的社会主义改造。

2010 年 A 类

6. 最先提出"马克思主义中国化"这个命题的会议是( )。

A. 中共六届二中全会

B. 中共六届六中全会

C. 中共六届七中全会

D. 中共七届二中全会

【璧尘解析】B。1938 年,毛泽东在党的六届六中全会上作的题为《论新阶段》的政治报告中,最先提出"马克思主义中国化"的命题。在中共七届二中全会即西柏坡会议上提出了"两个务必"。

15. 1949 年 9 月中国人民政治协商会议第一届全体会议隆重召开,中国共产党第一次提出召开政治协商会议主张的文献是( )。

A. 1948 年 12 月 30 日毛泽东为新华社写的新年献词《将革命进行到底》

B. 1949 年 3 月 5 日毛泽东在中共七届二中全会上的报告

C. 1947 年 10 月 10 日中国人民解放军总部发布的《中国人民解放军宣言》

D. 1948 年 4 月 30 日中共中央发布的"五一口号"

【璧尘解析】D。1948 年 4 月 30 日,中国共产党中央委员会发布"五一口号",其中第五条提出:"各民主党派、各人民团体、各社会贤达迅速召开政治协商会议,讨论并实现召集人民代表大会,成立民主联合政府。"

24.《中国人民政治协商会议共同纲领》规定的新民主主义经济建设的政策是（　　）。

A. 公私兼顾、劳资两利

B. 自愿互利、典型示范

C. 城乡互助、内外交流

D. 积极领导、稳步推进

【璧尘解析】AC。《中国人民政治协商会议共同纲领》在第四章经济政策中强调,中华人民共和国经济建设的根本方针是以公私兼顾、劳资两利、城乡互助、内外交流的政策,达到发展生产、繁荣经济之目的。而自愿互利、典型示范和国家帮助是对农业社会主义的改造中所遵循的原则。

2011 年 A 类

3. 下列不属于新民主主义社会主要经济形式的是（　　）。

A. 社会主义经济

B. 国家资本主义经济

C. 私人资本主义经济

D. 个体经济

【璧尘解析】A。新民主主义社会存在五种经济成分:社会主义国营经济、半社会主义性质的合作社经济、个体经济、私人资本主义经济和国家资本主义经济。

22. 新民主主义革命时期中国共产党内一度存在着主观主义倾向,其主要表现形式有（　　）。

A. 经验主义

B. 教条主义

C. 机会主义

D. 冒险主义

【璧尘解析】AB。主观主义是指从主观出发而不从实际出发的思想方法和工作作风,教条主义和经验主义是主观主义的两种表现形式。

23. 五四运动前后,马克思主义在中国的传播,经历的大论争有（　　）。

A. 关于"问题与主义"的论争

B. 关于社会主义的论争

C. 关于无政府主义的论争

D. 关于三民主义的论争

【璧尘解析】ABC。五四前后,对于马克思主义在中国传播,经历的论争主要有三次:第一次是反对胡适的资产阶级实用主义和改良主义的斗争。他发表了《多研究些问题,少谈些"主义"》等文章,宣称空谈外来进口的"主义"是没有什么用处的。第二次是五四运动后,共产主义小组的相继建立为中国共产党的正式成立创造了条件。但地主资产阶级的代表(伪社会主义者),反对社会主义运动,反对在中国建立无产阶级政党,因而引发了关于社会主义的论争。第三次是反对以"左"的面孔出现的小资产阶级无政府主义的斗争。无政府主义者黄凌霜等人宣扬个人绝对自由,否定一切国家政权。

2012 年 A 类

2. 最早从组织上确立党领导军队原则的重要事件是（　　）。

A. 南昌起义　　　B. 三湾改编

C. 秋收起义　　　D. 古田会议

【璧尘解析】B。1927 年 9 月 29 日至 10

月 3 日,毛泽东在江西省永新县三湾村,领导了举世闻名的"三湾改编",创造性地确立了"党指挥枪"、"支部建在连上"、"官兵平等"等一整套崭新的治军方略,初步解决了如何把以农民及旧军人为主要成分的革命军队建设成为一支无产阶级新型人民军队的问题,保证了党对军队的绝对领导,奠定了政治建军的基础。

3. 毛泽东提出调动一切积极因素建设社会主义强国思想的著作是( )。

A.《论十大关系》

B.《新民主主义论》

C.《矛盾论》

D.《关于正确处理人民内部矛盾的问题》

【璧尘解析】A。参见 2004 年 A 类第 8 题。

37. 下列不符合马克思主义政党理论的说法有( )。

A. 政党是超阶级的政治团体

B. 阶级性是政党的根本属性

C. 任何政党都重视争取群众的支持

D. 政党无所谓组织结构

【璧尘解析】ACD。马克思主义认为,政党是阶级斗争的产物,在阶级社会中,它是一定的阶级或阶层利益的代表,为了共同的利益和政治目的,特别是为了取得和维持政权,而在阶级斗争中形成的政治组织。因此,阶级性是政党的根本属性。政党通常都有较为严密的组织结构,D 项说法也是错误的。

2013 年 A 类

6. 遵义会议在中国革命的危急关头集中解决的问题是( )。

A. 党的理论建设问题

B. 党的军事和组织问题

C. 党的思想路线问题

D. 党的作风建设问题

【璧尘解析】B。1935 年 1 月召开的遵义会议集中全力解决了当时具有决定意义的军事问题和组织问题,批判了"左"倾机会主义的军事路线,重新肯定了以毛泽东为代表提出的正确军事路线;改组了中央领导机构,增选毛泽东为中共中央政治局常委,以毛泽东为核心的党的第一代中央领导集体逐步形成。

9. 新民主主义革命理论是毛泽东思想的重要组成部分。下列关于新民主主义革命的认识,不正确的是( )。

A. 它是毛泽东思想初步形成的主要标志

B. 它是具有独创性的关于中国人民革命的理论

C. 它是马克思主义中国化的重要理论成果

D. 它是反映中国新民主主义革命客观规律的完备理论

【璧尘解析】A。"农村包围城市、武装夺取政权"理论的提出,标志着毛泽东思想的初步形成。新民主主义理论的提出标志着毛泽东思想的全面成熟。

10. 以人为本、执政为民是检验党一切执政活动的最高标准,这集中体现的是( )。

A. 党的基本纲领

B. 党的思想路线

C. 党的组织原则

D. 党的根本宗旨

【璧尘解析】D。坚持以人为本、执政为民,始终保持党同人民群众的血肉联系。为人民服务是党的根本宗旨,以人为本、执政为民是检验党一切执政活动的最高标准。

45. 1952 年,党在全国范围内开展了大规模的反对贪污、反对浪费、反对官僚主义的"三反运动"。这一历史事件的发生及其进程表明( )。

A. 高度重视党风建设

B. 党能够主动纠正自身存在的问题

C. 反贪污、浪费和官僚主义任重道远

D. 贪污、浪费和官僚主义严重危害党的事业

【璧尘解析】ABCD。从题干可以推断出ABCD选项均正确。

2014年A类

7. 下列对毛泽东思想的理解和认识，正确的是（　　）。

A. 毛泽东思想是关于中国革命、建设和改革实践经验的总结

B. 毛泽东思想活的灵魂是实事求是、群众路线、艰苦奋斗

C. 毛泽东思想成熟的标志是《论人民民主专政》的发表

D. 毛泽东思想是马克思主义中国化第一次历史性飞跃的理论成果

【璧尘解析】D。毛泽东思想是以毛泽东为代表的中国共产党人革命与建设经验的总结和智慧的结晶，不是"改革实践经验"，A选项说法错误。毛泽东思想的活的灵魂是实事求是，群众路线，独立自主，B选项说法错误。新民主主义革命理论的形成是毛泽东思想成熟的主要标志，其代表作是毛泽东在这一时期撰写的《〈共产党人〉发刊词》《新民主主义论》《中国革命和中国共产党》三篇文章，C选项说法错误。故本题答案选D。

8. 中共八大提出的经济建设方针是（　　）。

A. 努力实现国家工业化

B. 把党和国家的工作中心转向经济和现代化建设

C. 既反保守又反冒进，即在综合平衡中稳步前进

D. 调整、巩固、充实、提高

【璧尘解析】C。中共八大作出了党和国家的工作重点必须转移到社会主义建设上来的重大战略决策，并在总结中国第一个五年计划实施经验的基础上，继续坚持既反保守又反冒进，即在综合平衡中稳步前进的经济建设方针。

2004年B类

8. 毛泽东提出，生产资料私有制的社会主义改造基本完成后，国家政治生活的主题是（　　）。

A. 正确处理人民内部矛盾

B. 集中力量进行社会主义建设

C. 调动国内外一切积极力量

D. 正确处理两类不同性质的矛盾

【璧尘解析】A。1956年，对生产资料私有制的社会主义改造基本完成后，毛泽东提出阶级矛盾已不是国家的主要矛盾，正确处理人民内部矛盾成为国家政治生活的新主题。

9. 毛泽东思想形成的主要标志是关于（　　）。

A. 中国新民主主义革命的基本思想

B. 武装斗争的理论

C. 统一战线中无产阶级领导权的思想

D. 农村包围城市革命道路的理论

【璧尘解析】D。毛泽东思想的历史进程：(1)萌芽时期(1921—1927年)从中国共产党的创立到国共合作的北伐战争。标志：新民主主义基本思想的提出。(2)形成时期(1927—1935年)土地革命战争的前期。标志：独创性地探索了适合中国特点的农村包围城市、武装夺取政权的新道路。(3)成熟时期(1935—1945年)在土地革命战争后期和抗日战争时期。标志：新民主主义革命理论完整形成。(4)继续发展(1945—1976年)解放战争时期和中华人民共和国成立以后。

11. 坚持和发展毛泽东思想,首先要做到( )。

A. 完整地准确地理解和掌握毛泽东思想科学体系
B. 把毛泽东思想和毛泽东晚年的错误思想区别开来
C. 在实践中发展毛泽东思想
D. 不断捍卫毛泽东思想的历史地位

【璧尘解析】A。要坚持和发展毛泽东思想,首先要做到的是完整地准确地理解和掌握毛泽东思想科学体系。

63. 毛泽东思想的科学含义是( )。

A. 马克思列宁主义在中国的运用和发展
B. 被实践证明了的关于中国革命和建设的正确理论原则和经验总结
C. 中国共产党集体智慧的结晶
D. 建设有中国特色社会主义的理论

【璧尘解析】ABC。毛泽东思想是马克思列宁主义在中国的运用和发展,是被实践证明了的关于中国革命和建设的正确理论原则和经验总结,是以毛泽东为代表的中国共产党集体智慧的结晶。毛泽东的科学著作是它的集中概括。

64. 中华人民共和国的成立,标志着( )。

A. 新民主主义革命已经取得基本胜利
B. 中国社会进入了新民主主义社会
C. 中国社会开始由资本主义社会向社会主义社会过渡
D. 中国进入社会主义社会

【璧尘解析】AB。1949年10月,中华人民共和国的成立,标志着中国结束了半殖民地半封建的社会,进入了新民主主义社会,并开始了新民主主义社会向社会主义社会过渡的新阶段。

2005 年 B 类

7. 中国新、旧民主主义革命的相同点是( )。

A. 革命对象和革命前途相同
B. 革命领导阶级和革命指导思想相同
C. 革命动力和革命前途相同
D. 革命对象和革命动力相同

【璧尘解析】D。新、旧民主革命的领导阶级、指导思想和前途是不同的。前者的领导阶级是无产阶级,后者的则是资产阶级;前者的指导思想是马克思主义,后者的则是三民主义;前者的前途是建立新民主主义和社会主义社会,后者的则是资产阶级专政的资本主义社会。两者的动力和革命对象是相同的,动力都是无产阶级、农民阶级、城乡小资产阶级和民族资产阶级,对象都是帝国主义与封建主义。

8. 我国剥削制度被消灭的标志是( )。

A. 中华人民共和国的成立
B. 全国土地改革的完成
C. "三大改造"的基本完成
D. "镇压反革命"运动的胜利

【璧尘解析】C。三大改造的完成标志着我国消灭了私有制,即从根本上消灭了剥削制度和剥削现象产生的根源。

42. 中国共产党为准备自卫战争,在解放区开展的群众运动有( )。

A. 大生产运动   B. 练兵运动
C. 减租减息运动 D. 整党整风运动

【璧尘解析】ABC。1945年国民党不断破坏"双十协定"和停战协定,内战一触即发。共产党一方面坚持与国民党谈判,另一方面积极准备自卫战争。为了增强自卫能力,中国共产党在各解放区普遍开展练兵运动、减租减息和生产运动,增强了解放区的经济和军事实力。延安整风运动是党内群众性运动,且发生在抗日战争期间,所以不符合本题题意。

2007 年 B 类

26. 毛泽东指出的中国无产阶级所具有的自己的特殊优点和特点是( )。

A. 人数众多,且与农民有天然的联系,便于发动广大农民群众

B. 深受帝国主义、封建主义和资本主义的三重压迫,具有革命的彻底性

C. 和农民有天然的联系,便于结成工农联盟

D. 人数虽不多,但集中在沿海、沿江大城市,便于组织

【璧尘解析】BCD。当时,中国无产阶级能成为中国革命的领导者,是因为它除了有一般无产阶级的基本优点外,还有三个特殊优点:首先,深受帝国主义、封建主义和资本主义的三重压迫,具有革命的彻底性;其次,中国无产阶级分布集中,大多在沿海城市和厂矿企业,便于形成一支重要的力量;最后,它与农民有着天然联系,便于结成联盟。

2008 年 B 类

3. 1927 年国民革命失败后,中国共产党在统一战线问题上的主要错误是( )。

A. 左倾冒险主义

B. 左倾盲动主义

C. 左倾教条主义

D. 左倾关门主义

【璧尘解析】D。国民革命失败后(1927年),民族资产阶级暂时退出了统一战线。由于这一时期党的主要领导人犯了"左"倾关门主义错误,民族资产阶级甚至一部分小资产阶级都被排斥在统一战之外,所以统一战线的范围狭小,仅是以工农为主体的革命联盟。

22. 新民主主义的经济纲领是( )。

A. 没收封建地主阶级的土地归农民所有

B. 没收官僚资本归新民主主义国家所有

C. 保护民族工商业

D. 平均地权

【璧尘解析】ABC。参见 2009 年 A 类第 6 题。

2009 年 B 类

4. 新民主主义革命的中心内容是( )。

A. 没收封建地主阶级的土地归国家所有

B. 没收官僚资本归新民主主义国家所有

C. 没收封建地主阶级的土地归农民所有

D. 保护民族工商业

【璧尘解析】C。新民主主义革命的中心内容是没收封建地主阶级的土地归农民所有。这是因为新民主主义革命的中心任务是反封建的资产阶级民主革命,理所当然是对封建地主阶级生产关系的破坏。

20.《中国人民政治协商会议共同纲领》中最基本、最核心的内容是( )。

A. 确立了新中国的国体和政体

B. 规定了新中国基本的民族政策

C. 规定了新中国的经济工作方针

D. 规定了新中国的外交工作原则

【璧尘解析】A。1949 年 9 月 29 日,中国人民政治协商会议第一届全体会议选举了中央人民政府委员会,宣告了中华人民共和国的成立,并通过了起临时宪法作用的《中国人民政治协商会议共同纲领》,其第 1 条规定:中华人民共和国为新民主主义即人民民主主义的国家,实行工人阶级领导的、以工农联盟为基础的、团结各民主阶级和国内各民族的人民民主专政,反对帝国主义、封建主义和官僚资本主义,为中国的独立、民主、和平、统一和富强而奋斗。

23. 延安整风运动的主要内容有(　　)。
A. 反对官僚主义以整顿作风
B. 反对主观主义以整顿学风
C. 反对宗派主义以整顿党风
D. 反对党八股以整顿文风

【璧尘解析】BCD。延安整风运动的主要内容:反对主观主义以整顿学风,反对宗派主义以整顿党风,反对党八股以整顿文风。解决的中心问题是反对教条主义,树立一切从实际出发、理论与实践统一、实事求是的马克思主义的作风。

2010 年 B 类

4. 毛泽东党建思想的核心和突出特点是(　　)。
A. 要从组织上建设党,贯彻民主集中制,加强党的纪律性
B. 十分重视党的团结和统一问题,正确开展党的思想斗争
C. 注重从思想上建设党,把思想建设放在党的建设的首位
D. 重视党的作风建设,把作风问题提到世界观和党性原则的高度

【璧尘解析】C。毛泽东同志在着手解决中国共产党的自身建设问题时,首先面对的是"两个比较严重"。一是封建主义的影响比较严重,二是小资产阶级思想的影响比较严重。毛泽东同志正是面对这"两个比较严重"提出了党的建设的一条重要指导原则,即着重从思想上建设党,这是毛泽东思想对马克思主义党建学说的一个创造性发展。

23. 下列属于毛泽东提出的重要思想有(　　)。
A. 社会主义社会存在两类不同性质的矛盾
B. 调动一切积极因素,为社会主义事业服务
C. 知识分子是工人阶级的一部分

D. 国家政治生活的主题是正确处理人民内部矛盾

【璧尘解析】ABD。"知识分子是工人阶级的一部分"是邓小平的思想观点,其他三个选项的内容都是毛泽东提出的思想。

2011 年 B 类

2. 在抗日统一战线中,中国共产党制定了"发展进步势力,争取中间势力,孤立顽固势力"的策略,下列不属于"中间势力"的是(　　)。
A. 地方实力派　　B. 开明绅士
C. 民族资产阶级　D. 小资产阶级

【璧尘解析】D。抗日统一战线中,争取中间势力,就是争取民族资产阶级、争取开明绅士、争取地方实力派。而进步势力主要是指工人、农民和城市小资产阶级,他们是统一战线的基础,抗日战争的主要依靠力量。

22. 在 20 世纪 30 年代前期和中期,中国共产党内屡次出现严重"左"倾错误,其原因主要有(　　)。
A. 共产国际对中国共产党内部事务的错误干预和瞎指挥
B. 国民党统治集团军事力量强大
C. 全党马克思主义理论准备不足,理论素养不高
D. 党内大量存在着狭隘的经验论

【璧尘解析】ACD。中国共产党内屡次出现严重的"左"倾错误,其原因是多方面的:(1)八七会议以后党内一直存在着的浓厚的"左"倾情绪始终没有得到认真的清理;(2)共产国际对中国共产党内部事务的错误干预和胡乱指挥;(3)全党的马克思主义理论准备不足,理论素养不高,实践经验也很缺乏。

2012 年 B 类

2. 中国共产党执政后的最大危险是(　　)。

A. 消极腐败　　B. 能力不足
C. 精神懈怠　　D. 脱离群众

【璧尘解析】D。《中国共产党党章》明确指出,我们党的最大的政治优势是密切联系群众,党执政后的最大危险是脱离群众。

5. 中国共产党独立领导革命战争,创建人民军队和武装夺取政权的标志性事件是（　　）。

A. 秋收起义　　B. 广州起义
C. 南昌起义　　D. 百色起义

【璧尘解析】C。南昌起义是中国共产党直接领导的带有全局意义的一次武装暴动,它打响了武装反抗国民党反动派的第一枪,表明了中国共产党把中国革命进行到底的坚定立场,标志着中国共产党独立地创建革命军队和领导革命战争的开始。

38. 在《论十大关系》中,毛泽东提出要处理好若干关系,表明他实际上思考了如何开辟一条与苏联不同的中国工业化道路,这些关系主要有（　　）。

A. 重工业和轻工业、农业的关系
B. 沿海工业和内地工业的关系
C. 国家、生产单位和生产者个人的关系
D. 经济建设与国防建设的关系

【璧尘解析】ABCD。参见 2004 年 A 类第 8 题。

2013 年 B 类

10. 以人为本、执政为民是检验党一切执政活动的最高标准,这集中体现的是（　　）。

A. 党的基本纲领
B. 党的思想路线
C. 党的组织原则
D. 党的根本宗旨

【璧尘解析】D。坚持以人为本、执政为民,始终保持党同人民群众的血肉联系。为人民服务是党的根本宗旨,以人为本、执政为

民是检验党一切执政活动的最高标准。

32. 新中国成立之初,中国共产党面临的考验主要有（　　）。

A. 能否巩固新生的人民政权
B. 能否恢复和发展国民经济
C. 能够维护国家主权和安全
D. 能否经受住执政的考验

【璧尘解析】ABCD。面临的考验有:(1)能不能保卫住人民胜利的成果,巩固新生的人民政权。(2)能不能战胜严重的经济困难,迅速恢复和发展国民经济。(3)能不能巩固民族独立,维护国家主权和安全。(4)能不能经受住执政的考验,继续保持谦虚、谨慎、不骄、不躁的作风和艰苦奋斗的作风。

2014 年 B 类

27. "保护民族工商业"是新民主主义经济纲领中极具特色的一项内容。下列对这一内容的理解和认识正确的有（　　）。

A. 这是由新民主主义革命的性质决定的
B. 这是由我国落后的生产力水平决定的
C. 这意味着让私人资本主义自由发展
D. 这有利于建立最广泛的统一战线

【璧尘解析】ABD。在新民主主义条件下保护民族工商业,发展资本主义,是由中国落后的生产力和新民主主义革命的性质所决定的。中国共产党通过保护民族工商业来争取、团结民族资产阶级,同他们结成广泛的革命统一战线。C 选项说法太绝对。

2004 年 C 类

8. 建国初期,我国对资本主义工商业进行社会主义改造的政策是（　　）。

A. 加工订货　　B. 经销代销
C. 统购包销　　D. 和平赎买

【璧尘解析】D。和平赎买是新中国成立初期对资本主义工商业进行社会主义改造的政策。

2005 年 C 类

5. 中国共产党领导的多党合作与政治协商制度的形成标志是（　　）。
 A. 1949 年 9 月新政协通过的《共同纲领》
 B. 1954 年一届人大通过的《中华人民共和国宪法》
 C. 1956 年底"三大改造"基本完成
 D. 党的七届二中全会

【璧尘解析】A。1949 年中国人民政治协商会议第一届全体会议的召开和《共同纲领》的制定,标志着共产党领导的多党合作和政治协商制度的初步确立。

2008 年 C 类

3. 毛泽东思想达到成熟的标志是（　　）。
 A. 以农村包围城市的革命理论的形成
 B. 社会主义革命和建设理论的形成
 C. 实事求是思想路线的形成
 D. 新民主主义理论科学体系的形成

【璧尘解析】D。参见 2004 年 B 类第 9 题。

23. 我国对个体农业实行社会主义改造遵循的原则是（　　）。
 A. 自愿互利　　 B. 典型示范
 C. 国家帮助　　 D. 公私兼顾

【璧尘解析】ABC。农业社会主义改造的主要特点和经验是采取积极领导、稳步前进的方针,遵循自愿互利、典型示范和国家帮助的原则,逐步把个体农民引导到互助合作的道路。

2009 年 C 类

4. 中国革命无产阶级领导权的中心问题是（　　）。
 A. 无产阶级对军队的领导
 B. 无产阶级对城市的领导
 C. 无产阶级对城市小资产阶级的领导
 D. 无产阶级对民族资产阶级的领导

【璧尘解析】A。在半殖民地半封建的中国社会,中国革命的主要斗争形式是武装斗争。因此无产阶级必须同资产阶级争夺对军队的领导权,建立一支强大的革命武装是保证无产阶级领导权的坚强支柱。

20.《中国人民政治协商会议共同纲领》中最基本、最核心的内容是（　　）。
 A. 确立了新中国的国体和政体
 B. 规定了新中国基本的民族政策
 C. 规定了新中国的经济工作方针
 D. 规定了新中国的外交工作原则

【璧尘解析】A。参见 2009 年 B 类第 20 题。

23. 毛泽东的下列论述中,体现党的群众路线思想的有（　　）。
 A. 在我党的一切实际工作中,凡属正确的领导,必须是从群众中来,到群众中去
 B. 无论在什么问题上,一定要同群众相结合
 C. 我们应当相信群众,我们应当相信党,这是两条根本的原理
 D. 一切从人民的利益出发,而不是从个人或小集团的利益出发

【璧尘解析】ABCD。群众路线是党的根本工作路线。以毛泽东为代表的中国共产党在长期斗争中形成了一切为了群众、一切依靠群众和从群众中来、到群众中去的群众路线。

2010 年 C 类

4. 下列对我国新民主主义社会的判断，正确的是（　　）。

A. 新民主主义社会是一个过渡性社会

B. 新民主主义社会是一个独立的社会形态

C. 新民主主义社会是社会主义性质的社会

D. 新民主主义社会是资本主义性质的社会

【璧尘解析】A。新民主主义社会是指从 1949 年 10 月中华人民共和国成立到 1956 年社会主义改造完成这一历史阶段。新民主主义社会是带有过渡性质的，不是独立的社会形态，它从属于社会主义体系。

23. 我国对农业进行社会主义改造所遵循的原则是（　　）。

A. 等价交换　　B. 自愿互利

C. 典型示范　　D. 国家帮助

【璧尘解析】BCD。参见 2008 年 C 类第 23 题。

2011 年 C 类

16. "陕北的好江南，鲜花开满山……今天的南泥湾，处处是江南……又学习来又生产，三五九旅是模范……"这首歌曲唱的是（　　）。

A. 国民革命时期根据地的土地革命运动

B. 解放战争时期解放区的生产练兵运动

C. 解放战争时期解放区的土地改革运动

D. 抗日战争时期根据地的大生产运动

【璧尘解析】D。该歌曲出自《南泥湾》，是一首陕北民歌，更是一首经典的革命歌曲，它歌颂的是抗日战争时期南泥湾根据地的大生产运动，曾经激励过无数人。

22. 1921 年中国共产党诞生至 1949 年新中国成立期间，中国存在的主要政治力量有（　　）。

A. 民族资产阶级

B. 帝国主义列强

C. 工人阶级、农民阶级和城市小资产阶级

D. 地主阶级和买办性的大资产阶级

【璧尘解析】ACD。中国共产党成立后至新中国成立前，中国社会存在的三种政治力量：一是地主阶级和买办性的大资产阶级。他们是反动势力，是民主革命的对象，其政治代表是北洋政府，以后主要是国民党统治集团。二是民族资产阶级。他们是中间势力，是民主革命的力量之一，其政治代表是民主党派的某些领导人物和若干无党派民主人士。三是工人阶级、农民阶级和城市小资产阶级。他们是进步势力，是民主革命的主要力量，其政治代表是中国共产党。

2012 年 C 类

7. 我国社会主义社会过渡时期总路线的主体是（　　）。

A. 实现社会主义工业化

B. 实现对农业的社会主义改造

C. 实现对手工业的社会主义改造

D. 实现对资本主义工商业的社会主义改造

【璧尘解析】A。党在过渡时期的总路线是毛泽东 1952 年底提出的，是要在一个相当长的时期内，逐步实现国家的社会主义工业化，并逐步实现国家对农业、手工业和资本主义工商业的社会主义改造。

36. 延安整风运动的主要内容有（　　）。

A. 反对主观主义以整顿学风

B. 反对宗派主义以整顿党风

C. 反对党八股以整顿文风
D. 反对官僚主义以整顿作风

【璧尘解析】ABC。参见 2009 年 B 类第 23 题。

2013 年 C 类

6. 毛泽东思想的精髓是（　　）。
A. 独立自主　　　B. 群众路线
C. 实事求是　　　D. 武装斗争

【璧尘解析】C。毛泽东思想活的灵魂包括实事求是、群众路线、独立自主，其中实事求是是毛泽东思想的精髓。

2014 年 C 类

6. 我国进入社会主义的最主要的标志是（　　）。
A. 新中国的成立
B. 全国土地改革的完成
C. 新中国第一部宪法的颁布
D. 社会主义改造的基本完成

【璧尘解析】D。从 1949 年到 1956 年的 7 年间，我国基本上实现了从新民主主义到社会主义的转变。三大改造的胜利完成，标志着社会主义制度在中国的全面确立。

命题规津及备考建议

　　毛泽东思想概论部分要求掌握的内容包括毛泽东思想形成与发展、新民主主义革命理论、社会主义改造理论等。从历年真题来看每年分值 2～4 分，均为识记型知识点，考试题型一般为单项选择题和多项选择题。与马克思主义哲学相比，毛泽东思想概论没有太多的概念需要具体诠释和分析，它主要是由一个又一个的论断或观点以及围绕这些论断或观点展开而构成的理论体系。对于复习备考而言，应以记忆为主，重点掌握毛泽东思想的形成与发展各个阶段的重要论断或原理，在此基础上，对该原理形成的背景、重要的史实和其所针对的实际问题进行拓展即可。

中国特色社会主义理论体系

分值 \ 年份 \ 类别	2014	2013	2012	2011	2010	2009	2008	2007	2006	2005
A类	2.2	7	5	6.6	4.4	3	8	3	7	14
B类	1.2	5	2	2.2	3.2	11.4	4	11	6	9
C类	2.8	7.5	3	1	3.2	6.4	7	4	3	5

注：部分与中国特色社会主义理论联系较为紧密的时政题也归在此章节统计。

真题分类详解

2004年A类

6. 中国对外政策的基本立足点是（　　）。

A. 实行独立自主的和平外交

B. 坚持和平共处五项原则

C. 反对霸权主义、强权政治，永不称霸

D. 加强同广大第三世界国家的团结与合作

【璧尘解析】D。坚定不移地加强同第三世界国家的团结与合作是中国长期以来外交政策的基本立足点。反对霸权主义，维护世界和平是我国对外政策的基本方针和首要任务。独立自主是我国对外政策的根本原则。

12. 认清中国国情，最重要的是要认清当前中国的（　　）。

A. 人口和资源的分布状况

B. 物质文明的发展水平

C. 社会性质和所处的发展阶段

D. 国际环境

【璧尘解析】C。认清当前中国的社会性质和所处的发展阶段是认清中国国情的最重要方面。

13. 邓小平提出的"三个有利于"标准具有内在的联系性。其中最基本的是（　　）。

A. 提高人民的生活水平

B. 发展生产力

C. 巩固社会主义制度

D. 增强社会主义国家的综合国力

【璧尘解析】B。邓小平1992年初在南方谈话中指出："改革开放迈不开步子，不敢闯，说来说去就是怕资本主义的东西多了，走了资本主义道路。要害是姓'资'还是姓'社'的问题。判断的标准，应该主要看是否有利于发展社会主义社会的生产力，是否有利于增强社会主义国家的综合国力，是否有利于提高人民的生活水平。"在"三个有利于"中，"是否有利于发展社会主义社会生产力"是前提，生产力不发展，国力不能增强，人民生活也不会富裕。

14. 邓小平提出的社会主义两大原则是（　　）。

A. 对内改革和对外开放

B. 公有制和按劳分配

C. 发展生产力和共同富裕

D. 建设高度的政治文明和精神文明

【璧尘解析】C。发展社会生产力和实现广大人民的共同富裕是邓小平提出的社会主义的两大原则。

15. 一种社会制度是否具有优越性，从根本上说，就是看其能否（　　）。

A. 消灭剥削现象

B. 实现社会公正

C. 促进生产力的发展

D. 公平占有生产资料和消费品

【璧尘解析】C。邓小平指出，发展生产力，是社会主义制度优越性和巩固社会主义制度的需要。一种社会制度是否具有优越性，从根本上说，就是看其能否促进生产力的发展。迅速发展生产力，创造比资本主义更高的社会生产力，社会主义制度才能从根本上得到巩固和发展。

17. 社会主义民主的本质是（　　）。

A. 共产党的领导

B. 人民当家作主

C. 坚持社会主义道路

D. 坚持民主集中制

【璧尘解析】B。人民当家作主是我国社会主义民主的本质体现和核心要求。社会主义民主是人民当家作主的民主，真正实现人民当家作主，是社会主义民主的内在属性和必然要求。

18. 发展先进文化，实现最广大人民根本利益的基础条件是（　　）。

A. 发展先进的生产力

B. 加快教育体制改革

C. 提高人民物质文化生活水平

D. 加强党的领导

【璧尘解析】A。发展先进的生产力是发展先进文化、实现最广大人民根本利益的基础条件。

19. 建设社会主义政治文明，最根本的就是要（　　）。

A. 把坚持党的领导、人民当家作主和依法治国有机统一起来

B. 坚定不移地推进经济体制改革

C. 坚持改革开放

D. 借鉴人类政治文明的有益成果

【璧尘解析】A。发展社会主义民主政治，最根本的是要把坚持党的领导、人民当家作主和依法治国有机统一起来。党的领导是人民当家作主和依法治国的根本保证，人民当家作主是社会主义民主政治的本质要求，依法治国是党领导人民治理国家的基本方略。中国共产党是中国特色社会主义事业的领导核心。

24. 中共十六届三中全会指出，今后公有制的主要实现形式是（　　）。

A. 合作制　　　　B. 国有经济

C. 公有民营　　　D. 股份制

【璧尘解析】D。中共十六届三中全会提出"使股份制成为公有制的主要实现形式"的方针，这意味着，我国在如何全面理解公有制方面有了新的思路，已完全摆脱了计划经济条件下对公有制的理解。

57. 社会保障体系中的最低纲领是（　　）。

A. 社会保险　　　B. 社会救助

C. 社会福利　　　D. 社会优抚

【璧尘解析】B。我国的社会保障体系包括社会保险、社会救助、社会福利、优抚安置和社会互助等。社会保险在社会保障体系中居于核心地位，它是社会保障体系的重要组成部分，是实现社会保障的基本纲领。社会

救助属于社会保障体系的最低层次,是社会保障要实现的最低纲领和目标。社会福利是社会保障的最高层次,是社会保障要实现的最高纲领和目标。

65. 邓小平关于社会主义本质的论述的显著特点有(   )。

A. 在目标的层次上界定社会主义的本质

B. 突出生产力的基础地位

C. 突出社会主义的价值目标

D. 在动态中描述社会主义的本质

【璧尘解析】ABCD。邓小平同志指出,社会主义的本质是"解放生产力、发展生产力、消灭剥削、消除两极分化、最终达到共同富裕"。在目标层次上界定社会主义的本质,突出生产力的基础地位,突出社会主义的价值目标,在动态中描述社会主义本质,这些都是邓小平关于社会主义本质的论述的显著特点。

66. 邓小平指出改革是中国的第二次革命,因为改革(   )。

A. 也是为了发展生产力、解放生产力

B. 要对原有体制进行根本性变革

C. 引起经济、社会生活、思想观念等一系列重大变化

D. 要对原有社会经济制度进行根本性变革

【璧尘解析】ABC。邓小平指出改革是中国的第二次革命,其含义如下:(1)改革是中国的第二次革命,中国共产党领导的第一次革命,把中国从一个半殖民地半封建的旧中国,变成了一个社会主义新中国;中国共产党领导的第二次革命,将把一个经济文化比较落后的社会主义中国变成一个富强、民主、文明、和谐的现代化的社会主义中国。(2)改革也是为了扫除发展生产力的障碍,解放生产力。革命是解放生产力,改革也是解放生产力,所以,改革也可以叫作革命。(3)我国

目前的改革不是社会正常发展中的一般性改革,而是对原有体制进行根本的变革。(4)改革引起了经济生活、社会生活、思想观念等一系列重大变化。(5)改革不同于传统意义上的革命,改革决不是改变社会主义的基本制度,而是社会主义制度的自我完善和发展。

67. "三个代表"重要思想(   )。

A. 反映了当代世界和中国的发展变化对党和国家工作的新要求

B. 丰富和发展了马克思列宁主义、毛泽东思想、邓小平理论

C. 是中国共产党理论创新的最终成果

D. 是发展着的马克思主义

【璧尘解析】ABD。江泽民同志"三个代表"重要思想,是马克思主义中国化的新结晶,是马克思主义与当代中国实际和时代特征相结合的新创造,是继毛泽东思想、邓小平理论之后,马克思主义在中国发展的新阶段。"三个代表"重要思想同马克思列宁主义、毛泽东思想、邓小平理论一脉相承,是中国共产党理论创新的重大成果,而不是最终的理论成果。

69. 中共十六届三中全会指出,从扩大就业再就业的要求出发,我们必须(   )。

A. 在产业类型上,注重发展高新技术产业

B. 在企业规模上,注重扶持中小企业

C. 在经济类型上,注重发展非公有制经济

D. 在就业方式上,注重采用灵活多样的形式

【璧尘解析】BCD。从扩大就业再就业的要求出发,在产业类型上,注重发展劳动密集型产业;在企业规模上,注意扶持中小企业;在经济类型上,注重发展非公有制经济;在就业形式上,注重采用灵活多样的形式。

80. 在邓小平建设有中国特色社会主义

理论的指导下,在经济理论上的重大突破有(　　)。

A. 确认社会主义商品经济

B. 确认社会主义市场经济

C. 确认现阶段我国社会主义处于初级阶段

D. 确认公有制可以有多种实现形式

【璧尘解析】BCD。确认社会主义市场经济,确认现阶段我国社会主义处于初级阶段,确认公有制可以有多种实现形式,这些都是在邓小平建设有中国特色社会主义理论的指导下,在经济理论上的重大突破。

综合分析题

2002年12月5日至6日,胡锦涛总书记在西柏坡考察时强调,必须牢记毛泽东同志当年倡导的"两个务必",大力发扬艰苦奋斗的作风。坚持艰苦奋斗,根本目的就是要为最广大人民的根本利益而不懈努力,不断把人民群众的利益维护好、实现好、发展好。这也是我们贯彻"三个代表"重要思想的必然要求。各级领导干部要坚持深入基层、深入群众,倾听群众呼声,关心群众疾苦,时刻把人民群众的安危冷暖挂在心上,做到权为民所用,情为民所系,利为民所谋。

106. 毛泽东同志强调的"两个务必"是(　　)。

A. 务必使同志们继续解放思想,务必使同志们继续实事求是

B. 务必使同志们继续从实际出发,务必使同志们继续理论联系实际

C. 务必使同志们继续密切联系群众,务必使同志们继续开展批评和自我批评

D. 务必使同志们继续地保持谦虚、谨慎、不骄、不躁的作风,务必使同志们继续保持艰苦奋斗的作风

【璧尘解析】D。在党的七届二中全会上,毛泽东同志要求全党在胜利面前保持清醒头脑,在夺取全国政权后要经受住执政的考验,务必使同志们继续保持谦虚、谨慎、不骄、不躁的作风,务必使同志继续保持艰苦奋斗的作风。

107. 我们党要做到权为民所用,情为民所系,利为民所谋,说到底就是要(　　)。

A. 代表中国先进生产力的发展要求

B. 代表中国先进文化的前进方向

C. 代表中国最广大人民的根本利益

D. 实现共产主义社会制度

【璧尘解析】C。我们党要做到权为民所用,情为民所系,利为民所谋,归根结底就是我们党要代表中国最广大人民的根本利益。

108. 从历史唯物主义角度出发,党之所以要体现最广大人民的根本利益,是因为(　　)。

A. 国家权力来源于人民,人民是国家的主人

B. 人民群众是实践的主体和历史的创造者

C. 只有代表最广大人民群众的根本利益,才能认识和改造世界

D. 群众是中国共产党的阶级基础

【璧尘解析】B。从历史唯物主义角度出发,因为人民群众是实践的主体和历史的创造者,党只有领导广大人民团结一致才能创造出更辉煌的历史。

109. 共产党执政后的最大危险是(　　)。

A. 脱离群众　　　　B. 阶级斗争

C. 形式主义　　　　D. 经济落后

【璧尘解析】A。《中国共产党章程》明确指出,我们党的最大政治优势是密切联系群众,党执政后的最大危险是脱离群众。党风问题、党同人民群众联系问题是关系党生死存亡的问题。

110. 作为执政党的中国共产党同一切剥削阶级执政党的根本区别就在于中国共产党(　　)。

A. 以夺取政权为目的

B. 以巩固政权为目的

C. 以建设社会文明为目的

D. 执政为民,全心全意为人民服务

【璧尘解析】D。一切剥削阶级执政党的执政目的都是压迫广大劳动人民,维护本阶级本集团的利益,而中国共产党执政则是走群众路线,维护广大人民利益,执政为民,全心全意为人民服务。

2005 年 A 类

1. 胡锦涛指出,加强和改善党的领导,实质就是要树立和落实(　　)。

A. 科学发展观

B. 正确的政绩观

C. 正确的执政方式

D. 正确的世界观

【璧尘解析】B。胡锦涛同志多次强调各级领导干部必须坚持立党为公、执政为民,牢固树立正确的政绩观,并强调要把树立正确的政绩观作为新时期党的建设新的伟大工程的重要内容。

2. 联合国的宗旨是维护世界和平与安全,促进国际合作与发展。因此,打击恐怖主义应该(　　)。

A. 发挥世界爱好和平的力量

B. 符合联合国宪章的宗旨和国际法准则

C. 发挥联合国的主导作用,加强国际合作

D. 在联合国领导下,统一行动

【璧尘解析】C。中国政府在打击恐怖主义问题上的主张是"发挥联合国的主导作用,加强国际合作",实际上,本题题干内已隐含着答案。

3. 建设有中国特色社会主义文化的根本任务是(　　)。

A. 促进人的全面发展

B. 提高人的道德素质

C. 提高全民族的科学文化水平

D. 在全社会形成共同的理想和精神支柱

【璧尘解析】D。十五大报告指出:"在全社会形成共同理想和精神支柱是有中国特色社会主义文化建设的根本。"

4. 中共十六届三中全会提出,农村基本经营制度的核心是(　　)。

A. 土地家庭承包经营

B. 适度规模经营

C. 农村专业户经营

D. 资本所有与家庭经营统分结合的双层经营

【璧尘解析】A。中共十六届三中全会提出,土地家庭承包经营是农村基本经营制度的核心,要长期稳定并不断完善以家庭承包经营为基础、统分结合的双层经营体制,依法保障农民对土地承包经营的各项权利。

5. 当前全球关注的最主要的社会问题是(　　)。

A. 贫困、失业和人权

B. 贫困、失业和民主

C. 贫困、人权和民主

D. 贫困、失业和社会分化

【璧尘解析】D。和平与发展是当今世界的两大主题,由于长期以来通行的不公正、不合理的国际经济旧秩序,致使许多发展中国家经济形势恶化,贫困、失业、社会分化成为这些国家进而成为当前全球关注的最主要的社会问题。而"人权"和"民主"恰恰是某些发达国家用来干涉别国内政的借口和幌子。

9. 我国社会主义初级阶段存在多种所有制形式的根本原因是(　　)。

A. 商品经济的存在

B. 物质利益的差别

C. 生产力状况

D. 劳动就业的需要

【璧尘解析】C。马克思主义认为生产力

决定生产关系,所有制形式是生产关系问题,它是由生产力决定的,所以我国社会主义初级阶段存在多种所有制形式的根本原因是生产力状况。

11.“五个统筹”中,“统筹区域发展”的实质是(   )。

A. 鼓励沿海地区先富起来,实现现代化

B. 把握“两个大局”,促进共同发展

C. 充分发挥沿海地区优势,实现我国工业化

D. 东西部地区同时发展,实现共同富裕

【璧尘解析】B。十六届三中全会《关于完善社会主义市场经济体制若干问题的决定》提出要“统筹城乡发展、统筹区域发展、统筹经济社会发展、统筹人与自然和谐发展、统筹国内发展和对外开放”,其中“统筹区域发展”的实质就是把握“两个大局”,促进共同发展。“两个大局”是指东部沿海地区要充分利用有利条件率先发展起来,这是一个大局;东部沿海地区发展到一定程度,要帮助中西部发展,实现共同富裕,这也是一个大局。

35. 中国走可持续发展道路并不是因为(   )。

A. 人口压力   B. 资源短缺

C. 环境恶化   D. 人口老龄化

【璧尘解析】D。可持续发展的必要性在于社会经济发展面临着人口膨胀、环境恶化、资源枯竭等问题的考验,必须转变发展模式。ABC 三项均是可持续发展的缘起。

36. 始终在人类历史上起推动作用的革命力量是(   )。

A. 科学技术   B. 伦理道德

C. 市场经济   D. 文化艺术

【璧尘解析】A。恩格斯指出:“在马克思看来,科学是一种在历史上起推动作用的、革命的力量。”20 世纪 80 年代,邓小平也多次深刻地指出,科学技术是“第一生产力”,此题实

际考查的是对邓小平“科学技术是第一生产力”论断的把握。

综合分析题

无产阶级政党夺取政权不容易,执掌好政权尤其是长期执掌好政权更不容易。党的执政地位不是与生俱来的,也不是一劳永逸的。我们必须居安思危,增强忧患意识,深刻汲取世界上一些执政党兴衰成败的经验教训,更加自觉地加强执政能力建设,始终为人民执好政、掌好权。

81.无产阶级政党的权力来源于(   )。

A. 公民   B. 本阶级力量

C. 人民   D. 市民

【璧尘解析】C。从政治学角度讲,无产阶级政党的权力来源于人民,是基本的政治概念;从法理角度讲,我国宪法规定,国家的一切权力属于人民,所以 C 项正确。

82.“执掌好政权尤其是长期执掌好政权更不容易”说明执掌政权的(   )。

A. 艰巨性   B. 复杂性

C. 挑战性   D. 合法性

【璧尘解析】ABC。AB 选项内容显而易见,题干是强调“……更不容易”说明执掌政权具有挑战性,D 选项所述合法性与题干意思无关。

83.“党的执政地位不是与生俱来的,也不是一劳永逸的”,告诫全党同志,党的执政地位(   )。

A. 不是先天的   B. 不是永远不变的

C. 是必然的   D. 是不断变化的

【璧尘解析】AB。题干中指出“……不是与生俱来,也不是一劳永逸的”,故 AB 选项正确,C 选项不符题意,D 选项在表述上有问题。

84.“我们必须居安思危,增强忧患意识,深刻汲取世界上一些执政党兴衰成败的经验教训”,说明了世界上执政党的执政规律(   )。

A. 没有相互借鉴性

B. 具有普遍性

C. 具有相互借鉴性

D. 没有普遍性

【璧尘解析】BC。之所以汲取经验教训,就是因为事物之间有普遍存在的共性,可以此为基础相互借鉴。

85. 从上面一段材料,可以作出合乎逻辑的推断,党的执政能力建设是(   )。

A. 执好政的必然要求

B. 执好政的前提条件

C. 巩固执政地位的基础

D. 贯穿执政的整个过程

【璧尘解析】ABCD。从给定的材料中,可以推断出 ABC 选项。另外,执政地位的长期性决定了执政能力建设的长期性,即执政能力建设贯穿于执政的整个过程。

2006 年 A 类

1. 中共十六届五中全会认为,提升国家竞争力的决定性因素是(   )。

A. 加强民主法制建设

B. 发展科技教育和壮大人才队伍

C. 提高资源利用效率

D. 加大改革开放力度

【璧尘解析】B。十六届五中全会指出,发展科技教育和壮大人才队伍,是提升国家竞争力的决定性因素。要深入实施科教兴国战略和人才强国战略。

3. 我国政府认为,在经济全球化进程中趋利避害、促进人类共同发展的关键是(   )。

A. 加强金融安全,防范金融风险

B. 加强国际交往

C. 建立公正合理的国际经济新秩序

D. 搞好对外贸易

【璧尘解析】C。我国政府一贯认为经济全球化产生的问题虽与各国发展政策有关,但根本上是由不合理的国际经济旧秩序造成的,所以在经济全球化进程中趋利避害、促进人类共同发展的关键是建立合理的国际经济新秩序。

9. 当前我国加快建设节约型社会的核心是(   )。

A. 合理利用社会资源,避免资源浪费

B. 资源综合利用和循环利用

C. 节约使用资源,提高资源利用效率

D. 大力发展循环经济

【璧尘解析】C。2005 年 6 月 30 日,温家宝在《高度重视加强领导加快建设节约型社会》讲话中指出,加快建设节约型社会总的要求是:"……坚持资源开发与节约并重、把节约放在首位的方针,以节约使用资源和提高资源利用效率为核心,以节能、节水、节材、节地、资源综合利用和发展循环经济为重点,……。"

10. 我国国有经济在国民经济中的主导作用主要表现在(   )。

A. 国有资产在社会总资产中占有量的优势

B. 国有经济对国民经济的控制力

C. 国有经济对垄断性行业的控制力

D. 国有经济在国民经济中占主体地位

【璧尘解析】B。公有经济包括国有经济和集体经济,当前国有经济在我国资产总量中已不占优势,也不占主体地位。主体与主导的含义不同,主体有量的规定,即数量上占优势,主导则体现在从质量上引导国民经济的方向。国有经济的控制力是对整个国民经济的控制力,而非对垄断行业的控制力。

32. 我国走新型工业化道路必须大力推进产业结构优化升级,形成新的产业格局,其主要内容是(   )。

A. 以高新技术产业为先导

B. 以基础产业和制造业为支撑

C. 大力发展劳动密集型产业

D. 服务业全面发展

【璧尘解析】ABD。十六大报告指出，推进产业结构优化升级，形成以高新技术产业为先导、基础产业和制造业为支撑、服务业全面发展的产业格局。2005年考研政治曾考。

34. 将依法治国确定为党领导人民治理国家的基本方略，其深远意义在于（　　）。
　　A. 它是发展社会主义市场经济的客观要求
　　B. 它是建设社会主义民主政治的基本保证
　　C. 它是社会主义文明进步的重要标志
　　D. 它是维护社会稳定、国家长治久安的重要保障

【璧尘解析】ABCD。依法治国是属于上层建筑的政治领域，它与民主政治、社会文明与社会稳定是密切相关的，依法治国的经济基础是市场经济。

39. 进一步消除制约城乡协调发展的体制性障碍，重点在于加快建立（　　）。
　　A. 以工促农、以城带乡的投入机制
　　B. 改变城乡二元结构的发展机制
　　C. 全社会劳动力的就业机制
　　D. 国民收入分配的协调机制

【璧尘解析】ABCD。促进城乡协调发展关键在于改变城乡二元结构的发展机制，建立以工促农、以城带乡的投入机制，全社会劳动力的就业机制以及国民收入分配的协调机制。

2007年A类

1. 胡锦涛指出，马克思主义政党执政成功的前提条件是（　　）。
　　A. 科学执政　　　B. 民主执政
　　C. 依法执政　　　D. 以德执政

【璧尘解析】A。胡锦涛在2006年6月的中共中央政治局第三十二次集体学习时指出：科学执政是马克思主义政党执政成功的前提条件。

2. 2006年12月召开的中央经济工作会议指出，全面落实科学发展观的本质要求是（　　）。
　　A. 又快又好发展
　　B. 全面协调可持续发展
　　C. 提高自主创新能力
　　D. 又好又快发展

【璧尘解析】D。2006年中央经济工作会议指出，必须深刻认识又好又快发展是全面落实科学发展观的本质要求。"快"是对经济发展速度的强调；"好"是对经济发展质量和效益的要求。从"又快又好"到"又好又快"，这表明我党更加重视经济发展的质量和效益，把质量和效益放在更加突出的位置。

26. 中共十六届六中全会指出，构建社会主义和谐社会，要遵循的原则是（　　）。
　　A. 坚持以人为本，坚持科学发展
　　B. 坚持改革开放，坚持民主法治
　　C. 坚持正确处理改革发展稳定的关系
　　D. 坚持在党的领导下全社会共同建设

【璧尘解析】ABCD。党的十六届六中全会决定提出，构建社会主义和谐社会，要遵循以下原则：必须坚持以人为本，必须坚持科学发展，必须坚持改革开放，必须坚持民主法治，必须坚持正确处理改革、发展、稳定的关系，必须坚持在党的领导下全社会共同建设。

2008年A类

1. 社会主义和谐社会的必要条件和基本标志是（　　）。
　　A. 科技进步　　　B. 安定有序
　　C. 发展有序　　　D. 竞争有序

【璧尘解析】B。胡锦涛同志指出："我们所要建设的社会主义和谐社会，应该是民主法治、公平正义、诚信友爱、充满活力、安定有序、人与自然和谐相处的社会。"其中"安定有序"是构建社会主义和谐社会的必要条件和基本标志。

5. 我国社会保障制度的核心是(　　)。

A. 社会救助　　B. 社会福利

C. 社会保险　　D. 社会公平

【璧尘解析】C。参见 2004 年 A 类第 57 题。

29. 针对我国目前收入分配中存在的问题,党的十七大报告提出(　　)。

A. 初次分配注重效率

B. 初次分配和再分配都要处理好效率和公平的关系

C. 再分配更加注重公平

D. 提高劳动报酬在初次分配中的比重

【璧尘解析】BCD。党的十七大报告指出,要坚持和完善按劳分配为主体、多种分配方式并存的分配制度,健全劳动、资本、技术、管理等生产要素按贡献参与分配的制度,初次分配和再分配都要处理好效率和公平的关系,再分配更加注重公平。逐步提高居民收入在国民收入分配中的比重,提高劳动报酬在初次分配中的比重。

综合分析题

材料一:我国石油、天然气人均剩余可采储量仅有世界平均水平的 7.7% 和 7.1%。储量比较丰富的煤炭也只有世界平均水平的 58.6%。早在十年前,我国就已经对节约能源进行了立法。近年来能源消耗急剧增长,供需矛盾日益突出,已经成为我国经济社会可持续发展的最大制约,直接威胁国家经济安全。与能源短缺形成强烈反差的是能源浪费惊人,我国能源利用效率只有 33%,比国际先进水平低 10 个百分点左右。

材料二:2006 年 8 月 5 日,国务院同意并公布了由环境保护总局、发展和改革委员会制定的《"十一五"期间全国主要污染物排放总量控制计划》。2007 年 11 月下旬,国务院转发了国家发展和改革委员会、国家统计局和环境保护总局等部门制订的《单位 GDP 能耗统计指标体系实施方案》等三个方案和《主

要污染物总量减排统计办法》等三个办法。12 月,备受关注的《能源法》(征求意见稿)首次亮相,面向各界征求意见。

66. 上述材料说明(　　)。

A. 我国能源消耗的急剧增长与能源浪费并存

B. 我国经济发展方式要由主要依靠增加物质资源消耗向主要依靠科技进步、劳动者素质提高、管理创新转变

C. 能源供需矛盾已成为我国经济社会可持续发展的瓶颈

D. 我国能源消耗大,环境污染日趋严重

【璧尘解析】ACD。从材料一中所述,"近年来能源消耗急剧增长,供需矛盾日益突出,已经成为我国经济社会可持续发展的最大制约,直接威胁国家经济安全。与能源短缺形成强烈反差的是能源浪费惊人",可以得出选项 AC。从材料二中可得出"环境污染"即选项 D。B 选项无法从材料中得出。

67. 针对能源和污染问题,我国相关立法进程稳步推进,关于这方面的立法成果表述正确的是(　　)。

A. 我国已经颁布了《节约能源法》

B. 我国已经颁布了《能源法》

C. 关于污染物排放控制,虽然没有制定法律,但国务院已经制定了相应的行政法规

D. 1989 年颁行的《环境保护法》已经不能适应保护和改善生活环境与生态环境的需要,应当抓紧修正

【璧尘解析】AC。《中华人民共和国节约能源法》于 2007 年 10 月 28 日修订通过,自 2008 年 4 月 1 日起施行。《能源法》只是征求意见稿,尚未颁行。

68. 我国政府解决能源短缺问题的思路有(　　)。

A. 加快转变经济发展方式,推动产业结构优化升级

B. 建设科学合理的能源资源利用体系,提高能源资源利用效率

C. 要完善有利于节约能源资源和保护生态环境的法律和政策

D. 减缓经济发展速度,降低能源消耗

【璧尘解析】ABC。我国政府解决能源短缺问题的思路:一是要大力调整经济结构和转变经济增长方式;二是要加快建立能源资源技术支持体系;三是要注重优化消费结构,逐步形成节约型的消费方式;四是要推动发展循环经济,促进资源循环式利用;五是要建设促进能源资源节约的体制机制;六是要加强规划和政策引导;七是要建立健全节约能源资源的法律法规和标准体系;八是要加强节约能源资源的宣传教育。

69. 2008年是完成我国"十一五"节能减排约束性目标的关键一年,要把节能减排作为促进科学发展的重要抓手,应尽快形成的工作格局是( )。

A. 政府为主导

B. 企业为主体

C. 加强新农村建设

D. 全社会共同推进

【璧尘解析】ABD。把节能减排作为促进科学发展的重要手段,加大力度、迎难而上,尽快形成以政府为主导、企业为主体、全社会共同推进的工作格局,打好节能减排攻坚战和持久战。

70. 党的十七大报告提出,建设生态文明,基本形成节约能源资源和保护生态环境的( )。

A. 消费模式　　B. 增长方式

C. 产业结构　　D. 生活方式

【璧尘解析】ABC。党的十七大报告提出:建设生态文明,必须加快转变经济发展方式,到2020年基本形成节约能源资源和保护生态环境的产业结构、增长方式和消费模式。

2009 年 A 类

1. 十七届三中全会通过的《中共中央关于推进农村改革发展若干重大问题的决定》明确提出,新形势下推进农村改革发展的基本方向是( )。

A. 走中国特色农业现代化道路

B. 建设社会主义新农村

C. 加快形成城乡经济社会发展一体化新格局

D. 工业反哺农业、城市支持农村和多予少取放活

【璧尘解析】A。党的十七届三中全会明确提出当前和今后一个时期推进我国农村改革发展的总体思路,把走中国特色农业现代化道路作为农村改革发展的基本方向。

7. 邓小平对外开放思想中最具有远见卓识和最富有实践效应的伟大创举是( )。

A. 提出引进国外的资本和技术

B. 提出建立经济特区

C. 提出借鉴和吸收世界上一切文明成果

D. 提出建立全方位、多层次、宽领域的开放格局

【璧尘解析】B。我国对外开放的先头阵地是经济特区。经济特区的主要形式有自由港、自由贸易区、出口加工区等。建立经济特区是一项具有远见卓识的伟大创举,也是邓小平对外开放思想中最富有实践效应的重要内容。2008是改革开放30周年,注意此题的命题背景。

8. 现阶段我国实行的按劳分配的特点是( )。

A. 必须借助商品货币关系来实现

B. 直接以每个劳动者的劳动时间实现

C. 在全社会范围内按统一标准实现

D. 在公有制经济范围内按统一标准实现

【璧尘解析】A。现阶段我国实行按劳分配的特点之一就是必须通过商品和货币形式实现。其他三个选项说法都太绝对。

2010 年 A 类

7. 2010 年 2 月 1 日江苏再次上调最低工资标准,各类地区涨幅均超过 12%,此举在于( )。

A. 不断完善多层次的社会保障体系
B. 提高劳动报酬在再分配中的比重
C. 提高劳动报酬在初次分配中的比重
D. 健全生产要素按贡献参与分配的制度

【璧尘解析】C。初次分配是指企业单位内部的分配,即根据各生产要素在生产中发挥的效率带来的总收益多少进行分配,包括劳动者得到工资,货币资本得到利润、利息,人力资本(表现为技术、管理、信息等)得到报酬,土地所有者得到地租。再分配是指在初次分配的基础上,政府通过税收、政策、法律等措施,调节各收入主体之间现金或实物的分配过程,也是对要素收入再次调节的过程。

8. 社会主义核心价值体系的灵魂是( )。

A. 社会主义荣辱观
B. 马克思主义指导思想
C. 中国特色社会主义共同理想
D. 民族精神和时代精神

【璧尘解析】B。社会主义的核心价值体系是全党全国各族人民团结奋斗的共同思想基础。它包括:马克思主义指导思想、中国特色社会主义共同理想、以爱国主义为核心的民族精神和以改革创新为核心的时代精神、以"八荣八耻"为主要内容的社会主义荣辱观。其中,马克思主义指导思想是社会主义核心价值体系的灵魂。请注意十八大报告对社会主义核心价值体系表述的新变化。

21.《中共中央关于加强和改进新形势下党的建设若干重大问题的决定》提出的用人标准是( )。

A. 德才兼备　　B. 注重实绩

C. 以德为先　　D. 群众公认

【璧尘解析】AC。2009 年 9 月,中共中央出台《关于加强和改进新形势下党的建设若干重大问题的决定》提出,坚持德才兼备、以德为先的用人标准。把干部的德放在首要位置,是保持马克思主义执政党先进性和纯洁性的根本要求和重要保证。

25. 我国发展公益性文化事业的方针是( )。

A. 增加投入、转换机制
B. 创新主体、转换机制
C. 增强活力、改善服务
D. 面向市场、壮大实力

【璧尘解析】AC。中共中央《关于完善社会主义市场经济体制若干问题的决定》中强调要深化文化体制改革,公益性文化事业单位要深化劳动人事、收入分配和社会保障制度改革,加大国家投入,增强活力,改善服务。经营性文化产业单位要创新体制,转换机制,面向市场,壮大实力。

2011 年 A 类

4. 深入贯彻落实科学发展观,动力在于( )。

A. 推动经济社会又好又快发展
B. 提高领导科学发展能力
C. 创新体制机制
D. 发挥人民主体作用

【璧尘解析】C。2010 年 4 月 6 日,胡锦涛在全党深入学习实践科学发展观活动总结大会上的讲话中指出,深入贯彻落实科学发展观,动力在于创新体制机制。

5. 在当代中国,引领中国共产党和全国各族人民团结奋斗的共同思想基础是( )。

A. 中国特色社会主义理论体系
B. 科学发展观

C. 爱国主义

D. 社会主义核心价值体系

【璧尘解析】D。参见 2010 年 A 类第 8 题。

18. 2010 年 12 月 1 日,山西省被批准为全国第一个全省域、全方位、系统性的"国家资源型经济转型综合配套改革试验区"。这一举措突出的作用是( )。

A. 确保全国资源和能源供给

B. 强化国家能源基地建设

C. 推动单一资源主导产业升级

D. 正确处理资源产业内部协调发展的关系

【璧尘解析】D。山西省国家资源型经济转型综合配套改革试验区是国家批复的首个以"资源型经济转型"为主题的综合配套改革试验区,是在山西省整个省域里,紧紧围绕产业的优化升级和战略性新兴产业的发展,在整个产业结构的调整和资源型经济转型方面进行的一个全面的重大探索。

24. 实施主体功能区战略的理由有( )。

A. 尊重自然谋发展的必然要求

B. 实施科学发展的根本途径

C. 完善区域调控的重要基础

D. 加快转变经济发展方式的主攻方向

【璧尘解析】ACD。2010 年 12 月,国务院在印发的《全国主体功能区规划》中指出,推进形成主体功能区,有利于推进经济结构战略性调整,加快转变经济发展方式,实现科学发展;有利于按照以人为本的理念推进区域协调发展;有利于从源头上扭转生态环境恶化趋势,促进资源节约和环境保护,实现可持续发展;有利于打破行政区划界限,加强和改善区域调控。党的十七届五中全会指出,要坚持把经济结构战略性调整作为加快转变经济发展方式的主攻方向。

33. 关于《实践是检验真理的唯一标准》这篇特约评论员文章,下列说法正确的有( )。

A. 这篇文章突破了"两个凡是"的束缚

B. 这篇文章发表在《人民日报》上

C. 围绕这篇文章的讨论,成为中国共产党政治路线调整的先声

D. 这篇文章发表在中共十一届三中全会召开之后

【璧尘解析】AC。1978 年 5 月 11 日,《光明日报》刊登题为《实践是检验真理的唯一标准》的特约评论员文章。《实践是检验真理的唯一标准》所引发的大讨论,冲破了"两个凡是"的严重束缚,实现了党在思想路线上的拨乱反正,为具有划时代意义的党的十一届三中全会做了重要的思想准备。1978 年 12 月 18 日至 22 日,党的十一届三中全会在北京举行,是我党历史上具有深远意义的伟大转折。BD 项不正确。

35.《国家中长期教育改革和发展规划纲要(2010—2020 年)》提出,今后 10 年教育改革和发展的战略目标有( )。

A. 基本实现教育现代化

B. 基本实现教育社会化

C. 进入人力资源强国行列

D. 基本形成学习型社会

【璧尘解析】ACD。2010 年 7 月,《国家中长期教育改革和发展规划纲要(2010—2020 年)》发布,指出到 2020 年基本实现教育现代化,基本形成学习型社会,进入人力资源强国行列。

2012 年 A 类

5. 发展循环经济是我国经济社会发展的一项重大战略。循环经济的核心是( )。

A. 实现清洁生产

B. 提高劳动生产效率

C. 降低废物排放

D. 提高资源利用效率

【璧尘解析】D。循环经济是一种以资源的高效利用和循环利用为核心,以"减量化、再利用、资源化"为原则,以"低消耗、低排放、高效率"为基本特征,符合可持续发展理念的经济增长模式,是对"大量生产、大量消费、大量废弃"的传统增长模式的根本变革。

6. 建设社会主义文化强国的出发点和落脚点是( )。
A. 提高全民族文明素质
B. 满足人民精神文化需求
C. 增强国家文化软实力
D. 建设社会主义核心价值体系

【璧尘解析】B。2011年10月,十七届六中全会通过的《关于深化文化体制改革推动社会主义文化大发展大繁荣若干重大问题的决定》指出,要坚持中国特色社会主义文化发展道路,深化文化体制改革,推动社会主义文化大发展大繁荣,必须坚持社会主义先进文化前进方向,以科学发展为主题,以建设社会主义核心价值体系为根本任务,以满足人民精神文化需求为出发点和落脚点,以改革创新为动力,发展面向现代化、面向世界、面向未来的,民族的科学的大众的社会主义文化,培养高度的文化自觉和文化自信,提高全民族文明素质,增强国家文化软实力,弘扬中华文化,努力建设社会主义文化强国。

43. 胡锦涛在庆祝中国共产党成立90周年大会上的讲话中指出,经过90年的奋斗、创造、积累,党和人民必须倍加珍惜、长期坚持、不断发展的成就有( )。
A. 实现了民族独立和人民解放
B. 开辟了中国特色社会主义道路
C. 形成了中国特色社会主义理论体系
D. 确立了中国特色社会主义制度

【璧尘解析】BCD。胡锦涛同志在庆祝中国共产党成立90周年大会上的讲话中指出,经过90年的奋斗取得的成就是:开辟了中国特色社会主义道路,形成了中国特色社会主义理论体系,确立了中国特色社会主义制度。

45. 下列属于邓小平在1992年"南方谈话"中提出的重要论断有( )。
A. 改革也是解放生产力
B. 贫穷不是社会主义
C. 计划和市场都是经济手段
D. 科学技术是第一生产力

【璧尘解析】A。1992年,邓小平"南方谈话"中提出的重要论断包括:(1)革命是解放生产力,改革也是解放生产力;(2)恐怕再有30年的时间,我们才会在各方面形成一整套更加成熟、更加定型的制度;(3)计划多一点还是市场多一点,不是社会主义与资本主义的本质区别;(4)走社会主义道路,就是要逐步实现共同富裕;(5)抓住时机,发展自己,关键是发展经济;等等。B选项是1987年邓小平在接见外宾时提出的,而C选项是1984年邓小平同志在《建设有中国特色的社会主义》中提出的,D选项是1978年邓小平在全国科技大会上提出的,后来又多次在重要场合反复强调。

2013年A类

1. 党的十八大把科学发展观列入党的指导思想。科学发展观最鲜明的精神实质是( )。
A. 解放思想、实事求是、与时俱进、求真务实
B. 以人为本,全面协调可持续发展
C. 科学发展、和谐发展、和平发展
D. 发展为了人民,发展依靠人民,发展成果由人民共享

【璧尘解析】A。十八大报告指出:"解放思想、实事求是、与时俱进、求真务实,是科学发展观最鲜明的精神实质。"

7. 党的十八大从国家、社会、个人三个层面对社会主义核心价值观作了阐述,从个人层面倡导的是( )。

A. 富强、民主、文明、和谐

B. 自由、平等、公正、法治

C. 爱国、敬业、诚信、友善

D. 和平、发展、合作、共赢

【璧尘解析】C。十八大报告指出,要加强社会主义核心价值体系建设,倡导富强、民主、文明、和谐,倡导自由、平等、公正、法治,倡导爱国、敬业、诚信、友善,积极培育和践行社会主义核心价值观。其中,"富强、民主、文明、和谐"是从国家层面进行阐述的,"自由、平等、公正、法治"是从社会层面进行阐述的,"爱国、敬业、诚信、友善"则是从个人层面进行阐述的。

28. 下列关于我国当前必须大力发展新型服务业的原因分析,正确的是( )。

A. 发展新型服务业所需要的人才宽裕

B. 发展新型服务业不需要投入大量资本

C. 发展新型服务业能够有效促进转型升级

D. 发展新型服务业的准入条件比较宽松

【璧尘解析】C。新型服务业是现代经济发展的先导,是社会运转的主要载体,发展新型服务业能有效优化经济结构,加快产业结构调整,促进转型升级。

35. 1978 年以来,我国对外开放过程中发生过一些重大的历史事件,对下列历史事件按时间先后排序,正确的是( )。

A. 设立 4 个经济特区、开放 14 个沿海港口城市、开发开放浦东、加入 WTO

B. 开放 14 个沿海港口城市、设立 4 个经济特区、加入 WTO、开发开放浦东

C. 设立 4 个经济特区、开发开放浦东、开放 14 个沿海港口城市、加入 WTO

D. 开放 14 个沿海港口城市、开发开放浦东、加入 WTO、设立 4 个经济特区

【璧尘解析】A。党中央、国务院在 1980 年批准设置了深圳、珠海、汕头、厦门四个经济特区,另外还有两个经济特区分别是海南岛和喀什,分别于 1988 年、2010 年批准设置。1984 年在 14 个沿海开放城市中设立经济技术开发区,1990 年 4 月,进一步开放上海浦东新区。2001 年 11 月,中国加入了 WTO。

36. 2012 年 12 月召开的中央经济工作会议指出:我国有 13 亿人口,只有把饭碗牢牢端在自己手中才能保持社会大局稳定,对这句话的理解,正确的有( )。

A. 要把保证粮食供应的立足点放在靠自己力量的基础上

B. 我国要实现粮食完全自给,不能从国际市场进口粮食

C. 粮食安全问题既是经济的又是政治的

D. 要确保国家粮食安全,保障农产品的有效供给

【璧尘解析】ACD。我国是农业大国,为确保粮食安全,进口粮食只能是对国内生产的必要补充,而不能危及国内产业发展,并且要与技术创新结合起来,实施进口替代和产品出口战略。但这并不是说粮食完全自给,不能从国际市场进口粮食。

39. 邓小平理论的科学体系包含的主要内容是( )。

A. 社会主义本质论

B. 社会主义初级阶段理论

C. 社会主义改革开放理论

D. 社会主义市场经济理论

【璧尘解析】ABCD。社会主义本质论、社会主义初级阶段理论、社会主义改革开放理论和社会主义市场经济理论均属邓小平理论的科学体系。

2014年A类

9. 2013年，我国城乡低保标准分别提高13.1%和17.7%，企业退休人员基本养老金水平提高10%，这体现的是（　）。

A. 初次分配兼顾效率和公平
B. 再分配更加注重公平
C. 劳动报酬增长和劳动生产率提高同步
D. 提高劳动报酬在初次分配中的比重

【璧尘解析】B。再分配指在初次分配结果的基础上各收入主体之间通过各种渠道实现现金或实物转移的一种收入再次分配过程，也是政府对要素收入进行再次调节的过程，主要有收入税、财产税、社会缴款、社会福利和其他转移收支等方式。低保、养老金属于社会福利，是再分配的方式之一。题干中低保和养老金标准的提高体现了我国再分配更加注重公平。

36. 习近平总书记在党的十八届三中全会上指出："改革开放只有进行时，没有完成时。"这一论断的内涵包括（　）。

A. 改革开放是坚持和发展中国特色社会主义的必由之路
B. 改革开放是决定当代中国命运的关键一招
C. 改革开放是推动经济和社会发展的强大动力
D. 实践发展永无止境，解放思想永无止境，改革开放也永无止境

【璧尘解析】ABCD。改革开放的内涵包括：改革开放是推动经济和社会发展的强大动力，改革开放的成功深刻揭示了社会主义建设规律、共产党执政规律和人类社会发展规律，是坚持和发展中国特色社会主义的必由之路；改革开放是决定当代中国命运的关键一招，也是实现"两个100年"奋斗目标、实现中华民族伟大复兴的关键一招；实践发展永无止境，解放思想永无止境，改革开放也永无止境，停顿和倒退没有出路。

2004年B类

15. 衡量某种所有制形式是否有其存在的必然性的标准是（　）。

A. 公有化程度的高低
B. 私有化程度的高低
C. 能否适应上层建筑的要求
D. 能否促进生产力的发展

【璧尘解析】D。参见2004年A类第15题。

16. 我国社会主义文化建设的基础工程是（　）。

A. 发展教育和科学
B. 普及群众文化
C. 提高全民族的文化水平
D. 发展高新技术

【璧尘解析】A。我国社会主义文化建设的基础工程是发展教育和科学，教育和科学是文化建设发展的基础和保障。

17. 中国共产党的最大政治优势是（　）。

A. 一切从实际出发
B. 加强思想理论建设
C. 密切联系群众
D. 坚持对外开放

【璧尘解析】C。中国共产党自建党以来就十分注重密切联系群众，走群众路线。密切联系群众已成为中国共产党的最大政治优势。与2004年A类第109题相似。

18. 作为党的生命，对人民民主具有重要的示范和促进作用的是（　）。

A. 党的战斗力　　B. 党的先进性
C. 党内民主　　　D. 党的纪律

【璧尘解析】C。党内民主是人民民主的基础和保证，党内民主肩负着对人民民主的

50

示范和促进作用。

19. "三个代表"重要思想的基础是坚持（　　）。

A. 发展先进生产力
B. 代表先进文化的前进方向
C. 代表最广大人民群众的根本利益
D. 建设社会主义政治文明

【璧尘解析】A。代表先进生产力发展要求在"三个代表"重要思想中居于基础地位，发展先进的生产力，是发展先进文化、实现最广大人民根本利益的基础条件。

56. 我国经济发展带动全局的战略重点是（　　）。

A. 把农业放在发展国民经济的首位，加强农业的基础地位，保证能源和交通发展
B. 教育和科学
C. 培植社会主义市场经济体制
D. 与世界经济接轨

【璧尘解析】A。把农业放在发展国民经济的首位，加强农业的基础地位，保证能源和交通发展是我国经济发展带动全局的战略重点。

66. 解放思想和实事求是的关系是（　　）。

A. 解放思想是实事求是的前提
B. 实事求是是解放思想的目的
C. 解放思想不能离开实事求是
D. 解放思想和实事求是是统一的

【璧尘解析】ABCD。解放思想与实事求是是党的思想路线不可分割的两个方面，解放思想是实事求是的应有之义，实事求是是解放思想的直接目的和结果。

综合分析题

开创中国特色社会主义事业新局面，必须高举邓小平理论伟大旗帜，坚持贯彻"三个代表"重要思想。"三个代表"重要思想是对马克思列宁主义、毛泽东思想和邓小平理论的继承和发展，是加强和改进党的建设、推进我国社会主义自我完善和发展的强大理论武器，是全党集体智慧的结晶，是我党必须长期坚持的指导思想。始终坚持"三个代表"重要思想，是我们党的立党之本、执政之基、力量之源。

106. 新世纪新阶段，中国共产党的指导思想是（　　）。

A. 马克思主义
B. 列宁主义
C. 毛泽东思想
D. 马克思列宁主义、毛泽东思想、邓小平理论和"三个代表"重要思想

【璧尘解析】D。2002 年 11 月，党的十六大对党章进行修订，明确：中国共产党以马克思列宁主义、毛泽东思想、邓小平理论和"三个代表"重要思想作为自己的行动指南。

107. 下列关于"三个代表"重要思想的说法中，不正确的有（　　）。

A. "三个代表"重要思想是我们党必须长期坚持的指导思想
B. "三个代表"重要思想是保障现代化建设的法律武器
C. "三个代表"重要思想是对党的性质、宗旨、历史任务的新概括
D. "三个代表"重要思想是新世纪全面加强党的建设的伟大纲领

【璧尘解析】B。"三个代表"重要思想是我们党必须长期坚持的指导思想，而不是法律武器。

108. "三个代表"重要思想是对马克思列宁主义、毛泽东思想和邓小平理论的继承和发展，体现的唯物辩证法的基本观点是（　　）。

A. 世界的物质性原理
B. 实践的客观物质性原理
C. 感性认识和理性认识的辩证关系原理

D. 联系的观点和发展的观点

【璧尘解析】D。"三个代表"重要思想是对马克思列宁主义、毛泽东思想和邓小平理论的继承和发展，体现的是唯物辩证法的联系和发展的观点。

109. 贯彻"三个代表"重要思想，必须把（　　）作为党执政兴国的第一要务。

A. 改革　　　　　B. 发展

C. 稳定　　　　　D. 开放

【璧尘解析】B。要切实贯彻好"三个代表"重要思想，就必须把发展作为党执政兴国的第一要务。

110. 始终坚持"三个代表"重要思想，是我们党的立党之本、执政之基、力量之源。这里的"本"、"基"、"源"，归根到底就是（　　）。

A. 党的领导

B. 社会主义道路

C. 人民群众的支持和拥护

D. 人民民主专政

【璧尘解析】C。我们党的立党之本、执政之基、力量之源，归根结底就是要得到人民群众的支持和拥护。

2005 年 B 类

3. 我国处理与周边邻国关系的方针是（　　）。

A. 睦邻友好，求同存异

B. 结成地区性军事集团

C. 彼此利益完全一致

D. 应该从本国利益出发

【璧尘解析】A。中国历来奉行不结盟的政策，因此结成地区性军事集团不符合中国外交政策。任何国家的利益都不会完全一致，因此C项也不正确。外交行为的出发点一般说来应该是本国利益，但是在有些情况下，在不牺牲本国根本利益的前提下，也应当寻求妥协，互谅互让，这一点在处理中国同周边国家的关系时尤为重要。

9. 当前切实解决国有资产流失的关键是（　　）。

A. 建立法人治理结构

B. 加强政府宏观调控

C. 改变国有资产经营管理方式

D. 明晰国有资产产权关系

【璧尘解析】D。党的十六届三中全会指出：产权是所有制的核心和主要内容，包括物权、债权、股权和知识产权等各类财产权。建立归属清晰、权责明确、保护严格、流转顺畅的现代产权制度，有利于维护公有财产权，巩固公有制经济的主体地位。

10. 科教兴国战略形成的理论依据是（　　）。

A. 科学技术是第一生产力

B. 社会主义初级阶段的理论

C. 改革开放的迫切需要

D. 世界性科技革命对我国的影响

【璧尘解析】A。邓小平提出的"科学技术是第一生产力"是党的十五大制定科教兴国战略的理论依据。

11. 我党提出"立党为公"中的"公"的意思是（　　）。

A. 全体党员

B. 最广大人民的根本利益

C. 大公无私的奉献精神

D. 工人阶级、农民阶级、知识分子

【璧尘解析】B。马克思主义认为，无产阶级及其政党除了代表和维护广大人民群众的利益之外，没有自己的特殊利益。最广大人民群众不仅包括工人阶级、农民阶级、知识分子，还包括改革开放以来出现的其他新兴阶层。

综合分析题

我党提出的科学发展观，是对邓小平理论和"三个代表"重要思想的新发展。科学发展观把坚持以人为本和经济社会全面、协调、可持续发展统一起来,强调按照"五个统筹"的要求推进改革和发展,实现经济社会更快更好的发展。

86. 科学发展观是指( )。

A. 坚持以人为本和实现经济社会全面、协调、可持续发展的统一

B. 按照"五个统筹"的要求推进改革和发展

C. 迅速提高人民的物质生活和文化生活水平

D. 着力解决经济社会发展中突出的问题

【璧尘解析】ABD。党的十六届三中全会提出了科学发展观,把坚持以人为本和经济社会全面、协调、可持续发展统一起来,并强调按照"五个统筹"的要求推进改革和发展。科学发展观的提出是为了解决我国经济社会发展中的突出问题。故正确的选项为 ABD。

87. 实施可持续发展的战略,必须( )。

A. 提高人口质量

B. 合理利用资源

C. 突出经济增长的高速度

D. 保护生态环境

【璧尘解析】ABD。可持续发展就是要统筹人与自然的和谐发展,处理好经济建设、人口增长与资源利用、生态环境保护的关系,推动整个社会走上生产发展、生活富裕、生态良好的文明发展道路。提高人口质量、合理利用资源、保护生态环境均符合可持续发展观的要求。可持续发展的重点不在突出经济增长的高速度。ABD 三项符合题意。

88. 科学发展观的实质是( )。

A. 要实现经济社会更快更好的发展

B. 要实现可持续发展

C. 要实现统筹兼顾

D. 要促进全面发展

【璧尘解析】A。科学发展观的第一要义是发展,核心是以人为本,基本要求是全面协调可持续,根本方法是统筹兼顾。科学发展

观的实质是要用新的发展思路实现经济社会更快更好的发展。

89. "五个统筹"中统筹区域协调发展的意思是( )。

A. 东部率先实现小康社会和现代化

B. 振兴东北地区老工业基地

C. 推进西部大开发

D. 形成东中西互动、优势互补、相互促进、共同发展的新格局

【璧尘解析】ABCD。2003 年 10 月十六届三中全会通过了《中共中央关于完善社会主义市场经济体制若干问题的决定》,明确提出促进地区协调发展的战略布局,即坚持推进西部大开发,振兴东北地区等老工业基地,促进中部地区崛起,鼓励东部地区加快发展,形成东中西互动、优势互补、相互促进、共同发展的新格局。

90. 坚持以人为本就是( )。

A. 把人民利益作为一切工作的出发点和落脚点

B. 不断提高人民群众物质文化生活水平和健康水平

C. 要尊重和保障人权

D. 要创造人们平等发展、充分发挥聪明才智的社会环境

【璧尘解析】ABCD。党的十六届三中全会指出,以人为本,就是要把人民的利益作为一切工作的出发点和落脚点,不断满足人们的多方面需求和促进人的全面发展。具体地说,就是在经济发展的基础上,不断提高人民群众物质文化生活水平和健康水平;就是要尊重和保障人权,包括公民的政治、经济、文化权利;就是要不断提高人们的思想道德素质、科学文化素质和健康素质;就是要创造人们平等发展、充分发挥聪明才智的社会环境。

2006 年 B 类

1. 中共十六届五中全会认为,促进经济社会发展的强大动力是( )。

A. 发展　　　B. 改革
C. 稳定　　　D. 开放

【璧尘解析】B。改革是动力,发展是目的,稳定是前提,开放是国策。十六届五中全会指出,改革是促进经济社会发展的强大动力,目前我国正处于改革的攻坚阶段,必须以更大决心加快推进改革,使关系经济社会发展全局的重大体制改革取得突破性进展。

2. 中国共产党执政的最牢固的政治基础和最深厚的力量源泉是( )。
A. 人民群众的拥护和支持
B. 立党为公、执政为民
C. 严厉惩治腐败
D. 正确的路线、方针、政策

【璧尘解析】A。2005年1月,胡锦涛在中纪委第五次全体会议上强调,我们党的执政能力和执政地位从根本上说都来自于人民。人民群众的拥护和支持,是党执政最牢固的政治基础和最深厚的力量源泉。

5. 当前我国加快建设资源节约型社会的重点是( )。
A. 改革开放和科技进步
B. 合理利用社会资源,避免资源浪费
C. 节约使用资源,提高资源利用效率
D. 节能、节水、节材、节地、资源综合利用和发展循环经济

【璧尘解析】D。参见2006年A类第9题。

8. 对我国经济发展具有重大意义的三大战略性资源是( )。
A. 粮食、草原、水
B. 粮食、石油、水
C. 石油、森林、水
D. 粮食、森林、水

【璧尘解析】B。对经济发展具有重大意义的三大战略性资源是粮食、能源和水,故正确选项为B。

16. 构建社会主义和谐社会最根本的保证是( )。
A. 依法治国
B. 以德治国
C. 从严治党
D. 党的领导和社会主义制度

【璧尘解析】D。构建社会主义和谐社会最根本的保证是中国共产党的领导和社会主义制度。

26. 建设创新型国家的核心是增强( )。
A. 科学发现能力　B. 技术发明能力
C. 模仿创新能力　D. 自主创新能力

【璧尘解析】D。创新型国家的核心为自主创新能力。创新应是全面的创新,不仅仅是科学技术创新。

2007年B类

1. 胡锦涛指出,马克思主义政党执政的基本方式是( )。
A. 科学执政　　　B. 民主执政
C. 依法执政　　　D. 和谐执政

【璧尘解析】C。2006年6月,在中共中央政治局第三十二次集体学习时胡锦涛强调,要科学执政、民主执政、依法执政,核心是要为人民掌好权;科学执政是马克思主义政党执政成功的前提条件,民主执政是马克思主义政党执政的本质要求,依法执政是新的历史条件下马克思主义政党执政的基本方式。

5. 我国“十一五”期间社会发展的首要任务是( )。
A. 加快社会事业发展
B. 遏制生态环境恶化趋势
C. 健全并公平地分配公共服务
D. 健全社会保障体系

【璧尘解析】C。我国城乡、区域发展的不

平衡,首先表现在居住在不同区域的人口享有的公共服务有较大差别;其次,由于公共服务分配不公,导致人们参与发展的起点不公、就业机会不公。因此,健全并公平地分配公共服务,是"十一五"时期社会发展的首要任务。

6. 最早把"达到小康水平"作为党的战略目标提出来的是(　　)。
　　A. 毛泽东　　　　B. 邓小平
　　C. 陈云　　　　　D. 江泽民
　　【璧尘解析】B。邓小平在1979年谈到要实现中国式的现代化时说,到21世纪中叶,我国要达到中等发达国家的水平,20世纪末要基本实现小康。

21. 中共十六届六中全会指出,社会和谐是(　　)。
　　A. 中国特色社会主义的本质属性
　　B. 国家富强、民族振兴、人民幸福的重要保证
　　C. 我国经济发展的重要目标
　　D. 我们党不懈奋斗的目标
　　【璧尘解析】ABCD。中共十六届六中全会通过的《中共中央关于构建社会主义和谐社会若干重大问题的决定》中指出,社会和谐是中国特色社会主义的本质属性,是国家富强、民族振兴、人民幸福的重要保证。要坚持以经济建设为中心,把构建社会主义和谐社会摆在更加突出的地位。社会和谐也是党不懈奋斗的目标。

24. 建立和健全中国特色社会保障体系,必须坚持的原则是(　　)。
　　A. 以人为本、促进和维护社会公平的原则
　　B. 尊重国情和循序渐进的原则
　　C. 必要、合理、适度的原则
　　D. 统筹考虑、协调推进的原则
　　【璧尘解析】ABCD。健全中国特色社会保障体系,必须坚持以下原则:一是以人为

本、促进和维护社会公平的原则。二是尊重国情和循序渐进的原则。三是必要、合理、适度的原则。四是统筹考虑、协调推进的原则。

25. 以爱国主义为核心的民族精神是(　　)。
　　A. 中华民族生命机体中不可分割的重要成分
　　B. 中华民族生生不息、发展壮大的强大精神动力
　　C. 社会主义核心价值体系的重要内容
　　D. 社会主义公民道德建设的重点
　　【璧尘解析】ABCD。以爱国主义为核心的民族精神是我国社会主义核心价值体系的基本内容,是中华民族生命机体中不可分割的重要成分,是中华民族生生不息、发展壮大的强大精神动力,也是社会主义公民道德建设的重点。

综合分析题

　　我国正处在并将长期处在社会主义初级阶段。初级阶段就是不发达的阶段。这个"不发达"首先当然是指生产力的不发达。因此,我们一定要毫不动摇地坚持以经济建设为中心,大力发展生产力。但讲初级阶段,不光要讲生产力的不发达,还要讲社会主义制度的不够完善和不够成熟。巩固和发展社会主义,必须认识和把握好两大任务:一是解放和发展生产力,极大地增加全社会的物质财富;二是逐步实现社会公平与正义,极大地激发全社会的创造活力和促进社会和谐。

51. 认清我国正处在并将长期处在社会主义初级阶段的重要性在于(　　)。
　　A. 可以帮助我们深刻认识我国的国情
　　B. 是我们做好各项工作的重要前提
　　C. 是我们党提出科学理论的基本依据
　　D. 是我们党制定正确路线方针政策的客观依据
　　【璧尘解析】ABCD。材料来自2007年2月26日温家宝总理阐述社会主义初级阶段

历史任务讲话。深刻认识我国国情和所处的历史阶段,是我们党提出科学理论和制定正确路线方针政策的基本依据,也是做好各项工作的重要前提。

52."我们一定要毫不动摇地坚持以经济建设为中心,大力发展生产力。"其体现的哲理有(　　)。

A. 矛盾的主要方面对事物的性质起主导作用

B. 主要矛盾对事物的发展起决定作用

C. 生产力是社会发展的最终决定力量

D. 生产关系对生产力的发展具有决定作用

【璧尘解析】BC。矛盾的主要方面决定事物的性质,生产力对生产关系的发展具有决定作用。AD 两项表达错误。

53."但讲初级阶段,不光要讲生产力的不发达,还要讲社会主义制度的不够完善和不够成熟。"这段话说明了(　　)。

A. 我国的生产关系中还存在着与生产力发展要求不相适应的方面

B. 我国的上层建筑中还存在着与经济基础发展要求不相适应的环节

C. 必须进行经济体制和政治体制改革

D. 加强思想道德建设是完善社会主义制度的首要任务

【璧尘解析】AB。C 选项表述过于绝对,D 选项跟题干没有关联。

54. 逐步实现社会公平与正义,依法逐步建立社会公平保障体系,社会公平保障体系的主要内容有(　　)。

A. 权利公平、机会公平

B. 过程公平、结果公平

C. 形式公平、实质公平

D. 规则公平、分配公平

【璧尘解析】AD。胡锦涛同志提出,要建立以权利公平、机会公平、规则公平、分配公平为主要内容的社会公平保障体系。

55. 下列有利于促进社会和谐的是(　　)。

A. 把更多财政资金投向公共服务领域

B. 健全最低工资保障制度

C. 减少外贸出口

D. 建立适应农民工特点的社会保障制度

【璧尘解析】ABD。增加外贸出口可以促进经济增长,从而促进社会和谐。

2008 年 B 类

1. 党的十七大报告指出,新时期最突出的标志是(　　)。

A. 快速发展　　B. 与时俱进

C. 改革开放　　D. 和谐社会

【璧尘解析】B。党的十七大报告指出,新时期最鲜明的特点是改革开放,最显著的成就是快速发展,最突出的标志是与时俱进。

6. 社会主义民主政治的本质和核心是(　　)。

A. 少数服从多数　B. 科学执政

C. 人民当家作主　D. 依法治国

【璧尘解析】C。参见 2004 年 A 类第 17 题。

23. 新时期走新型工业化道路要处理好的关系是(　　)。

A. 工业化与信息化的关系

B. 依靠科技进步提高劳动生产率与充分就业的关系

C. 效率与公平的关系

D. 发展高新技术产业与发展传统产业的关系

【璧尘解析】ABD。走新型工业化道路要处理好五大关系:第一,要正确处理好新型工业化与信息化的关系;第二,要正确处理好新型工业化与可持续发展的关系;第三,要正确处理好新型工业化与增加劳动就业的关系;第四,要正确处理好新型工业化与维护农民合法权益,全面建设小康社会的关系;第五,要正确处理好发展高新技术产业与发展传统产业的关系。

35. 2007年10月28日，十届全国人大常委会第三十次会议修订通过的《中华人民共和国节约能源法》明确规定我国实施的能源发展战略是（　　）。

A. 发展可再生能源

B. 节约与开发并举

C. 把节约放在首位

D. 发展清洁能源

【璧尘解析】BC。《中华人民共和国节约能源法》在法律层面将节约资源确定为我国的基本国策，明确规定："国家实行节约资源的基本国策，实施节约与开发并举、把节约放在首位的能源发展战略。"

2009年B类

7. 邓小平对外开放思想中最具有远见卓识和最富有实践效应的伟大创举是（　　）。

A. 提出引进国外的资本和技术

B. 提出建立经济特区

C. 提出借鉴和吸收世界上一切文明成果

D. 提出建立全方位、多层次、宽领域的开放格局

【璧尘解析】B。参见2009年A类第7题。

8. 现阶段我国实行的按劳分配的特点是（　　）。

A. 必须借助商品货币关系来实现

B. 直接以每个劳动者的劳动时间实现

C. 在全社会范围内按统一标准实现

D. 在公有制经济范围内按统一标准实现

【璧尘解析】A。参见2009年A类第8题。

25. 我国鼓励东部地区带动和帮助中西

部地区发展，形成东中西互惠互利机制。这种机制应以（　　）。

A. 政府为主导　　B. 市场为纽带

C. 企业为主体　　D. 项目为载体

【璧尘解析】ABCD。中共十六届六中全会再次提出，支持经济发达地区加快产业结构优化升级和产业转移，扶持中西部地区优势产业项目，形成以政府为主导、市场为纽带、企业为主体、项目为载体的互惠互利机制，建立健全资源开发有偿使用制度和补偿机制，对资源衰退和枯竭的困难地区经济转型实行扶持措施。

26. 下列关于民主的观点中，正确的有（　　）。

A. 民主就是承认人人在政治上的一律平等

B. 民主首先和主要是指国家制度

C. 作为国家制度的民主是民主和专政的统一

D. 民主是国体和政体的统一

【璧尘解析】BCD。民主是指在一定的阶级范围内，按照平等和少数服从多数原则来共同管理国家事务的国家制度。民主与专政相互依存，共同体现国家性质。民主是统治阶级的民主，在其内部实行，世界上没有超阶级的民主。民主反映了国体和政体的统一。

综合分析题

胡锦涛总书记在纪念党的十一届三中全会召开30周年大会上的讲话中指出，必须把坚持社会主义基本制度同发展市场经济结合起来，发挥社会主义制度的优越性和市场配置资源的有效性，使全社会充满改革发展的创造活力。建立和完善社会主义市场经济体制，是我们党对马克思主义和社会主义的历史性贡献。我们党提出把社会主义市场经济体制确立为我国经济体制改革的目标模式，正确解决了关系整个社会主义现代化建设全

局的一个重大问题。我们着力建立和完善社会主义市场经济体制,发挥市场在资源配置中的基础性作用,推动建立现代产权制度和现代企业制度,同时又注重加强和完善国家对经济的宏观调控,克服市场自身存在的某些缺陷,促进国民经济充满活力、富有效率、健康运行。

51. 我国在发展市场经济中坚持社会主义基本制度,就是坚持( )。

A. 以市场为资源配置的基础性手段
B. 以公有制为主体
C. 以按劳分配为主体
D. 以实现共同富裕为目标

【璧尘解析】ABD。在市场经济条件下,建立起了各种市场,形成了统一开放的市场体系,由市场形成价格,各种经济资源由市场来发挥基础性配置作用。A项正确。从经济上看,我国社会主义市场经济是在以公有制为主体、包括私人经济在内的多种经济成分共同发展的条件下运行的市场经济。B项正确。从奋斗目标上看,我国社会主义市场经济要以实现共同富裕为目标。D项正确。C选项为分配制度,不合题意。

52. 建立和完善社会主义市场经济体制,是我们党对马克思主义和社会主义的历史性贡献。这种历史性贡献主要表现在( )。

A. 突破了计划经济是社会主义经济制度本质属性的观念
B. 突破了市场经济是资本主义经济制度本质属性的观念
C. 提出了计划和市场都是经济调节手段的论断
D. 提出了市场经济作为资源配置方式不具有制度属性的论断

【璧尘解析】ABCD。邓小平关于社会主义市场经济的论断从根本上破除了把计划经济看作属于社会基本制度范畴的思想束缚,确认建立"社会主义市场经济体制"的改革目标。社会主义市场经济也是市场经济。作为市场经济,本身没有姓"社"姓"资"之分。

53. 明确把社会主义市场经济体制确立为我国经济体制改革目标模式的重要会议是( )。

A. 党的十二大   B. 党的十三大
C. 党的十四大   D. 党的十五大

【璧尘解析】C。1992年召开的党的十四大,第一次明确提出建立社会主义市场经济体制的目标模式,把社会主义基本制度和市场经济结合起来,建立社会主义市场经济体制。

54. 现代企业制度的基本内容有( )。

A. 现代企业法人制度
B. 现代企业组织制度
C. 现代企业管理制度
D. 国有资产管理制度

【璧尘解析】ABC。在我国社会主义市场经济条件下所要建立的现代企业制度,主要包括现代企业产权制度、现代企业组织制度、现代企业管理制度三个方面的主要内容。企业法人制度是企业产权制度的一部分。

55. 我国注重加强和完善国家对经济的宏观调控,克服市场自身存在的某些缺陷。市场自身存在的缺陷有( )。

A. 不能实现经济总量平衡
B. 引起两极分化
C. 对重大经济结构调整无能为力
D. 损害经济主体的利益

【璧尘解析】ABC。在我国宏观调控的主要任务是:保持经济总量平衡,抑制通货膨胀,促进重大经济结构优化,实现经济稳定增长。政府的宏观调控是指政府以付出一定利益而换取经济主体的服从,使宏观调控行为发生效力,有时会损害经济主体的利益。

2010年B类

5. 构建社会主义和谐社会的主要动力是( )。

A. 坚持公平正义   B. 坚持改革开放
C. 坚持民主法治   D. 坚持以人为本

【璧尘解析】B。构建社会主义社会的主要动力是坚持改革开放。改革开放包括对内改革和对外开放,是社会主义事业发展的强大动力。

6. 我国深化文化体制改革的重点是( )。

A. 繁荣文化市场　B. 创新体制机制
C. 壮大文化产业　D. 转变政府职能

【璧尘解析】B。深化文化体制改革,必须以体制机制创新为重点,紧紧围绕重塑市场主体、完善市场体系、改善宏观管理、转变政府职能等关键环节,解决主要矛盾,破解难点问题,努力形成科学有效的宏观管理体制和富有效率的微观运行机制,实现加强宏观管理与增强微观活力的有机结合。

24. 贯彻"三个代表"重要思想,关键在坚持与时俱进,这里的"与时俱进"是指,中国共产党的全部理论和工作要( )。

A. 体现时代性　　B. 注重群众性
C. 把握规律性　　D. 富于创造性

【璧尘解析】ACD。十六大报告中指出,"贯彻'三个代表'重要思想,关键在坚持与时俱进,核心在坚持党的先进性,本质在坚持执政为民"。"与时俱进,就是党的全部理论和工作要体现时代性,把握规律性,富于创造性。能否始终做到这一点,决定着党和国家的前途命运。"

2011 年 B 类

3. 深入贯彻落实科学发展观,关键在于( )。

A. 发挥人民主体作用
B. 提高各级领导班子和领导干部领导科学发展能力
C. 创新体制机制
D. 用马克思主义中国化最新成果武装广大党员干部头脑

【璧尘解析】B。2010 年 4 月 6 日,胡锦涛在全党深入学习实践科学发展观活动总结大会上的讲话中指出,深入贯彻落实科学发展观,关键在于提高各级领导班子和领导干部领导科学发展能力;根本在于发挥人民主体作用;基础在于用马克思主义中国化最新成果武装广大党员干部头脑;动力在于创新体制机制。

23. "十二五"期间,我国优化城市布局和形态应遵循的原则有( )。

A. 统筹规划　　　B. 合理布局
C. 完善功能　　　D. 以大带小

【璧尘解析】ABCD。"十二五"规划指出,按照统筹规划、合理布局、完善功能、以大带小的原则,遵循城市发展客观规律,完善城市化布局和形态。

2012 年 B 类

2. 中国共产党执政后的最大危险是( )。

A. 消极腐败　　　B. 能力不足
C. 精神懈怠　　　D. 脱离群众

【璧尘解析】D。参见 2004 年 A 类第 109 题。

6. 社会主义文化建设的根本任务是( )。

A. 深化文化体制改革
B. 满足人民基本文化需求
C. 建设社会主义核心价值体系
D. 坚持社会主义先进文化前进方向

【璧尘解析】C。参见 2012 年 A 类第 6 题。

2013 年 B 类

1. 党的十八大把科学发展观列入党的指导思想。科学发展观最鲜明的精神实质是

( )。

A. 解放思想、实事求是、与时俱进、求真务实

B. 以人为本,全面协调可持续发展

C. 科学发展、和谐发展、和平发展

D. 发展为了人民,发展依靠人民,发展成果由人民共享

【璧尘解析】A。参见 2013 年 A 类第 1 题。

3. 2013 年 2 月 7 日,国务院批转了发改委等部门《关于深化收入分配制度改革的若干意见》。关于我国收入分配制度改革,下列说法不正确的是( )。

A. 它表明与我国基本国情、发展阶段相适应的分配制度尚未确立

B. 它是加快经济发展方式转变的迫切需要

C. 它是维护社会公平正义与和谐稳定的根本举措

D. 它是完善社会主义市场经济体制的重要内容

【璧尘解析】A。《关于深化收入分配制度改革的若干意见》指出,改革开放以来,我国收入分配制度改革不断推进,与基本国情、发展阶段相适应的收入分配制度基本建立。同时,收入分配领域仍存在一些亟待解决的突出问题,城乡区域发展差距和居民收入分配差距依然较大,收入分配秩序不规范,隐性收入、非法收入问题比较突出,部分群众生活比较困难。

6. 社会主义初级阶段必须毫不动摇地鼓励、支持和引导非公有制经济发展,其根本原因是( )。

A. 发展非公有制经济可以调动社会各方面的积极性

B. 非公有制经济在发展生产力中有不可替代的地位和作用

C. 非公有制经济是社会主义市场经济的有机组成部分

D. 非公有制经济适应现代社会化大生产的要求

【璧尘解析】B。一方面,非公有制经济在发展社会生产力中有不可替代的地位和作用;另一方面,非公有制经济是社会主义市场经济的重要组成部分。因此,对非公有制经济既要放宽市场准入,使其地位平等;又要依法加强监督和管理,促进非公有制经济健康发展。

7. 当前我国建设社会主义文化强国的关键是( )。

A. 提升文化的市场竞争力

B. 全面提高公民道德素质

C. 增强全民族文化创造活力

D. 丰富人民精神文化生活

【璧尘解析】C。党的十八大强调,建设社会主义文化强国,关键是增强全民族文化创造活力。

25. "我国发展仍然处于可以大有作为的重要战略机遇期。"这一重要论断的依据是( )。

A. 当前世界经济政治的发展形势已经明朗

B. 我国在国际经济体系中具有决定性影响

C. 和平与发展仍然是当代世界的主要潮流

D. 全球化和国际货币体系会发生重大危机

【璧尘解析】C。该论断出自十八大报告。尽管国际金融危机给世界经济造成深度冲击,世界经济增长速度减缓,各种形式的保护主义抬头,气候变化、能源资源安全、公共卫生安全等全球性问题更加突出,国际和地区热点问题此起彼伏,但和平、发展、合作仍是世界潮流,世界多极化和全球化深入发展,国际力量对比继续朝着有利于世界和平与发展的方向演化。我国同各大国、周边国家、发

展中国家的关系持续平稳发展,我国国际影响力和国际地位明显提高,国际环境总体上有利于我国集中精力搞建设、谋发展。

2014 年 B 类

26. 党的十八届三中全会作出,"使市场在资源配置中起决定性作用"的定位,其意义有( )。
   A. 有利于在全党全社会树立关于政府和市场关系的正确观念
   B. 有利于转变经济发展方式
   C. 有利于转变政府职能
   D. 有利于抑制消极腐败现象
   【璧尘解析】ABCD。"使市场在资源配置中起决定性作用"的提法,是我们党在理论上的又一重大飞跃,有利于在全党全社会树立关于政府和市场关系的正确观念,有利于转变经济发展方式,有利于转变政府职能,有利于抑制消极腐败现象,必将对加快市场化改革、建立完善的社会主义市场经济体制起到重大的指导和推动作用。

2004 年 C 类

4. 社会主义初级阶段的不发达突出表现在( )。
   A. 生产力水平低
   B. 管理水平低
   C. 物质生活水平低
   D. 科学文化水平低
   【璧尘解析】A。我国社会主义初级阶段的主要矛盾是人民群众日益增长的物质文化需要同落后的社会生产力之间的矛盾。矛盾的主要方面是落后的社会生产力。

11. 我国社会主义初级阶段社会的主要矛盾是( )。
   A. 人民同敌人之间的矛盾
   B. 城市同农村之间的矛盾

   C. 东部地区同西部地区之间的矛盾
   D. 人民日益增长的物质文化需要同落后的社会生产力之间的矛盾
   【璧尘解析】D。社会主义初级阶段的主要矛盾是人民群众日益增长的物质文化需要同落后的社会生产力之间的矛盾。

12. 在当代中国,发展先进文化,就是发展面向现代化、面向世界、面向未来的,民族的、科学的、大众的社会主义文化,这里的"民族"是指( )。
   A. 中国各少数民族
   B. 中华民族
   C. 世界各民族
   D. 全世界被压迫被剥削民族
   【璧尘解析】B。发展面向现代化、面向世界、面向未来的,民族的、科学的、大众的社会主义文化,这里的"民族"主要是指中华民族。

14. 中共十六届三中全会审议通过了《中共中央关于( )若干问题的决定》,审议通过了中共中央关于修改部分( )内容的建议并决定提交第十届全国人民代表大会常务委员会审议。
   A. 建立社会主义市场经济体制 党章
   B. 建立社会主义市场经济体制 宪法
   C. 完善社会主义市场经济体制 党章
   D. 完善社会主义市场体制 宪法
   【璧尘解析】D。中共十六届三中全会审议通过了《中共中央关于完善社会主义市场体制若干问题的决定》,审议通过了中共中央关于修改部分宪法内容的建议并决定提交第十届全国人民代表大会常务委员会审议。

27. 当前我国经济体制改革的中心环节是( )。
   A. 培育市场体系 B. 转变政府职能
   C. 价格体系改革 D. 国有企业改革
   【璧尘解析】D。国有企业在国民经济中占有举足轻重的作用,当前,我国经济体制改革的中心环节是国有企业改革。注:此题答案仅在命题当年(2004 年)前后具有合理性。

33. 农业的基础性作用表现在( )。

A. 农业是衣食之源、生存之本

B. 农村是工业品的主要市场

C. 农业为国民经济其他部门提供劳动力

D. 农产品是轻工业的重要原料,是重要的出口产品

【璧尘解析】ABCD。农业在国民经济中具有重要的作用,具体而言包括:(1)农业是衣食之源、生存之本。(2)农产品是轻工业的重要原料,是重要的出口产品。(3)农村是工业品的主要市场。(4)农业为国民经济的其他部门提供劳动力。

34. 发展社会主义民主政治,建设社会主义政治文明,必须( )。

A. 从我国的国情出发

B. 坚持中国共产党的领导

C. 积极稳妥地推进政治体制改革

D. 照搬西方政治制度的模式

【璧尘解析】ABC。发展社会主义民主政治,建设社会主义政治文明,最根本的是要把坚持中国共产党的领导、人民当家作主和依法治国有机统一起来。坚持中国共产党的领导,才能从我国的国情出发,实现人民当家作主,依法治国,不断地积极推进政治体制改革,建设好社会主义的政治文明。

35. 我国正处于并将长期处于社会主义初级阶段,现在达到的小康还是( )。

A. 发展不平衡的   B. 低水平的

C. 全面的   D. 不全面的

【璧尘解析】ABD。我国正处于并将长期处于社会主义初级阶段,生产力总体水平还较低,发展也不平衡,因此,现在达到的小康还是低水平的、发展不平衡的、不全面的。

2005 年 C 类

1. 中共十六届四中全会的主题是( )。

A. 进一步完善社会主义市场经济

B. 加强党的执政能力建设

C. 加强和改善党的作风建设

D. 加强党同人民群众的联系

【璧尘解析】B。2004 年 9 月,十六届四中全会审议通过《中共中央关于加强党的执政能力建设的决定》。

12. 我国处理与周边邻国关系的方针是( )。

A. 睦邻友好,求同存异

B. 结成地区性的军事集团

C. 利益完全一致

D. 只能从本国利益出发

【璧尘解析】A。参见 2005 年 B 类第 3 题。

21. 我国新型工业化道路的内涵是( )。

A. 科技含量高   B. 资源消耗低

C. 经济效益好   D. 环境污染少

【璧尘解析】ABCD。党的十六大报告指出,信息化是我国加快实现工业化和现代化的必然选择。应坚持以信息化带动工业化,以工业化促进信息化,走出一条科技含量高、经济效益好、资源消耗低、环境污染少、人力资源优势得到充分发挥的新型工业化路子。

22. 邓小平关于科学技术是第一生产力的思想包含着( )。

A. 科学技术是推动生产力进步的最重要力量

B. 中国必须发展高科技

C. 科学技术现代化是四个现代化的关键

D. 知识分子是工人阶级的一部分

【璧尘解析】ABCD。该思想包含着丰富的内容:强调科学技术现代化是实现四个现

代化的关键;强调科学技术在生产力诸要素中成为主要的推动力量;强调21世纪是高科技的世纪;强调科技与经济的结合;强调知识分子是工人阶级的一部分;强调要加强科技人才的培养。总之它强调科学技术是推动生产力进步的最重要力量。

23. "没有民主就没有社会主义"这句话的意思是(　　)。
　　A. 民主是社会主义的本质要求
　　B. 民主是一种国家制度
　　C. 无产阶级成为统治阶级,争得民主,才能建立社会主义
　　D. 民主能使人民群众以主人翁的责任感对待社会主义

【璧尘解析】ABD。民主是社会主义的本质属性和内在要求。民主是调动广大人民群众的主动性、积极性和创造性的根本手段。民主也是一种国家制度,不能朝令夕改。

2006年C类

3. 建设社会主义新农村必须全面提高农民素质,提高农民素质的内容是(　　)。
　　A. 文化素质、科技素质、心理素质
　　B. 文化素质、身体素质、人文素质
　　C. 文化素质、科技素质、人文素质
　　D. 人文素质、科技素质、身体素质

【璧尘解析】D。文化素质与人文素质具有相当大的重叠,不可同时选,依此可排除BC两项;农民的身体素质与心理素质相比,存在的问题更严重,且人文素质也部分地包括心理素质。

5. 保护耕地对于我国农业发展的最主要的意义是(　　)。
　　A. 彻底改变农业基础薄弱的现状
　　B. 保证我国粮食生产能力
　　C. 优化农村产业结构
　　D. 增加农民收入

【璧尘解析】B。耕地面积多少与农业结构调整与农民收入并没有必然联系,农业基

础地位并非仅由耕地面积来保障。

21. 建设资源节约型、环境友好型社会的要求是(　　)。
　　A. 大力发展循环经济
　　B. 加大环境保护力度
　　C. 切实保护好自然生态
　　D. 大力发展劳动密集型产业

【璧尘解析】ABC。劳动密集型产业需要投入更多的劳力,消耗更多资源,跟建设资源节约型社会的要求背道而驰。

2007年C类

1. 中共十六届六中全会的主要议题是(　　)。
　　A. 建设社会主义新农村
　　B. 构建社会主义和谐社会
　　C. 贯彻和落实科学发展观
　　D. 建设资源节约型、环境友好型社会

【璧尘解析】B。中共十六届六中全会审议通过了《中共中央关于构建社会主义和谐社会若干重大问题的决定》。

4. 建设社会主义新农村的根本任务是(　　)。
　　A. 推进农村综合改革
　　B. 调整农村经济结构
　　C. 解放和发展农村生产力
　　D. 发展农业和农村经济

【璧尘解析】C。建设社会主义新农村的任务:一是要发展农村生产力,促进农村经济繁荣。二是要着力促进农民增收,提高农民生活水平。三是要加强民主法制建设,保障农民民主权利。四是要加强精神文明建设,培育造就新型农民。五是要推进和谐社会建设,保持农村社会稳定。六是要全面深化农村改革,增强农村发展活力。

16. 必须毫不动摇地鼓励、支持和引导非公有制经济发展。这是因为,非公有制经济(　　)。

A. 是社会主义市场经济的重要组成部分

B. 是社会主义性质的经济

C. 对充分调动社会各个方面的积极性，加快生产力发展具有重要作用

D. 适应社会化大生产发展的要求

【璧尘解析】ABCD。非公有制经济是相对于公有制经济而产生的一个名词。它是我国现阶段除了公有制经济形式以外的所有经济结构形式。个体、私营等各种形式的非公有制经济是社会主义市场经济的重要组成部分，对充分调动社会各方面的积极性、加快生产力发展具有重要作用。

19. 当前制约我国农村生产力发展的因素是（　　）。

A. 农业资金和科技投入少

B. 农村经营体制改革滞后

C. 农业劳动力投入不足

D. 农村工业化、城镇化进程缓慢

【璧尘解析】ABCD。当前制约我国农村生产力发展的因素主要有：农业生产要素投入少、质量低；农村经营体制改革滞后；农业科技投入少；农村工业化、城镇化进程缓慢，严重制约了农村劳动力的转移。

2008 年 C 类

1. 党的十七大报告指出，新时期最显著的特点是（　　）。

A. 快速发展　　　B. 改革开放

C. 与时俱进　　　D. 社会和谐

【璧尘解析】B。参见 2008 年 B 类第 1 题。

19. 下列属于我国 1980 年正式设置的经济特区是（　　）。

A. 海南　　　　　B. 大连

C. 汕头　　　　　D. 福州

【璧尘解析】C。1980 年我国确定在广东省深圳、珠海、汕头和福建省的厦门设置经济特区。1998 年设置了海南岛经济特区，

2010 年设置了喀什经济特区。

综合分析题

材料一：我国石油、天然气人均剩余可采储量仅有世界平均水平的 7.7% 和 7.1%，储量比较丰富的煤炭也只有世界平均水平的 58.6%。早在十年前，我国就已经对节约能源进行了立法。近年来能源消耗急剧增长，供需矛盾日益突出，已经成为我国经济社会可持续发展的最大制约，直接威胁国家经济安全。与能源短缺形成强烈反差的是能源浪费惊人，我国能源利用效率只有 33%，比国际先进水平低 10 个百分点左右。

材料二：2006 年 8 月 5 日，国务院同意并公布了由环境保护总局、发展和改革委员会制定的《"十一五"期间全国主要污染物排放总量控制计划》。2007 年 11 月下旬，国务院转发了国家发展和改革委员会、国家统计局和环境保护总局等部门制订的《单位 GDP 能耗统计指标体系实施方案》等三个方案和《主要污染物总量减排统计办法》等三个办法。12 月，备受关注的《能源法》（征求意见稿）首次亮相，面向各界征求意见。

46. 上述材料说明（　　）。

A. 我国能源消耗的急剧增长与能源浪费并存

B. 我国经济发展方式要由主要依靠增加物质资源消耗向主要依靠科技进步、劳动者素质提高、管理创新转变

C. 能源供需矛盾已成为我国经济社会可持续发展的瓶颈

D. 我国能源消耗大，环境污染日趋严重

【璧尘解析】ACD。参见 2008 年 A 类第 66~70 题。

47. 针对能源和污染问题，我国相关立法进程稳步推进，关于这方面的立法成果表述正确的是（　　）。

A. 我国已经颁布了《中华人民共和国节约能源法》

B. 我国已经颁布了《能源法》

C. 关于污染物排放控制，虽然没有制订法律，但国务院已经制订了相应的行

政法规

D. 1989 年颁行的《环境保护法》已经不能适应保护和改善生活环境与生态环境的需要,应当抓紧修正

【璧尘解析】AC。

48. 我国政府解决能源短缺问题的思路有( )。

A. 加快转变经济发展方式,推动产业结构优化升级

B. 建设科学合理的能源资源利用体系,提高能源资源利用效率

C. 要完善有利于节约能源资源和保护生态环境的法律和政策

D. 减缓经济发展速度,降低能源消耗

【璧尘解析】ABC。

49. 2008 年是完成我国"十一五"节能减排约束性目标的关键一年,要把节能减排作为促进科学发展的重要抓手,应尽快形成的工作格局是( )。

A. 政府为主导

B. 企业为主导

C. 加强新农村建设

D. 全社会共同推进

【璧尘解析】ABD。

50. 党的十七大报告指出,建设生态文明,基本形成节约能源资源和保护生态环境的( )。

A. 消费模式   B. 增长方式

C. 产业结构   D. 生活方式

【璧尘解析】ABC。

2009 年 C 类

1. 十七届三中全会提出,新形势下推进农村改革发展的根本需要是( )。

A. 建设社会主义新农村

B. 走中国特色的现代化道路

C. 加快形成城乡经济社会发展一体化新格局

D. 工业反哺农业,城市支持农村和多予少取放活

【璧尘解析】C。会议要求把建设社会主义新农村作为战略任务,把走中国特色农业现代化道路作为基本方向,把加快形成城乡经济社会发展一体化新格局作为根本要求,坚持工业反哺农业,城市支持农村和多予少取放活方针。

2.《全国土地利用总体规划纲要 2006—2020 年》,我国到 2020 年,坚持耕地红线( )。

A. 16 亿亩   B. 17 亿亩

C. 18 亿亩   D. 19 亿亩

【璧尘解析】C。《全国土地利用总体规划纲要 2006—2020 年》,我国到 2020 年,坚持耕地红线为 18 亿亩。

5. 社会主义新农村建设的中心环节是( )。

A. 生产发展   B. 生活宽裕

C. 管理民主   D. 村容整洁

【璧尘解析】A。新农村建设的内容包括:生产发展、生活宽裕、乡风文明、村容整洁、管理民主。其中生产发展是新农村建设的中心环节。

6. 邓小平提出的对外开放政策中最有远见最具实效的伟大创举是( )。

A. 提出了引进国外资本和技术

B. 提出了建设经济特区

C. 提出了借鉴和吸收世界一切文明成果

D. 提出了建立全方位、多层次、宽领域的开放格局

【璧尘解析】B。参见 2009 年 A 类第 7 题。

21. 国家主席胡锦涛在纪念《告台湾同胞书》发表 30 周年座谈会上的讲话中指出,解决台湾问题的目的是( )。

A. 维护和确保国家主权和领土完整

B. 追求包括台湾同胞在内的全体中华儿女的幸福

C. 实现两岸"三通"

D. 实现中华民族伟大复兴

【璧尘解析】ABD。解决台湾问题的核心是实现祖国统一,目的是维护和确保国家主权和领土完整,追求包括台湾同胞在内的全体中华儿女的幸福,实现中华民族伟大复兴。

26. 下列关于我国农村土地承包经营权流转的观点中,正确的有(   )。

A. 土地承包经营权流转中可以改变土地用途

B. 土地承包经营权流转中不得改变土地用途

C. 土地承包经营权流转中要切实保障农民的流转自主权、受益权

D. 土地承包经营权流转的只是承包经营权,不得改变土地集体所有性质

【璧尘解析】BCD。加强土地承包经营权流转管理和服务,建立健全土地承包经营权流转市场,按照依法自愿有偿原则,允许农民以转包、出租、互换、转让、股份合作等形式流转土地承包经营权,发展多种形式的适度规模经营。土地承包经营权流转,不得改变土地集体所有性质,不得改变土地用途,不得损害农民土地承包权益。

2010 年 C 类

5. 构建社会主义和谐社会的主要动力是(   )。

A. 坚持公平正义

B. 坚持改革开放

C. 坚持民主法治

D. 坚持以人为本

【璧尘解析】B。参见 2010 年 B 类第 5 题。

6. 我国深化文化体制改革的重点是(   )。

A. 繁荣文化市场

B. 创新体制机制

C. 壮大文化产业

D. 转变政府职能

【璧尘解析】B。参见 2010 年 B 类第 6 题。

21.《中共中央关于加强和改进新形势下党的建设若干重大问题的决定》提出的用人标准是(   )。

A. 德才兼备

B. 注重实绩

C. 以德为先

D. 群众公认

【璧尘解析】AC。参见 2010 年 A 类第 21 题。

2011 年 C 类

3. 正确处理改革发展稳定关系的结合点是(   )。

A. 保持社会和谐稳定

B. 全面深化改革开放

C. 改善人民生活

D. 大力发展社会事业

【璧尘解析】C。温家宝在 2011 年政府工作报告中指出,要坚持把改善人民生活作为正确处理改革发展稳定关系的结合点,把改革的力度、发展的速度和社会可承受的程度统一起来。

2012 年 C 类

2. 当代中国,坚持"发展是硬道理"的本质要求是(   )。

A. 坚持改革开放   B. 坚持科学发展

C. 注重以人为本   D. 注重改善民生

【璧尘解析】B。我国仍处于并将长期处于社会主义初级阶段,发展仍是解决我国所有问题的关键。坚持发展是硬道理的本质要求,就是坚持科学发展。

3. 下列属于社会化生产一般规律的是(   )。

A. 价值规律

B. 按生产要素分配的规律

C. 剩余价值规律

D. 按比例分配社会劳动的规律

【璧尘解析】D。在全社会范围内按比例分配社会劳动是社会化生产的一般规律,社会分工越细,生产社会化程度越高,国民经济各个组成部分和社会再生产的各个环节之间彼此联系和相互制约的程度就越大,因此 D 项正确。

4. 下列对工业化与城镇化关系的理解,正确的是( )。

A. 城镇化是工业化的空间形态,工业化是城镇化的动力

B. 工业化是城镇化的空间形态,城镇化是工业化的动力

C. 工业化是城镇化的空间形态,工业化推进城镇化的发展

D. 城镇化是工业化的空间形态,城镇化推进工业化的发展

【璧尘解析】A。工业化和城镇化是一个辩证统一体,工业化为城镇化提供经济支撑,城镇化则是工业化的空间依托。所以说,城镇化是工业化的空间形态,工业化是城镇化的动力,二者相互促进、协调发展是当今世界许多国家实现现代化的基本模式和重要条件。

2013 年 C 类

1. 党的十八大报告指出,经济体制改革的核心问题是( )。

A. 处理好政府和市场的关系

B. 处理好竞争和垄断的关系

C. 处理好积累与消费的关系

D. 处理好公平和效率的关系

【璧尘解析】A。党的十八大报告指出,经济体制改革的核心问题是处理好政府和市场的关系,必须更加尊重市场规律,更好发挥政府作用。

7. 当前我国建设社会主义文化强国的关键是( )。

A. 增强全民族文化创造活力

B. 全面提高公民道德素质

C. 提升文化市场竞争力

D. 丰富人民精神文化生活

【璧尘解析】A。参见 2013 年 B 类第 7 题。

14. 社会主义初级阶段必须毫不动摇,支持和引导非公有制经济发展,其根本原因是( )。

A. 发展非公有制经济可以调动社会各方面的积极性

B. 非公有制经济在发展生产力中有不可替代的地位和作用

C. 非公有制经济是社会主义市场经济的有机组成部分

D. 非公有制经济是适应现代化社会再生产的要求

【璧尘解析】B。参见 2013 年 B 类第 6 题。

31. 2012 年 12 月召开的中央经济工作会议指出:“我国有 13 亿人口,只有把饭碗牢牢端在自己手中才能保持社会大局稳定。”下列对这句话的解释,正确的有( )。

A. 要把保证粮食供应的立足点放在依靠自己力量的基础上

B. 我国要实行粮食完全自给,不能从国际市场进口粮食

C. 粮食安全问题既是经济问题又是政治问题

D. 要确保国家粮食安全,保障农产品的有效供给

【璧尘解析】ACD。参见 2013 年 A 类第 36 题。

33. 下列属于完善初次分配机制的举措有( )。

A. 加强国有企业高管薪酬管理

B. 促进中低收入职工工资合理增长

C. 多渠道增加居民财产性收入

D. 集中财力保障和改善民生

【璧尘解析】ABC。继续完善初次分配

机制的举措有:促进就业机会公平;提高劳动者职业技能;促进中低收入职工工资合理增长;加强国有企业高管薪酬管理;完善机关事业单位工资制度;健全技术要素参与分配机制;多渠道增加居民财产性收入;建立健全国有资本收益分享机制;完善公共资源占用及其收益分配机制。

34. 现阶段我国逐步建立的社会公平保障体系的主要内容有(　　)。

A. 权利公平

B. 机会公平

C. 规则公平

D. 结果公平

【璧尘解析】ABC。十八大报告提出:公平正义是中国特色社会主义的内在要求。要在全体人民共同奋斗、经济社会发展的基础上,加紧建设对保障社会公平正义具有重大作用的制度,逐步建立以权利公平、机会公平、规则公平为主要内容的社会公平保障体系,努力营造公平的社会环境,保证人民平等参与、平等发展的权利。

2014 年 C 类

7. 社会主义核心价值体系的内核是(　　)。

A. 社会主义荣辱观

B. 社会主义核心价值观

C. 以爱国主义为核心的民族精神

D. 以改革创新为核心的时代精神

【璧尘解析】B。社会主义核心价值观是社会主义核心价值体系的内核,体现社会主义核心价值体系的根本性质和基本特征,反映社会主义核心价值体系的丰富内涵和实践要求,是社会主义核心价值体系的高度凝练和集中表达。

26. 党的十八届三中全会作出"使市场在资源配置中起决定性作用"的定位,其意义有(　　)。

A. 有利于在全党全社会树立关于政府和市场关系的正确观念

B. 有利于转变经济发展方式

C. 有利于转变政府职能

D. 有利于抑制消极腐败的现象

【璧尘解析】ABCD。参见 2014 年 A 类第 26 题。

命题规津及备考建议

中国特色社会理论体系部分要求掌握的内容包括邓小平理论、"三个代表"重要思想和科学发展观。从历年真题来看,该部分所占分值较高,虽然每年单纯的中国特色社会理论体系部分的考点分值只有 2 分左右,但该部分内容与时事政治联系较为紧密,特别是党的最新的路线方针政策,每年还会涉及 3～5 分。考点以识记为主,题型一般以单项选择题和多项选择题为主,也经常会在综合分析题中出现。复习备考时除应掌握邓小平理论等基本考点外,需要重点掌握党和国家现阶段最新的重大方针政策,现任党和国家主要领导人的重要讲话,并要结合时事热点进行深入理解分析。可以肯定的是,十八大报告、十八届三中全会和十八届四中全会是当前和今后一段时间内重中之重的考点。需要特别提醒的是,该部分内容,尤其是党的路线方针政策具有时代背景,其答案在特定的年代才具有合理性和准确性,复习备考时要注意鉴别。

当代中国的政府与政治

分值 \ 年份 \ 类别	2014	2013	2012	2011	2010	2009	2008	2007	2006	2005
A类	29.2	34	22	20	15	7	13	3	7	9
B类	14.8	20	17.5	10.4	7	1	12	0	8	7
C类	12	29	18.5	9.2	8.4	0	7	0	1	2

真题分类详解

2004年A类

49. 以多个组织群体的组织整体作为其研究对象的属于（   ）。

A. 中观管理学　　B. 宏观管理学

C. 微观管理学　　D. 管理学

【璧尘解析】B。微观管理学是以组织个体为研究对象,研究单一组织中的管理问题。中观管理学是以多个组织组成的组织群体为研究对象。宏观管理学是以多个组织群体的组织整体为研究对象,研究在相当范围内将不同类型的组织群体集合成为一个整体情况下出现的管理问题。管理学是以管理学科的基本原理、基本理论为研究对象,是一门系统研究管理活动的基本规律和一般方法的科学。

50. 坚持和贯彻统一指挥原则、等级原则、协作原则、整体效应原则及信息反馈原则等所体现的是（   ）。

A. 科学管理原理　　B. 动态管理原理

C. 系统管理原理　　D. 人本管理原理

【璧尘解析】C。系统管理原理体现为坚持和贯彻统一指挥原则、等级原则、协作原则、整体效应原则及信息反馈原则。

79. 我国行政体制创新主要包括（   ）。

A. 行政权力体系的创新

B. 行政组织体制的创新

C. 行政运行机制的创新

D. 行政法制的创新

【璧尘解析】ABCD。我国行政体制创新主要包括四方面内容,即行政权力体系的创新、行政组织体制的创新、行政运行机制的创新、行政法制的创新。

案例分析题

2003年12月28日,某县委、县政府召开全县群众评议政府机关总结大会。县委副书记、县纪委书记在会上说:"从2002年开始,我县正式启动群众评议政府机关活动,万人参与。去年共收到评议书6万3千份,评议意见6千多条。今年收到的评议意见比去年减少了2千余条。去年评议中,群众提出的意见都已一一得到整改、落实和查处。今年4千多条意见的落实情况,明年将在适当的时间向全县人民汇报。"县纪委书记的讲话获得了全场热烈的掌声。目前,群众评议政府机关的活动,末位部门一把手淘汰制,已经成为转变该县政府机关作风的一个重要方式,政府工作人员感到前所未有的压力,也产生了前所未有的动力。

96. 群众评议政府机关活动反映了《国家公务员行为规范》的内容有( )。

A. 政治坚定、忠于国家

B. 勤政为民、接受监督

C. 团结协作、步调一致

D. 清正廉洁、品行端正

【璧尘解析】BD。群众评议政府机关活动是走群众路线,让广大群众参政、议政,并主动接受群众监督,这反映了《国家公务员行为规范》中有关"勤政为民、接受监督,清正廉洁、品行端正"的内容。

97. 群众评议政府机关活动的意义有( )。

A. 这是发扬社会主义民主的举措

B. 这是加强和改进政府机关工作作风建设的好办法

C. 生动体现了人民群众是国家的主人

D. 是社会主义直接民主的一种形式

【璧尘解析】ABC。群众评议政府机关活动具有深远的意义:生动体现了人民群众是国家的主人,是发扬社会主义民主的好举措,也是加强和改进政府机关工作作风建设的好办法;但不是直接民主的形式。

98. 群众评议政府机关活动的形式属于( )。

A. 群众参与 B. 群众监督

C. 群众审查 D. 群众决定

【璧尘解析】AB。群众评议政府机关活动是让广大群众参与执政和监督政府执政,它的形式只能属于群众参与和群众监督。群众无权审查政务和决定政府。

99. 群众评议政府机关的活动说明( )。

A. 政府是人民的政府

B. 政府公务员是人民的公仆

C. 群众有权免除政府部门的领导人

D. 群众和政府合为一体

【璧尘解析】AB。群众评议政府机关活动本质是走群众路线并体现全心全意执政为民的理念,这充分说明我们的政府是人民的政府,我们的政府公务员是人民的公仆。CD选项表述错误。

100. 下列提法正确的是( )。

A. 群众监督是司法监督的重要内容

B. 群众监督是社会监督的一种形式

C. 群众监督增加了对政府部门领导人的压力,也是廉政勤政的动力

D. 群众监督可以在一定程度上消除政府的官僚主义,改进政府的工作作风

【璧尘解析】BCD。社会监督包括多种形式,其中包括公众监督、社会团体监督、舆论监督等。群众参与对政府的执政监督,增加了廉政勤政的动力、有利于改进政府的工作作风。司法监督是指司法机关包括人民法院和人民检察院的监督,不包括群众监督,A选项错误。

2005年A类

12. 我国行政首长负责制的行政首长进行决策的关键环节是( )。

A. 领导本级政府工作

B. 召集和主持本级政府的全体会议和常务会议

C. 向同级人民代表大会及其常务委员会负责

D. 同部门首长负责制以及工作责任制相结合

【璧尘解析】B。行政首长负责制,是指重大事务在集体讨论的基础上由行政首长定夺,具体的日常行政事务由行政首长决定,行

政首长独立承担行政责任的一种行政领导制度。行政机关或行政部门的重大问题,通常通过召开常务会议或全体会议来决定。

13. 领导者的决策主要表现在(   )。
 A. 程序化决策　　　B. 优化决策
 C. 非程序化决策　 D. 合理决策
【璧尘解析】B。行政决策有以下四个阶段:发现问题、确定目标阶段,拟制备用方案阶段,选择最优方案阶段,方案的修正阶段。由于行政管理内容的广泛性和目标诸方面条件的复杂性,行政决策通常都是满意决策,即相对的"最优决策",在现实的条件下力求选择最优的决策方案。

14. 评价管理工作的重要标准是(   )。
 A. 效率
 B. 效果
 C. 绩效
 D. 管理对象的满意度
【璧尘解析】C。20 世纪 80 年代以来,随着西方新公共管理运动的展开,绩效评估正越来越成为各国政府对管理工作予以评价的最为重要的标准。一般而言,绩效涉及三个方面:经济、效率、效益,即"3E"式管理。

15. 人本管理原理的思想基础是认为人是(   )。
 A."经济人"　　　B."社会人"
 C."复杂人"　　　D."行政人"
【璧尘解析】B。本题考点是人本主义行政学理论"社会人"的管理观。总的特征是以"人"为中心,实施柔性管理,进行微观与动态研究。

17. 行政协调与行政效率的关系是(   )。
 A. 反比关系　　　B. 正比关系
 C. 不定关系　　　D. 否定关系
【璧尘解析】B。行政协调是行政管理的

重要环节,研究行政管理学的目标是为了提高行政效率,行政协调越好,行政效率则越高,因而,两者之间成正比例关系。

18. 决策过程实际上是(   )。
 A. 信息收集和加工过程
 B. 否定和肯定过程
 C. 评价优劣过程
 D. 管理和服务过程
【璧尘解析】A。决策贯穿于管理过程的始终,其最基本的过程就是对信息的收集与加工,而后做出抉择。在通常情况下,决策的科学性、正确性和信息成正比。

42. 我国人民代表大会制度的优越性有(   )。
 A. 有利于保证中央和地方国家权力的统一
 B. 保障了人民当家作主
 C. 维护了国家统一和民族团结
 D. 有利于国家权力体现人民的意志
【璧尘解析】ABCD。全国人大是我国的最高权力机关。我国的根本政治制度是人民代表大会制度,它直接体现了我国人民民主专政的国家性质,是建立其他有关国家管理制度的基础。

43. 中国共产党同各民主党派在国家重大问题上进行民主协商、科学决策,有利于(   )。
 A. 加强参政党建设
 B. 国家经济建设的发展
 C. 加强各民族团结
 D. 改善中国共产党的领导
【璧尘解析】ABD。中国共产党同各民主党派在国家重大问题上进行民主协商、科学决策,有利于集中力量办大事,中国共产党和各民主党派互相监督,有利于改善中国共产党的领导,有利于加强参政党建设。C选项主要涉及民族区域自治制度。

44. 行政合理性原则要求（　　）。

A. 应当公平、适度、合乎情理

B. 行政行为必须符合法律的目的

C. 行政行为必须有合理的动机

D. 行政行为应考虑相关的因素

【璧尘解析】ABCD。行政合理性原则是指政府的行为应当符合法律的意图或精神，符合公平正义等法律理性，其具体内容包括：(1) 政府的行政行为应符合法律的立法目的。(2) 政府的行政行为应有正当的动机。(3) 政府的行政行为应考虑相关因素。(4) 政府的行政行为应符合客观规律。(5) 政府的行政行为应符合公正法则。

2006 年 A 类

13. 我国的统一战线组织是一种（　　）。

A. 政治联盟　　　B. 经济联盟

C. 思想联盟　　　D. 群众组织

【璧尘解析】A。统一战线就是指不同的社会政治力量在一定的历史条件下，为了实现一定的共同目标，在某些共同利益的基础上组成的政治联盟。我国的统一战线组织形式是中国人民政治协商会议。

35. 在社会主义条件下，中国共产党与各民主党派长期共存，这是因为（　　）。

A. 双方有长期团结合作的历史

B. 各民主党派已经成为致力于社会主义事业的党派

C. 各民主党派在政治上接受了共产党领导

D. 各民主党派可以发挥对共产党的监督作用

【璧尘解析】ABCD。我国是共产党领导的多党合作制国家，中国共产党与民主党派之间的关系是长期共存、互相监督、肝胆相照、荣辱与共。

综合分析题

国家主席胡锦涛在联合国成立60周年首脑会议上发表了题为《促进普遍发展　实现共同繁荣》的重要讲话。他说，随着经济全球化不断深入，各国利益相互交织、命运彼此依存。促进普遍发展、实现共同繁荣，符合各国人民的根本利益。现在，摆在我们面前最紧迫的任务是：加强国际发展合作，缩小南北差距，确保实现千年发展目标。胡锦涛就此提出以下几点建议：进一步深化改革，使国际经济体制和规则更加公平合理，特别是要充分反映广大发展中国家的关切，促进经济全球化朝着均衡、普惠、共赢的方向发展；尊重发展模式的多样性，推动发展经验的交流。自主选择符合本国实际的发展道路和发展模式，是各国实现发展的关键；建立公平、合理、有效的千年发展目标进展评估框架，及时评估各国取得的进展，监督和促进国际合作和发展援助承诺的落实；加强联合国在推动国际发展合作中的作用。联合国应该将发展作为一项主要工作来抓，完善机制，改进职能，在引导形成共识、制定规则、推动参与等方面发挥优势。

71. 中国政府关于联合国改革的基本原则是（　　）。

A. 促使国际经济体制和规则更加公平合理

B. 尊重发展模式的多样性

C. 建立公平、合理、有效的千年发展目标进展评估框架

D. 加强联合国在推动国际发展合作中的作用

【璧尘解析】ABCD。这四个选项都可从上述材料中找到。

72. 当前联合国改革的重点是（　　）。

A. 关注国家安全

B. 关注发展、安全和人权

C. 扩大常任理事国

D. 落实"千年发展目标"

【璧尘解析】B。当前联合国改革的重点

是关注发展、安全和人权。

73. 联合国改革应有利于( )。

A. 促进普遍发展　　B. 促进经济全球化

C. 实现共同繁荣　　D. 实现和谐世界

【璧尘解析】AC。AC选项内容都可以从材料中找出(促进普遍发展、实现共同繁荣,符合各国人民的根本利益)。BD选项内容材料中未涉及。

74. 材料中的"缩小南北差距"的"南北"指( )。

A. 南半球和北半球

B. 南方和北方

C. 南方国家和北方国家

D. 发展中国家和发达国家

【璧尘解析】D。在这里,南与北不是简单的地理方位问题,而是发展中国家与发达国家的代名词。"南"指发展中国家,"北"指发达国家。

75. 当今世界各国人民的共同愿望是( )。

A. 维护和平　　　　B. 控制人口

C. 促进发展　　　　D. 谋求合作

【璧尘解析】ACD。在对于某些人口呈减少趋势的国家而言,面临的问题不仅不是控制人口,相反是促进人口增长。

2007 年 A 类

7. 我国政府认为,对于发展中国家,最基本最重要的人权是( )。

A. 教育权和就业权

B. 生存权和发展权

C. 自由权和选择权

D. 劳动权和财产权

【璧尘解析】B。生存权是最基本的权利,没有生存权和发展权就没有其他的任何权利。

16. 政府在向居民提供公共产品的过程中是通过集中公共供给解决"搭便车"问题的,以下不是上述途径解决"搭便车"的物品是( )。

A. 市区路灯

B. 儿童用麻疹疫苗

C. 市政公园

D. 公共消防设施

【璧尘解析】B。B选项不是公共投资。

31. 许多地方政府将"幸福指数"写进政府工作报告,作为衡量社会和谐与否的重要指标,这说明( )。

A. GDP 指标将逐步被"幸福指数"所取代

B. 我国国家机构是人民利益的执行者和捍卫者

C. "以人为本"的科学发展观在实践中不断变为行动

D. "幸福指数"将成为衡量生产力发展水平的客观尺度

【璧尘解析】BC。GDP 是国内生产总值,幸福指数 GNH 是衡量人们对自身生存和发展状况的感受和体验,幸福指数不会取代 GDP,也无法衡量生产力发展水平。

2008 年 A 类

7. 我国各级人民政府负责政府采购监督管理的部门是( )。

A. 监察部门　　　　B. 财政部门

C. 审计部门　　　　D. 工商部门

【璧尘解析】B。《中华人民共和国政府采购法》第十三条明确,各级人民政府财政部门是负责政府采购监督管理的部门,依法履行对政府采购活动的监督管理职责。各级人民政府其他有关部门依法履行与政府采购活动有关的监督管理职责。

17. 下列属于纯公共产品的是( )。

A. 河流　　　　　　B. 公共道路

C. 国防　　　　　　D. 公共图书馆

【璧尘解析】C。纯公共产品是指那些为

整个社会共同消费的产品。它是在消费过程中具有非竞争性和非排他性的产品，任何一个人对该产品的消费都不减少别人对它进行同样消费的物品与劳务，如国防、外交、立法、司法和政府的公安、环保、工商行政管理等。

32. 下列属于县级以上各级人民政府及其部门应当予以公开的事项的有（　　）。

A. 行政法规、规章和规范性文件
B. 国民经济和社会发展统计信息
C. 行政事业性收费的项目、依据、标准
D. 突发公共事件的应急预案，预警信息及应对情况

【璧尘解析】ABCD。《政府信息公开条例》明确，要重点公开下列政府信息：（一）行政法规、规章和规范性文件；（二）国民经济和社会发展规划、专项规划、区域规划及相关政策；（三）国民经济和社会发展统计信息；（四）财政预算、决算报告；（五）行政事业性收费的项目、依据、标准；（六）政府集中采购项目的目录、标准及实施情况；（七）行政许可的事项、依据、条件、数量、程序、期限以及申请行政许可需要提交的全部材料目录及办理情况；（八）重大建设项目的批准和实施情况；（九）扶贫、教育、医疗、社会保障、促进就业（民生）等方面的政策、措施及其实施情况；（十）突发公共事件的应急预案、预警信息及应对情况；（十一）环境保护、公共卫生、安全生产、食品药品、产品质量的监督检查情况。

综合分析题

材料一：从 2007 年 11 月 9 日到 15 日，国家法定节假日调整方案在新华网、人民网等网站上公布，引起强烈反响。据初步统计，大约 155 万网民参加了此项调查。国家法定节假日调整方案在网上开展民意调查的同时，也印发给中央和国家机关、各地党委和政府、军队系统、各民主党派、各人民团体等征求意见。在此次调查期间，部分群众还通过电话、电子邮件、书面等形式提出了意见。此

前，为研究和改善国家法定节假日制度，国家有关部门一年多来组织开展了多方面的工作，包括开展专题调研，召开多次座谈会，不断听取和征求人大代表、政协委员、专家学者及有关部门的意见和建议，较为广泛地进行了民意调查。

材料二：1999 年 9 月 18 日，国务院发布《全国年节及纪念日放假办法》，决定增加公众法定休假日，2007 年 12 月 7 日，国务院第 198 次常务会议通过了《关于修改〈全国年节及纪念日放假办法〉的决定》，同步出台《职工带薪休假规定》，为全面落实职工休假权利提供法律保障。

71. 从公共政策角度看，国务院对《全国年节及纪念日放假办法》修改的做法属于（　　）。

A. 政策调整　　　B. 政策终结
C. 政策规划　　　D. 政策执行

【璧尘解析】A。修改节假日放假是为了调整相关公共政策。

72. 以上材料表明（　　）。

A. 公众具有较强的参政意识
B. 在政策过程中政府更加注重民意
C. 公众影响公共政策的形式是多样的
D. 公共政策依据大家的意志为转移

【璧尘解析】ABC。ABC 选项均可从给定材料中得出。

73. 我国公民参与政策过程的主要途径有（　　）。

A. 通过参加听证会影响政策制定
B. 通过选举人大代表参与政策制定
C. 通过参加政治党派影响政策过程
D. 通过大众传媒等手段影响政策过程

【璧尘解析】ABD。公民影响政府公共政策的5种途径：（1）以国家主人或主权者身份，对某些重大政策直接行使主权；（2）用间接或代议方式，选出自己的代表者参与公共决策；（3）使用各种威胁性方式反对某些政策或表达制定新政策的要求；（4）通过参加利益集团，或通过舆论或游说的方式去影响政策；

（5）对政府的政策采取合作或不合作的态度,从而影响到决策中去。而 C 选项中的途径与我国国情不相符。

74. 关于《全国年节及纪念日放假办法》和《职工带薪休假规定》,下列表述正确的是（　）。

A. 两个规范性文件都属于行政法规

B. 行政法规的立法应当遵循与制定法律、地方性法规相同的原则

C. 行政法规、行政规章均应以国务院总理令的形式公布

D. 两个规范性文件为公民的权利提供了法律保障,因而与法律具有同等效力

【璧尘解析】AB。行政法规是由国务院根据宪法和法律制度,由总理签署国务院令公布。规章的签署和发布分为两种情况,部门规章由部门首长签署命令予以公布;地方政府规章由省长或者自治区主席或者市长签署命令予以公布。行政法规的效力次于法律、高于部门规章和地方法规。因此 CD 选项错误。

75. 国家对节假日进行调整和实行职工带薪休假制度（　）。

A. 坚持了"以人为本"的价值取向

B. 保障了宪法赋予的公民休息权的实现

C. 实现了拉动旅游经济的根本目的

D. 体现了对民族习惯的尊重和对民族传统节日的重视

【璧尘解析】ABD。国家的相关政策调整体现了政府"以人为本"的价值取向和对传统文化的重视。拉动旅游经济是目的之一,不是根本目的。

综合分析题

材料一:本世纪初开始,我国广大社会成员公共需求的全面、快速增长同公共产品的短缺、基本公共服务不到位的问题成为日益突出的阶段性矛盾。首先,是城乡基本公共服务的过大差距形成城乡协调发展的巨大压力。其次,地区间基本公共服务的过大差距形成区域协调发展的巨大压力。第三,不同社会群体之间基本公共服务的过大差距,加大了各类社会问题的复杂性。如农民工群体的总体规模已经达到 1.2 亿人,作为城镇产业工人的重要组成部分,农民工难以享受到与城镇居民同等的生存发展权利。

材料二:2007 年,中央财政安排教育支出 858.4 亿元,比 2006 年增加 252.49 亿元,增长 41.7%;安排医疗卫生支出 312.76 亿元,比 2006 年增加 145.36 亿元,增长 86.8%;安排社会保障和就业支出 2019.27 亿元,比 2006 年增加 246.99 亿元,增长 13.9%;用于"三农"的各项支出共达 3917 亿元,比 2006 年增加 520 亿元,增长 15.3%。

76. 对于目前我国基本公共服务的状况,理解正确的是（　）。

A. 我国基本公共服务在城乡、地区和不同群体之间存在较大差距

B. 基本公共服务不到位的问题日益突出

C. 现阶段我国基本公共服务已满足公共需求

D. 中央财政对于基本公共服务的投入不断增加

【璧尘解析】ABD。从材料一第一句话可得出选项 AB,从材料二中的数据可得出中央财政对于基本公共服务的投入在不断增加,而 C 选项表述显然是错误的。

77. 我国第一次正式提出"基本公共服务均等化"原则的文件是（　）。

A.《中共中央关于构建社会主义和谐社会若干重大问题的决定》

B.《国民经济和社会发展第十一个五年规划纲要》

C.《中共中央关于加强党的执政能力建设的决定》

D.《中共中央关于完善社会主义市场经济体制若干重大问题的决定》

【璧尘解析】A。党的十六届六中全会通过《中共中央关于构建社会主义和谐社会若干重大问题的决定》,首次提出"完善公共财政制度,逐步实现基本公共服务均等化"。

78. 对于政府公共服务角色的理解,正确的是( )。

A. 政府应该加大对基本公共服务的投入力度

B. 公共服务应该由市场发挥主导作用

C. 对公共服务的供给,政府起辅助作用

D. 公共财政应在提供基本公共服务方面发挥主导作用

【璧尘解析】AD。公共服务应该由政府来提供,政府更应该是规则和制度的制定者和执行的监管者,且要不断加大公共财政投入。

79. 下列有关基本公共服务均等化的表述,不正确的是( )。

A. 基本公共服务均等化就是公共服务的平均化

B. 政府在基本公共服务均等化方面担负着工作责任

C. 基本公共服务均等化排斥社会成员的自由选择权

D. 基本公共服务均等化有利于城乡统筹、区域协调发展

【璧尘解析】AC。基本公共服务均等化是指政府要为社会成员提供基本的、与经济社会发展水平相适应的、能够体现公平正义原则的大致均等的公共产品和服务。但它并不意味着公共服务平均化,也并不排斥社会成员的自由选择权。

80. 党的十七大报告提出,完善公共财政体系所要围绕并推进的工作是( )。

A. 基本公共服务均等化

B. 主体功能区建设

C. 经济增长方式转变

D. 经济发展方式转变

【璧尘解析】AB。党的十七大报告中明确提出,围绕推进基本公共服务均等化和主

体功能区建设完善公共财政体系。

2009 年 A 类

9. 政府角色定位的集中体现是( )。

A. 政府结构   B. 政府职能

C. 政府性质   D. 政府权力

【璧尘解析】B。政府职能是政府角色定位的集中体现。

26. 按照行政组织的系统,行政沟通可分为( )。

A. 单向沟通   B. 双向沟通

C. 正式沟通   D. 非正式沟通

【璧尘解析】ABCD。行政沟通的分类有以下几种:(1)按沟通的确定性可划分为正式沟通和非正式沟通两种。(2)按沟通的线路可划分为单向沟通和双向沟通两种。(3)按信息流向可划分为下行沟通、上行沟通和平行沟通三种。(4)按沟通工具可划分为口头沟通、书面沟通和网上沟通三种。

综合分析题

胡锦涛总书记在纪念党的十一届三中全会召开30周年大会上的讲话中指出,我国政治体制改革是社会主义政治制度的自我完善和发展,必须坚持中国特色社会主义政治发展道路,坚持党的领导、人民当家作主、依法治国有机统一,坚持社会主义政治制度的特点和优势,坚持从我国国情出发。我们需要借鉴人类政治文明的有益成果,但绝不照搬西方政治制度模式。我们要始终坚定不移地发展社会主义政治文明,深化政治体制改革,坚持和完善人民代表大会制度、中国共产党领导的多党合作和政治协商制度、民族区域自治制度以及基层群众自治制度,壮大爱国统一战线,推进社会主义民主政治制度化、规范化、程序化,更好保证人民当家作主,巩固和发展民主团结、生动活泼、安定和谐的政治局面。

56. 我国政治体制改革要坚持社会主义政治制度的特点和优势。社会主义政治制度最鲜明的特点是(　　)。

　　A. 实行人民民主专政
　　B. 实行人民代表大会制度
　　C. 实行中国共产党领导的多党合作和政治协商制度
　　D. 实行民族区域自治制度

【璧尘解析】B。四个选项所述内容都是中国特色社会主义政治制度的特点,但是实行人民代表大会制度是我国社会主义政治制度最鲜明的特点。

57. 发展社会主义政治文明、深化政治体制改革的目标是(　　)。

　　A. 增强党和国家活力
　　B. 坚持正确的政治方向
　　C. 调动人民积极性
　　D. 壮大爱国统一战线

【璧尘解析】AC。发展社会主义政治文明、深化政治体制改革,以保证人民当家作主为根本,以增强党和国家活力、调动人民积极性为目标,扩大社会主义民主,建设社会主义法治国家。

58. 中国共产党领导的多党合作和政治协商制度的显著特征是(　　)。

　　A. 长期共存、互相监督
　　B. 共产党领导、多党派合作
　　C. 肝胆相照、荣辱与共
　　D. 共产党执政、多党派参政

【璧尘解析】BD。江泽民同志在全国统战工作会议上指出,我国政党制度的显著特征在于:共产党领导、多党合作,共产党执政、多党派参政。这是对我国政党制度特征的科学概括,也是区别于一党制、多党制的本质属性的显著特点。而AC选项是多党合作的方针。

59. 下列关于我国民族区域自治制度的表述,正确的有(　　)。

　　A. 民族区域自治是单一制国家形式下实行的自治形式
　　B. 民族区域自治地方具有联邦行政区域性质
　　C. 民族区域自治是区域自治和民族自治的统一
　　D. 自治权是民族区域自治制度的核心

【璧尘解析】ACD。在我国单一制国家结构形式下推行的民族区域自治制度,是指在国家统一领导下,以少数民族聚居区为基础,建立相应的自治地方,设立自治机关,行使自治权,使实行区域自治民族的人民自主地管理本民族内部事务。民族区域自治权是民族区域自治的核心。

60. 我国基层群众自治制度是(　　)。

　　A. 作为国家制度的民主
　　B. 发展社会主义民主政治的基础性工程
　　C. 作为国家形式的民主
　　D. 人民当家作主最有效、最广泛的途径

【璧尘解析】ABD。党的十七大首次把基层群众自治制度纳入中国特色社会主义民主政治制度的基本范畴,明确指出:"人民依法直接行使民主权利,管理基层公共事务和公益事业,实行自我管理、自我服务、自我教育、自我监督,对干部实行民主监督,是人民当家作主最有效、最广泛的途径,必须作为发展社会主义民主政治的基础性工程重点推进"。

2010 年 A 类

9. 我国各级政府 2009 年组织 2100 名城乡劳动者参加职业培训,此举所履行的政府职能是(　　)。

　　A. 公共服务　　　B. 市场监管
　　C. 社会管理　　　D. 经济调控

【璧尘解析】A。狭义的公共服务不包括国家所从事的经济调节、市场监管、社会管理等一些职能活动,这些政府行为不能使公民的某种具体的直接需求得到满足。组织城乡劳动者参加职业培训所履行的是公共服务职能。

六、论述题(共14分)

请阐述提升公务员执行力与建设服务型政府的关系。

【璧尘解析】作答参考见主观题解析部分。

2011 年 A 类

四、论述题(共20分)

某市政府为创建全国文明城市花了很大功夫,在迎接上级检查评估小组检查期间,强制关闭辖区内上百家小理发店、小餐馆;原来设在街头成为城市一道"风景"的报刊亭也全部被移至室内经营。这种措施,受到不少市民的认同和赞许,但理发店、小餐馆、报刊亭的经营者却面对经营损失叫苦不迭。"这是政府的命令。"城市一位政府官员在接受采访时称,"政府这样做完全是出于善意,带来的好处大家也都是看得见的。虽然超出了行政职权范围,但为了创建全国文明城市,树立城市的美好形象,我们不得不这样做,也是合情合理的吧。"然而,有关法律专家指出,这种所谓的"行政善意",其实仍不免让人产生隐忧。

请结合材料,对政府的这种"行政善意"作出分析和评价。

【璧尘解析】作答参考见主观题精讲部分。

2012 年 A 类

4. 我国要全面开展城市社区建设,积极推进农村社区建设,健全新型社区管理和服务体制。下列关于"社区"的说法,正确的是( )。

A. 社区既不是一个地域概念,也不是一个社会和文化概念

B. 各种类型社区的界限是固定不变的,它们的边界是不重合的

C. 社区是聚居在一定地域范围内的人们所组成的社会生活共同体

D. 从地域特征和管理角度看,社区可分为单位型社区和混合型社区

【璧尘解析】C。社区是指聚居在一定地域范围内的人们所组成的社会生活共同体。该共同体具有三个特点:有一定的规模、有一定的地域性、相互间的认同感强。

8. 共和制政体的总体特征是( )。

A. 国家的一切权力由议会代表人民行使

B. 由政党来掌握、行使国家权力

C. 政治选举是人民参与政治最普遍最主要的形式

D. 最高国家权力机关和国家元首由选举产生并有一定任期

【璧尘解析】D。共和制是指国家最高权力掌握在由选举产生、并有一定任期的国家机关或公职人员手中的政权组织形式。共和制的总体特征包括:国家元首由选举产生,且实行任期制;国家权力主要由民选的国家元首、国家权力机关或国家立法机关来行使,因此D项正确。

六、论述题(20分)

一项新的政策出台后,常有少数人为牟取不正当利益,想方设法钻政策的"空子"。比如,有的人为多拿拆迁补偿办假离婚;有的企业为享受税收优惠搞假合资;有的地方以"情况特殊"为由,制定出一些"土规定"、"土政策"。

请从政策执行力的角度,谈谈你对"钻政策空子"这一现象的看法。(篇幅为 300~350 字)

【璧尘解析】作答参考见主观题精讲部分。

2013 年 A 类

8. 下列措施属于健全收入再分配调节机制的是( )。

A. 提高劳动者工资收入

B. 加强个人所得税调节

C. 促进就业的机会公平

D. 加强国企高管薪酬管理

【璧尘解析】B。十八大报告指出，初次分配和再分配都要兼顾效率和公平，再分配更加注重公平。完善劳动、资本、技术、管理等要素按贡献参与分配的初次分配机制，加快健全以税收、社会保障、转移支付为主要手段的再分配调节机制。

11. 建设服务型政府的重要任务之一是实现基本公共服务的均等化。下列不属于基本公共服务的是（　　）。

A. 教育局为义务教育阶段贫困家庭提供生活补助

B. 气象局发布天气预报

C. 市政府为参加医保的市民提供财政补贴

D. 税务大厅为大额纳税人开辟绿色通道

【璧尘解析】D。税务大厅为大额纳税人开辟绿色通道是为少数特殊群体提供便捷服务，不属于基本公共服务范畴。

15. "手表定律"是指当我们同时拥有两只时间不一样的手表时，反而不知道准确的时间，这对做好团队工作的启示是（　　）。

A. 维护领导权威　　B. 避免令出多门

C. 服从组织安排　　D. 领导言行一致

【璧尘解析】B。手表定律在管理方面给我们一种非常直观的启发，就是对同一个人或同一个组织不能同时采用两种不同的方法，不能同时设置两个不同的目标，否则将使团队或个体无所适从。

16. 下列关于依法治国这一治国方略的理解，错误的是（　　）。

A. 依法行政是依法治国的关键

B. 依法审判是依法治国的保障

C. 依宪立法是依法治国的前提

D. 依法治理社会是依法治国的难点

【璧尘解析】D。依法行政是依法治国的难点和重点。

27. 下列不属于公共物品的是（　　）。

A. 市民广场中的垃圾箱

B. 国家博物馆里的藏品

C. 企业资料室里的报刊

D. 城市的交通信号灯

【璧尘解析】C。公共物品是与私人物品相对应的一个概念，具有非竞争性和非排他性的特征，一般不能或不能有效通过市场机制由企业和个人来提供，主要由政府来提供。

40. 民族区域自治制度是我国解决民族问题的基本制度。下列关于民族区域自治的说法，正确的有（　　）。

A. 民族区域自治是国家统一领导与少数民族区域自治的结合

B. 民族自治地方分为自治区、自治州、自治县、民族乡

C. 各少数民族聚居的地方实行区域自治

D. 民族自治地方的自治机关实行民主集中制的原则

【璧尘解析】ACD。民族区域自治制度是指在国家的统一领导下，以少数民族聚居区为基础，建立相应的自治地方，设立自治机关，行使自治权，使实行区域自治的民族的人民自主地管理本民族地方性事务制度。民族自治地方分为自治区、自治州、自治县，不包括民族乡。

综合分析题

随着老龄化的加速，我国养老问题日益引人关注。最新的统计资料表明，我国企业退休人员已超过6000万人，基本养老金人均每月1700多元，能够维持基本生活需要；农村老人主要依靠自身劳作、每月55元或更多

的养老金,以及子女能够提供的赡养费等勉强过日子,生不起病。城市中的年轻人忙于工作,疏于和老人交流;农村年轻人大多外出打工,很多乡村老人只能留守家中,使得老人获得精神慰藉更是成为奢望。

为了有计划有步骤地解决养老难题,国家采取了一系列政策措施,如修改和完善《中华人民共和国老年人权益保护法》,连续8年较大幅度调整企业退休人员基本养老金水平,在农村推行低保、新农合、新农保等,已经收到了初步的成效。

2013年,我国将进一步加大对社会养老服务体系的支持力度,目前已经明确的措施有:企业退休人员基本养老金继续提高10%。新农合和城镇居民基本医疗保险财政补贴标准由每人每年240元提高到280元,人均基本公共卫生服务经费标准由25元提高到80元等。

61. 下列关于农村养老现状的判断,正确的是（　　）。

A. 农村老人与城市退休人员的养老待遇差别不大

B. 新农保政策的实施在一定程度上改善了农村养老的状况

C. 农村养老工作的开展水平已经优于城市

D. 农村老人的养老金完全依赖子女给的赡养费

【璧尘解析】B。从上述材料可知,城市退休人员养老金人均每月1700元,而农村老人主要依靠自身劳作、每月55元或更多的养老金,以及子女能够提供的赡养费等勉强过日子。故AD选项错误。从材料中得知,虽然连续8年较大幅度调整企业退休人员基本养老金水平,但农村养老问题形势十分严峻,不能说农村养老工作的开展水平已经优于城市,故C选项错误。

62. 国家加大社会养老服务体系支持力度的出发点是（　　）。

A. 兼顾初次分配的效率和公平

B. 提高初次分配中劳动报酬比重

C. 增加城乡居民的财产性收入

D. 落实人民共享发展成果的原则

【璧尘解析】D。国家加大社会养老服务体系支持力度的出发点是让人民共享发展成果,其他选项不是出发点。而且养老服务体系不属于报酬分配范畴,亦不属于财产性收入。

63. 让老人的精神慰藉不再成为奢望,需要采取多种措施,从子女的角度看,下列最能满足老人精神慰藉的做法是（　　）。

A. 经常陪伴老人聊天

B. 定期给老人寄钱送物

C. 把老人送到社区

D. 雇佣家政保姆照顾老人

【璧尘解析】A。从子女的角度看,经常陪伴老人聊天可以让老人得到精神慰藉,BCD选项均没有体现出对老人的精神慰藉。

64. 2013年我国加大对社会养老服务体系支持力度的新举措,意味着（　　）。

A. 我国的新型城乡养老体制已经非常完善

B. 城乡社会养老方面的水平已经差别不大

C. 我国公共财政收入不足以负担这些费用

D. 国家正在积极完善基本养老保障制度

【璧尘解析】D。ABC选项表述过于绝对。

65. 这篇材料给我们的启示是（　　）。

A. 有足够的财力就能解决养老的全部问题

B. 社会养老问题只能依靠国家力量解决

C. 应对人口老龄化是一项长期战略任务

D. 保障老人的物质生活靠国家,满足老人的精神慰藉靠子女

【璧尘解析】C。综合上文材料可知,A选项说法过于绝对;B选项意为社会养老问

题不能只依靠国家力量解决,同时要靠社会各界力量加以解决;D选项意为保障老人的物质生活不能只靠国家。只有C选项正确。

四、论述题(共20分)

前不久,某市公布的"义务教育阶段入学积分方案"规定,外来人员子女将以家长的学历、职称等打分,按从高分到低分录取,对此,有人指责这一政策具有歧视性,该市某职能部门负责人表示,"本地现在无法满足所有外来人员子女的教育需求,只能先解决我们比较需要的人,在教育资源有限的情况下,出台这样的政策是务实的,也是无奈的选择,对该政策的指责实际上是对这一政策的误读"。

请结合上述材料,从政策制定的角度,谈谈对类似"政策误读"现象的看法。(篇幅为250～300字)

【璧尘解析】作答参考见主观题解析部分。

2014年A类

10. 近年来,某市实行公办学校标准化建设和校长教师交流轮岗,取消重点学校、禁止设立重点班,合理配置教育资源,实施这些举措最主要的目的是(　　)。

A. 大力促进教育公平
B. 提高学校管理水平
C. 加强师资队伍建设
D. 改善学校办学条件

【璧尘解析】A。题干中讲到,某市实施学校标准化建设和校长教师交流轮岗,取消重点学校、禁止设立重点班,合理配置教育资源,都直接体现了教育公平的问题。

11. 从2014年起,每年的元旦、五一节和国庆节,某市市委、市政府大院对公众开放。开放内容分为主题展示、便民服务和观光旅游,这样做最主要的目的是(　　)。

A. 加强与群众的联系

B. 推进政务信息公开
C. 促进观光旅游发展
D. 提高政策服务水平

【璧尘解析】B。在每年固定的时间设立"公众开放日",有利于促使公众更多了解、参与、监督党政机关工作。它是践行党的群众路线、进一步改进工作作风、推进党务政务公开的重要举措。故本题答案选B。

12. 十二届人大常委会第六次会议作出《关于废止有关劳动教养法律规定的决定》,从公共政策角度看,这属于(　　)。

A. 政策终结　　B. 政策调整
C. 政策执行　　D. 政策评估

【璧尘解析】A。政策终结是指公共决策者通过慎重的政策评估之后,采取必要措施,终止那些过时、多余、无效或失败的公共政策的过程。废止劳动教养法律法规,显然属于政策的终结。

13. 行政决策可分为战略决策和战术决策。下列某市政府的决策属于战略决策的是(　　)。

A. 制订2014—2020年城市发展规划
B. 作出任命贾某为某市教育局副局长的决定
C. 制定春节前夕安全生产集中整治活动的方案
D. 作出表彰本年度优秀科技工作者的决定

【璧尘解析】A。战略决策是指带有全局性、方向性和原则性的重大决策,其涉及的范围广泛,影响深远,主要表现在路线、方针、政策、规划的制定上。战术决策则是对有关具体方法和步骤的技术性问题的决策。

14. 危机状态下,公众要求决策者采取有效措施应对危机,而决策者在信息受限的情况下难以作出有效的决断。这说明公共危机的特征之一是(　　)。

A. 不确定性　　　B. 连锁反应性
C. 突发性　　　　D. 紧急性

【璧尘解析】A。本题中,决策者之所以难以作出有效的决定,是因为信息受限,而信息会受到限制则是因为危机事件的发生往往具有复杂的社会背景、历史原因,涉及政治、经济、文化、信息等诸多方面因素,且危机发生的时间、地点、导致的后果等一系列因素也是不确定的。故正确选项为A。

综合分析题

政府购买公共服务是20世纪80年代以来新兴的公共服务供给模式。近年来,在加强和创新社会治理的过程中,我国政府进一步转变职能,改进公共服务提供方式。许多地方对政府购买养老、就业、计划生育等领域的公共服务进行了探索,变"政府配餐"为"群众点菜",取得良好效果。某市与某老年事业发展服务中心签订政府购买服务协议,委托该中心承担紧急援助、居家养老、保洁、电话关爱等服务,形成百姓受惠、社会组织受益、政府降低成本"三方共赢"局面,该市在结核病防治领域通过购买服务引入某家医院之后,当年就显示出良好的绩效,结核病迅速得到有效控制。

在试点基础上,各地方开始建立对政府购买公共服务的购买主体、承接主体、购买内容、购买程序、资金管理、绩效评估等相关制度,保证"只买对的,不买贵的",并逐步将政府购买公共服务纳入财政预算。江苏、上海等地设立了社会组织孵化基地,为起步阶段的社会组织提供资金、政策、人才等支持。随着顶层设计的加强,政府购买公共服务的改革正在不断促进政府转变职能、提高效能,开创社会治理的新局面。

61. 关于政府购买公共服务的意义,下列说法不正确的是(　　)。

A. 改善公共资源配置,提升公共服务供给质量

B. 促进政府职能转变,激发社会组织活力

C. 促进服务业发展,为经济增长增添新动力

D. 拓展政府职责,强化行政权威

【璧尘解析】D。政府购买公共服务是将公共财政支出范围内的公共服务"外包"给社会主体,以契约形式来完成服务提供。政府购买公共服务不是强化行政权威的表现。其余三项说法正确。

62. 下列选项不能列入政府购买公共服务范围的是(　　)。

A. 教育　　　　　B. 行政执法
C. 住房保障　　　D. 医疗卫生

【璧尘解析】B。政府购买公共服务范围包括教育、卫生、文化、体育、公共交通、住房保障、公共就业等基本公共服务领域。行政执法是行政行为的一种,是贯彻执行国家意志的有效手段和实施、适用法律规范的一种基本方式,它的执行主体在法律上是有特殊要求的,因此不能列入政府购买公共服务范围。

63. 从"政府配餐"到"群众点菜",这说明(　　)。

A. 政府提供公共服务的理念、模式发生了转变

B. 市场或社会机制本身能解决的事务也可纳入政府购买范围

C. 政府不再是公共服务供给的责任主体

D. 政府购买服务应满足群众各种需求

【璧尘解析】A。材料中"我国政府进一步转变职能,改进公共服务提供方式"正是本题的体现,说明我国政府提供公共服务的理念、模式发生了转变。

64. 制定政府购买公共服务目录,首先要做的基础工作是(　　)。

A. 加强服务资金管理

B. 选择服务承接主体

C. 准确把握公众需求

D. 严格监督评价机制

【璧尘解析】C。2013年7月31日,国务院总理李克强主持召开国务院常务会议,研

究推进政府向社会力量购买公共服务,会议上确定:要在把握公众需求的基础上,制定政府购买服务指导性目录,敲定政府购买服务的种类、性质和内容,并试点推广。

65. 为保证政府购买公共服务"只买对的,不买贵的",最重要的是( )。

A. 建立健全制度,坚持规范有序阳光操作

B. 优化社会组织发展环境,加大扶持力度

C. 充分听取专家意见,制定科学采购标准

D. 加强社会组织培训,提升承接服务能力

【璧尘解析】A。为保证政府购买公共服务"只买对的,不买贵的",最关键的是坚持阳光透明操作,严格招投标程序,把购买公共服务的流程完全放在公开透明的环境中,创造条件接受社会舆论的监督。

六、论述题

题干材料(略)。

请结合给定材料,从政策惠民的角度,阐述应该如何认识和处理好政策公正性和政策执行效率的关系。(篇幅为300字左右,15分)

【璧尘解析】题干材料及作答参考见主观题解析部分。

2004 年 B 类

14. 我国解决民族问题的根本出发点和归宿是( )。

A. 各民族区域自治

B. 各民族一律平等

C. 各民族共同繁荣

D. 各民族相互团结

【璧尘解析】C。各民族共同繁荣是我国解决民族问题的根本出发点和归宿。

50. 以多个组织组成的组织群体作为其研究对象的是( )。

A. 中观管理学   B. 微观管理学

C. 宏观管理学   D. 管理学

【璧尘解析】A。参见 2004 年 A 类第

49题。

51. 坚持和贯彻利益协调原则、行为激励原则、控制适度原则、权责对等原则及参与管理原则等所体现的是( )。

A. 人本管理原理   B. 系统管理原理

C. 动态管理原理   D. 科学管理原理

【璧尘解析】A。人本管理原理就是强调坚持和贯彻利益协调原则、行为激励原则、控制适度原则、权责对等原则及参与管理原则等。

65. 依法治国,建设社会主义法治国家,必须健全社会主义法制,即必须( )。

A. 维护宪法和法律的尊严

B. 逐步建立和完善我国社会主义法律体系

C. 完善民主监督、监察和审计机制

D. 完善依法行政制度和司法制度

【璧尘解析】ABD。要实现依法治国,建设社会主义法治国家的目标就必须健全社会主义法制。这就要求:维护宪法和法律的尊严,逐步建立和完善我国社会主义法律体系,完善依法行政制度和司法制度。

2005 年 B 类

13. 下列选项中,不属于国家机构的组织和活动原则的是( )。

A. 民主集中制原则

B. 分工和协调原则

C. 为人民服务原则

D. 立法和执法原则

【璧尘解析】D。国家机构的组织和活动原则有:民主集中制原则;社会主义法制原则;民族平等和民族团结的原则;责任制原则;精简、效率、服务、廉洁的原则;联系群众,为人民服务的原则;党的领导原则。

14. 我国的国家结构形式是( )。

A. 联邦制   B. 邦联制

C. 复合制　　　　D. 单一制

【璧尘解析】D。单一制的特征有：全国只有一部宪法和一个统一的法律体系；只有一个中央政权机关，各地方的自治单位或行政单位受中央统一领导；每个公民只有一个国籍；国家整体在国际关系中是唯一的主体。显然我国的国家结构是单一制。

15. 法律手段是实现行政职能的基本手段之一，具有严肃性、权威性和（　　）。

A. 规范性　　　　B. 普遍性
C. 广泛性　　　　D. 灵活性

【璧尘解析】A。法律手段具有严肃性、权威性和规范性等特点。

16. 行政决策与其他非行政决策相比，其特点是（　　）。

A. 以国家权力为后盾
B. 决策水平较高
C. 只对行政部门发生作用
D. 没有强制性

【璧尘解析】A。行政决策是指行政部门的决策，涉及对社会公共事务的管理，以国家权力为后盾，具有强制性、权威性与社会性。

17. 行政组织内部行使最高决策权的制度设计，可以分为委员制、混合制和（　　）。

A. 集权制　　　　B. 层级制
C. 首长制　　　　D. 职能制

【璧尘解析】C。按行政组织中掌握最高决策权的人数多寡，行政组织体制可分为首长制、委员会制与混合制。

44. 下列关于管理性质的说法中，正确的是（　　）。

A. 管理是一门科学
B. 管理是一种逻辑方法
C. 管理是一门艺术
D. 管理具有科学性和艺术性的双重特征

【璧尘解析】ABCD。管理是指通过计划、组织、指挥、协调、控制及创新等手段，结合人力、物力、财力、信息等资源，以期高效的达到组织目标的过程。

45. 我国目前进行的行政审批制度改革的直接目的是（　　）。

A. 转变政府职能
B. 校正政府在市场经济中的错位、缺位和越位
C. 方便企业和群众
D. 权力下放

【璧尘解析】ABCD。行政审批制度改革是以政府职能转变为核心，充分发挥市场在资源配置中的基础性作用，认真实施行政许可法，继续减少和规范行政审批，加强对行政审批权的监督制约，着力推进政府管理方式创新，促进服务政府、责任政府、法治政府和廉洁政府建设，推动经济社会又好又快发展。

2006 年 B 类

17. 按照公共选择理论，行政官员的"理性经济人"动机会引起（　　）。

A. 政府机构膨胀
B. 选举费用日益上涨
C. 政府机构精简
D. 经济产生周期危机

【璧尘解析】A。公共选择理论认为，行政官员理性经济人的前提决定了政府官员的决策总是从个人的利益动机出发，最大程度地探寻自身利益的最优化，导致行政机构的膨胀，效率的下降，公共选择理论揭示了政府失灵问题。

25. 电子政务在实现资源共享的同时，可以从根本上规范政府行为，避免暗箱操作，减少（　　）。

A. "寻租"行为　　B. "梗阻"行为
C. "贯通"行为　　D. "沟通"行为

【璧尘解析】A。电子政务可以避免"暗

箱操作",减少寻租行为。

33. 推进我国行政管理体制改革的主要任务有（　　）。

A. 加快转变政府职能

B. 完善行政管理方式

C. 深化政府机构改革

D. 健全科学民主决策机制

【璧尘解析】ACD。行政管理体制改革的主要内容包括：政府职能的转变，政府机构的改革以及形成科学民主的决策机制。

综合分析题

国家主席胡锦涛在联合国成立60周年首脑会议上发表了题为《促进普遍发展　实现共同繁荣》的重要讲话。他说，随着经济全球化不断深入，各国利益相互交织、命运彼此依存。促进普遍发展、实现共同繁荣，符合各国人民的根本利益。现在，摆在我们面前最紧迫的任务是：加强国际发展合作，缩小南北差距，确保实现千年发展目标。胡锦涛就此提出以下几点建议：进一步深化改革，使国际经济体制和规则更加公平合理，特别是要充分反映广大发展中国家的关切，促进经济全球化朝着均衡、普惠、共赢的方向发展，尊重发展模式的多样性，推动发展经验的交流。自主选择符合本国实际的发展道路和发展模式，是各国实现发展的关键；建立公平、合理、有效的千年发展目标进展评估框架，及时评估各国取得的进展，监督和促进国际合作和发展援助承诺的落实；加强联合国在推动国际发展合作中的作用。联合国应该将发展作为一项主要工作来抓，完善机制，改进职能，在引导形成共识、制定规则、推动参与等方面发挥优势。

61. 中国政府关于联合国改革的基本原则是（　　）。

A. 促使国际经济体制和规则更加公平合理

B. 尊重发展模式的多样性

C. 建立公平、合理、有效的千年发展目标进展评估框架

D. 加强联合国在推动国际发展合作中的作用

【璧尘解析】ABCD。参见2006年A类第71～75题。

62. 当前联合国改革的重点是（　　）。

A. 关注国家安全

B. 关注发展、安全和人权

C. 扩大常任理事国

D. 落实"千年发展目标"

【璧尘解析】B。

63. 联合国改革应有利于（　　）。

A. 促进普遍发展

B. 促进经济全球化

C. 实现共同繁荣

D. 实现和谐世界

【璧尘解析】AC。

64. 材料中的"缩小南北差距"的"南北"指（　　）。

A. 南半球和北半球

B. 南方和北方

C. 南方国家和北方国家

D. 发展中国家和发达国家

【璧尘解析】D。

65. 当今世界各国人民的共同愿望是（　　）。

A. 维护和平　　B. 控制人口

C. 促进发展　　D. 谋求合作

【璧尘解析】ACD。

2008年B类

24. 行政执行实施阶段的环节有（　　）。

A. 沟通　　B. 决策

C. 协调　　D. 监控

【璧尘解析】ACD。行政执行实施阶段涉及沟通、协调和监控三个功能环节，核心是为了协调和控制行政执行的进程，保证其工作方向的正确、提高工作效率。

32. 公共产品的特征是（　　）。

A. 非排他性　　B. 排他性

C. 非竞争性　　D. 竞争性

【璧尘解析】AC。公共产品的特征包括效用的不可分割性；受益的非排他性；取得方式的非竞争性；提供目的的非盈利性。

综合分析题

材料一: 2007年上半年,猪肉价格上涨较快。温家宝总理2007年5月26日到陕西调研时强调指出,生猪生产和市场供应事关群众生活,影响全局,不能掉以轻心。7月25日,国务院召开第186次常务会议,原则通过了《国务院关于促进生猪生产发展稳定市场供应的意见》。7月26日胡锦涛总书记召开中共中央政治局会议,提出中央和地方都要加大对涉及群众切身利益和关系长远发展的投入,让经济发展成果更多体现到改善民生上。

材料二: 农业部部长孙政才在农业部召开的全国生猪生产厅局长座谈会上表示,2008年是恢复发展生猪生产的关键之年,力争猪肉产量比2007年有所增长,达到5300万吨,确保生猪市场供应不脱销、不断档,为经济社会又好又快发展提供有力保障。

51. 政府针对猪肉价格上涨采取的一系列措施表明（　　）。

A. 政府重视增强发展协调性,努力实现经济又好又快发展

B. 政府积极履行其职能,着力建设服务型政府

C. 政府着力解决人民最关心、最直接、最现实的利益问题

D. 坚持把改善人民生活作为正确处理改革发展稳定关系的结合点

【璧尘解析】ABCD。由给定材料可得知正确答案为ABCD。

52. 促进生猪生产稳定市场供应,政府应当做好的工作是（　　）。

A. 强化各项支农惠农的财税政策

B. 加强疫病防控,确保生猪生产的质量

和安全

C. 建立健全中央与地方相结合的猪肉储备制度

D. 主要依靠进口,确保猪肉市场的供应量

【璧尘解析】ABC。我国的生猪生产应主要依靠国内,而不能主要依靠进口,排除D选项。

53. 国务院针对猪肉价格较快上涨的问题及时制定出相应的对策,说明公共政策的出发点和最终归宿是（　　）。

A. 公共产品　　B. 公共权威

C. 公共利益　　D. 公共权力

【璧尘解析】C。公共政策关系到千家万户的利益,它是公众选择的结果,而不是个人牟取利益的工具,维护公共利益是一切公共政策的出发点和归宿。

54. 农业部部长在全国生猪生产厅局长座谈会上的讲话说明（　　）。

A. 政府解决生猪生产和猪肉价格上涨问题目标明确

B. 政府解决生猪生产和猪肉价格上涨问题措施得力

C. 猪肉价格上涨的势头已被彻底遏制

D. 生猪生产和生猪市场供应问题已得到根本解决

【璧尘解析】A。"确保生猪市场供应不脱销、不断档,为经济社会又好又快发展提供有力保障。"这是政府解决生猪生产和猪肉价格上涨问题所要达到的目标,但并没有说政府采取了什么有力措施,而且猪肉价格上涨的势头还未被彻底遏制,生猪生产和生猪市场供应问题还未得到根本解决,故选A项。

55. 当前我国经济宏观调控的首要任务是（　　）。

A. 防止经济增长由偏快转为过热

B. 防止价格由结构性上涨演变为明显通货膨胀

C. 实施稳健的财政政策和稳健的货币政策

D. 提高自主创新能力,推进产业结构优化升级

【璧尘解析】AB。2007 年 11 月 27 日中共中央政治局召开会议指出:要坚持稳中求进,保持经济持续平稳较快协调发展,把防止经济增长由偏快转为过热,防止价格由结构性上涨演变为明显通货膨胀作为宏观调控的首要任务。

综合分析题

材料一:本世纪初开始,我国广大社会成员公共需求的全面、快速增长同公共产品的短缺与基本公共服务不到位的问题成为日益突出的阶段性矛盾。首先,城乡基本公共服务的过大差距形成城乡协调发展的巨大压力。其次,地区间基本公共服务的过大差距形成区域协调发展的巨大压力。第三,不同社会群体之间基本公共服务的过大差距,加大了各类社会问题的复杂性。如农民工群体的总体规模已经达到 1.2 亿,作为城镇产业工人的重要组成部分,农民工难以享受到与城镇居民同等的生存发展权利。

材料二:2007 年,中央财政安排教育支出 858.54 亿元,比 2006 年增加 252.49 亿元,增长 41.7%;安排医疗卫生支出 312.76 亿元,比 2006 年增加 145.36 亿元,增长 86.8%;安排社会保障和就业支出 2019.27 亿元,比 2006 年增加 246.99 亿元,增长 13.9%;用于"三农"的各项支出共达 3917 亿元,比 2006 年增加 520 亿元,增长 15.3%。

56. 对于目前我国基本公共服务的状况,理解正确的是( )。

A. 我国基本公共服务在城乡、地区和不同群体之间存在较大差距

B. 基本公共服务不到位的问题日益突出

C. 现阶段我国基本公共服务已满足公共需求

D. 中央财政对于基本公共服务的投入不断增加

【璧尘解析】ABD。参见 2008 年 A 类第 76~80 题。

57. 我国第一次正式提出"基本公共服务均等化"原则的文件是( )。

A.《中共中央关于构建社会主义和谐社会若干重大问题的决定》

B.《国民经济和社会发展第十一个五年规划纲要》

C.《中共中央关于加强党的执政能力建设的决定》

D.《中共中央关于完善社会主义市场经济体制若干问题的决定》

【璧尘解析】A。

58. 对于政府公共服务角色的理解,正确的是( )。

A. 政府应该加大对基本公共服务的投入力度

B. 公共服务应该由市场发挥主导作用

C. 对公共服务的供给,政府起辅助作用

D. 公共财政应在提供基本公共服务方面发挥主导作用

【璧尘解析】AD。

59. 下列有关基本公共服务均等化的表述,不正确的是( )。

A. 基本公共服务均等化就是公共服务的平均化

B. 政府在基本公共服务均等化方面担负着主要责任

C. 基本公共服务均等化排斥社会成员的自由选择权

D. 基本公共服务均等化有利于城乡统筹、区域协调发展

【璧尘解析】AC。

60. 党的十七大报告提出,完善公共财政体系所要围绕并推进的工作是( )。

A. 基本公共服务均等化

B. 主体功能区建设

C. 经济增长方式转变

D. 经济发展方式转变

【璧尘解析】AB。

2009 年 B 类

24. 下列关于我国民族区域自治制度的观点中,正确的有( )。

A. 民族区域自治是单一制国家形式下实行的自治形式

B. 民族区域自治地方具有联邦行政区域性质

C. 民族区域自治是区域自治和民族自治的统一

D. 自治权是民族区域自治制度的核心

【璧尘解析】ACD。参见 2009 年 A 类第 59 题。

2010 年 B 类

7. 人民政协在我国政治生活中发挥着不可替代的作用,现阶段其履行职能的第一要务是( )。

A. 推动科学发展

B. 进行政治协商

C. 加强民主监督

D. 积极参政议政

【璧尘解析】A。2009 年 9 月,胡锦涛在庆祝人民政协成立 60 周年大会上的讲话中指出,"人民政协人才荟萃、智力密集,能够为推动科学发展提供强大智力支持、奠定坚实群众基础",要求"把推动科学发展作为履行职能的第一要务"。

26. 行政组织的结构要素有( )。

A. 行政职位

B. 行政人员

C. 行政资源

D. 行政职能

【璧尘解析】ABD。行政组织结构的构成要素主要有人员、职位、职权、管理层次、职能部门、组织规范。

综合分析题

新世纪以来,我国政府着力推进民生建设,一系列影响中国发展全局的重大民生政策陆续出台,财政投入逐年增加。党的十七大提出,努力使全体人民学有所教、劳有所得、病有所医、老有所养、住有所居,推动和谐社会建设。2009 年在应对国际金融危机的困难情况下,我国政府更加注重解决人民群众最关心、最直接、最现实的利益问题,中央用于保障和改善民生的财政支出明显增加,但占财政总支出比重仍然低于同等收入国家的平均水平。一些地方和部门经常会"上有政策,下有对策",以各种名目挤占挪用改善民生的资金,政府所能提供的公共服务的质与量难以满足日益增长的民生需求。由于目前政府绩效考核指标中民生保障和改善类指标权重低,加上多数民生指标缺乏明确的量化考核标准,对地方政府难以形成硬性约束,一些地方政府仍然保持着强烈的 GDP 冲动,习惯于抓经济、抓速度,忽视抓社会、抓民生。政府作为主体在公共服务的供给上责无旁贷,但有些地方政府大包大揽,忽视社会力量和市场机制,不能充分满足复杂多样的民生需求。

56. 下列关于民生问题的观点,正确的有( )。

A. 改善民生是社会建设的重点

B. 改善民生是经济发展的根本目的

C. 保障和改善民生的头等大事是完善社会保障体系

D. 保障和改善民生是推动经济发展方式转变的重大举措

【璧尘解析】ABD。胡锦涛在十七大报告中指出:改善民生是社会建设的重点。温家宝在 2010 年政府工作报告中指出:改善民生是经济发展的根本目的;千方百计扩大就业,这是保障和改善民生的头等大事。"保障和改善民生是我们发展经济的最终目的,也是实施扩大内需战略和推动经济发展方式转变的重大举措"是胡锦涛 2010 年 3 月 10 日与河南代表团审议政府工作报告时提出的观点。

57. 下列关于目前我国面向民生的公共服务状况,判断正确的有(　　)。

A. 目前我国已经实现了基本公共服务均等化

B. 保障和改善民生的中央财政投入不断增加,但民生问题仍然突出

C. 随着经济社会的发展,民生需求的内容发生了变化

D. 我国政府以公共服务为宗旨,不断推进服务型政府建设

【璧尘解析】BCD。党的十七大报告提出,缩小区域发展差距必须注重实现基本公共服务均等化、引导生产要素跨区域合理流动。因此,目前我国尚未实现基本公共服务的均等化。

58. 上述材料表明,目前制约我国进一步改善民生的因素主要有(　　)。

A. 财政投入不足

B. 地方政府绩效考核体系的改革滞后

C. 经济结构调整不到位

D. 民生政策不能得到切实有效的执行

【璧尘解析】ABD。由"财政总支出比重仍然低于同等收入国家的平均水平"可知A项正确;由"目前政府绩效考核指标中民生保障和改善类指标权重低"可知B项正确;由"一些地方政府……以各种名目挤占挪用改善民生的资金"可知D项正确;C项的内容不能从材料中得出。

59. 下列不属于直接用于解决民生问题的中央财政支出的是(　　)。

A. 就业专项资金

B. 社会保障资金

C. 教育支出

D. 行政管理费支出

【璧尘解析】D。行政管理费用是指国家行政机关或政府授权履行行政管理职能的单位,为加强社会、经济、技术管理所收取的费用。行政管理费用支出并不是直接用于解决

民生问题的,因此选D。

60. 公共服务供给在坚持政府主导的同时,要引入市场机制。其理由有(　　)。

A. 可以提升公共服务供给的效率

B. 可以降低公共服务的成本

C. 可以提高公共服务的质量

D. 可以增加公民选择服务的机会

【璧尘解析】ABCD。在公共服务领域引入市场机制,即由原来政府独自垄断公共服务的提供和生产,转变为政府主要作为提供者来提供制度安排和运行规则,其他社会力量(主要是企业)通过竞争来获取公共服务的生产任务。这种制度安排由于社会资源的介入而丰富了公共产品的数量,为公民提供了更多选择的机会,同时,也由于竞争因素的引入而改善了公共服务的质量和效率,而且,竞争的存在可以降低公共服务的成本。

2011年B类

5. "公民在法律面前一律平等"是公民享有平等权的宪法依据,也是国家机关活动应遵循的原则。下列做法不符合这一原则的是(　　)。

A. 对少数民族不实行独生子女政策

B. 某地高中招生政策对赞助者子女给予加分优惠

C. 国家免除农民的农业税

D. 交警大队为了缓解某地的交通拥堵而限制货车进入

【璧尘解析】B。只有B项违反法律面前一律平等原则。

23. "十二五"期间,我国优化城市布局和形态应遵循的原则有(　　)。

A. 统筹规划　　B. 合理布局

C. 完善功能　　D. 以大带小

【璧尘解析】ABCD。"十二五"规划指出,按照统筹规划、合理布局、完善功能、以大带小的原则,遵循城市发展客观规律,完善城

市化布局和形态。

24. 目前我国社会组织包括(　　)。
A. 国有企业　　　B. 基金会
C. 民办非企业单位　D. 社会团体

【璧尘解析】BCD。目前,我国社会组织主要包括社会团体、民办非企业单位、基金会三大类。此外,还存在大量社区社会组织、高校社团组织、各类"草根组织"、市场中介机构以及国际社会组织等,它们共同组成广义的"社会组织"范畴。

综合分析题

创新驱动,转型升级,进一步加快转变经济发展方式,已经成为我国在"十二五"期间实现可持续发展的重要共识。以江苏省为例,在制定江苏省"十二五"发展规划时,省委省政府精心进行顶层设计,提出了"十二五"期间江苏发展的目标、指导思想和主题,明确了科教与人才强省、创新驱动。城乡发展一体化、经济国际化、区域协调发展、可持续发展等江苏省经济与社会发展的六大战略,描绘了江苏"十二五"发展的宏伟蓝图,根据这六大战略,"十二五"期间的江苏将会进一步加快转变经济发展方式,促进转型升级。推动经济发展由主要依靠物质资源消耗向创新驱动转变,实现"两个率先"的新突破。

56. "十二五"期间江苏的发展主题为(　　)。
A. 实现两个率先,建设绿色江苏
B. 加快经济发展,建设幸福江苏
C. 推动科学发展,建设美好江苏
D. 实现协调发展,建设和谐江苏

【璧尘解析】C。《江苏省国民经济和社会发展第十二个五年规划纲要》指出,本规划紧扣"推动科学发展、建设美好江苏"主题,围绕加快转变经济发展方式主线,阐明"十二五"时期发展目标、发展任务、发展重点和政策取向。

57. 强调进行顶层设计的原因有(　　)。

A. 开放过程中的各种涉外关系必须依靠国家解决
B. 把握全局性要求
C. 微观经济主体不可能从底层发动
D. 利益博弈

【璧尘解析】BD。中共十七届五中全会胡锦涛明确指出,"要抓住和解决牵动全局的主要工作、事关长远的重大问题、关系民生的紧迫任务,……加强改革顶层设计和总体规划"。在这一过程中,克服部门利益对改革顶层设计提出新要求,克服地方利益对改革顶层设计提出新要求,克服行业利益对改革顶层设计提出新要求。

58. "十二五"期间江苏省经济与社会发展六大战略中的核心战略为(　　)。
A. 创新驱动战略
B. 科教与人才强省战略
C. 城乡发展一体化战略
D. 经济国际化战略

【璧尘解析】A。《江苏省国民经济和社会发展第十二个五年规划纲要》指出,坚持把科教与人才强省作为经济社会发展的基础战略,把创新驱动作为经济社会发展的核心战略,全面推进发展理念、体制机制、社会管理等各方面的创新,使创新成为经济社会发展的主要驱动力。

59. "经济发展由主要依靠物质资源消耗向创新驱动转变"的原因在于(　　)。

A. 资源、环境等压力日益加重
B. 投资促进经济增长的代价昂贵
C. 创新可以不断提高要素生产率
D. 创新为经济的持续增长提供可能

【璧尘解析】ACD。我国现阶段的资源匮乏、能源紧缺的状况,决定了我们必须走创新驱动的发展道路。通过创新,不仅可以不断提高要素生产率,弥补由于要素投入增加而导致要素边际效益递减的趋势,而且还能够突破由于资源与要素短缺所造成的瓶颈,从而为经济的持续增长提供可能。

60. 当前促进转型升级的重点,主要体现在（　　）。

A. 突出提升开发发展水平

B. 突出发展现代服务业

C. 突出发展创新型经济

D. 突出提升集约发展水平

【璧尘解析】BCD。《江苏省国民经济和社会发展第十二个五年规划纲要》指出，把转变经济发展方式作为贯彻落实科学发展观的必由之路，坚定不移推进结构调整和自主创新。突出发展创新型经济，突出发展现代服务业，突出提升集约发展水平，努力实现经济大省向经济强省的跨越。

2012 年 B 类

3. 当代中国政治制度的核心内容和根本准则是（　　）。

A. 中国共产党是人民民主专政的领导核心

B. 全国人民代表大会是最高国家权力机关

C. 中国是统一的、多民族的单一制国家

D. 中华人民共和国的一切权力属于人民

【璧尘解析】D。人民代表大会制度是我国的根本政治制度，体现了人民民主的原则。《中华人民共和国宪法》明确规定，国家的一切权力属于人民，人民行使国家权力的机关是全国人民代表大会和地方各级人民代表大会，这是我国国家制度的核心内容和根本准则，是社会主义民主政治的实质。

32. 下列对国家权力的理解，正确的有（　　）。

A. 国家权力是根源于社会经济基础的政治权力

B. 国家权力是占据政治统治地位的阶级力量

C. 国家权力是承担社会管理职能的公共权力

D. 国家权力具有主权性、强制性和普遍性的特征

【璧尘解析】ABCD。国家权力是指统治阶级运用国家机器来实现其意志和巩固其统治的支配力量；是根源于社会经济基础的政治权力；是占据政治统治地位的阶级力量；是承担社会管理职能的公共权力。国家权力具有强制性、主权性、普遍性和公共性。

六、材料处理题

城管执法队员李某在商业中心巡逻时，见沈某正在摆摊与人赌象棋残局，便劝其离开。过了半个小时，李某再次巡逻至此，发现沈某仍在原地摆摊，就再次劝其离开。沈某争辩说："我不是在赌钱，是在发扬国粹！"李某说："这里是商业中心区，你就是发扬国粹，也不能在这个地方摆摊！请你务必离开。如果你不愿意，我只有报警了。"话音刚落，沈某拿起折叠凳打在李某脸上，李某一边后退，一边用手阻挡，但沈某仍紧追不放。在追打过程中，李某始终没有还手。经诊断，李某头部血肿，口腔壁多处划破。

事后有市民说，现在不是提倡"柔性执法"吗，对沈某这样的人，劝说不动就算了，在商业中心区摆个地摊，也不是什么大事。也有市民说，李某太软弱了，他应该制止沈某行凶，要是执法人员连自己都保护不了，老百姓还能指望他们什么！而李某单位的领导在接受记者采访时则认为，城管工作得罪人，容易引起纠纷，所以我们要求执法人员不能动手，做到打不还手，骂不还口。

1. 根据上述材料，从依法行政的角度，谈谈你对"柔性执法"的看法。（篇幅为 150～200 字）(10 分)

2. 假如你是一名行政执法人员，在执法过程中遇到类似情况，你会怎么做？（篇幅为 250～300 字）(15 分)

【璧尘解析】作答参考见主观题解析部分。

2013 年 B 类

10.《中华人民共和国选举法》规定,有少数民族聚居的地方,每一聚居的少数民族都应有代表参加当地人民代表大会,这一规定的出发点是（　　）。

A. 维护民族团结

B. 实现民族平等

C. 培养少数民族干部

D. 促进少数民族发展

【璧尘解析】B。《中华人民共和国选举法》第十八条规定,有少数民族聚居的地方,每一聚居的少数民族都应有代表参加当地人民代表大会。这一规定的主要目的是维护民族平等。

11. 转变政府职能是当前我国行政管理体制改革的核心内容和根本途径。某区政府下列行为,不符合转变政府职能要求的是（　　）。

A. 为美化市容强制要求拆除居民住宅防盗窗

B. 实现与下属企业的管理权脱钩并推进股份制改造

C. 社会政府基金支持各种形式的社会养老机构建设

D. 出台扶持政策为民办中小学的发展创造良好环境

【璧尘解析】A。转变政府职能方式的主要手段有:由运用行政手段为主转变为运用经济手段为主,经济手段、法律手段和必要的行政手段相结合;由进行微观管理、直接管理转变为进行宏观管理、间接管理;由注重计划、排斥市场转变为把计划与市场有机结合起来。

34. 某政府机关实施"流程再造"改革,根据工作流程重新组织业务活动,并构建了统一的业务平台,极大地提高了工作效率和公众满意度。下列关于"流程再造"作用的说法,正确的有（　　）。

A. 有利于形成清晰的权责关系

B. 便于培养"多面手"式的管理人才

C. 可以发挥部门的技术优势

D. 易于实现组织间的协调管理

【璧尘解析】ABCD。重新组织业务活动,构建统一的业务平台让管理的幅度增加,管理层次减少,这样有利于形成清晰的权责关系,可以发挥部门的技术优势,对管理者的能力要求也增加了,便于培养"多面手"式的管理人才。

38. 下列属于公共物品的有（　　）。

A. 市民广场中的垃圾箱

B. 国家博物馆里的藏品

C. 城市的交通信号灯

D. 企业资料室里的报刊

【璧尘解析】ABC。参见 2013 年 A 类第 27 题。

六、材料处理题

题干材料(略)。

1. 请对上述执法人员的言行作出评价。(150～200 字,10 分)

2. 假如你是一名行政执法人员,上述案例对于你今后做好执法工作有哪些启示?(250～300 字,15 分)

【璧尘解析】题干材料及作答参考见主观题解析部分。

2014 年 B 类

14. 近年来,某市实施公办学校标准化建设和校长教师交流轮岗,取消重点学校,禁止设立重点班,合理配置教育资源。实施这些举措最主要的目的是（　　）。

A. 提高学校管理水平

B. 大力促进教育公平

C. 加强师资队伍建设

D. 改善学校办学条件

【璧尘解析】B。参见 2014 年 A 类第 10 题。

15. 危机状态下,公众要求决策者采取有效措施应对危机,而决策者在信息受限的情况下难以作出有效的决断,这说明公共危机的特征是( )。

A. 不确定性

B. 连锁反应性

C. 突发性

D. 紧急性

【璧尘解析】A。参见 2014 年 A 类第 14 题。

16. 下列不属于乡人民代表大会职权的是( )。

A. 执行上级人民政府的决定

B. 选举和罢免正、副乡长

C. 听取和审查本乡人民政府工作报告

D. 维护各种经济组织的合法权益

【璧尘解析】A。《中华人民共和国地方各级人民代表大会和地方各级人民政府组织法》第 9 条规定,乡、民族乡、镇的人民代表大会行使下列职权:(一)在本行政区域内,保证宪法、法律、行政法规和上级人民代表大会及其常务委员会决议的遵守和执行;……(七)选举乡长、副乡长,镇长、副镇长;(八)听取和审查乡、民族乡、镇的人民政府的工作报告;……(十一)保护各种经济组织的合法权益;等等。A 选项内容不属于乡人民代表大会的职权。

综合分析题

材料一:党的十八大以来,中央制定立体式、全方位的厉行节约反对浪费的制度体系。逢节必讲,小处入手,把节约做到细处,落到实处,同时加强督促检查,加大惩戒问责力度,杜绝"破窗效应",这不仅促进了党风、政风好转,而且带动了全社会风气的好转,节约了资源,保护了环境。

材料二:某市县委认真落实中央关于厉行节约要求,捂紧"钱袋子",不再出面举办焰火晚会和文艺晚会,叫停楼堂馆所的建设项

目,严格控制车辆的购置、运行及公务接待、会议开支、通信经费等,节约下来的资金用于农村公路建设,为乡村卫生室添置医疗器械,支持学校图书馆建设等。在编制 2014 年预算时,进一步压缩"三公"经费,把更多的资金用在"刀刃上"。

材料三:去年以来,国内有 50 多家星级酒店主动要求"降星"甚至"脱星",调整经营思路,面向普通消费者做生意。高档酒店也推出平价菜,不要求最低消费。即使是套餐,也比往年便宜很多。往年,各式各样的精美挂历台历满天飞;今年,相关企业适应市场变化,及时调整产业结构,豪华型挂历、台历销声匿迹。

46. 根据上述材料,下列对节约目的的说法中,不正确的一项是( )。

A. 节约资源,保护环境

B. 促进党风政风好转

C. 遏制浪费,倡导合理消费

D. 杜绝奢侈品消费

【璧尘解析】D。D 选项说法在题目中没有体现。

47. 根据材料二,对于某县的一系列节约举措,下列说法正确的是( )。

A. 政府顺应民意,捂住钱袋子不花钱

B. 有利于增加财政收入,压缩财政支出

C. 政府过"紧日子",把资金更多用于改善民生

D. 有利于集中力量推动文化艺术精品

【璧尘解析】C。A 选项,政府不是不花钱,而是把钱花在"刀刃上";B 选项,能够压缩财政支出,但是不能增加财政收入;C 选项,材料二主要讲政府厉行节约,把节约的资金用于农村建设,用于改善民生,应选;D 选项材料二没有提及。

48. 根据材料三,下列说法正确的一项是( )。

A. 节约之风推动了主要依靠公款消费的企业转型

B. 节约抑制了经济活力,一定程度上影

响了经济增长

C. 节约讲的是低价消费,而不是肆意浪费

D. 节约要求企业薄利多销,使企业无法获得高额利润

【璧尘解析】A。BD两项本身说法错误,排除。C选项说法不是材料三的主要思想。

49. 下列不属于"三公"经费的是(　　)。

A. 因公出国(境)费

B. 办公用房建设和租用费

C. 公务接待费

D. 公务用车购置和运行费

【璧尘解析】B。"三公"经费是指用财政拨款开支的因公出国(境)经费、公务用车购置及运行费、公务接待费。

50. 下列对杜绝"破窗效应"有最直接作用的做法是(　　)。

A. 坚持刚性的制度约束,对铺张浪费行为发现一起、查处一起

B. 加强宣传教育,大力倡导和建设节约文化

C. 加强组织领导,建立健全工作体制机制

D. 预算制度公开透明,打造阳光财政

【璧尘解析】A。"破窗效应"说的是,一扇窗户被打破,如果没有及时修复,将会导致更多的窗户被打破。四个选项都有促进节约反对浪费的作用,但是题干中问的是最直接的作用,A选项的措施最能起到这种直接的作用。

2004年C类

26. 公共行政的主体是(　　)。

A. 立法机关　　B. 司法机关

C. 行政机关　　D. 社会团体

【璧尘解析】C。公共行政就是国家行政机构依法管理社会公共事务的有效活动,这一活动的主体是国家行政机构,不包括立法、司法机关以及社会团队。

2005年C类

3. 下列选项中不属于基层民主的范畴是(　　)。

A. 群众对村干部工作进行监督

B. 群众讨论决定村办公益事务

C. 村财务公开

D. 村干部依法宣传、贯彻计划生育政策

【璧尘解析】D。基层民主包括民主选举、民主决策、民主管理与民主监督等方面的内容,AC项讲的是民主监督,B项讲的是民主决策,D选项内容不属于基层民主范畴。

10. 现代行政决策体制一般由三部分组成,包括中枢系统、咨询系统和(　　)。

A. 反馈系统　　B. 参谋系统

C. 控制系统　　D. 信息系统

【璧尘解析】D。现代行政决策体制是由行政决策中枢系统、咨询系统、信息系统组成的民主决策体制。其中,中枢系统是行政决策体系的核心,咨询系统是具有辅助性的特点,信息系统是正确决策的基础。

2006年C类

23. 当前我国政治体制改革的目标有(　　)。

A. 建立科学民主决策的机制

B. 建立清正廉洁的政府

C. 依法行政、建立法治政府

D. 接受多方面的监督

【璧尘解析】ABC。我国政治体制改革的主要任务是:发展民主,加强法制,实行政企分开,精简机构,完善民主监督制度,维护安定团结,正确选项是ABC。

2008年C类

7. 把公共利益诉求转换为权威性的公共

政策,这是（　　）。

　　A. 政策评估　　　B. 政策调整

　　C. 政策制定　　　D. 政策执行

【璧尘解析】C。现代政府的基本活动方式是制定和实施政策,把公共利益诉求转换为权威性的公共政策属于政策制定。

8. 评价行政伦理的最终尺度是（　　）。

　　A. 生产力系统　　　B. 生产关系系统

　　C. 行政效率　　　D. 行政良心

【璧尘解析】A。在行政伦理的评价中,评价标准是一个有机的统一体。在这一体系中,生产力系统居于制高点,是终极尺度,生产关系系统是中介点,而伦理规范系统是判断的基础。出自 2005 年 MPA 全国联考行政学真题。

综合分析题

　　材料一: 2007 年上半年,猪肉价格上涨较快。温家宝总理 2007 年 5 月 26 日到陕西调研时强调指出,生猪生产和市场供应事关群众生活,影响全局,不能掉以轻心。7 月 25 日,国务院召开第 186 次常务会议,原则通过了《国务院关于促进生猪生产发展稳定市场供应的意见》。7 月 26 日胡锦涛总书记召开中共中央政治局会议,提出中央和地方都要加大对涉及群众切身利益和关系长远发展的投入,让经济发展成果更多地体现在改善民生上。

　　材料二: 农业部部长孙政才在农业部召开全国生猪生产厅局长座谈会上表示,2008 年是恢复发展生猪生产的关键之年,力争猪肉产量比 2007 年有所增长,达到 5300 万吨,确保生猪市场供应不脱销、不断档,为经济社会又好又快发展提供有力保障。

51. 政府针对猪肉价格上涨采取的一系列措施表明（　　）。

　　A. 政府重视增强发展协调性,努力实现经济又好又快发展

　　B. 政府积极履行其职能,着力建设服务性政府

　　C. 政府着力解决人民最关心、最直接、最现实的利益问题

　　D. 坚持把改善人民生活作为正确处理改革发展稳定关系的结合点

【璧尘解析】ABCD。参见 2008 年 B 类第 51～55 题。

52. 促进生猪生产稳定市场供应,政府应当做好的工作是（　　）。

　　A. 强化各项支农惠农的财税政策

　　B. 加强疫病防控,确保生猪生产的质量和安全

　　C. 建立健全中央与地方相结合的猪肉储备制度

　　D. 主要依靠进口,确保猪肉市场的供应量

【璧尘解析】ABC。

53. 国务院针对猪肉价格较快上涨的问题及时制定出相应的对策,说明公共政策的出发点和最终归宿是（　　）。

　　A. 公共产品　　　B. 公共权威

　　C. 公共利益　　　D. 公共权力

【璧尘解析】C。

54. 农业部部长在全国生猪生产厅局长座谈会上的讲话说明（　　）。

　　A. 政府解决生猪生产和猪肉价格上涨问题目标明确

　　B. 政府解决生猪生产和猪肉价格上涨问题措施得力

　　C. 猪肉价格上涨的势头已被彻底遏制

　　D. 生猪生产和生猪市场供应问题已得到根本解决

【璧尘解析】A。

55. 当前我国经济宏观调控的首要任务是（　　）。

　　A. 防止经济增长由偏快转为过热

　　B. 防止价格由结构性上涨演变为明显通货膨胀

　　C. 实施稳健的财政政策和稳健的倾向政策

　　D. 提高自主创新能力,推进产业结构优

化升级

【璧尘解析】AB。

2010年C类

7."一票否决制"体现的决策规则是（　　）。

　　A. 全体一致规则　　B. 少数决策规则

　　C. 简单多数规则　　D. 绝对多数规则

【璧尘解析】A。一票否决权是指在投票选举或表决中，只要有一张反对票，该候选人或者被表决的内容就会被否定，体现的是全体一致规则。

24. 下列关于中国共产党领导的多党合作和政治协商制度的说法，正确的有（　　）。

　　A. 这一制度是我国的基本政治制度

　　B. 这一制度确立的标志是人民政协的成立

　　C. 我国多党合作的根本活动原则是遵守宪法和法律

　　D. 我国多党合作的首要前提和根本保证是坚持人民民主专政

【璧尘解析】ABC。中国共产党领导的多党合作和政治协商制度，是我国的一项基本政治制度。人民政协的成立，标志着中国共产党领导的多党合作和政治协商制度的确立，并载入宪法。中国共产党和各民主党派以宪法和法律为根本活动准则。中国共产党和各民主党派合作的首要前提和根本保证是坚持中国共产党的领导。

26. 我国国家权力机关对行政机关的监督主要是（　　）。

　　A. 法律监督　　B. 专门监督

　　C. 工作监督　　D. 一般监督

【璧尘解析】AC。一般监督，也叫层级监督，是指国家行政机关内部在上、下级行政隶属关系上产生的一种相互监督的关系和活动。专门监督是指行政监察机关的监督，是政府内部设立的专门行使监察权的监察机关，对行政部门的公共行政管理工作以及国家公务员的行政行为所进行的监督。工作监督与法律监督属于国家权力机关对行政机关的监督。

综合分析题

党和政府历来十分重视"三农"问题，温家宝总理在2010年《政府工作报告》中指出，要按照统筹城乡发展的要求，促进农业稳定发展和农民持续增收，进一步夯实农业农村发展基础。为此，要稳定粮食生产，继续实施对种粮农民的直接补贴，促进农民就业创业，多渠道增加农民收入。要加强农业基础设施建设，以主产区为重点，全面实施全国新增千亿斤粮食生产能力建设规划；以农田水利为重点，建设高标准农田，以良种培育为重点，加快农业科技创新和推广。要统筹推进城镇化和新农村建设，壮大区域经济，鼓励返乡农民工就地创业；要坚持最严格的耕地保护制度和最严格的节约用地制度，切实保护农民合法权益；要推进户籍制度改革，有计划有步骤地解决好农民工在城镇的就业和生活问题，逐步实现农民工与城镇居民享有同等待遇。

46."三农"问题重要性表现在（　　）。

　　A. 无农不稳

　　B. 农业是国民经济的基础

　　C. 工业支持农业，城市反哺农村

　　D. 农民占人口的多数

【璧尘解析】ABD。"三农问题"是农村问题、农民问题、农业问题的总称。农业是国民经济的基础，也是经济发展、社会稳定、国家自立的基础。农业关系国民经济全局，没有农业的现代化就没有整个国民经济的现代化；没有农村的小康，就不可能全面建设小康社会。而C项是三农工作方针。

47. 以农田水利为重点、建设高标准农田的依据是（　　）。

　　A. 农业内部结构理论

B. 资源优化理论

C. 转移支付理论

D. 科技是第一生产力

【璧尘解析】B。农田水利建设目的在于优化农田资源,使其高产高效。

48. 增加农民收入有利于(　　)。

A. 扩大内需

B. 提高农民购买力

C. 维持工农业产品价格剪刀差

D. 缩小城乡差距

【璧尘解析】ABD。增加农民收入有利于提高农民的购买力,从而扩大内需;有利于提高农产品价格,缩小城乡差距。剪刀差的意思是工农业产品交换时,工业品价格高于价值、农产品价格低于价值所出现的差额。

49. 统筹推进城镇化和新农村建设的目的是(　　)。

A. 促进和实现城乡协调发展

B. 拉动内需

C. 逐步实现城乡居民享有同等待遇

D. 加快土地流转

【璧尘解析】AC。统筹推进城镇化和新农村建设,有利于促进城乡协调发展,有利于逐步实现城乡居民享有同等待遇。

50. "坚持最严格的耕地保护制度和最严格的节约用地制度"的理由有(　　)。

A. 土地不可再生

B. 土地是财富之母

C. 我国人多地少

D. 土地属于稀缺资源

【璧尘解析】BCD。我国人多地少,土地是稀缺资源,要合理利用,加强保护。A选项表述错误,土地是可再生的资源。

2011 年 C 类

4. 从传递信息的丰富性的角度看,最佳的行政沟通方式是(　　)。

A. 电子邮件　　B. 面谈

C. 电话　　　　D. 信件

【璧尘解析】B。根据沟通的传递和接受方式的不同将行政沟通划分为口头的、书面的和其他的方式。面谈是最佳的行政沟通方式。

24. 目前我国社会组织包括(　　)。

A. 国有企业

B. 基金会

C. 民办非企业单位

D. 社会团体

【璧尘解析】BCD。参见 2011 年 B 类第 24 题。

综合分析题

某日凌晨 2 时许,有人传言,某化工园区一化工企业要发生爆炸,导致邻近化工园区的上万人情绪恐慌,并离家出逃。

当地县委县政府高度重视这一事件,在得知情况后第一时间启动应急预案,召集相关镇区和部门进行会办,成立事件应急工作领导小组,落实人员现场调查事件发生原因,深入园区稳定群众情绪,维持交通秩序。同时,通过手机短信、政府网站、电视、电台及时向社会公布事件真相,向广大群众讲明该县没有发生化工企业爆炸和泄漏事故。早晨 6 时左右,事态平息,群众陆续返家。

当日上午,县政府对外公布,经过走访群众确认,出逃事件是由谣言引起的,整个化工园区及全县范围,都没有发生一起爆炸或泄漏事故。

该县属欠发达地区。近年来,通过招商引资,大批化工企业入驻某化工园区,迅速拉动了当地经济增长,但同时当地老百姓与化工园区之间的冲突也开始频繁发生。有人认为,承接产业转移、梯度发展是正常的,付出一定代价也是难免的。

51. 下列属于该突发事件发生后应急响应内容的有(　　)。

A. 收集并分析评估相关信息

B. 制定应急预案

C. 应急决策

D. 相关人员调度

【璧尘解析】ABCD。四项内容均是该突发事件发生后应急响应的内容。

52. 该突发事件发生后,县政府及时、准确地公开相关信息。其作用有( )。

A. 保障公民知情权,提高政府工作透明度

B. 阻止谣言传播,避免社会恐慌

C. 塑造政府良好形象,提升政府公信力

D. 协调各方行动,有效应对危机

【璧尘解析】ABCD。根据材料可知ABCD选项正确。

53. 要建立有效的应对突发事件的监测与预警机制。县政府应当采取的措施有( )。

A. 建立统一的突发事件信息系统

B. 通过多种途径收集突发事件信息

C. 封锁特定区域,限制相关人员,控制信息传播范围

D. 在居委会、村委会和有关单位建立专、兼职信息报告员制度

【璧尘解析】ABD。《突发事件应对法》第37条、第38条的规定,县级以上地方各级人民政府应当建立或者确定本地区统一的突发事件信息系统,并且应当通过多种途径收集突发事件信息,还应当在居民委员会、村民委员会和有关单位建立专职或者兼职信息报告员制度。C选项的做法很有可能使事态更加恶化,不宜采取。

54. 从科学发展的角度看,上述材料表明( )。

A. 传统发展方式与资源环境的矛盾日益突出

B. 经济增长与人民群众对生活质量的要求存在着无法调和的矛盾

C. 关于发展的传统观念还根深蒂固

D. 先污染后治理是欠发达地区经济发展的权宜之计

【璧尘解析】AC。"当地老百姓与化工园区之间的冲突也开始频繁发生"可知A项正确。"有人认为,承接产业转移、梯度发展是正常的,付出一定代价也是难免的。"可推

知C选项正确。而BD选项表述有误。

55. 该事件给我们的启示有( )。

A. 要提高居民应对危机的能力,应宣传普及应急知识,开展必要的应急演练

B. 媒体准确、及时报道相关信息,有助于消除谣言

C. 企业在追求利益最大化的同时,也需承担相关社会责任

D. 政府履行社会管理和公共服务职能,需加强危机管理和风险管理

【璧尘解析】ABCD。这些都是从不同方面带给我们的启示。

2012 年 C 类

5. 下列属于县政府职能部门的是( )。

A. 县政府办公室　　B. 县政策研究室

C. 县财政局　　　　D. 县档案局

【璧尘解析】C。县政府职能部门包括县教育局、县公安局、县民政局、县司法局、县财政局、县人力资源和社会保障局、县交通局、县审计局等。县政府办公室属于综合办事机构,县档案局属于县委直属事业单位,县政策研究室属于咨询机构。

8. 中国共产党领导的多党合作和政治协商制度的核心内容是( )。

A. 中国共产党的领导

B. 多党合作

C. 尊重宪法和法律的权威

D. 政治协商

【璧尘解析】A。中国共产党领导的多党合作和政治协商制度是中华人民共和国的一项基本政治制度,是具有中国特色的政党制度,其核心内容是中国共产党的领导。

38. 下列对国家权力的理解,正确的有( )。

A. 国家权力是根源于社会经济基础的政治权力

B. 国家权力是占据政治统治地位的阶

级力量

C. 国家权力是承担社会管理职能的公共权力

D. 国家权力具有主权性、强制性和普遍性的特征

【璧尘解析】ABCD。参见2012年B类第32题。

六、材料处理题(共25分)

某报记者在某乡镇采访时了解到,改革开放以来,当地有不少居民通过经商、外出打工、土地补偿等途径使腰包鼓了起来。由于基层文化设施缺乏、生活单调等多方面原因,造成部分人精神空虚、无所事事,有的人大肆挥霍、铺张浪费,有的人染上了赌博的恶习。

当地某基层管理干部在接受记者采访时说,钱是他们自己的,怎么花是他们自己的事,如果他们犯了法,自然有司法机关管。再说,现在基层政府的事已经够多了,想管也管不过来。

1. 你如何看待该基层干部的上述说法?(篇幅为150~200字)(10分)

2. 请从基层社会管理的角度,就材料中反映的问题,谈谈你的建议。(篇幅为250~300字)(15分)

【璧尘解析】作答参考见主观题解析部分。

2013年 C 类

11. 某社区为解决环境脏乱差问题,将社区保洁工作包给了保洁公司,环境卫生大为改观,但社区为此收取的高额保洁费也引发居民议论,对下列看法正确的是( )。

A. 市场是提供公共服务的最有效手段、收取高昂费用也是合理的

B. 利用市场手段提供公共服务,也应考虑社会公平和居民承受力

C. 公共服务涉及公共利益,本来就不应该通过市场手段来提供

D. 不管采取何种手段提供公共服务都必须符合所有人的利益

【璧尘解析】B。利用市场手段提供公共

服务,也应考虑社会公平和居民承受力。

36. 民族区域自治制度是我国解决民族问题的基本制度。下列关于民族区域自治的说法,正确的有( )。

A. 民族区域自治是国家统一领导与少数民族区域自治的结合

B. 民族自治地方分为自治区、自治市、自治县、民族乡

C. 各少数民族群居的地方实行区域自治

D. 民族自治地方的自治机关实行民主集中制的原则

【璧尘解析】ACD。参见2013年A类第40题。

41. 在没有法律法规授权的情况下,某县政府为了实施殡葬改革,责令全县农村土地上的坟墓必须限期平掉。逾期不平坟的,予以强制平坟,平坟费用由未平坟的村民承担,且其子女不得报考本县重点中学。该县政府的做法多处违法,具体表现为( )。

A. 违法要求公民履行义务

B. 违法设定行政强制执行

C. 违法实施了处罚罚款

D. 侵犯了公民的受教育权

【璧尘解析】ABD。涉及公民基本权利方面的考点,C选项与题干意思无关。

六、材料处理题(共25分)

某地乡镇工作者中存在这一现象:对能够显著拉动GDP增大、增加财政收入的工作,如招商引资、上大项目等高度重视,对公共服务尤其是需要大量资金投入的公益性项目,如环境污染治理、乡村道路建设、公共文化设施建设等则重视不够,对上级政府布置的、纳入考核内容的"硬"任务高度重视,而对一些能够满足当地群众需要,但未列入考核体系的"软"任务则重视不够;对容易做,见效快的工作积极去办;对矛盾多,难度大的事则能拖则拖。

当地一位镇长说:"乡镇工作头绪多、任

务重、资源少,只能抓重点,我们这样做,也是没办法的办法。"

1. 对镇长的说法作出评析(150～200字),10分。

2. 谈谈你对改变上述现象的建议(250～300字),15分。

【璧尘解析】作答参考见主观题精讲部分。

2014 年 C 类

8. 从 2014 年起,每年的元旦、五一节和国庆节,某市市委市政府对公众开放,开放内容分为主题展示、便民服务和观光旅游。实施这一举措最主要的目的是( )。

A. 促进观光旅游发展

B. 推进政务信息公开

C. 加强与群众的联系

D. 提高政府服务水平

【璧尘解析】B。参见 2014 年 A 类第 11 题。

10. 十二届人大常委会第六次会议作出《关于废止有关劳动教养法律规定的决定》。从公共政策角度看,这属于( )。

A. 政策终结　　B. 政策调整

C. 政策执行　　D. 政策评估

【璧尘解析】A。政策终结是指公共决策者通过慎重的政策评估之后,采取必要措施,终止那些过时、多余、无效或失败的公共政策的过程。政策使命的结束、失误政策的废止和稳定的长效政策转化为法律这三种情况都可以看作政策终结。废止劳动教养法律法规,显然属于政策的终结。

28. 协商民主是我国社会主义民主政治的重要形式。下列属于协商民主的有( )。

A. 市民参加自来水价格调整听证会

B. 市人民代表大会选举市人大常委会组成人员

C. 市政协就"雾霾治理"向市政府提出建议

D. 市政府就民生政策广泛听取社会公众的意见

【璧尘解析】ACD。协商民主的实质是要实现和推进公民有序的政治参与,其形式是多样的,比如中国共产党领导的多党合作和政治协商制度、人大常委会或者人民政府召开公共政策听证会、民主恳谈会等,都是协商民主的形式。而 B 选项属于依法民主选举。故本题答案选 ACD。

综合分析题

材料一:党的十八大以来,中央制定立体式、全方位的厉行节约反对浪费的制度体系,逢节必讲,小处入手,把节约做到细处,落到实处,同时加强督促检查,加大惩戒问责力度,杜绝"破窗效应",这不仅促进了党风、政风好转,而且带动了全社会风气的好转,节约了资源,保护了环境。

材料二:某市县委认真落实中央关于厉行节约要求,捂紧"钱袋子",不再出面举办焰火晚会和文艺晚会,叫停楼堂馆所的建设项目,严格控制车辆的购置、运行及公务接待、会议开支、通信经费等。将节约下来的资金用于农村公路建设,为乡村卫生室添置医疗器械,支持学校图书馆建设。在编制 2014 年预算时,进一步压缩"三公经费",把更多的资金用在"刀刃上"。

材料三:去年以来,国内有 50 多家星级酒店主动要求"降星"甚至"脱星",调整经营思路,面向普通消费者。高档酒店也推出平价菜,不要求最低消费,即使是套餐,也较往年便宜很多。往年,各式各样的精品挂历、台历满天飞,今年,相关企业适应市场变化,及时调整产品结构,向实用普通消费靠近。

46. 材料一中,节约目的的说法中,不正确的一项是( )。

A. 节约资源、保护环境

B. 促进党风政风好转

C. 遏制浪费、倡导合理消费

D. 杜绝奢侈品消费

【璧尘解析】D。参见 2014 年 B 类第 46～

50题。

47. 材料二中,下列说法正确的是( )。

A. 政府顺民意,援助贫困群体

B. 有利于增加财政收入,压缩财政支出

C. 政府通过捂紧"钱袋子"把资金多用于改善民生

D. 有利于推动文化艺术精品

【璧尘解析】C。

48. 根据材料三,下列说法正确的一项是( )。

A. 节约之风推动了主要依靠公款消费的企业转型

B. 节约抑制了经济活力,一定程度上影响了经济增长

C. 节约讲的是低价消费,而不是肆意浪费

D. 节约要求企业薄利多销,使企业无法获得高额利润

【璧尘解析】A。

49. 下列不属于"三公"经费的是( )。

A. 因公出国(境)费

B. 办公用房建设和租用费

C. 公务接待费

D. 公务用车购置和运行费

【璧尘解析】B。

50. 下列对杜绝"破窗效应"有最直接作用的做法是( )。

A. 坚持刚性的制度约束,对铺张浪费行为发现一起、查处一起

B. 加强宣传教育,大力倡导和建设节约文化

C. 加强组织领导,建立健全工作体制机制

D. 预算制度公开透明,打造阳光财政

50.【璧尘解析】A。

命题规津及备考建议

　　当代中国的政府与政治部分要求掌握的内容包括中国的国体与政体、中央政府与地方政府、公民的权利与义务、公共行政、公共政策、公共服务。其中,中国的国体与政体、中央政府与地方政府、公民的权利与义务等内容一般在单选题或多选题中出现,且与中国特色社会主义和宪法部分的内容联系较为紧密,一般以识记为主。近年来该部分考核的分值权重在逐年加大,特别是公共行政、公共政策和公共服务的内容,在综合分析题和材料处理题中频繁出现,因此复习时在识记考点的基础上要学会深入理解、灵活运用。2013年11月,十八届三中全会审议通过《中共中央关于全面深化改革若干重大问题的决定》,明确指出,全面深化改革的总目标是完善和发展中国特色社会主义制度,推进国家治理体系和治理能力现代化,该内容是当前和今后一段时期公基科目当代中国的政府与政治部分的热门热点和高频考点,考生务必引起高度重视。

国家机关工作人员职业道德

分值 年份 类别	2014	2013	2012	2011	2010	2009	2008	2007	2006	2005
A类	2	1	2	6	7	7	2	5	8	17
B类	0	11	11	11.2	2.2	9.2	3	1	6	13
C类	1.2	2	12.5	30	7.2	9.2	1	6	7	3

真题分类详解

2004 年 A 类

25. 人们在社会生活中应当遵守的最简单、最起码的公共行为准则是（　　）。

A. 社会公德　　　　B. 职业道德

C. 家庭道德　　　　D. 生活信念

【璧尘解析】A。社会公德是人们在社会公共生活中应遵循的基本道德，亦称"公共道德"或"公德"，即列宁所说的"起码的公共生活规则"。

26. "吾日三省吾身"的核心含义是（　　）。

A. 做事要三思而后行

B. 人要经常反省自己

C. 人要是有了错误就要改正

D. 人要不断进步

【璧尘解析】B。"吾日三省吾身"出自《论语·学而》，其含义是我们要经常反省自我，及时审视自己的得失。

70. "三人行必有我师焉，择其善者而从之，其不善者而改之"，这句话主要意思是指（　　）。

A. 要善于学习，虚心学习

B. 在向他人学习中，要扬长避短

C. 要巧妙地揭别人之短

D. 大力宣传自己的善

【璧尘解析】AB。"三人行必有我师焉，择其善者而从之，其不善者而改之"出自《论语·述而》，其意思是：几个人同行，其中必定有可以当我老师的人。我选择他好的方面向他学习，看到他不好的方面就对照自己改正自己的缺点。

71. 在人际交往的基本规范中除了注意个人形象，还应注意（　　）。

A. 举止文明礼貌

B. 保持适当的人际距离

C. 体察对方的心境

D. 妥善运用语言技巧

【璧尘解析】ABCD。注意个人形象、注

意举止文明礼貌、注意保持适当的人际距离、注意体察对方的心境、注意妥善运用语言技巧,这些都是人际交往基本规范中的要求。

72. 良好的心理品质主要表现有( )。

A. 尊老爱幼　　B. 意志坚定

C. 情绪乐观　　D. 为人豁达

【璧尘解析】BCD。意志坚定、情绪乐观、为人豁达是良好的心理品质的重要表现,而尊老爱幼是属于道德范畴的。

案例分析题

某公司要招聘一位负责市场开发的管理人员,应征者络绎不绝。第一轮面试时,总经理对所有应聘者说:"请你们哪位帮个小忙,到楼下搬五张桌子和十把椅子来。"有的应聘者对此毫无反应,抓紧时间埋头看公司有关招聘资料。有几位应聘者立刻转身下楼,有的独自扛来一张桌子,有的独自搬来两把椅子。其中有一位应聘者(小N)在听了总经理的话后并没有急着下楼,而是召集了几位应聘者一同下楼,将其余的桌子和椅子全部抬上了楼。第一轮面试结束,凡是下楼搬桌椅的人都顺利通过,进入下一轮。

第二轮面试是当场作文,题目是《勿以善小而不为,勿以恶小而为之》。考试结束后,众应聘者对自己的表现十分满意,欢欢喜喜地离开了。离开时,几乎所有参加面试的应聘者都将自己用过的一次性纸杯留在了自己的位置上,只有小N起身时将自己的纸杯随手带走,放进了门口的废物筒里。最后结果,小N应聘成功。

91. 在第一轮面试中,该公司总经理让搬桌椅的人进入下一轮面试,看中的是应聘者的( )。

A. 策划能力　　B. 应变能力

C. 服务意识　　D. 超前意识

【璧尘解析】BC。有些应聘者面对总经理的要求,能够以积极的态度应对,并妥善完成。他们这种应变能力和服务意识是总经理

选择他们进入下一轮面试的主要原因。

92. 小N在第二轮面试中脱颖而出的原因是( )。

A. 小N能做到"勿以善小而不为"

B. 小N具有突出的公关能力

C. 小N比别人搬的桌椅多

D. 其他应聘者忽视了自己"为善"应从小事做起

【璧尘解析】AD。小N带走自己用过的纸杯正是反映了他"不以善小而不为"的品质,而其他应聘者正是"因善小而不为",因此小N能在面试中脱颖而出。

93. 小N在第一轮面试中表现出了高于其他应聘者的职业素质和能力,主要有( )。

A. 写作能力　　B. 团队精神

C. 协调能力　　D. 组织能力

【璧尘解析】BCD。小N在第一轮面试中召集了几位应聘者一同下楼将其余的桌子和椅子全部抬上楼,这反映了小N的团队精神、协调能力和组织能力。

94. 下列表述中,不属于应聘者在第一轮面试中被淘汰的原因是( )。

A. 对应聘很重视,准备很认真

B. 对总经理的要求没有做出积极的反应

C. 缺乏良好的道德修养

D. 他们跟着小N一起搬了桌椅

【璧尘解析】ACD。应聘者在第一轮面试中被淘汰的原因就是对总经理的要求没有做出积极的反应.

95. 从道德建设的角度看,上述案例告诉我们( )。

A. 道德建设要从"我"做起,从小事做起

B. 道德情操的养成需要一个积累的过程

C. 道德修养不只体现在大事中,也体现在日常点滴小事中

D. 道德水平的高低只有在招聘过程中才能得到集中体现

【璧尘解析】ABC。D项本身表述错误,

结合给定材料,从道德建设的角度看,正确选项应为 ABC。

2005 年 A 类

20. 人的政治素质主要包括(   )。

A. 政治观点、政治态度和政治待遇

B. 政治立场、政治品德和政治水平

C. 政治观点和政治面貌

D. 政治立场和政策水平

【璧尘解析】B。政治素质是指政治主体在政治社会化的过程中所获得的对他的政治心理和政治行为产生长期稳定的内在作用的基本品质,主要包括政治立场、政治品德和政治水平。

45. 当前社会主义道德建设的重点是加强(   )。

A. 社会公德建设   B. 职业道德建设

C. 家庭美德建设   D. 党风廉政建设

【璧尘解析】ABC。社会主义道德建设坚持以为人民服务为核心,以集体主义为原则,以爱国家、爱人民、爱劳动、爱科学、爱社会主义为基本要求,以社会公德、职业道德、家庭美德为着力点。

案例分析题

安徽阜阳假奶粉毒害婴儿事件出现后,在全国引起了极大反响。在谈到行政机关工作人员应否承担责任时,有人认为,行政机关工作人员就是依法行政,除了法律之外,不再受其他规范的约束;有人认为,与那些只知道为个人和小团体谋私利而不择手段的行政机关相比,阜阳的相关机关算是好的;有人认为,市场主体的行为都是市场行为,国家机关工作人员没有义务去干预;有人认为,假奶粉毒害婴儿的责任在于制造者和销售者,消费者也有责任,因为缺乏起码的识别能力;有人认为,要唤起职业责任意识,只有严刑峻法,靠外在的他律,此外,别无他法。

61. "有人认为,行政机关工作人员就是依法行政,除了法律之外,不再受其他规范的约束。"此观点的错误在于(   )。

A. 认为行政机关工作人员应该受法律的约束

B. 认为行政机关工作人员应该依法行政

C. 认为法律就是道德

D. 认为行政机关工作人员只受法律规范的约束,不受职业道德规范等的约束

【璧尘解析】CD。根据给定材料,CD选项是错误的。

62. "有人认为,与那些只知道为个人和小团体谋私利而不择手段的行政机关相比,阜阳的相关机关算是好的。"此观点的错误在于评价机关工作人员职业道德时(   )。

A. 只把不为个人和小团体谋私利当成评价价值取向的标准

B. 没把不为个人和小团体谋私利当成评价价值取向的标准

C. 没把为公共利益最大化当成评价价值取向的标准

D. 只把为公共利益最大化当成评价价值取向的标准

【璧尘解析】AC。本句直接表达了以"为个人和小团体谋私利"为对公务员的评判标准,只把不为个人和小团体谋私利当成评价价值取向的标准,但没把为公共利益最大化当成评价价值取向的标准,因此 AC 选项正确。

63. "有人认为,市场主体的行为都是市场行为,国家机关工作人员没有义务去干预。"此观点的错误在于(   )。

A. 把消极的不作为当成了国家机关工作人员职业道德的核心价值取向

B. 把积极地履行社会义务和职责,主动承担道德、法律等职业责任当成了国家机关工作人员职业道德的核心价值取向

C. 把市场经济同国家机关工作人员的

职业责任对立起来

D. 强调权责并重

【璧尘解析】AC。根据给定材料应选AC。

64. 规范市场行为、保证交换公正等社会公正的责任主体是(　　)。

A. 生产者

B. 消费者

C. 销售者

D. 国家机关及其工作人员

【璧尘解析】D。国家机关及其工作人员是规范市场行为,维护社会公正的责任主体。

65. 培养职业责任意识的正确途径是(　　)。

A. 只靠内在的自律

B. 只靠外在的他律

C. 既不靠自律也不靠他律

D. 既靠自律也靠他律

【璧尘解析】D。

案例分析题

兰考县委书记焦裕禄为了全面治理兰考的"三害",带病开展工作。肝疼得厉害时,用钢笔顶住巨痛的肝部。他深入群众、深入生产第一线,疼得严重时,开会和作报告时,他都用右膝顶住肝部或用左手按压。领导劝他住院治疗,他说:"春天要安排一年的工作,离不开。"并说:"灾区群众生活困难,花钱买药吃不下。"因此,他连正常的服药也不肯。在一年多的时间里,全县149个大队,他跑了120多个。1964年3月他已病危,还念念不忘治"三害"的工作。5月14日他对领导说的最后一句话是:"我……没有……完成……党交给我……任务。"

86. 焦裕禄的忘我工作是(　　)。

A. 出于对人民群众的热爱

B. 符合共产党员先进性要求

C. 廉洁自律精神的体现

D. 恶劣的自然条件所迫

【璧尘解析】AB。这是一道典型的有关国家工作人员职业道德的试题,焦裕禄的忘我工作主要是其主观精神的体现,CD选项不符题意。

87. 焦裕禄的人生价值取向是(　　)。

A. 树碑立传　　　B. 奉献社会

C. 成就功名　　　D. 造福人民

【璧尘解析】BD。焦裕禄的价值观是利他而非利己的,AC选项属个人主义的人生价值取向。

88. 焦裕禄的行为是(　　)。

A. 毫不利己、专门利人的行为

B. 一心为党、一心为集体的行为

C. 以人为本的行为

D. 克己奉公的行为

【璧尘解析】ABCD。根据给定材料,正确选项应为ABCD。

89. 焦裕禄去世前的最后一句话,体现了他(　　)。

A. 对党的事业的忠诚

B. 对生命的眷恋

C. 崇高的人生价值

D. 爱岗敬业的职业道德

【璧尘解析】ACD。AC选项显而易见,B选项的内容在上述报道中没有反映,D选项是因为焦裕禄是党的干部,国家工作人员,须履行其职业道德。

90. 焦裕禄精神(　　)。

A. 符合现代经济社会发展要求

B. 是当前建设"和谐社会"所需要的

C. 是社会主义市场经济发展的要求

D. 是国家机关干部都应具备的基本素质

【璧尘解析】ABCD。焦裕禄爱岗敬业的职业道德应当是国家机关干部都应具备的基本素质,同时焦裕禄还具有艰苦奋斗、不计名利、廉洁奉公、公而忘私的精神,这是当今建设和谐社会的宝贵精神财富。

综合分析题（三）

据媒体报道，××市开发区工委刘书记因突发脑溢血住进了医院。在他住院期间，闻讯前往探望的普通群众一拨接着一拨，其原因是他分管开发区国土工程、拆迁复建、招投标和农村工作，每天十多个小时工作在田头、工地和老百姓中间。住院前，他每天工作16个小时。他认为，"我们基层干部，一定要到第一线，在办公室打打电话开开会，这干部当不好"。尤其是他对关系到老百姓切身利益的拆迁工作十分重视。他的一个重要理念是"要让拆迁农民住得好、有事做"。因此，当地农民都很敬佩他。同时形成鲜明对比的是，他官越做越大，亲戚朋友来往越来越少。亲戚朋友想让他在招投标上照顾一下，他坚持自己分管的业务，亲戚不能做。专家认为有问题的开标项目，领导打招呼也没有用。他说："天大的压力我顶着，官不做，也不能违反规定。"

91. 刘书记的行为是（ ）。

A. 克己奉公的行为

B. 利益至上的行为

C. 得不偿失的行为

D. 牺牲亲情友情行为

【璧尘解析】AD。这是一道公务员行为规范和职务道德的问题，只有AD选项反映了刘书记的高大形象。

92. 刘书记的人生价值追求是（ ）。

A. 奉献社会

B. 工作不分昼夜

C. 与群众打成一片

D. 到第一线工作

【璧尘解析】AC。"每天十多个小时工作在田头、工地和老百姓中间"，体现与群众打成一片的人生价值追求；"要让拆迁农民住得好、有事做"体现奉献社会的人生价值追求。BD选项则是具体的工作态度和工作方法。

93. 刘书记坚持亲戚不能做自己分管的业务，这种行为是（ ）。

A. 维护国家机关工作人员声誉的行为

B. 对亲友、对工程、对自己负责的行为

C. 公正廉洁的行为

D. 勤政为民的行为

【璧尘解析】ABC。如果撇开具体的情境，四个选项都是正确的，但"刘书记坚持亲戚不能做自己分管的业务"的具体情境与勤政为民无关。

94. 刘书记对拆迁农民的关心是（ ）。

A. 出于职业良心

B. 国家机关工作人员的义务

C. 职业道德的要求

D. 坚持"三个代表"重要思想的具体体现

【璧尘解析】ABCD。A选项内容是最起码的职业规范，代表和维护广大人民群众的根本利益，是我们党的宗旨和国家工作人员的工作职责，是公务员的职业道德要求。四个选项都属于公务员的职业规范。

95. 刘书记对"领导打招呼"采取的处理方式属于（ ）。

A. 爱岗敬业　　　B. 防止腐败

C. 爱护领导　　　D. 群众利益至上

【璧尘解析】BCD。拒绝领导打招呼是把群众的利益置于领导的权威之上，也杜绝了可能导致的腐败，实际上也是爱护领导，维护领导的形象。本题所给情景与A选项爱岗敬业无关。

2006年A类

16. 道德评价的根据是（ ）。

A. 动机

B. 效果

C. 手段

D. 动机与效果的统一

【璧尘解析】D。道德评价的根据是动机与效果的统一。

17. "义，利也"这一古代功利主义思想源自（　　）。

A. 儒家伦理思想　　B. 道家伦理思想

C. 墨家伦理思想　　D. 法家伦理思想

【璧尘解析】C。春秋战国时期，在思想领域中出现了诸子蜂起、百家争鸣的局面。当时的儒家、墨家、道家、法家等学派对道德本源、道德准则、道德评价、道德作用、道德修养等问题，作了比较全面的探讨，形成了不同的伦理思想。儒家伦理思想由孔子奠基，经孟子、荀子等人阐发，确立了一个以"仁"为核心的宗法道德规范体系，强调道德义务，轻视实际功利。墨家伦理思想由墨子创立，主张"兼相爱，交相利"，反对"爱有差等"，强调实际功利。道家伦理思想以老子、庄子为代表，反对世俗的道德规范和善恶标准，提倡一种"无知无欲"的"素朴"的"至德"境界，追求绝对的个人精神自由。法家伦理思想以韩非为主要代表，主张法治，轻视德治，主张人性"自为"，否定道德和道德的社会作用。

37. 社会公德的特点有（　　）。

A. 基础性　　　　　B. 强制性

C. 全民性　　　　　D. 相对稳定性

【璧尘解析】ACD。道德所依靠的手段是社会舆论、内心观念和传统习惯，不具有强制性。

案例分析题

材料一：在某市一条不足 400 米长的步行街上，清洁工人清理出人们吐掉的口香糖一年约 15 公斤。某市公交公司无人售票公共汽车 3 年间收到的残币假钞竟高达 50 万元。一孕妇在参加公务员录用考试后上了专门接送考生的大客车，全车考生没有一个人给她让座。

材料二：在对某市市民社会公德现状的一次调查中，99％的受访者认为不应该随地吐痰，但真正吐到手纸扔到垃圾箱里的不足 50％；雨季里，商店为顾客准备的文明伞，表示用完后及时归还的占受访者的 81％，但下

雨过后，商店真正回收的雨伞仅占发放的 10％；人人皆知本市严重缺水，但公共用水的浪费却十分惊人。

61. 关于社会公德，以下表述正确的有（　　）。

A. 是全体公民在社会交往和公共生活中应该遵循的行为准则

B. 涵盖了人与人、人与社会、人与自然之间的关系

C. 以"文明礼貌、助人为乐、爱护公物、保护环境、遵纪守法"为主要内容

D. 是整个社会道德体系的基础

【璧尘解析】ABCD。社会公德是指人们在社会交往和公共生活中应该遵守的行为准则，是维护社会成员之间最基本的社会关系秩序，保证社会和谐稳定的最起码的道德要求。

62. 上述材料反映的现象说明（　　）。

A. 部分公众缺乏基本的公德意识

B. 一些公众了解相应的公德规范，但在实践中却不作为

C. 对违反社会公德的现象和行为，没有形成人人谴责的舆论氛围

D. 现行的行政和法律措施，助长了公德缺失现象的滋生与蔓延

【璧尘解析】ABC。材料中没有提及现行的行政和法律措施。

63. 材料反映了部分公众在社会公德方面"知"、"行"脱节，其主要原因是（　　）。

A. 道德规范在具体践行上存在困难

B. 为图一时方便或一己私利而违背公德

C. 社会公德往往被视为"小节"而受到忽略

D. 没有准确理解公德规范的内容

【璧尘解析】BC。道德规范在具体践行上并不存在客观困难，也不是公众认识不到位，关键还是在实践方面公众主观上没有严格要求自己。

64. 关于国家机关工作人员的社会公德

问题,以下表述正确的是( )。

A. 国家机关工作人员要以良好的社会公德严格要求自己,做大众的表率

B. 我国《国家公务员行为规范》并未对国家公务员遵守社会公德问题作出规定

C. 国家机关工作人员在公共场合代表党和政府的形象,应当作遵守社会公德的模范

D. 国家机关工作人员的公德风貌,会对社会公众产生示范作用,直接影响整个社会的公德状况

【璧尘解析】ACD。《国家公务员行为规范》于2002年2月21日由原国家人事部颁发,是我国第一个对公务员行为作出规范的文件,是在贯彻"三个代表"重要思想和"以德治国"的背景下提出的。该文件主要有八个方面的内容:政治坚定、忠于国家、勤政为民、依法行政、务实创新、清正廉洁、团结协作、品行端正。

65. 加强社会公德建设的主要途径包括( )。

A. 大力加强社会公德教育

B. 深入开展各种形式的公德实践活动

C. 积极营造良好的社会环境,形成正确的社会舆论

D. 建立和健全相应的监督体系和法律体系

【璧尘解析】ABCD。根据给定材料和常识,正确选项应为ABCD。

2007 年 A 类

综合分析题

孔祥瑞是天津港煤码头公司操作一队队长,只有初中文凭的他在港口工作的30多年里,通过勤奋学习,不断钻研,把精力倾注在技术改革和创新上,在工作岗位上取得科研成果150余项,为企业创造经济效益8400万元,是新时期产业工人的先进典型,孔祥瑞的成功信条是:"可以没文凭,不能没知识。"

"作为当代生产工人,不仅要靠汗水来建设国家,更要靠科学技术创造财富。""干一行,爱一行,学一行,钻一行,一个人仅有工作热情还不够,必须要有知识,做知识型员工是我的追求。""没有完美的个人,只有优秀的团队。""光队长一个人不行,要大家行才行。""工人要有主人翁精神,都得对企业负责。""个人能力首先是责任,然后是精神,能力是很重要,但对企业负责,不断进取更重要。"

66. "可以没文凭,不能没知识",这句话说明( )。

A. 形式比内容更重要

B. 内容比形式更重要

C. 形式与内容一样重要

D. 形式与内容一样不重要

【璧尘解析】B。"可以没文凭,不能没知识",就是说知识是内容,一定要有,相对而言,文凭就是表面的形式。

67. "干一行,爱一行,学一行,钻一行,一个人仅有工作热情还不够,必须要有知识,做知识型员工是我的追求。"这句话表明( )。

A. 高度的工作热情,是爱岗敬业的唯一要求

B. 有知识,做知识型员工,是爱岗敬业的唯一要求

C. 勤奋学习,不断提高劳动技能,不是爱岗敬业的内在要求

D. 勤奋学习,不断提高劳动技能,是爱岗敬业的内在要求

【璧尘解析】D。其他几项在表述上过于绝对。

68. "没有完美的个人,只有优秀的团队。""光队长一个人不行,要大家行才行。"这强调的是( )。

A. 爱岗敬业,精益求精

B. 公事公道,一视同仁

C. 团结协作,互帮互助

D. 诚实守信,服务群众

【璧尘解析】C。题干中内容强调了团队

精神,体现了团结协作,互帮互助。

69. 孔祥瑞认为个人能力的首要因素是( )。

　　A. 职业纪律　　　B. 职业技能

　　C. 职业荣誉　　　D. 职业责任

【璧尘解析】D。材料中明确指出:"个人能力首先是责任,然后是精神,能力是很重要,但对企业负责,不断进取更重要。"故正确选项为D。

70. 材料中关于孔祥瑞先进事迹的描述,表明要为祖国和人民作出贡献,实现职业理想和人生价值,就应该做到( )。

　　A. 爱岗敬业,全心全意投入本职工作,恪尽职守,尽职尽责

　　B. 努力学习,刻苦钻研,勤能补拙,平凡的岗位可以创造出不平凡的业绩

　　C. 要对本职工作始终充满强烈的职业责任感和主人翁精神

　　D. 只要对从事的工作,充满高度的热情,就一定能获得知识,创造财富

【璧尘解析】ABC。D选项表述过于绝对。

2008 年 A 类

8. 行政伦理的最低要求是( )。

　　A. 一切从人民的根本利益出发

　　B. 行政行为的合法性

　　C. 不损害集体利益

　　D. 成为高尚道德的模范

【璧尘解析】B。行政伦理的最低要求是行政行为的正当性、合法性要求,也是行政伦理的制度化、规范化的要求。它的基本内容是建立一套广泛可行的最起码的行政伦理规范体系。D选项是"最高要求"或"行政伦理的理想层面"。

33. 下列有关国家机关工作人员职业道德的表述,正确的有( )。

　　A. 国家机关工作人员的职业道德属于

行政伦理的范畴

　　B. 国家机关工作人员的职业道德是国民道德素质的具体体现

　　C. 国家机关工作人员的职业道德是职业行为规范法制化的根本依据

　　D. 国家机关工作人员的职业道德是依法行政的核心要素

【璧尘解析】ABC。国家机关工作人员的职业道德是以德治国的核心要素。

2009 年 A 类

10. 公务员职业道德的根本价值取向是( )。

　　A. 提高工作效率　　B. 提升道德境界

　　C. 维护社会公正　　D. 培育高尚人格

【璧尘解析】C。公务员职业道德的基础价值取向是谋取公共利益最大化;核心价值取向是建立健全责任监控机制;根本价值取向是维护社会公正;目标价值取向是培育高尚人格。

27. 职业道德促进个体发展的功能集中体现在( )。

　　A. 它是个体人格素质的重要组成部分

　　B. 它是个体实现人生价值的重要保证

　　C. 它是个体心理素质的核心内容

　　D. 它是个体维护自身权益的根本保障

【璧尘解析】AB。能力和人格特质是心理素质的核心内容,故C项错误。D选项明显不符合题意。

综合分析题

　　感动中国2008年度人物经大忠,是北川县县长,汶川大地震发生时,经大忠正在开会。他果断地组织与会人员疏散,并用最快速度将县城里的8000多名幸存群众集中在安全区域,而他家中的6个亲人却全部遇难。全面的救援工作展开后,经大忠担任北川抗震救灾前线指挥部副指挥长,始终战斗在第

一线。他说："当特大地震袭来,人民群众遭受空前的灾难,我们许多党员干部在通讯、交通中断的危急时刻,挺身而出,组织带领身边的群众,团结一心,奋力自救,与人民群众同生死、共患难,发挥了主心骨作用。这就是我们共产党人的本色,在山崩地裂的生死关头,始终和人民在一起。"榜样的力量是无穷的。经大忠和所有奋战在抗震救灾一线的党员干部,为我们树立了学习的榜样。我们要学习他们的模范事迹,大力弘扬伟大的抗震救灾精神,使之转化为推动科学发展、促进社会和谐的强大力量。

61. 材料中的"主心骨作用"指的是( )。

A. 领导干部挺身而出、身先士卒的带头作用

B. 共产党员舍生忘死、勇往直前的模范作用

C. 人民军队冲锋在前、勇挑重担的突击队作用

D. 人民群众临危不乱、守望相助的主力军作用

【璧尘解析】 AB。"主心骨作用"是从党员和领导干部的角度来说的。

62. 经大忠所说的"共产党人的本色"主要指的是( )。

A. 迅速将幸存群众集中在安全区域

B. 在山崩地裂的生死关头,始终和人民在一起

C. 果断地组织与会人员疏散

D. 在通讯、交通中断时,组织身边群众自救

【璧尘解析】 B。迅速将幸存群众集中在安全区域;果断地组织与会人员疏散;在通讯、交通中断时,组织身边群众自救这三种行为是共产党人在山崩地裂的生死关头,始终和人民在一起的精神的具体表现,这种精神符合对共产党人本色的解释。故 B 选项正确。

63. 从材料中可以看出,经大忠所践行的

公务员职业道德要求是( )。

A. 忠于职守   B. 服务群众

C. 以身作则   D. 奉献社会

【璧尘解析】 ABCD。经大忠在地震发生时果断组织与会人员疏散、安置幸存群众,并始终战斗在第一线,体现了他忠于职守、以身作则、服务群众和奉献社会的精神。

64. 下列对榜样的理解,正确的是( )。

A. 榜样是时代精神的体现,具有先进性

B. 榜样是崇高精神的化身,具有抽象性

C. 榜样是在群众实践中产生的,具有说服力

D. 榜样是社会道德规范的人格化,具有感染力

【璧尘解析】 ACD。榜样是一定社会道德规范体系的人格化,具有形象性、生动性、具体性的特点,在道德教育中具有感染力强、影响范围广的特点。

65. 伟大的抗震救灾精神集中体现了( )。

A. 中华民族和衷共济、团结奋斗的民族品格

B. 中华民族自强不息、敢于胜利的民族品格

C. 中华民族关爱生命、崇尚理性的民族品格

D. 中华民族的伟大民族精神和当代中国人民的时代精神

【璧尘解析】 ABCD。胡锦涛同志在全国抗震救灾总结表彰大会上的讲话中说:"在同特大地震灾害的艰苦搏斗中,我们的党、我们的军队、我们的人民万众一心、众志成城,充分展现了中华民族和衷共济、团结奋斗的民族品格;充分展现了中华民族自强不息、敢于胜利的民族品格;充分展现了中华民族关爱生命、崇尚理性的民族品格。伟大的抗震救灾精神,集中体现和进一步发展了爱国主义、集体主义、社会主义精神,集中体现和进一步发展了我们党和军队的光荣传统和优良作

风,集中体现和进一步发展了中华民族的伟大民族精神和当代中国人民的时代精神,是党和人民极为宝贵的精神财富。"

2010 年 A 类

10. 道德调节发挥作用依靠的力量是( )。

A. 社会舆论,传统习惯,内心信念
B. 社会管理,传统习惯,内心信念
C. 社会舆论,社会管理,内心信念
D. 传统习惯,社会管理,社会舆论

【璧尘解析】A。道德是由一定的社会经济关系决定的上层建筑和特殊的社会意识形态,是通过社会舆论、内心观念和传统习惯来评价人们的善恶、好坏等行为,调整个人与个人、个人与社会关系的原则和规范的总和。

27. 下列关于公务员职业道德的观点,正确的有( )。

A. 公共行政权力的特殊性决定了公务员职业道德的特殊性
B. 形成高尚的道德人格是公务员职业道德修养的重要目标
C. 提高行政效率是公务员职业道德修养的终极目标
D. 慎独自律是加强公务员职业道德修养的重要方法

【璧尘解析】ABD。行政效率不属于公务员职业道德修养的终极目标范畴。

综合分析题

2009 年 9 月 20 日,第二届全国道德模范评选揭晓。这次表彰的全国道德模范都是我们身边的普通人。其中,有精心侍奉婆婆 64 年的村民张公兰;捡到 20 万元现金,原封不动交给警方归还失主的保洁员郑仁东;坚守在大河边,无偿为来往的乡亲摆渡 49 年的村民赵永录;徒步在雪山峡谷邮路穿梭 20 余万公里,没有延误过一个邮班的乡邮员尼玛拉木……

党和政府一贯高度重视道德建设。2001年,中央颁布了《公民道德建设实施纲要》;2003 年,中央确定每年 9 月 20 日为"公民道德宣传日";2007 年 9 月,中央文明办等部门联合评选表彰了首批全国道德模范;同年 10月,十七大进一步强调,要加强社会公德、职业道德、家庭美德、个人品德建设。道德是事关国家发展、社会和谐、你我幸福的重要力量。在全社会形成助人为乐、扶贫济困、礼让宽容的道德风尚,是我们建设和谐社会的重要任务。

56. 依据材料,下列说法正确的有( )。

A. 全国道德模范集中表达了人民群众的道德追求
B. 全国道德模范每年评选一次
C. 普通人也能成为道德模范
D. 全国道德模范生动体现了中华民族的优秀品质

【璧尘解析】ACD。从材料中可以得知,全国道德模范是每两年评选一次。

57. 材料列举的 4 人中适合评为"敬业奉献模范"的是( )。

A. 赵永录　　　　B. 尼玛拉木
C. 张公兰　　　　D. 郑仁东

【璧尘解析】B。乡邮员尼玛拉木徒步在雪山峡谷邮路穿梭 20 余万公里,没有延误过一个邮班,最适合被评为"敬业奉献模范"。

58. 下列属于《公民道德建设实施纲要》提出的公民基本道德规范的有( )。

A. 保护环境　　　B. 团结友善
C. 办事公道　　　D. 爱国守法

【璧尘解析】BD。《公民道德建设实施纲要》中提到的公民基本道德规范包括"爱国守法、明礼诚信、团结友善、勤俭自强、敬业奉献"。

59. 下列体现"助人为乐"道德规范的是( )。

A. 兼相爱,交相利
B. 赠人玫瑰,手有余香

C. 己所不欲,勿施于人

D. 滴水之恩,涌泉相报

【璧尘解析】B。"兼相爱,交相利"强调的是互爱互利;"己所不欲,勿施于人"强调该宽恕待人,应提倡"恕"道;"滴水之恩,涌泉相报"强调的是知恩图报。

60. 党和政府一贯高度重视道德建设,这是因为(　　)。

A. 道德是社会发展的直接动力

B. 道德通过调整人们之间的关系维护社会秩序和稳定

C. 道德对社会经济发展具有能动的反作用

D. 道德深刻影响着人们的行为和品格

【璧尘解析】BCD。根据给定材料和常识,BCD选项正确。

2011 年 A 类

综合分析题

当前我国既处于发展的重要战略机遇期,又处于社会矛盾的凸显期。要充分认识新形势下加强和创新社会管理的重大意义,统筹经济建设、政治建设、文化建设、社会建设以及生态文明建设,把社会管理工作摆在更加突出的位置。

社会管理的过程,就是不断解决矛盾的过程。一些地方积极探索建立重大工程项目建设和重大政策制定的社会稳定风险评估机制,从源头上减少了因决策不当造成的社会矛盾。一些地方深入开展矛盾纠纷"大排查、大调处"活动,例如江苏南通按照调解优先的原则,构建了人民调解、行政调解、司法调解三位一体的"大调解"工作体系,有效化解了一大批矛盾纠纷。

社会管理说到底是对人的管理和服务,涉及广大人民群众切身利益,必须始终坚持以人为本、执政为民,不断实现好、维护好、发展好最广大人民的根本利益。例如,针对流动人口服务管理存在的突出问题,一些地方

探索实行"一证通"制度、"一站式"服务,解决他们在就业、居住、就医、子女入学等方面的实际困难,逐步实现由控制型管理向服务型管理的转变。

经过长期探索和实践,我国初步形成了合理的社会管理格局,既充分发挥党和政府的主导作用,又充分发挥多元主体的协同、自治、自律、互律作用。例如浙江温岭探索"参与式预算",扩大了群众参与度,多种社会力量与政府形成了社会管理合力。

56. 从上述材料可以看出,近年来我国社会管理呈现出的变化主要有(　　)。

A. 从重经济建设、轻社会管理向更加重视社会管理与经济社会协调发展转变

B. 从重政府作用、轻多方参与向政府主导下的社会共同治理转变

C. 从重事后处置、轻源头治理向更加重视源头治理转变

D. 从重法律和道德手段、轻行政手段向重行政手段运用转变

【璧尘解析】ABC。ABC三选项均可由上述材料推出。D项说法错误,应为"从重行政手段、轻法律和道德手段向多种手段综合运用转变"。

57. 当前要加强和创新社会管理的主要原因在于(　　)。

A. 社会矛盾日趋复杂使社会管理的难度增加

B. 我国处于社会主义初级阶段的基本国情已经改变

C. 社会管理严重滞后使维护社会稳定的压力不断增加

D. 社会结构深刻变化使社会管理任务日益繁重

【璧尘解析】ACD。根据材料不难推出ACD三选项都是需要加强和创新社会管理的主要原因。B选项表述错误,因为我国仍处于并将长期处于社会主义初级阶段。

58. 将社会矛盾大调解作为当前有序解

决社会问题的重要方式,其理由主要有
( )。

A. 大调解密切了党群关系,巩固了党的
执政根基

B. 大调解把工作重心放在应急处置上,
使社会矛盾的解决更加主动有效

C. 大调解是协商民主化在化解社会矛
盾中的具体运用

D. 大调解有效整合了社会、行政和司法
资源,形成了多元化矛盾纠纷调处
机制

【璧尘解析】ACD。大调解是在充分尊
重当事人意愿的基础上,依据法律和政策,进
行平等交流、民主协商,有利于各方面充分表
达诉求,并通过协商达成一致。同时,可有效
整合社会资源、行政资源和司法资源,实现社
会矛盾纠纷常态化解,促进社会管理从一元
转向多元。

59. 当前我国合理的社会管理格局为
( )。

A. 党委领导　　　B. 政府负责

C. 社会协同　　　D. 公众参与

【璧尘解析】ABCD。加强和创新社会管
理要求健全党委领导、政府负责、社会协同、
公众参与的社会管理格局,其中党委领导是
根本,政府负责是关键,社会协同是依托,公
众参与是基础。

60. "必须始终坚持以人为本、执政为民,
不断实现好、维护好、发展好最广大人民根本
利益。"这句话体现的社会主义行政道德规范
为( )。

A. 为人民服务　　　B. 实事求是

C. 公正行政　　　D. 廉洁奉公

【璧尘解析】A。我国行政道德体系最基
本的准则就是"为人民服务",这是由我国国
家行政系统的性质所决定的。为人民服务准
则构成我国行政道德体系的基础与灵魂,在
整个行政道德体系中占据主导地位,其他具
体的行政道德规范都是其具体体现与展开。

2012 年 A 类

10. 中国古代行政伦理思想非常丰富。
下列对中国古代行政伦理内涵的概括,最为
全面的是( )。

A. 仁、义、勇、让、孝

B. 忠、信、廉、智、仁

C. 孝、慈、悌、敬、礼

D. 齐、圣、宽、明、义

【璧尘解析】B。"孝"、"悌"、"慈"属于中
国古代典型的家庭伦理道德,因此 AC 两项
错误。"齐"指"齐家",即治家,出自"修身、齐
家、治国、平天下",是儒家提出的人生理想;
"圣"出自"内圣外王",指对内具有圣人的才
德,对外施行王道,是儒家所宣扬的理想的个
人道德境界,因此 D 项错误。

19. 下列关于行政荣誉的理解,错误的是
( )。

A. 行政荣誉是一种自我道德评价

B. 行政荣誉具有利益激励功能和内外
监督功能

C. 行政荣誉本身是公共物品,能够直接
惠及社会

D. 行政荣誉是职业荣誉、道德荣誉和行
为荣誉的统一

【璧尘解析】C。行政荣誉是社会舆论对
行政组织及其行政人员的行为做出的肯定性
的道德评价,以及行政人员的全体或个人对
这种肯定评价的自我意识。

2013 年 A 类

14. 2012 年度"感动中国"人物,歼-15 舰
载机研制现场总指挥罗阳的事迹,突出体现
的社会主义职业道德的基本要求是( )。

A. 诚实守信　　　B. 爱岗敬业

C. 办事公道　　　D. 服务群众

【璧尘解析】B。罗阳在 2012 年 11 月 25
日执行任务时,突发急性心肌梗塞在工作岗

位殉职,享年51岁,他的事迹充分体现了爱岗敬业的社会主义职业道德。

2014 年 A 类

15.《家风是什么》电视系列报道是一档宣传社会主义核心价值观的重点节目,下列关于"家风"与社会主义核心价值观关系的理解,不恰当的是（　　）。

A. 好的"家风"是社会主义核心价值观的具体体现

B. "家风"涵盖社会主义核心价值观的全部内容

C. "家风"是人们价值观形成和精神成长的重要起点

D. 弘扬良好"家风"是培育社会主义核心价值观的有效途径

【璧尘解析】B。"家风"是一个家庭或家族长期以来形成的能影响家庭成员精神、品德及行为的一种传统风尚和德行传承。每个家庭的"家风"都有所不同,"家风"只是涉及社会主义核心价值观的部分内容,不是涵盖全部内容,B选项表述过于绝对。

16. 下列关于行政作风的理解正确的是（　　）。

A. 行政道德是行政作风的构成要素和外在显现

B. 行政作风最集中、最突出地表现在行政人员与领导之间的关系方面

C. 克服形式主义和官僚主义是社会主义行政作风的内在要求

D. 行政作风是指行政人员个人风格和工作作风

【璧尘解析】C。行政作风是行政道德的构成要素和行政道德的外在显现,A选项错误。行政作风最集中、最突出地表现在行政人员与其服务对象即人民群众的关系方面,B选项错误。行政作风本质上就是行政工作人员的工作作风,指的是行政人员在行政管理活动中所表现出来的体现行政管理活动的特征、行政道德要求和行政文化理念的一贯态度和行为风格,D选项错误。故本题正确选项为C。

2004 年 B 类

25. 常言道:七十二行,行行出状元。借状元喻现在所指的人才,这说明人才具有（　　）的特点。

A. 广泛性　　　　B. 层次性

C. 不确定性　　　D. 创造性

【璧尘解析】A。"七十二行,行行出状元"的意思就是每个行业都可以做出优秀的成绩。每个行业都有优秀的人才,这正说明人才有其广泛性的特点。

26. 中国古代在自我修养方面提倡"慎独",它是指（　　）。

A. 一个人不要独处

B. 一个人即使独处时,也要坚守自己的道德信念

C. 一个人要耐得住孤独与寂寞

D. 一个人不可以单独活动

【璧尘解析】B。"慎独"是指个人在独自居处的时候,也能自觉地严于律己,谨慎地对待自己的所思所行,防止有违道德的欲念和行为的发生。

67. 新闻单位要坚持正确的舆论导向,努力使新闻报道（　　）,更好地为人民服务,为社会主义服务,为党和国家工作大局服务。

A. 贴近领导　　　B. 贴近实际

C. 贴近生活　　　D. 贴近群众

【璧尘解析】BCD。新闻单位应当努力使新闻报道贴近实际,贴近生活,贴近群众,这样才能更好地为人民服务,为社会主义服务,实现新闻工作的宗旨。

68. 国家机关工作人员职业道德的新特点有（　　）。

　　A. 先进性与时代性并存

　　B. 政治性与改革性兼有

　　C. 服务性与权威性共存

　　D. 原则性与灵活性结合

【璧尘解析】ABC。随着经济社会的发展,国家机关工作人员职业道德呈现出新特点,包括先进性与时代性并存、政治性与改革性兼有、稳定性和发展性相依、多样性和共同性兼具、服务性与权威性共存。

69. 除恋爱自由、婚姻自主以外,下列选项符合婚姻家庭道德要求的还有（　　）。

　　A. 一夫一妻、平等互爱

　　B. 实行晚婚、计划生育

　　C. 勤俭持家、爱国爱家

　　D. 赡养尊敬老人、抚养子女、邻里和睦

【璧尘解析】ABCD。婚姻家庭道德要求恋爱自由、婚姻自主,一夫一妻、平等互爱,实行晚婚、计划生育,勤俭持家、爱国爱家,赡养尊敬老人,抚养子女、邻里和睦。

70. 人际交往与人际关系的区别是（　　）。

　　A. 人际关系通过交往表现,又通过交往实现

　　B. 人际交往与人际关系的含义不同

　　C. 任何人际关系都是人际交往的产物

　　D. 人际关系一般是一种状态,人际交往是一个过程

【璧尘解析】BD。人际交往与人际关系二者的含义不同,人际关系一般指的是一种状态,而人际交往指的是一个过程,这是二者的根本区别点。AC选项讲的是联系,不是区别。

综合分析题

某公司要招聘一位负责市场开发的管理人员,应征者络绎不绝。第一轮面试时,总经理对所有应聘者说:"请你们哪位帮个小忙,到楼下搬五张桌子和十把椅子来。"有的应聘者对此毫无反应,抓紧时间埋头看公司有关招聘资料。有几位应聘者立刻转身下楼,有的独自扛来一张桌子,有的独自搬来两把椅子。其中有一位应聘者(小N)在听了总经理的话后并没有急着下楼,而是召集了几位应聘者一同下楼,将其余的桌子和椅子全部抬上了楼。第一轮面试结束,凡是下楼搬桌椅的人都顺利通过,进入下一轮。

第二轮面试是当场作文,题目是《勿以善小而不为,勿以恶小而为之》。考试结束后,众应聘者对自己的表现十分满意,欢欢喜喜地离开了。离开时,几乎所有参加面试的应聘者都将自己用过的一次性纸杯留在了自己的位置上,只有小N起身时将自己的纸杯随手带走,放进了门口的废物筒里。最后结果,小N应聘成功。

91. 在第一轮面试中,该公司总经理让搬桌椅的人进入下一轮面试,看中的是应聘者的（　　）。

　　A. 策划能力　　　　B. 应变能力

　　C. 服务意识　　　　D. 超前意识

【璧尘解析】BC。参见2004年A类第91～95题。

92. 小N在第二轮面试中脱颖而出的原因是（　　）。

　　A. 小N能做到"勿以善小而不为"

　　B. 小N具有突出的公关能力

　　C. 小N比别人搬的桌椅多

　　D. 其他应聘者忽视了自己,"为善"应从小事做起

【璧尘解析】AD。

93. 小N在第一轮面试中表现出了高于其他应聘者的职业素质和能力,主要有（　　）。

　　A. 写作能力　　　　B. 团队精神

　　C. 协调能力　　　　D. 组织能力

【璧尘解析】BCD。

94. 下列表述中,不属于应聘者在第一轮

面试中被淘汰的原因是（　　）。

A. 对应聘很重视,准备很认真

B. 对总经理的要求没有做出积极的反应

C. 缺乏良好的道德修养

D. 他们跟着小N一起搬了桌椅

【璧尘解析】ACD。

95. 从道德建设的角度看,上述案例告诉我们（　　）。

A. 道德建设要从"我"做起,从小事做起

B. 道德情操的养成需要一个积累的过程

C. 道德修养不只体现在大事中,也体现在日常点滴小事中

D. 道德水平的高低只有在招聘过程中才能得到集中体现

【璧尘解析】ABC。

2005 年 B 类

21. 社会主义道德的核心内容和集中体现是（　　）。

A. 为人民服务　　　B. 爱国主义

C. 诚实守信　　　　D. 团结互助

【璧尘解析】A。参见 2005 年 A 类第 45 题。

22. 社会主义集体主义原则的重要价值取向是（　　）。

A. 民族利益高于个人利益

B. 社会利益高于个人利益

C. 国家利益高于个人利益

D. 集体利益高于个人利益

【璧尘解析】D。正确认识和处理好个人和集体的关系,始终把集体利益放在首位。

46. 按照集体主义原则,国家机关工作人员在工作中必须做到（　　）。

A. 顾全大局　　　B. 尊重上级

C. 互相监督　　　D. 关心下级

【璧尘解析】ABD。正确认识和处理好个人和集体的关系,始终把集体利益放在首位,要做到顾全大局、尊重上级、关心下级。

综合分析题

①"利己不损人";②"我为人人,人人为我";③"主观为自己,客观为他人";④"各人自扫门前雪,莫管他人瓦上霜";⑤"天下兴亡,匹夫有责";⑥"先天下之忧而忧,后天下之乐而乐";⑦"得人心者得天下";⑧"周公吐哺,天下归心";⑨"王子犯法,与庶民同罪"。

66. 上述材料中,属于个人主义价值观的是（　　）。

A. ①②③　　　　　B. ①③④

C. ①②④　　　　　D. ①⑧⑥

【璧尘解析】B。个人主义以一切从自己出发为特征。

67. 上述材料说明人际关系本质上是（　　）。

A. 经济关系　　　B. 文化关系

C. 社会关系　　　D. 道德关系

【璧尘解析】C。人际关系本质上是社会关系的总和,故正确的选项为C。

68. 下列选项中反映中华民族优秀道德传统的是（　　）。

A. ①　　　　　　B. ⑤

C. ⑥　　　　　　D. ⑨

【璧尘解析】BCD。A属于个人主义价值观。

69. 上述材料告诫我们（　　）。

A. 执政党要立党为公、执政为民

B. 将"以德治国"与"依法治国"结合起来

C. 把百姓疾苦放在心上

D. 执政要善于笼络人心

【璧尘解析】ABC。笼络人心是贬义词,在表述上也不常用。

70. "周公吐哺,天下归心",说的是周公礼贤下士赢得了人们的爱戴。这个故事说明（　　）。

A．"官德"在治国中的重大社会价值

B．"官德"可以在一定程度上赢得民心

C．"官德"可以弥补法治的不足

D．"官德"具有欺骗性

【璧尘解析】ABC。官德本身不具有欺骗性。

综合分析题

材料一：一日，王教授应邀到甲机关举办一场关于职业道德与行为规范关系的专题讲座。会场里时常响起手机声，会议主持人不断地用手势提醒大家关闭手机，甚至打断学者讲座，让大家保持会场秩序。次日，王教授到乙机关举办同样的讲座，会场秩序井然，听讲座的每个人都自觉地关闭手机。王教授经过询问了解到，乙单位专门制定过一个规定，凡是参加机关会议的人，如果没关闭手机，手机在会场响起，则扣发当月奖金。而甲机关从来没有这样的规定。

材料二：某机关明文规定，因公出差到外地的，按照食宿补贴标准补贴。凡是食宿费用支出低于规定标准的，节约部分的50%归出差人所有。规定出台后，该机关的差旅补贴数额与规定出台之前相比明显下降。

材料三：某局长因犯贪污受贿罪，被判有期徒刑15年。在狱中，他忏悔道："我不是法盲，也不是缺乏中华民族优秀道德传统的熏陶。我大学时本科学的专业是历史，硕士研究生读的是法律。但我却知法犯法，走向沉沦。究其原因，个人主义、享乐主义、拜金主义等腐朽没落的思想充斥了我的思想的每一个角落，使我在职业生涯中出现了一系列的道德失范和道德滑坡行为……"

91．甲、乙机关工作人员听讲座时，使用手机问题上表现出的不同行为方式，说明（　　）。

A．职业道德完全是个人修养的表现

B．职业道德需要一定的制度保证

C．国家机关工作人员行为规范具有一定的强制性

D．提高职业道德修养必须依靠经济手段

【璧尘解析】BC。AD选项在表述上明显是错误的。

92．某机关差旅补贴数额明显下降，说明（　　）。

A．物质奖励是机关工作人员行为规范的决定因素

B．任何制度都不如实物奖励的作用大

C．机关工作人员行为规范的制度规定应尽量完善

D．对遵守职业道德规范的机关工作人员应有激励措施

【璧尘解析】CD。A是一个错误命题，B只是一种片面的看法，正确的选项是CD。

93．某局长的狱中忏悔，说明（　　）。

A．机关工作人员的职业道德规范需要内化

B．机关工作人员道德失范可能走向职务犯罪

C．贪财是一切犯罪的根源

D．要防止职务犯罪，只有采取"高薪养廉"措施

【璧尘解析】AB。局长的忏悔反映的犯罪原因，与其薪酬高低没有必然关系。

94．以上材料告诉我们（　　）。

A．机关工作人员职业道德建设是一项系统工程

B．机关工作人员职业道德建设要建立健全一整套约束机制

C．职业道德建设关系到每一个机关工作人员

D．加强机关工作人员职业道德建设的重点在领导干部

【璧尘解析】ABCD。本题考查职业道德建设的必要性和重要性，其对领导干部的作用尤其突出。

95．根据以上材料可以看出机关工作人员（　　）。

A．职业道德应该有明确的行为规范

B. 职业道德教育可以直接转变为职业行为规范

C. 职业道德规范应当转变为机关工作人员自觉的主体活动

D. 职业道德内化过程与职业道德传统有关

【璧尘解析】ACD。B选项虽然有道理，但不能直接转变。

2006 年 B 类

20. 商店出售假冒伪劣产品，就职业道德规范来说，它直接违背了（　　）。

　　A. 诚实守信　　　B. 奉献社会

　　C. 爱岗敬业　　　D. 服务群众

【璧尘解析】A。出售假冒伪劣产品违背了诚实守信的道德规范。

综合分析题

材料一：一对夫妻开了家烧酒店。丈夫是个老实人，为人真诚、热情，烧制的酒也好，人称"小茅台"。有道是"酒香不怕巷子深"，一传十，十传百，酒店生意兴隆，常常供不应求。为了扩大生产规模，丈夫决定外出购买设备。临行前，他把酒店的事都交给了妻子。几天后，丈夫归来，妻子说："我知道了做生意的秘诀。这几天我赚的钱比过去一个月挣的还多。秘诀就是，我在酒里兑了水。"

丈夫给了妻子一记重重的耳光，他知道妻子这种坑害顾客的行为，将他们苦心经营的酒店的牌子砸了。"酒里兑水"的事情被顾客发现后，酒店的生意日渐冷清，最后不得不关门停业了。

材料二：1835 年，摩根先生成为一家名叫"伊特纳火灾"的小保险公司的股东。不久后，一家在伊特纳火灾保险公司投保的客户发生了火灾。按照规定，如果完全付清赔偿金，保险公司就要破产，股东们纷纷要求退股。摩根先生斟酌再三，认为信誉比金钱更加重要。他卖掉住房并四处筹款，收购了所

有要求退股的股份，并将赔偿金如数付给了投保的客户。从此，伊特纳公司声名四起，成为人们心目中最讲信誉的保险公司，客户蜂拥而至。

41. 材料一中，导致烧酒店最终倒闭的原因在于（　　）。

　　A. 损害了顾客利益

　　B. "酒里兑水"的行为损害了酒店的信誉

　　C. 购买新设备后烧制的酒质量下降

　　D. 盲目扩大生产规模，导致供过于求

【璧尘解析】B。根据给定材料可以得出答案。

42. 材料二中，摩根成就事业的重要原因是（　　）。

　　A. 一次偶然的机遇

　　B. 收购了所有要求退股的股份

　　C. 认为信誉比金钱更加重要

　　D. 敢于冒险的精神

【璧尘解析】C。根据给定材料可以得出答案。

43. 上述材料说明（　　）。

　　A. 信誉是企业宝贵的无形资产

　　B. 信誉是企业获得持续竞争力的基础

　　C. 失去信誉，企业就丧失了生存的条件

　　D. 信誉能够为企业带来巨大的经济效益

【璧尘解析】ABCD。根据给定材料可以得出答案。

44. 材料中"酒香不怕巷子深"这句话说明了（　　）。

　　A. 顾客就是上帝

　　B. 质量是产品的生命

　　C. 信誉出效益

　　D. 任何营销手段都是多余的

【璧尘解析】B。根据给定材料可以得出答案。

45. 摩根先生与其他股东在保险公司存亡问题上采取了截然不同的做法，其原因是（　　）。

A. 摩根先生将公司利益置于股东个人利益之上

B. 摩根先生更关注公司信誉给公司带来的长远利益,而非眼前个人利益得失

C. 摩根先生认为公司的信誉要靠股东来维护

D. 摩根先生认识到宣告公司破产是规避股东个人风险的最好方式

【璧尘解析】B。根据给定材料可以得出答案。

2007 年 B 类

25. 以爱国主义为核心的民族精神是( )。

A. 中华民族生命机体中不可分割的重要成分

B. 中华民族生生不息、发展壮大的强大精神动力

C. 社会主义核心价值体系的重要内容

D. 社会主义公民道德建设的重点

【璧尘解析】ABCD。

2008 年 B 类

7. 当道德义务由外在的要求转化为主体的内在的自觉道德意识、道德责任感以及自我评价能力时,就形成了( )。

A. 道德权利 B. 道德良心

C. 道德理想 D. 道德目标

【璧尘解析】B。当道德义务由被迫变为自觉,由他律境界上升到自律境界时,其实就是从道德义务向道德良心转化,良心成为最基本的心理特征和动力源泉。

8. 下列属于非强制性规范的是( )。

A. 政治规范 B. 道德规范

C. 法律规范 D. 技术规范

【璧尘解析】B。所谓非强制性,是指道德规范不是靠强制力量迫使人执行的,而是人们凭借其内心信念的力量自觉自愿地去执行的。

25. 下列属于公务员具体的职业道德规范有( )。

A. 勤政为民 B. 务实创新

C. 团结协作 D. 依法行政

【璧尘解析】ABCD。四个选项均属公务员的职业道德规范范畴。

2009 年 B 类

8. 孔子说:"道之以政,齐之以刑,民免而无耻;道之以德,齐之以礼,有耻且格。"这句话说明和法律相比,道德具有的鲜明特征是( )。

A. 自觉性和他律性

B. 强制性和他律性

C. 强制性和自律性

D. 自律性和自觉性

【璧尘解析】D。孔子这句话的意思就是:用政治手段来治理他们,用刑罚来整顿他们,人民就只求免于犯罪,而不会有廉耻之心;用道德来治理他们,用礼教来感化他们,人民就会不但有廉耻之心,而且还会人心归顺。也就是说,惩罚性干预虽可使人心存畏惧,小心规范自己的行为,却难以达成主观上的道德自律。

27. 职业道德促进个体发展的功能集中体现在( )。

A. 它是个体人格素质的重要组成部分

B. 它是个体实现人生价值的重要保证

C. 它是个体心理素质的核心内容

D. 它是个体维护自身权益的根本保障

【璧尘解析】AB。参见 2009 年 A 类第27 题。

综合分析题

刘丽涛是江苏省新沂市公安局局长。她深知"群众看公安、关键看破案"的道理,只要发生大案,不管多苦多险,她都冲在前面。把

百姓当亲人、把百姓的事当成自己的事,是她始终坚持的信念。在新沂市公安局开展的群众大接访活动中,刘丽涛认真了解情况,面对面听取上访群众的意见和要求,仔细调查核实,使许多积压多年的信访案件得以妥善解决。她把"耐得住寂寞、守得住清贫、抗得住诱惑、管得住小节"作为对自己的要求和约束。凡是要求民警做到的,自己首先做到;凡是要求民警不做的,自己首先不做。

"一身正气当警察、漂漂亮亮做女人、干干净净走人生"是她的座右铭。正是凭着巾帼不让须眉的勇气、亲民爱民的柔情,刘丽涛续写着任长霞的故事,赢得了群众的信任和称赞,先后荣获了"全国优秀人民警察"、"任长霞式公安局长"等荣誉称号。

56."只要发生大案,不管多苦多险,她都冲在前面。"这体现了刘丽涛( )。

A."一身正气当警察"的职业形象

B.勇往直前、不畏牺牲的职业精神

C.巾帼不让须眉的现代女性风采

D."耐得住寂寞、守得住清贫"的职业操守

【璧尘解析】ABC。只要发生大案,刘丽涛就冲在前面,与耐得住寂寞、守得住清贫无关。

57."凡是要求民警做到的,自己首先做到;凡是要求民警不做的,自己首先不做。"这说明领导干部的职业道德具有( )。

A.公共性　　　　B.引导性

C.示范性　　　　D.客观性

【璧尘解析】BC。"凡是要求民警做到的,自己首先做到;凡是要求民警不做的,自己首先不做",表明领导要以身作则,率先垂范。领导干部的地位和作用使其职业行为具有鲜明的导向性和示范性。

58."管得住小节"所体现的职业道德修养方法是( )。

A.见贤思齐　　　B.知行统一

C.学思结合　　　D.防微杜渐

【璧尘解析】D。"见贤思齐"是说好的榜样对自己有好的影响,会驱使自己努力赶上榜样。"知行统一"就是要根据认识与实践的辩证关系,把学习和实践结合起来。"学思结合"就是学习与思考相结合。"防微杜渐"就是在错误或坏事刚刚露出苗头时就加以防备和制止,不让其继续发展。

59.从材料中可以看出,刘丽涛赢得群众信任和称赞的原因在于( )。

A.妥善解决了许多积压多年的信访案件

B.开创了全国公安系统开展群众大接访活动的先例

C.荣获了"任长霞式公安局长"的荣誉称号

D.践行了把百姓当亲人、把百姓的事当成自己的事的信念

【璧尘解析】AD。从材料中可以看出,刘丽涛赢得群众信任和称赞的原因是在群众大接访活动中妥善解决了许多积压多年的信访案件,所以AD项正确;B选项材料中没有提及;C选项荣获"任长霞式公安局长"的荣誉称号是赢得群众信任和称赞的结果而非原因。

60.从材料中可以看到,刘丽涛所践行的公务员职业道德要求是( )。

A.爱岗敬业、忠于职守

B.严于律己、以身作则

C.清正廉洁、公道正派

D.爱民亲民、服务群众

【璧尘解析】ABCD。这些在材料中均有所体现:"只要发生大案,不管多苦多险,她都冲在最前面"体现了她爱岗敬业、忠于职守;"她把'耐得住寂寞、守得住清贫、抗得住诱惑、管得住小节'作为对自己的要求和约束。凡是要求民警做到的,自己首先做到;凡是要求民警不做的,自己首先不做"体现了她严于律己、以身作则、清正廉洁、公道正派;"把百姓当亲人、把百姓的事当成自己的事"体现了她爱民亲民、服务群众。

2010年B类

8."从我做起,从小事做起,从身边做起"所体现的道德修养方法是( )。

A. 实践躬行,积善成德

B. 见贤思齐,修身养性

C. 省察克治,防微杜渐

D. 学思结合,知行统一

【璧尘解析】A。"从我做起,从小事做起,从身边做起"强调要身体力行,积累善行。

27. 下列关于职业道德的表述,正确的有( )。

A. 职业道德的形成与发展是社会分工的必然结果

B. 职业道德是一般社会道德的特殊表现

C. 职业道德具有调节的普遍性

D. 职业道德具有明确的规范性

【璧尘解析】ABD。职业道德是随着社会分工的出现而形成和发展起来的,是同职业联系在一起的;职业道德是社会道德的重要组成部分,是在一定的职业活动中人们自身所具有的能够体现一定的职业特征的道德规范;职业道德具有多样性,即不同的职业具有不同的职业道德,因此职业道德不具有调节的普遍性;职业道德具有明确的规范性,即职业生活中的道德和法律对从业者所提出的要求与规范都十分具体,而且与行政纪律结合起来,使之具有准强制性和很强的可操作性。正确选项为ABD。

2011年B类

21. 价值观是人民在长期的价值评价和实践活动中形成的,它的功能主要有( )。

A. 导向功能　　B. 凝聚功能

C. 规范功能　　D. 激励功能

【璧尘解析】ABCD,价值观的主要功能包括导向功能、凝聚功能、规范功能和激励功能。

六、材料处理题

医务界流传着这样一个"四句话说死病人"的故事。一位农村患者好不容易借了钱,去他认为"水平高"的县医院挂了一个专家号。专家见面看了看检查报告,连续说了三句话:"你来晚了。""没治了。""回家吧!"这时病人的精神快受不了了,急忙央求医生:"大夫,你给看看还有什么其他办法,求求你了。"医生又说了第四句话:"你早干什么去了?"病人当即晕倒在地,再也没有醒来。

这个案例或许比较极端。常见的情况往往是,患者看病多问几句就会遭到医生的白眼。不少患者都受到过类似的"教训":"你只要照我说的去做,问那么多干嘛?""我是医生还是你是医生?"……

有学者和医务工作者认为,一些医生的这种"知识傲慢"、"技术傲慢"是缺少人文关怀的表现。他们建议在对医务工作者的教育培训中,要加大伦理、法律、心理学、社会学等体现人文精神的内容,以引起医务工作者对医学人文的重视,并自觉地把这种人文关怀落实到行医的过程中。

作为一个以救死扶伤为天职的特殊职业,医生几乎每天都要和死神打交道。因此,面对疾病和死亡,他们更多会保持一种理性、冷静的姿态。这正如电视剧《医者仁心》里一位医生所说:"我们要保持绝对的冷静,因为还有下一个生命垂危的患者等着我们去救治。我们实在做不到上一分钟还痛哭流涕,下一分钟就站在手术台上,切开另一个人的胸膛。"也许这就是医生的"职业性冷静",但这种职业性冷静是有限度的。也就是说,作为一名医生,可以"冷面",不可以"冷血";可以外表冷静,但不可以内心冷酷。医生对患者的同情,虽然不一定要用眼泪,但不能没有仁心。

问题一:结合材料,阐述什么是医生的"仁心"?(要求:100～300字)(10分)

【璧尘解析】作答参考见主观题精讲部分。

2012 年 B 类

7. 下列不符合"办事公道"这一行政道德规范的是（　　）。

A. 对不同的服务对象采取不同的态度

B. 不管服务对象对自己的态度如何，坚持按同一行为准则行事

C. 对所有的服务对象一视同仁

D. 不因个人心境的变化和好恶而采取不同的行为模式

【璧尘解析】A。办事公道就是指我们在办事情、处理问题时，要站在公正的立场上，对当事双方公平合理、不偏不倚，不论对谁都按照一个标准办事。

六、材料处理题

城管执法队员李某在商业中心巡逻时，见沈某正在摆摊与人赌象棋残局，便劝其离开。过了半个小时，李某再次巡逻至此，发现沈某仍在原地摆摊，就再次劝其离开。沈某争辩说："我不是在赌钱，是在发扬国粹！"李某说："这里是商业中心区，你就是发扬国粹，也不能在这个地方摆摊！请你务必离开。如果你不愿意，我只有报警了。"话音刚落，沈某拿起折叠凳打在李某脸上，李某一边后退，一边用手阻挡，但沈某仍紧追不放。在追打过程中，李某始终没有还手。经诊断，李某头部血肿，口腔壁多处划破。

事后有市民说，现在不是提倡"柔性执法"吗，对沈某这样的人，劝说不动就算了，在商业中心区摆个地摊，也不是什么大事。也有市民说，李某太软弱了，他应该制止沈某行凶，要是执法人员连自己都保护不了，老百姓还能指望他们什么！而李某单位的领导在接受记者采访时则认为，城管工作得罪人，容易引起纠纷，所以我们要求执法人员不能动手，做到打不还手，骂不还口。

1. 根据上述材料，从依法行政的角度，谈谈你对"柔性执法"的看法。（篇幅为150～200字）（10分）

【璧尘解析】作答参考见主观题精讲部分。

2013 年 B 类

12. 2012 年度"感动中国"人物，歼-15 舰载机研制现场总指挥罗阳的事迹，突出体现的社会主义职业道德的基本要求是（　　）。

A. 诚实守信　　B. 爱岗敬业

C. 办事公道　　D. 服务群众

【璧尘解析】B。参见 2013 年 A 类第 14 题。

六、材料处理题

市民李某开私家车送朋友到火车南站，正要离开时，遇到焦急万分的外地人王姓夫妇求助，原来他们误将火车南站当作自己的乘车地点——火车北站，李某急人所难，遂开车将王姓夫妇送至火车北站，王姓夫妇下车时给李某30元钱表示感谢，李某再三推脱未果，只好收下。就在李某准备离开时，市运管处执法人员将其拦下，认定李某是开"黑车"从事非法营运，要按有关规定处罚，李某反复解释自己不是"黑车"司机，而是做好事帮忙，30元是王姓夫妇为表示感谢硬塞给的，何况这30元钱还不足以支付车辆过路费和汽油费，更不要说赚钱了。这时眼看现场围观群众越来越多，执法人员担心事态扩大，于是对他说："你是不是做好事助人为乐我们不管，你没有营运许可又收了人家的钱，就是违法行为，按规定就要处罚，否则我们就失职了，你就别让我们为难了！"随即让李某驾车一同去市运管处处理。有人当场将此事编发了一条微博，立刻引发了网民的热议。那对王姓夫妇在回家途中获知此事，立刻发微博表示要为李某作证。

1. 请对上述执法人员的言行作出评价。（150～200字，10分）

【璧尘解析】作答参考见主观题精讲部分。

2004年C类

5. 从执政角度看乐民之乐、忧民之忧的一个重要前提是( )。

A. 团结协作　　B. 忠于国家
C. 倾听群众呼声　D. 步调一致

【璧尘解析】C。从执政角度看,只有先真正做到倾听群众呼声,才有可能做到乐民之所乐、忧民之所忧。

7. 干部清正廉洁的作风属于( )。

A. 工作作风　　B. 学习作风
C. 思想作风　　D. 生活作风

【璧尘解析】C。干部清正廉洁的作风属于思想作风的范畴。

15. 中国古代在自我修养方面提倡慎独,它是指( )。

A. 一个人不要独处
B. 一个人即使独处时,也要坚守自己的道德信念
C. 一个人要耐得住孤独与寂寞
D. 一个人不可以单独活动

【璧尘解析】B。参见2004年B类第26题。

16. "一方有难,八方支援"体现了人际交往中的( )。

A. 平等原则　　B. 真诚原则
C. 友爱原则　　D. 互助原则

【璧尘解析】D。"一方有难,八方支援"体现了人际交往中的互帮互助原则。

36. 国家机关工作人员行为规范的特点主要体现在( )。

A. 地域性　　　B. 时代性
C. 可操作性　　D. 保密性

【璧尘解析】BC。国家机关工作人员行为规范与国家机关的日常工作行为是密切相关的。时代性、可操作性是国家机关工作人员行为规范的主要特点。

2005年C类

14. 我国职业道德的核心和基础是( )。

A. 诚实守信　　B. 爱岗敬业
C. 奉献社会　　D. 服务群众

【璧尘解析】D。为人民服务是社会主义职业道德的核心。

24. 道德修养的主要内容包括( )。

A. 提高道德认识
B. 陶冶道德情感
C. 锻炼道德意志
D. 加强道德行为训练

【璧尘解析】ABCD。

25. 国家机关工作人员协调人际关系的途径是( )。

A. 协调利益关系　B. 求同存异
C. 意见沟通　　　D. 平衡不同意见

【璧尘解析】ABC。D选项不属于协调范畴。

2006年C类

22. 建立社会信用体系的支柱是( )。

A. 政府　　　　B. 法制
C. 教育　　　　D. 道德

【璧尘解析】D。十六届三中全会指出,"建立健全社会信用体系,形成以道德为支撑、产权为基础、法律为保障的社会信用制度,是建设现代市场体系的必要条件,也是规范市场经济秩序的治本之策"。

25. 廉洁奉公这一道德规范,具体要求公务员做到( )。

A. 秉公尽责　　B. 艰苦朴素
C. 政治上公正　D. 经济上清白

【璧尘解析】ACD。艰苦朴素与廉洁奉公无关。

综合分析题

江阴市华西村原党委书记吴仁宝,四十多年来,带领华西人不仅创造了率先发展、科学发展的奇迹,而且塑造了家庭和睦、邻里相亲、干群团结、上下齐心的文明乡风。吴仁宝认为"富了口袋还要富脑袋,物质文明、精神文明都得抓"。他提出幸福生活的三条"土标准",即:生活富裕、精神愉快、身体健康。他亲自编写《十富赞歌》、《十穷戒词》和《华西村歌》让群众传唱。这些"土标准"和乡歌民谣,有力地促进了村民的道德养成和建设。

在带领华西人走向富裕的过程中,吴仁宝一向坚持艰苦奋斗的政治本色,"不拿全村最高的工资,不拿全村最高的奖金,不住全村最好的房子",他将这些年政府部门奖励他的五千多万元钱全捐给了村里。"老百姓幸福是我最大的满足",这是他既朴实又经典的一句话。"有难官先当,有福民先享",吴仁宝以自己的先进思想去引导群众,以自己的先进行为去带动群众,成为建设社会主义新农村的带头人。

46. "不拿全村最高的工资,不拿全村最高的奖金,不住全村最好的房子","有难官先当,有福民先享",这体现了吴仁宝( )。

A. 甘于奉献的精神
B. 先人后己的精神
C. 为民造福的精神
D. 淡泊名利的精神

【璧尘解析】ABCD。

47. 吴仁宝提出的"土标准"和乡歌民谣,有力地促进了村民的道德养成,其原因在于( )。

A. 吴仁宝个人魅力的影响
B. 通过行政手段加以推进
C. 内容朴素,容易被村民理解
D. 形式活泼,容易被村民接受

【璧尘解析】ACD。其原因与行政手段无关。

48. "富了口袋还要富脑袋,物质文明、精神文明都得抓",华西村的发展体现了( )。

A. 经济的发展是精神文明建设的物质基础
B. 物质文明发展了,精神文明水平就会自动提高
C. 经济发展后,还需要提高人们的思想道德水平和科学文化水平
D. 物质文明和精神文明都是建设社会主义新农村的目标

【璧尘解析】ACD。B项表述明显错误。

49. 吴仁宝以身作则,以自己的先进思想去引导群众,以自己的先进行为去带动群众( )。

A. 体现了道德教化的导向作用
B. 起到了道德垂范作用
C. 突出了领导干部的表率作用
D. 密切了党员干部和群众的关系

【璧尘解析】ABCD。根据给定材料,正确的选项为ABCD。

50. 吴仁宝将这些年政府部门奖励他的五千多万元钱全捐给了村里,这一举动( )。

A. 纯属个人行为,无需进行道德评价
B. 不符合社会主义按劳分配原则的基本要求
C. 体现了吴仁宝作为一名共产党员艰苦奋斗、无私奉献的崇高境界
D. 体现了吴仁宝"利为民所谋"的公仆本色

【璧尘解析】CD。据给定材料,正确的选项为CD。

2007年C类

20. 办事公道是公务员职业道德规范的基本要求,正确的做法有( )。

A. 各级领导干部掌握一定权力,更要办事公道,秉公行事

B. 办事公道主要是针对领导干部的道德要求

C. 办事公道对公务员的要求更为严格

D. 在对待服务对象时，要一视同仁，严格按程序办事

【璧尘解析】ACD。办事公道是公务员职业道德的基本要求，而不是仅仅针对领导干部而言。

综合分析题

　　山东寿光市孙家集三元朱村党支部书记王乐义带领农民走农业产业化道路，使三元朱村成为全国闻名的小康村和新农村建设的一面旗帜。王乐义具有强烈的创新精神和致富能力。1989年，他率先试验成功了日光温室蔬菜种植生产技术，并引发了寿光乃至全国的蔬菜"绿色革命"。2001年，三元朱村成立德农三元绿色农业有限公司，走出了公司连基地、基地连农户，统一管理、统一收购、统一销售的新的产业化之路，产品走俏国内外市场。王乐义还具有强烈的共同致富的意识和带富能力。1990年，寿光成立了冬暖式日光蔬菜大棚小组，王乐义担任技术总指导，并在27个乡镇巡回指导，当年全县新建的5130个冬暖式日光蔬菜大棚全部成功，增收6000万元。寿光的新式蔬菜大棚现在已发展到40万个，形成了全国最大的蔬菜交易市场。王乐义和他带领的三元朱村技术员队伍还走向全省，走向全国。用王乐义本人的话说就是，"一村富了不算富，农民兄弟都富了才算富"。

41. 从上述材料可以看出，王乐义具有（　　）。

A. 勇于创新的精神

B. 带头致富的能力

C. 共同富裕的理想

D. 市场经济的观念

【璧尘解析】ABCD。根据给定材料可以推出答案。

42. 三元朱村的致富之路，说明了发展现代农业是（　　）。

A. 促进农民增加收入的基本途径

B. 社会主义新农村建设的首要任务

C. 农业和农村工作的中心任务

D. 建设社会主义新农村的产业基础

【璧尘解析】ABD。根据给定材料可以推出答案。

43. 三元朱村发展新式蔬菜生产，走上致富之路的主要经验有（　　）。

A. 要全面实行大棚生产

B. 要引进现代经营形式

C. 要运用现代科学技术

D. 要成立有限责任公司

【璧尘解析】BC。根据给定材料可以推出答案。

44. "一村富了不算富，农民兄弟都富了才算富。"这句话体现了（　　）。

A. 共同富裕的社会主义原则

B. 富与不富的辩证法

C. 我国传统道德的恩赐观念

D. 均贫富的农民意识

【璧尘解析】AB。根据给定材料可以推出答案。

45. 王乐义带领农民走上致富之路的启示是（　　）。

A. 全村要致富，关键要有好带头人

B. 只要有个好带头人，全村农民就能致富

C. 要带领全村农民致富，必须要有新思路

D. 带头人要是科技能手，才能带领农民致富

【璧尘解析】AC。根据给定材料可以推出答案。

2008年C类

26. 作为下级的国家机关工作人员，对待上级要做到（　　）。

A. 服从上级命令

B. 尊敬上级，维护上级的威信

C. 正确对待上级的批评

D. 如实向上级报告和请示工作

【璧尘解析】ABCD。作为下级的国家机关工作人员对待上级要做到服从上级命令、尊敬上级、维护上级的威信、正确对待上级的批评、如实向上级报告和请示工作。

2009 年 C 类

8. 孔子曰："道之以政,齐之以刑,民免而无耻;道之以德,齐之以礼,有耻且格。"说明对于法律,道德具有更加鲜明的特征是(   )。

A. 自觉性与他律性

B. 自觉性与自律性

C. 强制性与自律性

D. 强制性与他律性

【璧尘解析】B。参见 2009 年 B 类第 8 题。

27. 公务员职业道德的主要功能有(   )。

A. 促进社会发展功能

B. 促进个体发展功能

C. 规范引导功能

D. 调节监督功能

【璧尘解析】ABCD。公务员职业道德的主要功能有促进社会发展功能、促进个体发展功能、规范引导功能、调节监督功能。

综合分析题

感动中国 2008 年度人物经大忠,是北川县县长,汶川大地震发生时,经大忠正在开会。他果断地组织与会人员疏散,并用最快速度将县城里的 8000 多名幸存群众集中在安全区域,而他家中的 6 个亲人却全部遇难。全面的救援工作展开后,经大忠担任北川抗震救灾前线指挥部副指挥长,始终战斗在第一线。他说:"当特大地震袭来,人民群众遭受空前的灾难,我们许多党员干部,在通讯、

交通中断的危急时刻,挺身而出,组织带领身边的群众,团结一心,奋力自救,与人民群众同生死、共患难,发挥了主心骨作用。这就是我们共产党人的本色:在山崩地裂的生死关头,始终和人民在一起。"

榜样的力量是无穷的。经大忠和所有奋战在抗震救灾一线的党员干部,为我们树立了学习的榜样。我们要学习他们的模范事迹,大力弘扬伟大的抗震救灾精神,使之转化为推动科学发展、促进社会和谐的强大力量。

51. 材料中的"主心骨作用"指的是(   )。

A. 领导干部挺身而出、身先士卒的带头作用

B. 共产党员舍生忘死、勇往直前的模范作用

C. 人民军队冲锋在前、勇挑重担的突击队作用

D. 人民群众临危不乱、守望相助的主力军作用

【璧尘解析】AB。参见 2009 年 A 类第 61~65 题。

52. 经大忠所说的"共产党人的本色"主要指的是(   )。

A. 迅速将幸存群众集中在安全区域

B. 在山崩地裂的生死关头,始终和人民在一起

C. 果断地组织与会人员疏散

D. 在通讯、交通中断时,组织身边群众自救

【璧尘解析】B。

53. 从材料中可以看出,经大忠所践行的公务员职业道德要求是(   )。

A. 忠于职守

B. 服务群众

C. 以身作则

D. 奉献社会

【璧尘解析】ABCD。

54. 下列对榜样的理解,正确的是(   )。

A. 榜样是时代精神的体现,具有先进性

B. 榜样是崇高精神的化身,具有抽象性

C. 榜样是在群众实践中产生的,具有说服力

D. 榜样是社会道德规范的人格化,具有感染力

【璧尘解析】ACD。

55. 伟大的抗震救灾精神集中体现了( )。

A. 中华民族和衷共济、团结奋斗的民族品格

B. 中华民族自强不息、敢于胜利的民族品格

C. 中华民族关爱生命、崇尚理性的民族品格

D. 中华民族的伟大民族精神和当代中国人民的时代精神

【璧尘解析】ABCD。

2010 年 C 类

8. 道德调节的主要形式是( )。

A. 道德认识

B. 道德教育

C. 道德修养

D. 道德评价

【璧尘解析】D。道德的调节功能是指道德通过评价等方式,指导和纠正人们的行为和实践活动,协调人们之间的关系的功效与能力,这是道德最突出、最重要的社会功能。道德评价是道德调节的主要形式,社会舆论、传统习惯、内心信念是道德调节赖以发挥作用的力量。

27. 下列关于职业道德的表述,正确的有( )。

A. 职业道德的形成与发展是社会分工的必然结果

B. 职业道德是一般社会道德的特殊表现

C. 职业道德具有调节的普遍性

D. 职业道德具有明确的规范性

【璧尘解析】ABD。职业道德是特殊职业群体遵守的道德规范。

综合分析题

2009 年 9 月 20 日,第二届全国道德模范评选揭晓。这次表彰的全国道德模范都是我们身边的普通人。其中,有精心侍奉婆婆 64 年的村民张公兰;捡到 20 万元现金,原封不动交给警方归还失主的保洁员郑仁东;坚守在大河边,无偿为来往的乡亲摆渡 49 年的村民赵永录;徒步在雪山峡谷邮路穿梭 20 余万公里,没有延误过一个邮班的乡邮递员尼玛拉木……

党和政府一贯高度重视道德建设。2001年,中央颁布了《公民道德建设实施纲要》;2003 年,中央确定每年 9 月 20 日为"公民道德宣传日";2007 年 9 月,中央文明办等部门联合评选表彰了首批全国道德模范;同年 10月,十七大进一步强调,要加强社会公德、职业道德、家庭美德、个人品德建设。道德是事关国家发展、社会和谐、你我幸福的重要力量。在全社会形成助人为乐、扶贫济困、礼让宽容的道德风尚,是我们建设和谐社会的重要任务。

51. 依据材料,下列说法正确的有( )。

A. 全国道德模范每年评选一次

B. 普通人也能成为道德模范

C. 全国道德模范生动体现了中华民族的优秀品质

D. 全国道德模范集中表达了人民群众的道德追求

【璧尘解析】BCD。参见 2010 年 A 类第 56～60 题。

52. 材料列举的 4 人中适合评为"敬业奉献"模范的是( )。

A. 张公兰
B. 郑仁东
C. 赵永录
D. 尼玛拉木

【璧尘解析】D。

53. 下列属于《公民道德建设实施纲要》提出的公民基本道德规范的有( )。

A. 爱国守法　　B. 办事公道
C. 团结友善　　D. 保护环境

【璧尘解析】AC。

54. 下列体现"助人为乐"道德规范的是（　　）。

A. 赠人玫瑰,手有余香
B. 己所不欲,勿施于人
C. 滴水之恩,涌泉相报
D. 兼相爱,交相利

【璧尘解析】A。

55. 党和政府一贯高度重视道德建设,这是因为（　　）。

A. 道德对社会经济发展具有能动的反作用
B. 道德深刻影响着人们的行为和品格
C. 道德是社会发展的直接动力
D. 道德通过调整人们之间的关系维护社会秩序和稳定

【璧尘解析】ABD。

2011 年 C 类

六、材料处理题

某报记者在某乡镇采访时了解到,改革开放以来,当地有不少居民通过经商、外出打工、土地补偿等途径使腰包鼓了起来。由于基层文化设施缺乏、生活单调等多方面原因,造成部分人精神空虚、无所事事,有的人大肆挥霍、铺张浪费,有的人染上了赌博的恶习。

当地某基层管理干部在接受记者采访时说,钱是他们自己的,怎么花是他们自己的事,如果他们犯了法,自然有司法机关管。再说,现在基层政府的事已经够多了,想管也管不过来。

1. 你如何看待该基层干部的上述说法?（篇幅为150~200字）

2. 请从基层社会管理的角度,就材料中反映的问题,谈谈你的建议。（篇幅为250~300字）

【璧尘解析】职业道德相关题,作答参考见主观题精讲部分。

2012 年 C 类

9. 下列不属于行政道德评价形式的是（　　）。

A. 社会评价
B. 行政机关内部评价
C. 行政人员的自我评价
D. 行政人员的家庭评价

【璧尘解析】D。行政道德评价是实现行政伦理规范的重要机制,是人们对公务员或公务员对自己行政行为善恶性质的一种主观心理评价。行政道德评价的主体是各级公务员和广大社会成员,既可以是社会成员或其他公务员对某一公务员行政行为善恶属性的评价,也可以是公务员相互之间对评价对象的行政行为善恶属性的评价,还可以是公务员对自己行政行为善恶属性的评价。

39. 下列属于"廉洁奉公"规范内容的有（　　）。

A. 不贪污、不索贿、不受贿
B. 杜绝奢侈浪费、勤俭节约
C. 不收受亲朋好友的礼品
D. 公正严明,一心为公

【璧尘解析】ABD。A选项和B选项均属于"廉洁"规范的内容,D选项属于"奉公"规范的内容。"廉洁"要求的是不非法占取利用职务之便所获得的个人私利,而亲朋好友之间赠送礼品在一定程度上属于正常人情往来的范围。

六、材料处理题

题干材料（略）。

你如何看待该基层干部的上述说法?（10分）

【璧尘解析】题干材料及作答参考见主观题精讲部分。

2013 年 C 类

7. 当前建设我国社会主义文化强国的关键是（　　）。

A. 增强全民族文化创造力

B. 全面提高公民道德素质

C. 提升文化市场竞争力

D. 丰富人民精神文化生活

【璧尘解析】A。出自十八大报告原文。

12. 2012 年度"感动中国"人物歼-15 舰载机研制现场总指挥罗阳的事迹突出体现的社会主义职业道德的基本要求是(　　)。

A. 爱岗敬业

B. 诚实守信

C. 办事公道

D. 服务群众

【璧尘解析】A。参见 2013 年 A 类第 14 题。

2014 年 C 类

11.《家风是什么》电视系列报道推出后引起社会广泛关注。下面关于"家风"的说法,不正确的是(　　)。

A. 家风是大多数中国人共同的生活习惯

B. 家风是家训、家规和家教基础上形成的

C. 家风是中华传统文化的朴素表现

D. 家风是人们价值观形成和精神成长的重要起点

【璧尘解析】A。参见 2014 年 A 类第 15 题。

命题规律及备考建议

国家机关工作人员的职业道德部分要求掌握的内容包括国家机关工作人员职业道德的基本内容、价值取向、道德修养、行为规范。2011 年 11 月,中央公务员主管部门印发了《关于加强对干部道德的考核意见》、《公务员职业道德培训大纲》等一系列文件,把加强公务员职业道德建设提到更加突出的位置。关于本部分内容,考试中一般会在单项选择题、多项选择题和综合分析题型中出现,选择题一般考查基本概念或基础理论,而综合分析题大多结合典型事例从职业道德的角度进行理论分析,答案基本可以从材料中找出,或是可以凭借常识常理推出。在复习备考中,在掌握国家公职人员职业道德基本内容的基础上,要结合典型案例和热点时事,对与公职人员价值取向、道德修养和行为规范等内容进行深刻领会。

法 律 知 识

历年分值分布

分值 类别 年份	2014	2013	2012	2011	2010	2009	2008	2007	2006	2005
A类	25.6	21	27	28	27	24	29	22	18	26
B类	32	28.5	26.5	26.6	27.8	28.6	22	22	20	19
C类	28	25	25	26.6	21.8	21.8	19	18	15	10

法学理论知识

历年分值分布

分值 类别 年份	2014	2013	2012	2011	2010	2009	2008	2007	2006	2005
A类	0	0	0	2	0	1	0	1	2	1
B类	0	1	1	1	2.2	0	0	2	4	2
C类	12	0	2	2	1	0	0	1	1	0

真题分类详解

2004 年 A 类

35. 按照法的效力范围的不同,可将法划分为（　　）。

A. 一般法和特别法

B. 公法和私法

C. 实体法和程序法

D. 成文法和不成文法

【璧尘解析】A。法的一般分类是世界各国都基本适用的一种分类,主要有以下几种:（1）国内法与国际法,按照法的创制与适用主体的不同所做的分类;（2）根本法和普通法,按照法的效力、内容和制定程序不同所做的分类,根本法即宪法;（3）一般法与特别法,按照法的效力范围的不同所做的分类;（4）实体法与程序法,按照法规定的具体内容的不同所做的分类;（5）成文法与不成文法,按照法的创制和表达形式的不同所做的分类。

36. 根据法所赖以产生的经济基础及其阶级本质对法所作的分类,在法学上称之为( )。
   A. 法律体系　　B. 法的渊源
   C. 法制体系　　D. 法的历史类型

【璧尘解析】D。法律体系是指由一国现行的全部法律规范按照不同的法律部门分类组合而形成的一个呈体系化的有机联系的统一整体;法的渊源通常指法的创立方式及表现为何种法律文件形式,分为直接渊源和间接渊源两种,前者为成文法,后者可以是判例、惯例甚至法理;法制体系是指法制运转机制和运转环节的全系统,法制体系(或法制系统)是由包括立法体系、执法体系、司法体系、守法体系、法律监督体系等,组合而成的一个呈纵向的法制运转系统。

37. 下列关于法律关系表述不正确的是( )。
   A. 法律关系是以法律规范为前提而形成的社会关系
   B. 法律关系是以法律上的权利和义务为内容的社会关系
   C. 法律关系是以国家强制力为保障的社会关系
   D. 法律关系是以主体、客体和事实为三要素的社会关系

【璧尘解析】D。法律关系是法律在调整人们行为的过程中形成的特殊的权利和义务关系,或者说,法律关系是指被法律规范所调整的权利与义务关系。法律关系是以法律规范为前提而产生的社会关系,没有法律的规定,就不可能形成相应的法律关系。法律关系是以国家强制力作为保障的社会关系,当法律关系受到破坏时,国家会动用强制力进行矫正或恢复。法律关系由三要素构成,即法律关系的主体、法律关系的客体和法律关系的内容。

2005 年 A 类

46. 以下属于狭义上的法律的是( )。
   A.《民法通则》
   B.《著作权法》
   C.《专利法》
   D.《著作权法实施条例》

【璧尘解析】ABC。狭义的法律:专指拥有立法权的国家权力机关依照立法程序制定的规范性文件,俗称部门法,即宪法、行政法、民商法、刑法、经济法、诉讼法、劳动法、自然资源与环境法、军事法、科教文卫法等。广义的法律:指法的整体,包括法律、有法律效力的解释及其行政机关为执行法律而制定的规范性文件,如规章。《著作权法实施条例》是国务院为执行《著作权法》而制定的规范性文件,属于广义的法律。

2006 年 A 类

18. 没有明确规定行为规范的内容,而授权某一机构进行具体规定的法律规范称为( )。
   A. 委任性规范　B. 确定性规范
   C. 准用性规范　D. 义务性规范

【璧尘解析】A。委任性规范是指没有明确规定行为规范的内容,而授权某一机构进行具体规定的法律规范;确定性规范是指内容已明确肯定,无须再援引和参照其他规则来确定其内容的法律规则;准用性规范是指内容本身没有规定人们的具体行为模式,而是可以援引或参照其他相应内容规定的规则;义务性规范是要求人们必须作为一定行为,或不作为一定行为的法律规范。

38. 属于平权型法律关系的是( )。
   A. 行政许可法律关系
   B. 民事合同法律关系
   C. 婚姻法律关系
   D. 遗产继承法律关系

【璧尘解析】BCD。平权型法律关系,即法律关系主体之间的地位是平等的,相互间没有隶属关系。在各个部门的法律关系中,民事法律关系是最典型的平权型法律关系,BCD项都是民事法律关系所以属于平权型法律关系。A项是行政法律关系,属于隶属型法律关系,即法律关系主体之间是相互隶属的,一方服从于另一方。行政法律关系是最典型的隶属型法律关系。

2007 年 A 类

32. 关于法律的效力等级,以下表述正确的是( )。

A. 除特别授权场合外,制定机关的地位越高,法律规范的效力等级也越高

B. 制定程序更为严格的规范,其效力等级高于按照普通程序制定的规范

C. 特别法优于一般法的原则只限于同一主体制定的法律规范

D. 不同主体就同一领域的问题制定了两个以上的法律规范,则后法优于前法

【璧尘解析】ABC。法的效力层次是指规范性法律文件之间的效力等级关系。根据我国《立法法》的有关规定,我国法的效力层次可以概括为:(1)上位法的效力高于下位法,即规范性法律文件的效力层次取决于其制定主体的法律地位,行政法规的效力高于地方性法规。(2)在同一位阶的法律之间,特别法优于一般法,即同一事项,两种法律都有规定的,特别法比一般法优先,优先适用特别法。(3)新法优于旧法。《立法法》第83条规定,同一机关制定的法律、行政法规、地方性法规、自治条例和单行条例、规章,特别规定与一般规定不一致的,适用特别规定;新的规定与旧的规定不一致的,适用新的规定。

2009 年 A 类

28. 下列关于法律部门的表述正确的有( )。

A. 一国法律体系是由各个不同的法律部门有机组合而成的

B. 法律规范所调整的社会关系是划分法律部门的重要标准

C. 法律制度是组成法律部门的最小单位

D. 行政法是我国的一个独立法律部门

【璧尘解析】ABD。法律体系结构大体有三个层次。第一层:法律规范,它是最基本的单位;第二层:若干法律规范以一定条件和方式结合起来组成的法律部分;第三层:各个法律部门之间互补,形成有机联系的法的体系法律规范是组成法律部门的最小单位。

2011 年 A 类

7. 下列关于法律责任的说法,错误的是( )。

A. 承担法律责任就是接受法律制裁

B. 法律责任是实施法律制裁的根据

C. 违法行为并不是承担法律责任的唯一根源

D. 未达到法定责任年龄是免除法律责任的条件之一

【璧尘解析】A。承担法律责任的形式多样,所以A项不正确。法律制裁是由特定的国家机关对违法者(或违约者)依其所应承担的法律责任而实施的强制惩罚措施,所以B项正确。违法行为并不是承担法律责任的唯一根源,即使有违法行为,但是如果存在其他的免责条件比如不可抗力、未达到法定责任年龄等因素仍然可以导致不承担法律责任,所以CD项正确。

8. 行政执法机关遇到地方政府规章与公安部规章对同一事项的规定不一致,正确的

做法是(　　)。

A. 直接适用地方政府规章

B. 直接适用公安部规章

C. 可选择适用地方政府规章或公安部规章

D. 应就如何适用的问题提请国务院裁决

【璧尘解析】D。《立法法》第86条规定，地方性法规、规章之间不一致时，由有关机关依照下列规定的权限作出裁决：(一)同一机关制定的新的一般规定与旧的特别规定不一致时，由制定机关裁决。(二)地方性法规与部门规章之间对同一事项的规定不一致，不能确定如何适用时，由国务院提出意见，国务院认为应当适用地方性法规的，应当决定在该地方适用地方性法规的规定；认为应当适用部门规章的，应当提请全国人民代表大会常务委员会裁决。(三)部门规章之间、部门规章与地方政府规章之间对同一事项的规定不一致时，由国务院裁决。根据授权制定的法规与法律规定不一致，不能确定如何适用时，由全国人民代表大会常务委员会裁决。因此D项正确。

2004 年 B 类

35. 法律关系产生的抽象前提条件是(　　)。

A. 法律主体　　B. 法律事实

C. 法律客体　　D. 法律规范

【璧尘解析】D。法律关系有三大特征：法律关系是以法律规范为前提的社会关系；法律关系是以权利义务为内容的社会关系；法律关系是以国家强制力作为保障手段的社会关系。

73. 在法的效力等级中，下列表述正确的是(　　)。

A. 上位法高于下位法

B. 新法优于旧法

C. 特别法优于一般法

D. 法律文本优于法律解释

【璧尘解析】ABC。《宪法》第67条赋予了全国人大常委会解释法律的权力。全国人大常委会对法律所作的解释和法律的效力同等，属于立法解释。

2005 年 B 类

24. 导致公务员职务关系变更的法律事实是(　　)。

A. 公务员死亡

B. 公务员晋升职务

C. 公务员被判刑罚

D. 公务员辞去公职

【璧尘解析】B。法律事实，就是法律规定的、能够引起法律关系产生、变更和消灭的现象。法律关系的变更指的是法律关系的主体、客体或内容中的任何一项发生了变化。法律关系的消灭指的是主体间权利、义务关系完全终止。选项ACD属于法律关系的消灭。

25. 对法律意识的正确表述是(　　)。

A. 人们关于法制的思想、观点、知识和心理的总称

B. 人们关于法律现象的思想、观点、知识和心理的总称

C. 人类在认识法律现象方面的世界观

D. 人们关于法制和法律现象的思想、观点、知识和心理的总称

【璧尘解析】D。法律意识是人们对于法制(特别是现行法)和有关法律现象的思想、观点、知识和心理态度的总称。法律意识是一种观念的法律文化，对法的制定实施非常重要。

2006 年 B 类

21. 不论行为人的国籍与住所，只要行为人损害了某国利益，都适用该国法的法律效

力原则是（　　）。

A. 属人主义原则

B. 属地主义原则

C. 保护主义原则

D. 折中主义原则

【璧尘解析】C。属人主义原则是指一国法对该国国民及其行为可以适用的原则，不论该国国民身处何处；属地主义原则是指一国法对所有在该国领域内的人及行为可以适用的原则，而不论这个人是否是该国国民；保护主义原则是指以维护本国利益作为是否适用本国法律的依据，任何侵害了本国利益的人，不论其国籍和所在地域，都要受该国法律的追究；折中主义原则是指以属地主义原则为主，与属人主义、保护主义相结合的原则，既要维护本国利益，坚持本国主权，又要尊重他国主权，照顾法律适用中的实际可能性。

30. 下列表述中，体现责任法定原则的是（　　）。

A. 责任自负

B. 法无明文规定不为罪

C. 罪责均衡

D. 法律类推适用

【璧尘解析】B。责任法定原则：根据法律的规定确定责任的范围和程度，只有法律上的明文规定，才能成为确认和追究违法责任的依据。对违法责任的确认和追究，必须严格依法进行，并严格限制类推适用，所以，B选项正确。

38. 下列选项中，可以成为我国法律关系客体的有（　　）。

A. 商品房　　　B. 计算机软件

C. 公民　　　　D. 文艺演出

【璧尘解析】ABD。法律关系的客体就是法律关系主体之权利和义务所指向的对象、事物或标的，具体包括物、非物质财富和行为这三大类，但法律关系客体不包括自然人。选项ABD分别是物、非物质财富和行

为，可以成为我国法律关系客体。

40. 法律事实有法律事件和法律行为之分，下列属于法律事件的是（　　）。

A. 人的出生　　B. 行政命令

C. 地震　　　　D. 离婚

【璧尘解析】AC。法律事件是法律规范规定的、不以当事人的意志为转移而引起法律关系形成、变更或消灭的客观事实。法律事件可以分为社会事件和自然事件两种。如自然灾害、人的自然出生和死亡等。选项AC属于法律事件。法律行为指能发生法律上效力的人们的意志行为，即根据当事人的个人意愿形成的一种有意识的活动，它是在社会生活中引起法律关系产生、变更和消灭的最经常的事实。法律行为包括直接意义上的作为，也包括不作为（即对于一定行为的抑制）。通常又把前者称为积极的法律行为，后者称为消极的法律行为。选项BD属于法律行为。

2007 年 B 类

10. 构成一国法律体系的最基本组成单位是（　　）。

A. 法律制度　　B. 法律规范

C. 法律部门　　D. 法律条文

【璧尘解析】B。在法律体系中，法律规范是最基本组成单位。参见 2009 年 A 类第 28 题。

29. 下列属于普通法法系的国家是（　　）。

A. 法国　　　　B. 英国

C. 德国　　　　D. 美国

【璧尘解析】BD。西方社会存在两大法系，大陆法系和英美法系。英美法系，又称普通法法系，是指以英国普通法为基础发展起来的法律的总称。它首先产生于英国，后扩大到曾经是英国殖民地、附属国的许多国家和地区，包括美国、加拿大、印度、巴基斯坦、

孟加拉、马来西亚、新加坡以及非洲的个别国家和地区。英美法系的主要特点是注重法典的延续性,以判例法为主要形式。大陆法系,又称为民法法系、法典法系、罗马法系,是以罗马法为基础而发展起来的法律的总称。它首先产生在欧洲大陆,后扩大到拉丁族和日耳曼族各国。历史上的罗马法以民法为主要内容。法国和德国是该法系的两个典型代表。

2010 年 B 类

28. 关于我国法律对生效前发生的行为或事件是否具有溯及力,下列说法错误的有( )。

　　A. 以不具有溯及力为一般原则

　　B. 一律不具有溯及力

　　C. 一般不具有溯及力,但在司法判决中,针对特定的个案,可以具有溯及力

　　D. 一般不具有溯及力,但经立法机关查批准,可以具有溯及力

【璧尘解析】BD。我国《刑法》规定了罪刑法定原则,从罪刑法定原则中必然引申出刑法不溯及既往的派生原则。因此,我国《刑法》原则上否认《刑法》具有溯及力。但从有利于被告的原则出发,对于那些旧法认为是犯罪或者处刑较重,而新法不认为是犯罪或者处刑较轻的行为,例外地承认《刑法》的溯及力。因此我国法律对生效前发生的行为或事件以不具有溯及力为原则,但在司法判决中,针对特定的个案,可以具有溯及力。

案例分析题

题干材料(略)。

42. 在我国立法体系中,《甲市道路交通管理处罚条例》属于( )。

　　A. 行政法规

　　B. 地方性法规

　　C. 地方政府规章

　　D. 不具有法律效力的规范性文件

【璧尘解析】B。《甲市道路交通管理处罚条例》应由甲市人民代表大会常务委员会制定,甲市政府又是某省人民政府所在地,因此,该条例属于地方性法规。

2011 年 B 类

9. 设定和实施行政许可,应当依照法定的权限、范围、条件和程序。这一法律条文表述的是( )。

　　A. 法律宗旨

　　B. 法律规则

　　C. 法律概念

　　D. 法律原则

【璧尘解析】D。法律原则是指在一定法律体系中作为法律规则的指导思想、基础或本源的、综合的、稳定的法律原理和准则。本题中,这一法律条文表述的是行政许可法定原则。

2012 年 B 类

14. 按照法律位阶从高到低的顺序排列,下列排序正确的是( )。

　　A. 宪法—法律—行政法规—规章

　　B. 法律—地方性法规—行政法规—部门规章

　　C. 法律—行政法规—省级政府规章—较大市的地方性法规

　　D. 行政法规—部门规章—国际条约—司法解释

【璧尘解析】A。《立法法》第 78 条规定,《宪法》具有最高的法律效力,一切法律、行政法规、地方性法规、自治条例和单行条例、规章都不得同《宪法》相抵触。同时,该法第 79 条规定,法律的效力高于行政法规、地方性法规、规章。行政法规的效力高于地方性法规、规章。

2013 年 B 类

16. 下列制度中,主要不是用来贯彻程序公正原则的是( )。

A. 听证制度

B. 回避制度

C. 强制说明理由制度

D. 信息公开制度

【璧尘解析】D。信息公开制度是有关保障公民知情权和对知情权加以必要限制而组成的法律制度,主要体现行政行为公开原则。这里的知情权是指个人或组织有权知悉并取得行政机关的档案资料和其他信息的权利。

2004 年 C 类

20. 法律关系的主体能够以自己的独立行为取得权利和履行义务的法律资格,这在法律上被称为( )。

A. 主体能力

B. 权利能力

C. 客体能力

D. 行为能力

【璧尘解析】D。行为能力是指能够以自己的行为依法行使权利和承担义务的能力。具有行为能力的人必须首先具有权利能力,但具有权利能力的人不一定都有行为能力。

32. 道德和法律的关系是( )。

A. 道德先于法律而产生

B. 道德是执法守法的基础

C. 法律是道德的补充

D. 道德与法律的作用不同

【璧尘解析】ABD。法律和道德的作用有交叉有渗透,也有相互独立的部分。两者相辅相成,互相补充,调节和规范着人们的行为。C 选项应为法律和道德两者相互补充。

2006 年 C 类

15. 下列属于立法活动的是( )。

A. 法律汇编　　B. 法典编纂

C. 法的适用　　D. 法的执行

【璧尘解析】B。法律汇编是对已经颁布的规范性法律文件按照一定的目的或标准进行系统的排列,汇编成册。法律汇编不改变汇编的规范性法律文件的内容,不制定新的法律规范,仅是一项技术意义上的工作。所以,A 项不选。法律编纂是指对散见于不同规范性法律文件中的属于某一部门法的全部现行法律规范,进行审查、修改和补充,编纂成具有完整结构的、统一的法典的活动。法律编纂是以制定法典为目的,因而也称为法典编纂。它是国家的立法活动之一。B 项正确。以实施法律的主体和法的内容为标准,法的实施方式可分为法的遵守、法的执行和法的适用,所以法的适用和法的执行都属于法的实施,不属于立法活动,所以,CD 项错误。

2007 年 C 类

22. 根据法律责任种类的不同,可以将法律制裁分为( )。

A. 道德制裁

B. 刑事制裁

C. 民事制裁

D. 行政制裁

【璧尘解析】BCD。法律制裁是由特定的国家机关对违法者(或违约者)依其所应承担的法律责任而实施的强制惩罚措施,根据违法行为和法律责任的性质不同,法律制裁可以分为司法制裁(包括民事制裁、刑事制裁)、行政制裁和违宪制裁。

2010 年 C 类

9. 下列关于法治的说法,错误的是

（　　）。

 A. 法治就是指依法办事

 B. 有法制不一定有法治，法治是良法之治

 C. 在国家治理方式上，法治是相对于人治而言的

 D. 法治是一种理想的社会治理状态

【璧尘解析】A。法治是指以民主为前提和基础，以严格依法办事为核心，以制约权力为关键的社会管理机制、社会活动方式和社会秩序状态。法治并不是单纯的依法办事，故 A 选项错误。

2011 年 C 类

5. 下列说法错误的是（　　）。

A. 守法就是履行法律义务

B. 守法是法的实施的一种基本形式

C. 与守法相对的就是违法

D. 公民要守法，政府更要守法

【璧尘解析】A。守法是法的实施的一种基本形式。立法者制定法的目的，就是要使法在社会生活中得到实施。如果法制定出来了，却不能在社会生活中得到遵守和执行，那必将失去立法的目的，也失去了法的权威和尊严。守法所包含的内容要比许多人所理解的广泛、深刻和丰富得多。守法意味着一个国家和社会主体严格依法办事的活动和状态，而依法办事就自然包含着两层含义，一是依法享有权利并行使权力，二是依法承担义务并履行义务。

8. 对人民法庭的理解，正确的是（　　）。

A. 各级人民法院可以根据需要设立人民法庭

B. 人民法庭领导人民调解委员会的工作

C. 人民法庭可以审理民事、刑事和行政案件

D. 人民法庭是基层人民法院的派出机构

【璧尘解析】D。《最高人民法院关于人民法庭若干问题的规定》第 2 条规定，为便利当事人进行诉讼和人民法院审判案件，基层人民法院根据需要，可设立人民法庭。第 6 条规定，人民法庭的任务：（一）审理民事案件和刑事自诉案件，有条件的地方，可以审理经济案件；（二）办理本庭审理案件的执行事项；（三）指导人民调解委员会的工作；（四）办理基层人民法院交办的其他事项。

2012 年 C 类

13. 行政程序正义是现代社会实现社会正义的保障。下列对行政程序正义的理解，错误的是（　　）。

A. 行政程序正义等于行政正义

B. 行政程序正义可以维护公民的尊严

C. 行政程序正义能够保障行政程序理性选择功能的实现

D. 行政程序正义能将应然的权力与义务转化为实然的权利与义务

【璧尘解析】A。行政程序正义是指行政行为要符合正当的法律程序，但这并不意味着就一定能达到行政正义，因为法律程序本身并不具有体现内在正义的价值内容。

14. 法律实施的最主要保证是（　　）。

A. 社会舆论 B. 传统力量

C. 人的自觉遵守D. 国家强制力

【璧尘解析】D。法律由国家强制力保证实施，这是法律与其他社会规范的重要区别。但国家强制力不是法律实施的唯一保证力量，法律的实施还依靠诸如道德、人性、经济、文化等多方面的因素。

2014 年 C 类

12. "任何人不能成为自己案件的法官。"

下列制度最符合这句话含义的是（   ）。

    A. 独立审判制度

    B. 说明理由制度

    C. 公开审判制度

    D. 回避制度

【璧尘解析】D。"任何人不能成为自己

案件的法官"说的是法官不能审理和自己有利害关系的案件,指的是回避制度,具体而言是指审判人员具有法定情形的,必须回避,不参与案件审理的制度。回避制度是保证案件获得公正审理的制度。

命题规津及备考建议

    法学基础理论在公共基础考试中分值不大,近几年每年一般考一到两题。理解和掌握法学基础理论有益于我们学习别的部门法。法学基础理论的常见考点有:法律的效力等级、法的渊源、法律效力原则、法律事实等。

宪　法

历年分值分布

年份 分值 类别	2014	2013	2012	2011	2010	2009	2008	2007	2006	2005
A类	0	1	2	4.6	2.4	2	2	0	0	2
B类	2.8	2	3.5	2.2	1	2	1	0	1	1
C类	2.4	1	0	5.8	1.2	1	3	0	1	1

真题分类详解

2004 年 A 类

38. 我国现行宪法的结构体系是（   ）。

    A. 序言,总纲,国家机构,公民的基本权利和义务,国旗、国徽、首都

    B. 序言,总纲,国家机构,公民的基本权利和义务,国徽、国旗、首都

    C. 序言,总纲,公民的基本权利和义务,国家机构,国旗、国徽、首都

    D. 序言,总纲,公民的基本权利和义务,国家机构,国徽、国旗、首都

【璧尘解析】当年考题答案为 C。2004

年宪法修正案新增国歌。现今我国现行宪法的结构体系为"序言,总纲,公民的基本权利和义务,国家机构,国旗、国歌、国徽、首都"。

39. 我国现行宪法修正案第 9 条规定（   ）。

    A. 集体经济组织在接受国家计划指导和遵守有关法律的前提下,有独立进行经济活动的自主权

    B. 集体经济组织在遵守有关法律的前提下,有独立进行经济活动的自主权

    C. 集体经济组织依照法律规定实行民

主管理,由它的全体劳动者选举和罢免管理人员,决定经营管理的重大问题

D. 集体经济组织依照法律规定实行民主管理,自主经营、自负盈亏

【璧尘解析】B。《宪法》第17条,集体经济组织在遵守有关法律的前提下,有独立进行经济活动的自主权。集体经济组织实行民主管理,依照法律规定选举和罢免管理人员,决定经营管理的重大问题。

53. 我国在特别行政区内实行的制度由( )。

A. 全国人民代表大会规定

B. 全国人民代表大会以法律规定

C. 国务院以行政法规规定

D. 国务院以特别决定规定

【璧尘解析】B。《宪法》第31条规定,国家在必要时得设立特别行政区。在特别行政区内实行的制度按照具体情况由全国人民代表大会以法律规定。

2005 年 A 类

16. 我国《宪法》规定,我国社会主义国家的根本任务是( )。

A. 坚持工人阶级领导的以工农联盟为基础的人民民主专政

B. 反对三权分立,坚持人民代表大会制度

C. 集中力量进行社会主义现代化建设

D. 保障公民的基本权利

【璧尘解析】C。我国社会主义国家的根本任务是,沿着中国特色社会主义道路,集中力量进行社会主义现代化建设。

22. 以下由全国人民代表大会常务委员会制定的法律是( )。

A.《行政复议法》

B.《刑法》

C.《国务院组织法》

D.《宪法》

【璧尘解析】A。《宪法》第62条规定,全国人民代表大会行使下列职权:(一)修改宪法;(二)监督宪法的实施;(三)制定和修改刑事、民事、国家机构的和其他的基本法律。第67条规定,全国人民代表大会常务委员会行使下列职权:(一)解释宪法,监督宪法的实施;(二)制定和修改除应当由全国人民代表大会制定的法律以外的其他法律;(三)在全国人民代表大会闭会期间,对全国人民代表大会制定的法律进行部分补充和修改,但是不得同该法律的基本原则相抵触;(四)解释法律。现行《行政复议法》由1999年4月29日第九届全国人民代表大会常务委员会第九次会议通过。

2008 年 A 类

9. 根据《宪法》规定,有权修改宪法的国家机关是( )。

A. 国务院

B. 全国政协

C. 全国人大

D. 全国人大常委会

【璧尘解析】C。全国人大具有修改宪法,制定和修改刑事、民事、国家机构的和其他的基本法律的权利。

84. 下列有关行业协会的表述正确的有( )。

A. 行业协会是中介性质的社会团体

B. 我国《宪法》有关结社自由的规定是行业协会的合法性根据

C. 行业协会应恪守行业规则,加强行业自律

D. 行业协会应该保护行业内的平等竞争,维护企业的合法利益

【璧尘解析】ABCD。行业协会是指介于政府、企业之间,商品生产者与经营者之间,

并为其服务、咨询、沟通、监督、公正、自律、协调的社会中介组织。行业协会是一种民间性组织,不属于政府的管理机构系列,它是政府与企业的桥梁和纽带。行业协会属于我国《民法》规定的社团法人,我国《宪法》有关结社自由的规定是行业协会合法性的根据。它是我国民间组织社会团体的一种,即国际上统称的非政府机构,又称 NGO,属非营利性机构。

2009 年 A 类

11. 根据我国《宪法》规定,下列说法正确的是( )。

A. 副省长人选应由省长提名,由省人民代表大会决定

B. 选举产生的省人民检察院检察长,应由全国人大常委会批准

C. 自治州人民代表大会可以选举汉族公民担任本州州长

D. 自治县人大常委会主任必须由实行区域自治的民族的公民担任

【璧尘解析】B。地方各级人民代表大会分别选举并且有权罢免本级人民政府的省长和副省长、市长和副市长、县长和副县长、区长和副区长、乡长和副乡长、镇长和副镇长。县级以上的地方各级人民代表大会选举并且有权罢免本级人民法院院长和本级人民检察院检察长。选出或罢免人民检察院检察长须报上级人民检察长提请上级人民代表大会常务委员会批准。自治区、自治州、自治县的人民代表大会常务委员会中应当有实行区域自治的民族的公民担任主任或者副主任。自治区主席、自治州州长、自治县县长由实行区域自治的民族的公民担任。

案例分析题(题干略)

49. 关于某县政府限制辖区内公有制企业招聘非本县户籍员工的规定,下列说法正确的是( )。

A. 该规定侵犯了《宪法》规定的国有企业的自主经营权

B. 该规定侵犯了《宪法》规定的集体经济组织独立进行经济活动的自主权

C. 该规定侵犯了外地应聘者平等享有的劳动权

D. 该规定侵犯了国有企业的民主管理权

【璧尘解析】ABCD。国有企业在法律规定的范围内有权自主经营。国有企业依照法律规定,通过职工代表大会和其他形式,实行民主管理。集体经济组织在遵守有关法律的前提下,有独立进行经济活动的自主权。集体经济组织实行民主管理,依照法律规定选举和罢免管理人员,决定经营管理的重大问题。

2010 年 A 类

32. 我国上下级人民代表大会之间的关系是( )。

A. 工作上的相互联系关系

B. 业务上指导与被指导关系

C. 行政上领导与被领导关系

D. 法律上监督与被监督关系

【璧尘解析】ABD。人民代表大会的性质和职权,决定了其上下级之间的关系同行政机关和党组织上下级之间关系的不同。行政机关和党组织上下级之间是领导与被领导、指挥与服从的关系,而人民代表大会上下级之间的关系是法律监督关系、业务指导关系和工作联系关系。

34. 下列表述符合我国《宪法》规定的有( )。

A. 退休人员的生活受到国家和社会的保障

B. 土地所有权可以依照法律的规定转让

C. 国家禁止破坏民族团结和制造民族分裂的行为

D. 我国国家机构实行民主集中制原则

【璧尘解析】ACD。B项的正确表述为土地使用权可以依照法律的规定转让。

2011 年 A 类

9. 依据《人民调解法》,下列关于人民调解的说法,正确的是(　　)。

A. 人民调解委员会是群众性自治组织

B. 人民调解是仲裁及诉讼的前置程序

C. 人民调解可以适当收取一定费用

D. 人民调解达成的调解协议具有法律约束力

【璧尘解析】D。人民调解委员会是依法设立的调解民间纠纷的群众性组织。当事人一方明确拒绝调解的,不得调解。不得因调解而阻止当事人依法通过仲裁、行政、司法等途径维护自己的权利。人民调解委员会调解民间纠纷,不收取任何费用。经人民调解委员会调解达成的调解协议,具有法律约束力,当事人应当按照约定履行,因此D项正确。《人民调解法》于2010年8月通过,2011年1月起施行,故在2011年考题中出现,这也体现了公基命题中"新法必考"的规律。

25. 我国行使国家立法权的机关有(　　)。

A. 全国人民代表大会

B. 全国人大常委会

C. 国务院

D. 中国人民政治协商会议

【璧尘解析】AB。《立法法》第7条规定,全国人民代表大会和全国人民代表大会常务委员会行使国家立法权。

26. 在一起民告官案件中,某省某市中级人民法院判决该省国土厅违法行政,但国土厅却以会议决定的形式否定了已生效的判决,该省国土厅的做法违反的《宪法》规定有(　　)。

A. 一切国家机关都必须遵守《宪法》和法律

B. 任何组织或者个人都不得有超越《宪法》和法律的特权

C. 一切法律、行政法规和地方性法规都不得同《宪法》相抵触

D. 一切违反《宪法》和法律的行为,必须予以追究

【璧尘解析】AB。CD两项与试题所述没有关系。

案例分析题

2010年10月,某区村民陈某夫妇擅自搭建四十余平方米的建筑,用于开设小卖部,区城管中队得知后,既没有交由规划局作出限期拆除决定,也没有通知陈某夫妇自拆,就于2010年12月6日直接将陈某夫妇的违章建筑予以拆除,陈某夫妇不服,找到城管中队质疑:为什么村里有许多人违法搭建,却只拆除他们家的?城管队员李某表示,拆除他们家违章建筑是因为有人举报,如果心里不平衡,也可以举报别人家。于是,陈某实名举报了其他九户人家违章搭建。不久,当其他住户的违章建筑被拆除时,村里人从城管队员李某处获知,陈某是举报人,为此,村里人都对陈某夫妇表示不满,甚至扬言要找他们家麻烦。陈某夫妇在巨大精神压力之下,不敢回家,只能借住在外。

46. 陈某的举报行为,在性质上属于(　　)。

A. 行使宪法规定的检举权

B. 行使宪法规定的建议权

C. 行使宪法规定的控告权

D. 行使宪法规定的言论自由权

【璧尘解析】A。根据我国《宪法》的规定,公民享有监督权,包括批评权、建议权、申诉权、控告权和检举权。举报权实际上是一种民主监督权利,是对检举权和控告权的进一步发展。检举与控告的一个重要区别是,检举人与所检举的事项通常没有直接的利害

关系,而控告人与所控告的事项则有直接的利害关系。因此陈某的举报行为并不是在行使控告权,而是在行使检举权,所以 A 项正确,C 项不选。

2012 年 A 类

9. 王某作为省人大常委会委员,还可以担任的职务是( )。

A. 省教育厅厅长

B. 省总工会主席

C. 省人民检察院副检察长

D. 省高级人民法院副院长

【璧尘解析】B。全国人民代表大会常务委员会的组成人员不得担任国家行政机关、审判机关和检察机关的职务。县级以上的地方各级人民代表大会常务委员会的组成人员不得担任国家行政机关、审判机关和检察机关的职务。

12. 对于某教育局工作人员擅自改变考生赵某高考志愿的行为,下列说法正确的是( )。

A. 该行为没有侵犯赵某的基本权利

B. 该行为侵犯了赵某的人格尊严

C. 该行为侵犯了赵某的受教育权

D. 该行为侵犯了赵某的言论自由

【璧尘解析】C。某教育局工作人员擅自改变考生赵某高考志愿的行为侵犯了赵某的受教育权,A 选项明显错误,BD 选项与题目表述无关。

2013 年 A 类

12. 王某是高校教师,当选为甲市人大代表。下列表述正确的是( )。

A. 王某应脱离原工作岗位专职从事人大代表工作

B. 王某若调离甲市,则应终止其人大代表资格

C. 王某在担任人大代表期间可免受选民的监督

D. 王某在大会议期间可单独提出改善民生的议案

【璧尘解析】B。《中华人民共和国全国人民代表大会和地方各级人民代表大会代表法》第 49 条规定,代表有下列情形之一的,其代表资格终止:(一)地方各级人民代表大会代表迁出或者调离本行政区域的;(二)辞职被接受的;(三)未经批准两次不出席本级人民代表大会会议的;(四)被罢免的;(五)丧失中华人民共和国国籍的;(六)依照法律被剥夺政治权利的;(七)丧失行为能力的。

2004 年 B 类

36. 我国宪法规定,决定乡、民族乡、镇的建置和区域划分的主体是( )。

A. 国务院

B. 省、直辖市人民政府

C. 设区的市人民政府

D. 县级人民政府

【璧尘解析】B。《宪法》第 89 条规定,国务院行使下列职权:……(四)统一领导全国地方各级国家行政机关的工作,规定中央和省、自治区、直辖市的国家行政机关的职权的具体划分;……(十五)批准省、自治区、直辖市的区域划分,批准自治州、县、自治县、市的建置和区域划分。第 107 条规定,省、直辖市的人民政府决定乡、民族乡、镇的建置和区域划分。

74. 根据我国《宪法》的规定,公民可以获得物质帮助权的条件是( )。

A. 公民在年老时

B. 公民在遭受自然灾害时

C. 公民在疾病时

D. 公民在丧失劳动能力时

【璧尘解析】ACD。《宪法》第 45 条规定,中华人民共和国公民在年老、疾病或者丧

失劳动能力的情况下,有从国家和社会获得物质帮助的权利。

2005 年 B 类

23. 应由全国人民代表大会选举产生的是( )。

    A. 国务院副总理

    B. 中央军委副主席

    C. 最高人民法院副院长

    D. 中华人民共和国副主席

【璧尘解析】D。《宪法》第 62 条,全国人民代表大会行使下列职权:(四)选举中华人民共和国主席、副主席;(五)根据中华人民共和国主席的提名,决定国务院总理的人选;根据国务院总理的提名,决定国务院副总理、国务委员、各部部长、各委员会主任、审计长、秘书长的人选;(六)选举中央军事委员会主席;根据中央军事委员会主席的提名,决定中央军事委员会其他组成人员的人选;(七)选举最高人民法院院长;(八)选举最高人民检察院检察长。

2006 年 B 类

35. 全国人民代表大会的职权不包括( )。

    A. 立法权

    B. 司法权

    C. 执法权

    D. 监督权

【璧尘解析】BC。全国人大具有修改《宪法》,制定和修改刑事、民事、国家机构的和其他的基本法律的权利,即立法权。全国人大监督《宪法》的实施,监督各国家机关的工作,即有监督权。

2008 年 B 类

26. 下列属于宪法基本内容的是( )。

    A. 国家机关工作人员职务犯罪的具体规定

    B. 国家机构

    C. 公民的基本权利和义务

    D. 国旗、国徽和首都

【璧尘解析】BCD。国家机关工作人员职务犯罪的具体规定属于刑法的基本内容。

2009 年 B 类

9. 关于权利的享受和义务的履行,下列说法不正确的是( )。

    A. 享受权利必须采用合法、正当的手段

    B. 履行义务必须采用作为方式

    C. 遵守法律首先应当遵守宪法

    D. 不能只享受权利不履行义务

【璧尘解析】B。权利的享受和义务的履行既可以采用作为的方式,也可以采用不作为的方式。比如中华人民共和国公民在行使自由和权利的时候,不得损害国家的、社会的、集体的利益和其他公民的合法的自由和权利,就是采用不作为的方式。

28. 根据我国《宪法》规定,与公民享有的劳动权相对应的国家义务有( )。

    A. 国家通过各种途径,创造劳动就业条件,加强劳动保护

    B. 国家通过各种途径,提高劳动者的劳动报酬和福利待遇

    C. 国家应当对就业前的公民进行必要的劳动就业训练

    D. 国家应当为每个失业的公民提供工作岗位

【璧尘解析】ABC。《宪法》第 42 条规定,中华人民共和国公民有劳动的权利和义务。国家通过各种途径,创造劳动就业条件,加强劳动保护,改善劳动条件,并在发展生产的基础上,提高劳动报酬和福利待遇。劳动是一切有劳动能力的公民的光荣职责。国有企业和城乡集体经济组织的劳动者都应当以

国家主人翁的态度对待自己的劳动。国家提倡社会主义劳动竞赛,奖励劳动模范和先进工作者。国家提倡公民从事义务劳动。国家对就业前的公民进行必要的劳动就业训练。

2010 年 B 类

9. 根据我国宪法规定,对公民财产权的限定不包括( )。

A. 公民财产权要受到依法纳税义务的限制

B. 公民财产权要受到国家依法实施的征收或征用的限制

C. 公民不得以损害公共利益和他人利益的方式行使财产权

D. 公民必须以有利于公共利益的方式行使财产权

【璧尘解析】D。《宪法》第13条规定,公民的合法的私有财产不受侵犯。国家依照法律规定保护公民的私有财产权和继承权。国家为了公共利益的需要,可以依照法律规定对公民的私有财产实行征收或者征用并给予补偿。第56条规定,中华人民共和国公民有依照法律纳税的义务。ABC 三项表述正确;D项法律无此规定。

2011 年 B 类

5. 公民在法律面前一律平等是公民享有平等权的宪法体现,也是国家机关活动应遵循的原则,下列做法不符合这一原则的是( )。

A. 对少数民族不实行独生子女政策

B. 国家免除农民的农业税

C. 交警大队为了缓解某地的交通拥堵而限制货车进入

D. 某地高中招生政策对赞助者子女给予加分优惠

【璧尘解析】D。平等权是中国公民的一项基本权利,它意指公民同等地依法享有权利和履行义务。《宪法》对之最为经典的表述

就是,公民在法律面前一律平等。公民的平等权有以下含义:(1)所有公民平等地享有宪法和法律规定的权利;(2)所有公民都平等地履行宪法和法律规定的义务;(3)国家机关在适用法律时,对于所有公民的保护或者惩罚都是平等的,不得因人而异;(4)任何组织或者个人都不得有超越宪法和法律的特权。

25. 根据《宪法》与《国有土地上房屋征收与补偿条例》,可以作为征收理由的公共利益有( )。

A. 某商业银行办公楼的建设

B. 政府组织实施的保障性安居工程的建设

C. 某公立学校教学楼的建设

D. 政府规划的小商品批发城的建设

【璧尘解析】BC。《国有土地上房屋征收与补偿条例》第8条规定,为了保障国家安全、促进国民经济和社会发展等公共利益的需要,有下列情形之一,确需征收房屋的,由市、县级人民政府作出房屋征收决定:(一)国防和外交的需要;(二)由政府组织实施的能源、交通、水利等基础设施建设的需要;(三)由政府组织实施的科技、教育、文化、卫生、体育、环境和资源保护、防灾减灾、文物保护、社会福利、市政公用等公共事业的需要;(四)由政府组织实施的保障性安居工程建设的需要;(五)由政府依照城乡规划法有关规定组织实施的对危房集中、基础设施落后等地段进行旧城区改建的需要;(六)法律、行政法规规定的其他公共利益的需要。

案例分析题

2010 年 10 月,江厦市公用事业局所属客管处就本市新增的 300 个出租车营运证的申请资格作出规定:"申请人仅限于本市的 22 个私营出租车公司,个体经营者不得申请。"在对所有出租车公司的申请进行审查后,江厦市客管处将 300 个出租车营运证全部授予

甲出租车公司。随后，针对本市出租车营运证期限不统一、出租车私营与个体经营并存的"混乱"现象。江厦市客管处根据市政府指示，出台了《江厦市出租车行业改革的具体办法》（以下简称《办法》）。《办法》规定："本市所有出租车营运证期限统一调整为 6 年；原本属于个体经营的出租车营运证全部由客管处收回，并全部授予乙出租车公司，原个体经营者可以带车继续挂靠乙出租车公司经营，接受乙出租车公司的管理。"

45. 从宪法的角度看，江厦市客管处先后出台的两个规定不符（ ）。

A. 国家实行社会主市场经济的规定

B. 国家应当平等对待所有非公有制经济的精神

C. 公民在法律面前一律平等的规定

D. 国家鼓励、支持和引导非公有制经济发展的规定

【璧尘解析】ABD。社会主义市场经济是商品化的商品经济，是市场在资源配置中起决定性作用的经济。社会主义市场经济具有平等性、法制性、竞争性和开放性等一般特征。江厦市客管处先后出台的两个规定不符合市场经济的平等性和竞争性，违反了国家应当平等对待所有非公有制经济的精神，不符合国家鼓励、支持和引导非公有制经济发展的规定。

2012 年 B 类

4. 下列不属于国家机构组成部分的是（ ）。

A. 全国人大常委会

B. 国家主席

C. 全国政协

D. 国务院

【璧尘解析】C。我国的国家机构包括：全国人民代表大会及其常务委员会，中华人民共和国主席，国务院，中央军事委员会，地方各级人民代表大会及其常务委员会、地方各级人民政府，人民法院和人民检察院。全国政协是爱国统一战线组织。

12. 根据《宪法》，下列有权提议修改《宪法》的主体是（ ）。

A. 中共中央

B. 全国人大常委会

C. 国家主席

D. 全国人大主席团

【璧尘解析】B。《宪法》第 64 条规定，宪法的修改，由全国人民代表大会常务委员会或者五分之一以上的全国人民代表大会代表提议，并由全国人民代表大会以全体代表的三分之二以上的多数通过。法律和其他议案由全国人民代表大会以全体代表的过半数通过。

案例分析题

李某为写一篇关于国务院各部委副职分工的论文，从 2011 年 5 月中旬开始，先后向 14 个部委申请公开各部委副职的分管部门、兼职状况等信息，但有三个部委拒绝公开。2011 年 9 月，李某根据《政府信息公开条例》的规定，将这三个部委告上了法院，要求判决三个部委公开相关信息。在诉讼过程中，三个部委向李某公开了相关信息，李某撤诉。

46. 李某不服三部委的决定向法院提起行政诉讼的行为，受到《宪法》规定的基本权利的保障，这项基本权利是（ ）。

A. 言论自由

B. 申诉权

C. 信息公开权

D. 从事科学研究的自由

【璧尘解析】B。《宪法》第 41 规定，中华人民共和国公民对于任何国家机关和国家工作人员，有提出批评和建议的权利；对于任何国家机关和国家工作人员的违法失职行为，有向有关国家机关提出申诉、控告或者检举的权利，但是不得捏造或者歪曲事实进行诬告陷害。因此 B 项正确。

2013 年 B 类

14. 我国《宪法》规定:国家为了公共利益的需要,可以依照法律规定对公民的私有财产实行征收或者征用并给予补偿。下列选项属于这里的征收或者征用的是(   )。
    A. 文物部门为保护文物责令开发商停止施工
    B. 政府下令捕杀某养殖场患了禽流感的鸡
    C. 县政府为了拓宽道路依法拆除村民祖屋
    D. 行政机关向采矿权人收取矿产资源补偿费

【璧尘解析】C。行政征收是指当国家基于公益要求对公民财产加以特别限制,必要时对该公民个人的特别牺牲给予补偿的行为。征收必须是为了社会公共利益。"社会公共利益"以外的目的,例如商业目的绝对不适用国家征收。所谓"社会公共利益",是指"全体社会成员的直接的利益"。例如公共道路交通、公共卫生、灾害防治、国防、科学及文化教育事业,以及环境保护、文物古迹及风景名胜区的保护等。建设"经济开发区"、"科技园区",虽然可以使社会成员"间接"得到利益,但仍属于商业目的。因商业目的需要取得单位和个人的土地使用权,应当与土地使用权人平等协商,并签订合同。县政府为了拓宽道路依法拆除村民祖屋是基于公益目的。因此正确答案为 C。

15. 我国《宪法》规定公民在法律面前一律平等。下列行为违反这一规定的是(   )。
    A. 快餐店老板销售快餐时根据顾客身份实行差别定价
    B. 国家在高考政策上对少数民族考生给予适当照顾
    C. 某地规划的妇幼保健院公共厕所男女厕位比例为 1∶3

D. 中国人民银行某分支机构在招录职员时要求身高 1.70 m 以上

【璧尘解析】D。平等权是中国公民的一项基本权利,它意指公民同等地依法享有权利和履行义务。《宪法》对之最为经典性的表述就是,公民在法律面前一律平等。中国人民银行作为国家机关,某分支机构在招录非特殊岗位职员时有身高的条件限制,显然违反了公民在法律面前一律平等的规定。

2014 年 B 类

16. 下列不属于乡人民代表大会职权的是(   )。
    A. 执行上级人民政府的决定
    B. 选举和罢免正、副乡长
    C. 听取和审查本乡人民政府工作报告
    D. 维护各种经济组织的合法权益

【璧尘解析】A。《中华人民共和国地方各级人民代表大会和地方各级人民政府组织法》第 9 条规定,乡、民族乡、镇的人民代表大会行使下列职权:(一)在本行政区域内,保证宪法、法律、行政法规和上级人民代表大会及其常务委员会决议的遵守和执行;……(七)选举乡长、副乡长,镇长、副镇长;(八)听取和审查乡、民族乡、镇的人民政府的工作报告;……(十一)保护各种经济组织的合法权益;等等。A 选项不属于乡人民代表大会的职权。

30. 下列政府实施的行为中,依法需给予行政相对人补偿的有(   )。
    A. 对某村被划定为文化遗产范围的村民的房屋
    B. 对某县被划定为泄洪滞洪区的区域
    C. 为扩建国道而拆迁的沿线居民的房屋
    D. 提高环境保护标准而导致某企业关闭

【璧尘解析】ABC。《宪法》第 10 条规定,国家为了公共利益的需要,可以依照法律规定对土地实行征收或者征用并给予补偿。ABC 中的事项符合补偿条件。

2004 年 C 类

21. 根据我国《宪法》第一条规定,中华人民共和国的根本制度是( )。

A. 社会主义制度

B. 人民代表大会制度

C. 民主集中制度

D. 人民民主专政制度

【璧尘解析】A。《宪法》第 1 条规定,中华人民共和国是工人阶级领导的、以工农联盟为基础的人民民主专政的社会主义国家。社会主义制度是中华人民共和国的根本制度。禁止任何组织或者个人破坏社会主义制度。

2005 年 C 类

15. 根据我国宪法和法律的规定,以下人员中不符合村民委员会主任候选人条件的是( )。

A. 甲某,已满 18 周岁,因偷窃被处治安罚款 200 元

B. 乙某,已婚,因超生被处过罚款

C. 丙某,曾被判处有期徒刑 10 年,刑满释放不到 1 年

D. 丁某,因犯罪被判处有期徒刑 3 年,缓刑 3 年,附加剥夺政治权利 1 年,在缓刑期

【璧尘解析】D。《宪法》第 3 条规定,中华人民共和国年满十八周岁的公民,不分民族、种族、性别、职业、家庭出身、宗教信仰、教育程度、财产状况和居住期限,都有选举权和被选举权。依照法律被剥夺政治权利的人没有选举权和被选举权。

2006 年 C 类

16. 农村村民的宅基地属于( )。

A. 国家所有

B. 集体和村民共同所有

C. 村民所有

D. 集体所有

【璧尘解析】D。《宪法》第 10 条规定,城市的土地属于国家所有。农村和城市郊区的土地,除由法律规定属于国家所有的以外,属于集体所有;宅基地和自留地、自留山,也属于集体所有。

2008 年 C 类

9. 根据《宪法》的规定,地方各级人民代表大会代表每届任期是( )。

A. 1 年

B. 3 年

C. 5 年

D. 10 年

【璧尘解析】C。地方各级人民代表大会每届任期五年。

25. 根据法律和国务院的决定,国务院主管部委可在本部门的权限内发布( )。

A. 命令

B. 条例

C. 规章

D. 指示

【璧尘解析】ACD。2002 年 1 月起施行的《行政法规制定程序条例》中,明确规定了国务院各部门和地方各级人民政府制定的规章不能称为"条例"。这就从行文的源头上保证了条例的权威性、约束力。

28. 根据我国相关法律的规定,下列关于土地所有权的表述正确的是( )。

A. 城市市区的土地属于国家所有

B. 城市郊区的土地属于农民集体所有

C. 农村的宅基地属于农民集体所有

D. 国家依法征用的土地属于国家所有

【璧尘解析】ACD。《宪法》第 10 条规定,城市的土地属于国家所有。农村和城市郊区的土地,除由法律规定属于国家所有的以外,属于集体所有;宅基地和自留地、自留山,也属于集体所有。国家为了公共利益的需要,可以依照法律规定对土地实行征收或者征用并给予补偿。任何组织或者个人不得侵占、买卖或者以其他形式非法转让土地。土地的使用权可以依照法律的规定转让。

2009 年 C 类

9. 根据《宪法》规定,下列不属于国家机构的是( )。

A. 全国人民代表大会

B. 乡政府

C. 军事法院

D. 村民委员会

【璧尘解析】D。参见 2012 年 B 类第 4 题。

2010 年 C 类

28. 根据我国《宪法》规定,下列关于基本权利的说法,正确的有( )。

A. 公民有进行科学研究、文学艺术创作和其他文化活动的自由

B. 公民有带薪休假的权利

C. 公民的通信自由和通信秘密受法律的保护

D. 公民被剥夺政治权利的,其出版自由亦被剥夺

【璧尘解析】ACD。《宪法》第 47 条规定:中华人民共和国公民有进行科学研究、文学艺术创作和其他文化活动的自由。A 项正确。《宪法》第 34 条规定:中华人民共和国劳动者有休息的权利。国家发展劳动者休息和休养的设施,规定职工的工作时间和休假制度。只有劳动者才有带薪休假的权利,B 项表述错误。《宪法》第 40 条规定:中华人民共和国公民的通信自由和通信秘密受法律的保护。除因国家安全或者追查刑事犯罪的需要,由公安机关或者检察机关依照法律规定的程序对通信进行检查外,任何组织或者个人不得以任何理由侵犯公民的通信自由和通信秘密,C 项正确。出版自由权属于政治权利,在中国,所剥夺的政治权利的内容是:选举权和被选举权;言论、通信、出版、集会、结社、游行、示威等权利;担任国家机关职务的权利;担任企业、事业单位和人民团体领导职务的权利,D 项正确。

2011 年 C 类

6. 关于乡镇人大代表的选举,下列说法正确的是( )。

A. 代表名额基数根据乡镇人口数确定

B. 选区只能按居住状况划分

C. 县人大常委会主持乡镇人大代表的选举

D. 代表选举实行差额原则

【璧尘解析】D。《选举法》第 11 条规定,乡、民族乡、镇的代表名额基数为 40 名,每 1500 人可以增加 1 名代表;但是,代表总名额不得超过 160 名;人口不足 2000 的,代表总名额可以少于 40 名,故 A 项表述不全面。该法第 24 条规定,不设区的市、市辖区、县、自治县、乡、民族乡、镇的人民代表大会的代表名额分配到选区,按选区进行选举。选区可以按居住状况划分,也可以按生产单位、事业单位、工作单位划分,故 B 项说法错误。根据该法第 8 条的规定,不设区的市、市辖区、县、自治县、乡、民族乡、镇设立选举委员会,主持本级人民代表大会代表的选举,故 C 项表述错误。该法第 30 条规定,全国和地方各级人民代表大会代表实行差额选举。代表候选人的人数应多于应选代表的名额,D 项正确。

25. 在全国人大开会期间,全国人大代表的权利有( )。
    A. 在全国人大各种会议上的行动,不受法律追究
    B. 提出对我国国务院或国务院各部委的质询案
    C. 提出全国人大职权范围内的议案
    D. 非经全国人大主席团许可,不受逮捕

【璧尘解析】BCD。《全国人民代表大会组织法》第43条规定,全国人民代表大会代表、全国人民代表大会常务委员会的组成人员,在全国人民代表大会和全国人民代表大会常务委员会各种会议上的发言和表决,不受法律追究。A项表述错误。根据该法第16条的规定,在全国人民代表大会会议期间,1个代表团或者30名以上的代表,可以书面提出对国务院和国务院各部、各委员会的质询案。该法第10条规定,1个代表团或者30名以上的代表,可以向全国人民代表大会提出属于全国人民代表大会职权范围内的议案。该法第44条规定,全国人民代表大会代表非经全国人民代表大会主席团许可,在全国人民代表大会闭会期间非经全国人民代表大会常务委员会许可,不受逮捕或者刑事审判。故本题答案为BCD。

案例分析题

某镇政府为了道路拓宽工程建设需要,必须征收村民张某宅基地上的6间住房。在集体土地征收还未报省政府批准的情况下,镇政府就根据自己制定的补偿办法,与张某协商房屋补偿问题,但未能达成协议。为了赶工程,镇长下令公务员李某组织人员,乘张某外出期间,将其中的3间住房强行拆除,并把路铺好。道路建成通车后,镇政府既不与张某协商补偿或赔偿事宜,也不谈征收剩余3间房屋的问题,致使张某不得不每天忍受往来车辆的噪声困扰。

41. 根据我国《宪法》规定,为了公共利益需要,征收张某房屋不能缺少的依据有( )。

A. 地方性法规   B. 行政法规
C. 法律   D. 规章

【璧尘解析】C。《宪法》第13条规定,国家为了公共利益的需要,可以依照法律规定对公民的私有财产实行征收或者征用并给予补偿。

42. 在本案中,张某受到侵犯的权利有( )。
    A. 财产权
    B. 要求国家赔偿的权利
    C. 名誉权
    D. 住宅不受侵犯的权利

【璧尘解析】AB。镇政府将张某的3间房屋强行拆除,侵犯了张某的财产权,故A选项正确。根据《国家赔偿法》第4条的相关规定,违法征收、征用财产的,属于国家赔偿范围。张某有要求国家赔偿的权利,而镇政府不与张某协商补偿或赔偿事宜,侵害了张某的要求获得国家赔偿的权利。故B选项正确。名誉权是指公民或法人保持并维护自己名誉的权利。案例中不涉及侵犯张某名誉权的情形,故C选项错误。根据《宪法》第39条的规定,中华人民共和国公民的住宅不受侵犯。禁止非法搜查或者非法侵入公民的住宅。住宅不受侵犯的权利主要指禁止非法搜查和非法侵入公民的住宅,故D选项错误。

43. 根据我国《宪法》规定,对张某房屋进行补偿的依据应当有( )。
    A. 镇政府制定的《集体土地征收与地上附着物补偿办法》
    B. 关于集体土地征收与地上附着物的法律规定
    C. 省政府制定的《集体土地征收与地上附着物补偿办法》
    D. 县政府制定的《集体土地征收与地上附着物补偿办法》

【璧尘解析】B。《宪法》第10条规定,国家为了公共利益的需要,可以依照法律规定对土地实行征收或者征用并给予补偿。

2013 年 C 类

10. 王某为 H 县某镇政府工作人员,当选为 H 县人大代表,王某当选的正确途径是( )。

A. H 县选民直接选举

B. 王某所在选区选民直接选举

C. 镇人大主席团选举

D. 镇人大代表选举

【璧尘解析】B。《选举法》第 2 条规定,不设区的市、市辖区、县、自治县、乡、民族乡、镇的人民代表大会的代表,由选民直接选举。

2014 年 C 类

9. 下列不属于乡人民代表大会职权的是( )。

A. 执行上级人民政府的决定

B. 选举和罢免正、副乡长

C. 听取和审查本乡人民政府工作报告

D. 维护各种经济组织的合法权益

【璧尘解析】A。参见 2014 年 B 类第 16 题。

13. 村民陈某在办理宅基地使用审批手续时,多次遭到土地管理所审批人员金某刁难,因而找到县国土局领导投诉,要求对金某进行处理。此时,陈某所行使的基本权利是( )。

A. 建议权　　　B. 检举权

C. 控告权　　　D. 申诉权

【璧尘解析】C。《中华人民共和国宪法》规定,中国公民对于任何国家机关和国家工作人员的违法失职行为,有向有关国家机关提出申诉、控告或者检举的权利。申诉、控告或者检举的区别是,控告人和申诉人往往是受害者,而检举人一般与事件无直接联系;控告和申诉是为了保护自己的权益而要求依法处理,而检举一般是出于正义感和维护公共利益的目的。本案中,陈某所行使的基本权利是控告权。接受控告的机关可以是法院、检察院,也可以是国家监察机关或者被控告人所在机关或其上级主管机关。这些机关必须认真查清事实,负责处理,任何人不得压制和打击报复。

命题规律及备考建议

宪法是公共基础知识法律部分的基础考点,近几年每年都固定考 1 到 2 题。宪法的考查集中在总纲、公民基本权利义务和国家机构这三部分,其中国家机构的考查频率最高。高频的考点有:宪法修改、全国人大和全国人大常委会职权范围及区别、重要职务选举和决定、公民权利等。在复习的时候要注意真题和法条相结合,这样有助于对法条的理解和记忆。注意一些明确的法律规定,如特殊自然物所有权的归属等。注意比较人大、人大常委会、国务院职能的区别。另外选举法也考过多次,值得大家重视。

民 法

历年分值分布

分值 年份 类别	2014	2013	2012	2011	2010	2009	2008	2007	2006	2005
A类	10.2	5	7	6	1.2	7.2	7	1	0	6
B类	8	6.5	7.5	6	8.2	8.2	7	2	6	2
C类	9.2	6.5	9.5	4.8	8.2	9.4	7	2	5	6

真题分类详解

2004年A类

41. A市的甲向B市的乙购买价值10万元的货物,但双方所签合同中对履行地点未作约定,且事后无法达成补充意见,则（　　）。

　　A. 付款地点为B市、交货地点为A市

　　B. 付款地点为A市、交货地点为B市

　　C. 付款地点、交货地点均为A市

　　D. 付款地点、交货地点均为B市

【璧尘解析】D。《民法通则》第88条规定,履行地点不明确,给付货币的,在接受货币一方所在地履行;交付不动产的,在不动产所在地履行;其他标的,在履行义务一方所在地履行。

2005年A类

25. 张某因欠缺专业知识,误将家中明代红木桌椅按一般家具价格卖给了收藏家李某。该合同属于（　　）。

　　A. 有效合同

　　B. 无效合同

　　C. 可撤销合同

　　D. 效力待定合同

【璧尘解析】C。题干所述张某行为构成重大误解,重大误解是指因认识错误引起的行为,本题中张某因缺乏专业知识而对价格的判断错误,属于重大误解的情形。《合同法》第54条规定:因重大误解订立的合同,当事人一方有权请求人民法院或者仲裁机构变更或者撤销。

案例分析题

通利酱料厂是张某和李某夫妻投资、经工商登记成立的从事酱料加工的个体企业。1998年,通利酱料厂生产销售一河牌蚝油200箱,获利5000元。该市三河食品饮料有限公司向人民法院提起诉讼,认为通利酱料厂的一河牌蚝油的外观设计,仿冒其生产的三河牌蚝油的名称、包装和装潢,要求停止侵权,赔偿损失5000元。通利酱料厂辩称:其生产销售的一河牌蚝油的产品外观是独立设计的,已经取得外观设计专利权,其行为不构成违法。法院审理后判决:驳回原告的诉讼请求。

71. 本案中,通利酱料厂对外承担民事责任的财产包括（　　）。

　　A. 通利酱料厂的全部财产

　　B. 通利酱料厂租赁的包装设备

C. 张某和李某的个人财产

D. 张某和李某的家庭财产

【璧尘解析】AD。《民法通则》第29条规定,个体工商户、农村承包经营户的债务,个人经营的,以个人财产承担;家庭经营的,以家庭财产承担。

73. 一河牌商标,若要取得商标专用权,应当( )。

A. 在产品上标明一河牌注册商标

B. 申请并得到一河牌商标注册

C. 连续三年使用一河牌商标

D. 通利酱料厂组织形态转为有限公司

【璧尘解析】B。《商标法》第3条规定,经商标局核准注册的商标为注册商标,包括商品商标、服务商标和集体商标、证明商标;商标注册人享有商标专用权,受法律保护。

74. 通利酱料厂的一河牌蚝油的产品外观设计专利的保护期应为( )。

A. 5 年　　　　B. 8 年

C. 10 年　　　D. 20 年

【璧尘解析】C。《专利法》第42条规定,发明专利权的期限为二十年,实用新型专利权和外观设计专利权的期限为十年,均自申请日起计算。

75. 三河食品饮料有限公司提起的侵权之诉中,侵权责任的构成要件有( )。

A. 侵权人主观有过错

B. 存在侵权损害事实

C. 侵权行为造成了重大损失

D. 侵权行为与损害结果之间存在因果关系

【璧尘解析】ABD。一般民事侵权责任的构成要件通常包含4个方面:违法行为、损害结果、违法行为和损害结果之间有因果关系,以及行为人主观有过错。对于专利行为的侵权责任,其构成要件主要包括以下几个方面:一、侵犯的对象应当是在我国享有专利权的有效专利。二、有违法行为存在。即行为人未经专利权人许可,有以营利为目的实施专利的行为。三、行为人主观上有过错。

侵权人主观上的过错包括故意和过失。所谓故意是指行为人明知自己的行为是侵犯他人专利权的行为而实施该行为;所谓过失是指行为人因疏忽或过于自信而实施了侵犯他人专利权的行为。C选项所述的重大损失并不是必然要件。

案例分析题

张某、李某、王某(均为中国自然人)欲共同投资生产红木家具。张某现有厂房、设备价值1000万元,李某现有木材价值1000万元,王某拥有红木家具雕刻技艺。

80. 若三人成立企业后向银行贷款,银行提出设立担保,则可作为担保的是( )。

A. 厂房抵押

B. 设备抵押

C. 木材质押

D. 雕刻技艺保证

【璧尘解析】ABC。《担保法》第34条规定,下列财产可以抵押:抵押人所有的房屋和其他地上定着物;抵押人所有的机器、交通运输工具和其他财产。第63条:本法所称动产质押,是指债务人或者第三人将其动产移交债权人占有,将该动产作为债券的担保。

2007年A类

9. 下列属于要约的是( )。

A. 投标书　　　B. 招标书

C. 招股说明书　D. 拍卖公告

【璧尘解析】A。要约是希望和他人订立合同的意思表示,要约邀请是希望他人向自己发出要约的意思表示。寄送的价目表、拍卖公告、招标公告、招股说明书、商业广告等均为要约邀请。招标属于要约邀请,投标属于要约,招标人决标属于承诺。

2008年A类

11. 关于业主建筑物区分所有权中的业主共有,表述不正确的是(　　)。

A. 占用业主共有的道路或者其他场地用于停放汽车的车位,属于业主共有

B. 建筑区划内的道路,但属于城镇公共道路的除外,属于业主共有

C. 建筑区划内的绿地,但属于城镇公共绿地或者明示属于个人的除外,属于业主共有

D. 建筑区划内,规划用于停放汽车的车位、车库,属于业主共有

【璧尘解析】D。《物权法》第74条规定,建筑区划内,规划用于停放汽车的车位、车库应当首先满足业主的需要。建筑区划内,规划用于停放汽车的车位、车库的归属,由当事人通过出售、附赠或者出租等方式约定。占用业主共有的道路或者其他场地用于停放汽车的车位,属于业主共有。所以本题不正确的选项为D。

37. 张某在打工期间偷了李某的一台电视机,因故障送至王某处修理,王某不知该电视机为赃物,将电视机修好,但张某迟迟不支付修理费。该电视机在张某取走前被孙某偷走。下列表述正确的是(　　)。

A. 在王某占有该电视机期间,王某对该电视机不享有留置权

B. 在王某占有该电视机期间,王某对该电视机享有留置权

C. 王某对孙某不享有占有返还请求权

D. 王某对孙某享有占有返还请求权

【璧尘解析】BD。《物权法》第230条规定,债务人不履行到期债务,债权人可以留置已经合法占有的债务人的动产,并有权就该动产优先受偿。本案中,虽然电视机为赃物,但是王某属于善意第三人,享有对电视机的留置权,并且对孙某的侵权行为,享有占有返还请求权。

案例分析题

某木制品公司甲与日本某商场订有一份木制品买卖合同。为了履行该合同,甲多方求购某种稀有木材,未果。正当交货时间临近时,本地某木材公司乙主动上门提出以高于市场平均价4倍的价格向甲公司出售相当数量的该种木材。甲公司迫于无奈,按乙提出的条件与其签订了合同。随后,甲乙双方各自履行了合同义务。两年后,甲公司更换了董事长,新任董事长提出这一合同的效力存在问题。

61. 甲公司新任董事长拟请求撤销与乙订立的买卖合同。关于可撤销合同的情形,下列表述正确的是(　　)。

A. 一方以欺诈的手段订立合同,损害国家利益的

B. 一方乘人之危,使对方在违背真实意思的情况下订立合同的

C. 订立合同时显失公平的

D. 恶意串通,损害国家利益的

【璧尘解析】BC。《合同法》第54条规定,可撤销合同的情形:因重大误解订立的合同;在订立时显失公平的合同;一方以欺诈、胁迫的手段或者乘人之危,使对方在违背真实意思的情况下订立的合同。AD选项均损害了国家利益,属于无效合同。

62. 下列关于甲的撤销行使的表述,正确的是(　　)。

A. 自知道或者应当知道撤销事由之日起1年内没有行使撤销权的,撤销权消灭

B. 自知道或者应当知道撤销事由之日起5年内没有行使撤销权的,撤销权消灭

C. 自知道撤销事由后明确表示放弃撤销权的,撤销权消灭

D. 自知道撤销事由后以自己的行为放弃撤销权的,撤销权消灭

【璧尘解析】ACD。《合同法》第55条规定,有下列情形之一的,撤销权消灭:(1)具有

撤销权的当事人自知道或者应当知道撤销事由之日起1年内没有行使撤销权。（2）具有撤销权的当事人知道撤销事由后明确表示或者以自己的行为放弃撤销权。

63. 如果甲乙之间买卖合同标的物系国家严禁采伐的稀有木材,则该合同(　　)。

　　A. 效力待定　　　B. 可撤销
　　C. 有效　　　　　D. 无效

【璧尘解析】D。《合同法》第52条规定,有下列情形之一的,合同无效:(一)一方以欺诈、胁迫的手段订立合同,损害国家利益;(二)恶意串通,损害国家、集体或者第三人利益;(三)以合法形式掩盖非法目的;(四)损害社会公共利益;(五)违反法律、行政法规的强制性规定。题干中表述合同标的物系国家严禁采伐的稀有木材,故违反法律的强制性规定,属于无效合同。

64. 如果甲乙双方之间买卖合同标的物系国家禁止流通的稀有木材,则对利用合同危害国家利益、社会公共利益的违法行为进行监督处理的部门是(　　)。

　　A. 人民法院
　　B. 人民检察院
　　C. 工商行政管理部门
　　D. 海关

【璧尘解析】C。《合同法》第127条规定,工商行政管理部门和其他有关行政主管部门在各自的职权范围内,依照法律、行政法规的规定,对利用合同危害国家利益、社会公共利益的违法行为进行依法处理。

65. 如果乙公司提供的木材有质量问题并导致由此生产的木制品被日本商场退回,侵害了甲公司的声誉及财产权益,关于甲公司追究乙公司承担的法律责任,下列表述正确的是(　　)。

　　A. 只能追究乙公司的行政责任
　　B. 只能追究乙公司的违约责任
　　C. 只能追究乙公司的侵权责任
　　D. 有权选择要求乙公司承担违约责任或者侵权责任

【璧尘解析】D。本题情形是违约责任与侵权责任的竞合,也就是同一个违法行为同时符合违约责任和侵权责任的构成条件,从而出现违约责任与侵权责任的现象,受害者方有权选择其中一种责任要求对方承担。

2009 年 A 类

30. 甲公司因乙公司未在约定期限内支付货款而催告其在一个月内付清,否则将解除买卖合同。一个月后乙公司仍未付款。对此,下列判断不正确的有(　　)。

　　A. 甲公司可以单方解除合同
　　B. 甲公司解除合同必须经乙公司同意
　　C. 甲公司在向法院申请合同无效后才可以解除合同
　　D. 甲公司在向法院申请撤销合同后才可以解除合同

【璧尘解析】BCD。《合同法》第94条的规定,当事人一方迟延履行主要债务,经催告在合理的期限内仍未履行的,当事人可以解除合同。故BCD项符合题意。

案例分析题

甲收藏的《祖国山河一片红》邮票为其邻居乙(镇长)所喜欢,但乙又不愿以市场价购买。2001年,甲申请宅基地建房,乙得知后指示相关人员拖延不办。甲找到乙,乙说如果将《祖国山河一片红》邮票以2000元卖给其,则宅基地一事可以办成。2001年3月7日,甲出于无奈,按照乙的要求将该邮票转让给乙,因邮票存放在其表哥丙处,甲立字据承诺10日内交货。5日后,甲的宅基地申请获准。10日后,乙向甲索要邮票时,被告知该邮票已于3日前被丙擅自以市场价卖给了不知情的丁,双方钱货两讫,甲表示退回邮票款,乙不允,向法院起诉,请求判令甲交付邮票。甲提出反诉,请求撤销邮票买卖合同。

41. 对甲、乙之间的邮票买卖合同是否成立,下列观点正确的是(　　)。

A. 双方意思表示一致，合同成立

B. 因甲的宅基地已获批准，合同成立

C. 甲未交付邮票，合同不成立

D. 乙的行为是不当得利，合同不成立

【璧尘解析】A。合同的成立和合同的生效是两个概念。合同成立，是指当事人达成协议而建立了合同关系。合同生效，则指具备有效要件的合同按其意思表示的内容产生了法律效力。一般而言，合同成立要件有三：(1) 当事人意思表示须一致，即合意，这是合同成立的根本要件。凡意思表示不一致，即虽经协议但未达合意者，合同不能成立。(2) 合意则须有两个或两个以上的当事人。仅有一方当事人是不可能产生合意的，因而也就不可能成立合同。(3) 当事人的意思表示须以订立合同为目的。不以订立合同为目的的意思表示，即使达成合意，也不能成立合同。还有一些合同，如要式合同和实践合同，其成立除须上述三要件外，尚须特殊要件，即或依一定方式，或完成标的物的交付。否则，不能成立合同。一般认为，合同生效的一般要件是：(1) 当事人在订立合同时必须具有相应的订立合同的行为能力。即对合同主体资格作出的一种规定。主体不合格，所订立的合同不能发生法律效力。合同主体，无非是自然人和非自然人两类。非自然人作为合同主体，主要是行为能力。自然人作为合同主体，其合同行为能力的有无，应根据其民事行为能力的状况来确定。(2) 合同当事人的意思表示真实。所谓意思表示真实，是指当事人在缔约过程所作的要约和承诺都是自己独立且真实意志的表现。(3) 合同不违反法律或者社会公共利益。本案中，甲乙双方意思达成一致，合同成立。

42. 从甲、乙买卖邮票合同效力与甲申请宅基地之间的关系看，该合同是（　　）。

A. 附条件的买卖合同

B. 附期限的买卖合同

C. 受胁迫的买卖合同

D. 受欺诈的买卖合同

【璧尘解析】C。本案中，甲乙双方的买卖合同是受胁迫的，即只有甲与乙签订邮票的买卖合同，甲申请宅基地建房才可以获得批准，故 C 项正确。

43.《祖国山河一片红》邮票的所有权人应当认定为（　　）。

A. 甲　　　　　　B. 乙

C. 丙　　　　　　D. 丁

【璧尘解析】D。《祖国山河一片红》邮票的所有权应当属于丁。因为丁是善意取得邮票的第三人，故丁的所有权受到法律的保护。善意取得是指无处分权人占有他人财产并将该财产有偿转让给第三人，受让人取得该财产时基于善意取得该财产的所有权或者其他物权的制度。

44. 甲请求撤销邮票买卖合同，其撤销权行使的期限是（　　）。

A. 2001 年 9 月 7 日前

B. 2002 年 3 月 7 日前

C. 2003 年 3 月 7 日前

D. 2005 年 3 月 7 日前

【璧尘解析】B。《合同法》第 55 条规定，当事人应自知道或者应当知道撤销事由之日起一年内行使撤销权。故 B 项符合题意。

45. 对本案的处理，人民法院的正确判决是（　　）。

A. 判令甲交付邮票

B. 判令甲返还 2000 元

C. 判令丁返还邮票给乙

D. 判令丙赔偿乙的损失

【璧尘解析】B。本案中，因为丁已经获得邮票的所有权，甲乙之间买卖合同的标的已经无法实际履行，故法院只能判令甲返还 2000 元给乙。

2010 年 A 类

25. 某地政府建设共有产权房，低收入居民只需少量出资即可取得部分产权，低收入居民甲购得共有产权房一套。对此，下列判断正确的有（ ）。

A. 如果政府转让其共有产权份额，甲在同等条件下享有优先购买权

B. 如果甲转让其共有产权份额，政府在同等条件下享有优先购买权

C. 若政府与甲的产权共有方式没有约定，则房屋产权属于按份共有

D. 若政府与甲的产权共有方式没有约定，则房屋产权属于共同共有

【璧尘解析】ABC。共有人对财产没有约定是按份共有还是共同共有或者约定不明确的，除共有人具有家庭关系、同居关系、共同继承、合伙关系以外，视为按份共有。在同等条件的情况下，其他共有人有优先于非共有人购买的权利。

2011 年 A 类

28. 甲将前女友乙的照片传到互联网上，并公开她的姓名、电话、单位名称等，且捏造事实恶意诽谤，乙发现后要求网络服务提供者删除，但遭拒绝。对此，下列说法正确的有（ ）。

A. 网络服务提供者对甲的行为承担补充责任

B. 甲的行为侵犯了乙的隐私权

C. 甲的行为侵犯了乙的名誉权

D. 网络服务提供者对甲的行为承担连带责任

【璧尘解析】BCD。《侵权责任法》第36条规定，网络用户、网络服务提供者利用网络侵害他人民事权益的，应当承担侵权责任。网络用户利用网络服务实施侵权行为的，被侵权人有权通知网络服务提供者采取删除、屏蔽、断开链接等必要措施。网络服务提供者接到通知后未及时采取必要措施的，对损害的扩大部分与该网络用户承担连带责任。网络服务提供者知道网络用户利用其网络服务侵害他人民事权益，未采取必要措施的，与该网络用户承担连带责任。《侵权责任法》于

2010年7月1日起施行，故在2011年考题中出现，体现了"新法必考"的命题规律。

案例分析题

甲电器制造有限公司与乙电器实业有限公司签订买卖合同，约定甲公司于2010年4月20日前供应100台空调给乙公司，总货款50万元，由甲公司送货上门并承担运费，乙公司应于合同签订后3天内支付定金10万元，收货后3天内支付余款。当年4月初，甲公司听说乙公司已经空壳，其董事长兼总经理刘某将乙公司的资金划转到自己的个人账户，并以其个人名义投资注册了丙服装有限公司，为防止交货后不能得到余款，甲公司将该批空调以总价45万元卖给了另一家公司。2010年6月，乙公司向法院起诉，要求甲公司承担不能按期供货的违约责任，并双倍返还定金。

41. 对甲公司没有如期向乙公司供货的事实，下列判断正确的是（ ）。

A. 行使不安抗辩权，不构成违约

B. 构成违约

C. 构成预期违约

D. 行使单方解除权，不构成违约

【璧尘解析】C。预期违约又称先期违约，是指在合同履行期限到来之前，一方虽无正当理由但明确表示其在履行期限到来后将不履行合同，或者其行为表明在履行期限到来后将不可能履行合同。甲公司于4月初合同履行期限到来之前将该批空调卖给另一家公司的行为表明其在合同履行期限到来后不能履行合同，所以构成预期违约。B项不如C项恰当，所以选C项。

43. 若乙公司刘某的行为属实，甲公司因此不予供货，下列判断正确的是（ ）。

A. 甲公司应当向乙公司发出中止履行合同的通知

B. 甲公司应当向乙公司发出解除合同的通知

C. 甲公司应当向乙公司发出终止履行

合同的通知

D. 甲公司无须向乙公司发出任何通知

【璧尘解析】A。《合同法》第68条规定，应当先履行债务的当事人，有确切证据证明对方有下列情形之一的，可以中止履行：（一）经营状况严重恶化；（二）转移财产、抽逃资金，以逃避债务；（三）丧失商业信誉；（四）有丧失或者可能丧失履行债务能力的其他情形。当事人没有确切证据中止履行的，应当承担违约责任。本题中，假如刘某抽逃出资的行为属实，则甲公司有权行使不安抗辩权，中止履行合同。当事人依照本法第68条的规定中止履行的，应当及时通知对方。对方提供适当担保时，应当恢复履行。中止履行后，对方在合理期限内未恢复履行能力并且未提供适当担保的，中止履行的一方可以解除合同。

44. 下列对乙公司交付的10万元定金的处理，正确的是（ ）。

A. 甲公司应当返还20万元

B. 甲公司应当返还10万元

C. 甲公司应当返还5万元

D. 甲公司无须返还

【璧尘解析】A。根据《合同法》第115条的规定，给付定金的一方不履行约定的债务的，无权要求返还定金；收受定金的一方不履行约定的债务的，应当双倍返还定金。甲公司收受了乙公司的定金，但没有履行约定的债务，应双倍返还定金，因此A项正确。

45. 综观本案，人们从中吸取的最主要的教训是（ ）。

A. 民事权利滥用应当禁止

B. 民事权利行使应当遵循相应的程序规范

C. 民事活动应当遵循自愿、公平的原则

D. 民事权利保护应当有法可依

【璧尘解析】B。本案中，甲公司将空调转卖的行为不是在行使不安抗辩权，因为他并没有确切证据证明对方有抽逃出资的行为，没有按法律程序和规范行使权利。

2012年A类

15. 根据《物权法》，下列只能为国家所有的资源是（ ）。

A. 土地　　　　　B. 草原

C. 水流　　　　　D. 滩涂

【璧尘解析】C。有关自然资源的权属，根据《宪法》和《物权法》的规定，矿藏、水流、海域一律属于国家所有，即全民所有；森林、山岭、草原、荒地、滩涂一般也属于国家所有，但法律规定属于集体所有的除外；城市的土地属于国家所有；农村和城市郊区的土地原则上属于集体所有，但法律规定属于国家所有的除外；宅基地、自留地、自留山，一律属于集体所有。

16. 赵某与陈某于2008年经法院判决离婚。2009年，陈某发现赵某在离婚前将夫妻共有的部分财产转让他人，于是请求法院分割该项财产。法院的正确做法是（ ）。

A. 告知陈某申请再审

B. 告知陈某向法院另行起诉

C. 告知陈某选择申请再审或另行起诉

D. 告知陈某提起上诉

【璧尘解析】B。《婚姻法》第47条规定，离婚时，一方隐藏、转移、变卖、毁损夫妻共同财产，或伪造债务企图侵占另一方财产的，分割夫妻共同财产时，对隐藏、转移、变卖、毁损夫妻共同财产或伪造债务的一方，可以少分或不分。离婚后，另一方发现有上述行为的，可以向人民法院提起诉讼，请求再次分割夫妻共同财产。因此，对于本案，法院应当告知陈某另行起诉，B项正确。

案例分析题

2011年5月1日，江北县甲公司在江南县的订货会上向江中县乙公司订购10套设备。甲公司于5月3日签字盖章后将合同书邮寄给乙公司，乙公司于5月5日签收并于当日签字盖章后邮寄给甲公司，甲公司于5

月8日签收合同书。双方约定:设备总价款200万元;交货时间为10月30日前;付款时间为10月20日前。任何一方若迟延履行,则应向另一方支付违约金10万元。同年7月1日,乙公司向甲公司交付了3套设备。9月份,该种设备价格大幅上涨,乙公司向甲公司提出将未交付的7套设备价格按每套30万元计,甲公司未同意。至11月20日,甲公司仍未收到余下的7套设备,并因此遭受50万元损失。甲公司遂诉至法院,要求乙公司增加违约金数额并继续履行合同。

56. 该合同成立的时间是(   )。

A. 2011年5月1日

B. 2011年5月3日

C. 2011年5月5日

D. 2011年5月8日

【璧尘解析】C。《合同法》第32条规定,当事人采用合同书形式订立合同的,自双方当事人签字或者盖章时合同成立。本案中,乙公司于5月5日签收并于当日签字盖章后邮寄给甲公司。合同成立时间为2011年5月5日。

57. 下列关于本案合同权利义务变更的说法,正确的是(   )。

A. 已变更,因为乙公司已向甲公司提出变更价格的要求

B. 未变更,因为本合同权利义务的变更未得到甲方的同意

C. 未变更,因为本合同只变更了价款,其他内容未发生变更

D. 已变更,因为市场行情已发生重大变更,属情事变更

【璧尘解析】B。《合同法》第77条规定,当事人协商一致,可以变更合同。本案中,乙公司变更价款的要求并未得到甲公司的同意,因此合同的权利义务并未发生变更,B项正确。

58. 下列关于甲公司要求增加违约金数额的说法,正确的是(   )。

A. 不能获得法院支持,因为增加违约金

要由当事人协商确定

B. 能获得法院支持,因为法院可不经申请依职权增加违约金

C. 不能获得法院支持,因为双方对违约金已有明确约定

D. 能获得法院支持,因为约定的违约金低于甲方的损失

【璧尘解析】D。《合同法》第114条规定,约定的违约金低于造成的损失的,当事人可以请求人民法院或者仲裁机构予以增加;约定的违约金过分高于造成的损失的,当事人可以请求人民法院或者仲裁机构予以适当减少。本案中,甲乙双方约定的违约金为10万元,显著低于甲公司50万元的损失,因此甲公司有权要求增加违约金数额,D项正确。

59. 下列关于甲公司要求继续履行合同的说法,正确的是(   )。

A. 能获得法院的支持,因为乙方的违约已给甲方造成损失

B. 不能获得法院支持,因为甲方已要求增加违约金

C. 能获得法院的支持,因为违约金只是对迟延履行的惩罚

D. 不能获得法院的支持,因为违约金就是对甲方损失的赔偿

【璧尘解析】C。《合同法》第114条规定,当事人就迟延履行约定违约金的,违约方支付违约金后,还应当履行债务。因此C项正确。

60. 对本案有管辖权的法院是(   )。

A. 江中县人民法院

B. 江南县人民法院

C. 江北县人民法院

D. 江南县人民法院、江中县人民法院

【璧尘解析】A。《民事诉讼法》第24条规定,因合同纠纷提起的诉讼,由被告住所地或者合同履行地人民法院管辖。《合同法》第62条规定,当事人就有关合同内容约定不明确,依照本法第61条的规定仍不能确定的,适用下列规定:(三)履行地点不明确,给付货币的,在接受货币一方所在地履行;交付不动

产的,在不动产所在地履行;其他标的,在接受货币一方所在地履行。本题中,被告和接受货币一方均为乙公司,其住所地为江中县,因此 A 项正确。

2013 年 A 类

20. 沿江乡李庄村村民田某在承包地下发现了一件珍贵文物。根据法律规定,享有该文物所有权的主体应是(   )。

    A. 田某   B. 沿江乡政府

    C. 国家   D. 李庄村集体

【璧尘解析】C。根据法律规定,文物所有权属于国家,因此 C 项正确。

21. 陈某看中某一套住房,应销售方要求先付款 3 万元,销售方出具收定金叁万元的收据。陈某放弃购买,销售方认为是陈某的原因导致房屋买卖合同不能订立,故已收取的 3 万元不予退还。对这一纠纷的处理,下列说法正确的是(   )。

    A. 该 3 万元是合同订立的担保,卖方可不予退还

    B. 该 3 万元就是定金,卖方可不予退还

    C. 该 3 万元只是预付款,卖方应当退还

    D. 该 3 万元是定金,陈某应赔偿卖方 3 万元

【璧尘解析】C。本案中,陈某只是先付款 3 万元,并不是双方共同约定的定金,因此,如果买卖合同不能订立,陈某是可以要求卖方退还的,也即卖方应当退还。

22. 王某在一高档商场花 2 万余元购买的一件兵马俑经鉴定是复制品,王某以商场出售时未在商品标签上注明复制品为由,要求商场承担欺诈责任(   )。

    A. 商场不应承担欺诈责任,因王某知假买假

    B. 商场的行为具有欺诈性质,应承担惩罚性赔偿责任

    C. 王某可以要求撤销买卖合同

    D. 商场的行为构成引人误解的虚假表示

【璧尘解析】C。《合同法》第 54 条规定,可撤销的合同情形是:因重大误解订立的合同;在订立时显失公平的合同;一方以欺诈、胁迫的手段或者乘人之危,使对方在违背真实意思的情况下订立的合同。本案中该商场为高档商场,2 万元的价格对于高档艺术品也属正常市场价格,并无直接证据能证明其商场具有欺诈表示,王某误以为是真品而购买,存在重大误解,可以撤销买卖合同。

案例分析题

王某花 20 万元在某汽车 4S 店买了一辆小汽车,3 个月后,王某到 4S 店保养汽车时,员工告诉他:你的车发生过事故,车门已整过,王某心想,自己开车至今未发生过事故,因而认为车辆并非新车,后经证实,该 4S 店卖给王某的是一辆旧车。

56. 王某与 4S 店之间签订的汽车买卖合同,存有以下行为(   )。

    A. 欺诈   B. 胁迫

    C. 显失公平   D. 乘人之危

【璧尘解析】A。本案中,4S 店将旧车当新车卖给王某,属于欺诈。

58. 下列关于 4S 店与王某之间汽车买卖合同的说法,正确的是(   )。

    A. 合同无效   B. 合同有效

    C. 合同可撤销   D. 合同效力待定

【璧尘解析】C。《合同法》第 54 条规定,可撤销的合同情形是:因重大误解订立的合同;在订立时显失公平的合同;一方以欺诈、胁迫的手段或者乘人之危,使对方在违背真实意思的情况下订立的合同。本案中存在欺诈行为。

2014 年 A 类

18. "因同一行为应当承担侵权责任和行

政责任、刑事责任,侵权人的财产不足以支付的,先承担侵权责任。"《中华人民共和国侵权责任法》作出这一规定的理由不可能是( )。

A. 受害人相比国家而言是弱者,国家照顾弱者

B. 让侵权人的财产先承担行政责任或刑事责任,不能实现制裁目的

C. 公共利益应当让位于个人利益

D. 受害人能否从中优先获得赔偿,影响其生存权能否得到实现

【璧尘解析】B。法律规定侵权人先承担侵权责任是从保护受害人的利益角度出发的,承担行政责任或刑事责任的先后不影响制裁目的的实现,B选项说法错误。

20. 甲向某银行贷款30万元,约定乙作为保证人承担一般担保责任,贷款到期后,甲未能按约定还本付息,银行随即要求乙还本付息。对此,下列说法正确的是( )。

A. 银行只能要求甲偿还

B. 乙应先偿还,偿还后再向甲追偿

C. 银行有权决定甲先偿还还是乙先偿还

D. 乙享有先诉抗辩权

【璧尘解析】D。《担保法》第17条第2款确立了一般保证人的先诉抗辩权,该条款规定:"一般保证的保证人在主合同纠纷未经审判或者仲裁,并就债务人财产依法强制执行仍不能履行债务前,对债权人可以拒绝承担保证责任。"本案中,保证人乙对甲欠银行的债务具有连带责任,银行可以要求乙偿还,乙享有先诉抗辩权。

21. 业主钱某请小区物管员李某将自己弃置在车棚的已坏电动车扔掉,李某认为弃之可惜,于是将电动车修好后自行使用,钱某得知后要求李某返还。根据法律规定,对本案中修好后的电动车享有所有权的主体是( )。

A. 国家,因为电动车为钱某丢弃,属无主物

B. 李某,因为李某基于占有取得电动车的所有权

C. 钱某,因为李某并没有按其要求将电动车扔掉

D. 钱某和李某,因为两人对该电动车都有付出

【璧尘解析】B。所谓先占,是指以所有的意思,先于他人占有无主的动产,而取得其所有权的法律事实。本题中,钱某已经将电动车抛弃,丧失了所有权,李某是基于最先占有无主财物原则,可以依据先占而取得电动车的所有权。

43. 甲企业销售员张某因严重违反企业劳动纪律被开除。随后,张某利用甲企业忘记收回的空白合同,以甲企业名义与一不知情的客户签订了买卖合同,并收取了2万元订金。下列关于张某行为的法律评价,正确的有( )。

A. 张某行为系无权代理

B. 张某行为系表见代理

C. 张某行为系有权代理

D. 张某的代理行为有效

【璧尘解析】ABD。无权代理是指在没有代理权的情况下以他人名义实施民事行为的现象,张某已经被甲企业开除,其行为属于无权代理,A选项正确,C选项错误。表见代理是指行为人虽无代理权,但由于本人的行为,造成足以使善意第三人相信其有代理权的表象,而与善意第三人进行的、由本人承担法律后果的代理行为,表见代理实质上是无权代理,是广义无权代理的一种,B选项正确。《合同法》第49条规定,行为人没有代理权、超越代理权或者代理权终止后以被代理人名义订立合同,相对人有理由相信行为人有代理权的,该代理行为有效。D选项正确。

案例分析题

王某怀疑某女孩在自己的服装店内偷东西，便在某知名网站自己的微博上发布了一张监控截图照片，并用文字说明："此小妖女牵一条小狗，在我店转悠并偷窃店里的饰品和衣服，请网友人肉搜索她。"网友纷纷跟帖，谴责和谩骂照片中的女子，并在该网站大量转发，此后有网友在该网站披露，此女叫刘某，并上传了其照片、联系电话、家庭住址、工作单位等个人信息。但刘某并未在该店偷窃，知悉情况后，她立即通知该网站删除诋毁性言论和个人信息，但该网站没有删除。刘某投诉到某省电信管理局，省电信管理局责令网站改正，停止传输相关言论和信息。与此同时，网友孙某根据该网站披露的地址将"小偷之家"的标语贴到了刘某家大门上。刘母因此气病住院，刘某也被迫辞去工作，连出门都得戴口罩。

56. 本案中，下列刘某的权利受到王某和网友的"人肉搜索"等网络暴力行为侵犯的是（　　）。

A. 姓名权　　　B. 名誉权
C. 荣誉权　　　D. 肖像权

【璧尘解析】B。名誉权，是指公民或法人对自己在社会生活中获得的社会评价、人格尊严享有的不受侵犯的人格权。侵犯名誉权的构成要件有四：（1）行为人故意（或过失）实施了侮辱、诽谤的行为。（2）侮辱、诽谤指向特定人。（3）侮辱、诽谤的行为为第三人所知悉。（4）受害人的社会评价因侵害人的行为而降低。本案中，王某的恶意中伤、网友的"人肉搜索"等网络暴力行为，侵犯了刘某的隐私权和名誉权。

57. 本案中，省电信管理局责令网站改正的行为属于（　　）。

A. 行政处罚　　B. 行政强制
C. 行政命令　　D. 行政事实行为

【璧尘解析】C。行政命令是指行政机关依照法律、法规的规定，以命令、指示、规定、制度等形式对行政相对人提出明确要求，比

如责令停产、停业，责令改正，责令停止发布违法广告等。故本题选C。

58. 关于网站对刘某的损害责任承担，下列说法符合法律规定的是（　　）。

A. 无需承担赔偿责任，但应赔礼道歉
B. 应就刘某所有的损害承担赔偿责任
C. 应单独就损害扩大部分承担赔偿责任
D. 应就损害扩大部分与侵权网友承担连带责任

【璧尘解析】D。《侵权责任法》第36条规定，网络用户、网络服务提供者利用网络侵害他人民事权益的，应当承担侵权责任。网络用户利用网络服务实施侵权行为的，被侵权人有权通知网络服务提供者采取删除、屏蔽、断开链接等必要措施。网络服务提供者接到通知后未及时采取必要措施的，对损害的扩大部分与该网络用户承担连带责任。

59. 本案中，网友孙某承担民事责任的方式不包括（　　）。

A. 除去"小偷之家"的标语
B. 向刘某及其家人赔礼道歉
C. 赔偿刘母的医药费
D. 赔偿刘某辞去工作的损失

【璧尘解析】D。《侵权责任法》第15条规定，承担侵权责任的方式主要有：（1）停止侵害；（2）排除妨碍；（3）消除危险；（4）返还财产；（5）恢复原状；（6）赔偿损失；（7）赔礼道歉；（8）消除影响、恢复名誉。A选项是停止侵害，B选项是赔礼道歉。第16条规定，侵害他人造成人身损害的，应当赔偿医疗费、护理费、交通费等为治疗和康复支出的合理费用，以及因误工减少的收入。C选项赔偿刘母的医药费和D选项刘某辞去工作的损失不属于法律规定的责任承担方式。

60. 本案带给我们的最重要启示是（　　）。

A. 公民自由的行使应以不损害他人合法权益为限
B. 公民的言论自由受法律保护

C. 没有无权利的义务,也没有无义务的权利

D. 在网络空间发表私人言论应比公共言论受到更多限制

【璧尘解析】A。《宪法》第51条规定,中华人民共和国公民在行使自由和权利的时候,不得损害国家的、社会的、集体的利益和其他公民的合法的自由和权利。

2004 年 B 类

37. 公民在乘车出差途中,因翻车而下落不明,其家属可以向人民法院申请宣告他死亡的期限最早为从事故发生之日起满( )。

A. 1 年　　　　B. 2 年

C. 3 年　　　　D. 4 年

【璧尘解析】B。《民法通则》第23条规定,因一般原因失踪和在战争中失踪的,利害关系人申请宣告死亡,须失踪人失踪达四年。因意外事故失踪的,申请宣告死亡须失踪人失踪达两年,从意外事故发生之日起算。

38. 甲公司采取欺诈手段与受到欺诈的乙公司订立了一份合同,则该合同( )。

A. 是无效合同　　B. 未成立

C. 是可撤销合同　　D. 效力待定

【璧尘解析】C。《合同法》第54条的规定,可撤销的合同情形是:因重大误解订立的合同;在订立时显失公平的合同;一方以欺诈、胁迫的手段或者乘人之危,使对方在违背真实意思的情况下订立的合同。

75. 根据《担保法》的规定,下列各主体中不能作为一般债务的保证人的是( )。

A. 某省人事厅　　B. 某大学

C. 某公司　　　　D. 某法官

【璧尘解析】AB。《担保法》第8条规定,国家机关不得为保证人,但经国务院批准为使用外国政府或者国际经济组织贷款进行转

货的除外。《担保法》第9条规定,学校、幼儿园、医院等以公益为目的的事业单位、社会团体不得为保证人。由此可知选AB。

2005 年 B 类

26. 无效民事行为是指已经成立,但因欠缺民事法律行为有效条件而不具有法律约束力的行为。以下属于无效民事行为的是( )。

A. 9 岁的小学生将家中的数码相机送给好朋友

B. 11 岁的小学生在商场购买数码相机

C. 16 岁的中学生将家中的数码相机低价卖给他人

D. 20 岁的大学生借款购买数码相机

【璧尘解析】A。A项为无民事行为能力人,只能进行纯获益的行为;BC项为限制行为能力人,订立的合同应为效力待定合同,不能绝对否定其效力。合同法第47条:限制民事行为能力人订立的合同,经法定代理人追认后,该合同有效,但纯获利益的合同或者与其年龄、智力、精神健康状态相适应而订立的合同,不必经法定代理人追认。

48. 甲某使用某公园月票在公园内露天舞池学舞时,被树上坠落枯枝砸中后颈,致颈椎损伤,花去若干医疗费。甲因损害赔偿与公园管理处发生纠纷。以下观点,正确的是( )。

A. 损害结果是不可抗力造成的,所以公园管理处不承担责任

B. 损害结果不是公园管理处的故意行为,所以公园管理处不承担责任

C. 损害结果是公园管理处的疏忽造成的,所以公园管理处应当承担责任

D. 损害结果是公园管理处的不作为造成的,所以公园管理处应当承担责任

【璧尘解析】CD。旧题新解,根据《侵权责任法》第90条规定,因林木折断造成他人损害,林木的所有人或者管理人不能证明自

已没有过错的,应当承担侵权责任。公园不论作为管理人或还是所有人,都不能证明自己没有过错,因此,应承担对甲某侵权责任。故正确选项为CD。

2006 年 B 类

23. 下列物品在设置抵押时,抵押合同依法必须办理抵押登记才能生效的是(   )。

A. 电视机　　　　B. 电脑

C. 电冰箱　　　　D. 汽车

【璧尘解析】D。《担保法》第 41 条规定,当事人以本法第四十二条规定的财产抵押的,应当办理抵押物登记,抵押合同自登记之日起生效。第 42 条规定,办理抵押物登记的部门如下:(一)以无地上定着物的土地使用权抵押的,为核发土地使用权证书的土地管理部门;(二)以城市房地产或者乡(镇)、村企业的厂房等建筑物抵押的,为县级以上地方人民政府规定的部门;(三)以林木抵押的,为县级以上林木主管部门;(四)以航空器、船舶、车辆抵押的,为运输工具的登记部门;(五)以企业的设备和其他动产抵押的,为财产所在地的工商行政管理部门。所以,D 项汽车应当办理登记。

案例分析题

2005 年 8 月,丁某购买了一套价值 70 万元的商品房用于结婚。该商品房的原所有权人为 6 周岁的小峰。为筹集购房款,丁某以房屋作抵押向高某借了 20 万元,双方未约定借款的利息。丁某的朋友李某也答应在 8 月底前借给他 10 万元。但直到 9 月初,李某仍未提供借款。

51. 在李某提供借款 10 万元前,就李某与丁某的借款合同,下列说法正确的是(   )。

A. 借款合同已成立

B. 借款合同未生效

C. 借款合同已生效

D. 李某违约

【璧尘解析】B。实践合同又称要物合同,是指除当事人意思表示一致外,还须交付标的物方能成立的合同。诺成合同与实践合同的区分之意义在于确定合同是否成立以及标的物风险转移时间。借用、民间的借贷、保管、定金、寄存等合同属于实践合同,就借款合同而言,只有当借贷方实际交付借款时该合同才真正成立。《合同法》第 210 条规定,自然人之间的借款合同,自贷款人提供借款时生效。所以,B 选项正确。

52. 丁某向高某借款 20 万元时双方未约定利息,则丁某(   )。

A. 应按同期银行居民贷款利率付息

B. 应按同期银行居民存款利率付息

C. 应按同期银行居民贷款平均利率付息

D. 不须支付利息

【璧尘解析】D。《合同法》第 211 条规定,自然人之间的借款合同对支付利息没有约定或者约定不明确的,视为不支付利息。

53. 丁某向高某借款时,将房屋抵押给高某作为还款的担保,该房屋抵押合同(   )。

A. 自签订时生效

B. 自借款合同生效时生效

C. 自办理抵押登记时生效

D. 自丁某取得全部借款时生效

【璧尘解析】B。抵押合同为从合同。抵押合同是为担保主合同债权而订立的合同,属于主合同的从合同,其效力从属于主合同的效力。所以,该房屋抵押合同自借款合同生效时生效,B 选项正确。

54. 所有权人小峰向丁某出售该商品房时,该商品房买卖合同应该由(   )。

A. 小峰自己签订

B. 小峰的法定代理人代理签订

C. 小峰征得其法定代理人同意后自己签订

D. 小峰自己签订后进行公证

【璧尘解析】B。《民法通则》第 12 条规定,不满十周岁的未成年人是无民事行为能力人,由他的法定代理人代理民事活动。小峰未满十周岁,所以 B 选项正确。

55. 丁某取得该商品房所有权的时间为（   ）。

A. 该商品房买卖合同成立时

B. 该商品房买卖合同生效时

C. 丁某付清全部购房款时

D. 该商品房过户给丁某时

【璧尘解析】D。动产所有权转移以交付为要件,不动产所有权转移以登记为要件。对于房地产转让、抵押,当事人应当依照规定办理权属登记。只有办理完成房屋过户登记手续,房屋所有权才发生转移。

2007 年 B 类

12. 翠竹园小区业主委员会决定解聘该小区物业管理公司时遭拒。依据《物权法》,解聘物业管理公司的决定必须（   ）。

A. 经业主委员会 1/2 以上的业主同意

B. 经业主委员会 2/3 以上的业主同意

C. 经专有部分占建筑物总面积 1/2 以上且占总人数 1/2 以上的业主同意

D. 经专有部分占建筑物总面积 2/3 以上且占总人数 2/3 以上的业主同意

【璧尘解析】C。《物权法》第 76 条规定,下列事项由业主共同决定:(一)制定和修改业主大会议事规则;(二)制定和修改建筑物及其附属设施的管理规约;(三)选举业主委员会或者更换业主委员会成员;(四)选聘和解聘物业服务企业或者其他管理人;(五)筹集和使用建筑物及其附属设施的维修资金;(六)改建、重建建筑物及其附属设施;(七)有关共有和共同管理权利的其他重大事项。决定前款第五项和第六项规定的事项,应当经专有部分占建筑物总面积三分之二以上的业主且占总人数三分之二以上的业主同意。决定前款的其他事项,应当经专有部分占建筑物总面积过半数的业主且占总人数

过半数的业主同意。本题中,解聘物业管理公司的决定属于上述第四项范围,故答案为 C 选项。《物权法》于 2007 年 3 月 16 日通过,当年考题中就考到相关知识点,与经济社会关系密切的新法一直是考试的热点。

案例分析题

海滨市甲公司研发部门技术人员 A 按公司安排开发出一项商业秘密,用于甲公司生产的制鞋机中,甲公司生产的制鞋机因此在华东地区长期销路很好,市场影响大,知名度很高,有时甚至缺货。海滨市乙公司也生产制鞋机,由于技术相对落后,销路不好。乙公司号召员工献计献策,以打开产品销路。

49. 乙公司为改变品牌形象,将从甲公司购买的制鞋机换上自己的商标进行销售,该行为（   ）。

A. 客观上利于甲公司,是合法行为

B. 是虚假宣传行为

C. 侵犯甲公司注册商标专用权

D. 是商业诋毁行为

【璧尘解析】C。《商标法》第 57 条规定,有下列行为之一的,均属侵犯注册商标专用权:(一)未经商标注册人的许可,在同一种商品上使用与其注册商标相同的商标的;(二)未经商标注册人的许可,在同一种商品上使用与其注册商标近似的商标的,或者在类似商品上使用其注册商标相同的或者近似的商标,客观容易导致混淆的;(三)销售侵犯注册商标专用权的商品的;(四)伪造、擅自制造他人注册商标标识或者销售伪造、擅自制造的注册商标标识的;(五)未经商标注册人同意,更换其注册商标并将该更换商标的商品又投入市场的;(六)故意为侵犯他人商标专用权行为提供便利条件,帮助他人实施侵犯商标专用权行为的;(七)给他人的注册商标专用权造成其他损害的。因此,C 选项正确。注:解析参照的系 2014 年 5 月 1 日起实施的新《商标法》。

《反不正当竞争法》第 14 条规定,经营者

不得捏造、散布虚假事实,损害竞争对手的商业信誉、商品声誉。可见,乙公司的上述行为并不同于此处的商誉诋毁行为。因此,D项错误。第9条规定,经营者不得利用广告或者其他方法,对商品的质量、制作成分、性能、用途、生产者、有效期限、产地等作引人误解的虚假宣传。广告的经营者不得在明知或者应知的情况下,代理、设计、制作、发布虚假广告。乙公司的上述行为也不是虚假宣传行为。因此,B项错误。A项明显错误。

2008 年 B 类

27. 受要约人对要约内容作出实质性变更的情形是(   )。

A. 变更合同履行期限的

B. 变更合同价款的

C. 变更争议解决方法的

D. 变更合同履行地点的

【璧尘解析】ABCD。有关合同标的、数量、质量、价款或报酬、履行期限、履行地点和方式、违约责任和解决争议方法等的变更,是对要约内容的实质性变更。

案例分析题

2006 年 9 月,市民汪某向本市广播电视局缴纳 1000 元初装费安装有线电视。一年后,汪某缴纳有线电视费用时,发现清单上有汪某未要求开通且未观看的收费频道,费用达 120 元,遂找市广播电视局交涉。经查系设备技术故障所致。汪某在交涉中要求双倍返还多收的有线电视费。广播电视局工作人员态度蛮横,对汪某恶语相加,拒绝了汪某的要求。汪某甚怒,遂起诉广播电视局。

36. 汪某与市广播电视局之间订立的合同是(   )。

A. 买卖合同   B. 行政合同

C. 服务合同   D. 加工承揽合同

【璧尘解析】C。服务合同是指一方提供服务一方给付金钱的合同。

案例分析题

张某,17 岁,在本镇的啤酒厂做临时工,每月有 900 元的收入,为满足其女友林某的要求,未经其父母同意,欲花 500 元钱从李某处买一台旧彩电,此事遭到了其父母的强烈反对,但张某还是买了下来。同年 10 月,张某因患精神分裂症丧失了民事行为能力。随后,其父找到李某,主张李某与张某之间的买卖无效,要求李某返还钱款,拿走彩电。

46. 关于张某患精神分裂症之前的民事行为能力,下列表述正确的是(   )。

A. 张某为无民事行为能力人

B. 张某为限制民事行为能力人

C. 张某应视为完全民事行为能力人

D. 张某为相对民事行为能力人

【璧尘解析】C。《民法通则》规定,如果已满 16 周岁且以自己的劳动收入为主要生活来源来维持自己正常生活的自然人具有完全行为能力。因此张某患精神分裂症之前应视为完全民事行为能力人。

47. 关于张某与李某之间的买卖合同效力,下列表述正确的是(   )。

A. 有效   B. 可撤销

C. 无效   D. 效力待定

【璧尘解析】A。本案中,买卖合同成立时,张某属于完全民事行为能力人,且双方意思表达一致,因此买卖合同有效。

48. 张某丧失民事行为能力后,其监护人应当是(   )。

A. 张某之父   B. 张某之母

C. 林某   D. 啤酒厂

【璧尘解析】AB。精神病人的监护人的顺序为,第一顺序:配偶;第二顺序:父母;第三顺序:成年子女;第四顺序:其他近亲属;第五顺序:关系密切的其他亲属、朋友愿意承担监护责任,经精神病人的所在单位或住所地的居委会、村委会同意的。

49. 张某丧失民事行为能力后,张某父母的下列做法不合法的是(   )。

A. 将张某存款借给张某的叔叔

B. 将张某存款捐给希望工程

C. 用张某存款为林某购买首饰

D. 用张某存款为张某购买备用药品

【璧尘解析】ABC。根据《民法通则》第18条的规定,监护人应当履行监护职责,保护被监护人的人身、财产及其他合法权益,除为被监护人的利益外,不得处理被监护人的财产。

50. 张某丧失民事行为能力后,其叔父赠与他一台彩电。下列表述正确的是(　　)。

A. 张某的叔母可以主张该赠与无效

B. 张某的叔母不得主张该赠与无效

C. 张某的父母可以主张该赠与无效

D. 张某的父母不得主张该赠与无效

【璧尘解析】BD。无民事行为能力、限制民事行为能力人接受奖励、赠与、报酬,他人不得以行为人无民事行为能力、限制民事行为能力为由,主张以上行为无效。

2009 年 B 类

11. 甲对乙新换的手机爱不释手,听丙说是进口高档手机,便主动以 4000 元购买。但事后确认该手机其实是本地产普通手机,市场价仅 1000 元。若甲反悔,以下说法正确的是(　　)。

A. 是甲主动要求购买的,买卖合同有效

B. 乙欺骗了甲,买卖合同无效

C. 甲存在重大误解,买卖合同可以撤销

D. 丙欺骗了甲,买卖合同无效

【璧尘解析】C。可撤销的合同情形是:因重大误解订立的合同;在订立时显失公平的合同;一方以欺诈、胁迫的手段或者乘人之危,使对方在违背真实意思的情况下订立的合同。

30. 甲作为出售方与乙签订买卖合同,为保障债权实现,可以要求乙提供的债权担保方式有(　　)。

A. 定金　　　　B. 保证

C. 抵押　　　　D. 质押

【璧尘解析】ABCD。债权的担保,是指债的双方当事人按照法律或者约定,为了促使债务人履行债务,保障债权人实现债权而采取的一种法律手段。我国法律规定的债权担保方式主要有:(1)保证:保证是指保证人和债权人约定,当债务人不履行债务时,由保证人按照约定履行主合同的义务或者承担责任的行为。(2)抵押:抵押是指债务人或者第三人不转移抵押财产的占有权,将该财产抵押作为债权的担保。当债务人不履行债务时,债权人有权依照《担保法》的规定,以抵押财产折价或者以拍卖、变卖该财产的价款优先受偿。(3)质押:质押是指债务人或者第三人将其动产移交债权人占有,或者将其财产权利交由债权人控制,将该动产或者财产权利作为债权的担保。债务人不履行债务时,债权人有权依照《担保法》的规定,以该动产或者财产权利折价,或者以拍卖、变卖该动产或者财产权利的价款优先受偿。(4)留置:留置是指在保管合同、运输合同、加工承揽合同中,债权人依照合同约定占有债务人的动产,债务人不按照合同约定的期限履行债务的,债权人有权依照《担保法》规定留置该财产,以该财产折价或者以拍卖、变卖该财产的价款优先受偿。(5)定金:定金是指合同当事人一方为了担保合同的履行,预先支付另一方一定数额的金钱的行为。债务人履行债务后,定金应当抵作价款或者收回。给付定金的一方不履行合同约定的债务的,无权要回定金;收受定金的一方不履行合同约定的债务的,应当双倍返还定金。

案例分析题

某药材公司与某制药厂签订的枸杞买卖合同约定:药材公司于当年 9 月底前将 50 吨枸杞交给制药厂,每吨 1.2 万元,制药厂在合同签订后 5 日内支付定金 10 万元,收货后 20 日内付清货款。合同还约定,药材公司迟交货 1 天,支付违约金 500 元;一方有其他违约情况,应向对方支付违约金 1 万元。因药材公司董事长出国,合同仅有药材公司的公章,董事长未签字。合同订立后,制药厂如期支付定金10万元。因枸杞产地连续下雨,加上药材公司组织收购不力,直至10月6日,药材公司才通过铁路运输将50吨枸杞发给制药厂。火车行进途中,遇山洪暴发,一部分货物被冲走。10月20日,制药厂收到货物,请当地卫生部门对该批货物进行检验,确认该批枸杞已不适宜做药材使用,故暂时存放在仓库里,并电告药材公司要求退货,双倍返还定金,支付违约金1万元。

36. 某药材公司董事长未在合同上签字,对该合同效力判断正确的是( )。

    A. 合同无效

    B. 合同有效

    C. 合同效力待定

    D. 合同可撤销

【璧尘解析】B。根据《合同法》第35条的规定,合同采用合同书的形式签订的,自双方当事人签字或者签章时合同成立,因此B项正确。

37. 某药材公司没有按期交付枸杞,应当属于( )。

    A. 不可抗力   B. 意外事件

    C. 情势变更   D. 合同违约

【璧尘解析】D。本案中,药材公司履行迟延,已构成违约。因此D项正确。

38. 货物在运输途中受损,承担损失的当事人是( )。

    A. 某药材公司

    B. 某制药厂

    C. 药材的承运人

    D. 某药材公司与药材的承运人

【璧尘解析】B。根据《合同法》第145条的规定,当事人没有约定交付地点或者约定不明确的,依照本法第141条第2款第1项的规定,标的物需要运输的,出卖人将标的物交付给第一承运人后,标的物毁损、灭失的风险由买受人承担。

39. 就某制药厂提出的退货要求,以下观点正确的是( )。

    A. 可以退货

    B. 不能退货

    C. 必须征得某药材公司同意才能退货

    D. 必须经质监部门确认不合格才能退货

【璧尘解析】A。根据《合同法》第148条的规定,因标的物质量不符合质量要求,致使不能实现合同目的的,买受人可以拒绝接受标的物或者解除合同。买受人拒绝接受标的物或者解除合同的,标的物毁损、灭失的风险由出卖人承担。本案中,因为该批货物的质量不符合合同约定,药材公司应当承担违约责任。制药厂可以根据卫生部门作出的该批枸杞已不适宜于制作药材的检验证明而要求退货。

40. 就某制药厂有关定金和违约金的要求而言,合法且对其最有利的处理是( )。

    A. 某药材公司支付违约金并双倍返还定金

    B. 某药材公司支付违约金并返还定金

    C. 某药材公司只双倍返还定金

    D. 某药材公司只支付违约金

【璧尘解析】C。本案中当事人既约定定金,又约定违约金,在这种情况下,一方违约时,对方可以选择适用违约金或者定金条款。本案中,制药厂可以只要求药材公司支付违约金并返还定金即获得违约金1万元和定金10万元,可以要求药材公司只双倍返还定金即获得20万元,由此对比可知对制药厂最有利的处理就是要求药材公司双倍返还定金20万元。

2010 年 B 类

11. 养蜂人将蜂箱放在场头,蜜蜂在附近采集花粉。后养牛人将牛拴在离蜂箱5米远处,不久牛被蜜蜂蛰死。该案中关于过错的认定,正确的是( )。

    A. 养蜂人存在过错

B. 养蜂人过错大,养牛人过错小

C. 养牛人存在过错

D. 养牛人过错大,养蜂人过错小

【璧尘解析】D。牛主人明知养蜂人放置蜂箱的地点,还把牛拴到蜂箱附近,并未尽到一般的注意义务,存在过错,导致牛被蜜蜂蜇死。养蜂人将蜂箱放在场头,未考虑事故可能发生,也没有提出警示注意,也存在过错,不过没有养牛人的过错大。所以从责任认定的角度看,双方都有责任。

30. 明星丁某在赈灾晚会上公开承诺给灾区捐款 80 万元,但事后只捐了 30 万元,对其余 50 万元的捐赠,下列说法错误的有( )。

A. 丁某只是口头承诺,可以撤销捐助

B. 赠与是实践合同,因丁某尚未给付,可以撤销捐赠

C. 丁某不可以撤销这一捐赠,因为这是救灾

D. 丁某不可以撤销这一捐赠,因为他是公众人物

【璧尘解析】ABD。《合同法》规定,赠与合同是诺成合同,当事人意思表示一致时即成立,无须交付。AB 两项错误。赠与人在赠与财产的权利转移之前可以撤销赠与,这是赠与的任意撤销。《合同法》对赠与人行使任意撤销权的范围进行了限制,即具有救灾、扶贫等社会公益、道德义务性质的赠与合同或者经过公证的赠与合同,赠与人不得行使任意撤销权。本题中明星丁某的赠与是为救灾,不可以任意撤销。因此选 ABD。

案例分析题

某市鸿福家园小区内道路损坏较为严重,需进行改造。该小区现无其他资金。只有建筑物及其附属设施的维修资金,在道路改造时,业主委员会决定一并对部分门禁系统进行更换,并将改造后的道路划出一定的停车位,使用车位的业主必须缴纳一定的费用,但对这一收益未有分配办法。

36. 小区使用维修资金的决定,应当经专有部分占建筑物总面积的一定比例以上的业主且占总人数一定比例以上的业主同意,这两个比例分别是( )。

A. 1/2 和 1/2

B. 2/3 和 1/2

C. 1/2 和 2/3

D. 2/3 和 2/3

【璧尘解析】D。《物权法》第 76 条规定,下列事项由业主共同决定:(一)制定和修改业主大会议事规则;(二)制定和修改建筑物及其附属设施的管理规约;(三)选举业主委员会或者更换业主委员会成员;(四)选聘和解聘物业服务企业或者其他管理人;(五)筹集和使用建筑物及其附属设施的维修资金;(六)改建、重建建筑物及其附属设施;(七)有关共有和共同管理权利的其他重大事项。决定第五项和第六项规定的事项,应当经专有部分占建筑物总面积三分之二以上的业主且占总人数三分之二以上的业主同意。决定其他事项,应当经专有部分占建筑物总面积过半数的业主且占总人数过半数的业主同意。因此选 D。

37. 若对业主委员会更换部分门禁系统决定不服,则有权请求人民法院撤销该决定的是( )。

A. 居民委员会

B. 物业管理公司

C. 受侵害的业主

C. 房产管理公司

【璧尘解析】C。《物权法》第 78 条规定,业主大会或者业主委员会的决定,对业主具有约束力。业主大会或者业主委员会做出的决定侵害业主合法权益的,受侵害的业主可以请求人民法院予以撤销。因此选 C。

38. 道路改造后施划的汽车停车位属于( )。

A. 开发商所有

B. 车主所有

C. 全体业主共有所有

D. 物业公司所有

【璧尘解析】C。《物权法》第 74 条规定，占用业主共有的道路或者其他场地用于停放汽车的车位，属于业主共有。因此选 C。

39. 有关车位所获收益的分配，下列表述正确的是（　　）。

A. 由物业公司决定

B. 由业主委员会决定

C. 按业主户数均等分配

D. 按业主专有部分的比例分配

【璧尘解析】D。《物权法》第 80 条规定，建筑物及其附属设施的费用分摊、收益分配等事项，有约定的，按照约定；没有约定或者约定不明确的，按照业主专有部分占建筑物总面积的比例确定。因此选 D。

40. 对车位使用的管理，下列说法错误的是（　　）。

A. 由业主自行管理

B. 由居民委员会管理

C. 委托物业公司管理

D. 委托其他管理人管理

【璧尘解析】B。《物权法》第 81 条规定，业主可以自行管理建筑物及其附属设施，也可以委托物业服务企业或者其他管理人管理。对建设单位聘请的物业服务企业或者其他管理人，业主有权依法更换。因此 B 项错误。

2011 年 B 类

案例分析题

翁甲是富锦生化有限公司（简称富锦公司）的高级工程师，在工作中经过长期试验研究，发明了畜用消毒剂。该成果由富锦公司向国家专利局申请发明专利后，投入生产销售"畜乐"畜用消毒剂，市场销路很好。翁甲认为自己是发明人，公司不应当擅自申请专利，因此与公司产生纠纷。

三合化学制品厂（简称三合厂）见该产品有利可图，便开始生产由翁甲提供配方的畜

用消毒剂，其产品采用"畜安"的品牌名称，以三合牌未注册商标销售。同时，三合厂印制了两千多份说明书，随产品分发，并向全国有关单位邮寄了数百份。说明书称：目前市场上有假冒的畜用消毒剂销售，伪品改头换面，以所谓"畜乐"畜用消毒剂之名出现，不仅质量差，而且对人畜都有害，欺骗广大消费者，侵犯了专利权人翁甲的专利权及我厂的专利使用权，实属违法行为……三合厂的宣传给富锦公司的产品销售造成了不良影响，一些客户纷纷与之终止履行供货合同。为此，富锦公司以三合厂为被告向人民法院起诉。至起诉时，富锦公司申请的专利未获批准。

36. 翁甲发明的畜用消毒剂的专利申请权应当属于（　　）。

A. 富锦公司

B. 翁甲

C. 翁甲和富锦公司

D. 三合厂

【璧尘解析】A。《专利法》第 6 条规定，执行本单位的任务或者主要是利用本单位的物质技术条件所完成的发明创造为职务发明创造。职务发明创造申请专利的权利属于该单位；申请被批准后，该单位为专利权人。本案例中，翁甲在工作中经过长期试验研究，发明了畜用消毒剂，属于职务发明，专利申请权属于富锦公司。

37. 依据《商标法》，对三合厂使用三合牌未注册商标的行为，下列说法正确的是（　　）。

A. 构成对翁甲的专利侵权

B. 在该专利申请公布后，富锦公司可要求三合厂支付适当费用

C. 构成对富锦公司的专利侵权

D. 该技术是翁甲的发明创造，三合厂不构成侵权

【璧尘解析】B。只有在专利被授权之后，申请人才成为专利权人，享有专利权。本案中，富锦公司是专利的申请人，至起诉时，富锦公司申请的专利未获批准，即富锦公司

并没有成为专利权人。富锦公司在专利申请公布后,获得专利批准前,可以和对方协商要求其支付使用费用。专利批准后可通过诉讼途径解决。

38. 依据《商标法》,对三合厂使用三合牌未注册商标的行为,下列说法正确的是（ ）。

A. 合法,且享有该商标专用权

B. 不合法,不允许使用为注册商标销售商品

C. 合法,但不享有商标专用权

D. 不合法,该商标与企业名称混淆

【璧尘解析】C。《商标法》第6条规定,法律、行政法规规定必须使用注册商标的商品,必须申请商标注册,未经核准注册的,不得在市场销售。注:解析参照的系2014年5月1日起实施的新《商标法》。

2012 年 B 类

案例分析题

9岁的王小花没钱买玩具,向父母要钱遭拒绝。某日,王小花随父母到姨妈李某家玩,见梳妆台上有一个金戒指（价值2500元）,随即偷偷放进自己的口袋。当日,王小花将金戒指以200元的价格卖给玩具店老板张某,并称这戒指是过生日时妈妈送她的礼物。次日,李某发现金戒指不见了,便告知王小花母亲,经询问后得知,金戒指确是王小花所拿且已卖给了张某。王小花的母亲随即找到张某要求返还金戒指,并退还张某200元,张某称金戒指是花钱买的,且已以2000元卖给了好友林某,无法返还。

51. 王小花与张某买卖金戒指的行为是（ ）。

A. 有效的民事法律行为

B. 可撤销的民事行为

C. 效力待定的民事行为

D. 无效的民事行为

【璧尘解析】D。根据《民法通则》的规定,不满10周岁的未成年人是无民事行为能力人,需要由他的法定代理人代理民事活动。无民事行为能力人实施的民事行为一般认定为无效,但实施的与其年龄相适应的简单民事行为和纯获利益的行为一般认定为有效。本案中王小花只有9岁,为无民事行为能力人,其将价值2500元的金戒指出卖的行为与其年龄不相适应,是无效的,D项正确。

52. 下列关于王小花法律责任的说法,正确的是（ ）。

A. 承担民事责任

B. 承担行政责任

C. 不承担法律责任

D. 承担刑事责任

【璧尘解析】C。本案中,王小花只有9岁,为无民事行为能力人,不承担法律责任。

53. 如果李某起诉林某要求归还戒指,下列说法正确的是（ ）。

A. 林某买卖财物不合法,应返还戒指

B. 林某不知金戒指为窃物且支付了合理的对价,可以拒绝返还

C. 林某根据买卖合同已实际占有了金戒指,可拒绝返还

D. 李某基于所有权,可直接要求林某返还金戒指

【璧尘解析】B。《物权法》第106条规定,无处分权人将不动产或者动产转让给受让人的,所有权人有权追回;除法律另有规定外,符合下列情形的,受让人取得该不动产或者动产的所有权:（1）受让人受让该不动产或者动产时是善意的;（2）以合理的价格转让;（3）转让的不动产或者动产依照法律规定应当登记的已经登记,不需要登记的已经交付给受让人。本案中,虽然张某无权处分戒指,但林某对戒指为窃物并不知情,属于善意的,且支付了合理对价,并且戒指已经交付,符合善意取得的构成要件,林某成为该戒指的所有权人,有权拒绝返还,B项正确。

54. 如果李某要求张某返还金戒指遭拒绝,张某应承担的法律责任是（ ）。

A. 刑事责任

B. 行政责任

C. 民事责任

D. 民事责任和刑事责任

【璧尘解析】C。根据《物权法》第106条的规定,受让人依照该条第1款的规定取得不动产或者动产的所有权的,原所有权人有权向无处分权人请求赔偿损失。也就是说,张某有赔偿的义务,这是一种民事责任。张某并未犯罪,也没有违反行政法律规定,不需要承担刑事责任和行政责任。

55. 如果李某要求赔偿损失,那么损失赔偿的义务人应该是( )。

A. 林某　　　　B. 张某

C. 王小花父母　D. 王小花

【璧尘解析】C。《侵权责任法》第32条规定,无民事行为能力人、限制民事行为能力人造成他人损害的,由监护人承担侵权责任。监护人尽到监护责任的,可以减轻其侵权责任。依据这一规定,李某有权要求王小花的父母赔偿损失。

2013 年 B 类

18. 徐某办完离店手续欲走出某宾馆大门时,因地面有水迹,滑倒致右臂骨裂。关于徐某的损害赔偿承担责任,下列说法正确的( )。

A. 徐某承担责任,因其已办完离店手续

B. 徐某承担责任,因其自己不小心滑倒

C. 宾馆承担责任,因宾馆未尽到安全保障义务

D. 徐某承担主要责任,宾馆承担补充责任,因徐某还未走出宾馆

【璧尘解析】C。本案中,宾馆因未尽合理限度范围内的安全保障义务致使顾客遭受人身损害。宾馆应承担侵权赔偿责任。

19. 蔡某饲养的一条宠物狗挣脱后,将一名在小区内玩耍的小孩咬伤,有人指认该狗为蔡某所养,该小孩家长找到蔡某要求赔偿。关于小孩被狗咬伤的责任承担,下列说法正确的是( )。

A. 蔡某承担责任,因蔡某是狗的饲养人

B. 小区物管公司承担责任,因物管人员疏于管理

C. 小孩家长承担责任,因小孩被咬纯属意外

D. 蔡某与小区物管公司共同承担责任,因蔡某和物管公司均存在过错

【璧尘解析】A。《侵权责任法》第78条规定,饲养的动物造成他人损害的,动物饲养人或者管理人应当承担侵权责任,但能够证明损害是因被侵权人故意或者重大过失造成的,可以不承担或者减轻责任。

案例分析题

村民王某和施某两家相邻。2012年3月,施某在两家之间都不享有宅基地使用权的空地上砌了一堵墙。谁知,这堵墙竟成了两家关系恶化的导火索,围绕砌墙的合法性,砌墙后王家的采光、通风、排水等问题,两家互不相让。5月4日,王某、施某又起纷争,施某先动手打了王某。继而双方互殴,王某右踝骨折,施某左上臂挫伤。后经鉴定,王某被打成轻伤,王某要求施某赔偿其因轻伤所受的损失,并要求公安机关对施某处以治安处罚。

51. 因施某砌墙影响王家采光、通风、排水等而产生的法律关系属于( )。

A. 物业关系　　B. 合同关系

C. 环境关系　　D. 相邻关系

【璧尘解析】D。《民法通则》第83条规定,不动产的相邻各方,应当按照有利生产、方便生活、团结互助、公平合理的精神,正确处理截水、排水、通行、通风、采光等方面的相邻关系。故本题答案为D。

53. 施某将王某打成轻伤,需承担的法律责任是( )。

A. 行政责任和刑事责任

B. 民事责任和刑事责任

C. 民事责任和行政责任

D. 行政责任、民事责任和刑事责任

【璧尘解析】B。《刑法》第234条规定，故意伤害他人身体的，处三年以下有期徒刑、拘役或者管制。《民法通则》第119条规定，侵害公民身体造成伤害的，应当赔偿医疗费、因误工减少的收入、残废者生活补助费等费用；造成死亡的，并应当支付丧葬费、死者生前扶养的人必要的生活费等费用。故本题答案为B。

54. 王某和施某的斗殴行为在侵权形态上属于（   ）。

A. 单方侵权　　　B. 共同侵权

C. 相互侵权　　　D. 特殊侵权

【璧尘解析】C。本案中，王某和施某的斗殴行为互相侵犯了对方的权益，相互造成了身体伤害。

2014 年 B 类

7. 孙某，16周岁，经其父亲同意，在网上与乙某达成二手电动车买卖协议，该协议是（   ）。

A. 有效合同　　　B. 效力待定合同

C. 无效合同　　　D. 可撤销合同

【璧尘解析】A。《民法通则》第12条规定，十周岁以上的未成年人是限制民事行为能力人，可以进行与他的年龄、智力相适应的民事活动。《合同法》第47条规定，限制民事行为能力人订立的合同，经法定代理人追认后，该合同有效，但纯获利益的合同或者与其年龄、智力、精神健康状况相适应而订立的合同，不必经法定代理人追认。本题中孙某属于限制行为能力人，孙某的法定代理人是其父亲，孙某经其父亲同意订立的买卖合同是有效的。

18. 杨某趁同事李某外出，擅用李某的电子邮箱，以李某的名义向所有同事发了一封邮件，诬陷同事华某。下列权利中，被杨某侵犯的是（   ）。

A. 李某的隐私权

B. 李某的署名权

C. 华某的名誉权

D. 华某的荣誉权

【璧尘解析】C。名誉权，是指公民或法人对自己在社会生活中获得的社会评价、人格尊严享有的不受侵犯的人格权。侵犯名誉权的构成要件有四个方面：（1）行为人故意（或过失）实施了侮辱、诽谤的行为。（2）侮辱、诽谤指向特定人。（3）侮辱、诽谤的行为为第三人所知悉。（4）受害人的社会评价因侵害人的行为而降低。故本题答案选C。

19. 某市化工厂排污造成河流污染，致使该市某区自来水一时无法正常使用，市民不得不购买三天的矿泉水作为生活用水。根据《中华人民共和国民事诉讼法》的规定，对该市市民的损失，有资格作为民事诉讼原告的是（   ）。

A. 该区工会组织

B. 该区环保部门

C. 该区遭受损失的市民

D. 该市的消费者协会

【璧尘解析】C。《民事诉讼法》第119条规定，原告是与本案有直接利害关系的公民、法人和其他组织。因此，本题中有资格作为民事诉讼原告的是与案件有直接利害关系的该区遭受损失的市民。

20. 万某育有二女一子，都已成家。万某留下亲笔遗嘱，指示其死后所有财产由其儿子继承，该遗嘱未经公证，也无证人见证。下列对该遗嘱效力的判断正确的是（   ）。

A. 违反男女继承权平等原则，无效

B. 无见证人见证，无效

C. 符合法律规定，有效

D. 未经公证，无效

【璧尘解析】C。《继承法》第16条规定，公民可以立遗嘱将个人财产指定由法定继承人的一人或者数人继承。遗嘱的形式有公正、自书、代书、录音、口头遗嘱。本题中的遗嘱属于自书遗嘱，符合法律规定。

案例分析题

2012年3月，胡某与李某合伙租用甲公司场地开设美容院，胡某负责业务的执行，并进行了工商登记。2013年11月，美容院服务员赵某操作美容仪器不当，致顾客王某伤残。当王某提出赔偿请求时，美容院辩称，王某受伤系美容仪器质量不合格所致，因而拒绝赔偿。王某遂向工商局投诉。胡某在得知王某的治疗费高达40余万元后，害怕承担赔偿责任，在未退还美容会员卡余额的情况下，携款潜逃。后查明，该美容院尚拖欠甲公司半年的房租，且未办理工商年检手续。

37. 本案中，美容院与会员卡尚有余额的会员之间的债权债务关系属于（　　）。

A. 不当得利之债　B. 无因管理之债

C. 合同之债　　　D. 侵权之债

【璧尘解析】C。本案中，美容院与其会员之间是合同关系，因合同关系而形成的债权债务关系属于合同之债。

38. 本案中，可以使受损会员权益得到最有效救济的途径是（　　）。

A. 向工商局投诉

B. 向公安机关报案

C. 向法院提起民事诉讼

D. 向消费者协会投诉

【璧尘解析】C。本题中，可以使受损会员权利得到最有效救济的途径是向法院提起民事诉讼，因为民事诉讼判决具有法律强制性，是国家处理民事纠纷的最有效的手段。

2005年C类

27. 小周今年17岁，在乡办粮食加工厂做工。依据民法，小周（　　）。

A. 具有民事权利能力

B. 无民事行为能力

C. 具有限制民事行为能力

D. 视为具有完全民事行为能力

【璧尘解析】AD。《民法通则》第11条规定，十六周岁以上不满十八周岁的公民，以自己的劳动收入为主要生活来源的，视为完全民事行为能力人。公民的民事权利始于出生，终于死亡。

案例分析题

2003年8月3日，村民甲在自家门前捡到5只暴雨冲散的绵羊，便赶入圈中饲养，等待羊的主人认领，并将此事告知了邻里。过了两个月，甲欲外出打工，将5只羊以1200元的价格卖给了邻村的乙。当年12月，失主丙得知此事，找到乙，要求乙返还该5只羊，但乙认为羊是其付款买来的，不同意归还。

36. 甲饲养5只羊的过程中与丙的法律关系是（　　）。

A. 无因管理关系　　B. 合同关系

C. 不当得利关系　　D. 侵权关系

【璧尘解析】A。无因管理有三个构成要件：（1）管理他人事务，既包括对他人的事务的管理行为，如对他人财物的保存、利用、改良、管领、处分等，也包括对他人提供服务，如为他人提供劳务帮助。（2）为避免他人利益损失而代为管理，管理人主观上有为他人利益管理的意思，亦即是为他人谋利益的，这是无因管理成立的主观要件。（3）无法律上的义务：无因管理的"无因"是指无法律上的原因，也就是无法律上的根据。

37. 甲卖羊所获1200元是（　　）。

A. 无因管理所得　　B. 不当得利

C. 正当劳动所得　　D. 合法所得

【璧尘解析】B。不当得利指没有合法根据，或事后丧失了合法根据而被确认为是因致他人遭受损失而获得的利益。不当得利的取得，不是由于受益人针对受害人而为的违法行为，而是由于受害人或第三人的疏忽、误解或过错所造成的。本案中由于丙的管理疏忽,甲对羊的处理属于无因管理,但甲对羊并无处分权,卖得的价款属于不当得利。

38. 动产所有权转移的标志是( )。

A. 合同成立　　　　B. 合同生效

C. 动产交付　　　　D. 动产登记

【璧尘解析】C。动产所有权转移以交付为标志,不动产所有权转移以登记为标志。

39. 最终,5只羊的所有权应当归( )。

A. 甲　　　　　　　B. 乙

C. 丙　　　　　　　D. 国家

【璧尘解析】C。此题是2005年的老题,当年《物权法》还没有出台,基于善意取得的5只羊归善意第三人乙。但2007年3月《物权法》出台后,对于遗失物有特别明确的规定,《物权法》第107条规定,所有权人或者其他权利人有权追回遗失物。该遗失物通过转让被他人占有的,权利人有权向无处分权人请求损害赔偿,或者自知道或者应当知道受让人之日起二年内向受让人请求返还原物,但受让人通过拍卖或者向具有经营资格的经营者购得该遗失物的,权利人请求返还原物时应当支付受让人所付的费用。权利人向受让人支付所付费用后,有权向无处分权人追偿。

40. 根据法律规定,下列说法不正确的是( )。

A. 丙要求乙返还5只羊

B. 丙要求甲返还卖羊款1200元

C. 丙要求乙返还5只羊并要求甲返还1200元

D. 丙要求乙返还5只羊并愿意支付甲饲养费用

【璧尘解析】ABCD。此案中,正确的处理方式是失主丙有权追回丢失的羊,自知道或者应当知道受让人之日起二年内向乙请求返还羊,请求返还原物时应当支付受让人乙所付的费用1200元。支付费用后,失主丙有权向无处分权人甲追偿1200元,但需要支付甲饲养费用。简单表述就是,丙要求乙返还5只羊并向其支付羊款1200元,另要求甲返还1200元并愿意支付甲饲养费用。

2006年C类

案例分析题

顾某外出经商多年下落不明,其妻钱某依法向人民法院申请宣告他死亡。顾某宣告死亡之日为2005年3月16日。由于顾某无遗嘱,其遗产按照法定继承处理。钱某继承的遗产中包括一台价值4180元的电冰箱。2006年1月16日,钱某与李某结婚。2006年2月,顾某突然出现,并申请人民法院撤销了其死亡宣告。

36. 按照《民法通则》的规定,利害关系人可以向人民法院申请宣告某公民死亡,必须是其下落不明满( )。

A. 1年　　　　　　B. 2年

C. 3年　　　　　　D. 4年

【璧尘解析】D。《民法通则》第23条规定,因一般原因失踪和在战争中失踪的,利害关系人申请宣告死亡,须失踪人失踪达四年。因意外事故失踪的,申请宣告死亡须失踪人失踪达两年,从意外事故发生之日起计算。

37. 在顾某被人民法院宣告死亡后,有权继承其遗产的人包括( )。

A. 顾某的父亲　　　B. 顾某的妹妹

C. 顾某的侄子　　　D. 顾某的养女

【璧尘解析】AD。顾某无遗嘱,其遗产按照法定继承处理。法定继承中的遗产按照下列顺序继承:第一顺序:配偶、子女、父母。第二顺序:兄弟姐妹、祖父母、外祖父母。继承开始后,由第一顺序继承人继承,第二顺序继承人不继承。没有第一顺序继承人继承的,由第二顺序继承人继承。子女,包括婚生子女、非婚生子女、养子女和有扶养关系的继子女。父母,包括生父母、养父母和有扶养关系的继父母。兄弟姐妹,包括同父母的兄弟姐妹、同父异母或者同母异父的兄弟姐妹、养兄弟姐妹、有扶养关系的继兄弟姐妹。所以,顾某的父亲、养女可以作为第一顺序继承人继承遗产,顾某的妹妹是第二顺序继承人,在第一顺序继承存在的情况下无继承权,顾某的侄子无继承权,BC 选项错误。

38. 顾某的死亡宣告被人民法院撤销后,其与钱某的婚姻关系(   )。

A. 在钱某与李某离婚后自行恢复

B. 由钱某选择决定

C. 自其死亡宣告被撤销之日起恢复

D. 不得认定自行恢复

【璧尘解析】D。被宣告死亡的人与配偶的婚姻关系,自死亡宣告之日起消灭。死亡宣告被人民法院撤销,如果其配偶尚未再婚的,夫妻关系从撤销死亡宣告之日起自行恢复;如果其配偶再婚后又离婚或者再婚后配偶又死亡的,则不得认定夫妻关系自行恢复。

39. 若顾某于 2005 年 8 月 16 日在外地与季某签约,约定 2006 年 3 月 16 日向季某购买一台电视机,则该合同为(   )。

A. 无效合同   B. 可撤销合同

C. 有效合同   D. 效力待定合同

【璧尘解析】C。有民事行为能力人在被宣告死亡期间实施的民事法律行为有效,所以顾某的买卖行为有效,该合同为有效合同。

40. 若钱某于 2006 年 1 月 6 日将继承的电冰箱以 3000 元卖给了周某。在顾某的死亡宣告被人民法院撤销后(   )。

A. 电冰箱所有权属于顾某

B. 电冰箱所有权属于周某

C. 钱某应该取回电冰箱还给顾某

D. 钱某应该给予顾某适当补偿

【璧尘解析】BD。《民法通则》第 25 条,被撤销死亡宣告的人有权请求返还财产。依照继承法取得他的财产的公民或者组织,应当返还原物;原物不存在的,给予适当补偿。周某为善意第三人,可以取得电冰箱的所有权,钱某应该给予顾某适当补偿。

2007 年 C 类

9. 甲公司购买乙公司电脑 10 台,应付款 5 万元。因甲不能付清全部货款,乙表示只要甲支付 4.8 万元即可了结。乙的行为有效,

这体现的民法原则是(   )。

A. 平等原则

B. 意思自治原则

C. 诚实信用原则

D. 禁止权利滥用原则

【璧尘解析】B。所谓意思自治,指当事人进行民事活动,享有充分的意思自治,非经正当程序,行使国家职能的各部门不得干涉。在民事经济活动中,指合同当事人可以自由选择处理合同争议所适用的法律原则,它是确定合同准据法的最普遍的原则。本案中,甲与乙作为合同双方当事人达成 4.8 万元的合意,是基于意思自治的原则,B 项正确。

案例分析题

李老伯与村委会订立了 50 亩林地的承包经营合同,并办理了土地承包经营权登记。李老伯虽投入近 10 万元,但经营状况不好。李老伯与本村张老伯协商将承包的林地与其承包的耕地互换。村委会出面阻止,并称如果互换将收回两人的承包土地。无奈,李老伯将林地转包给了本村王某,双方签订了转包合同,未办理土地变更登记。村委会以李老伯擅自转包为由,书面通知李老伯解除原承包合同,并与本村陈某签订了该 50 亩林地的承包经营合同,李老伯坚决不同意将林地交给陈某经营。此时,县政府修建道路要占用该 50 亩林地中的 30 亩。村委会将征地补偿款直接支付给陈某,李老伯认为村委会再次侵害了自己的权利。

31. 林地承包经营合同的法定承包期应当为(   )。

A. 20 年   B. 10 年

C. 30～50 年   D. 30～70 年

【璧尘解析】D。《物权法》第 126 条规定,耕地的承包期为三十年。草地的承包期为三十年至五十年。林地的承包期为三十年至七十年;特殊林木的林地承包期,经国务院林业行政主管部门批准可以延长。前款规定的承包期届满,由土地承包经营权人按照国

家有关规定继续承包。

32. 在李老伯与村委会订立承包合同并登记后,该林地的所有权应当属于( )。

A. 李老伯所有

B. 村集体所有

C. 李老伯和村集体共有

D. 国家所有

【璧尘解析】B。本案中,该林地的所有权一直属于村集体所有,承包合同并不转移林地所有权,只转移林地使用权。

33. 对李老伯与张老伯协商土地承包经营权互换的行为,下列说法正确的是( )。

A. 应当允许,但经登记才生效

B. 应当允许,不经登记也有效,但不得对抗善意第三人

C. 不应当允许,因土地承包经营权一经登记不得变动

D. 不应当允许,但村委会同意者除外

【璧尘解析】B。根据《物权法》第129条的规定,土地承包经营权人将土地承包经营权互换、转让,当事人要求登记的,应当向县级以上地方人民政府申请土地承包经营权变更登记;未经登记,不得对抗善意第三人。

34. 对李老伯将承包的林地转包给王某,村委会因此重新发包给陈某的行为,应当认定( )。

A. 李老伯违约,村委会有权收回土地

B. 村委会违约,李老伯有权行使土地转包权

C. 李老伯与王某的转包未经登记,所以转包行为无效

D. 陈某是善意第三人,有权取得该林地的承包经营权

【璧尘解析】B。根据《物权法》第128条的规定,土地承包经营权人依照农村土地承包法的规定,有权将土地承包经营权采取转包、互换、转让等方式流转。流转的期限不得超过承包期的剩余期限。未经依法批准,不得将承包地用于非农建设。因此李老伯有权行使土地转包权。根据该法第131条的规定,承

包期内发包人不得收回承包地。因此村委会违约,陈某无权取得林地的承包经营权。

35. 30亩林地被征收的征地补偿款应当支付给( )。

A. 李老伯   B. 王某

C. 陈某   D. 村委会

【璧尘解析】A。根据《物权法》第132条的规定,承包地被征收的,土地承包经营权人有权依照本法第42条第2款的规定获得相应补偿。因此,A项正确。

2008年C类

11. 叶某去超市购物,将随身携带的一只旅行包寄存在存包处,等购物后取包时发现该旅行包不见了。根据《民法通则》的规定,寄存财物被丢失的,其诉讼时效期间是( )。

A. 1年 B. 2年 C. 4年 D. 20年

【璧尘解析】A。《民法通则》第136条,下列的诉讼时效期间为一年:(一)身体受到伤害要求赔偿的;(二)出售质量不合格的商品未声明的;(三)延付或者拒付租金的;(四)寄存财物被丢失或者损毁的。

27. 下列属于人格权的是( )。

A. 生命健康权   B. 名誉权

C. 姓名权   D. 配偶权

【璧尘解析】ABC。人格权以其存在的方式分为两种。一种是精神性人格权,指自然人对其自身所拥有的精神性人格要素的不可转让的支配权,如姓名权、肖像权、名誉权等等;另一种是物质性人格权,指自然人对其自身所拥有的物质性人格要素的不可转让的支配权,包括身体权、健康权和生命权三种。

案例分析题

2007年10月2日,邵某与丁某约定:邵某将100平方米的门面房卖给丁某,房价100万元。丁某支付房款后,邵某交付了门面房,但没有办理产权登记手续。丁某接收门面房

作了简单装修,于 2007 年 11 月 2 日出租给叶某,租期为 3 年。2007 年 12 月 29 日,邵某因病去世,全部遗产由其子小邵继承。小邵在出国前于 2008 年 1 月将该门面房卖给林某,并办理了产权登记手续。

36. 根据相关法律规定,邵某与丁某之间的门面房买卖合同应当采用的形式是( )。

    A. 口头形式   B. 书面形式

    C. 默示形式   D. 推定形式

【璧尘解析】B。房屋买卖合同是有偿合同、双务合同、诺成合同、要式合同。其中要式合同是指法律、行政法规规定,或者当事人约定应当采用书面形式的合同。

37. 如果丁某出租给叶某的门面房租期在 3 年以上,则租赁期限最长不得超过( )。

    A. 10 年 B. 20 年 C. 30 年 D. 50 年

【璧尘解析】B。租赁期限不得超过二十年。超过二十年的,超过部分无效。租赁期间届满,当事人可以续订租赁合同,但约定的租赁期限自续订之日起不得超过二十年。

38. 小邵继承遗产后,将该门面房卖给林某之前,下列选项正确的是( )。

    A. 丁某有权要求小邵办理门面房产权过户手续

    B. 丁某无权要求小邵办理门面房产权过户手续

    C. 小邵有权请求丁某返还门面房

    D. 小邵无权请求丁某返还门面房

【璧尘解析】AD。《合同法》第 135 条规定:"出卖人应当履行向买受人交付标的物或者交付提取标的物的单证,并转移标的物所有权的义务。"在本案中,邵某与丁某达成了房屋买卖的协议,王某应承担将房屋交付给丁某以及将房屋所有权转移给丁某的义务,邵某因病去世,小邵作为邵某的继承人,应承受邵某的权利及义务,因此丁某有权要求小邵办理门面房产权过户手续,当然小邵无权请求丁某返还房屋,故 AD 选项正确。

39. 如林某向丁某、叶某请求返还门面房,下列选项正确的是( )。

    A. 林某无权请求丁某返还门面房

    B. 林某有权请求丁某返还门面房

    C. 林某无权请求叶某返还门面房

    D. 林某有权请求叶某返还门面房

【璧尘解析】BC。小邵在出国前于 2008 年 1 月将该门面房卖给林某,并办理了产权登记手续,林某成为房屋所有人,林某有权请求丁某返还门面房。但本着"买卖不破租赁"的原则,房屋租赁与房屋的所有权转移无关,林某无权请求叶某返还门面房,故选 BC。

40. 关于小邵和林某间的门面房买卖,下列选项正确的是( )。

    A. 林某接收门面房,视为获得该门面房的产权

    B. 小邵须将所继承的门面房登记在自己的名下,才能将其所有权转移给林某

    C. 门面房所有权转移自记载于不动产登记簿时发生效力

    D. 该门面房的利害关系人可以申请查询该门面房登记资料

【璧尘解析】BCD。《物权法》第 18 条规定,权利人、利害关系人可以申请查询、复制登记资料,登记机构应当提供。第 14 条规定,不动产物权的设立、变更、转让和消灭,依照法律规定应当登记的,自记载于不动产登记簿时发生效力。

2009 年 C 类

11. 李某和王某结婚 10 年,王某的姑妈将其房屋只赠予王某,并登记在王某名下,如果李某和王某离婚,该房屋应当属于( )。

    A. 王某一方的财产

    B. 李某一方的财产

    C. 王某姑妈的财产

    D. 李某和王某的共同财产

【璧尘解析】A。根据《婚姻法》第 17 条

规定,夫妻在婚姻关系存续期间所得的下列财产,归夫妻共同共有:(1)工资、奖金;(2)生产、经营的收益;(3)知识产权的收益;(4)继承或赠与所得的财产,但遗赠或赠与合同中明确归夫或妻一方的财产除外;(5)其他应当归共同所有的财产。本题中,王某姑妈所赠予王某的房屋即属于该法条第四项中所规定的明确归夫或妻一方的财产。故正确答案为 A。

28. 下列关于公民的权利能力和行为能力的表述正确的有( )。

A. 公民具有权利能力,可能没有行为能力

B. 公民具有行为能力,必然具有权利能力

C. 公民具有权利能力,必然具有行为能力

D. 公民丧失行为能力,必然丧失权利能力

【璧尘解析】AB。公民的权利能力是指能够依法享受权利和承担义务的资格。自然人民事权利的取得始于出生,于死亡时终止。公民的行为能力是指公民能够以自己行为依法行使权利和承担义务,从而使法律关系发生变更或消灭的资格。具有民事权利能力,是自然人取得参与民事活动的资格,但能不能运用这一资格,还受自然人的理智、认识能力等主观条件的制约,简而言之,理智不健全的权利能力者,若任其独立参与民事活动,可能会损害自己,也可能会损害别人。所以,有民事权利能力者,不一定就有民事行为能力。

30. 被继承人胡某生前先与乙签订了遗赠扶养协议,后立有公证遗嘱,最后又立自书遗嘱。下列有关胡某遗产继承的说法正确的是( )。

A. 遗赠扶养协议先于法定继承执行

B. 与遗赠扶养协议抵触的公证遗嘱全部或部分无效

C. 与公证遗嘱抵触的遗赠扶养协议全部或部分无效

D. 与公证遗嘱抵触的自书遗嘱全部无效或部分无效

【璧尘解析】ABD。《继承法》第 5 条规定,继承开始后,应先执行遗赠抚养协议,然后才按遗嘱继承和法定继承处理遗产。A 项正确。《最高人民法院关于执行〈中华人民共和国继承法〉若干问题的意见》规定,被继承人生前与他人订有遗赠抚养协议,同时又立有遗嘱的,继承开始后,如果遗赠抚养协议与遗嘱没有抵触,遗产分别按协议和遗嘱处理;如果有抵触,按协议处理,与协议抵触的遗嘱全部或部分无效。B 项正确。《继承法》第 20 条规定,自书、代书、录音、口头遗嘱,不得撤销、变更公证遗嘱。D 项正确。

案例分析题

村民甲为做生意,向乙借款 10 万元,约定 1 年内还本付息,为保障自己的债权,乙要求甲提供担保,甲将其母亲仅有的两间平房(市值 8 万)抵押给乙,并由其母亲在抵押协议上签字,但未办理抵押登记。同时,甲同意将自己的一辆摩托车作质押,签订了质押合同,但因生意需要摩托车仍由甲使用,没有交给乙。1 年期满,甲不能还本付息,乙向法院起诉。

41. 就甲与乙的借款合同,下列判断正确的是( )。

A. 合同有效

B. 合同无效

C. 合同效力待定

D. 因甲未履行义务,应撤销合同

【璧尘解析】A。甲乙双方的合同意思表示真实,内容合法,合同有效。

42. 对于甲将其母亲房屋抵押的行为,下列观点正确的是( )。

A. 不可以,甲是债务人只能用自己的财产

B. 不可以,该房屋是甲母的唯一住所

C. 可以,因为他们是母子关系

D. 可以,甲的母亲作为第三人可以作为抵押人

【璧尘解析】D。抵押权指债务人或者第三人不转移财产的占有,将该财产作为债权的担保,债务人未履行债务时,债权人依照法律规定的程序就该财产优先受偿的权利。债

务人或者第三人为抵押人,债权人为抵押权人,提供担保的财产为抵押财产。故甲的母亲可以以第三人身份作为抵押人。

43. 关于乙对这两间房屋的抵押权,下列观点正确的是( )。

A. 已经设立,因双方订立了抵押合同

B. 已经设立,因甲的母亲同意抵押

C. 没有设立,因不是甲的自有房屋

D. 没有设立,因未办理抵押登记

【璧尘解析】D。《担保法》第33条对抵押的定义做了规定:本法所称抵押,是指债务人或者第三人不转移对本法第34条所列财产的占有,将该财产作为债权的担保。债务人不履行债务时,债权人有权依照本法规定以该财产折价或者以拍卖、变卖该财产的价款优先受偿。故抵押物可以为第三人的财产。C选项排除。《担保法》第38条规定:抵押人和抵押权人应当以书面形式订立抵押合同。《物权法》第180条规定,债务人或者第三人有权处分的下列财产可以抵押:(一)建筑物和其他土地附着物;第187条规定:以本法第180条第1款第1项至第3项规定的财产或者第5项规定的正在建造的建筑物抵押的,应当办理抵押登记。抵押权自登记时设立,故房屋抵押的生效要以登记为要件。本案中,未办理抵押登记,乙对这两间房屋的抵押权没有设立。

44. 甲将自用的摩托车质押给乙,对该质押权是否设立,下列观点正确的是( )。

A. 设立,因摩托车属于甲的财产

B. 设立,因双方订立质押合同

C. 未设立,因甲未将摩托车交给乙

D. 未设立,因双方未办理订立质押合同

【璧尘解析】C。《担保法》第64条规定,出质人和质权人应当以书面形式订立质押合同。质押合同自质物移交于质权人占有时生效。据此可知,质权的设立必须以物的占有转移为要件,甲未将摩托车交给乙,故质权未设立。

45. 在甲乙双方订立的质押合同中,双方不能约定的是( )。

A. 在甲不履行债务时,摩托车归乙所有

B. 在甲不履行债务时,摩托车折价2万元抵债

C. 在甲不履行债务时,乙可以从摩托车拍卖款中优先受偿

D. 在甲不履行债务时,乙可以从摩托车变卖款中优先受偿

【璧尘解析】A。《物权法》第211条规定,质权人在债务履行期届满前,不得与出质人约定债务人不履行到期债务时质押财产归债权人所有。因此,甲乙双方不能在质押合同中规定,在甲不履行债务时,摩托车归乙所有。

2010年C类

11. 甲向乙借款10万元用于购买化肥,双方约定借款期但未约定利息。期限届满,甲归还本金10万元,乙要求支付2000元利息遭到拒绝,对本案利息纠纷的处理,正确的是( )。

A. 甲可以不支付

B. 甲应当按照同期银行存款利率支付

C. 甲应当按照同期银行贷款利率的上限支付

D. 甲应当按照同期银行贷款利率的下限支付

【璧尘解析】A。自然人之间的借款合同对支付利息没有约定或者约定不明确的,视为不支付利息。自然人之间的借款合同约定支付利息的,借款的利率不得违反国家有关限制借款利率的规定。借款合同中的利率约定曾多次考到,如2006年B类第52题等。

30. 下列民事案件可以适用先于执行措施的有( )。

A. 甲向单位索要工资

B. 无经济来源的乙向儿女索要赡养费

C. 丙请求购货人支付货款

D. 村委会收回发包给丁的承包土地

【璧尘解析】AB。先予执行,就是指人民法院在审理民事案件的过程中,因当事人一方生产或生活上的迫切需要,根据其申请,

在作出判决前,裁定一方当事人给付另一方当事人一定的财物,或者立即实施或停止某种行为,并立即执行的措施。适用先予执行的限于给付之诉,但不是所有给付之诉都可以适用先予执行。先予执行的适用范围为:追索劳动报酬的案件;追索赡养费、抚养费、抚育费、抚恤金、医疗费用的案件。

案例分析题

某化工厂工人在操作中发现氯冷凝器出现穿孔,有氯气泄漏,在紧急处理中发生局部的三氯化氮爆炸,氯气随即弥漫,给附近居民造成人身损害。双方不能达成赔偿协议,邓某等30户居民向法院提起诉讼,并推选邓某等2人作为代表。

36. 某化工厂生产使用氯气,在法律上属于( )。

　　A. 环境污染行为

　　B. 高度危险作业行为

　　C. 物件损害行为

　　D. 使用缺陷产品行为

【璧尘解析】B。本案中,氯气属于有毒化学物质,在法律上使用氯气进行生产属于高度危险行业行为。故选B。

37. 邓某等30户居民向法院起诉的诉讼时效为( )。

　　A. 1年　B. 2年　C. 3年　D. 4年

【璧尘解析】A。《民法》第136条规定,身体受到伤害要求赔偿的,其诉讼时效期间为1年。

38. 邓某等2人的诉讼地位是( )。

　　A. 诉讼代理人　　　B. 诉讼代表人

　　C. 法定代理人　　　D. 法定代表人

【璧尘解析】B。诉讼代理人是指在法律规定、法院指定或者该当事人授权范围内,以该当事人的名义代理该当事人进行诉讼行为,并维护该当事人合法利益的人。诉讼代表人,是指为了便于诉讼,由人数众多的一方当事人推选出来,代表其利益实施诉讼行为的人。法定代理人是依照法律规定而直接取

得代理权的人。法定代理人的代理权与当事人的意志无关,它主要是为无民事行为能力人和限制民事行为能力人设立的。法定代表人是指依法代表法人行使民事权利,履行民事义务的主要负责人(如工厂的厂长、公司的董事长等)。故选B。

39. 法院审理该人身损害赔偿案中,应当使用的法律是( )。

　　A.《中华人民共和国宪法》

　　B.《中华人民共和国民法通则》

　　C.《最高人民法院关于审理人身损害赔偿案件适用法律若干问题的解释》

　　D.《××省高级人民法院关于审理人身损害赔偿案件若干问题的处理意见》

【璧尘解析】C。特殊法优于一般法,故选C。

40. 关于化工厂对30户居民造成的损害应否承担法律责任,下列观点正确的是( )。

　　A. 属于意外事件,不应承担责任

　　B. 属于不可抗力,不应承担责任

　　C. 存在主观过错,应当承担责任

　　D. 造成损害后果,应当承担责任

【璧尘解析】D。《侵权责任法》第72条规定,占有或者使用易燃、易爆、剧毒、放射性等高度危险物造成他人损害的,占有人或者使用人应当承担侵权责任,但能够证明损害是因受害人故意或者不可抗力造成的,不承担责任。被侵权人对损害的发生有重大过失的,可以减轻占有人或者使用人的责任。《民法通则》第123条规定,从事高空、高压、易燃、易爆、剧毒、放射性、高速运输工具等对周围环境有高度危险的作业造成他人损害的,应当承担民事责任;如果能够证明损害是由受害人的故意造成的,不承担民事责任。本案中,氯气具有剧毒,属于高度危险物,故选D。

2011年C类

27. 某企业因污水排放致周边农民庄稼

遭受损失。下列观点错误的有（　　）。

A. 若该企业排污符合排放标准，则不承担民事责任

B. 若造成重大的财产损失，可以对直接责任人追究刑事责任

C. 若该企业主观上无过错，则不承担民事责任

D. 若受害农民提起民事诉讼，应就排污行为与损害结果之间存在因果关系举证

【璧尘解析】ACD。《侵权责任法》第65条规定，因污染环境造成损害的，污染者应当承担侵权责任。第66条规定，因污染环境发生纠纷，污染者应当就法律规定的不承担责任或者减轻责任的情形及其行为与损害之间不存在因果关系承担举证责任。2014年4月新修订的《环境保护法》第69条规定，违反本法规定，构成犯罪的，依法追究刑事责任。需要注意的是新的《环境保护法》针对目前环保领域"违法成本低、守法成本高"的问题突出，进一步加大对违法行为的处罚力度。尚不构成犯罪的企业事业单位和其他生产经营者，但情节严重者，其直接负责的主管人员和其他直接责任人员将适用行政拘留。

案例分析题

某市某县某小区一楼住户王某饲养了一只狼狗，经常半夜吵得邻居不得安宁。某日，狼狗挣脱绳子，窜进了李某未关好窗户的卧室，把李某咬伤，并致李某精神恍惚。为此，李某亲戚何某找王某理论，双方发生争执，并引发肢体冲突。此时，王某的妻弟刘某闻讯赶到，也与何某发生了强烈的肢体冲突，何某因此面部受伤，花去治疗费用5000元。公安派出所民警介入后，对王某作出了行政拘留3日、对刘某作出了行政拘留15日并处罚500元的行政处罚。

46. 邻居受不了王某家的半夜狗叫，依法可以采取的行动有（　　）。

A. 实行权利自救，直接毒死狼狗

B. 向公安机关报案，要求处罚王某

C. 提起民事诉讼，要求排除妨碍

D. 向居委会反映，要求迅速处理

【璧尘解析】BCD。民事权利的救济方式可以分为公力救济、私力救济和社会救济三类。其中私力救济必须在法律允许的范围内。A项属于私力救济，但是直接毒死狼狗的行为侵犯了王某的财产权，超越了法律允许的范围，因此该选项不正确。BC两项都属于公力救济，D项属于社会救济，因此BCD三项正确。

47. 关于李某的损害赔偿问题，下列说法正确的有（　　）。

A. 李某可以要求王某赔偿精神损害

B. 狗是王某饲养的，王某应承担无过错赔偿责任

C. 李某可以要求王某赔偿为治疗和康复而支出的合理费用

D. 李某未关好门窗，自己有过错，因此损失应由李某承担

【璧尘解析】ABC。《侵权责任法》第22条规定，侵害他人人身权益，造成他人严重精神损害的，被侵权人可以请求精神损害赔偿，因此A项正确。该法第16条规定，侵害他人造成人身损害的，应当赔偿医疗费、护理费、交通费等为治疗和康复支出的合理费用，以及因误工减少的收入；造成残疾的，还应当赔偿残疾生活辅助具费和残疾赔偿金；造成死亡的，还应当赔偿丧葬费和死亡赔偿金。因此C项正确。该法第78条规定，饲养的动物造成他人损害的，动物饲养人或者管理人应当承担侵权责任，但能够证明损害是因被侵权人故意或者重大过失造成的，可以不承担或者减轻责任。也就是说，王某是否存在过错不影响其承担侵权责任，适用的是无过错责任原则，因此B项正确。而本案中李某并不存在故意或者重大过失，不用承担责任，因此D项错误。

48. 若李某向法院提起民事诉讼，要求王某赔偿，则有关本案举证责任分配的说法，正确的有（　　）。

A. 王某应就李某有过错承担举证责任

B. 李某应对自己遭受的损害大小承担举证责任

C. 李某应对狗的饲养人是王某的事实承担举证责任

D. 李某与王某应对各自的主张承担举证责任

【璧尘解析】ABC。根据《最高人民法院关于民事诉讼证据的若干规定》第4条和《侵权责任法》第78条的规定,饲养动物致人损害的侵权诉讼,由动物饲养人或者管理人就受害人有过错承担举证责任,因此A项正确。对于饲养动物致人损害的侵权诉讼,受害人应当对除自身存在过错外的其他侵权构成要件事实承担举证责任,因此BC两项正确。D项的表述是民事诉讼中举证责任分配的一般规定,而本案适用的是特殊规定,该表述欠妥,不应入选。

2012 年 C 类

16. 甲公司指派其研究人员乙主持研究开发一项技术,由丙协助。若该技术研发成功,则有权申请专利的主体是(　　)。

A. 甲公司　　　　B. 乙

C. 乙和丙　　　　D. 甲公司、乙和丙

【璧尘解析】A。《专利法》第6条规定,执行本单位的任务或者主要是利用本单位的物质技术条件所完成的发明创造为职务发明创造。职务发明创造申请专利的权利属于该单位;申请被批准后,该单位为专利权人。因此A项正确。

17. 被告张某因不满原告李某提出的诉讼请求,未经法庭许可中途退庭。对该案的处理,人民法院的正确做法是(　　)。

A. 中止审理　　　B. 缺席审判

C. 延期审理　　　D. 拘传被告

【璧尘解析】B。《民事诉讼法》第130条规定,被告经传票传唤,无正当理由拒不到庭的,或者未经法庭许可中途退庭的,可以缺席判决,因此B项正确。

案例分析题

2010年10月20日,江阳市甲区的李某与乙区的王某因琐事在丙区发生争执,李某将王某打伤。王某住院治疗,于11月20日出院,花去医药费8000元。王某要求李某赔偿各项损失共31600元,遭李某拒绝,王某遂将李某起诉到法院。

51. 王某向法院提出的下列诉讼请求,不能获得支持的是(　　)。

A. 判令被告赔偿营养费600元

B. 判令被告赔偿误工费3000元

C. 判令被告赔偿医药费8000元

D. 判令被告赔偿精神损失费2万元

【璧尘解析】D。根据《最高人民法院关于审理人身损害赔偿案件适用法律若干问题的解释》第19条、第20条、第24条的规定,王某有权向李某请求赔偿医药费、误工费和营养费,因此ABC三项的内容能够获得支持。《侵权责任法》第22条规定,侵害他人人身权益,造成他人严重精神损害的,被侵权人可以请求精神损害赔偿。本案中,王某并没有受到严重的精神损害,因此精神损害赔偿的请求不能获得支持。

52. 王某请求伤害赔偿的诉讼期间是(　　)。

A. 2010年11月20日~2011年11月20日

B. 2010年10月20日~2012年10月20日

C. 2010年10月20日~2011年10月20日

D. 2010年11月20日~2012年11月20日

【璧尘解析】C。《民法通则》第136条规定,身体受到伤害要求赔偿的诉讼时效期间为1年。该法第137条规定,诉讼时效期间从知道或者应当知道权利被侵害时起计算。因此王某的诉讼时效期间为1年,自2010年10月20日起计算,C项正确。

53. 对本案有管辖权的法院是(　　)。

A. 甲区人民法院和乙区人民法院

B. 甲区人民法院、乙区人民法院和丙区人民法院

C. 乙区人民法院和丙区人民法院

D. 甲区人民法院和丙区人民法院

【璧尘解析】D。《民事诉讼法》第29条规定,因侵权行为提起的诉讼,由侵权行为地或者被告住所地人民法院管辖。

54. 如果王某与李某在一审时达成民事调解协议,但李某拒不履行民事调解协议所确定的义务,王某有权采取的措施是( )。

A. 要求法院进行判决

B. 要求法院撤销民事调解协议

C. 申请法院强制执行民事调解协议

D. 向法院重新提起诉讼

【璧尘解析】C。《人民调解法》第33条规定,人民法院依法确认调解协议有效,一方当事人拒绝履行或者未全部履行的,对方当事人可以向人民法院申请强制执行。因此C项正确。

55. 如果王某对一审判决不服,在收到判决书的15日内,可以寻求的救济途径是( )。

A. 向原审人民法院申请再审

B. 向江阳市中级人民法院提出抗诉

C. 向江阳市中级人民法院提出上诉

D. 向江阳市所在省的高级人民法院提出上诉

【璧尘解析】C。《民事诉讼法》第147条规定,当事人不服地方人民法院第一审判决的,有权在判决书送达之日起15日内向上一级人民法院提起上诉。因此C项正确。

2013 年 C 类

16. 王某在某村办企业实施盗窃时,误将排污处理设备损坏致使污水外泄,周边农田受到污染,村民要求赔偿,对于这里的责任承担,下列说法正确的是( )。

A. 由王某承担责任,因王某是直接加害人

B. 由村办企业承担责任,因企业承担的是无过错责任

C. 村民可以要求王某赔偿,也可以要求村办企业赔偿

D. 王某承担刑事责任,村办企业承担民

事赔偿费

【璧尘解析】C。《侵权责任法》第68条规定,因第三人的过错污染环境造成损害的,被侵权人可以向污染者请求赔偿,也可以向第三人请求赔偿。污染者赔偿后,有权向第三人追偿。

19. 村民刘某欲向农村商业银行申请抵押贷款。根据现行法律规定,刘某可设定抵押的财产是( )。

A. 宅基地使用权

B. 自留地使用权

C. 家庭的土地承包经营权

D. 拍得的荒地使用权

【璧尘解析】D。《物权法》第180条规定,债务人或者第三人有权处分的下列财产可以抵押:(一)建筑物和其他土地附着物;(二)建设用地使用权;(三)以招标、拍卖、公开协商等方式取得的荒地等土地承包经营权;(四)生产设备、原材料、半成品、产品;(五)正在建造的建筑物、船舶、航空器;(六)交通运输工具;(七)法律、行政法规未禁止抵押的其他财产。故本题答案选D。注意:十八届三中全会《关于全面深化改革若干重大问题的决定》赋予了农民对承包地流转、抵押等权利。

38. 村民甲借乙的摩托车开往外地,途中因违章将丙撞伤,但交通险已不足赔偿,对不足部分的赔偿,下列观点正确的有( )。

A. 甲是摩托车驾驶人,应承担赔偿责任

B. 乙是摩托车所有人,应承担赔偿责任

C. 甲和乙是利害关系人,应承担连带赔偿责任

D. 假如乙对事故发生有过错,应承担相应的赔偿责任

【璧尘解析】AD。《侵权责任法》第49条规定,因租赁、借用等情形机动车所有人与使用人不是同一人时,发生交通事故后属于该机动车一方责任的,由保险公司在机动车

强制保险责任限额范围内予以赔偿。不足部分，由机动车使用人承担赔偿责任；机动车所有人对损害的发生有过错的，承担相应的赔偿责任。本题中，甲是摩托车驾驶人，应承担赔偿责任；乙如果对事故发生有过错，应承担相应的赔偿责任。故本题答案为 AD 选项。

案例分析题

2012 年 4 月 27 日,甲在乙经营的小吃店吃完一碗 10 元的米粉后,出现食物中毒,花费治疗费 320 元。区卫生局接到医院报告后,立即对乙经营的小吃店进行检查,并委托区疾控中心对该店的米粉进行检查。区疾控中心出具的检测报告证明,该批次米粉明显不符合食品安全标准。经查,小吃店的米粉系从 S 米粉厂购进。区卫生局于 2012 年 5 月 3 日向乙下达了处罚决定,责令乙立即改正违法行为,罚款人民币 5000 元,并告知了申请行政复议和提起行政诉讼的权利。乙以不知米粉不合格、应处罚 S 米粉厂为由,申请行政复议。

48. 甲依法可从乙处获得的赔偿限于（　　）。

A. 治疗费 320 元

B. 治疗费 320 元和米粉钱 10 元

C. 治疗费 320 元、米粉钱 10 元和误工损失

D. 治疗费 320 元、米粉钱 10 元、误工损失、惩罚性赔偿金 100 元

【璧尘解析】C。生产不符合食品安全标准的食品或者销售明知是不符合食品安全标准的食品,消费者除要求赔偿损失外,还可以向生产者或者销售者要求支付价款十倍的赔偿金。本案中乙对米粉不合格并不知情,所以甲不能从乙处获得 10 倍赔偿金,甲可以向 S 米粉厂请求 10 倍赔偿金。

50. 乙在赔偿甲的损失和缴纳罚款后,依法可以从 S 米粉厂获得的赔偿不包括（　　）。

A. 乙赔偿给甲的治疗费 320 元

B. 乙赔偿给甲的米粉钱 10 元和误工损失

C. 乙缴纳的罚款 5000 元

D. 乙因为状告区卫生局而发生的经营损失

【璧尘解析】C。《侵权责任法》第 43 条规定,因产品存在缺陷造成损害的,被侵权人可以向产品的生产者请求赔偿,也可以向产品的销售者请求赔偿。产品缺陷由生产者造成的,销售者赔偿后,有权向生产者追偿。本案中,乙缴纳的罚款 5000 元,属于行政处罚,应上缴国库。

案例分析题

村民王某和施某两家相邻。2012 年 3 月,施某在两家之间都不享有宅基地使用权的空地上砌了一堵墙。谁知,这堵墙竟成了两家关系恶化的导火索,围绕砌墙的合法性,砌墙后王家的采光、通风、排水等问题,两家互不相让。5 月 4 日,王某、施某又起纷争,施某先动手打了王某。继而双方互殴,王某右踝骨折,施某左上臂挫伤。后经鉴定,王某被打成轻伤,王某要求施某赔偿其因轻伤所受的损失,并要求公安机关对施某处以治安处罚。

51. 因施某砌墙影响王家采光、通风、排水等而产生的法律关系属于（　　）。

A. 物业关系　　　　B. 合同关系

C. 环境关系　　　　D. 相邻关系

【璧尘解析】D。参见 2013 年 B 类第 51 题。

53. 施某将王某打成轻伤,需承担的法律责任是（　　）。

A. 行政责任和刑事责任

B. 民事责任和刑事责任

C. 民事责任和行政责任

D. 行政责任、民事责任和刑事责任

【璧尘解析】B。参见 2013 年 B 类第 53 题。

54. 王某和施某的斗殴行为在侵权形态上属于（　　）。

A. 单方侵权　　　　B. 共同侵权

C. 相互侵权　　　　D. 特殊侵权

【璧尘解析】C。参见 2013 年 B 类第 54 题。

2014 年 C 类

14. 甲企业拖欠乙公司 20 万元债务一直未还。乙公司在承担甲企业交付的一批货物时，欲扣下该批货物，以迫使甲偿还前债。对此，下列说法正确的是（　　）。

　　A. 乙企业有权对该批货物行使留置权

　　B. 乙企业无权对该批货物行使留置权

　　C. 乙企业有权对该批货物行使质押权

　　D. 乙企业无权对该批货物行使质押权

【璧尘解析】A。《物权法》第 231 条规定，债权人留置的动产，应当与债权属于同一法律关系，但企业之间留置除外。企业之间留置属于商事留置权。商事留置权与民事留置权在功用、性能、效力等一般原理方面并无差异，只是从维护交易信用、保证交易效率、促使商人营利的角度考虑，其在成立的积极要件上不同于民事留置权，即债权人的债权与其对留置物的占有之间的牵连关系范围更为广泛，要求也更为宽松，只要该债权以及该占有发生在商人营业的过程中，无论它们是否基于同一法律关系而产生，无论是否有因果关系，均视为存在关联关系，在该债权到期而债务人不清偿时，就可以在债权人占有的物上成立留置权。本题中，乙公司扣下所有权属于甲企业的一批货物，虽然和 20 万元的债务不属于同一法律关系，但双方均是企业，乙企业可以行使商事留置权，依法留置该批货物。

30. 甲与乙因感情不和协议离婚，子女由甲抚养，则乙的权利和义务有（　　）。

　　A. 对子女享有监护权

　　B. 探望子女的权利

　　C. 要求甲协助探望的权利

　　D. 承担子女生活费、教育费的义务

【璧尘解析】ABCD。父母对未成年孩子的监护是基于父母子女关系而产生的，父母双方对子女的监护权是平等的，无论离婚与否，父母双方都对孩子有监护权并承担监护人义务。选项 A 说法正确。根据《婚姻法》第 37 条第 1 款规定："离婚后，一方抚养的子女，另一方应负担必要的生活费和教育费的一部分或全部，负担费用的多少和期限的长短，由双方协议；协议不成时，由人民法院判决。"所以选项 D 说法正确。《婚姻法》第 38 条第 1 款规定："离婚后，不直接抚养子女的父或母，有探望子女的权利，另一方有协助的义务。"所以选项 BC 说法正确。

32. 甲私自将乙托他保管的笔记本电脑以合理价格卖给了不知情的丙。根据法律规定，下列说法正确的有（　　）。

　　A. 乙依然拥有该笔记本电脑的所有权

　　B. 丙获得了该笔记本电脑的所有权

　　C. 甲无权处分该笔记本电脑的所有权

　　D. 甲依然享有该笔记本电脑的占有权

【璧尘解析】BC。根据《物权法》第 106 条规定，无处分权人将不动产或者动产转让给受让人的，所有权人有权追回；除法律另有规定外，符合下列情形的，受让人取得该不动产或者动产的所有权：（一）受让人受让该不动产或者动产时是善意的；（二）以合理的价格转让；（三）转让的不动产或者动产依照法律规定应当登记的已经登记。不需要登记的已经交付给受让人。本题中，丙以合理价格受让笔记本电脑时是不知情的，符合善意取得的构成要件，所以丙取得了笔记本电脑所有权，乙不再享有。A 选项错误，B 选项正确。根据《物权法》第 39 条规定，所有权人对自己的不动产或者动产，依法享有占有、使用、收益和处分的权利。甲是替乙保管笔记本电脑，并不是笔记本电脑的所有权人，无权处分笔记本电脑。C 选项正确。

案例分析题

　　家住某市甲区的刘某为了给 5 岁的儿子小东取暖，从该市乙区的小商品市场一个租赁柜台老板王某处花 15 元购买了一个暖手宝。5 天后，暖手宝充电时突然爆炸，将在旁边玩耍的小东烫伤，刘某遂找到王某协商赔偿事宜，但双方对赔偿数额争执不下。后经查实,该暖手宝没有产品合格证和产品说明书,生产厂家为丙区 T 电器厂。

42. 本案中的买卖合同双方当事人是( )。

A. 王某与刘某

B. 小商品市场与刘某

C. 王某与小东

D. 小商品市场与小东

【璧尘解析】A。合同当事人是指依法签订合同并在合同条件下履行约定的义务和行使约定的权利的自然人、企业法人和其他社会团体。本题中,刘某从王某处购买了暖手宝,刘某付了暖手宝的价款,王某转移了暖手宝所有权,双方各自履行了约定的权利和义务。所以刘某和王某是买卖合同当事人。

43. 如果刘某代理小东向法院起诉要求赔偿,从有利于判决执行的角度,对被告的选择最恰当的是( )。

A. 以王某为被告

B. 以 T 电器厂为被告

C. 以小商品市场为被告

D. 以王某、T 电器厂为共同被告

【璧尘解析】D。《侵权责任法》第 43 条规定,因产品存在缺陷造成损害的,被侵权人可以向产品的生产者请求赔偿,也可以向产品的销售者请求赔偿。产品缺陷由生产者造成的,销售者赔偿后,有权向生产者追偿。本题中,刘某既可以向王某追偿,也可以向 T 电器厂追偿,从有利于执行的角度看,以王某、T 电器厂为共同被告最恰当。

45. 若刘某代理小东起诉要求 T 电器厂赔偿,则对本案有管辖权的法院是( )。

A. 甲区人民法院和丙中级人民法院

B. 甲区人民法院和乙区人民法院

C. 乙区人民法院和丙区人民法院

D. 甲区人民法院和丙区人民法院

【璧尘解析】D。《民事诉讼法》第 28 条规定,因侵权行为提起的诉讼,由侵权行为地或者被告住所地人民法院管辖。

命题规律及备考建议

　　民法是公共基础知识考试法律类的传统重点,每年考试一般会有一道民法的案例题,除此之外还有 1～2 道单选和多选题,分值仅次于行政法。民法部分主要由《民法通则》、《物权法》、《侵权责任法》、《合同法》、《商标法》、《专利法》、《著作权法》、《继承法》和《婚姻法》组成。其中新《商标法》于 2014 年 5 月 1 日正式实施,是 2015 年考试的热点新法,要引起重视。在考点的分布上,重点是《民法通则》、《合同法》和《物权法》,热点是 2010 年新实施的《侵权责任法》和 2009 年通过的《最高人民法院关于适用〈中华人民共和国合同法〉若干问题的解释(二)》。其中,对于《民法通则》这一基础考点,复习时要与《最高人民法院关于贯彻执行〈中华人民共和国民法通则〉若干问题的意见》结合起来复习。另外值得注意的是,《民事诉讼法》虽然不在考试大纲要求的范围内,可是近几年的考题有所涉及,因此,也有复习的价值。从考题的设计上,民法的重复考点较多,高频考点有:善意取得、合同的效力、特殊侵权、民事责任、所有权归属等。在复习民法时,一定要认真研习历年真题,从真题中把握命题趋势。《物权法》偏向考和老百姓生活息息相关的事物,如物业更换、业主权利、不动产转移等。《侵权责任法》偏向考热点问题,如网络侵权、机动车交通事故责任、环境污染责任、产品责任等,考生在复习的时候可以结合真题看法条,这样有益于真正理解法条含义。另外需要格外关注一些未考过的考点,如《〈婚姻法〉司法解释(三)》中的新规定、《侵权责任法》中的医疗损害责任等。

商　法

历年分值分布

分值 年份 类别	2014	2013	2012	2011	2010	2009	2008	2007	2006	2005
A类	1	1	0	2.4	4.8	3.6	0	3	2	5
B类	6	1.5	2.5	1	7.2	9.2	1	2	1	3
C类	2.8	1	2.5	1.2	1	0	1	2	1	0

真题分类详解

2005 年 A 类

26. 甲公司所聘会计师事务所和律师事务所在明知甲公司有巨额负债没有披露的情况下,分别出具了隐瞒该情况的财务报告和法律意见书。这些行为构成(　　)。

A. 内幕交易行为

B. 操纵市场行为

C. 欺诈客户行为

D. 虚假陈述行为

【璧尘解析】D。《证券法》第72条规定:禁止证券交易所、证券公司、证券登记结算机构、证券交易服务机构、社会中介机构及其从业人员、证券业协会、证券监督管理机构及其从业人员,在证券交易活动中作出虚假陈述或者信息误导。

案例分析题

张某、李某、王某(均为中国自然人)欲共同投资生产红木家具。张某现有厂房、设备价值1000万元,李某现有木材价值1000万元,王某拥有红木家具雕刻技艺。

76. 若三人投资设立公司制企业,可成立的公司形式为(　　)。

A. 有限责任公司　　　B. 股份有限公司

C. 上市公司　　　　　D. 无限公司

【璧尘解析】ABC。《公司法》规定有限责任公司由五十个以下股东出资设立。设立股份有限公司,应当有二人以上二百人以下为发起人,其中须有半数以上的发起人在中国境内有住所。上市公司是指其股票在证券交易所上市交易的股份有限公司。我国没有无限公司这一公司形式。本案中,只要符合法定设立条件,可成立如选项ABC三种公司形式。

77. 若三人设立有限责任公司,其最低注册资本金应为(　　)。

A. 10 万元　　　　　B. 3 万元

C. 50 万元　　　　　D. 1000 万元

【璧尘解析】当年考题的答案为B。最新《〈中华人民共和国公司法〉修正案(草案)》通过修改,并于2014年3月1日开始生效施行。新《公司法》明确规定,有限责任公司的注册资本为在公司登记机关登记的全体股东认缴的出资额,法律、行政法规以及国务院决定对有限责任公司注册资本实缴、注册资本最低限额另有规定的,从其规定。也就是说1元即可设立有限责任公司,除了特殊的公司类型如银行、拍卖行等,一般公司已无法定最低注册资本金。特别提醒的是,本书中的相关考题的解析均依据新《公司法》进行修正。

78. 三人可以投资于公司作为公司注册资本的是(   )。

A. 厂房　　　　　B. 设备

C. 木材　　　　　D. 雕刻技艺

【璧尘解析】ABC。根据《公司法》第27条规定:股东可以用货币出资,也可以用实物、知识产权、土地使用权等可以用货币估价并可以依法转让的非货币财产作价出资;但是,法律、行政法规规定不得作为出资的财产除外。此外股东不得以劳务、信用、自然人姓名、商誉、特许经营权或者设定担保的财产等作价出资。本案中,雕刻技艺不在法定的出资范围内。

79. 若三人投资设立合伙企业,则三人对外应当承担(   )。

A. 有限责任　　　B. 无限责任

C. 无限连带责任　D. 按份责任

【璧尘解析】C。《合伙企业法》第2条规定,本法所称合伙企业,是指依照本法在中国境内设立的由各合伙人订立合伙协议、共同出资、合伙经营、共享收益、共担风险,并对合伙企业债务承担无限连带责任的营利性组织。

2006 年 A 类

21. 下列不得作为投资设立有限责任公司出资形式的是(   )。

A. 劳务　　　　　B. 著作权

C. 土地使用权　　D. 实物

【璧尘解析】A。根据《公司法》第27条规定,劳务不得作为公司的出资形式。

23. 合伙企业合伙人共同约定:合伙执行人签订50万元以上的合同须经全体合伙人一致同意。合伙执行人甲未经全体合伙人一致同意与不知道该约定的乙签订了标的额为80万元的买卖合同,该合同(   )。

A. 无效

B. 有效

C. 可以由合伙企业申请撤销

D. 效力待定

【璧尘解析】B。根据《合伙企业法》第38条的规定:合伙企业对合伙人执行合伙企业事务以及对外代表合伙企业权利的限制,不得对抗不知情的善意第三人。本案中,该合同是有效的,因为乙是善意第三人,合伙人的内部约定对外无对抗效力,B项正确。善意第三人,即该第三人不知道法律关系双方的真实情况,通常是指合法交易中,不知情的、已经办理了登记的权利人。第89条指出:第三人善意、有偿取得该财产的,应当维护第三人的合法权益。

2007 年 A 类

10. 甲公司购买乙公司的产品后,签发了一张银行承兑汇票给乙,该汇票在到期前不慎被乙遗失。要使该汇票作废,乙必须(   )。

A. 登报声明

B. 向银行申请挂失止付

C. 向法院申请公示催告

D. 向法院申请支付令

【璧尘解析】B。《票据法》第15条规定,票据丧失,失票人可以及时通知票据的付款人挂失止付,但是,未记载付款人或者无法确定付款人及其代理付款人的票据除外。收到挂失止付通知的付款人,应当暂停支付。失票人应当在通知挂失止付后三日内,也可以在票据丧失后,依法向人民法院申请公示催告,或者向人民法院提起诉讼。

11. 采取发起设立方式设立的注册资本为1000万元的股份有限公司,全体发起人的首次出资额不得低于(   )。

A. 100 万元　　　B. 200 万元

C. 300 万元　　　D. 350 万元

【璧尘解析】当年考题的答案为B。2014

年3月1日施行的新《公司法》明确规定，有限责任公司的注册资本为在公司登记机关登记的全体股东认缴的出资额，法律、行政法规以及国务院决定对有限责任公司注册资本实缴、注册资本最低限额另有规定的，从其规定。一般公司已无法定最低注册资本金。因此也已无货币出资金额比例、首次出资金额的规定。

34. 王某持有政府债券、公司债券和股票，同时在银行有若干储蓄。其中属于《证券法》调整的证券是（　）。

　　A. 股票　　　　　　B. 银行存单
　　C. 政府债券　　　　D. 公司债券

【璧尘解析】ACD。2006年1月1日施行《证券法》第2条规定：在中华人民共和国境内，股票、公司债券和国务院依法认定的其他证券的发行和交易，适用本法；本法未规定的，适用《公司法》和其他法律、行政法规的规定。

2009年A类

案例分析题

张某是江城市人，自2007年起开始担任生产音响设备的民营企业江城市前锦电子有限责任公司总经理一职，月薪15000元。任职期间，在办理相关手续后，张某在2008年又兼任生产汽车音响设备的江城市鹏程电子有限责任公司副经理，当年从该公司领取报酬10万元。

52. 由张某担任前锦电子有限责任公司的总经理可以推定他（　）。

　　A. 应该是完全民事行为能力人
　　B. 可以是限制民事行为能力人
　　C. 不是前锦公司监事
　　D. 不是前锦公司法定代表人

【璧尘解析】AC。根据《公司法》第146条的规定：无民事行为能力或者限制民事行为能力的人不得担任公司的董事、监事、高级管理人员。张某任公司总经理，故可以推定张某为完全民事行为能力人。另外，《公司法》第51条明确规定，董事、高级管理人员不得兼任监事，总经理属于公司高级管理人员，所以肯定不能兼任监事。

53. 张某在担任前锦公司总经理期间兼任鹏程公司的副经理，必须经前锦公司（　）。

　　A. 股东会同意　　　　B. 董事会同意
　　C. 董事长同意　　　　D. 监事会同意

【璧尘解析】A。根据《公司法》第148条的规定：公司的董事、高级管理人员不得未经股东会或者股东大会同意，利用职权便利为自己或者他人谋取属于公司的商业机会，自营或者为他人经营与所任职公司同类的业务。注意有限责任公司的权力机构是股东会，股份有限公司的权力机构是股东大会，两者表述不可混淆。

55. 若张某擅自兼任鹏程公司副经理，则其在鹏程公司领取的10万元报酬应当（　）。

　　A. 归张某所有
　　B. 归前锦公司所有
　　C. 归张某、前锦公司共有
　　D. 由鹏程公司收回

【璧尘解析】B。根据《公司法》第148条的规定：董事、高级管理人员违反禁止行为所得的收入应当归公司所有。张某在前锦公司任职期间又擅自担任鹏程电子有限责任公司副经理，所以张某在鹏程公司所得的收入应当归前锦公司所有。

2010年A类

案例分析题

2008年3月，甲、乙、丙三个自然人投资设立A保健食品有限公司（简称A公司），注册资本200万元，甲任董事长兼总经理。公司成立2周后，甲指使财务人员将120万转入其他公司账户，并将该款用于偿还个人借款。当年5月,甲又向银行借款,A公司作为保证人在借款合同上盖章。乙对甲的做法极为不满,欲转让自己的股权,但甲不同意。2009年3月,A公司生产的保健食品因含有法律禁止的添加剂,被工商局罚款10万元,未售出的保健食品被销毁。此事经媒体披露后,众多消费者找到A公司,要求退货并予以赔偿。

41. 甲将120万元转出并用于偿还个人借款的行为属于(　　)。

A. 抽逃出资　　　　B. 减少注册资本

C. 虚报注册资本　　D. 虚设出资

【璧尘解析】A。抽逃出资是指在公司验资注册后,股东将所缴出资暗中撤回,却仍保留股东身份和原有出资数额的一种欺诈性违法行为。《公司法》第35条规定:公司成立后,股东不得抽逃出资。《〈公司法〉司法解释(三)》第12条规定,公司成立后,公司、股东或者公司债权人以相关股东的行为符合下列情形之一且损害公司权益为由,请求认定该股东抽逃出资的,人民法院应予支持:(一)将出资款项转入公司账户验资后又转出;(二)通过虚构债权债务关系将其出资转出;(三)制作虚假财务会计报表虚增利润进行分配;(四)利用关联交易将出资转出;(五)其他未经法定程序将出资抽回的行为。

42. A公司为甲的借款提供担保,依据《公司法》,该行为的效力为(　　)。

A. 有效,但甲不得参加该决议事项的表决

B. 有效,但必须经股东大会决议

C. 有效,但必须经董事会决议

D. 无效,公司不得为股东提供担保

【璧尘解析】A。根据《公司法》第16条的规定,公司向其他企业投资或者为他人提供担保,依照公司章程的规定,由董事会或者股东会、股东大会决议;公司章程对投资或者担保的总额及单项投资或者担保的数额有限额规定的,不得超过规定的限额。公司为公司股东或者实际控制人提供担保的,必须经

股东会或者股东大会决议。前款规定的股东或者受前款规定的实际控制人支配的股东,不得参加前款规定事项的表决。该项表决由出席会议的其他股东所持表决权的过半数通过。由该法条可知公司对内担保比对外担保更严格,对内担保必须经公司最高权力机构股东会、股东大会决议,而对外担保可以根据章程由董事会决议。本题中,值得注意的是B选项,该公司是有限责任公司,对内担保应是必须经股东会决议。

43. 对乙欲转让个人股权的问题,下列表述错误的是(　　)。

A. 若甲和丙既不同意乙向股东以外的人转让又不购买该股权,则视为甲和丙同意转让

B. 乙可以向丙转让股权,但必须征得甲的同意

C. 乙可以向股东以外的人转让股权,但必须经甲和丙表示同意

D. 若甲和丙不同意乙向股东以外的人转让,则应当购买乙的股权

【璧尘解析】B。《公司法》第71条规定,有限责任公司的股东之间可以相互转让其全部或者部分股权。股东向股东以外的人转让股权,应当经其他股东过半数同意。股东应就其股权转让事项书面通知其他股东征求同意,其他股东自接到书面通知之日起满三十日未答复的,视为同意转让。其他股东半数以上不同意转让的,不同意的股东应当购买该转让的股权;不购买的,视为同意转让。经股东同意转让的股权,在同等条件下,其他股东有优先购买权。两个以上股东主张行使优先购买权的,协商确定各自的购买比例;协商不成的,按照转让时各自的出资比例行使优先购买权,公司章程对股权转让另有规定的,从其规定。有限责任公司的股东之间可以相互转让其全部或者部分股权且无须征得其他股东同意,所以乙无须征得甲的同意,ACD三项的说法是正确的。

45. 如果A公司的财产不足以同时支付

罚款和赔偿金,则应( )。

    A. 两个部分按比例清偿

    B. 按要求的先后顺序支付

    C. 先支付赔偿金

    D. 先支付罚款

【璧尘解析】C。《公司法》第 214 条:公司违反本法规定,应当承担民事赔偿责任和缴纳罚款、罚金的,其财产不足以支付时,先承担民事赔偿责任。《食品安全法》第 97 条也规定,违反本法规定,应当承担民事赔偿责任和缴纳罚款、罚金。其财产不足以同时支付时,先承担民事赔偿责任。故 A 公司的财产应当先用于支付赔偿金。

2011 年 A 类

39. 下列属于《社会保险法》调整的保险有( )。

    A. 工伤保险   B. 教育保险

    C. 生育保险   D. 失业保险

【璧尘解析】ACD。《社会保险法》规定,国家建立基本养老保险、基本医疗保险、工伤保险、失业保险、生育保险等社会保险制度,保障公民在年老、疾病、工伤、失业、生育等情况下依法从国家和社会获得物质帮助的权利。

案例分析题

甲电器制造有限公司与乙电器实业有限公司签订买卖合同,约定甲公司于 2010 年 4 月 20 日前供应 100 台空调给乙公司,总货款 50 万元,由甲公司送货上门并承担运费,乙公司应于合同签订后 3 天内支付定金 10 万元,收货后 3 天内支付余款。当年 4 月初,甲公司听说乙公司已经"空壳",其董事长兼总经理刘某将乙公司的资金划转到自己的个人账户,并以其个人名义投资注册了丙服装有限公司,为防止交货后不能得到余款,甲公司将该批空调以总价 45 万元卖给了另一家公司。2010 年 6 月,乙公司向法院起诉,要求甲公司承担不能按期供货的违约责任,并双倍返还定金。

42. 若乙公司刘某的行为属实,该行为属于( )。

    A. 公司转投资

    B. 公司再投资

    C. 抽逃出资

    D. 虚假出资

【璧尘解析】C。抽逃出资是指在公司验资注册后,股东将所缴出资暗中撤回,却仍保留股东身份和原有出资数额的一种欺诈性违法行为。《公司法司法解释(三)》第 12 条规定,公司成立后,公司、股东或者公司债权人以相关股东的行为符合下列情形之一且损害公司权益为由,请求认定该股东抽逃出资的,人民法院应予支持:(一)将出资款项转入公司账户验资后又转出;(二)通过虚构债权债务关系将其出资转出;(三)制作虚假财务会计报表虚增利润进行分配;(四)利用关联交易将出资转出;(五)其他未经法定程序将出资抽回的行为。由此可以看出,乙公司行为属于抽逃出资。

2013 年 A 类

23. 大学毕业生小赵欲成立一人有限责任公司,自主创业。对此,下列说法正确的是( )。

    A. 可以投资设立一个以上的一人有限责任公司

    B. 公司的注册资本额不低于人民币 3 万元

    C. 不能分期缴纳公司章程规定的出资额

    D. 公司章程中必须有董事会和监事会的规定

【璧尘解析】当年考题的答案是 C。一个自然人只能投资设立一个一人有限责任公司。该一人有限责任公司不能投资设立新的一人有限责任公司。但依据新的《公司法》,一人有限责任公司现已无法定最低注册资本额限制,也无不能分期之规定。在《公司法》中也没有 D 项的规定。

2014 年 A 类

22. 某有限责任公司股东吴某欲转让自己的股权,因无其他股东愿意购买,拟转让给本公司股东以外的陈某,而公司股东会决议不同意吴某将股权转让给陈某。对此,下列吴某的行为正确的是（　　）。

A. 可以将股权转让给陈某

B. 可以要求法院强制其他股东购买其股权

C. 可以要求退股

D. 可以要求法院撤销股东会决议

【璧尘解析】A。《公司法》第 71 条规定,有限责任公司的股东之间可以相互转让其全部或者部分股权。股东向股东以外的人转让股权,应当经其他股东过半数同意。股东应就其股权转让事项书面通知其他股东征求同意,其他股东自接到书面通知之日起满三十日未答复的,视为同意转让。其他股东半数以上不同意转让的,不同意的股东应当购买该转让的股权;不购买的,视为同意转让。故本题答案选 A。

2005 年 B 类

27. 某有限公司由甲、乙、丙三股东各出资 20 万元成立。因甲去外地生活,向乙、丙提出股权转让,乙、丙不愿受让,但同意其对外转让。有权作出该股权转让决定的是（　　）。

A. 股东会　　　　B. 董事会

C. 监事会　　　　D. 职代会

【璧尘解析】当年考题的答案为 A。根据新《公司法》第 72 条规定,有限责任公司的股东之间可以相互转让其全部或部分股权。股东向股东以外的人转让股权,应当经其他股东过半数同意。本案中甲对外转让股份,乙、丙同意即可。所以本题应无正确选项。

案例分析题

2002 年 1 月,市民乙从甲公司营销分公司第一经营部购买了一只新型玻璃钢台面的燃气灶具。2002 年 8 月一次做饭时突然发生爆炸,乙的手臂、胸及面部多处被炸伤,抽油烟机被炸落。为此,乙找到甲公司经营部要求处理,该经营部以自己不是独立法人只是公司的一个内部部门为由推脱责任。乙又找到甲公司,甲公司以产品已过六个月保质期为由拒绝承担责任。经查:甲公司经营部是甲公司营销分公司的一个部门;甲公司产品所附质保书载明产品保质期为售出后六个月。

72. 甲公司营销分公司在法律上（　　）。

A. 经工商登记后取得法人资格

B. 经工商登记后也不能取得法人资格

C. 是甲公司法人的分支机构

D. 是甲公司法人的子公司

【璧尘解析】BC。根据《公司法》第 14 条规定,公司可以设立分公司。设立分公司,应当向公司登记机关申请登记,领取营业执照。分公司不具有法人资格,其民事责任由公司承担。公司可以设立子公司,子公司具有法人资格,依法独立承担民事责任。

75. 人民法院若认定产品责任,责任主体应当是（　　）。

A. 甲公司营销分公司第一经营部

B. 甲公司营销分公司

C. 甲公司

D. 甲公司和第一经营部

【璧尘解析】C。参见 2005 年 B 类第 72 题。

2007 年 B 类

13. 晶鑫电子有限责任公司由张某、王某等 9 人设立,张某出资占 30% 任董事长,王某出资占 21% 任总经理,其余 7 人各出资 7%。关于公司法定代表人产生的说法正确的是（　　）。

A. 公司章程可以规定任一股东

B. 公司章程只能规定张某

C. 公司章程可以规定张某或王某

D. 公司章程只能规定王某

【璧尘解析】C。根据《公司法》第13条规定,公司法定代表人依照公司章程的规定,由董事长、执行董事或者经理担任,并依法登记。公司法定代表人变更,应当办理变更登记。本题中,张某为董事长,王某为总经理,故公司章程可以规定张某或王某为法定代表人。

31. 甲综合类证券公司与乙服装公司签订证券买卖全权代理协议,实行保底经营(年息10%),利润按甲30%、乙70%分配。下列说法错误的是( )。

A. 甲依法享有自主经营的权利,协议合法

B. 甲可以从事自营业务,协议合法

C. 甲不得对乙的收益作出承诺,协议违法

D. 甲不得从事经纪类业务,协议违法

【璧尘解析】ABD。《证券法》第125条规定,经国务院证券监督管理机构批准,证券公司可以经营下列部分或者全部业务:(一)证券经纪;(二)证券投资咨询;(三)与证券交易、证券投资活动有关的财务顾问;(四)证券承销与保荐;(五)证券自营;(六)证券资产管理;(七)其他证券业务。第143条规定,证券公司办理经纪业务,不得接受客户的全权委托而决定证券买卖、选择证券种类、决定买卖数量或者买卖价格。第144条规定,证券公司不得以任何方式对客户证券买卖的收益或者赔偿证券买卖的损失作出承诺。依此可知,错误的说法为ABD三项。

2008 年 B 类

11. 根据《公司法》的规定,股份有限公司注册资本的最低限额是( )。

A. 人民币 100 万元

B. 人民币 500 万元

C. 人民币 1000 万元

D. 人民币 3000 万元

【璧尘解析】当年考题的答案是B。最新《〈中华人民共和国公司法〉修正案(草案)》通过修改,并于 2014 年 3 月 1 日开始生效施行。有限责任公司的注册资本为在公司登记机关登记的全体股东认缴的出资额,法律、行政法规以及国务院决定对有限责任公司注册资本实缴、注册资本最低限额另有规定的,从其规定。也就是说1元即可设立有限责任公司,除了特殊的公司类型如银行、拍卖行等,一般公司已无法定最低注册资本金。

2009 年 B 类

5. 有限责任公司区别于股份有限公司的重要特征之一是( )。

A. 可以发行股票

B. 可以发行股权证

C. 不可以发行股票

D. 注册资本由等额股份构成

【璧尘解析】C。有限责任公司区别于股份有限公司的重要特征之一就是有限责任公司不能发行股票,不能上市。

12. 张某担任某上市公司董事期间,半年内买卖该公司的股票获得 200 万元。该 200 万元应当( )。

A. 归张某所有

B. 归该公司所有

C. 归张某和该公司共有

D. 由证监会没收

【璧尘解析】B。根据《公司法》的第149条规定,董事、高级管理人员违反禁止行为所得的收入应当归公司所有。

31. 下列有关人身保险受益人的说法中,正确的有( )。

A. 被保险人有权变更受益人

B. 被保险人有权自主指定受益人

C. 受益人可以是数人

D. 投保人有权自主指定受益人

【璧尘解析】ABCD。《保险法》第 63 条规定，被保险人或者投保人可以变更受益人并书面通知保险人。保险人收到变更受益人的书面通知后，应当在保险单上批注。投保人变更受益人时须经被保险人同意。所以 A 项正确。《保险法》第 61 条第 1 款规定，人身保险的受益人由被保险人或者投保人指定。所以 BD 项正确。《保险法》第 62 条第 1 款规定，被保险人或者投保人可以指定一人或者数人为受益人。所以 C 项正确。

案例分析题

力颖电脑软件有限责任公司由张某、李某等 10 人各投资 20 万元于 2006 年设立，公司章程对分红、增资等采用了公司法的基本规定，未作特别约定。李某实际只出资 10 万元，尚拖欠 10 万元出资未缴。其余股东均已按期足额缴纳出资。2008 年底分红时，张某提出李某一直未按公司章程规定足额出资，应少分红。李某指责张某应赔偿其担任公司经理期间，以公司名义销售盗版软件给公司造成的损失 5 万元，并要求罢免张某的经理职务。

46. 对于李某未按公司章程规定足额缴纳的出资（   ）。

A. 其他股东对此承担连带缴纳责任

B. 李某应当向公司足额缴纳

C. 李某应当向其他股东承担违约责任

D. 其他股东对此承担补充连带责任

【璧尘解析】BC。根据《公司法》第 28 条的规定，股东应当按期足额缴纳公司章程中规定的各自所认缴的出资额。股东不按规定缴纳出资的，除应当向公司足额缴纳外，还应当向已按期缴纳出资的股东承担违约责任。因此选 BC 项。

47. 就李某对力颖公司的债务应承担的责任，下列说法错误的是（   ）。

A. 李某承担无限责任

B. 李某以 10 万元为限承担责任

C. 李某与其他股东共同承担无限连带责任

D. 李某以 20 万元为限承担责任

【璧尘解析】ABC。根据《公司法》第 3 条的规定，公司是企业法人，有独立的法人财产，享有法人财产权。公司以其全部财产对公司的债务承担责任。有限责任公司的股东以其认缴的出资额为限对公司承担责任；股份有限公司的股东以其认购的股份为限对公司承担责任。本案中李某虽然实际只出资 10 万元，尚拖欠 10 万元未出资，但是李某对力颖公司应当以认缴的出资额 20 万元为限承担责任。

48. 在力颖公司 2008 年底分红时，对于李某（   ）。

A. 应按照出资 10 万元的比例分红

B. 应按照出资 20 万元的比例分红

C. 应由公司董事会决定其分红比例

D. 应由公司董事长决定其分红比例

【璧尘解析】A。根据《公司法》第 34 条的规定，有限责任公司的股东应当按照实缴的出资比例分取红利。

49. 对于张某担任公司经理期间，以公司名义销售盗版软件给公司造成的 5 万元损失，下列说法正确的是（   ）。

A. 张某对该损失不承担赔偿责任

B. 李某可以书面请求监事会向法院起诉

C. 张某对该损失应承担赔偿责任

D. 李某可以书面请求董事会向法院起诉

【璧尘解析】BC。根据《公司法》第 149 条的规定，董事、监事、高级管理人员执行公司职务时违反法律、行政法规或者公司章程的规定，给公司造成损失的，应当承担赔偿责任。因此 C 项正确。第 151 条规定，董事、高级管理人员有本法第 150 条规定的情形的，有限责任公司的股东、股份有限公司连续 180 日以上单独或者合计持有公司 1% 以上股份的股东,可以书面请求监事会或者不设监事会的有限责任公司的监事向人民法院提起诉讼;监事有本法第150条规定的情形的,前述股东可以书面请求董事会或者不设董事会的有限责任公司的执行董事向人民法院提起诉讼。因此B项正确。

50. 有权决定罢免张某经理职务的是力颖公司的( )。

A. 股东会　　　　B. 董事会

C. 董事长　　　　D. 监事会

【璧尘解析】B。根据《公司法》第46条的规定,董事会可以决定聘任或者解聘公司经理及其报酬事项,并根据经理的提名决定聘任或者解聘公司副经理、财务负责人及其报酬事项。

2010 年 B 类

31. 下列关于公司注册资本的表述,符合法律规定的有( )。

A. 一人有限公司的注册资本最低限额为 10 万元

B. 有限公司全体股东的首次出资金额不得低于注册资本的 25%

C. 有限公司全体股东的货币出资金额不得低于注册资本的 30%

D. 股份有限公司采取发起设立的,全体发起人的首次出资额不得低于注册资本的 20%

【璧尘解析】当年考题的答案是 ACD。2014 年 3 月 1 日施行新《公司法》明确规定,有限责任公司的注册资本为在公司登记机关登记的全体股东认缴的出资额,法律、行政法规以及国务院决定对有限责任公司注册资本实缴、注册资本最低限额另有规定的,从其规定。一般公司已无法定最低注册资本金。因此也已无货币出资金额比例、首次出资金额的规定。

案例分析题

甲、乙、丙、丁拟共同组建一有限责任性质的饮料公司,注册资本 200 万元,其中甲、乙各以货币 60 万元出资;丙以实物出资,经评估作价 70 万元;丁以劳务出资,经全体出资人同意作价 10 万元。饮料公司成立后经营一直不景气,已欠银行贷款 100 万元不能偿还。经股东会决议,决定把饮料公司唯一盈利的保健品车间分出去,成立独资的保健品公司。后饮料公司增资扩股,乙将其股份转让给大北公司。1 年后,保健品公司也出现严重亏损,资不抵债,其中欠大南公司贷款 400 万元。

(本案例题改编自 2003 年司法考试真题,原题是以主观题形式出现。)

46. 在饮料公司的设立中,出资方式符合《公司法》规定的股东有( )。

A. 甲　　B. 乙　　C. 丙　　D. 丁

【璧尘解析】ABC。根据《公司法》第 27 条,股东可以用货币出资,也可以用实物、知识产权、土地使用权等可以用货币估价并可以依法转让的非货币财产作价出资;但是,法律、行政法规规定不得作为出资的财产除外。此外股东不得以劳务、信用、自然人姓名、商誉、特许经营权或者设定担保的财产等作价出资。丁的出资方式不符合《公司法》规定。

47. 乙将其股份转让给大北公司时,应当( )。

A. 经股东 2/3 以上同意

B. 经其他股东过半数同意

C. 经股东过半数同意

C. 经所有股东一致同意

【璧尘解析】B。《公司法》第 71 条规定,股东向股东以外的人转让股权,应当经其他股东过半数同意。股东应就其股权转让事项书面通知其他股东征求同意,其他股东自接到书面通知之日起满三十日未答复的,视为同意转让。其他股东半数以上不同意转让的,不同意的股东应当购买该转让的股权;不购买的,视为同意转让。因此选 B。

48. 饮料公司欠银行100万元贷款,该债务应当由( )。

A. 饮料公司承担

B. 保健品公司承担

C. 饮料公司承担,保健品公司承担补充责任

D. 饮料公司和保健品公司承担连带责任

【璧尘解析】D。《公司法》第176条规定,公司分立前的债务由分立后的公司承担连带责任。但是,公司在分立前与债权人就债务清偿达成的书面协议另有约定的除外。本案中,保健品公司是从饮料公司分立出来的公司,饮料公司欠银行的100万贷款是分立前的债务,因此,保健品公司应对100万元的贷款与饮料公司共同承担连带责任。因此选D项。

49. 对饮料公司成立独资的保健品公司,下列表述正确的有( )。

A. 饮料公司逃避债务新设企业,该设立行为无效

B. 保健品公司必须为一人有限责任公司

C. 饮料公司可以设立保健品公司,但必须对其债务承担无限连带责任

D. 饮料公司可以设立保健品公司,且以出资额为限对保健品公司承担责任

【璧尘解析】BD。《公司法》第176条规定,公司分立前的债务由分立后的公司承担连带责任。但是,公司在分立前与债权人就债务清偿达成的书面协议另有约定的除外。本案中,饮料公司设立新公司,新公司对设立前的债务承担连带责任,设立新公司不属于逃避债务的行为,A项错误;保健品公司是由饮料公司独资成立的,即保健品公司只有饮料公司一个法人股东,属于一人有限责任公司,B项正确;饮料公司作为保健品公司的股东,以其出资额对保健品公司承担责任,D项正确。

50. 若保健品公司资不抵债,可以向法院申请破产的主体有( )。

A. 大南公司   B. 饮料公司

C. 保健品公司   D. 大北公司

【璧尘解析】ABCD。《企业破产法》第7条规定,债务人有本法第2条规定的情形,可以向人民法院提出重整、和解或者破产清算申请。债务人不能清偿到期债务,债权人可以向人民法院提出对债务人进行重整或者破产清算的申请。企业法人已解散但未清算或者未清算完毕,资产不足以清偿债务的,依法负有清算责任的人应当向人民法院申请破产清算。可见,申请企业破产的主体可以是债务人,也可以是债权人。本案中,大北公司和饮料公司都有保健品公司的股份,保健品公司欠大南公司贷款400万元,因此饮料公司、大北公司和大南公司都是保健品公司的债权人,有权申请破产;保健品公司作为债务人也可以申请破产。

2011年B类

8. 姜某是大力电器有限公司董事长,肖某是执行董事,严某是总经理。下列关于该公司法人资格认定的表述,正确的是( )。

A. 公司是法人   B. 肖某是法人

C. 严某是法人   D. 姜某是法人

【璧尘解析】A。法人和法定代表人是两个独立的概念,企业法人是指具有符合国家法律规定的资金数额、企业名称、组织机构、住所等法定条件,能够独立承担民事责任,经主管机关核准登记取得法人资格的社会经济组织。《公司法》第3条规定,公司是企业法人,有独立的法人财产,享有法人财产权。公司以其全部财产对公司的债务承担责任。第13条规定,公司法定代表人依照公司章程的规定,由董事长、执行董事或者经理担任,并依法登记。公司法定代表人变更,应当办理变更登记。肖某、严某和姜某可选其一作为公司的法定代表人。

2012 年 B 类

11. 某省准备成立一家国有独资公司,依《公司法》规定,该公司的类型只能是( )。

A. 无限公司　　　B. 股份有限公司
C. 两合公司　　　D. 有限责任公司

【璧尘解析】D。《公司法》第 64 条规定,本法所称国有独资公司,是指国家单独出资、由国务院或者地方人民政府授权本级人民政府国有资产监督管理机构履行出资人职责的有限责任公司。因此 D 项正确。

35. 根据新修改的《工伤保险条例》,下列应当参加工伤保险的用人单位有( )。

A. 事业单位
B. 律师事务所
C. 社会团体
D. 有雇工的个体工商户

【璧尘解析】ABCD。《工伤保险条例》第 2 条规定,中华人民共和国境内的企业、事业单位、社会团体、民办非企业单位、基金会、律师事务所、会计师事务所等组织和有雇工的个体工商户(以下称用人单位)应当依照本条例规定参加工伤保险,为本单位全部职工或者雇工(以下称职工)缴纳工伤保险费。新修改的《工伤保险条例》经 2010 年 12 月 8 日国务院常务会议通过,2011 年 1 月 1 日起施行。

2013 年 B 类

37. 根据我国《社会保险法》的规定,失业人员停止领取失业保险金和停止享受其他失业保险待遇的情形有( )。

A. 重新就业的
B. 享受基本养老保险待遇的
C. 移居境外的
D. 应征服兵役的

【璧尘解析】ABCD。根据《社会保险法》第 51 条的规定,失业人员在领取失业保险金期间有下列情形之一的,停止领取失业保险金,并同时停止享受其他失业保险待遇:(一)重新就业的;(二)应征服兵役的;(三)移居境外的;(四)享受基本养老保险待遇的;(五)无正当理由,拒不接受当地人民政府指定部门或者机构介绍的适当工作或者提供的培训的。《社会保险法》由全国人大常委会 2010 年 10 月 28 日通过,2011 年 7 月 1 日起施行。

2014 年 B 类

24. 为应对国内外经济形势的变化,某股份有限公司准备关闭部分加工基地,实施发展战略的重大调整。对于这一决策,该公司具有最终决定权的机构是( )。

A. 监事会　　　B. 董事会
C. 职工代表大会　　D. 股东大会

【璧尘解析】D。在股份有限公司里,股东大会是公司的最高权力机构,具有最终决定权。这里,股东会和股东大会要注意区别,股东会是有限责任公司的最高权力机构。

31. 甲企业拖欠工人工资被诉至法院,随后,工人发现甲企业有转移财产逃避债务的行为。根据《中华人民共和国民事诉讼法》的规定,工人可以请求法院采取的措施有( )。

A. 裁定采取财产保全措施
B. 裁定先予执行
C. 适用简易程序进行审理
D. 禁止甲企业转移财产

【璧尘解析】ABCD。我国《民事诉讼法》第 100 条规定,人民法院对于可能因当事人一方的行为或者其他原因,使判决难以执行或者造成当事人其他损害的案件,根据对方当事人的申请,可以裁定对其财产进行保全、责令其作出一定行为或者禁止其作出一定行为;当事人没有提出申请的,人民法院在必要时也可以裁定采取保全措施,A 选项正确。第 106 条规定,人民法院对追索劳动报酬的案件,根据当事人的申请,可以裁定先予执行,B 选项正确。《民事诉讼法》第 157 条规定,基层人民法院和它派出的法庭审理事实清楚、权利义务关系明确、争议不大的简单的民事案件,适用简易程序。本题中明确说明是企业拖欠工人工资,符合适用简易程序的要求。根据《民事诉讼法》规定,财产保全可以采取查封、扣押、冻结或者法律规定的其他方法。D 选项禁止甲企业转移财产属于财产保全中的一种形式。

案例分析题

2012 年 3 月,胡某与李某合伙租用甲公司场地开设美容院,胡某负责业务的执行,并进行了工商登记。2013 年 11 月,美容院服务员赵某操作美容仪器不当,致顾客王某伤残。当王某提出赔偿请求时,美容院辩称,王某受伤系美容仪器质量不合格所致,因而拒绝赔偿。王某遂向工商局投诉。胡某在得知王某的治疗费高达 40 余万元后,害怕承担赔偿责任,在未退还美容会员卡余额的情况下,携款潜逃。后查明,该美容院尚拖欠甲公司半年的房租,且未办理工商年检手续。

36. 本案中,应对王某的伤残承担赔偿责任的主体是( )。

A. 赵某　B. 美容院　C. 胡某　D. 李某

【璧尘解析】B。《合伙企业法》第 38 条规定,合伙企业对其债务,应先以其全部财产进行清偿。因此,本题中应当对王某承担伤残赔偿责任的主体是美容院。

39. 本案中,若美容院无力承担责任,合伙人李某应承担连带责任的范围是( )。

A. 王某的损失

B. 拖欠甲公司的租金

C. 美容院会员的损失和王某的损失

D. 王某和美容院会员的损失,以及拖欠甲公司的租金

【璧尘解析】D。《合伙企业法》第 39 条规定,合伙企业不能清偿到期债务的,合伙人承担无限连带责任。因此,本案中合伙人李某、胡某均需对美容院的所有债务承担无限连带责任。

2006 年 C 类

27. 下列属于我国《公司法》规定的公司形式是( )。

A. 一人有限责任公司

B. 国有独资公司

C. 两合公司

D. 股份有限公司

【璧尘解析】ABD。根据《公司法》第 2 条规定,本法所称公司是指依照本法在中国境内设立的有限责任公司和股份有限公司。第 58 条规定本法所称一人有限责任公司,是指只有一个自然人股东或者一个法人股东的有限责任公司。第 65 条规定本法所称国有独资公司,是指国家单独出资、由国务院或者地方人民政府授权本级人民政府国有资产监督管理机构履行出资人职责的有限责任公司。所以,一人有限责任公司和国有独资公司都属于公司法规定的公司形式。

2007 年 C 类

10. 张某和李某约定设立金达服装有限公司,两人认缴的出资额之和不得低于( )。

A. 3 万元　　　　B. 5 万元

C. 10 万元　　　D. 50 万元

【璧尘解析】当年考题的答案为 A。2014 年 3 月 1 日施行的新《公司法》明确规定,有限责任公司的注册资本为在公司登记机关登记的全体股东认缴的出资额,法律、行政法规以及国务院决定对有限责任公司注册资本实缴、注册资本最低限额另有规定的,从其规定。也就是说 1 元即可设立有限责任公司,除了特殊的公司类型如银行、拍卖行等,一般公司已无法定最低注册资本金。

24. 张某之父与某保险公司订立保险合同,约定险种为养老保险,指定受益人为张某。该保险合同的当事人包括( )。

A. 张某　　　　　B. 张某之父

C. 保险公司　　　D. 张某之子

【璧尘解析】BC。保险合同当事人,是指缔结保险合同,直接享有权利并承担义务的人,包括保险人和投保人。保险人,亦称承保人,是指与投保人订立保险合同,并按照合同约定承担赔偿或者给付保险金责任的保险公司以及法律、行政法规规定的其他保险组织。投保人,又称要保人,是指与保险人订立保险合同,并按照合同约定负有支付保险费义务的人。

2008 年 C 类

12. 根据《公司法》的规定,一人有限责任公司注册资本的最低限额是(　　)。

A. 3 万人民币　　　B. 10 万人民币

C. 30 万人民币　　　D. 50 万人民币

【璧尘解析】当年考题的答案为 B。参见 2007 年 C 类第 10 题。

2010 年 C 类

12. 《企业破产法》调整的破产程序不包括(　　)。

A. 重整程序　　　B. 和解程序

C. 清算程序　　　D. 解散程序

【璧尘解析】D。破产清算程序、破产和解程序和破产重整程序构成现代破产法律制度的三块基石,现代破产法律制度就是由清算、和解与重整这三个方面的内容整合而成的。我国《企业破产法》一经产生,就使它融合到现代破产法律制度的行列,奠定了由清算、和解与重整等三大法律制度形成的三位一体结构形式。

2011 年 C 类

案例分析题

甲电器制造有限公司与乙电器实业有限公司签订买卖合同,约定甲公司于 2010 年 4 月 20 日前供应 100 台空调给乙公司,总货款 50 万元,由甲公司送货上门并承担运费,乙公司应于合同签订后 3 天内支付定金 10 万元,收货后 3 天内支付余款。当年 4 月初,甲公司听说乙公司已经"空壳",其董事长兼总经理刘某将乙公司的资金划转到自己的个人账户,并以其个人名义投资注册了丙服装有限公司,为防止交货后不能得到余款,甲公司将该批空调以总价 45 万元卖给了另一家公司。2010 年 6 月,乙公司向法院起诉,要求甲公司承担不能按期供货的违约责任,并双倍返还定金。

37. 若乙公司刘某的行为属实,该行为属于(　　)。

A. 公司转投资　　　B. 公司再投资

C. 抽逃出资　　　D. 虚假出资

【璧尘解析】C。参见 2011 年 A 类第 42 题。

2012 年 C 类

11. 某有限公司的章程通过后,应在公司章程上签名、盖章的人员是(　　)。

A. 该公司股东　　　B. 该公司董事

C. 该公司监事　　　D. 该公司经理

【璧尘解析】A。《公司法》第 25 条规定,股东应当在公司章程上签名、盖章,因此 A 项正确。

33. 根据新修改的《工伤保险条例》,下列应当参加工伤保险的用人单位有(　　)。

A. 事业单位

B. 律师事务所

C. 社会团体

D. 有雇工的个体工商户

【璧尘解析】ABCD。参见 2012 年 B 类第 35 题。

2013 年 C 类

20. 大王庄村欲成立农业生产公司。下列出资方式中,符合我国《公司法》规定的是

（　　）。

A. 劳务出资

B. 管理技能出资

C. 信用出资

D. 非专利生产技术出资

【璧尘解析】D。《公司法》第27条规定，股东可以用货币出资，也可以用实物、知识产权、土地使用权等可以用货币估价并可以依法转让的非货币财产作价出资；但是，法律、行政法规规定不得作为出资的财产除外。

2014年C类

15. 甲公司、乙企业和张某准备共同设立一家有限合伙企业。于是口头约定：甲公司以现金出资，乙企业以厂房出资，张某以自己的劳务出资，对此，下列说法符合法律规定的是（　　）。

A. 合伙协议一经达成，合伙企业即设立

B. 合伙协议可采取口头方式约定

C. 甲公司不能成为合伙人

D. 张某可以自己的劳务出资

【璧尘解析】D。根据《合伙企业法》第

14条规定，设立合伙企业，应当具备下列条件：(一)有二个以上合伙人，合伙人为自然人的，应当具有完全民事行为能力；(二)有书面合伙协议；(三)有合伙人认缴或者实际缴付的出资；(四)有合伙企业的名称和生产经营场所。AB选项不符合法律规定。自然人、法人、其他组织均可成为合伙人，但是国有独资公司、国有企业、上市公司以及公益性的事业单位、社会团体不得成为普通合伙人，但这些机构可以成为有限合伙人，所以选项C不符合法律规定。合伙人可以用货币、实物、知识产权、土地使用权或者其他财产权利出资，也可以用劳务出资。所以选项D的说法符合法律规定。

31. 甲、乙、丙、丁共同出资设立了一家有限责任公司，甲任执行董事，乙和丙任监事，丁任经理。根据法律规定，可以成为公司法定代表人的有（　　）。

A. 甲　　B. 乙　　C. 丙　　D. 丁

【璧尘解析】AD。《公司法》第13条规定，公司法定代表人依照公司章程的规定，由董事长、执行董事或者经理担任，并依法登记。所以甲和丁可以成为公司法定代表人。

命题规律及备考建议

　　商法主要由《公司法》《合伙企业法》《破产法》《票据法》《保险法》等组成。从考试分值分布上看最主要的是《公司法》。最新《中华人民共和国公司法》修正案（草案）通过修改，并于2014年3月1日生效开始施行，此法将成为2015年的必考法。《公司法》主要考点有：公司类型、设立条件、出资方式、出资额规定（新法重大修改项）、股份转让、对内对外担保、董事、高级管理人员的禁止行为等。其中有限责任公司的比重要高于股份有限公司。从历年真题看，《公司法》考点重复考察较多。复习时一定要注重法条的复习，因为该法考试难度不大，基本都围绕法条意思来考察，难度延伸不多。《保险法》主要考察最基本的知识点，如保险合同、保险当事人、保险受益人等。《保险法》可考未考的知识点有很多，如保险人的代位求偿权、保险合同的索赔时效、保险欺诈的法律规定、死亡保险合同被保险人的限制、第三人订立死亡保险合同的规定、保险人的免责事由等。2012年、2013年还考察了新颁布的《社会保险法》和新修订的《工伤保险条例》。随着保险的普及，其与我们的生活联系更加密切，该类法值得我们好好研读。

经 济 法

分值 类别 年份	2014	2013	2012	2011	2010	2009	2008	2007	2006	2005
A类	2.2	3	2	4.8	8.4	4.8	7	10	7	3
B类	2.8	1	1	3.6	1	0	6	9	2	5
C类	4.4	2.5	2	2.2	1.2	2	0	1	2	0

真题分类详解

2004 年 A 类

78. 在张某 2003 年 1～11 月的下列各项个人所得中,可以免纳个人所得税的是( )。

A. 省政府教育奖金 10000 元

B. 国债利息 600 元

C. 储蓄利息 500 元

D. 工资收入 2800 元

【璧尘解析】AB。下列各项个人所得,免纳个人所得税:(1) 省级人民政府、国务院部委和中国人民解放军军以上单位,以及外国组织、国际组织颁发的科学、教育、技术、文化、卫生、体育、环境保护等方面的奖金(即省部军级单位,外国、国际组织的科教文卫体环境奖金);(2) 国债和国家发行的金融债券利息。

2005 年 A 类

27. 某超市购物须知载明:所售物品有质量问题,超过 15 天概不负责。某消费者在此购买胶卷 20 天后因质量问题找超市交涉被拒绝。该超市的做法( )。

A. 合法,因为购物须知是与消费者的明确约定

B. 合法,因为胶卷的买卖合同已经履行完毕

C. 不合法,因为消费者没有对购物须知书面认可

D. 不合法,因为购物须知的保质期与产品三包相抵触

【璧尘解析】D。根据《消费者权益保护法》第 24 条规定,经营者不得以格式合同、通知、声明、店堂告示等方式作出对消费者不公平、不合理的规定,或者减轻、免除其损害消费者合法权益应当承担的民事责任。格式合同、通知、声明、店堂告示等含有前款所列内容的,其内容无效。第 45 条规定,对国家规定或者经营者与消费者约定包修、包换、包退的商品,经营者应当负责修理、更换或者退货。需要特别提醒的是 2014 年 3 月 15 日起新施行《消费者权益保护法》对有关法条作了重大修改,请注意新旧考点的对比和鉴别。

48. 对可能危及人身、财产安全的商品或服务,经营者应当( )。

A. 不得销售该商品或提供该服务

B. 向消费者作出真实的说明

C. 向消费者作出明确的警示

D. 说明正确使用方法

【璧尘解析】BCD。根据《消费者权益保护法》第18条规定,经营者应当保证其提供的商品或者服务符合保障人身、财产安全的要求。对可能危及人身、财产安全的商品和服务,应当向消费者作出真实的说明和明确的警示,并说明和标明正确使用商品或者接受服务的方法以及防止危害发生的方法。A项显然不符合实际。

72. 对擅自使用与知名商品相近似的名称、包装、装潢,造成和他人的知名商品相混淆,使购买者误认为是该知名商品的行为判断,依据的是(   )。

A.《商标法》

B.《专利法》

C.《反不正当竞争法》

D.《消费者权益保护法》

【璧尘解析】C。根据《反不正当竞争法》第5条规定,经营者不得采用下列不正当手段从事市场交易,损害竞争对手:擅自使用知名商品特有的名称、包装、装潢;或者使用与知名商品近似的名称、包装、装潢,造成和他人的知名商品相混淆,使购买者误认为是该知名商品。

2006 年 A 类

22. 下列不适用我国《产品质量法》规定的产品是(   )。

A. 商店销售的电视机

B. 工厂生产销售的汽车

C. 房地产公司销售的商品房

D. 张某雕刻销售的玉器

【璧尘解析】C。根据《产品质量法》第2条的规定,本法所称产品是指经过加工、制作,用于销售的产品。建设工程不适用本法规定;但是,建设工程使用的建筑材料、建筑构配件和设备,属于前款规定的产品范围的,适用本法规定。

40. 经营者在侵害消费者的人格尊严时,承担民事责任的方式包括(   )。

A. 返还财产

B. 停止侵害

C. 赔礼道歉

D. 消除影响、恢复名誉

【璧尘解析】BCD。根据《消费者权益保护法》第43条的规定,经营者违反本法第25条规定,侵害消费者的人格尊严或者侵犯消费者人身自由的,应当停止侵害、恢复名誉、消除影响、赔礼道歉,并赔偿损失。

案例分析题

海城市甲、乙公司都生产磁疗健身器。乙公司在海城市电视台发布的带有海城市健身器材协会推荐字样的广告中宣称自己的磁疗健身器是市场上唯一使用健康、无辐射磁的产品。受该广告影响,钱某到海城商场选购该产品,在问商场营业员李某该磁疗健身器对治疗瘫痪是否有效果时,李某未置可否。钱某最终还是在海城商场购买了一台乙公司生产的磁疗健身器,后在正常使用时因磁疗健身器发生漏电而受伤。

51. 乙公司在广告中宣称自己的磁疗健身器是市场上唯一使用健康、无辐射磁的行为属于《反不正当竞争法》禁止的(   )。

A. 混淆行为   B. 垄断行为

C. 虚假表示行为   D. 诋毁行为

【璧尘解析】CD。混淆行为是指禁止擅自使用知名商品特有的名称、包装、装潢,造成和他人的知名商品相混淆,使购买者误认为是该知名商品的行为;垄断行为是指公用企业或者其他依法具有独占地位的经营者利用优势地位限定他人购买其指定的经营者的商品,以排挤其他经营者的公平竞争的行为;虚假表示行为是指经营者利用广告或者其他方法,对商品的质量、制作成分、性能、用途、生产者、有效期限、产地等作引人误解的虚假宣传;诋毁行为通常是指损害或者可能损害竞争对手的商业信誉或商品声誉的虚假宣传,即经营者通过捏造、散布虚假事实对其竞争对手的商业信誉和商品声誉进行恶意诋毁、贬低,以削弱其竞争能力,为自己谋取不正当利益的行为。本案中,乙公司的行为构成对自己产品的虚假表示,同时由于宣称自己是唯一的,构成诋毁行为。

52. 若营业员李某明知乙公司生产的该磁疗健身器对治疗瘫痪没有效果而不予说明,则侵犯了钱某的(　　)。

A. 求偿权　　　　B. 公平交易权

C. 知情权　　　　D. 自主选择权

【璧尘解析】C。知情权是指消费者享有知悉其购买、使用的商品或者接受的服务的真实情况的权利,消费者有权根据商品或者服务的不同情况,要求经营者提供商品的价格、产地、生产者、用途、性能、规格、等级、主要成分、生产日期、有效期限、检验合格证明、使用方法说明书、售后服务,或者服务的内容、规格、费用等有关情况,所以C项正确。

53. 按照《产品质量法》的规定,磁疗健身器或其包装上的标识应当标明(　　)。

A. 产品名称

B. 产品质量认证标志

C. 生产厂法定代表人姓名

D. 生产厂厂名和厂址

【璧尘解析】AD。根据《产品质量法》第27条规定,产品或者其包装上的标识必须真实,并符合下列要求:(一)有产品质量检验合格证明;(二)有中文标明的产品名称、生产厂厂名和厂址;(三)根据产品的特点和使用要求,需要标明产品规格、等级、所含主要成分的名称和含量的,用中文相应予以标明;需要事先让消费者知晓的,应当在外包装上标明,或者预先向消费者提供有关资料;(四)限期使用的产品,应当在显著位置清晰地标明生产日期和安全使用期或者失效日期;(五)使用不当,容易造成产品本身损坏或者可能危及人身、财产安全的产品,应当有警示标志或者中文警示说明。这里特别要注意的是B选项,产品质量认证标志和产品质量检验合格

证明是两个概念。产品质量检验合格证明是强制性标识,而产品质量认证标志是指企业通过申请,经国际国内权威认证机构认可,颁发给企业的表示产品质量已达认证标准的一种标志。使用认证标志,可提高商品的竞争力,增强用户的信任度。产品质量认证标志不是强制性标识。

54. 若海城商场使用了海城医疗公司的营业执照来经营该磁疗健身器,则钱某受伤后可以提出索赔请求的对象有(　　)。

A. 乙公司　　　　B. 海城商场

C. 营业员李某　　D. 海城医疗公司

【璧尘解析】ABD。根据《消费者权益保护法》第35条规定,消费者在购买、使用商品时,其合法权益受到损害的,可以向销售者要求赔偿。销售者赔偿后,属于生产者的责任或者属于向销售者提供商品的其他销售者的责任的,销售者有权向生产者或者其他销售者追偿。消费者或者其他受害人因商品缺陷造成人身、财产损害的,可以向销售者要求赔偿,也可以向生产者要求赔偿。属于生产者责任的,销售者赔偿后,有权向生产者追偿。属于销售者责任的,生产者赔偿后,有权向销售者追偿。钱某可以向海城商场和乙公司两方提出索赔。该法第37条规定,使用他人营业执照的违法经营者提供商品或者服务,损害消费者合法权益的,消费者可以向其要求赔偿,也可以向营业执照的持有人要求赔偿。据此,钱某也可以向海城医疗公司提出索赔。

55. 若乙公司的广告是虚假广告,对于钱某的受伤,按照《广告法》的规定,下列说法正确的是(　　)。

A. 乙公司应当依法承担民事责任

B. 海城市健身器材协会依法不承担责任

C. 海城市健身器材协会依法承担连带责任

D. 若海城市电视台明知广告虚假,依法承担连带责任

【璧尘解析】ACD。《广告法》第38条规

定,违反本法规定,发布虚假广告,欺骗和误导消费者,使购买商品或者接受服务的消费者的合法权益受到损害的,由广告主依法承担民事责任;广告经营者、广告发布者明知或者应知广告虚假仍设计、制作、发布的,应当依法承担连带责任。因此,AD项正确。社会团体或者其他组织,在虚假广告中向消费者推荐商品或者服务,使消费者的合法权益受到损害的,应当依法承担连带责任。海城市健身器材协会因为推荐了该产品,所以也要承担连带责任,C项正确。

2007 年 A 类

12. 下列涉及环境保护的说法错误的是（　　）。

A. 排污企业必须依规定申报登记

B. 排污企业要免除治理责任必须按规定缴纳超标排污费

C. 治污设施必须与主体工程同时设计、同时施工、同时投产使用

D. 环境污染受害人可以不经环保部门处理直接起诉要求赔偿

【璧尘解析】B。2014 年 4 月新修订的《环境保护法》规定,建设项目中防治污染的设施,应当与主体工程同时设计、同时施工、同时投产使用。国家依照法律规定实行排污许可管理制度。未取得排污许可证的,不得排放污染物。因此,排污企业不仅需要申报登记,还必须取得排污许可。排放污染物的企业事业单位和其他生产经营者,应当按照国家有关规定缴纳排污费。排污费应当全部专项用于环境污染防治,任何单位和个人不得截留、挤占或者挪作他用。排污企业具有治理义务,即使按规定缴纳超标排污费也免除不了它的治理责任。B 选项错误。

案例分析题

甲因病到 A 医院就诊,医生诊断后开出 B 制药厂生产的卡马西平片药。甲从医院取

药服用后出现皮疹,经查看药品说明书,未见相关的不良反应说明,便继续服用,致皮疹反应加重。经诊断为卡马西平引起的重症多型红斑性药疹,甲花去医药费若干。经查,B 制药厂取得该药准产批复时,所附说明书中列举了 30 余种不良反应;生产的卡马西平片经检验符合中国药典的规定,但随药附送的说明书在不良反应一栏中,仅列举了 5 种,包括皮疹在内的其他 28 种全部被删除。甲因此要求医院赔偿,医院以药品不是本院生产为由拒赔;甲又要求制药厂赔偿,制药厂认为药品符合中国药典规定,不应赔偿。

46. 甲使用的 B 制药厂生产的卡马西平片药属于（　　）。

A. 合格产品　　　B. 假冒产品

C. 缺陷产品　　　D. 伪劣产品

【璧尘解析】C。根据《产品质量法》第 46 条规定,本法所称缺陷,是指产品存在危及人身、他人财产安全的不合理的危险;产品有保障人体健康和人身、财产安全的国家标准、行业标准的,是指不符合该标准。本案中,药品存在产品警示上的缺陷,所以是缺陷药品。

47. 若甲以产品责任为由请求损害赔偿,则产品责任的构成要件不包括（　　）。

A. B 制药厂的主观过错

B. B 制药厂的损害行为

C. 对甲的人身损害结果

D. 对甲的财产损害结果

【璧尘解析】A。我国《产品质量法》的产品责任归责原则对生产者是无过错原则,即不论其是否存在过错,均应对所造成的损害进行赔偿。所以产品责任的构成要件不包括生产者的主观过错。产品责任的构成要件有三:(1)产品具有缺陷;(2)损害的客观存在,这种损害既包括人身损害又包括财产损害;(3)产品缺陷与损害存在因果关系。此外,对销售者的产品责任归责原则采用过错原则,第 42 条规定,由于销售者的过错使产品存在缺陷,造成人身、他人财产损害的,销售者应当承担赔偿责任。销售者不能指明缺陷产品

的生产者,也不能指明缺陷产品的供货者的,销售者应当承担赔偿责任。

48. 对于 A 医院拒绝承担赔偿责任的理由,下列观点正确的是( )。

A. 成立,因医院对药品存在问题不知情

B. 成立,因医院不是药品的生产者

C. 不成立,因医院对甲的疾病作出诊断

D. 不成立,因医院是药品的销售者

【璧尘解析】D。《产品质量法》第 43 条规定,因产品存在缺陷造成他人人身、财产损害的,受害人可以向产品的生产者要求赔偿,也可以向产品的销售者要求赔偿。属于产品的生产者的责任,产品的销售者赔偿的,产品的销售者有权向产品的生产者追偿。属于产品的销售者的责任,产品的生产者赔偿的,产品的生产者有权向产品的销售者追偿。

49. 若甲主张侵权损害赔偿,则责任主体( )。

A. 只能是 A 医院

B. 可以是 A 医院或 B 制药厂

C. 只能是 B 制药厂

D. 只能是准产批复作出者

【璧尘解析】B。根据《产品质量法》第 43 条规定,因产品存在缺陷造成他人人身、财产损害的,受害人可以向产品的生产者要求赔偿,也可以向产品的销售者要求赔偿。属于产品的生产者的责任,产品的销售者赔偿的,产品的销售者有权向产品的生产者追偿。属于产品的销售者的责任,产品的生产者赔偿的,产品的生产者有权向产品的销售者追偿。本案中 A 医院基于药品的销售者的身份,B 制药厂基于药品的生产者的身份,二者均可作为侵权损害赔偿的责任主体。消费者甲可以选择其一来主张侵权损害赔偿。

案例分析题

2004 年 3 月 15 日,滨海市雅居房地产公司合法取得位于市区能够进行商品房开发的♯3 地块的土地使用权。2006 年 3 月,♯3 地块上该公司开发出海滨雅居楼盘进行销售。

甲花费 60 万元在海滨雅居购得一套住房。入住使用后,甲发现房屋由于设计错误存在严重的结构缺陷。在与售房单位协商不成后,甲起诉要求退房。

56. 雅居房地产公司合法取得能用于商品房开发的♯3 地块土地使用权的方式可以是( )。

A. 土地使用权出让方式

B. 土地使用权转让方式

C. 土地使用权划拨方式

D. 土地买卖方式

【璧尘解析】A。《城市房地产开发经营管理条例》第 12 条规定,房地产开发用地应当以出让方式取得;但是,法律和国务院规定可以采用划拨方式的除外。出让是有偿取得,划拨是行政行为,一般为无偿取得。本案中,所售住房为商业房产,应是有偿以出让方式取得的。

57. 雅居房地产公司合法取得市区♯3 地块的土地使用权后,可以依法( )。

A. 出卖这块土地

B. 将其作为投资作价入股

C. 合资开发经营房地产

D. 独自开发经营房地产

【璧尘解析】BCD。《城市房地产开发经营管理条例》第 15 条规定,房地产开发企业应当按照土地使用权出让合同约定的土地用途、动工开发期限进行项目开发建设。该法第 143 条规定,建设用地使用权人有权将建设用地使用权转让、互换、出资、赠与或者抵押,但法律另有规定的除外。

58. 雅居房地产公司取得市区♯3 地块的土地使用权后,应该在规定的期限内进行开发建设,否则有关部门可以依法无偿收回其土地使用权。该规定的期限最长为( )。

A. 1 年   B. 2 年

C. 3 年   D. 4 年

【璧尘解析】B。《城市房地产管理法》第 25 条(2009 年修订后为第 26 条)规定,以出让方式取得土地使用权进行房地产开发的，必须按照土地使用权出让合同约定的土地用途、动工开发期限开发土地。超过出让合同约定的动工开发日期满一年未动工开发的，可以征收相当于土地使用权出让金百分之二十以下的土地闲置费；满二年未动工开发的，可以无偿收回土地使用权；但是，因不可抗力或者政府、政府有关部门的行为或者动工开发必需的前期工作造成动工开发迟延的除外。

59. 甲花费60万元在海滨雅居购得一套住房，甲应该缴纳（　　）。

　　A. 土地增值税　　B. 消费税

　　C. 营业税　　　　D. 契税

【璧尘解析】D。在中华人民共和国境内转移土地、房屋权，承受的单位和个人为契税的纳税人，应当依照规定缴纳契税。购房中一般需要缴纳的费用还有印花税。

60. 解决甲与售房单位就房屋存在严重结构缺陷的民事纠纷，不能适用（　　）。

　　A.《反不正当竞争法》

　　B.《合同法》

　　C.《产品质量法》

　　D.《民法通则》

【璧尘解析】AC。《反不正当竞争法》不调整消费者与经营者之间因买卖行为产生的民事纠纷。《产品质量法》所称产品是指经过加工、制作，用于销售的产品。建设工程不适用本法规定；但是，建设工程使用的建筑材料、建筑构配件和设备，属于前款规定的产品范围的，适用本法规定。由此可见，房屋存在严重结构缺陷的情况，并不属于上述但书的范畴。

2008年A类

35. 劳动者依法享有社会保险待遇的情形是（　　）。

　　A. 退休　B. 患病　C. 生育　D. 失业

【璧尘解析】ABCD。《劳动争议解释》第73条，劳动者在下列情形下，依法享受社会保险待遇：（一）退休；（二）患病、负伤；（三）因工伤残或者患职业病；（四）失业；（五）生育。

36. 对于下列个人所得应当征收个人所得税的是（　　）。

　　A. 国债利息　　　B. 劳动报酬

　　C. 军人转业费　　D. 特许权使用费

【璧尘解析】BD。《个人所得税法》第2条规定，各项个人所得的范围包括：（一）工资、薪金所得；（二）个体工商户的生产、经营所得；（三）对企事业单位的承包经营、承租经营所得；（四）劳务报酬所得；（五）稿酬所得；（六）特许权使用费所得；（七）利息、股息、红利所得；（八）财产租赁所得；（九）财产转让所得；（十）偶然所得。此外，个人所得税的法定免税项目共有九种，应特别注意以下方面：（1）奖金，必须是省、部级军级以上单位颁发的；（2）利息，免税仅限于国债和金融债券，其他利息一律要纳税的；（3）离、退休人员的工资、保险赔款、福利费、抚恤金、救济金，以及军人的转业费、复员费，不管数额多少，均不纳税。

案例分析题

2008年1月8日，张某看到某公司的招聘启事后，于1月10日到某公司应聘，1月11日双方就试用期、劳动待遇、在职培训、违约金等事项进行协商后，达成了口头协议。张某于1月15日正式上班，2月28日双方签订了书面协议。

56. 张某与某公司建立了劳动关系的时间是（　　）。

　　A. 1月10日　　　B. 1月11日

　　C. 1月15日　　　D. 2月28日

【璧尘解析】C。《劳动合同法》第7条规定，用人单位自用工之日起即与劳动者建立劳动关系，用人单位应当建立职工名册备查。本案中，张某于1月15日正式上班，1月15日为用工之日，即张某与某公司建立劳动关系的时间。《劳动合同法》是 2008 年 1 月 1 日起施行的,故在 2008 年考题中出现。

57. 某公司在与张某建立劳动合同关系过程中不得从事的行为是(   )。

A. 扣押张某的居民身份证 3 个月

B. 要求张某提供 6000 元的担保费用

C. 向张某收取进厂费 500 元

D. 要求张某提供毕业证书复印件

【璧尘解析】ABC。《劳动合同法》第 9 条规定,用人单位招用劳动者,不得扣押劳动者的居民身份证和其他证件,不得要求劳动者提供担保或者以其他名义向劳动者收取财物。

58. 如果张某和某公司约定的劳动合同期限为 2 年,张某在试用期依法不得超过(   )。

A. 1 个月   B. 2 个月

C. 3 个月   D. 6 个月

【璧尘解析】B。《劳动合同法》第 19 条规定,劳动合同期限三个月以上不满一年的,试用期不得超过一个月;劳动合同期限一年以上不满三年的,试用期不得超过二个月;三年以上固定期限和无固定期限的劳动合同,试用期不得超过六个月。

59. 张某在试用期的工资不得低于该公司相同岗位最低档工资或者合同约定工资的(   )。

A. 50%   B. 60%

C. 70%   D. 80%

【璧尘解析】D。《合同法》第 20 条规定,劳动者在试用期的工资不得低于本单位相同岗位最低档工资或者劳动合同约定工资的百分之八十,并不得低于用人单位所在地的最低工资标准。

60. 张某应当按照约定向用人单位支付违约金的情形是(   )。

A. 违反服务期约定

B. 违反晚婚约定

C. 违反竞业限制约定

D. 擅自参加研究生考试

【璧尘解析】AC。《劳动合同法》第 22 条规定,劳动者违反服务期约定的,应当按照约定向用人单位支付违约金;该法第 23 条规定:劳动者违反竞业限制约定的,应当按照约定向用人单位支付违约金。

2009 年 A 类

31. 某市质量技术监督局发现该市某电器厂在生产不符合国家标准的电器,该局有权(   )。

A. 责令其停止生产

B. 没收其违法生产的电器

C. 吊销其营业执照

D. 对其处以罚款

【璧尘解析】ABD。根据《产品质量法》第 49 条规定,生产、销售不符合保障人体健康和人身、财产安全的国家标准、行业标准的产品的,责令停止生产、销售,没收违法生产、销售的产品并处违法生产、销售产品(包括已售出和未售出的产品),货值金额等值以上三倍以下的罚款;有违法所得的,并处没收违法所得;情节严重的,吊销营业执照;构成犯罪的,依法追究刑事责任。吊销其营业执照属工商部门的职权范围,因此 C 项不选。

案例分析题

某县政府为解决返乡人员就业问题,于 2009 年 1 月 10 日颁发《关于解决返乡人员就业问题的规定》(以下简称《规定》),要求辖区内所有公有制企业新招聘的员工必须具有本县户籍,特殊岗位需要招聘非本县户籍员工的,必须经县劳动和社会保障局批准;未经批准招聘外地员工的,将给予通报批评,并处以 1 万元以下罚款;情节严重的,撤换企业负责人,春晖服装厂为该县集体所有制企业,因生产需要招聘了 30 名新工,其中 8 名为外县员工,在提出申请未获批准的情况下,仍然与外县员工签订劳动合同。县劳动和社会保障局依照《规定》对该企业给予通报批评并处罚款 5000 元。

47. 就春晖服装厂与外县员工签订劳动合同这一事实，下列说法正确的是（　　）。

A. 该劳动合同合法有效

B. 该劳动合同因违反行政机关作出的强制性规定而无效

C. 县劳动和社会保障局有权确认该劳动合同无效

D. 春晖服装厂擅自签约应当承担行政法律责任

【璧尘解析】A。劳动合同是指劳动者与用工单位之间确立劳动关系，明确双方权利和义务的协议。订立和变更劳动合同，应当遵循平等自愿、协商一致的原则，不得违反法律、行政法规的规定。本案中，用人单位春晖服装厂与外县员工签订的劳动合同并没有违反法律、行政法规的规定，故有效，A项正确。

案例分析题

张某是江城市人，自2007年起担任生产音响设备的民营企业江城市前锦电子有限责任公司总经理，月薪15000元。任职期间，在办理相关手续后，张某在2008年又兼任生产汽车音响设备的江城市鹏程电子有限责任公司副经理，当年从该公司领取报酬10万元。

51. 张某就其月薪15000元缴纳个人所得税，下列说法错误的是（　　）。

A. 可以按月减除1600元

B. 前锦公司是征税代理人

C. 可以按月减除2000元

D. 前锦公司是纳税代理人

【璧尘解析】ABD。根据《个人所得税法》第8条规定，个人所得税，以所得人为纳税义务人，以支付所得的单位或者个人为扣缴义务人。前锦公司是税收扣缴义务人。2009年个税起征点是2000元，目前，个税起征点调至3500元。

54. 就张某是否需要办理纳税申报，下列说法错误的是（　　）。

A. 张某有权自主决定是否需要办理纳税申报

B. 若张某已足额缴纳个人所得税，则不需要办理纳税申报

C. 只有税务机关提出要求，张某才需要办理纳税申报

D. 无论张某是否足额缴纳个人所得税，均需要办理纳税申报

【璧尘解析】ABC。根据《个人所得税法》第8条规定，个人所得超过国务院规定数额的，在两处以上取得工资、薪金所得或者没有扣缴义务人的，以及具有国务院规定的其他情形的，纳税义务人应当按照国家规定办理纳税申报。扣缴义务人应当按照国家规定办理全员全额扣缴申报，故D项正确，ABC项错误。

2010 年 A 类

26. 经营者违反《反不正当竞争法》给其他经营者造成的损失难以计算的，其赔偿范围包括（　　）。

A. 被侵犯人因调查侵权行为所支付的合理费用

B. 侵权人在侵权期间的全部所得

C. 被侵权人在被侵权期间的全部经营损失

D. 侵权人在侵权期间因侵权所获利润

【璧尘解析】AD。经营者违反法律规定，给被侵害的经营者造成伤害的，应当承担民事赔偿责任。被侵害的经营者的损失难以计算的，赔偿额为侵权人在侵权期间因侵权所获得的利润，并应当承担被侵害的经营者因调查经营者侵害其合法权益的不正当竞争行为所支付的合理费用。

案例分析题

题干材料（略）。

44. 若消费者依据《食品安全法》要求A公司按价款一定倍数支付赔偿金，该倍数的最高限为（　　）。

A. 五倍　　　　　　B. 二十倍

C. 双倍　　　　　　D. 十倍

【璧尘解析】D。《食品安全法》第96条规定,违反本法规定,造成人身、财产或者其他损害的,依法承担赔偿责任。生产不符合食品安全标准的食品或者销售明知是不符合食品安全标准的食品,消费者除要求赔偿损失外,还可以向生产者或者销售者要求支付价款十倍的赔偿金。

案例分析题

甲公司与乙村村委会开办的经济开发公司共同出资设立丙公司,生产新型化工原料。由于资金紧缺未建污水处理池,丙公司将生产废水直接排入小河。村民黄某听说此废水经处理可以代替氨肥使用,即购买了多个大铁罐收集等待出售,因铁罐腐烂,废液渗入院中水井,引起全家中毒。因废水含碳氨超标,致使引河水灌溉的村民林某和陈某承包地里的农作物大量死亡。林某、陈某和黄某分别诉至法院,请求停止侵害并赔偿损失。法院经委托鉴定机构检测,确认丙公司排放的水中碳氨含量超过国家规定标准。

51. 丙公司建设项目中,防治污染的设施必须与主体工程(   )。

A. 同时投产使用　B. 同时施工
C. 同时设计　　　D. 同时立项

【璧尘解析】ABC。"三同时"制度是指建设项目中的环境保护设施必须与主体工程同时设计、同时施工、同时投产使用的环境保护法律制度。

52. 在林某、陈某与黄某的损害赔偿诉讼中,被告应当是(   )。

A. 丙公司
B. 甲公司
C. 乙村村委会
D. 乙村经济开发公司

【璧尘解析】A。本案中丙公司是独立的法人,独立承担责任,应该单独成为损害赔偿中的被告。

53. 在林某、陈某的损害赔偿案中,被告的举证责任包括(   )。

A. 被告主观上无过错
B. 排污行为与损害结果之间无因果关系
C. 法律规定的不承担责任的情形
D. 法律规定的减轻责任的情形

【璧尘解析】BCD。环境民事责任实行无过错责任原则,其构成要件是:(1)实施了排污等施害行为;(2)发生了损害后果;(3)施害行为与损害结果之间有因果关系。责任人免责事由:(1)由不可抗力造成并且行为人及时采取了合理措施;(2)受害人自我致害;(3)第三人过错;(4)行为和损害之间没有因果关系。《侵权责任法》第66条规定,因污染环境发生纠纷,污染者应当就法律规定的不承担责任或者减轻责任的情形及其行为与损害之间不存在因果关系承担举证责任。

54. 在黄某的损害赔偿案中,黄某全家受到的损害属于(   )。

A. 第三人过错　　B. 受害人过错
C. 意外事件　　　D. 混合过错

【璧尘解析】B。本案中黄某自己购买了多个大铁罐收集废水。因铁罐腐烂,废液渗入院中水井,引起全家中毒,属于自身的过错。

55. 对林某、陈某与黄某的诉讼请求,人民法院应该当判令被告(   )。

A. 赔偿黄某全家的人身损害,驳回林某、陈某的经济损失赔偿要求
B. 立即停止废水排放
C. 赔偿林某、陈某的经济损失和黄某全家的人身损害
D. 赔偿林某、陈某的经济损失,驳回黄某的人身损害赔偿请求

【璧尘解析】BD。2014年4月新修订的《环境保护法》第64条规定,因污染环境和破坏生态造成损害的,应当依照《中华人民共和国侵权责任法》的有关规定承担侵权责任。本案中,丙公司应立即停止废水排放,进行治理,排除危害,对受到损失的林某、陈某进行赔偿。至于黄某全家的人身损害,属于受害人过错,可以免责。

2011 年 A 类

29. 依据《反垄断法》,国家对一些行业经营者的经营行为及其商品和服务的价格实施监管和调控。这些行业有(　　)。

　　A. 国有经济占控制地位、关系国民经济命脉的行业

　　B. 国有经济占控制地位、关系国家安全的行业

　　C. 依法实行专营的行业

　　D. 具有国际竞争力的高科技行业

【璧尘解析】ABC。《反垄断法》第 7 条规定,国有经济占控制地位的关系国民经济命脉和国家安全的行业以及依法实行专营专卖的行业,国家对其经营者的合法经营活动予以保护,并对经营者的经营行为及其商品和服务的价格依法实施监管和调控,维护消费者利益,促进技术进步。

案例分析题

　　某市一栋大楼起火,导致 11 位正在施工的农民工遇难,20 余位农民工受伤。事故发生后市政府依法组织有关部门成立事故调查组,对该起重大责任事故原因进行调查。经市政府批复后的事故调查报告认定,建设单位甲公司将装修工程发包给乙公司后,乙公司又将装修工程违法分包给不具备相应资质的丁公司(为丙公司的分公司)等多家公司。丁公司又将分包工程交给王某组建的施工队负责施工,导致安全责任不落实;王某施工队的两名电焊工无特种作业人员资格证,严重违反操作规程,丁公司在事故现场违规使用大量尼龙网、聚氨酯泡沫等易燃材料,导致大火迅速蔓延。经查,丁公司与王某签订的合同约定:装修工程由王某施工队负责;装修材料由丁公司提供;丁公司向王某提供劳务费用 400 万元;施工人员工伤概由王某负责。另查明,王某累积拖欠遇难和受伤的农民工工资达 60 余万元。有关部门根据市政府批复的事故调查报告,分别对责任单位与责任

人员进行了处罚。

　　【法条链接】《生产安全事故报告和调查处理条例》第 32 条:重大事故、较大事故、一般事故,负责事故调查的人民政府应当自收到事故调查报告之日起 15 日内做出批复;特别重大事故,30 日内做出批复,特殊情况下,批复时间可以适当延长,但延长的时间最长不超过 30 日。有关机关应当按照人民政府的批复,依照法律、行政法规规定的权限和程序,对事故发生单位和有关人员进行行政处罚,对负有事故责任的国家工作人员进行处分。

51. 关于施工人员工伤概由王某负责这一约定的效力,正确的认定有(　　)。

　　A. 该约定有效

　　B. 该约定显失公平,可以撤销

　　C. 该约定违法,可以撤销

　　D. 该约定无效

【璧尘解析】D。《合同法》第 52 条规定,违反法律、行政法规的强制性规定的合同无效。《安全生产法》第 86 条规定,生产经营单位将生产经营项目、场所、设备发包或者出租给不具备安全生产条件或者相应资质的单位或者个人……导致发生生产安全事故给他人造成损害的,与承包方、承租方承担连带赔偿责任。丁公司与王某作出的"施工人员工伤概由王某负责"的约定,违反了这一强制性规定,是无效的,因此 D 项正确。

52. 关于遇难农民工家属和受伤的农民工能否获得工伤保险待遇,正确的说法有(　　)。

　　A. 不能获得,因为农民工不是丁公司的职工

　　B. 可以获得,因为农民工与丁公司之间存在事实劳动关系

　　C. 不能获得,因为农民工只与王某之间存在雇佣关系

　　D. 可以获得,因为农民工是劳动者

【璧尘解析】BD。根据《劳动和社会保障部关于确立劳动关系有关事项的通知》第 4

条的规定,建筑施工、矿山企业等用人单位将工程(业务)或经营权发包给不具备用工主体资格的组织或自然人,对该组织或自然人招用的劳动者,由具备用工主体资格的发包方承担用工主体责任。所以农民工与丁公司之间存在事实劳动关系,农民工属于劳动者。据此,遇难农民工家属和受伤的农民工可以依据《工伤保险条例》获得工伤保险待遇,因此 BD 两项正确。

53. 事故中遇难农民工家属和受伤的农民工对王某一直拖欠工资一事,可以寻求的法律救济有( )。

    A. 通过劳动仲裁、民事诉讼,要求丁公司支付拖欠的工资

    B. 通过劳动仲裁、民事诉讼,要求丙公司支付拖欠的工资

    C. 请求劳动行政部门责令丙公司或丁公司限期支付拖欠的工资

    D. 通过劳动仲裁、民事诉讼,要求甲公司支付拖欠的工资

【璧尘解析】B。《劳动法》第 77 条规定,用人单位与劳动者发生劳动争议,当事人可以依法申请调解、仲裁,提起诉讼,也可以协商解决。本案中,农民工与丁公司之间存在事实劳动关系,事故中遇难农民工家属和受伤的农民工可以通过劳动仲裁、民事诉讼向丁公司要求支付拖欠的工资,丁公司是分公司不是独立法人,不能独立承担民事责任,故应由丙公司承担。因此 B 项正确。

2012 年 A 类

17. 有人举报某食品厂用病死的牛肉生产真空包装食品。根据《食品安全法》对这一行为实施监督管理的部门是( )。

    A. 卫生行政部门

    B. 质量监督部门

    C. 工商行政部门

    D. 食品药品监督部门

【璧尘解析】B。根据《食品安全法》第 4

条和第 5 条的规定,质量监督部门对食品生产活动实施监督管理,工商行政部门对食品流通实施监督管理,食品药品监督管理部门对餐饮服务活动实施监督管理,因此 B 项正确。

18. 小李所在企业效益下滑,老总宣布取消今年职工带薪休假福利。对此,下列说法正确的是( )。

    A. 经职工代表大会通过,企业老总有权取消

    B. 只有工会才有权取消,企业老总无权取消

    C. 带薪休假是法定制度,企业老总无权取消

    D. 带薪休假是企业给职工的福利,企业老总有权取消

【璧尘解析】C。《职工带薪年休假条例》第 2 条规定,机关、团体、企业、事业单位、民办非企业单位、有雇工的个体工商户等单位的职工连续工作 1 年以上的,享受带薪年休假。单位应当保证职工享受年休假。可见,带薪年休假为劳动者享有的法定权利,该企业老总无权取消,C 项正确。

2013 年 A 类

案例分析题

    王某花 20 万元在某汽车 4S 店买了一辆小汽车,3 个月后,王某到 4S 店保养汽车时,员工告诉他:"你的车发生过事故,车门已整过,"王某心想,自己开车至今未发生过事故,因而认为车辆并非新车,后经证实,该 4S 店卖给王某的是一辆旧车。

57. 本案中,王某作为消费者被侵犯的权利是( )。

    A. 知情权   B. 公平选择权

    C. 人格尊严权   D. 监督权

【璧尘解析】A。消费者的知情权,是指消费者享有知悉其购买、使用的商品或者接受的服务的真实情况的权利。根据《消费者权益保护法》的规定,消费者有权根据商品或

者服务的不同情况,要求经营者提供商品的价格、产地、生产者、用途、性能、规格、等级、主要成分、生产日期、有效期限、检验合格证明、使用方法说明书、售后服务,或者服务的内容、规格、费用等有关情况。与此相对应的是经营者的告知义务。本案中,4S店将旧车当新车卖给王某,侵犯了王某的知情权。

59. 根据《消费者权益保护法》的规定,王某可以要求4S店要求赔款(　　)。

A. 10万　　　　B. 20万

C. 30万　　　　D. 40万

【璧尘解析】当年考题的答案为B。原《消费者权益保护法》第49条,经营者提供商品或者服务有欺诈行为的,应当按照消费者的要求增加赔偿其受到的损失,增加赔偿的金额为消费者购买商品的价款或者接受服务的费用的一倍。新修订的《消费者权益保护法》将有关规定作了修改,第55条规定,经营者提供商品或者服务有欺诈行为的,应当按照消费者的要求增加赔偿其受到的损失,增加赔偿的金额为消费者购买商品的价款或者接受服务的费用的三倍;增加赔偿的金额不足五百元的,为五百元。法律另有规定的,依照其规定。所以依据新消法赔偿价款应为60万。

60. 王某要解决与4S店的合同问题,下列说法错误的是(　　)。

A. 与4S店协商解决

B. 向人民法院提出诉讼

C. 向有关行政部门投诉

D. 请求消费者协会裁决

【璧尘解析】当年考题的答案为CD。一般争议解决途径包括:(1)与经营者协商。(2)请求消费者协会调解。(3)向有关行政部门投诉。(4)根据与经营者达成的仲裁协议提请仲裁机构仲裁。(5)向人民法院提起诉讼。消费者协会只能协助调解解决,没有裁决的权利。需要注意的是第三款,原《消费者权益保护法》表述为向有关行政部门申诉,新《消费者权益保护法》已改为向有关行政部门投诉,故依据新消法,此题答案应为D。

2014年A类

23. 甲企业开发出一款汽车节油新设备,试用效果不错,但并未正式投入生产、销售。陈某私下通过在甲企业工作的朋友李某搞出一台,安装在自己已投保险的车上,结果在使用中发生事故,造成重大损失。根据法律规定,应当对该损失承担责任的是(　　)。

A. 甲企业　　　　B. 李某

C. 陈某　　　　　D. 保险公司

【璧尘解析】C。《产品质量法》第41条规定,生产者能够证明有下列情形之一的,不承担赔偿责任:(一)未将产品投入流通的;(二)产品投入流通时,引起损害的缺陷尚不存在的;(三)将产品投入流通时的科学技术水平尚不能发现缺陷的存在的。因此,甲企业没有赔偿责任。本案中,是陈某自己主动向朋友李某要来的设备,并自行安装,责任方在自己,另外对于汽车改装,依据有关规定,私自改装造成损失的,并不在保险范围内。因此,本案中应由陈某自己承担责任。

42. 甲、乙两企业同时掌握某一产品的核心技术,为保证企业利润,双方签订了包括如下内容的协议:(1)明确该产品的全国统一售价为1000元/件;(2)划定双方的销售区域;(3)各方投放市场的产品数量不能超过50000件;(4)联合打击损害双方利益的侵权行为。该协议中违反法律规定的内容有(　　)。

A. (1)　　　　B. (2)

C. (3)　　　　D. (4)

【璧尘解析】ABC。《反垄断法》第13条规定,禁止具有竞争关系的经营者达成下列垄断协议:(一)固定或者变更商品价格;(二)限制商品的生产数量或者销售数量;(三)分割销售市场或者原材料采购市场;(四)限制购买新技术、新设备或者限制开发新技术、新产品;(五)联合抵制交易;(六)国务院反垄断执法机构认定的其他垄断协议。而联合打击侵权行为是企业依照法律维护自己权益的正当行为,受法律保护。

2004 年 B 类

40. 经营者销售商品时采取的下列经营行为中,属于不正当竞争行为的是(   )。

A. 在账外暗中给予买方回扣

B. 因为转产、歇业降价销售商品

C. 以明示方式给买方折扣并如实入账

D. 以低于成本的价格销售积压商品

【璧尘解析】A。《反不正当竞争法》第8条规定,经营者不得采用财物或者其他手段进行贿赂以销售或者购买商品。在账外暗中给予对方单位或者个人回扣的,以行贿论处;对方单位或者个人在账外暗中收受回扣的,以受贿论处。所以 A 项属于不正当竞争行为。

2005 年 B 类

28. 以下属于不正当竞争行为的是(   )。

A. 最高奖金额为 5000 元的有奖销售

B. 低于成本价格销售鲜活商品

C. 政府限制外地商品进入本地

D. 政府以竞标方式采购商品

【璧尘解析】C。《反不正当竞争法》第7条规定,政府及其所属部门不得滥用行政权力,限制外地商品进入本地市场,或者本地商品流向外地市场。该法第11条规定,允许低于成本价销售的情形包括:(1)销售鲜活商品;(2)处理有效期限即将到期的商品或者其他积压的商品;(3)季节性降价;(4)因清偿债务、转产、歇业降价销售商品。抽奖式的有奖销售,最高奖金额不超过五千元的,不属不正当竞争。

47. 王某购买的家用汽车存在质量问题,多次维修未果。王某与汽车销售商之间无仲裁约定,对其消费纠纷,王某可以寻求的解决途径是(   )。

A. 与销售商协商和解

B. 请求消费者协会调解

C. 向仲裁委员会申请仲裁

D. 向人民法院提起诉讼

【璧尘解析】ABD。原《消费者权益保护法》第 34 条规定,消费者和经营者发生消费者权益争议的,可以通过下列途径解决:①与经营者协商。②请求消费者协会调解。③向有关行政部门申诉。④根据与经营者达成的仲裁协议提请仲裁机构仲裁。⑤向人民法院提起诉讼。本题中当事人之间并无达成仲裁协议,C 项错误。另外,请注意新修订消法中关于争议解决途径的变化。

案例分析题

2002 年 1 月,市民乙从甲公司营销分公司第一经营部购买了一只新型玻璃钢台面的燃气灶具。2002 年 8 月一次做饭时突然发生爆炸,乙的手臂、胸及面部多处被炸伤,抽油烟机被炸落。为此,乙找到甲公司经营部要求处理,该经营部以自己不是独立法人只是公司的一个内部部门为由推脱责任。乙又找到甲公司,甲公司以产品已过六个月保质期为由拒绝承担责任。经查:甲公司经营部是甲公司营销分公司的一个部门;甲公司产品所附质保书载明产品保质期为售出后六个月。

71. 依据《产品质量法》,生产者产品质量的责任和义务包括(   )。

A. 不存在危及人身、财产安全的不合理的危险

B. 具备产品应当具备的使用性能

C. 有产品质量检验合格证明

D. 不得以不合格产品冒充合格产品

【璧尘解析】ABCD。《产品责任法》第26 条规定,产品质量应当符合下列要求:①不存在危及人身、财产安全的不合理的危险,有

保障人体健康和人身、财产安全和国家标准、行业标准的,应当符合该标准。②具备产品应当具备的使用性能,但是,对产品存在使用性能的瑕疵作出的说明除外。第 27 条规定,产品或者包装上的标识必须真实,并符合下列要求:有产品质量检验合格证明。第 32 条规定,生产者生产产品,不得掺杂、掺假,不得以假充真,以次充好,不得以不合格产品冒充合格产品。

73. 甲公司提出产品已过保质期的主张,( )。

A. 在买卖合同诉讼中可以成立

B. 在产品责任诉讼中可以成立

C. 在买卖合同诉讼和产品责任诉讼中都可以成立

D. 在买卖合同诉讼和产品责任诉讼中都不能成立

【璧尘解析】D。《合同法》第 53 条规定,合同中的下列免责条款无效:(一)造成对方人身伤害的;(二)因故意或者重大过失造成对方财产损失的。根据《产品质量法》第 45 条规定,因产品存在缺陷造成损害要求赔偿的诉讼时效期间为二年,自当事人知道或者应当知道其权益受到损害时起计算。本案中,因燃气灶具质量不合格,对乙的人身造成伤害,乙可以在自 2002 年 8 月起两年内提出诉讼,甲公司提出产品已过保质期的主张并不能作为造成对方人身伤害的免责事由。

74. 人民法院若认定产品责任,在责任构成上应当不包括( )。

A. 燃气灶具存在缺陷

B. 甲公司主观上存在过错

C. 燃气灶具爆炸造成人身或财产的损害

D. 产品缺陷与损害结果之间存在因果关系

【璧尘解析】B。产品责任造成的人身伤害属于特殊侵权,对于生产者采取的是无过错责任原则,其构成要件不包括主观过错。

2006 年 B 类

24. 10 月份,甲从乙公司领取 10000 元工资,对于甲应该缴纳的个人所得税,乙公司是( )。

A. 纳税人　　　　B. 征税主体

C. 纳税保证人　　D. 扣缴义务人

【璧尘解析】D。《个人所得税法》第 8 条规定,个人所得税,以所得人为纳税义务人,以支付所得的单位或者个人为扣缴义务人。

39. 下列各项个人所得中,免征个人所得税的项目有( )。

A. 救济金

B. 发表科研文章获得的稿酬

C. 购买福利彩票中奖的奖金

D. 参加国庆文艺演出收入

【璧尘解析】A。《个人所得税法》第 4 条规定,下列各项个人所得,免纳个人所得税:(1)省级人民政府、国务院部委和中国人民解放军军以上单位,以及外国组织、国际组织颁发的科学、教育、技术、文化、卫生、体育、环境保护等方面的奖金;(2)国债和国家发行的金融债券利息;(3)按照国家统一规定发给的补贴、津贴;(4)福利费、抚恤金、救济金;(5)保险赔款;(6)军人的转业费、复员费;(7)按照国家统一规定发给干部、职工的安家费、退职费、退休工资、离休工资、离休生活补助费;(8)依照我国有关法律规定应予免税的各国驻华使馆、领事馆的外交代表、领事官员和其他人员的所得;(9)中国政府参加的国际公约、签订的协议中规定免税的所得;(10)经国务院财政部门批准免税的所得。所以,只有 A 项可以免征个人所得税。

2007 年 B 类

案例分析题

2007 年春节前夕,A 县公安局在治安检查中发现 B 公司在没有申领卫生许可证的情况下假冒C公司的商标生产香肠,A县公安局随即对没有销售的香肠进行了扣押。15日后,公安局将香肠移交给A县质监局,经质监局检验,该香肠质量不合格,大肠杆菌严重超标。A县质监局对于如何处理B公司形成了两种意见:一种意见认为,该案应当移送A县卫生局,另一意见认为,应当由该局自己处理。另,在质监局查处过程中,C公司又以B公司假冒商标为由向A县工商局举报,要求对B公司的假冒商标行为进行查处。

36. 对B公司行为性质的认定和处理,能够适用的法律有( )。

A.《食品卫生法》　B.《产品质量法》

C.《商标法》　　　D.《专利法》

【璧尘解析】ABC。本案中,B公司销售大肠杆菌严重超标的香肠的行为,属于销售不符合食品安全的食品的行为,违反了《食品卫生法》的规定;《产品质量法》第2条规定,在中华人民共和国境内从事产品生产、销售活动,必须遵守本法。本法所称产品是指经过加工、制作,用于销售的产品。香肠属于《产品质量法》上的"产品",因此,B公司的上述行为同样违反了《产品质量法》的规定;B公司假冒商标的行为显然已经侵害了C公司的商标专用权,违反了《商标法》的规定。本案行为与《专利法》的行为无关。

案例分析题

甲因病到A医院就诊,医生诊断后开出B制药厂生产的卡马西平片药。甲从医院取药服用后出现皮疹,经查看药品说明书,未见相关的不良反应说明。便继续服用,致皮疹反应加重。经诊断为卡马西平引起的重症多型红斑性药疹,甲花去医药费若干。经查,B制药厂取得该药准产批复时,所附说明书中列举了30余种不良反应;生产的卡马西平片经检验符合中国药典的规定,但随药附送的说明书在不良反应一栏中,仅列举了5种,包括皮疹在内的其他28种全部被删除。甲因此要求医院赔偿,医院以药品不是本院生产为

由拒赔;甲又要求制药厂赔偿,制药厂认为药品符合中国药典规定,不应赔偿。

41. 甲使用的B制药厂生产的卡马西平片药属于( )。

A. 合格产品　　　B. 假冒产品

C. 缺陷产品　　　D. 伪劣产品

【璧尘解析】C。参见2007年A类案例分析题第46~49题。

42. 若甲以产品责任为由请求损害赔偿,则产品责任的构成要件不包括( )。

A. B制药厂的主观过错

B. B制药厂的损害行为

C. 对甲的人身损害结果

D. 对甲的财产损害结果

【璧尘解析】A。

43. 对于A医院拒绝承担赔偿责任的理由,下列观点正确的是( )。

A. 成立,因医院对药品存在问题不知情

B. 成立,因医院不是药品的生产者

C. 不成立,因医院对甲的疾病作出诊断

D. 不成立,因医院是药品的销售者

【璧尘解析】D。

44. 若甲主张侵权损害赔偿,则责任主体( )。

A. 只能是A医院

B. 可以是A医院或B制药厂

C. 只能是B制药厂

D. 只能是准产批复作出者

【璧尘解析】B。

案例分析题

海滨市甲公司研发部门技术人员A按公司安排开发出一项商业秘密,用于甲公司生产的制鞋机中,甲公司生产的制鞋机因此在华东地区长期销路很好,市场影响大,知名度很高,有时甚至缺货。海滨市乙公司也生产制鞋机,由于技术相对落后,销路不好。乙公司号召员工献计献策,以打开产品销路。

46. 乙公司员工提出的如下建议中,能够合法实施的是( )。

A. 按销售价的 10% 对购买方业务员个人进行奖励

B. 凡购买一台制鞋机附赠一只价值 15 元的小手电

C. 购买十台以上制鞋机的按 90% 付款

D. 按销售价的 10% 给介绍人奖励

【璧尘解析】 BCD。《反不正当竞争法》第 8 条规定，经营者不得采用财物或者其他手段进行贿赂以销售或者购买商品。在账外暗中给予对方单位或者个人回扣的，以行贿论处；对方单位或者个人在账外暗中收受回扣的，以受贿论处。经营者销售或者购买商品，可以以明示方式给对方折扣，可以给中间人佣金。经营者给对方折扣、给中间人佣金的，必须如实入账。接受折扣、佣金的经营者必须如实入账。第 12 条规定，经营者销售商品，不得违背购买者的意愿搭售商品或者附加其他不合理的条件。A 项是在账外暗中给予对方个人回扣的行为，违法了第 8 条的规定。B 项属于促销形式的无偿赠与，并非第 12 条所述的"搭售"行为。C 项的行为同样属于不为法律所禁止的促销行为。D 项符合第 8 条所述的"可以给中间人佣金"的情况。

47. 对于甲公司在其制鞋机中拥有的商业秘密，乙公司能合法获得该商业秘密的途径有（   ）。

A. 自行开发研制获得

B. 实施反向工程获得

C. 低价向甲公司购得

D. 高价向 A 个人购得

【璧尘解析】 ABC。《反不正当竞争法》第 10 条规定，经营者不得采用下列手段侵犯商业秘密：（一）以盗窃、利诱、胁迫或者其他不正当手段获取权利人的商业秘密；（二）披露、使用或者允许他人使用以前项手段获取权利人的商业秘密。最高人民法院 2007 年 1 月 17 日公布的《关于审理不正当竞争民事案件应用法律若干问题的解释》第 12 条规定，通过自行开发研制或者反向工程等方式获得的商业秘密，不认定为《反不正当竞争法》第

10 条第（一）、（二）项规定的侵犯商业秘密行为。综上，可知 AB 项都是正确的。D 项是典型的侵犯商业秘密的行为。至于 C 项，就商业秘密使用问题，法律并未禁止乙公司与甲公司之间达成低价许可使用协议，完全可以自行协商。

48. 乙公司生产销售制鞋机时，不得采用甲公司生产销售的制鞋机所特有的（   ）。

A. 形状   B. 包装

C. 装潢   D. 名誉

【璧尘解析】 BC。《反不正当竞争法》第 5 条规定，经营者不得采用下列不正当手段从事市场交易，损害竞争对手：（一）假冒他人的注册商标；（二）擅自使用知名商品特有的名称、包装、装潢，或者使用与知名商品近似的名称、包装、装潢，造成和他人的知名商品相混淆，使购买者误认为是该知名商品。本案中，甲公司的制鞋机应认定为海滨市的知名商品，由于甲公司与乙公司同处于海滨市，故乙公司不得在生产销售同类商品制鞋机时，擅自使用甲公司销售的制鞋机所特有的名称、包装、装潢。

50. 若乙公司向丙公司销售了 100 万元的自产制鞋机并收到货款，则乙公司应缴纳（   ）。

A. 增值税   B. 消费税

C. 营业税   D. 契税

【璧尘解析】 A。《中华人民共和国增值税暂行条例》第 1 条规定，在中华人民共和国境内销售货物或者提供加工、修理修配劳务以及进口货物的单位和个人，为增值税的纳税义务人，应当依照本条例缴纳增值税。乙公司向丙公司销售自产制鞋机，符合增值税纳税人资格，应缴纳增值税。

2008 年 B 类

10.《劳动合同法》规定，劳动合同期限三个月以上不满一年的，试用期不得超过（   ）。

A. 15 日　　　　B. 1 个月
C. 2 个月　　　　D. 3 个月

【璧尘解析】B。《劳动合同法》第 19 条规定,劳动合同期限三个月以上不满一年的,试用期不得超过一个月。

28. 某大型商场在商场醒目处张贴海报:本商场正以 2 折的价格处理一批被暴雨淋湿的服装。张某知晓后,以 360 元的价格购买了一件原价为 1800 元的名牌男式皮衣。该皮衣穿后不久,表面出现严重的泛碱现象。张某要求商场退货,遭拒绝。下列表述正确的是( )。

A. 商场应当承担退货责任

B. 商场不承担退货责任

C. 商场可以对该皮衣进行修复处理并收取适当的费用

D. 商场可以不退货,但应当允许张某调换一件价值 360 元的其他商品

【璧尘解析】BC。原《消费者权益保护法》第 22 条规定,经营者应当保证在正常使用商品或者接受服务的情况下其提供的商品或者服务应当具有的质量、性能、用途和有效期限;但消费者在购买该商品或者接受该服务前已经知道其存在瑕疵的除外。所以商场不承担退货及调换同价商品义务。

案例分析题

2006 年 9 月,市民汪某向本市广播电视局缴纳 1000 元初装费安装有线电视。一年后,汪某缴纳有线电视费用时,发现清单上有汪某未要求开通且未观看的收费频道,费用达 120 元,遂找市广播电视局交涉。经查系设备技术故障所致。汪某在交涉中要求双倍返还多收的有线电视费。广播电视局工作人员态度蛮横,对汪某恶语相加,拒绝了汪某的要求。汪某甚怒,遂起诉广播电视局。

37. 汪某的诉讼请求中包含终止合同、退还初装费 1000 元的要求,广播电视局以上级主管部门有文件规定为由,只同意退还初装费的 70%。下列表述正确的是( )。

A. 广播电视局应退还全部初装费

B. 广播电视局应退还 70% 的初装费

C. 如广播电视局返还了多收的 120 元有线电视费,则只需退还 70% 的初装费

D. 如广播电视局未返还多收的 120 元有线电视费,则应退还全部初装费

【璧尘解析】A。根据原《消费者权益保护法》第 10 条规定,消费者享有公平交易的权利。消费者在购买商品或者接受服务时,有权获得质量保障、价格合理、计量正确等公平交易条件,有权拒绝经营者的强制交易行为。第 23 条规定,经营者提供商品或者服务,按照国家规定或者与消费者的约定,承担包修、包换、包退或者其他责任的,应当按照国家规定或者约定履行,不得故意拖延或者无理拒绝。故此,广播电视局应退还全部初装费,上级文件规定不具有法律效力。

38. 对于因技术故障而多收的 120 元有线电视费,正确的处理方法是( )。

A. 广播电视局无需退还

B. 广播电视局只退还给汪某 60 元

C. 广播电视局应退还给汪某 120 元

D. 广播电视局应双倍返还给汪某 240 元

【璧尘解析】C。根据原《消费者权益保护法》第 49 条规定,经营者提供商品或者服务有欺诈行为的,应当按照消费者的要求增加赔偿其受到的损失,增加赔偿的金额为消费者购买商品的价款或者接受服务的费用的一倍。本案中电视台并没有欺诈行为,属于技术故障,因此对于多收的电视费理应悉数返还,不需要加倍。

39. 从广播电视局多收的费用和与汪某交涉中的一系列行为来看,下列表述正确的是( )。

A. 广播电视局侵犯了汪某作为消费者的名誉权

B. 广播电视局侵犯了汪某作为消费者

C. 广播电视局侵犯了汪某作为消费者的公平交易权

D. 广播电视局侵犯了汪某作为消费者的人格尊严受尊重权

【璧尘解析】CD。消费者在购买商品或者接受服务时,有权获得质量保障、价格合理、计量正确等公平交易条件,有权拒绝经营者的强制交易行为。本案中,广播电视局因技术故障,计量失误,拒绝返还多收费用,侵犯了消费者的公平交易权。广播电视局工作人员态度蛮横,恶语相加侵犯了汪某的人格受尊重权。

40. 人民法院可能判令本案被告承担的民事责任形式有( )。

A. 赔偿损失　　　B. 赔礼道歉

C. 消除影响　　　D. 消除危险

【璧尘解析】ABC。根据原《消费者权益保护法》第43条的规定,经营者违反本法第25条规定,侵害消费者的人格尊严或者侵犯消费者人身自由的,应当停止侵害、恢复名誉、消除影响、赔礼道歉,并赔偿损失。

2010 年 B 类

12.《土地管理法》规定,已经办理审批手续的非农业建设占用耕地,在法定期间内一直未使用的,将依法无偿收回用地单位的土地使用权。该法定期间为( )。

A. 1 年　　　　　B. 2 年

C. 3 年　　　　　D. 4 年

【璧尘解析】B。《土地管理法》第37条规定,禁止任何单位和个人闲置、荒芜耕地。已经办理审批手续的非农业建设占用耕地,一年内不用而又可以耕种并收获的,应当由原耕种该幅耕地的集体或者个人恢复耕种,也可以由用地单位组织耕种;一年以上未动工建设的,应当按照省、自治区、直辖市的规定缴纳闲置费;连续二年未使用的,经原批准机关批准,由县级以上人民政府无偿收回用

地单位的土地使用权。

2011 年 B 类

27. 根据《食品安全法》,对食品安全标准的理解正确的有( )。

A. 食品安全标准是强制执行的标准

B. 食品安全标准是推荐执行的标准

C. 没有食品安全国家标准的,可以制定食品安全地方标准

D. 有食品安全国家标准的,任何生产企业不允许再制定企业标准

【璧尘解析】AC。《食品安全法》第19条规定,食品安全标准是强制执行的标准。除食品安全标准外,不得制定其他的食品强制性标准。该法第24条规定,没有食品安全国家标准的,可以制定食品安全地方标准。该法第25条规定,企业生产的食品没有食品安全国家标准或者地方标准的,应当制定企业标准,作为组织生产的依据。国家鼓励食品生产企业制定严于食品安全国家标准或者地方标准的企业标准。企业标准应当报省级卫生行政部门备案,在本企业内部适用。

案例分析题

某某某县烟花爆竹厂未经批准擅自生产烟花爆竹。个体工商户甲从该厂采购烟花爆竹零售。甲的邻居乙从甲处购买了烟花爆竹,因为烟花爆竹本身存在质量问题,结果燃放后将乙的左眼炸瞎。根据法律规定,乙应当获得的各类赔偿费用合计为 12 万元。事情发生后,该县安全生产监督管理局(以下简称县安监局)和县质量技术监督局(以下简称县质监局)以烟花爆竹厂未经批准擅自生产烟花爆竹以及生产的烟花爆竹不符合保障人身安全的国家标准为由,根据《安全生产法》《产品质量法》和《烟花爆竹安全管理条例》的规定,联合作出了责令停止生产并处罚款 8 万元的决定。经查,该烟花爆竹厂现有净资产仅为 10 万元。

46. 如果乙向法院起诉要求赔偿 12 万元

费用,那么可以作为本案适格被告的有( )。

A. 甲 　　　B. 烟花爆竹厂

C. 县安监局 　D. 甲和烟花爆竹厂

【璧尘解析】D。《产品质量法》第43条规定,因产品存在缺陷造成人身、他人财产损害的,受害人可以向产品的生产者要求赔偿,也可以向产品的销售者要求赔偿。属于产品的生产者的责任,产品的销售者赔偿的,产品的销售者有权向产品的生产者追偿。属于产品的销售者的责任,产品的生产者赔偿的,产品的生产者有权向产品的销售者追偿。乙方有权向甲和烟花爆竹厂起诉。

47. 根据《产品质量法》的规定,自自己的损害发生之日起计算,乙要求赔偿的诉讼时效期间为( )。

A. 1 年 　　　B. 4 年

C. 2 年 　　　D. 5 年

【璧尘解析】C。《产品质量法》第45条规定,因产品存在缺陷造成损害要求赔偿的诉讼时效期间为二年,自当事人知道或者应当知道其权益受到损害时起计算。注意,因产品缺陷受到的身体伤害诉讼时效是二年,而普通的如打架斗殴所致的身体伤害诉讼时效是一年。

2012 年 B 类

9. 下列表述正确的是( )。

A. 耕地承包期限为 50 年

B. 林地承包期限为 30～70 年

C. 草地承包期限为 70 年

D. 特殊林地承包期限为 100 年

【璧尘解析】B。《农村土地承包法》第20条规定,耕地的承包期为30年。草地的承包期为30年至50年。林地的承包期为30年至70年;特殊林木的林地承包期,经国务院林业行政主管部门批准可以延长。因此只有B项正确。

2013 年 B 类

20. 某公司在转产时以极低的价格抛售库存商品。根据我国法律,该行为属于( )。

A. 压价销售行为

B. 价格歧视行为

C. 正当销售行为

D. 排挤竞争对手行为

【璧尘解析】C。《反不正当竞争法》规定,经营者不得以排挤竞争对手为目的,以低于成本的价格销售商品。有下列情形之一的,不属于不正当竞争行为:(一)销售鲜活商品;(二)处理有效期限即将到期的商品或者其他积压的商品;(三)季节性降价;(四)因清偿债务、转产、歇业降价销售商品。

2014 年 B 类

21. 刘某与公司签订了为期 2 年的劳动合同,但公司一直不为其办理社会保险。因此,刘某准备解除劳动合同。对此,下列说法正确的是( )。

A. 刘某可以单方面解除合同

B. 刘某经公司同意可以解除合同

C. 刘某可提前 30 天书面通知公司解除合同

D. 刘某不得解除未到期合同

【璧尘解析】A。《劳动合同法》第38条规定,用人单位未依法为劳动者缴纳社会保险费的,劳动者可以解除劳动合同。

案例分析题

2012 年 3 月,胡某与李某合伙租用甲公司场地开设美容院,胡某负责业务的执行,并进行了工商登记。2013 年 11 月,美容院服务员赵某操作美容仪器不当,致顾客王某伤残。当王某提出赔偿请求时,美容院辩称,王某受伤系美容仪器质量不合格所致,因而拒绝赔偿。王某遂向工商局投诉。胡某在得知王某的治疗费高达40余万元后,害怕承担赔偿责任,在未退还美容会员卡余额的情况下,携款潜逃。后查明,该美容院尚拖欠甲公司半年的房租,且未办理工商年检手续。

40. 本案中,对于王某的投诉,工商局可以采取的措施是( )。

A. 对投诉事项进行调查

B. 责令美容院赔偿

C. 对美容院作出处罚

D. 帮助王某起诉

【璧尘解析】C。原《消费者权益保护法》第56条规定,经营者提供的商品和服务不符合保障人身、财产要求的,有关法律、法规对处罚机关和处罚方式有规定的,依照法律、法规的规定执行;法律、法规未作规定的,由工商行政管理部门或者其他有关行政部门责令改正,可以根据情节予以处罚。因此,工商局对美容院有权予以处罚。本题命题并不严谨,对美容院作出处罚之前肯定需要对投诉事项进行调查,再按法定程序立案,本题因是单项选择题,选C最为全面。

2006 年 C 类

11. 一些用人单位拖欠和克扣农民工工资。这种行为侵犯了农民工的( )。

A. 人身权利

B. 取得劳动报酬的权利

C. 劳动权利

D. 劳动安全和卫生保护权利

【璧尘解析】B。劳动权利是指具有劳动能力的公民有参加劳动和按照劳动的数量和质量取得报酬等的权利,而取得劳动报酬的权利、劳动安全和卫生保护权利都属于劳动权利的内容,题干中的重点在于克扣工资,所以B项正确。

14. A公司经过甲介绍成功地向B公司销售了一批货物。下列属于不正当竞争行为的是( )。

A. A公司给甲1000元佣金

B. A公司给B公司10000元折扣

C. B公司给甲1000元佣金

D. A公司给B公司经理10000元回扣

【璧尘解析】D。《反不正当竞争法》规定,不正当竞争行为有七类,其中包括商业贿赂行为。商业贿赂是指经营者为了推销或者购买商品,采用财物或其他手段行贿以获得竞争优势的行为。它与合法的"折扣"、"佣金"的区别在于,贿赂所给予的财物或其他好处不在交易对方的正规账目中予以反映。

2007 年 C 类

26. 根据《农民专业合作社法》,下列说法正确的是( )。

A. 农民专业合作社是互助性经济组织

B. 农民专业合作社成员各享有一票的基本表决权

C. 农民至少应当占农民专业合作社成员总数的80%

D. 农业局可以成为农民专业合作社的成员

【璧尘解析】ABC。根据《农民专业合作社法》第2条的规定,农民专业合作社是在农村家庭承包经营基础上,同类农产品的生产经营者或者同类农业生产经营服务的提供者、利用者,自愿联合、民主管理的互助性经济组织,A项正确。该法第17条规定,农民专业合作社成员大会选举和表决,实行一人一票制,成员各享有一票的基本表决权,B项正确。该法第15条规定,农民专业合作社的成员中,农民至少应当占成员总数的百分之八十,C项正确。该法第14条规定,具有民事行为能力的公民,以及从事与农民专业合作社业务直接有关的生产经营活动的企业、事业单位或者社会团体,能够利用农民专业合作社提供的服务,承认并遵守农民专业合作社章程,履行章程规定的入社手续的,可以成为农民专业合作社的成员。但是,具有管理公共事务职能的单位不得加入农民专业合作社,D项说法错误。

2009 年 C 类

12. 根据我国《土地管理法》的规定,征收基本农田的批准机关是(   )。

A. 全国人大
B. 国务院
C. 省级人民政府
D. 县级人民政府

【璧尘解析】B。《土地管理法》第 45 条规定,征收下列土地的,由国务院批准:(一)基本农田;(二)基本农田以外的耕地超过三十五公顷的;(三)其他土地超过七十公顷的。

31. 某房地产公司低价销售房屋,涉嫌不正当竞争被立案调查。依据《反不正当竞争法》的规定,其行为构成不正当竞争应具备的条件是(   )。

A. 以低于市场价格销售房屋
B. 以低于成本价格销售房屋
C. 以取得独占地位为目的
D. 以排挤竞争对手为目的

【璧尘解析】BD。《反不正当竞争法》第 11 条规定,经营者不得以排挤对手为目的,以低于成本的价格销售商品。

2010 年 C 类

31. 某公司与劳动者签订的劳动合同约定了下列违约金条款,其中有效的情形有(   )。

A. 劳动者违反服务期约定
B. 劳动者提前解除劳动合同
C. 劳动者违反竞业限制约定
D. 劳动者因重大过失给某公司造成损失

【璧尘解析】AC。《劳动合同法》第 23 条规定,劳动者违反竞业限制约定的,应当按照约定向用人单位支付违约金。该法第 22 条规定,用人单位为劳动者提供专项培训费用,对其进行专业技术培训的,可以与该劳动者订立协议,约定服务期。劳动者违反服务期约定的,应当按照约定向用人单位支付违约金。同时,该法第 25 条规定,除本法第 22 条和第 23 条规定的情形外,用人单位不得与劳动者约定由劳动者承担违约金。

2011 年 C 类

9. 某明星在虚假广告中向消费者推荐食品,使消费者的合法权益受到损害,他应承担的责任是(   )。

A. 承担全部赔偿责任
B. 承担补充赔偿责任
C. 与食品生产经营者承担连带赔偿责任
D. 承担 50% 的赔偿责任

【璧尘解析】C。《食品安全法》第 55 条规定,社会团体或者其他组织、个人在虚假广告中向消费者推荐食品,使消费者的合法权益受到损害的,与食品生产经营者承担连带责任。

27. 某企业因污水排放致周边居民庄稼遭受损失。下列观点错误的有(   )。

A. 若该企业排污符合排放标准,则不承担民事责任
B. 若该企业主观上无过错,则不承担民事责任
C. 若受害农民提起民事诉讼,应就排污行为与损害结果之间存在因果关系举证
D. 若造成重大的财产损失,可以对直接责任人追究刑事责任

【璧尘解析】ABC。环境民事责任实行无过错责任原则,其构成要件是:(1)实施了排污等施害行为;(2)发生了损害后果;(3)施害行为与损害结果之间有因果关系。责任人免责事由:(1)由不可抗力造成并且行为人及时采取了合理措施;(2)受害人自我致害;

（3）第三人过错；（4）行为和损害之间没有因果关系。《侵权责任法》第66条规定，因污染环境发生纠纷，污染者应当就法律规定的不承担责任或者减轻责任的情形及其行为与损害之间不存在因果关系承担举证责任。

2012年C类

10. 根据《产品质量法》，下列商品属于该法所称产品的是（　　）。
　　A. 房屋
　　B. 汽油
　　C. 苹果
　　D. 海鲜

【璧尘解析】B。《产品质量法》关于产品规定：（1）未经过加工制作的矿产品（如铁矿石、原油等）、初级农产品（如小麦、蔬菜、水果等）、初级畜产品、水产品等，都不适用《产品质量法》的规定。（2）建设工程（如房屋、桥梁等），也不适用《产品质量法》的规定。汽油是利用原油，通过加工、制作生产出来的成品油，属于《产品质量法》所称的产品。因此，只有B项符合题意。

27. 下列被称为经济宪法的是（　　）。
　　A.《破产法》
　　B.《公司法》
　　C.《反垄断法》
　　D.《消费者权益保护法》

【璧尘解析】C。《反垄断法》是维护自由市场机制的基础性法律，有"经济宪法"、"自由企业的大宪章"之称，我国的《反垄断法》已于2008年8月1日起施行。

32. 处理下列纠纷不适用《仲裁法》的有（　　）。
　　A. 甲和乙在遗产继承中因遗产分割不均引起的纠纷
　　B. 甲与某村民小组签订土地承包合同，因拖欠承包款引起的纠纷

　　C. 甲与乙签订货物买卖合同，因拖欠贷款引起的纠纷
　　D. 甲与某公司签订劳动合同，因甲单方解除劳动合同引起的纠纷

【璧尘解析】ABD。《仲裁法》第2条规定，平等主体的公民、法人和其他组织之间发生的合同纠纷和其他财产权益纠纷，可以仲裁。据此，C项适用《仲裁法》。第3条规定，下列纠纷不能仲裁：（1）婚姻、收养、监护、扶养、继承纠纷；（2）依法应当由行政机关处理的行政争议。因此，A项不适用《仲裁法》。第77条规定，劳动争议和农业集体经济组织内部的农业承包合同纠纷的仲裁，另行规定。据此，BD两项不适用《仲裁法》。实际上，BD两项分别适用的是《农村土地承包经营纠纷调解仲裁法》和《劳动争议调解仲裁法》。

2013年C类

18. 张某驾车前往某饭店就餐，将车停放在饭店停车场内，饭后欲驾车离去时，停车场工作人员称：已给你洗了车，请付洗车费10元。张某辩称：我并未让你们帮我洗车，双方因此发生争执，下列关于支付10元洗车费的说法正确的是（　　）。
　　A. 停车场收费无法无据，张某无需支付
　　B. 双方已形成事实保管关系，张某需要支付
　　C. 停车场已付出劳动，张某应当支付
　　D. 张某因在饭店消费无需支付

【璧尘解析】A。《消费者权益保护法》第10条规定，消费者享有公平交易的权利。消费者在购买商品或者接受服务时，有权获得质量保障、价格合理、计量正确等公平交易条件，有权拒绝经营者的强制交易行为。本案中的案例属于强制交易，张某无需支付。

37. 甲村李某一家在耕地承包期内迁入小城镇落户。不久，李某女儿嫁到乙村，但未将户口迁入乙村，根据相关法律。下列说法

正确的有（   ）。

    A. 李某全家必须将承包经营的耕地交回甲村

    B. 李某全家可以保留土地承包经营权

    C. 李某女儿已出嫁，甲村应调整李某家的土地承包经营权

    D. 李某女儿目前还不能在乙村取得土地承包经营权

【璧尘解析】BD。《农村土地承包法》第26条规定，承包期内，发包方不得收回承包地。承包期内，承包方全家迁入小城镇落户的，应当按照承包方的意愿，保留其土地承包经营权或者允许其依法进行土地承包经营权流转。第30条规定，承包期内，妇女结婚，在新居住地未取得承包地的，发包方不得收回其原承包地。故本题答案选BD项。与农业、农民、农村有关的法律，一直是江苏公基C类（乡镇机关）招录考试的重点。

2014 年 C 类

16. 某公司为推销自己的产品而采取的下列营销手段，违反法律规定的是（   ）。

    A. 给予对方回扣并如实入账

    B. 给予对方折扣并如实入账

    C. 给中间人佣金而未入账

    D. 提供样品给对方免费试用

【璧尘解析】C。根据《反不正当竞争法》第8条规定，经营者销售或者购买商品，可以以明示方式给对方折扣，可以给中间人佣金。经营者给对方折扣、给中间人佣金的，必须如实入账，接受折扣、佣金的经营者必须如实入账。所以给中间人佣金而未入账违反了法律的规定。

案例分析题

家住某市甲区的刘某为了给5岁的儿子小东取暖，从该市乙区的小商品市场一个租赁柜台老板王某处花15元购买了一个暖手宝。5天后，暖手宝充电时突然爆炸，将在旁边玩耍的小东烫伤，刘某遂找到王某协商赔偿事宜，但双方对赔偿数额争执不下。后经查实，该暖手宝没有产品合格证和产品说明书，生产厂家为丙区T电器厂。

41. 本案中，刘某要解决争端，依法不能选择的途径是（   ）。

    A. 向人民法院提起诉讼

    B. 向仲裁机构申请仲裁

    C. 请消费者协会调解

    D. 向工商行政主管部门投诉

【璧尘解析】B。《消费者权益保护法》第39条规定，消费者和经营者发生消费者权益争议的，可以通过下列途径解决：（一）与经营者协商和解；（二）请求消费者协会或者依法成立的其他调解组织调解；（三）向有关行政部门投诉；（四）根据与经营者达成的仲裁协议提请仲裁机构仲裁；（五）向人民法院提起诉讼。本题中刘某没有和王某达成仲裁协议，不能向仲裁机构申请仲裁。故本题答案为B项。

44. 对于小东的损害，T电器厂承担的责任属于（   ）。

    A. 违约责任   B. 公平责任

    C. 无过错责任   D. 过错责任

【璧尘解析】C。《民法通则》规定的典型的适用无过错责任的案件有：产品缺陷致人损害、高度危险作业致人损害、环境污染致人损害、饲养的动物致人损害等损害赔偿案件。本案属于因产品存在缺陷造成他人损害，为无过错责任，生产者和销售者承担连带责任。其中销售者具有过错的，承担最终责任；销售者无过错的，生产者承担最终责任。

命题规律及备考建议

　　经济法所包含的部门法较多,主要有《反垄断法》、《反不正当竞争法》、《消费者权益保护法》、《产品质量法》、《食品安全法》、《个人所得税法》、《劳动法》、《土地管理法》、《环境保护法》等组成。其中的新法有 2014 年 3 月 15 日起施行的《消费者权益保护法》,这是该法实施 20 年来的首次全面修改,必将成为 2015 年公考的必考点。另外,2015 年 1 月 1 日起施行的《环境保护法》,也需要重点关注。在考点的分布上,重点是《反不正当竞争法》《产品质量法》和《劳动法》,热点是《消费者权益保护法》《食品安全法》和《环境保护法》。C 类要注意与基层农村相关的法律,如《农民专业合作社法》和《农村土地承包法》。《反垄断法》目前只考过一道题,可考及未考的考点有很多,值得大家注意。《反不正当竞争法》主要考察七种不正当竞争行为。《消费者权益保护法》主要考察消费者权利、经营者义务以及争议的解决方式。《产品质量法》主要考察产品的概念、产品责任和责任主体。《个人所得税法》主要考察个人所得税免纳情形、纳税申报、常见税种等。《劳动法》常以案例题方式考察,高频考点有试用期、劳动合同、劳动争议解决等。《城市房地产管理法》与《物权法》有重复考点,主要是业主权利等。《环境保护法》和《侵权责任法》也有重复考点,主要考点有特殊制度("三同时"制度)、举证责任、诉讼时效等。此外,2014 年 5 月 14 日,国务院常务会议原则通过《食品安全法(修订草案)》,会议决定,修订草案经进一步修改后提请全国人大常委会审议,一旦正式实施,必将成为公考热点。

刑　　法

历年分值分布

年份 分值 类别	2014	2013	2012	2011	2010	2009	2008	2007	2006	2005
A 类	0	0	0	0	1	1	1	0	0	1
B 类	0	0	1	0	1	1	1	0	0	0
C 类	0	0	0	0	1	1	2	0	0	0

真题分类详解

2004 年 A 类

　　40. 我国《刑法》规定,已满 14 周岁不满 18 周岁的人犯罪(　　)。

　　A. 可以从轻或者减轻处罚

　　B. 可以减轻或者免除处罚

　　C. 应当从轻或者减轻处罚

　　D. 应当减轻或者免除处罚

　　【璧尘解析】C。我国《刑法》第 17 条规定,已满十六周岁的人犯罪,应当负刑事责任。已满十四周岁不满十六周岁的人,犯故意杀人、故意伤害致人重伤或者死亡、强奸、抢劫、贩卖毒品、放火、爆炸、投毒罪的,应当负刑事责任。已满十四周岁不满十八周岁的人犯罪,应当从轻或者减轻处罚。因不满十六周岁不予刑事处罚的,责令他的家长或者监护人加以管教;在必要的时候,也可以由政府收容教养。已满七十五周岁的人故意犯罪的,可以从轻或者减轻处罚;过失犯罪的,应当从轻或者减轻处罚。

77. 我国《刑法》规定的贪污罪和挪用公款罪的相同点是( )。

A. 犯罪行为相同

B. 犯罪主体相同

C. 犯罪对象相同

D. 罪过形式相同

【璧尘解析】BD。贪污罪和挪用公款罪的相同点有:(1)犯罪主体上相同,即国家工作人员可以成为两个罪的犯罪主体;(2)罪过形式相同,即两个罪在主观方面都是直接故意。故选BD。《刑法》第382条规定,国家工作人员利用职务上的便利,侵吞、窃取、骗取或者以其他手段非法占有公共财物的,是贪污罪。受国家机关、国有公司、企业、事业单位、人民团体委托管理、经营国有财产的人员,利用职务上的便利,侵吞、窃取、骗取或者以其他手段非法占有国有财物的,以贪污论。与前两款所列人员勾结,伙同贪污的,以共犯论处。第384条规定,国家工作人员利用职务上的便利,挪用公款归个人使用,进行非法活动的,或者挪用公款数额较大、进行营利活动的,或者挪用公款数额较大、超过三个月未还的,为挪用公款罪,处五年以下有期徒刑或者拘役;情节严重的,处五年以上有期徒刑。挪用公款数额巨大不退还的,处十年以上有期徒刑或者无期徒刑。挪用用于救灾、抢险、防汛、优抚、扶贫、移民、救济款物归个人使用的,从重处罚。

2005 年 A 类

47. 某市地税局长甲在该局查处个体户乙、丙偷税案件时,收受两人钱款3万元。后甲对本应移交司法机关追究刑事责任的乙、丙仅做了罚款处理。对甲的行为依法应做的处理是( )。

A. 撤销局长职务

B. 开除公职

C. 行政记大过

D. 追究刑事责任

【璧尘解析】BD。《刑法》第386条规定,对犯受贿罪的,根据受贿所得数额和情节,依照本法第383的规定处罚,而第383条中,"个人贪污数额不满5000元,情节较重的"即可判以刑罚。此外,公务员构成犯罪的,应当开除公职。

2008 年 A 类

12. 护士林某在给病人王某注射青霉素时,忘了做皮试而导致王某过敏死亡,林某的行为属( )。

A. 间接故意犯罪

B. 过于自信过失犯罪

C. 疏忽大意过失犯罪

D. 意外事件

【璧尘解析】C。间接故意犯罪是指行为人明知自己的行为可能发生危害社会的结果,并且放任这种结果发生的心理态度。过于自信的过失是指行为人已经预见到自己的行为可能发生危害社会的结果,由于轻信能够避免,以致发生了这种危害结果的心理态度。疏忽大意的过失是指行为人应当预见自己的行为可能发生危害社会的结果,因为疏忽大意而没有预见,以致发生了这种结果的心理态度。本案中作为职业护士,林某应当预见自己的行为可能发生的后果,但却忘记做皮试,属于疏忽大意过失犯罪。

2009 年 A 类

13. 下列应当实行数罪并罚的是( )。

A. 法官李某贪赃枉法,同时触犯受贿罪

与徇私枉法罪

　　B. 公务员陈某挪用公款给江某使用并索取、收受其贿赂构成犯罪

　　C. 张某将被拐卖的妇女、儿童通过非法途径卖往境外构成犯罪

　　D. 马某购买假币后又转手出售构成犯罪

　　【璧尘解析】B。数罪并罚是《刑法》中规定对人犯数罪的情况下的一种量刑情节。A项中法官李某构成一种犯罪，即受贿罪；B项中陈某既犯了挪用公款罪又犯了受贿罪，属于数罪并罚；C项中张某犯了非法拐卖妇女儿童罪；D项中马某犯了走私假币罪。所以正确答案为B项。

2010 年 A 类

　　18. 我国现行《刑法》规定，下列行为人的行为构成滥用职权罪的是（　　）。

　　A. 某交通局长自行决定将 15 万元罚款作为福利发给中层以上干部

　　B. 某环保局长违法向甲企业发放排污许可证，该企业排污后 15 人严重中毒

　　C. 某公安局长擅自决定将犯罪嫌疑人乙予以释放

　　D. 某卫生局长在一起矿难事故伤员抢救中擅离职守致使 3 人因抢救不及时而死亡

　　【璧尘解析】B。根据《最高人民检察院关于渎职侵权犯罪案件立案标准的规定》第397条的规定，滥用职权罪是指国家机关工作人员超越职权，违法决定、处理其无权决定、处理的事项，或者违反规定处理公务，致使公共财产、国家和人民利益遭受重大损失的行为。其中，涉嫌下列情形之一的，应予立案：（1）造成死亡 1 人以上，或者重伤 2 人以上，或者重伤 1 人、轻伤 3 人以上，或者轻伤 5 人以上的；（2）导致 10 人以上严重中毒的；（3）造成个人财产直接经济损失 10 万元以

上，或者直接经济损失不满 10 万元，但间接经济损失 50 万元以上的；（4）造成公共财产或者法人、其他组织财产直接经济损失 20 万元以上，或者直接经济损失不满 20 万元，但间接经济损失 100 万元以上的；（5）虽未达到（3）、（4）两项数额标准，但（3）、（4）两项合计直接经济损失 20 万元以上，或者合计直接经济损失不满 20 万元，但合计间接经济损失 100 万元以上的；（6）造成公司、企业等单位停业、停产 6 个月以上，或者破产的；（7）弄虚作假，不报、缓报、谎报或者授意、指使、强令他人不报、缓报、谎报情况，导致重特大事故危害结果继续、扩大，或者致使抢救、调查、处理工作延误的；（8）严重损害国家声誉，或者造成恶劣社会影响的；（9）其他致使公共财产、国家和人民利益遭受重大损失的情形。A 选项属于私分罚没财物罪，C 选项属于私放在押人员罪，D 选项属于玩忽职守罪。故本题正确答案为 B 选项。

2004 年 B 类

　　39. 我国刑法分则将犯罪划分为 10 类，每类犯罪划分的依据是犯罪的（　　）。

　　A. 直接客体　　　　B. 同类客体

　　C. 一般客体　　　　D. 复杂客体

　　【璧尘解析】B。同类客体揭示的是同一类型犯罪在客体方面的共同本质，即一类犯罪不同于其他类型犯罪的危害性质，并在相当程度上反映出各类犯罪不同的危害程度。我国刑法分则所规定的 10 类犯罪，正是根据同类客体划分的结果。

　　76. 某派出所长甲在追逃专项斗争中，为得到上级表彰，在网上通缉了 9 名仅违反《治安管理处罚条例》并且已经受过治安处罚的人员。虽然甲通知本所公安干警不要去抓捕这 9 个人，但仍有 6 人被外地公安机关抓捕后关押。对于甲的行为性质，可以排除的罪名是（　　）。

A. 滥用职权罪　　　　B. 玩忽职守罪

C. 非法拘禁罪　　　　D. 徇私枉法罪

【璧尘解析】BCD。本案中,甲的行为性质属于滥用职权罪。本题的难点主要是区分滥用职权罪和玩忽职守罪。一般而言,滥用职权罪是故意的犯罪行为,而玩忽职守罪是过失犯罪行为。滥用职权罪表现为作为方式,玩忽职守罪主要表现为不作为方式。本案中,甲的目的是得到上级表彰,由此在网上通缉了9名仅违反《治安管理处罚条例》并且已经受过治安处罚的人员,是故意的犯罪行为。CD两罪和甲无关。

案例分析题

丁某原系A市B区国家税务局副局长。B区国家税务局在征税过程中,发现管区内个人独资私营企业腾飞鞋厂长期偷税漏税,其法定代表人刘某对税务执法人员态度蛮横,既不配合调查,也不承认错误。经查,该企业累计偷税达50余万元人民币。税务执法人员认为刘某已构成刑事犯罪,准备将其移送司法机关,追究刑事责任。刘某得到消息,通过熟人找到丁某,请求丁某帮忙,承诺如能不将其移送司法机关,不仅承担丁某女儿出国的费用,而且送丁某人民币8万元。丁某遂利用副局长身份,决定只对刘某作补交税款的处理,而未将刘某移送司法机关。事后,刘某送给丁某现金人民币8万元,美元1万元。此外,丁某在任税务局副局长期间还利用职务之便将局里税收执法中收缴的罚没款6万元据为己有。

96. 我国《刑法》规定的贪污罪、受贿罪的罪过形式是(　　)。

A. 过于自信的过失

B. 疏忽大意的过失

C. 直接故意

D. 间接故意

【璧尘解析】C。受贿罪与贪污罪的相同点是:犯罪主体都是国家工作人员,主观方面都是直接故意,客观方面都是利用职务上的便利。但是,两者又有如下区别:(1)侵犯客体不同。受贿罪侵犯的直接客体是国家机关的正常活动,贪污罪侵犯的直接客体是公共财产的所有权。(2)侵犯对象不同,受贿罪侵犯的对象是公私财物,贪污罪侵犯的对象是公共财物。(3)客观方面的犯罪手段不同。受贿罪是采取为他人谋利益的手段,非法索取、收受他人财物;贪污罪是采取侵吞、窃取、骗取等手段,非法占有自己主管、经营、经手的公共财物。(4)主观方面的犯罪目的不同。受贿罪是为了取得他人或单位的公私财物,贪污罪是为了非法占有公共财物。

97. 丁某接受刘某人民币和美元的行为构成(　　)。

A. 玩忽职守罪　　　　B. 滥用职权罪

C. 贪污罪　　　　　　D. 受贿罪

【璧尘解析】D。受贿罪是指国家工作人员利用职务上的便利,索取他人财物或者非法收受他人财物,为他人谋取利益的行为。丁某接受刘某人民币和美元的行为构成受贿罪。故选D项。

98. 丁某使税务执法人员未将刘某移送司法机关的行为构成(　　)。

A. 枉法裁判罪

B. 徇私枉法罪

C. 玩忽职守罪

D. 徇私舞弊不移交刑事案件罪

【璧尘解析】D。徇私舞弊不移交刑事案件罪是指行政执法人员徇私舞弊,对依法应当移交司法机关追究刑事责任的而不移交,且情节严重的行为,丁某的行为符合这一犯罪构成。故选D项。

99. 丁某将税务局罚没款据为己有的行为构成(　　)。

A. 职务侵占罪

B. 贪污罪

C. 侵占罪

D. 滥用职权罪

【璧尘解析】B。贪污罪是指国家工作人员和受国家机关、国有公司、企业、事业单位、人民团体委托管理、经营国有财产的人员,利用职务上的便利,侵吞、窃取、骗取或者以其他手段非法占有公共财物的行为。丁某将税务局罚没款据为己有的行为符合贪污罪的犯罪构成。故选 B 项。

100. 根据《刑法》规定,对丁某收受刘某现金人民币 8 万元、美元 1 万元的行为适用的刑罚是( )。

A. 10 年以上有期徒刑或者无期徒刑

B. 7 年以上 10 年以下有期徒刑

C. 无期徒刑

D. 死刑

【璧尘解析】A。个人受贿数额在 10 万元以上的处 10 年以上有期徒刑或者无期徒刑。本案中丁某受贿超过 10 万元,故选 A 项。

2008 年 B 类

12. 因贩卖毒品而应负法律责任的刑事责任年龄是( )。

A. 已满 14 周岁

B. 已满 16 周岁

C. 已满 10 周岁

D. 已满 18 周岁

【璧尘解析】A。《刑法》第 17 条规定,已满十六周岁的人犯罪,应当负刑事责任。已满十四周岁不满十六周岁的人,犯故意杀人、故意伤害致人重伤或者死亡、强奸、抢劫、贩卖毒品、放火、爆炸、投毒罪的,应当负刑事责任。

2009 年 B 类

13. 下列罪名不属于渎职犯罪的是( )。

A. 滥用职权罪

B. 枉法裁判罪

C. 职务侵占罪

D. 环境监督失职罪

【璧尘解析】C。渎职侵权犯罪是指国家机关工作人员滥用职权、玩忽职守、徇私舞弊等犯罪,以及利用职权实施的侵犯公民人身权利、民主权利的犯罪,涉及 43 个罪名。职务侵占罪是破坏金融管理秩序罪中的一种,不属于渎职犯罪。

2010 年 B 类

13. 根据我国现行《刑法》规定,下列行为人的行为构成玩忽职守罪的是( )。

A. 某副县长为黑社会性质组织的领导成员毁灭罪证

B. 某副市长擅自挪用扶贫款 55000 元用于偿还个人债务

C. 某交通局长不认真履行职责,致使在建道路工程发生多人死伤的事故

D. 某税务科长违规向个体户出售发票,致使国家税收损失 15 万元

【璧尘解析】C。玩忽职守罪是指国家机关工作人员严重不负责任,不履行或者不认真履行职责,致使公共财产、国家和人民利益遭受重大损失的行为。C 项中某交通局长的行为与此相符。

2012 年 B 类

10. 小王被小张殴打致手臂骨折,诉讼中小王拿出 X 光片作为证据,该证据属于( )。

A. 书证   B. 物证

C. 鉴定结论   D. 视听资料

【璧尘解析】A。书证是指以文字、符号、图形等所记载或者呈现的内容或表达的思想来证明案件事实的证据。物证是指以其存在的形状、质量、规格、特征等来证明案件事实的证据。视听资料是指利用录音、录像等资料和数据来证明案件事实的一种证据。鉴定结论是指鉴定人运用专业知识、专门技术对案件中的专门性问题进行分析、鉴别、判断后

做出的结论。小王出示的 X 光片是以其所呈现的内容来证明骨折这一事实的,应当属于书证,A 项正确。2012 年重新修正的《刑事诉讼法》将法定的证据种类修改为:(1)物证;(2)书证;(3)证人证言;(4)被害人陈述;(5)犯罪嫌疑人、被告人供述和辩解;(6)鉴定意见;(7)勘验、检查、辨认、侦查实验等笔录;(8)视听资料、电子数据。

2004 年 C 类

案例分析题

1986 年 10 月 8 日出生的王某,在 2000 年 10 月 1 日前共盗窃、抢夺各类财物总计价值约 8000 元人民币。2000 年 10 月 8 日,王某在饭店过完生日后,于 2000 年 10 月 9 日零时 30 分返家。途中见到一行人拎包从身边经过,即掏出随身携带的弹簧刀将拎包人刺伤后把包抢走。包内有手机一部,现金 2000 元人民币。2000 年 10 月 25 日,王某在一小区游逛,见路边停着一辆桑塔纳轿车,即设法打开车门,将车开走。当日下午,王某以 4 万元的价格将车卖出。2000 年 12 月 20 日,王某被抓获。

46. 我国《刑法》规定的完全负刑事责任的年龄是( )。

A. 年满 14 周岁

B. 年满 16 周岁

C. 年满 18 周岁

D. 年满 20 周岁

【璧尘解析】B。《刑法》第 17 条规定,已满十六周岁的人犯罪,应当负刑事责任。当选 B。

47. 王某 2000 年 10 月 1 日前的行为( )。

A. 不构成犯罪

B. 构成盗窃罪

C. 构成抢夺罪

D. 构成盗窃罪和抢夺罪

【璧尘解析】A。《刑法》第 17 条规定,已

满十六周岁的人犯罪,应当负刑事责任。已满十四周岁不满十六周岁的人,犯故意杀人、故意伤害致人重伤或者死亡、强奸、抢劫、贩卖毒品、放火、爆炸、投毒罪的,应当负刑事责任。已满十四周岁不满十八周岁的人犯罪,应当从轻或者减轻处罚。因不满十六周岁不予刑事处罚的,责令他的家长或者监护人加以管教;在必要的时候,也可以由政府收容教养。已满七十五周岁的人故意犯罪的,可以从轻或者减轻处罚;过失犯罪的,应当从轻或者减轻处罚。本案中,2000 年 10 月 1 日前,王某不满 14 周岁,其行为不构成犯罪,故选 A 项。

48. 王某 2000 年 10 月 9 日的行为( )。

A. 不构成犯罪

B. 构成故意伤害罪

C. 构成抢夺罪

D. 构成抢劫罪

【璧尘解析】D。2000 年 10 月 9 日,王某已满 14 周岁,但不到 16 周岁。《刑法》第 17 条规定,已满十四周岁不满十六周岁的人,犯故意杀人、故意伤害致人重伤或死亡、强奸、抢劫、贩卖毒品、放火、爆炸、投毒罪的,应负刑事责任。

49. 王某 2000 年 10 月 9 日的行为侵害的客体是( )。

A. 财产权

B. 人身权

C. 社会管理秩序

D. 财产权和人身权

【璧尘解析】D。抢劫罪的客体是复杂客体。本案中,王某刺伤拎包人并抢走其包的行为侵犯了拎包人的财产权和人身权。

50. 王某 2000 年 10 月 25 日的行为( )。

A. 不构成犯罪

B. 构成盗窃罪

C. 构成销赃罪

D. 构成盗窃机动车辆罪

【璧尘解析】A。1986 年 10 月 8 日出生

的王某在 2000 年 10 月 25 日只有 14 周岁,《刑法》第 17 条规定,已满十四周岁不满十六周岁的人,犯故意杀人、故意伤害致人重伤或死亡、强奸、抢劫、贩卖毒品、放火、爆炸、投毒罪的,应负刑事责任。盗窃罪不属于此范围,所以王某不构成犯罪。

2008 年 C 类

10. 我国《刑法》在溯及力问题上采取的原则是( )。
A. 从旧原则
B. 从新原则
C. 从旧兼从轻原则
D. 从新兼从轻原则

【璧尘解析】C。1997 年修订后的我国《刑法》明确规定了从旧兼从轻的溯及力原则。

30. 下列刑罚中属于主刑的是( )。
A. 管制　　　　　B. 拘役
C. 罚金　　　　　D. 有期徒刑

【璧尘解析】ABD。《刑法》第 23 条规定,主刑的种类如下:(一)管制;(二)拘役;(三)有期徒刑;(四)无期徒刑;(五)死刑。

2009 年 C 类

13. 意外事件造成社会危害的,行为人对此不负刑事责任,这体现的《刑法》原则是( )。
A. 罪责自负
B. 罪刑法定
C. 主客观相统一
D. 罪责刑相适应

【璧尘解析】C。我国《刑法》规定的基本原则有以下几个:(1) 罪刑法定原则。《刑法》第 3 条规定,法律明文规定为犯罪行为的,依照法律定罪处刑;法律没有明文规定为犯罪行为的,不得定罪处刑。(2) 法律面前人人平

等原则。《刑法》第 4 条规定,对任何人犯罪,在适用法律上一律平等。不允许任何人有超越法律的特权。这是《宪法》"法律面前人人平等"原则在《刑法》上的具体体现。(3) 罪刑相适应原则。《刑法》第 5 条规定,刑罚的轻重,应当与犯罪分子所犯罪行和承担的刑事责任相适应。因此,ABD 三项排除。根据我国《刑法》所坚持的主客观相统一的定罪原理,意外事件不认为是犯罪,因为在这种情况下,虽然行为人在客观上造成了损害结果,但他主观上既不存在犯罪的故意,也不存在犯罪的过失,因而缺乏构成犯罪和负刑事责任的主观根据,不能认定为犯罪并追究刑事责任。符合罪刑法定原则的规定:法律没有明文规定为犯罪行为的,不得定罪处刑。因此,C 项为正确答案。

2010 年 C 类

13. 15 周岁的中学生甲为敲诈钱财,将邻居家 6 岁女孩乙骗到某处并将她打晕,后向乙父打电话勒索现金 50 万元,遭拒绝后甲杀死乙逃匿。甲的行为构成( )。
A. 非法拘禁罪
B. 敲诈勒索罪
C. 故意杀人罪
D. 绑架罪

【璧尘解析】C。《刑法》第 17 条规定,已满十六周岁的人犯罪,应当负刑事责任。已满十四周岁不满十六周岁的人,犯故意杀人、故意伤害致人重伤或者死亡、强奸、抢劫、贩卖毒品、放火、爆炸、投毒罪的,应当负刑事责任。《最高人民法院关于审理未成年人刑事案件具体应用法律若干问题的解释》第 5 条规定,已满十四周岁不满十六周岁的人实施《刑法》第十七条第 2 款规定以外的行为,如果同时触犯了《刑法》第 17 条第 2 款规定的,应当依照《刑法》第 17 条第 2 款的规定确定罪名,定罪处罚。

命题规津及备考建议

刑法不是公共基础知识考试的重点,考试频率不高,分值也不大。从历年考试规律看,刑法偏爱考查《刑法》总则中的基本考点(如刑事责任年龄、刑法原则等)和《刑法》分则中与公务员有关的职务犯罪。在复习的时候,要掌握罪责的判断认定。另外需要注意新修正的《刑法修正案八》。

行政法及行政诉讼法

历年分值分布

分值 类别	年份 2014	2013	2012	2011	2010	2009	2008	2007	2006	2005
A类	12.2	8.5	9.5	8.4	8.2	5.6	10	6	7	7
B类	10.8	14.5	10	9.6	7	8.2	6	7	7	6
C类	8	9.5	6	7	8.2	8.2	6	8	5	3

真题分类详解

2004 年 A 类

42. 个体工商户孟某因违法经营被工商部门吊销营业执照。在行政处罚的种类上,吊销营业执照属于( )。

A. 人身罚

B. 申诫罚

C. 财产罚

D. 行为罚

【璧尘解析】D。行政处罚的种类一般有人身罚(行政拘留);财产罚(罚款、没收财物);行为罚(责令停产停业、暂扣或吊销许可证或执照);声誉罚(警告)。

43. 下列选项中,属于行政诉讼受案范围的是( )。

A. 司法拘留

B. 治安拘留

C. 刑事拘留

D. 拘役

【璧尘解析】B。根据《行政诉讼法》第11条规定,人民法院受理公民、法人和其他组织对具体行政行为不服提起的诉讼。四个选项中只有治安拘留属于具体的行政行为,其他是刑事诉讼的受案范围。

51. 根据《国家公务员录用暂行规定》的规定,新录用的国家公务员试用期为( )。

A. 三个月

B. 六个月

C. 一年

D. 一年半

【璧尘解析】C。根据《国家公务员录用暂行规定》,新录用的公务员试用期为一年。

试用期满合格的,予以任职;不合格的,取消录用。2005 年 4 月,《公务员法》正式通过,原相关法规废止。

52. 按照规定,下列选项中不属于国家公务员录用考试方法的是(   )。

A. 笔试

B. 面试

C. 特试

D. 口试

【璧尘解析】D。根据原《国家公务员录用暂行规定》,公务员录用考试采取笔试和面试的方式进行,考试内容根据公务员应当具备的基本能力和不同职位类别分别设置。录用特殊职位的公务员,经省级以上公务员主管部门批准,可以简化程序或者采用其他测评办法。

案例分析题

N 市某县工商局经济检查科接到群众举报,该县光明照相馆擅自向某服务公司出售带有富士、柯达商品标识的废旧暗盒。经济检查科派工作人员王某和李某前往调查,查明该照相馆于 1997 年 1 月—1998 年 10 月间,以每个 0.2 元的价格向该服务公司出售废旧暗盒 11000 个,得款 2200 元。该服务公司买到这批暗盒后,装上彩色胶片,假冒富士、柯达彩卷销售牟利,曾被依法查处。鉴于光明照相馆的行为属于《中华人民共和国商标法》规定的侵犯注册商标专用权的行为,经济检查科于 1998 年 12 月以自己的名义作出行政处罚决定,没收光明照相馆的违法所得 2200 元,对其罚款 1000 元。光明照相馆不服,提起行政复议。

101. 本案中的经济检查科(   )。

A. 是具有独立行政处罚权的行政主体

B. 是行政主体,但没有行政处罚权

C. 不能以自己的名义独立行使行政处罚权

D. 能够独立承担行政责任

【璧尘解析】C。本案中,经济检查科作为一个行政机关的部门,不具有独立的行政主体资格,无权以自己名义独立行使行政处罚权。

102. 根据《行政处罚法》的规定,行政机关依照法律、法规或者规章的规定,可以在其法定权限内委托下列哪个主体实施行政处罚(   )。

A. 公民

B. 依法成立的从事营业活动的组织

C. 依法成立的社会团体

D. 依法成立的管理公共事务的事业组织

【璧尘解析】D。根据《行政处罚法》第 19 条的规定,受委托组织必须符合以下条件:(1) 依法成立的管理公共事务的事业组织;(2) 具有熟悉有关法律、法规、规章和业务的工作人员;(3) 对违法行为需要进行技术检查或者技术鉴定的,应当有条件组织进行相应的技术检查或者技术鉴定。

103. 光明照相馆不服行政处罚决定而提起行政复议,被申请人是(   )。

A. 王某和李某   B. 某县工商局

C. 经济检查科   D. 某县人民政府

【璧尘解析】B。根据《行政复议法》第 10 条规定,公民、法人或者其他组织对行政机关的具体行政行为不服申请行政复议的,作出具体行政行为的行政机关是被申请人。本案中作出具体行政处罚的是某县工商局,经济检查科只是业务科室,故选 B 项。

104. 对本案具有行政复议管辖权的复议机关是(   )。

A. 某县工商局

B. 某县工商局法制办

C. N 市工商局

D. N 市工商局法制办

【璧尘解析】C。根据《行政复议法》第 12 条规定,对县级以上地方各级人民政府工作部门的具体行政行为不服的,由申请人选择,可以向该部门的本级人民政府申请行政复议,也可以向上一级主管部门申请行政复议。对海关、金融、国税、外汇管理等实行垂直领导的行政机关和国家安全机关的具体行政行为不服的,向上一级主管部门申请行政复议。工商局是省垂部门,某县工商局的上一级主管单位是 N 市工商局,故选 C 项。

105. 如果复议机关改变原处罚决定,光明照相馆仍然不服而提起行政诉讼,则被告是( )。

A. 某县工商局法制办

B. N 市工商局法制办

C. 某县工商局

D. N 市工商局

【璧尘解析】D。根据《行政诉讼法》第25 条规定,公民、法人或者其他组织直接向人民法院提起诉讼的,作出具体行政行为的行政机关是被告。经复议的案件,复议机关决定维持原具体行政行为的,作出原具体行政行为的行政机关是被告;复议机关改变原具体行政行为的,复议机关是被告。本案中如果复议机关改变原处罚决定,则被告是 N 市工商局。

2005 年 A 类

23. 根据行政行为是否具有主动性,可将行政行为分为( )。

A. 抽象行政行为与具体行政行为

B. 依职权行政行为与依申请行政行为

C. 单方行政行为与双方行政行为

D. 要式行政行为与不要式行政行为

【璧尘解析】B。A 项的划分标准是行政行为针对对象是否特定;C 项的划分标准是行政行为的成立是否需要行政相对人的意思表示;D 项的划分标准是行政行为的成立是否需要特定的形式。故正确选项为 B 项。

24. 原告起诉被告行政不作为,法院经过审理认为被告并无法定职责,应作出( )。

A. 驳回原告诉讼请求判决

B. 维持判决

C. 撤销判决

D. 确认判决

【璧尘解析】A。根据《最高人民法院关于执行〈行政诉讼法〉若干问题的解释》第 56 条,有下列情形之一的,人民法院应当判处驳回原告的诉讼请求:(1) 起诉被告不作为理由不能成立的;(2) 被诉具体行政行为合法但存在合理性问题的;(3) 被诉具体行政行为合法,但因法律、政策变化需要变更或者废止。本案中被告并无法定职责,不作为理由不成立,法院应作出驳回原告诉讼请求判决。

案例分析题

王某为开办食品厂,向县环保局申请排污许可,环保局于 2004 年 9 月 5 日受理了王某的申请。县环保局认为排污涉及公共利益,告知申请人和利害关系人有要求听证的权利,王某和作为利害关系人的周围邻居都要求听证,于是在 9 月 15-16 日举行了听证会。举行听证时,王某提出了排污能够达标的证据,行政机关制作了听证笔录。9 月 20 日,环保局以污水不能达标为由做出了不予颁发排污许可证的决定。根据《行政许可法》的规定,回答下面的问题。

66. 关于行政许可的申请,下列说法正确的有( )。

A. 申请人王某应当委托代理人提出行政许可申请

B. 王某的行政许可申请可以通过信函、电报和电子邮件等方式提出

C. 王某对其申请材料实质内容的真实性负责

D. 王某书面申请确有困难的,也可以口头申请

【璧尘解析】BC。《行政许可法》第 29 条规定,申请人可以委托代理人提出行政许可申请。但是,依法应当由申请人到行政机关办公场所提出行政许可申请的除外。没有必

须要代理人申请的规定。行政许可申请可以通过信函、电报、电传、传真、电子数据交换和电子邮件等方式提出。第31条规定，申请人申请行政许可，应当如实向行政机关提交有关材料和反映真实情况，并对其申请材料实质内容的真实性负责。《行政许可法》并无口头申请规定。

67. 关于行政许可申请的受理,下列说法正确的有( )。

A. 如果王某的申请事项依法不需要取得行政许可的,县环保局应当拒绝受理

B. 如果王某的排污许可申请是向县卫生局提出,县卫生局应当即时告知申请人不受理

C. 如果王某的排污许可申请材料存在可以当场更正的错误的,县环保局应当允许王某当场更正

D. 如果王某的排污许可申请材料不齐全或者不符合法定形式,县环保局应当当场或者在五日内一次告知王某需要补正的全部内容

【璧尘解析】ABCD。《行政许可法》第32条规定,行政机关对申请人提出的行政许可申请,应当依据以下情况分别作出处理:(1)申请事项依法不需要取得行政许可的,应当即时告知申请人不受理。(2)申请事项依法不属于本行政机关职权范围的,应当即时作出不予受理的决定,并告知申请人向有关行政机关申请。(3)申请材料存在可以当场更正的错误的,应当允许申请人当场更正。(4)申请材料不齐全或者不符合法定形式的,应当当场或者在5日内一次告知申请人需要补正的全部内容,逾期不告知的,自收到申请材料之日起即为受理。

68. 关于行政许可的听证,下列说法正确的有( )。

A. 听证应当公开举行,但依法要保密的除外

B. 县环保局应当根据听证笔录,作出行政许可决定

C. 申请人王某应当承担县环保局组织听证的费用

D. 申请人王某和要求听证的利害关系人承担县环保局组织听证的费用

【璧尘解析】B。《行政许可法》第47条规定,申请人、利害关系人不承担行政机关组织听证的费用。第48条规定,听证应当公开进行。注意,行政许可的听证不同于行政处罚的听证。行政许可的听证一律公开进行;行政处罚的听证除涉及国家秘密、商业秘密或者个人隐私外,听证公开举行。

69. 关于行政许可听证的期限,下列说法正确的有( )。

A. 申请人王某、利害关系人应当在被告知听证权利之日起三日内提出听证

B. 申请人、利害关系人提出听证申请后,县环保局应当在二十日内组织听证

C. 行政机关应当于举行听证的七日前将举行听证的时间、地点通知申请人、利害关系人

D. 县环保局举行听证所需时间,不计算在行政许可决定的法定期限内

【璧尘解析】BCD。《行政许可法》第45条规定,行政机关作出行政许可决定,依法需要听证、招标、拍卖、检验、监测、检疫和专家评审的,所需时间不计算在本节规定的期限内。第47条规定,申请人、利害关系人在被告知听证权利之日起5日内提出听证申请的,行政机关应当在20日内组织听证。第48条规定,行政机关应当于举行听证的7日前将举行听证的时间、地点通知申请人、利害关系人,必要时予以公告。

70. 县环保局做出不予颁发排污许可的决定时,应当履行的义务是( )。

A. 采用书面决定形式

B. 说明理由

C. 告知申请人享有依法申请行政复议或者提起行政诉讼的权利

D. 告知申请人享有依法申请行政赔偿

的权利

【璧尘解析】ABC。《行政许可法》第38条规定,行政机关依法作出不允行政许可的书面决定的,应当说明理由,并告知申请人享有依法申请行政复议或者行政诉讼的权利。注:《行政许可法》于2004年7月1日起施行,故在2005年考题中出现,体现了"新法必考"的命题规律。

2006 年 A 类

19. 行政机关在证据可能灭失或者以后难以取得的情况下,经行政机关负责人批准,可以( )。

A. 先行封存证据

B. 先行登记保存证据

C. 先行扣押证据

D. 先行登记提存证据

【璧尘解析】B。《行政处罚法》第37条规定,行政机关在证据可能灭失或者以后难以取得的情况下,经行政机关负责人批准,可以先行登记保存,并应当在7日内及时作出处理决定,在此期间,当事人或者有关人员不得销毁或者转移证据。

20. 在行政诉讼中,被告向人民法院举证的期限为( )。

A. 收到起诉状副本之日起10日内

B. 第一审庭审结束前

C. 收到起诉状副本之日起15日内

D. 生效判决作出前

【璧尘解析】A。依据《最高人民法院关于执行〈行政诉讼法〉若干问题的解释》第26条的规定,在行政诉讼中,被告对其作出的具体行政行为承担举证责任。被告应当在收到起诉状副本之日起10日内提交答辩状,并提供作出具体行政行为时的证据、依据;被告不提供或者无正当理由逾期提供的,应当认定该具体行政行为没有证据、依据。

案例分析题

某国道工程建设需要征地240亩。甲市某县政府为加快土地征收和房屋拆迁力度,特成立了国道工程建设征地拆迁指挥部(简称拆迁指挥部),由县长任总指挥,县委副书记、县人大常委会副主任担任副总指挥,县人民法院院长和县人民检察院检察长以及县政府各职能部门负责人担任指挥部的成员。2005年12月7日,县拆迁指挥部发布拆迁公告(没有征地批文),王某的房屋属于拆迁之列。王某与拆迁指挥部之间就补偿问题未能达成协议。王某于2005年12月14日申请县房屋拆迁主管部门即县建设局裁决。同年12月19日,县建设局裁决县拆迁指挥部补偿王某20万元人民币,并责令王某在10日内自行拆除房屋,否则将实施强制拆除。因王某拒绝拆除自家房屋,县拆迁指挥部于同年12月30日组织法院、检察院和公安机关的工作人员100多人,对王某的房屋实施强制拆除。

46. 属于行政诉讼受案范围的行政行为包括( )。

A. 县拆迁指挥部的拆迁公告

B. 县拆迁指挥部的强制拆除房屋的行为

C. 县建设局作出的补偿裁决

D. 县政府成立拆迁指挥部的行为

【璧尘解析】ABC。根据《行政诉讼法》第11条的规定,人民法院受理公民、法人和其他组织对下列具体行政行为不服提起的诉讼:(1)对拘留、罚款、吊销许可证和执照、责令停产停业、没收财物等行政处罚不服的;(2)对限制人身自由或者对财产的查封、扣押、冻结等行政强制措施不服的;(3)认为行政机关侵犯法律规定的经营自主权的;(4)认为符合法定条件申请行政机关颁发许可证和执照,行政机关拒绝颁发或者不答复的;(5)申请行政机关履行保护人身权、财产权的法定职责,行政机关拒绝履行或者不予答复的;(6)认为行政机关没有依法发给抚恤金的;(7)认为行政机关侵犯其他人身权、财产权的。ABC三项均属于具体行政行为,D项不属于具体行政行为,是机关内部行为。

47. 如果王某不服拆迁公告,向复议机关申请复议,则以下说法正确的是(　　)。

A. 王某应当自知道拆迁公告之日起60日内申请行政复议

B. 王某申请行政复议应以县政府为被申请人

C. 王某申请行政复议应以县拆迁指挥部为被申请人

D. 王某应向甲市人民政府申请行政复议

【璧尘解析】ABD。《行政复议法》第9条规定,公民、法人或者其他组织认为具体行政行为侵犯其合法权益的,可以自知道该具体行政行为之日起六十日内提出行政复议申请;但是法律规定的申请期限超过六十日的除外。所以,A项正确。第10条规定,公民、法人或者其他组织对行政机关的具体行政行为不服申请行政复议的,作出具体行政行为的行政机关是被申请人。县拆迁指挥部是由县政府临时成立的一个机构,受委托行使拆迁等具体的行政行为,不具有独立的行政主体资格,所以王某应当作出委托的行政机关即以县政府为被申请人,所以BC两项中B项是正确选项。第13条规定,对地方各级人民政府的具体行政行为不服的,向上一级地方人民政府申请行政复议,所以D项正确。

48. 王某对县建设局补偿裁决不服,于2006年1月20日向法院起诉。以下说法正确的是(　　)。

A. 王某应提起行政诉讼

B. 王某应提起民事诉讼

C. 法院应以起诉超过法定期限为由裁定不予受理

D. 王某应以县政府为第三人

【璧尘解析】A。《最高人民法院关于受理房屋拆迁、补偿、安置等案件问题的批复》中规定,公民、法人或者其他组织对人民政府或者城市房屋主管行政机关依职权作出的有关房屋拆迁、补偿、安置等问题的裁决不服,依法向人民法院提起诉讼的,人民法院应当作为行政案件受理。所以,A项正确,B项错误。《城市房屋拆迁管理条例》第16条规定,当事人对裁决不服的,可以自裁决书送达之日起3个月内向人民法院起诉。所以,王某的起诉未超过法定期限,C项不正确。《行政诉讼法》第27条规定,同提起诉讼的具体行政行为有利害关系的其他公民、法人或者其他组织,可以作为第三人申请参加诉讼,或者由人民法院通知参加诉讼。所以王某无权列县政府为第三人,需县政府自己申请或法院通知。

49. 如果法院受理了王某对县建设局的起诉,则以下说法正确的是(　　)。

A. 法院可以指派一名审判员独任审判

B. 法院只能对补偿裁决的合法性进行审查

C. 法院可以对补偿裁决的合法性与合理性进行审查

D. 法院可以适用调解方式解决行政裁决争议

【璧尘解析】BD。《行政诉讼法》第46条规定,人民法院审理行政案件,由审判员组成合议庭,或者由审判员、陪审员组成合议庭,合议庭的成员,应当是三人以上的单数。所以,A项不正确。第5条规定,人民法院审理行政案件,对具体行政行为是否合法进行审查,所以B项正确,C项错误。对于拆迁安置补偿作出的行政裁决争议可以适用调解,所以D项正确。

50. 县法院参与县拆迁指挥部拆迁活动的做法(　　)。

A. 将严重影响法院在办理拆迁指挥部为当事人的拆迁案件中的中立性

B. 将严重影响法院在办理拆迁指挥部为当事人的拆迁案件中的独立性

C. 虽不合法,但这种做法可以切断被拆迁人的救济途径,具有合理性

D. 违反了《宪法》有关人民法院与人民政府之间的权力分工与安排的规定

【璧尘解析】ABD。法院的中立性要求法院与任何一方当事人都无任何关系，这样才能保证各方当事人在审判过程中是处于完全平等的地位。法院的独立性是指法院独立行使审判权，不受任何的行政机关、社会团体、个人的干涉，但是在本案中法院参与拆迁指挥部活动，两者间有了利益关系，独立性会受到质疑，因此，AB项正确。《宪法》明确规定，人民法院依照法律规定独立行使审判权，不受行政机关、社会团体和个人的干涉。各级人民政府行使行政权，拆迁是属于行政管理范畴，法院的参与违背了《宪法》的分工原则，所以D项正确。C项的说法明显错误。

2007 年 A 类

8. 王某、李某和张某合伙开办一家饭店，核准登记的字号为蔷薇饭店，王某为负责人。如果该饭店及其合伙人对卫生行政处罚不服提起行政诉讼，原告是（ ）。

A. 王某
B. 王某、李某和张某
C. 蔷薇饭店
D. 李某和张某

【璧尘解析】C。根据《最高人民法院关于执行〈行政诉讼法〉若干问题的解释》第14条规定，合伙企业向人民法院提起诉讼的，应当以核准登记的字号为原告，由执行合伙企业事务的合伙人作诉讼代表人；其他合伙组织提起诉讼的，合伙人为共同原告。

案例分析题

华某系江塘市某化工厂制剂车间工艺员，负责工艺流程管理和记录，兼做清洗参观服等工作。2006年3月26日午休时，华某提水桶到蒸汽阀口处接热水时，被蒸汽烫伤。经诊断，华某全身烫伤22%。同年5月17日，华某父亲向江塘市劳动和社会保障局提出工伤认定申请。同年7月11日，该局根据《工伤保险条例》规定作出不予认定为工伤的决定。华某不服，向江塘市人民政府提出行政复议，复议机关维持原决定。华某仍不服，诉至法院。原告诉称，因上班时其工艺流程记录不能中断，所以原告上班时间无法清洗参观服，只有利用午休时间进行清洗。本人因工作受伤，理应认定为工伤。被告辩称，原告不是在上班时间被烫伤，而且原告无法证明其午休提热水是为了清洗参观服，故不应认定为工伤。

51. 江塘市劳动和社会保障局对工伤事故的认定属于（ ）。

A. 行政仲裁
B. 行政许可
C. 行政监督
D. 行政确认

【璧尘解析】D。行政确认是指行政机关和法定授权的组织依照法定权限和程序对有关法律事实进行甄别，通过确定、证明等方式决定管理相对人某种法律地位的行政行为。例如，道路交通事故责任认定、医疗事故责任认定、伤残等级的确定、产品质量的确认。工伤事故的认定属于行政确认。

52. 本案中，应当或可以提出工伤认定申请的组织或个人有（ ）。

A. 江塘市某化工厂
B. 江塘市某化工厂工会
C. 华某
D. 华某父亲

【璧尘解析】BCD。《工伤认定办法》指出，用人单位未按前款规定提出工伤认定申请的，工伤职工或者其直系亲属、工会组织在事故伤害发生之日或者被诊断、鉴定为职业病之日起一年内，可以直接向用人单位所在地统筹地区劳动保障行政部门提出工伤认定申请。

53. 依法应当认定为工伤的情形是（ ）。

A. 上班时间醉酒导致伤亡的

B. 在工作时间和工作场所内,因履行工作职责受到暴力等意外伤害的

C. 工作时间前在工作场所内,从事与工作有关的预备性工作受到事故伤害的

D. 在上下班途中,受到机动车事故伤害的

【璧尘解析】BCD。《工伤条例》第14条规定,职工有下列情形之一的,应当认定为工伤:(1)在工作时间和工作场所内,因工作原因受到事故伤害的;(2)工作时间前后在工作场所内,从事与工作有关的预备性或者收尾性工作受到事故伤害的;(3)在工作时间和工作场所内,因履行工作职责受到暴力等意外伤害的;(4)患职业病的;(5)因工外出期间,由于工作原因受到伤害或者发生事故下落不明的;(6)在上下班途中,受到机动车事故伤害的;(7)法律、行政法规规定应当认定为工伤的其他情形。

54. 关于上述材料中所涉及的举证责任的分配,下列表述正确的是(   )。

A. 华某及其父亲对是工伤的主张承担举证责任

B. 江塘市某化工厂对不是工伤的主张承担举证责任

C. 江塘市劳动和社会保障局对不予工伤认定的决定承担举证责任

D. 江塘市人民政府对其复议决定承担举证责任

【璧尘解析】BC。《工伤保险条例》第19条规定,职工或者其直系亲属认为是工伤,用人单位不认为是工伤的,由用人单位承担举证责任。《行政诉讼法》第32条规定,被告对作出的具体行政行为负有举证责任,应当提供作出该具体行政行为的证据和所依据的规范性文件。本案中,江塘市人民政府作为复议机关维持了原复议决定,原告提起的诉讼应该是以江塘市劳动和社会保障局为被告的行政诉讼。江塘市某化工厂由于同原告提起的行政诉讼的具体行政行为有利害关系,在

本案中的身份应是参加行政诉讼的第三人。

55. 下列关于本案的说法正确的是(   )。

A. 《工伤保险条例》是国务院制定的行政法规

B. 本案因不服工伤认定而起诉,属于民事诉讼

C. 江塘市某化工厂是本案被告

D. 法院应当判决撤销被告不予认定为工伤的决定,并责令其重新作出认定

【璧尘解析】A。根据上题的解析可知,本案的被告应是江塘市劳动和社会保障局,属于行政诉讼。B项和C项显然是错误的,至于D项,题中所给的材料仅仅说明了被告的主张,并未表明被告是否提出了支持自己主张的证据,因此不能直接推断出"法院应当判决撤销被告不予认定为工伤的决定,并责令其重新作出认定"的结论。

2008年A类

10. 享有限制人身自由的行政处罚权的机关是(   )。

A. 人民法院　　　B. 人民检察院

C. 公安机关　　　D. 国家安全机关

【璧尘解析】C。《行政处罚法》第16条规定,限制人身自由的行政权只能由公安机关行使。

31. 根据《公务员法》的规定,下列属于公务员行政处分的有(   )。

A. 降职　　　　　B. 警告

C. 记过　　　　　D. 开除

【璧尘解析】BCD。《公务员法》第56条规定,行政机关公务员处分的种类为:(一)警告;(二)记过;(三)记大过;(四)降级;(五)撤职;(六)开除。

32. 下列属于县级以上各级人民政府及其部门应当予以公开的事项有(   )。

A. 行政法规、规章和规范性文件

B. 国民经济和社会发展统计信息

C. 行政事业性收费的项目、依据、标准

D. 突发公共事件的应急预案,预警信息及应对情况

【璧尘解析】ABCD。《中华人民共和国政府信息公开条例》第 10 条规定,县级以上各级人民政府及其部门应在各自职责范围内确定主动公开的政府信息的具体内容,并重点公开下列政府信息:(一)行政法规、规章和规范性文件;(二)国民经济和社会发展规划、专项规划、区域规划及相关政策;(三)国民经济和社会发展统计信息;(四)财政预算、决算报告;(五)行政事业性收费的项目、依据、标准;(六)政府集中采购项目的目录、标准及实施情况;(七)行政许可的事项、依据、条件、数量、程序、期限以及申请行政许可需要提交的全部材料目录及办理情况;(八)重大建设项目的批准和实施情况;(九)扶贫、教育、医疗、社会保障、促进就业等方面的政策、措施及其实施情况;(十)突发公共事件的应急预案、预警信息及应对情况;(十一)环境保护、公共卫生、安全生产、食品药品、产品质量的监督检查情况。

34.《行政复议法》的立法宗旨是( )。

A. 防止和纠正不当的具体行政行为

B. 防止和纠正违法的具体行政行为

C. 保障和监督行政机关依法行使职权

D. 保障人民法院正确、及时审理行政案件

【璧尘解析】ABC。《行政复议法》第 1 条规定,为了防止和纠正违法的或者不当的具体行政行为,保护公民、法人和其他组织的合法权益,保障和监督行政机关依法行使职权,根据宪法,制定本法。

案例分析题

2007 年 2 月 3 日,丁某因工资问题与单位领导王某发生矛盾,上门吵闹,把王某打成轻伤。接到报警后,某市公安局任某前来处理此事。任某欲将丁某带回派出所询问,丁某不从,发生扭打。在扭打过程中,丁某被推倒地,造成颅内出血死亡。2007 年 3 月 20 日,丁某之父向某市公安局提出行政侵权赔偿。

51. 关于丁某之父的赔偿请求权的时效,下列表述正确的是( )。

A. 从丁某受到任某违法行使职权受害时起 2 年

B. 从任某行使职权的行为被依法确认为违法之日起 2 年

C. 从任某行使职权的行为被依法确认为违法之日起 3 个月

D. 从丁某之父第一次提起行政赔偿请求时起 2 年

【璧尘解析】当年考题的答案是 B。2010 年《国家赔偿法》经过修正,修正为"赔偿请求人请求国家赔偿的时效为两年,自其知道或者应当知道国家机关及其工作人员行使职权时的行为侵犯其人身权、财产权之日起计算,但被羁押等限制人身自由期间不计算在内。在申请行政复议或者提起行政诉讼时一并提出赔偿请求的,适用《行政复议法》、《行政诉讼法》有关时效的规定"。本案应当是自其知道或者应当知道任某行使职权的行为侵犯丁某人身权之日起两年。故依据新的《国家赔偿法》,答案应为 A。

52. 关于本案的损失赔偿问题,下列表述正确的是( )。

A. 应由任某个人赔偿

B. 应由王某个人赔偿

C. 应由任某所在公安机关赔偿

D. 应由王某所在单位赔偿

【璧尘解析】C。《国家赔偿法》第 7 条规定,行政机关及其工作人员行使行政职权侵犯公民、法人和其他组织的合法权益造成损害的,该行政机关为赔偿义务机关。

53. 本案赔偿义务人应赔偿的损失是( )。

A. 死亡赔偿金、丧葬费、对丁某生前扶

养的无劳动能力的人应当支付的生活费

B. 医疗费、残疾赔偿金、对丁某生前扶养的无劳动能力的人应当支付的生活费

C. 医疗费、丁某之父申请赔偿的交通费

D. 死亡赔偿金、丧偿费、残疾赔偿金

【璧尘解析】A。《国家赔偿法》第 34 条规定,造成死亡的,应当支付死亡赔偿金、丧葬费,总额为国家上年度职工年平均工资的二十倍。对死者生前扶养的无劳动能力的人,还应当支付生活费。

54. 对受害人赔偿后,赔偿义务人( )。

A. 不得向任某追偿

B. 可以要求王某承担部分费用

C. 应当向任某追偿部分或全部赔偿费用

D. 可以要求任某和王某共同承担部分或全部赔偿费用

【璧尘解析】C。《国家赔偿法》第 31 条规定,赔偿义务机关赔偿后,应当向有下列情形之一的工作人员追偿部分或者全部赔偿费用:(一)有本法第 17 条第 4 项、第 5 项规定情形的;(二)在处理案件中有贪污受贿,徇私舞弊,枉法裁判行为的。对有前款规定情形的责任人员,有关机关应当依法给予处分;构成犯罪的,应当依法追究刑事责任。第 17 条规定,行使侦查、检察、审判职权的机关以及看守所、监狱管理机关及其工作人员在行使职权时有下列侵犯人身权情形之一的,受害人有取得赔偿的权利:……(四)刑讯逼供或者以殴打、虐待等行为或者唆使、放纵他人以殴打、虐待等行为造成公民身体伤害或者死亡的;(五)违法使用武器、警械造成公民身体伤害或者死亡的。

55. 如提出行政侵权赔偿诉讼,除丁父外,其他有权提出行政侵权赔偿的主体是( )。

A. 丁妻　　　　B. 丁兄

C. 丁子　　　　D. 丁母

【璧尘解析】ACD。《国家赔偿法》第 6 条规定,受害的公民、法人和其他组织有权要求赔偿。受害的公民死亡,其继承人和其他有扶养关系的亲属有权要求赔偿。受害的法人或者其他组织终止的,其权利承受人有权要求赔偿。本案中,丁兄不是法定的第一顺序继承人,排在丁妻、丁子和丁母后面。

综合分析题

题干材料(略)。

85. 国家发展和改革委员会责令方便面中国分会立即改正错误、消除影响的行为属于( )。

A. 行政监察行为　　B. 行政指导行为

C. 具体行政行为　　D. 抽象行政行为

【璧尘解析】C。具体行政行为是指行政机关行使行政权力,对特定的公民、法人和其他组织作出的有关其权利义务的单方行为。抽象行政行为,是指国家行政机关制定法规、规章和有普遍约束力的决定、命令等行政规则的行为。行政监察行为是指行政监察机关依法对国家行政机关及公务员和国家行政机关所任命的其他人员(统称监察对象)的行政行为进行的监督检查及违法失职行为的查处的行为。行政指导行为是指行政主体为谋求当事人作出或不作出一定行为以实现一定行政目的而在其职权范围内实施的指导、劝告、建议、鼓励等行政行为。本题中,方便面中国分会为特定的组织,责令其改正错误、消除影响为国家发改委做出的强制性行政行为,是发改委行使的行政权力。所以本题应该选C。

2009 年 A 类

12. 有权就实施行政许可收取费用作出规定的规范性文件是( )。

A. 法律和法规

B. 法规和规章

C. 行政法规和规章

D. 法律和行政法规

【璧尘解析】D。根据《行政许可法》第58条的规定,行政机关实施行政许可和对行政许可事项进行监督检查,不得收取任何费用。但是,法律、行政法规另有规定的,依照其规定。故 D 项正确。

29. 下列关于行政诉讼证据的说法正确的是(   )。

A. 原告应当对被诉具体行政行为的违法性承担举证责任

B. 法院依职权调查搜集的证据不得用来证明被诉具体行政行为的合法性

C. 被告及其代理人在行政诉讼过程中不得自行向原告和证人搜集证据

D. 原始证据的证明力高于传来证据

【璧尘解析】CD。《行政诉讼法》第32条规定,被告对作出的具体行政行为负有举证责任,应当提供作出该具体行政行为的证据和所依据的规范性文件,故 A 项错误。第34条规定,人民法院有权要求当事人提供或者补充证据。人民法院有权向有关行政机关以及其他组织、公民调取证据,故 B 项错误。第33条规定,在诉讼过程中,被告不得自行向原告和证人搜集证据。在行政诉讼中被告应当对被诉具体行政行为的合法性承担举证责任,故 C 项正确。原始证据的证明力一般大于传来证据,故 D 项正确。

案例分析题

某县政府为解决返乡人员就业问题,于2009年1月10日颁发《关于解决返乡人员就业问题的规定》(以下简称《规定》),要求辖区内所有公有制企业新招聘的员工必须具有本县户籍,特殊岗位需要招聘非本县户籍员工的,必须经县劳动和社会保障局批准;未经批准招聘外地员工的,将给予通报批评,并处以1万元以下罚款;情节严重的,撤换企业负责人,春晖服装厂为该县集体所有制企业,因生产需要招聘了30名新员工,其中8名为外县员工,在提出申请未获批准的情况下,仍然与外县员工签订劳动合同。县劳动和社会保障局依照《规定》对该企业给予通报批评并处罚款5000元。

46. 某县政府颁发的《规定》属于(   )

A. 行政法规   B. 地方性法规

C. 政府规章   D. 行政命令

【璧尘解析】D。行政法规的制定者为国务院。省、直辖市的人民代表大会和它们的常务委员会,在不同宪法、法律、行政法规相抵触的前提下,可以制定地方性法规,报全国人民代表大会常务委员会备案。国务院各部、委员会、中国人民银行、审计署和具有行政管理职能的直属机构,可以根据法律和国务院的行政法规、决定、命令,在本部门的权限范围内,制定规章。

48. 对某县政府通过《规定》设定行政许可和行政处罚,下列说法正确的是(   )。

A. 某县政府有权设定行政许可,但设定程序违法

B. 某县政府无权设定行政许可

C. 某县政府无权设定罚款处罚,但可以设定通报批评的处罚

D. 某县政府无权设定撤换企业负责人的处罚

【璧尘解析】BD。根据《行政处罚法》第14条规定,除本法第9条、第10条、第11条、第12条以及第13条的规定外,其他规范性文件不得设定行政处罚。即法律、行政法规、地方性法规、部门规章、省级和较大市的规章可设定行政处罚。《行政许可法》第17条规定,除本法第14条、第15条规定的外,其他规范性文件一律不得设定行政许可。即法律、行政法规、地方性法规可设定行政许可,省、自治区、直辖市人民政府的规章可设定临时性的行政许可。故县级政府无权设立行政许可,也无权设定撤换企业负责人的处罚。

50. 如果春晖服装厂不服罚款处罚及其所依据的《规定》提起行政诉讼,则(   )。

A. 法院只应对不服罚款处罚的起诉予以受理

B. 法院可以受理对《规定》不服提起的诉讼，并有权对该《规定》作出撤销判决

C. 法院应以罚款处罚缺乏法律、法规依据为由作出撤销罚款处罚的判决

D. 法院应当参照《规定》审理该案，并作出维持罚款处罚的判决

【璧尘解析】AC。根据《行政诉讼法》第11条规定，人民法院受理公民、法人和其他组织对具体行政行为不服提起的诉讼。因此行政诉讼中，只能针对被告的具体行政行为进行诉讼，不能对抽象的行政行为进行诉讼。A项属于行政诉讼的受案范围，B项不属于行政诉讼的受案范围。《行政诉讼法》第54条规定，具体行政行为有下列情形之一的，判决撤销或者部分撤销，并可以判决被告重新作出具体行政行为：（1）主要证据不足的；（2）适用法律、法规错误的；（3）违反法定程序的；（4）超越职权的；（5）滥用职权的。本案中，某县政府行为违法，法院应该做撤销判决，C项的说法正确，D项不正确。

2010 年 A 类

17. 我国行政复议与行政诉讼的共同之处是（ ）。

A. 都不审查具体行政行为的适当性

B. 都适用司法程序

C. 都审查具体行政行为的合法性

D. 都适用调节原则

【璧尘解析】C。《行政诉讼法》第5条规定，人民法院审理行政案件，对具体行政行为是否合法进行审查。《行政复议法》第7条规定，公民、法人或者其他组织认为行政机关的具体行政行为所依据的下列规定不合法，在对具体行政行为申请行政复议时，可以一并向行政复议机关提出对该规定的审查申请。因此，我国的《行政复议法》和《行政诉讼法》都对审查具体行政行为的合法性这一问题进行了明确表示。

24. 下列关于行政调解的表述，正确的有（ ）。

A. 行政调解不具有可诉性

B. 行政调解具有强制性

C. 行政调解的主体是人民法院

D. 行政调解的对象是特定的民事纠纷

【璧尘解析】AD。行政调解是以当事人双方自愿为基础，由行政机关主持，以国家法律、法规及政策为依据，通过对争议双方的说服与劝导，促使双方当事人互让互谅、平等协商、达成协议，以解决有关争议而达成和解协议的活动，行政调解不具有强制执行的法律效力，不具有可诉性。行政调解的对象为特定的民事纠纷。故 AD 两项正确。

案例分析题

孔某在不具备网吧经营条件的情况下，找到市文化局相关科室负责人杨某，在多次请吃送礼后取得网吧经营许可证。后孔某又分别办理了网吧个体工商户营业执照、收费许可证、消防许可证。某日，市文化局在执法检查中发现，孔某的网吧有严重违法经营行为，遂作出罚款 2 万元行政处罚的决定。执法人员在调查中还发现，孔某的网吧根本不具备经营许可条件，杨某有违法办证的事实。不久，杨某受到撤职处分。

46. 本案中，属于《行政许可法》调整的事项有（ ）。

A. 网吧消防许可　B. 网吧经营许可

C. 网吧工商登记　D. 网吧收费许可

【璧尘解析】ABC。《行政许可法》第12条规定，下列事项可以设定行政许可：（一）直接涉及国家安全、公共安全、经济宏观调控、生态环境保护以及直接关系人身健康、生命财产安全等特定活动，需要按照法定条件予以批准的事项；（二）有限自然资源开发利用、公共资源配置以及直接关系公共利益的特定行业的市场准入等，需要赋予特定权利的事项；（三）提供公众服务并且直接关系公共利益的职业、行业，需要确定具备特殊

信誉、特殊条件或者特殊技能等资格、资质的事项;(四)直接关系公共安全、人身健康、生命财产安全的重要设备、设施、产品、物品,需要按照技术标准、技术规范,通过检验、检测、检疫等方式进行审定的事项;(五)企业或者其他组织的设立等,需要确定主体资格的事项;(六)法律、行政法规规定可以设定行政许可的其他事项。其中,第三项和第五项涉及经营许可和工商登记许可问题,第四项涉及消防许可问题。故本题正确选项为ABC。

47. 市文化局在对孔某作出2万元的行政处罚决定前,依法应当履行的程序义务有( )。

A. 听取孔某的陈述和申辩

B. 复核孔某提出的事实、理由、证据

C. 告知孔某作出罚款的事实、理由和依据

D. 告知孔某依法享有诉讼权利

【璧尘解析】ABCD。《行政处罚法》第31条规定,行政机关在作出行政处罚决定之前,应当告知当事人作出行政处罚决定的事实、理由及依据,并告知当事人依法享有的权利。第32条规定,当事人有权进行陈述和申辩。行政机关必须充分听取当事人的意见,对当事人提出的事实、理由和证据,应当进行复核;当事人提出的事实、理由或者证据成立的,行政机关应当采纳。行政机关不得因当事人申辩而加重处罚。

48. 如果孔某要求听证,则下列说法正确的有( )。

A. 如果孔某不能亲自参加听证,应当委托1～2人代理

B. 如果孔某认为听证主持人与本案有直接利害关系,则有权申请回避

C. 市文化局应当在举行听证的3日前,通知孔某时间、地点

D. 应当在市文化局告知听证权之后的3日内提出

【璧尘解析】ABD。《行政处罚法》第42条规定,行政机关作出责令停产停业、吊销许可证或者执照、较大数额罚款等行政处罚决定之前,应当告知当事人有要求举行听证的权利;当事人要求听证的,行政机关应当组织听证。当事人不承担行政机关组织听证的费用。听证依照以下程序组织:(一)当事人要求听证的,应当在行政机关告知后三日内提出。(二)行政机关应当在举行听证的七日前,通知当事人举行听证的时间、地点。(三)除涉及国家秘密、商业秘密或者个人隐私外,听证公开举行。(四)听证由行政机关指定的非本案调查人员主持;当事人认为主持人与本案有直接利害关系的,有权申请回避。(五)当事人可以亲自参加听证,也可以委托一至二人代理。(六)举行听证时,调查人员提出当事人违法的事实、证据和行政处罚建议;当事人进行申辩和质证。(七)听证应当制作笔录;笔录应当交当事人审核无误后签字或者盖章。当事人对限制人身自由的行政处罚有异议的,依照《治安管理处罚法》有关规定执行。故本题正确答案为ABD三项,C选项中的错误在于举行听证会应当于7日前通知当事人时间、地点,而不是3日。

49. 对孔某以不正当手段获得的网吧经营许可,市文化局应当予以( )。

A. 吊销　　　　B. 中止

C. 撤回　　　　D. 撤销

【璧尘解析】D。《行政许可法》第69条规定,有下列情形之一的,作出行政许可决定的行政机关或者其上级行政机关,根据利害关系人的请求或者依据职权,可以撤销行政许可:(一)行政机关工作人员滥用职权、玩忽职守作出准予行政许可决定的;(二)超越法定职权作出准予行政许可决定的;(三)违反法定程序作出准予行政许可决定的;(四)对不具备申请资格或者不符合法定条件的申请人准予行政许可的;(五)依法可以撤销行政许可的其他情形。

50. 关于杨某撤职处分决定的执行,下列正确有( )。

A. 解除杨某的处分后,即应恢复其原

职位

B. 解除处分后,杨某晋升职务不再受原处分影响

C. 按照规定杨某降低级别

D. 杨某接受处分期间不得晋升工资档次

【璧尘解析】BCD。《公务员法》第59条规定:公务员受开除以外的处分,在受处分期间有悔改表现,并且没有再发生违纪行为的,处分期满后,由处分决定机关解除处分并以书面形式通知本人。解除处分后,晋升工资档次、级别和职务不再受原处分的影响。但是,解除降级、撤职处分的,不视为恢复原级别、原职务。故本题中A选项说法是错误的。第58条规定,受撤职处分的,按照规定降低级别。正确答案为BCD三项。

2011 年 A 类

27. 在下列行政诉讼中,人民法院应当裁定不予受理的起诉有(   )。

A. 李某诉行政监察机关对其作出的撤职处分的决定

B. 王某诉县政府运用专项资金扩建办公大楼的决定

C. 张某诉劳动行政部门不予认定工伤的决定

D. 张某的起诉超过法定期限,但提出了正当理由的

【璧尘解析】AB。根据《行政诉讼法》规定,A项属于"行政机关对行政机关工作人员的奖惩、任免等决定",法院不予受理。B项属于"对公民、法人或者其他组织权利义务不产生实际影响的行为",法院不予受理。C项属于"申请行政机关履行保护人身权、财产权的法定职责,行政机关拒绝履行或者不予答复的",法院应当受理。《行政诉讼法》第39条规定,公民、法人或者其他组织直接向人民法院提起诉讼的,应当在知道作出具体行政行为之日起3个月内提出,法律另有规定的

除外。同时,根据《最高人民法院关于执行〈行政诉讼法〉若干问题的解释》第43条规定,由于不属于起诉人自身的原因超过起诉期限的,被耽误的时间不计算在起诉期间内,因此对D项,法院应当受理。

案例分析题

2010年10月,某区村民陈某夫妇擅自搭建四十余平方米的建筑,用于开设小卖部,区城管中队得知后,既没有交由规划局作出限期拆除决定,也没有通知陈某夫妇自拆,就于2010年12月6日直接将陈某夫妇的违章建筑予以拆除,陈某夫妇不服,找到城管中队质疑:为什么村里有许多人违法搭建,却只拆除他们家的?城管队员李某表示,拆除他们家违章建筑是因为有人举报,如果心里不平衡,也可以举报别人家。于是,陈某实名举报了其他九户人家违章搭建。不久,当其他住户的违章建筑被拆除时,村里人从城管队员李某处获知,陈某是举报人,为此,村里人都对陈某夫妇表示不满,甚至扬言要找他们家麻烦。陈某夫妇在巨大精神压力之下,不敢回家,只能借住在外。

47. 关于城管队员李某泄露陈某举报信息的行为,下列说法正确的有(   )。

A. 该行为违反了有关保密的法律规定

B. 该行为侵犯了举报人的人格尊严

C. 该行为是依法进行的信息公开行为

D. 该行为属李某个人行为

【璧尘解析】A。我国对公民的举报实行保密制度,因此A项正确。李某泄露陈某举报信息的行为并未侵犯陈某的人格尊严,因此B项错误。李某泄露陈某举报信息的行为不属于依法进行的信息公开行为,因此C项错误。李某泄露举报人信息的行为是执行职务的行为,不属于个人行为,因此D项错误。

48. 陈某夫妇受到区城管中队强拆行为侵犯的权利有(   )。

A. 住宅不受侵犯的权利

B. 财产权

C. 陈述、申辩等程序性权利

D. 要求国家赔偿的权利

【璧尘解析】C。陈某夫妇擅自搭建的建筑不属于公民的住宅，因此区城管中队的强拆行为没有侵犯陈某夫妇住宅不受侵犯的权利，A项错误。《国家赔偿法》第2条规定，国家机关和国家机关工作人员行使职权，有本法规定的侵犯公民、法人和其他组织合法权益的情形，造成损害的，受害人有依照本法取得国家赔偿的权利。陈某夫妇擅自搭建的建筑不属于公民的合法权益，因此区城管中队的强拆行为没有侵犯陈某夫妇的财产权，陈某夫妇也没有要求国家赔偿的权利，BD两项错误。《行政处罚法》第31条规定，行政机关在作出行政处罚决定之前，应当告知当事人作出行政处罚决定的事实、理由及依据，并告知当事人依法享有的权利。该法第32条规定，当事人有权进行陈述和申辩。行政机关必须充分听取当事人的意见，对当事人提出的事实、理由和证据，应当进行复核；当事人提出的事实、理由或者证据成立的，行政机关应当采纳。C项正确。

49. 关于陈某夫妇因举报信息泄露而遭受的精神损害，正确的说法有（　　）。

A. 侵权行为发生在修订的《国家赔偿法》生效之后，国家应予赔偿

B. 侵权行为并未造成夫妇俩身体伤害，国家无需赔偿

C. 只要侵权行为已造成夫妇俩的精神损害，国家就应予赔偿

D. 侵权行为发生在修正的《国家赔偿法》生效之前，国家无需赔偿

【璧尘解析】B。2010年4月29日修正的《国家赔偿法》于2010年12月1日生效，所以侵权行为发生在修正的《国家赔偿法》生效之后，D项错误。《国家赔偿法》第35条规定了精神损害赔偿，但精神损害赔偿的范围只限于行政机关或司法机关及其工作人员在行使职权时侵犯公民的人身权，致人精神损害。本案中，城管中队泄露陈某举报信息的行为并未侵犯陈某夫妇的人身权，所以国家无需赔偿，因此B项正确。

50. 从依法行政的角度看，本案给我们的启示有（　　）。

A. 行政活动不得越权和违反法定程序

B. 行政执法应平等对待所有的公民

C. 违法行政是对公民权利的重大威胁

D. 一切违法行政行为都应予以追究

【璧尘解析】ABCD。本案中的行政机关区城管中队有多处违法违规行为。也正是因为没有依法行政，导致事件复杂化，给当事人带来伤害。依法行政的基本要求是合法行政、合理行政、程序正当、高效便民、诚实守信、权责统一。《行政法》的基本原则有正当法律程序原则、越权无效原则、合理行政原则和合法行政原则。其中，《行政法》的合理行政原则要求行政机关作出行政行为必须公平公正，平等地对待行政相对人。本案中，城管中队违反法定程序，泄露举报信息，执法不公给公民权利带来威胁。ABCD四项都是给出的启示。

案例分析题

某市一栋大楼起火，导致11位正在施工的农民工遇难，20余位农民工受伤。事故发生后市政府依法组织有关部门成立事故调查组，对该起重大责任事故原因进行调查。经市政府批复后的事故调查报告认定，建设单位甲公司将装修工程发包给乙公司后，乙公司又将装修工程违法分包给不具备相应资质的丁公司（为丙公司的分公司）等多家公司。丁公司又将分包工程交给王某组建的施工队负责施工，导致安全责任不落实；王某施工队的两名电焊工无特种作业人员资格证，严重违反操作规程，丁公司在事故现场违规使用大量尼龙网、聚氨酯泡沫等易燃材料，导致大火迅速蔓延。经查，丁公司与王某签订的合同约定："装修工程由王某施工队负责。装修材料由丁公司提供；丁公司向王某提供劳务费用400万元；施工人员工伤概由王某负责。"

另查明，王某累计拖欠遇难和受伤的农民工工资达60余万元。有关部门根据市政府批复的事故调查报告，分别对责任单位与责任人员进行了处罚。

【法条链接】《生产安全事故报告和调查处理条例》第32条：重大事故、较大事故、一般事故，负责事故调查的人民政府应当自收到事故调查报告之日起15日内做出批复；特别重大事故，30日内做出批复，特殊情况下，批复时间可以适当延长，但延长的时间最长不超过30日。有关机关应当按照人民政府的批复，依照法律、行政法规规定的权限和程序，对事故发生单位和有关人员进行行政处罚，对负有事故责任的国家工作人员进行处分。

54. 市政府对事故报告所作出的批复，在性质上属于（　　）。

　　A. 行政许可

　　B. 行政确认

　　C. 内部行政审批

　　D. 具体行政行为

【璧尘解析】BD。行政确认是指行政机关和法定授权的组织依照法定权限和程序对有关法律事实进行甄别，通过确定、证明等方式决定管理相对人某种法律地位的行政行为。例如，道路交通事故责任认定、医疗事故责任认定、伤残等级的确定、产品质量的确认。市政府对事故报告所作出的批复属于对事故事实、原因和责任的认定，在性质上属于行政确认，而行政确认属于具体行政行为，因此BD两项正确。

55. 行政执法机关针对丙公司的分公司即丁公司的违法行为，正确的做法有（　　）。

　　A. 只能处罚丁公司，不能处罚丙公司

　　B. 只能处罚丙公司，不能处罚丁公司

　　C. 在丙公司、丁公司中择一处罚

　　D. 既要处罚丙公司，又要处罚丁公司

【璧尘解析】B。丁公司作为分公司只是丙公司的分支机构，不具有独立的法人责任，丁公司的违法行为只能由丙公司承担。所以

本案中只能处罚丙公司。

2012 年 A 类

11. 根据《行政处罚法》第49条的规定，行政机关及其执法人员当场收缴罚款时，不出具省、自治区、直辖市财政部门统一制发的罚款收据的，当事人有权拒绝缴纳罚款。这一规定属于（　　）。

　　A. 命令性规范　　　B. 禁止性规范

　　C. 授权性规范　　　D. 义务性规范

【璧尘解析】C。授权性规范是指授予公民、公职人员、社会团体和国家机关可以自行抉择做或不做某种行为的法律规范。在法律条文中，多以"可以"、"有权"、"享有"、"具有"等词来表述，因此C项正确。

13. 下列不属于《行政许可法》规范的行政行为是（　　）。

　　A. 结婚登记　　　B. 社团登记

　　C. 教师资格认定　D. 生猪屠宰检疫

【璧尘解析】A。行政许可分为一般许可、特许、认可、检验检疫检测、登记等。其中，社团登记属于登记，生猪屠宰检疫属于检验检疫检测，教师资格认定属于认可，均属于《行政许可法》规范的行政行为。结婚登记属于行政确认，而非行政许可，因此A项符合题意。

14. 根据《行政诉讼法》，当被诉行政处罚合法但显失公正时，人民法院可以做出的判决是（　　）。

　　A. 变更被诉行政处罚

　　B. 撤销被诉行政处罚

　　C. 驳回原告诉讼请求

　　D. 维持被诉行政处罚

【璧尘解析】A。根据《行政诉讼法》第54条的规定，行政处罚显失公正的，可以判决变更。

38. 下列明确规定了听证程序的法律有（   ）。

A.《行政许可法》

B.《行政强制法》

C.《行政处罚法》

D.《治安管理处罚法》

【璧尘解析】ABCD。《行政许可法》第46条规定，法律、法规、规章规定实施行政许可应当听证的事项，或者行政机关认为需要听证的其他涉及公共利益的重大行政许可事项，行政机关应当向社会公告，并举行听证。《行政强制法》第14条规定，起草法律草案、法规草案，拟设定行政强制的，起草单位应当采取听证会、论证会等形式听取意见，并向制定机关说明设定该行政强制的必要性、可能产生的影响以及听取和采纳意见的情况。《行政处罚法》第42条规定，行政机关作出责令停产停业、吊销许可证或者执照、较大数额罚款等行政处罚决定之前，应当告知当事人有要求举行听证的权利；当事人要求听证的，行政机关应当组织听证。《治安管理处罚法》第98条规定，公安机关作出吊销许可证以及处2000元以上罚款的治安管理处罚决定前，应当告知违反治安管理的行为人有权要求举行听证；违反治安管理行为人要求听证的，公安机关应当及时依法举行听证。因此正确选项应为ABCD。

案例分析题

2010年初，甲公司在获得有关行政规划许可后，在某高速公路外围设置了多块单面体广告牌。2010年6月，该公路拓宽通车，公路两侧建筑控制区外移，甲公司设置的广告牌全部进入建筑控制区范围。2012年1月5日，市交通局以甲公司在公路建筑控制区范围内违法设置广告设施为由，依据《公路法》第81条的规定，对甲公司作出"罚款2万元，并于2012年1月12日24时前自行拆除广告设施，逾期未拆除的，将依法强制拆除的决定"。甲公司未在规定期限内拆除广告牌和缴纳罚款。2012年1月13日，市交通局请拆迁公司将甲公司的广告牌予以拆除，并向甲公司收取了拆除费用5000元。但因拆迁公司在拆除过程中操作不当，给附近村民造成了3000元损失。

【法条链接】《公路法》第81条：在公路建筑控制区内修建建筑物、地面构筑物或者擅自埋设管线、电缆等设施的，由交通主管部门责令限期拆除，并可以处五万元以下的罚款。逾期不拆除的，由交通主管部门拆除，有关费用由建筑者、构筑者承担。

51.《公路法》第81条规定的责任属于（   ）

A. 民事责任　　　B. 行政责任

C. 刑事责任　　　D. 经济责任

【璧尘解析】B。行政责任一方面指经济主体违反经济法律法规，依法应承担的行政法律后果，包括行政处罚和行政处分，另一方面是指因为违反行政法律规范而应承担的法律责任，行政法律规范要求国家行政机关及其公务人员在行政活动中履行和承担的义务。

52. 在甲公司逾期未拆除广告牌时，交通局请拆迁公司拆除广告牌，并向甲公司收取执行费用。这一行为的法律性质是（   ）。

A. 代履行

B. 行政强制措施

C. 行政处罚

D. 直接行政强制执行

【璧尘解析】A。代履行，指义务人逾期不履行行政法义务，行政机关或者第三人代替义务人履行该法定义务，并由义务人承担代履行产生的费用的强制执行措施。它是一种间接行政强制执行，并非行政强制措施和行政处罚，因此A项正确。

53. 在本案中，市交通局依法不应作出处罚决定。市交通局正确的做法应当是（   ）。

A. 责令限期拆除广告牌的同时不给予罚款处罚

B. 请公安交管部门以广告牌妨碍安全视距为由责令甲公司排除妨碍

C. 请市规划局变更规划许可,依法迁移广告牌并给予补偿

D. 与市规划局、公安交管部门联合作出限期拆除广告牌的决定

【璧尘解析】C。信赖利益保护原则是《行政法》中的一个重要原则,该原则是指行政相对人基于对公权力的信任而作出一定行为,此种行为所产生的正当信赖利益应当予以保护。我国的《行政许可法》第8条第2款就体现了这一原则。该条款规定,行政许可所依据的法律、法规、规章修改或者废止,或者准予行政许可所依据的客观情况发生重大变化的,为了公共利益的需要,行政机关可以依法变更或者撤回已经生效的行政许可。由此给公民、法人或者其他组织造成财产损失的,行政机关应当依法给予补偿。本案中,甲公司设置广告牌已经获得行政许可,只是因公路拓宽导致客观情况发生重大变化需要拆除,基于信赖利益保护原则,市交通局不应当作出强制拆除的处罚决定,而应当请规划局变更规划许可从而迁移广告牌,并给予甲公司相应的补偿,因此C项正确。

54. 下列关于市交通局强拆行为的法律评价,错误的是( )。

A. 强拆前未履行催告、公告等程序义务违法

B. 在甲公司寻求法律救济的法定期限前实施强拆违法

C. 强拆行为因所依据的处罚决定违法而违法

D. 请拆迁公司代替甲公司拆除广告牌的行为违法

【璧尘解析】D。《行政强制法》第35条规定,行政机关作出强制执行决定前,应当事先催告当事人履行义务。催告应当以书面形式作出。第44条规定,对违法的建筑物、构筑物、设施等需要强制拆除的,应当由行政机关予以公告,限期当事人自行拆除。当事人

在法定期限内不申请行政复议或者提起行政诉讼,又不拆除的,行政机关可以依法强制拆除。本案中,市交通局未履行催告和公告等程序义务,在甲公司通过复议或者诉讼寻求法律救济的法定期限前实施强拆是违法的,因此AB两项正确。市交通局作出的处罚决定违法,因此以此为依据进行的强制拆除行为也因缺乏依据而违法,C项是正确的。第50条规定,行政机关依法作出要求当事人履行排除妨碍、恢复原状等义务的行政决定,当事人逾期不履行,经催告仍不履行,其后果已经或者将危害交通安全、造成环境污染或者破坏自然资源的,行政机关可以代履行,或者委托没有利害关系的第三人代履行。因此D项错误。

55. 关于本案中给村民造成的3000元损失,下列说法正确的是( )。

A. 由市交通局与拆迁公司承担连带赔偿责任

B. 由市交通局赔偿后再由拆迁公司赔偿

C. 由拆迁公司承担赔偿责任

D. 由甲公司承担赔偿责任

【璧尘解析】B。《国家赔偿法》第7条规定,受行政机关委托的组织或者个人在行使受委托的行政权力时侵犯公民、法人和其他组织的合法权益造成损害的,委托的行政机关为赔偿义务机关。该法第16条规定,赔偿义务机关赔偿损失后,应当责令有故意或者重大过失的工作人员或者受委托的组织或者个人承担部分或者全部赔偿费用。因此在本案中,市交通局作为赔偿义务机关,应当赔偿村民的损失,但有权向拆迁公司追偿,B项正确。

2013 年 A 类

18. 2010 年 3 月 15 日,村民王某在未领取采伐证的情况下擅自砍伐了自家林地里的30 棵树。这一违法事实于 2012 年 5 月 10 日

被县林业局发现。对于县林业局应当如何处理王某,下列说法正确的是(　　)。

    A. 没收违法砍伐的树木,也可处以与违法砍伐的树木等值的罚款

    B. 必须没收违法砍伐的树木并处一定数量的罚款

    C. 只能没收违法砍伐的树木

    D. 不应当处罚王某,因为本案已经超过处罚时效

【璧尘解析】D。《行政处罚法》第 29 条规定,违法行为在二年内未被发现的,不再给予行政处罚,法律另有规定的除外。前款规定的期限,从违法行为发生之日起计算;违法行为有连续或者继续状态的,从行为终了之日起计算。本题中王某的行为已过了 2 年,因此,不应当处罚王某。

19. 李某种植的香蕉遭野象糟蹋,损失达 2 万余元。李某要求地方政府赔偿,地方政府以没有这项预算为由拒绝。李某遂向人民法院提起行政诉讼。对于此案,法院应当做出的判决是(　　)。

    A. 判决地方政府在一定期限内依法补偿李某损失

    B. 以地方政府没有这项预算为由判决驳回李某的诉讼请求

    C. 以主张补偿无法律依据为由判决驳回李某的起诉

    D. 以地方政府没有这项预算为由判决确认地方政府的不作为违法

【璧尘解析】A。本案中因政府的不作为,疏于管理使得李某遭到损失,可以提请国家赔偿,地方政府拒绝条款不成立,法院应判决地方政府在一定期限内依法补偿李某损失,履行赔偿义务。

41. 在没有法律法规授权的情况下,某县政府为了实施殡葬改革,责令全县农村土地上的坟墓必须限期平掉。逾期不平坟的,予以强制平坟,平坟费用由未平坟的村民承担,

且其子女不得报考本县重点中学。该县政府的做法多处违法,具体表现为(　　)。

    A. 违法要求公民履行义务

    B. 违法设定行政强制执行

    C. 违法实施了处罚罚款

    D. 侵犯了公民的受教育权

【璧尘解析】ABD。本案中,该县政府在无法律法规授权情况下的一系列行政行为,属于违法行政行为。其中,责令全县农村土地上的坟墓必须限期平掉,属于违法要求公民履行义务行为;逾期不平坟的,予以强制平坟,属于行政强制执行,产生的平坟费属于违法的行政强制执行费用,并不是行政处罚;限定子女不得报考本县重点中学侵犯了公民的受教育权。

案例分析题

民警罗某于 2013 年 1 月 3 日中午巡逻下班后开着警车回家,因无处停车,就将警车停靠在自家小区附近的禁停路段,后被某市民悄悄贴上手写的违法行为告知书,样式非常类似于交警开具的罚单,网民张某用相机将这一幕拍下来,并上传到微博,引起网民热议,这份违法行为告知书被网民戏称为"人民罚单"。当地市公安局领导获悉这一情况后,立即指示警务督察部门调查。经调查发现,网民反映的情况属实。市公安局于 2013 年 1 月 5 日责令罗某限期到辖区的公安交管部门接受交通违章处罚,并针对罗某驾驶公车从事非警务活动的违纪行为,给予罗某记过处分。

51. 关于市民在警车上贴违法行为告知书一事,下列说法最恰当的是(　　)。

    A. 这是公民批评权的行使

    B. 这是公民处罚权的行使

    C. 这是公民言论自由的行使

    D. 这是公民控告权的行使

【璧尘解析】A。本案中,市民在警车上贴违法行为告知书,是对民警罗某的批评,是公民在行使批评权。处罚权一般是由行政机

关和法律法规授权的机关做出,公民无权做出,B项错误。C选项不符合题意。

52. 下列对网民张某做法的评价,错误的是(   )。
A. 减轻了行政机关的取证负担,应加以鼓励
B. 证明他具有行政协助人的法律地位
C. 侵犯了民警罗某的隐私
D. 体现了他作为公民的主体地位

【璧尘解析】C。隐私是一种与公共利益、群体利益无关,当事人不愿他人知道或他人不便知道的个人信息。本案中,民警罗某的行为并非是隐私,而是涉及公众利益的,所以C项错误。

53. 市公安局的处理决定集中体现的法律理念是(   )。
A. 国家机关应当给予所有的公民以平等保护
B. 任何人包括执法人员在内,都没有超越法律的特权
C. 执法者犯法应罪加一等
D. 处罚决定应与违法行为的事实、性质、情结和社会危害程度相当

【璧尘解析】B。平等权是一种最基本的人权。公民不分民族、种族、性别、职业、家庭出身、宗教信仰、教育程度、财产状况、居住期限,都一律平等地享有宪法和法律规定的在政治、社会、经济和文化等一切领域内的权利,也都平等地履行宪法和法律规定的义务;任何人的合法权益都一律平等地受到保护,对违法行为一律依法予以追究,不允许任何违法犯罪分子逍遥法外;在法律面前,不允许任何公民享有法律以外的特权,任何人不得强迫任何公民承担法律以外的义务,不得使公民受到法律以外的处罚,即反对特权。

54. 如果罗某对行政处分决定不服,可以寻求的救济途径是(   )。
A. 向人民法院提起行政诉讼
B. 向市公安局申诉
C. 向市人民政府申请行政复议
D. 向市人民政府提出申诉

【璧尘解析】D。《公务员法》第90条规定,公务员对涉及本人的下列人事处理不服的,可以自知道该人事处理之日起三十日内向原处理机关申请复核;对复核结果不服的,可以自接到复核决定之日起十五日内,按照规定向同级人事部门或上级机关提出申诉;也可以不经复核,自知道该人事处理之日起三十日内直接提出申诉。本案中,张某可以向市公安局申请复核,或直接向市人民政府提出申诉。

55. 如果公安交管部门将网民张某上传的照片认为是罗某违章的证据,此证据形式上属于(   )。
A. 证人证言   B. 物证
C. 视听资料   D. 书证

【璧尘解析】D。书证是以文字、符号、图像等所记载的内容表达与案件事实有关的思维或者行为的书面材料,本题的照片属于图像,为书证。

2014年A类

17. 甲省的单某到乙省出差,因违反乙省的地方性法规规定,被执法机关执行处罚。单某辩称,我是甲省人,我这样做在甲省是允许的。执法人员解释说,你现在在乙省,根据乙省的地方性法规,你不允许这样做。对于双方争议的法律法规适用问题,下列说法正确的是(   )。
A. 应适用乙省的地方性法规
B. 应适用甲省的地方性法规
C. 如何适用,应报请全国人大常委会裁决
D. 应参照甲、乙两省的地方性法规

【璧尘解析】A。《行政处罚法》第20条规定,行政处罚由违法行为发生地的县级以上地方人民政府具有行政处罚权的行政机关管辖,法律、行政法规另有规定的除外。本案中违法行为发生地是乙省,应由乙省管辖,因

此适用乙省的地方性法规。

19. 在某市公安局民警抓捕歹徒过程中，歹徒逃进市民刘某家院里的菜园，踩烂蔬菜，给其带来 200 元的损失。对此，下列说法正确的是（　　）。

A. 城市居民家院内不能种菜，因而公安局无需赔偿刘某损失

B. 刘某应通过刑事诉讼附带民事诉讼，要求歹徒赔偿其损失

C. 刘某应向法院起诉，要求民警赔偿

D. 公安局应当先补偿刘某的损失，再向歹徒追偿

【璧尘解析】D。国家补偿责任，是指为了保护公共利益，针对国家机关及其工作人员合法行使职权的行为或者其他法定的特别事由，致使公民、法人或者其他组织的合法权益受到特别损失，由国家承担适当补偿的义务。本题中，因民警抓捕歹徒行使职权的行为给刘某造成财产损失，因此由国家承担补偿义务，并由该机关具体履行法律责任，即公安局补偿刘某的损失。民警因执行公务而给公民造成损害，因此履行补偿义务的义务主体是国家机关，即民警所在的公安局，所以刘某不能要求民警个人赔偿，C 选项错误。

41. 若区城管局根据区政府指令，依法强制拆除辖区内王某的违章建筑，根据《中华人民共和国行政强制法》的规定，应当具备的条件有（　　）。

A. 已催告王某拆除违章建筑，并听取了王某的陈述和申辩

B. 已发布责令王某限期自行拆除违章建筑的公告

C. 王某未在法定期限内申请复议或者提起诉讼

D. 王某拒不拆除违章建筑

【璧尘解析】ABCD。《行政强制法》第35 条规定，行政机关作出强制执行决定前，应当事先催告当事人履行义务。第 36 条规定，

当事人收到催告书后有权进行陈述和申辩。第 44 条规定，对违法的建筑物、构筑物、设施等需要强制拆除的，应当由行政机关予以公告，限期当事人自行拆除。当事人在法定期限内不申请行政复议或者提起行政诉讼，又不拆除的，行政机关可以依法强制拆除。

案例分析题

某县依法持有采砂许可证的采砂公司有甲、乙、丙、丁四家，县政府以保护河道为由，一方面要求河道主管机关严厉打击非法采砂活动，另一方面却要求河道主管机关只准予延续甲公司的采砂许可有效期，当四家公司采砂许可即将到期并依法在法定期限内申请延续时，河道主管机关犹豫不决，未能在乙、丙、丁三家公司的采砂许可有效期届满前向其作出是否延续采砂许可有效期的决定，但却在采砂许可有效期届满后，以县政府的决定为依据，注销了这三家公司的采砂许可证。乙、丙、丁三家公司不服，欲向法院起诉。

51. 县政府要求只准予延续甲公司采砂许可有效期的决定，所侵犯的实体权利是（　　）。

A. 其他公司的公平竞争权

B. 其他公司的知情权

C. 其他公司的陈述权

D. 其他公司获得国家赔偿的权利

【璧尘解析】A。甲、乙、丙、丁四家公司均有权延续依法取得的采砂行政许可有效期，因此县政府要求河道主管机关只准延续甲公司的行政许可的行为侵犯了其他公司的公平竞争权。

52. 如果在四家公司采砂许可有效期届满前，河道主管机关根据县政府的要求作出只准予延续一个公司采砂许可的决定，那么，下列程序中可以省略的是（　　）。

A. 说明理由

B. 听取四家公司的意见

C. 通过招标、拍卖等方式确定被许可人

D. 组织四家公司进行协商谈判

【璧尘解析】D。《行政许可法》第 53 条规定，实施本法第 12 条第 2 项所列的关于有限自然资源开发利用、公共资源配置以及直接关系公共利益的特定行业的市场准入等需要赋予特定权利等事项的行政许可，行政机关应当通过招标、拍卖等公平竞争的方式作出决定。第 38 条规定，行政机关依法作出不予行政许可的书面决定的，应当说明理由，并告知申请人享有依法申请行政复议或者提起行政诉讼的权利。第 36 条规定，行政机关对行政许可申请进行审查时，发现行政许可事项直接关系他人重大利益的，应当告知该利害关系人。申请人、利害关系人有权进行陈述和申辩。行政机关应当听取申请人、利害关系人的意见。ABC 三个选项都不可省略。组织四家公司进行协商谈判并不是必经法定程序。

53. 本案中，河道主管机关未在乙、丙、丁三家公司采砂许可有效期届满前依法作出是否准予延续的决定。根据《中华人民共和国行政许可法》的规定，该不作为的法律后果是（　　）。

A. 三家公司的采砂许可有效期视为准予延续

B. 三家公司在河道主管机关作出最终决定之前不能继续从事采砂活动

C. 视同河道主管机关作出不准予延续采砂许可有效期的决定

D. 三家公司在采砂许可有效期届满后必须依法办理采砂许可的注销手续

【璧尘解析】A。《行政许可法》第 50 条规定，行政机关应当根据被许可人的申请，在该行政许可有效期届满前作出是否准予延续的决定，逾期未作决定的，视为准予延续。

54. 若三家公司提起行政诉讼，则对被告的选择最恰当的是（　　）。

A. 以河道主管机关和甲公司为被告

B. 以县政府和甲公司为被告

C. 以县政府和河道主管机关为被告

D. 以县政府为被告

【璧尘解析】C。《行政诉讼法》第 25 条规定，两个以上行政机关作出同一具体行政行为的，共同作出具体行政行为的行政机关是共同被告。本题中县政府要求河道主管机关只准予延续甲公司的采砂许可有效期。河道主管机关以县政府的决定为依据，注销了三家公司的采砂许可证。因此应以县政府和河道主管机关为被告。故本题答案为 C 项。

55. 如果法院受理了三家公司不服注销行为而提起的诉讼，那么依法应作出的裁判是（　　）。

A. 判决维持注销决定

B. 判决撤销注销决定

C. 判决驳回三家公司的诉讼请求

D. 裁定驳回起诉

【璧尘解析】B。《行政诉讼法》第 54 条规定，具体行政行为有下列情形之一的，人民法院可以判决撤销或者部分撤销，并可以判决被告重新作出具体行政行为：(1) 主要证据不足的；(2) 适用法律、法规错误的；(3) 违反法定程序的；(4) 超越职权的；(5) 滥用职权的。由此可知，法院应依法作出的裁判是判决撤销注销决定。

2004 年 B 类

41. 根据《国家赔偿法》的规定，不能要求国家赔偿的是（　　）。

A. 非法拘禁

B. 非法扣押、冻结财产

C. 非法限制选举权

D. 违反国家规定摊派费用

【璧尘解析】C。根据《国家赔偿法》的相关规定，非法限制选举权不能要求国家赔偿。

42. 回避制度主要体现了行政程序法的（　　）。

A. 程序公正原则　　B. 行政参与原则

C. 程序公开原则　　D. 行政效率原则

【璧尘解析】A。回避制度主要体现的是

公平公正原则。如行政诉讼中,为保证案件的公正审理,当事人认为审判人员、书记员、翻译人员、鉴定人或勘验人与本案有利害关系或有其他关系可能影响公正审判时,有权要求其回避,审判人员认为自己与本案有利害关系或其他关系的,应主动申请回避。如行政处罚中,执法人员与当事人有直接利害关系的,应当回避。

43. 在行政诉讼中,应当追加被告而原告不同意追加的,人民法院应当通知其以下列何种身份参加诉讼( )。

　　A. 被告　　　　　B. 诉讼代理人

　　C. 证人　　　　　D. 第三人

【璧尘解析】D。《最高人民法院关于执行〈行政诉讼法〉若干问题的解释》第 23 条规定,应当追加被告而原告不同意追加的,人民法院应当通知其以第三人的身份参加诉讼。

44. 下列选项中,人民法院可以对具体行政行为作出变更判决的是( )。

　　A. 主要证据不足

　　B. 超越职权

　　C. 违反法定程序

　　D. 行政处罚显失公正

【璧尘解析】D。《行政诉讼法》第 54 条规定,行政处罚显失公正的,可以判决变更。

52. 根据《国家公务员录用暂行规定》的规定,新录用的国家公务员试用期为( )。

　　A. 三个月　　　　B. 六个月

　　C. 一年　　　　　D. 一年半

【璧尘解析】C。参见 2004 年 A 类第 51 题。

53. 按照规定,下列选项中不属于国家公务员录用考试方法的是( )。

　　A. 笔试　　　　　B. 面试

　　C. 特试　　　　　D. 口试

【璧尘解析】D。参见 2004 年 A 类第

52 题。

54. 根据《国家公务员暂行条例》的规定,政府组成人员属于( )。

　　A. 政务类公务员

　　B. 业务类公务员

　　C. 领导职务类公务员

　　D. 非领导职务类公务员

【璧尘解析】C。根据原《国家公务员暂行条例》的规定,政府组成人员应当属于领导职务类公务员,故选 C 项。特别提醒,目前《公务员法》已代替《国家公务员暂行条例》。

77. 当事人有下列情形之一的,应当依法从轻或者减轻行政处罚( )。

　　A. 主动消除或者减轻违法行为危害后果的

　　B. 受他人胁迫有违法行为的

　　C. 违法行为轻微并及时纠正,没有造成危害后果的

　　D. 配合行政机关查处违法行为有立功表现的

【璧尘解析】ABD。《行政处罚法》第 27 条规定,当事人有下列情形之一的,应当依法从轻或者减轻行政处罚:(一) 主动消除或者减轻违法行为危害后果的;(二) 受他人胁迫有违法行为的;(三) 配合行政机关查处违法行为有立功表现的;(四) 其他依法从轻或者减轻行政处罚的。违法行为轻微并及时纠正,没有造成危害后果的,不予行政处罚。

案例分析题

1995 年 10 月 6 日,吴某到厂长办公室要求分房。厂长刘某以要开会为由令吴某离开。吴某不从,刘某遂不耐烦,向外推吴某。吴某在后退中不慎将办公桌撞倒,打破茶杯。刘某见状大怒,向公安机关报警。公安干警赶到后,不容吴某分辩将其带到北桥派出所。第二天,某市 A 区公安分局以吴某妨碍公务为由,对其作出治安拘留 10 日的处罚。吴某

不服,提请行政复议,市公安局维持原处罚决定。被处罚后,吴某仍然不服,提起行政诉讼,法院审理后依法撤销了A区公安分局的处罚决定。吴某据此判决要求公安机关赔偿损失,不料遭车祸身亡,家中有母亲、妻子、儿子和儿媳。

101. 治安拘留的性质是( )。

A. 行政处罚　　　B. 行政处分

C. 刑事强制措施　D. 行政强制措施

【璧尘解析】A。治安拘留属于行政处罚范围。注意分清行政处罚和行政处分,行政处罚是对体制外,行政处分是对体制内。

102. 本案的赔偿义务机关是( )。

A. 国家　　　　　B. A区人民政府

C. A区公安分局　D. 北桥派出所

【璧尘解析】C。《国家赔偿法》第7条规定,行政机关及其工作人员行使行政职权侵犯公民、法人和其他组织的合法权益造成损害的,该行政机关为赔偿义务机关。第8条规定,经复议机关复议的,最初造成侵权行为的行政机关为赔偿义务机关,但复议机关的复议决定加重损害的,复议机关对加重的部分履行赔偿义务。本案中,A区公安分局是作出处罚决定的机关,其行为对吴某造成损害,当事人吴某提请行政复议,市公安局维持原处罚决定,并未加重处罚。所以A区公安分局为赔偿义务机关。

103. 我国行政赔偿的归责原则是( )。

A. 主观过错原则　B. 客观过错原则

C. 双重归责原则　D. 违法原则

【璧尘解析】D。我国行政赔偿的归责原则是违法原则,即行政赔偿的前提是违法的行政行为造成了损害。

104. 在吴某死亡后,下列人员中不具有赔偿请求人资格的是( )。

A. 母亲　　　　　B. 妻子

C. 儿子　　　　　D. 儿媳

【璧尘解析】D。《国家赔偿法》第6条规定,受害的公民死亡,其继承人和其他有抚养

关系的亲属有权要求赔偿。ABC项属于法定第一顺位继承人,符合这一规定,D项不符合。

105. 我国行政赔偿的主要方式是( )。

A. 恢复原状　　　B. 支付赔偿金

C. 返还权益　　　D. 赔礼道歉

【璧尘解析】B。《国家赔偿法》第25条规定,国家赔偿以支付赔偿金为主要方式。注意2010年4月新修订的《国家赔偿法》新旧考点的变化。

2005 年 B 类

29. 法院在审理行政诉讼案件中作出的裁定是针对( )。

A. 实体问题　　　B. 程序问题

C. 特定事项　　　D. 实体和程序问题

【璧尘解析】B。行政诉讼的裁定,是指人民法院在审理行政案件过程中或者执行案件的过程中,就程序问题所作出的判定。行政诉讼的裁定和行政诉讼判决一样都是人民法院行使国家行政审判权的体现,具有权威性和法律效力,但二者有许多区别,正是这些区别体现了行政诉讼的裁定特点:第一,行政诉讼的判决解决的是行政案件的实体问题,而行政诉讼的裁定解决的是行政案件审理过程或者是案件执行过程中的程序问题;第二,行政诉讼的判决一般是在行政案件审理的最后阶段作出的,而行政诉讼的裁定在行政诉讼的任何阶段都可能作出。通常一个法院在一个审理程序中只能作出一个判决,而人民法院在一个审理程序可能作出多个裁定;第三,行政诉讼判决依据的是行政实体法和行政程序法,而行政诉讼裁定依据的是行政诉讼法;第四,行政诉讼判决是要式行为,必须采用书面形式,而行政诉讼裁定则既可以是书面形式,也可以是口头形式;第五,当事人对一审判决不服可以提出上诉,而当事人对第一审程序中的行政裁定并非都可以提出上

诉,而只能对部分裁定有权提出上诉。

案例分析题

1996年2月8日凌晨,甲县粮食局职工宿舍楼刘某住房发生火灾,经扑救灭火,未造成严重损失。当日上午起,甲县公安局消防科对火灾事故进行调查和勘察,2月14日,该公安局消防科作出《火灾原因认定书》认定这起火灾是从刘某房内燃起的,系刘某使用电器不慎引起火灾。但该认定书未送达给刘某,也未告知刘某对火灾原因认定不服可以要求重新认定。1996年3月13日,县公安局消防科作出第96009号《消防管理处罚裁决书》,以刘某使用电器不慎造成火灾事故为由,依据《A省消防条例》第48条,对刘某作出罚款1500元的处罚决定。对此,刘某不服,向人民法院提起诉讼。

【法条链接】 第八届全国人民代表大会常务委员会第七次会议通过的《治安管理处罚条例》第26条第4项规定:对过失引起火灾,尚未造成严重后果的行为,处以10日以下拘留、100元以下罚款或警告。A省人大常委会通过的《A省消防条例》第48条规定:对违反条例规定,造成火灾的,对直接责任人员处以500元至2000元的罚款。

76. 本案的诉讼主体是( )。

A. 原告刘某

B. 原告甲县粮食局

C. 被告甲县公安局

D. 被告甲县公定局消防科

【璧尘解析】 AC。本案中,行政机关是对刘某个人做出行政处罚,所以刘某为行政诉讼的原告。甲县公定局消防科只是甲县公安局的业务科室,不具有行政主体资格,行政诉讼被告应为甲县公安局。

77. 行政机关未将《火灾原因认定书》送达刘某的行为,剥夺了行政相对人的( )。

A. 知情权   B. 陈述权

C. 申辩权   D. 起诉权

【璧尘解析】 ABC。《行政处罚法》第31条,行政机关在做出行政处罚决定之前,应当告知当事人作出行政处罚决定的事实、理由及依据,并告知当事人依法享有的权利。第32条,当事人有权进行陈述和申辩。行政机关必须充分听取当事人的意见,对当事人提出的事实、理由和证据,应当进行复核;当事人提出的事实、理由或者证据成立的,行政机关应当采纳。行政机关不得因当事人申辩而加重处罚。

78. 对刘某罚款1500元的法律依据,以下说法正确的是( )。

A. 《治安管理处罚条例》是行政法规,效力更高

B. 《A省消防条例》是地方性法规,应当优先适用

C. 《治安管理处罚条例》和《A省消防条例》属法律竞合,可以选择适用

D. 《A省消防条例》的处罚规定与《治安管理处罚条例》不同,应予修改

【璧尘解析】 D。《治安管理处罚条例》是由全国人民代表大会常务委员会制定的,属于法律,不是行政法规。《行政处罚法》第11条规定,法律、行政法规对违法行为已经作出行政处罚规定,地方性法规需要作出具体规定的,必须在法律、行政法规规定的给予行政处罚的行为、种类和幅度的范围内规定。

79. 对县公安局消防科对甲作出第96009号《消防管理处罚裁决书》,以下说法正确的是( )。

A. 该处罚主体不合法

B. 该处罚应以甲县粮食局为被处罚人

C. 该处罚法律依据不当

D. 该处罚法律程序违法

【璧尘解析】 ACD。本案中,县公安局消防科只是县公安局的业务科室,不具有行政主体资格,不能以自己的名义进行处罚,所以该处罚主体不合法。另外上位法高于下位法,本案应适用《治安管理处罚条例》,且行政主体甲县公安局未履行告知义务等,处罚法律程序违法。故ACD选项正确。本案是由

于刘某的个人过失行为引起的火灾,处罚人应该是刘某,故 B 选项说法错误。

80. 人民法院对本案审理,应当作出的判决是(   )。

A. 维持处罚决定

B. 撤销处罚决定

C. 驳回原告诉讼请求

D. 重新作出具体行政行为

【璧尘解析】BD。根据《行政诉讼法》第 54 条,人民法院经过审理,根据不同情况,分别作出以下判决:具体行政行为有下列情形之一的,判决撤销或者部分撤销,并可以判决被告重新做出具体行政行为:(1)主要证据不足的;(2)适用法律、法规错误的;(3)违反法定程序的;(4)超越职权的;(5)滥用职权的。本案中的当事人的行政行为适用法律、法规错误且违反法定程序,法院应做出撤销处罚的决定,并判决被告重新做出具体行政行为。

2006 年 B 类

19. 下列选项中,属于公务员应当履行的义务是(   )。

A. 享受福利、保险待遇

B. 参加培训、接受教育

C. 对机关工作和领导人员提出批评和建议

D. 忠于职守,勤勉尽责,服从和执行上级依法作出的决定和命令

【璧尘解析】D。ABC 项是公务员的权利,D 项才是义务。

22. 关于行政诉讼的审理,下列说法正确的是(   )。

A. 诉讼期间,一律停止具体行政行为的执行

B. 行政案件一律公开审理

C. 被告经依法传唤,无正当理由拒不到庭的,可以缺席判决

D. 审理行政案件,一律由审判员三人以上单数组成合议庭

【璧尘解析】C。《行政诉讼法》第 44 条规定,诉讼期间,不停止具体行政行为的执行,除非有法律规定的情形。所以,A 项错误。第 45 条规定,人民法院公开审理行政案件,但涉及国家秘密、个人隐私和法律另有规定的除外。所以,B 项错误。第 48 条规定,经人民法院两次合法传唤,原告无正当理由拒不到庭的,视为申请撤诉;被告无正当理由拒不到庭的,可以缺席判决。C 项正确。第 46 条规定,人民法院审理行政案件,由审判员组成合议庭,或者由审判员、陪审员组成合议庭,合议庭的成员,应当是三人以上的单数。D 项错误。

案例分析题

张某多年来一直在某市天开区工作、居住,只在周末时回到该市南海县黄金镇与妻子团聚。2006 年 3 月 4 日,南海县公安局民警接到举报,说张某家中藏有公安机关通报寻查出自某古墓葬的珍贵文物。于是,四位民警身穿便服闯进张某夫妇住宅,张某夫妇当时正在睡觉。民警在没有出示警官证和检查证明文件的情况下,就揭开他们盖的被子,让张某起来接受讯问,并强行拿走了家中珍藏的宋朝字画一幅、明代陶瓷一件。双方因此发生冲突。张某在被限制人身自由的情况下,遭民警殴打致多处软组织挫伤。张某共花费医药费 360 元,误工两天。张某对民警行为不服,向市公安局申请行政复议,市公安局逾期未作出复议决定。张某于是向人民法院起诉,要求法院确认民警行为违法,并赔偿其损失。

【法条链接】《治安管理处罚法》第 87 条:公安机关对与违反治安管理行为有关的场所、物品、人身可以进行检查。检查时,人民警察不得少于二人,并应当出示工作证件和县级以上人民政府公安机关开具的检查证明文件。对确有必要立即进行检查的,人民警察经出示工作证件,可以当场检查,但检查公民住所应当出示县级以上人民政府公安机关开具的检查证明文件。

46. 本案中民警的行为侵犯了张某的（　　）。

A. 住宅权　　　　B. 人身自由

C. 人格尊严　　　D. 财产权

【璧尘解析】ABCD。《治安管理处罚法》第87条规定，公安机关对与违反治安管理行为有关的场所、物品、人身可以进行检查。检查时，人民警察不得少于二人，并应当出示工作证件和县级以上人民政府公安机关开具的检查证明文件。对确有必要立即进行检查的，人民警察经出示工作证件，可以当场检查，但检查公民住所应当出示县级以上人民政府公安机关开具的检查证明文件。本案中，民警未按照法定的程序进行检查，侵犯了住宅权、人身自由和财产权，并且在他们睡觉时掀开被子检查，有辱其人格尊严，所以ABCD项都正确。

47. 对本案有管辖权的人民法院是（　　）。

A. 天开区人民法院

B. 南海县人民法院

C. 市中级人民法院

D. 市公安局所在地基层法院

【璧尘解析】ABD。《行政诉讼法》第18条规定，对限制人身自由的行政强制措施不服提起的诉讼，由被告所在地或者原告所在地人民法院管辖。其中"原告所在地"包括原告的户籍所在地、经常居住地和被限制人身自由地。本案中，天开区人民法院作为原告的经常居住地也有权管辖，A项正确。第17条规定，行政案件由最初作出具体行政行为的行政机关所在地人民法院管辖。经复议案件，复议机关改变原具体行政行为的，也可以由复议机关所在地人民法院管辖。对复议机关在法定期间内不作复议决定即不作为的，当事人对原具体行政行为不服提起诉讼的，应当以作出原具体行政行为的行政机关为被告；当事人对复议机关不作为不服提起诉讼的，应当以复议机关为被告。本案中，市公安局逾期未作复议决定属于不作为，张某可以

以市公安局不作为为由向市公安局所在地基层法院提起诉讼。南海县人民法院是最初作出具体行政行为的行政机关所在地人民法院，也有管辖权。因此BD项正确。《行政诉讼法》第14条规定，中级人民法院管辖下列第一审行政案件：（一）确认发明专利权的案件、海关在处理的案件；（二）对国务院各部门或者省、自治区、直辖市人民政府所作的具体行政行为提起诉讼的案件；（三）本辖区内重大、复杂的案件。本案不属于上述类型的案件，所以C项错误。

48. 如果被告在庭审中提交了事后从南海县公安局补开的日期为2006年3月4日的检查证，则该检查证（　　）。

A. 不能用来证明民警行为的合法性

B. 可以用来证明民警行为的合法性

C. 属于传来证据

D. 具有真实性和合法性，应当作为定案证据

【璧尘解析】A。《最高人民法院关于执行〈行政诉讼法〉若干问题的解释》第30条规定，下列证据不能作为认定被诉具体行政行为合法的根据：被告及其诉讼代理人在作出具体行政行为后自行搜集的证据。本案中，南海县公安局补开的检查证属于作出具体行政行为后自行搜集的证据，不能用来证明民警行为的合法性。

49. 根据《国家赔偿法》的规定，法院在判决确认被告行为违法的同时，应当判决其履行的赔偿义务有（　　）。

A. 赔偿张某误工损失

B. 返还拿走的字画和陶瓷

C. 赔偿张某精神损失1000元

D. 赔偿张某的医疗费用360元

【璧尘解析】ABD。《国家赔偿法》第27条规定，侵犯公民生命健康权的，赔偿金按照下列规定计算：造成身体伤害的，应当支付医疗费，以及赔偿因误工减少的收入。减少的收入每日的赔偿金按照国家上年度职工日平均工资计算，最高额为国家上年度职工年平

均工资的五倍。所以,AD项正确。《国家赔偿法》第28条规定,侵犯公民、法人和其他组织的财产权造成损害的,按照下列规定处理:处罚款、罚金、追缴、没收财产或者违反国家规定征收财物、摊派费用的,返还财产。B项正确。新修改实施的《国家赔偿法》对精神损害赔偿做出了规定,《国家赔偿法》第35条规定,有本法第3条或者第17条规定情形之一,致人精神损害的,应当在侵权行为影响的范围内,为受害人消除影响,恢复名誉,赔礼道歉;造成严重后果的,应当支付相应的精神损害抚慰金。本案中,并未造成严重后果,无需支付相应的精神损害抚慰金。

50. 如果张某向市公安局所在地基层法院起诉,要求判决市公安局履行复议职责,而其他法院已经判决民警行为违法,则法院应当作出的判决是(   )。

A. 判决维持被告的不作为

B. 判决驳回原告的诉讼请求

C. 判决被告限期履行复议职责

D. 判决确认被告的不作为违法

【璧尘解析】D。《最高人民法院关于执行〈行政诉讼法〉若干问题的解释》第57条规定,有下列情形之一的,人民法院应当作出确认被诉具体行政行为违法或者无效的判决:被告不履行法定职责,但判决责令其履行法定职责已无实际意义的。本案中,民警行为已被其他法院判决违法,再判决市公安局履行职责也没有意义,所以D项正确。

2007年B类

30. 行政机关拒绝履行判决、裁定的,第一审人民法院可以采取的措施有(   )。

A. 对应当归还的罚款,通知银行从该行政机关的账户内划拨

B. 在规定期限内不履行的,从期满之日起,对该行政机关按日处50~100元罚款

C. 向该行政机关的上一级行政机关或

者监察、人事机关提出司法建议

D. 拒不履行判决、裁定的,直接追究主管人员的刑事责任

【璧尘解析】ABC。《行政诉讼法》第65条规定,行政机关如果拒绝履行法院的判决、裁定,第一审人民法院可以采取以下措施:(1)对应当归还的罚款或者应当给付的赔偿金,通知银行从该行政机关的账户内划拨。(2)在规定期限内不履行的,从期满之日起,对该行政机关按日处50至100元的罚款。(3)向该行政机关的上一级行政机关或者监察、人事机关提出司法建议。接受司法建议的机关,根据有关规定,要进行及时处理,并将处理情况告知人民法院。(4)对拒不履行判决、裁定情节严重,构成犯罪的,依法追究主管人员和直接责任人员的刑事责任。即依据《刑法》第157条规定,视其具体情节,处3年以下有期徒刑、拘役、罚金或者剥夺政治权利。D选项的说法错误,因其缺少了"情节严重、构成犯罪"这一条件表述。

32. 关于行政诉讼审判人员的回避,下列说法不正确的是(   )。

A. 院长担任审判长的回避,由上级法院决定

B. 审判长的回避,由审判委员会决定

C. 审判员的回避,由院长决定

D. 陪审员的回避,由审判长决定

【璧尘解析】ABD。根据《行政诉讼法》第47条规定,院长担任审判长时的回避,由审判委员会决定;审判人员的回避,由院长决定;其他人员的回避,由审判长决定。当事人对决定不服的,可以申请复议。全国人大常委会《关于完善人民陪审员制度的决定》第12条规定,陪审员的回避,参照有关法官回避的法律规定执行。

案例分析题

2007年春节前夕,A县公安局在治安检查中发现B公司在没有申领卫生许可证的情

况下假冒C公司的商标生产香肠,A县公安局随即对没有销售的香肠进行了扣押。15日后,公安局将香肠移交给A县质监局,经质监局检验,该香肠质量不合格,大肠杆菌严重超标。A县质监局对于如何处理B公司形成了两种意见:一种意见认为,该案应当移送A县卫生局,另一意见认为,应当由该局自己处理。另,在质监局查处过程中,C公司又以B公司假冒商标为由向A县工商局举报,要求对B公司的假冒商标行为进行查处。

37. A县公安局对没有销售的香肠实施扣押( )。

   A. 符合紧急情形下行政机关职权行使的法律规定

   B. 是超越职权

   C. 是滥用职权

   D. 符合《行政处罚法》的规定

【璧尘解析】AD。本案中,A县公安局暂扣香肠的行为并无不当,不存在超越职权和滥用职权的情况。

38. 若上述几个行政机关对行政处罚的管辖权发生争议,根据《行政处罚法》的规定应当( )。

   A. 报请其共同的上一级行政机关指定管辖

   B. 由先立案的行政机关管辖

   C. 由处罚最重的行政机关管辖

   D. 由具有管辖权的行政机关共同实施处罚

【璧尘解析】A。《行政处罚法》第21条规定,对管辖发生争议的,报请共同的上一级行政机关指定管辖。

39. 若查处机关需要对B公司没有销售的香肠采取强制措施,可以根据( )。

   A.《行政处罚法》的规定先行登记保存

   B.《产品质量法》的规定实施查封或者扣押

   C.《商标法》的规定责令封存

   D.《食品卫生法》的规定实施封存

【璧尘解析】C。《行政处罚法》第37条规定,行政机关在搜集证据时,可以采取抽样

取证的方法;在证据可能灭失或者以后难以取得的情况下,经行政机关负责人批准,可以先行登记保存,并应当在七日内及时作出处理决定。可见,"先行登记保存"是防范措施,不属于强制措施。《商标法》规定,县级以上工商行政管理部门根据已经取得的违法嫌疑证据或者举报,对涉嫌侵犯他人注册商标专用权的行为进行查处时,可以行使下列职权:……(四)检查与侵权活动有关的物品;对有证据证明是侵犯他人注册商标专用权的物品,可以查封或者扣押。《产品质量法》和《食品卫生法》没有相关规定。

40. 对于B公司的违法行为,下列处理正确的是( )。

   A. 有管辖权的行政机关可以分别实施处罚,但不得重复罚款

   B. 有管辖权的行政机关可以分别实施处罚,但取缔处罚只能由县卫生局实施

   C. 有管辖权的行政机关可以分别实施处罚,但没收违法所得只能由县工商局实施

   D. 一个行政机关已经没收违法所得的,其他行政机关只能给予罚款处罚

【璧尘解析】A。本题考查行政处罚的"一事不再罚"原则,要求考生灵活理解和掌握该原则。一事不再罚原则是指对违法行为人的同一个违法行为,不得以同一事实和同一依据,给予两次以上的罚款处罚。在行政处罚制度中规定这样一个原则的目的在于防止重复罚款,以保护当事人的合法权益。具体法条是《行政处罚法》第24条,对当事人的同一个违法行为,不得给予两次以上罚款的行政处罚,本题中,BCD三项都错在"只能"二字。

案例分析题

甲因病到A医院就诊,医生诊断后开出B制药厂生产的卡马西平片药。甲从医院取药服用后出现皮疹,经查看药品说明书,未见

相关的不良反应说明,便继续服用。甲皮疹反应加重,经诊断为卡马西平引起的重症多型红斑性药疹,为此花去医药费若干。经查,B制药厂取得该药准产批复时,所附说明书中列举了30余种不良反应;生产的卡马西平片药经检验符合中国药典的规定,但随药附送的说明书在不良反应一栏中,仅列举了5种,包括皮疹在内的其他28种全部被删除。甲因此要求医院赔偿,医院以药品不是本院生产为由拒赔;甲又要求制药厂赔偿,制药厂认为药品符合中国药典规定,不应赔偿。

45. 若B制药厂的药品质量不合格,则有权对其作出行政处罚的机构是(　　)。

A. 卫生局

B. 药监局

C. 仲裁委员会

D. 消费者权益保护协会

【璧尘解析】B。对药品质量不合格实施的处罚属于药监局职权范围。仲裁委员会是民间仲裁机构,消费者权益保护协会属于社会团体,两者都没有行政处罚权。

2008年B类

9. 下列行为属于行政处罚的是(　　)。

A. 责令恢复名誉　　B. 责令退学

C. 责令返还财产　　D. 责令停产停业

【璧尘解析】D。根据《行政处罚法》第8条规定,行政处罚的种类:(一)警告;(二)罚款;(三)没收违法所得、没收非法财物;(四)责令停产停业;(五)暂扣或者吊销许可证、暂扣或者吊销执照;(六)行政拘留;(七)法律、行政法规规定的其他行政处罚。

案例分析题

某镇政府为维护本地区社会稳定组建了社会治安综合治理办公室(以下简称综治办)。该镇农民王某与邻居李某因用水问题产生纠纷,王某用砖块将李某砸伤。综治办接到举报后,遂将王某带到该镇派出所,当即以派出所名义

对王某处以10日行政拘留并罚款500元。王某不服,向某律师咨询,寻求法律帮助。

41. 关于本案当事人获得救济的途径,下列表述正确的是(　　)。

A. 只能申请行政复议

B. 只能提起行政诉讼

C. 可以申请行政复议

D. 可以提起行政诉讼

【璧尘解析】CD。根据《行政诉讼法》第37条规定,对属于人民法院受案范围的行政案件,公民、法人或者其他组织可以先向上一级行政机关或者法律、法规规定的行政机关申请复议,对复议不服的,再向人民法院提起诉讼;也可以直接向人民法院提起诉讼。法律、法规规定应当先向行政机关申请复议,对复议不服再向人民法院提起诉讼的,依照法律、法规的规定。

42. 如果不服行政复议决定,当事人可以在收到复议决定书之日起(　　)。

A. 15日内向人民法院提起诉讼

B. 30日内向人民法院提起诉讼

C. 45日内向人民法院提起诉讼

D. 60日内向人民法院提起诉讼

【璧尘解析】A。根据《行政诉讼法》第38条规定,公民、法人或者其他组织向行政机关申请复议的,复议机关应当在收到申请书之日起两个月内作出决定。法律、法规另有规定的除外。申请人不服复议决定的,可以在收到复议决定书之日起十五日内向人民法院提起诉讼。复议机关逾期不作决定的,申请人可以在复议期满之日起十五日内向人民法院提起诉讼。法律另有规定的除外。

43. 如果提起行政诉讼,本案的原告应当是(　　)。

A. 王某　　　　　　B. 李某

C. 王某之父　　　　D. 李某之父

【璧尘解析】A。根据《行政诉讼法》第24条规定,依照本法提起诉讼的公民、法人或者其他组织是原告。

44. 如果提起行政诉讼,本案的被告应当

是（ ）。
A. 综治办
B. 镇政府
C. 镇派出所
D. 镇派出所的上级公安机关

【璧尘解析】D。派出机构是否为被告，遵循"不越权时是自己，幅度越权仍自己，种类越权变上级"的原则。《最高人民法院关于执行〈行政诉讼法〉若干问题的解释》的第20条做了明确规定，法律、法规或者规章授权行使行政职权的行政机关内设机构、派出机构或者其他组织，超出法定授权范围实施行政行为，当事人不服提起诉讼的，应当以实施该行为的机构或者组织为被告。《治安管理处罚法》第91条规定，治安管理处罚由县级以上人民政府公安机关决定；其中警告、五百元以下的罚款可以由公安派出所决定。本案中，镇派出所王对某处以10日行政拘留并罚款500元，已经超出法定种类授权范围，所以本案的被告应当是公安局。

45. 在行政诉讼中，人民法院可能作出的判决是（ ）。
A. 维持被告所作的具体行政行为的判决
B. 撤销被告所作的具体行政行为的判决
C. 被告赔偿侵害王某所造成的损失的判决
D. 被告重新作出具体行政行为的判决

【璧尘解析】BCD。根据《行政诉讼法》第54条的规定，具体行政行为有下列情形之一的，判决撤销或者部分撤销，并可以判决被告重新作出具体行政行为：(1)主要证据不足的；(2)适用法律、法规错误的；(3)违反法定程序的；(4)超越职权的；(5)滥用职权的。本案中，派出所超越职权，应撤销其所作的具体行政行为并可以判决被告重新作出具体行政行为。第67条规定，公民、法人或者其他组织的合法权益受到行政机关或者行政机关工作人员作出的具体行政行为侵犯造成损害

的，有权请求赔偿。公民、法人或者其他组织单独就损害赔偿提出请求，应当先由行政机关解决。对行政机关的处理不服，可以向人民法院提起诉讼。赔偿诉讼可以适用调解。本案中，当事人可以一并提起行政赔偿诉讼，法院可以判决被告赔偿侵害王某所造成损失。

2009年B类

10. 下列关于行政处罚的说法正确的是（ ）。
A. 两个行政机关针对同一违法行为不得给予两次以上的处罚
B. 被处罚人不按期缴纳罚款，行政机关有权对其按日加处罚款数额3%的罚款
C. 行政机关对公民处以200元以下的罚款可以当场作出处罚决定
D. 在行政处罚听证程序中听证主持人可以由调查取证人员担任

【璧尘解析】B。根据《行政处罚法》第24条，对当事人的同一个违法行为，不得给予两次以上罚款的行政处罚，A项不正确；《行政处罚法》第33条规定，违法事实确凿并有法定依据，对公民处以五十元以下、对法人或者其他组织处以一千元以下罚款或者警告的行政处罚的，可以当场作出行政处罚决定，C项不正确。第42条规定，听证由行政机关指定的非本案调查人员主持；当事人认为主持人与本案有直接利害关系的，有权申请回避；听证由行政机关指定的非本案调查人员主持，D项不正确。

29. 华夏市安泰区张某外出旅游，被海天市宝华区卫生防疫部门检测出患有恶性传染病，送去强制治疗。张某对卫生防疫部门采取的强制措施不服提起诉讼，有管辖权的法院是（ ）。
A. 华夏市中级人民法院
B. 海天市中级人民法院
C. 安泰区人民法院

D. 宝华区人民法院

【璧尘解析】CD。《行政诉讼法》第 18 条规定,对限制人身自由的行政强制措施不服提起的诉讼,由被告所在地或者原告所在地的人民法院管辖。该条所指的"原告所在地",根据最高人民法院《关于贯彻执行〈行政诉讼法〉若干问题的意见(试行)》的规定,包括原告的住所地、经常居住地和被限制人身自由所在地。

案例分析题

2008 年 2 月 10 日,某区政府规定:本区街路两侧的店铺牌匾应当经过行政执法局审批。2008 年 2 月 20 日,饺子店老板张某花 2100 元更换了一块牌匾。同年 4 月 20 日,区政府规定:为了亮化本区街路,为市民创造一个良好的生活环境,本区 33 条一、二级公路两侧牌匾 2121 个,必须在 2008 年 5 月 20 日之前统一更换为高档霓虹灯做的牌匾,费用由经营者自己负担。因为张某未在规定期限内自行拆除牌匾,区行政执法局于同年 6 月 2 日以张某的牌匾未经审批为由实施强制拆除(已无法恢复原状),并更换了高档霓虹灯做的牌匾,向张某收取了牌匾费用 3200 元。张某不服,欲申请行政复议或提起行政诉讼。

41. 区政府为了公共利益的需要而让公路两侧店铺经营者承担更换牌匾费用的行为( )。

A. 侵犯了公民的财产权

B. 属于行政机关违法要求公民履行义务的行为

C. 符合公民在法律面前一律平等的宪法原则

D. 符合行政合理性原则

【璧尘解析】AB。本案中,区政府让经营者承担更换牌匾费用的行为并无法定依据,属于违法要求公民履行义务,侵犯了公民的财产权。

42. 在《行政许可法》实施后,对于区政府所设定的街路两侧店铺牌匾应当经过行政执法局审批这一许可,正确的说法是( )。

A. 设定这一许可的规定只要没有被废止就依然有效,应当继续实施该许可

B. 《行政许可法》禁止规章以下的规范性文件设定许可,因此不得继续实施该许可

C. 区政府的规定在性质上属于政府规章,有设定许可,因此应当继续实施该许可

D. 区政府有权设定这一许可,但因情势变更而不宜继续实施该许可

【璧尘解析】B。法律、行政法规可以设定行政许可,地方性法规、省、自治区、直辖市人民政府规章也可以设定临时性行政许可,除此之外,其他规范性文件一律不得设定行政许可。因此 B 项正确。

43. 在本案中,属于行政诉讼受案范围的是( )。

A. 区政府设立审批的规定

B. 区政府要求统一更换牌匾的规定

C. 区行政执法局强制拆除张某的牌匾

D. 区行政执法局向张某收取牌匾费用

【璧尘解析】CD。《行政诉讼法》第 2 条规定,公民、法人或者其他组织认为行政机关和行政机关工作人员的具体行政行为侵犯其合法权益的,有权依照本法向人民法院提起诉讼。CD 两项为行政机关所做的具体行政行为,属于行政诉讼的受案范围。AB 两项为抽象行政行为。

44. 如果张某对区行政执法局的行为申请行政复议,则有关行政复议机关及其所作复议决定的说法正确的是( )。

A. 复议机关只能是区政府,应维持区行政执法局的具体行政行为

B. 复议机关可以是区政府或市行政执法局,应撤销区行政执法局的具体行政行为

C. 复议机关可以是市行政执法局,且只能对双方纠纷进行调解

D. 复议机关可以是区政府或市行政执

法局,应驳回张某的复议请求

【璧尘解析】B。《行政复议法》第12条规定,对县级以上地方各级人民政府工作部门的具体行政行为不服的,由申请人选择,可以向该部门的本级人民政府申请行政复议,也可以向上一级主管部门申请行政复议。张某对区行政执法局的行为提出行政复议,复议机关应为区政府或市行政执法局。第28条规定,具体行政行为有下列情形之一的,决定撤销、变更或者确认该具体行政行为违法;决定撤销或者确认该具体行政行为违法的,可以责令被申请人在一定期限内重新作出具体行政行为:(1)主要事实不清、证据不足的;(2)适用依据错误的;(3)违反法定程序的;(4)超越或者滥用职权的;(5)具体行政行为明显不当的。本案中,区行政执法局的具体行政行为违法,复议机关应撤销区行政执法局的具体行政行为,因此B项正确。

45. 对本案中张某的损失,下列说法错误的是(   )。

A. 因牌匾被拆除带来的损失应由张某承担

B. 张某可以就拆除牌匾产生的损失要求国家赔偿

C. 张某请求国家赔偿应首先向区行政执法局单独提出

D. 张某可以在不服区行政执法局的行为提起行政诉讼时,一并提出赔偿请求

【璧尘解析】A。行政机关及其工作人员在行使行政职权时,侵犯公民、法人或其他组织的合法权益造成损害的,受害人可以提出国家赔偿。因此B项正确。赔偿请求人要求赔偿的,应当先向赔偿义务机关提出,也可以在申请行政复议和提起行政诉讼时一并提出,因此CD项正确。

2010年B类

10. 依照《行政许可法》的规定,驾驶证持

有人死亡后,公安机关应当(   )。

A. 撤回驾驶许可   B. 撤销驾驶许可
C. 注销驾驶证   D. 吊销驾驶证

【璧尘解析】C。《行政许可法》第70条规定,有下列情形之一的,行政机关应当依法办理有关行政许可的注销手续:(一)行政许可有效期届满未延续的;(二)赋予公民特定资格的行政许可,该公民死亡或者丧失行为能力的;(三)法人或者其他组织依法终止的;(四)行政许可依法被撤销、撤回,或者行政许可证件依法被吊销的;(五)因不可抗力导致行政许可事项无法实施的;(六)法律、法规规定的应当注销行政许可的其他情形。

29. 根据《行政处罚法》的规定,属于行政处罚不成立的情形有(   )。

A. 行政机关作出处罚决定前不告知当事人给予行政处罚的事实、理由和依据

B. 行政机关依法应当听证而未进行听证就作出处罚决定

C. 当场收缴罚款又不出具省级财政部门统一制发的罚款收据

D. 行政机关拒不听取当事人的陈述、申辩就作出处罚决定

【璧尘解析】AD。《行政处罚法》第41条规定,行政机关及其执法人员在作出行政处罚决定之前,不依本法规定向当事人告知给予行政处罚的事实、理由和依据,或者拒绝听取当事人的陈述、申辩,行政处罚决定不能成立。BC两项属于行政处罚无效的情形,因此选AD两项。

案例分析题

2008年10月17日,某省人民政府所在地的甲市乙区交警大队执勤交警张某发现,市民黄某的小轿车违章停放在乙区东门南路非机动车道上,且有5次违章记录,而黄某又不在现场,为了确保交通畅通,张某将黄某轿车施吊致某偏僻市场保管。2008年10月19

日,交警大队在对黄某作出罚款的同时,依照《甲市道路交通管理处罚条例》第30条第3款(被暂扣车辆的当事人应当承担施吊费、停车费)和甲市物价局甲物价〔1998〕87号文的规定,向黄某开具缴款通知单,要求其到指定银行缴纳车辆施吊费和停车费413元,但未告知其提起行政复议和行政诉讼的权力,2009年3月21日,黄某以该行政收费行为违反《道路交通安全法》第93条第2款规定(公安机关交通管理部门施车不得向当事人收取费用)为由,向法院提起行政诉讼。

41. 交警将黄某车辆施吊致指定地点的行为属于( )。

A. 即时强制　　B. 行政处罚
C. 行政强制措施　D. 直接强制措施

【璧尘解析】AC。即时强制,是指为排除目前紧迫障碍的需要,而不是为了强制履行义务,在没有命令义务的余暇时,或者其性质上通过命令义务难以实现其目的的情况下,直接对公民的身体或财产施加实际力量,以实现行政上必要状态的作用。即时强制容易与行政上强制执行中的直接强制相混同,实际上两者区别非常明显,强制执行中的直接强制以相对人经告诫仍不履行义务为前提,即时强制则不存在这一前提。即时强制属于行政强制措施的一种,故选AC两项。

43. 在本案中,属于行政诉讼受案范围的行政行为有( )。

A. 罚款决定
B. 施吊违章车辆至指定停车场
C. 行政收费决定
D. 甲市物价局甲物价〔1998〕87号文

【璧尘解析】ABC。《行政诉讼法》第2条规定,公民、法人或者其他组织认为行政机关和行政机关工作人员的具体行政行为侵犯其合法权益的,有权依照本法向人民法院提起诉讼。公民、法人和其他组织可以提起行政诉讼的行政行为必须是具体的行政行为,D项甲市物价局"甲物价〔1998〕87号"文件是抽象的行政行为,不属于行政诉讼的受案范围。

44. 根据我国《行政诉讼法》的规定,下列判断正确的有( )。

A. 本案管辖法院应为甲市乙区法院
B. 黄某的起诉已经超过诉讼时效,法院不应受理
C. 黄某的起诉没有超过诉讼时效,法院应当受理
D. 法院可以指派某审判员独任审理本案

【璧尘解析】AC。《行政诉讼法》第17条规定,行政案件由最初作出具体行政行为的行政机关所在地人民法院管辖。经复议的案件,复议机关改变原具体行政行为的,也可以由复议机关所在地人民法院管辖。因此,A项正确。第39条规定,公民、法人或者其他组织直接向人民法院提起诉讼的,应当在知道作出具体行政行为之日起三个月内提出。法律另有规定的除外。《最高人民法院关于执行〈行政诉讼法〉若干问题的解释》第41条规定,行政机关作出具体行政行为时,未告知公民、法人或者其他组织诉讼权或者起诉期限的,起诉期限从公民、法人或者其他组织知道或者应当知道诉讼权或者起诉期限之日起计算,但从知道或者应当知道具体行政行为内容之日起最长不得超过2年。因此,本案中黄某的起诉并没有超过诉讼时效,法院应该受理,B项错误,C项正确。第46条规定,人民法院审理行政案件,由审判员组成合议庭,或者由审判员、陪审员组成合议庭。合议庭的成员,应当是三人以上的单数。因此,本案需由合议庭审理,不能由某个审判员独任审理,D项错误。

45. 对于黄某的起诉,依照《行政诉讼法》的规定,法院的正确做法有( )。

A. 以黄某起诉超过法定期限为由作出不予受理的裁定
B. 以被诉行政收费决定合法为由作出维持判决
C. 以被诉行政收费决定合理但不合法为由作出确认其违法的判决
D. 以被诉行政收费决定违法为由作出

撤销判决

【璧尘解析】D。根据《行政诉讼法》第54条的规定,具体行政行为有下列情形之一的,判决撤销或者部分撤销,并可以判决被告重新作出具体行政行为:(1)主要证据不足的;(2)适用法律、法规错误的;(3)违反法定程序的;(4)超越职权的;(5)滥用职权的。本案中,是否征收"拖吊费"和"停车费",应适用《道路交通安全法》的有关规定,这里属于适用法律错误,该具体行政行为应撤销。因此选D项。

2011 年 B 类

6. 我国《行政处罚法》明确规定地方性法规不得设定的处罚种类是( )。

A. 吊销企业营业执照

B. 取缔非法经营行为

C. 吊销许可证或执照

D. 剥夺公民文化活动自由

【璧尘解析】A。地方性法规可以设定除限制人身自由、吊销企业营业执照以外的行政处罚。法律、行政法规对违法行为已经作出行政处罚规定,地方性法规需要作出具体规定的,必须在法律、行政法规规定的给予行政处罚的行为、种类和幅度的范围内规定。

26. 下列行为中,违反我国《公务员法》规定的有( )。

A. 行政机关允许公务员停薪留职从事营利性活动

B. 某行政机关将正在产假期内的女性公务员李某予以辞退

C. 某行政机关将曾因犯罪受过罚金处罚的王某录用为公务员

D. 任免机关可以批准工作年限满30年的公务员提前退休

【璧尘解析】ABC。《公务员法》第53条规定,公务员必须遵守纪律,不得有下列行为:……(十四)从事或者参与营利性活动,在企业或者其他营利性组织中兼任职务;第24条规定,下列人员不得录用公务员:(一)曾因犯罪受过刑事处罚的;……第84条规定,对有下列情形之一的公务员,不得辞退:……(三)女性公务员在孕期、产假、哺乳期内的;第88条规定,公务员符合下列条件之一的,本人自愿提出申请,经任免机关批准,可以提前退休:(一)工作年限满三十年的……。

案例分析题

2010 年 10 月,江夏市公用事业局所属客管处就本市新增的 300 个出租车营运的使用资格作出规定:申请人仅限于本市的 22 个私营出租车公司,个体经营者不得申请。在对所有出租车公司的申请进行审查后,江夏市客管处 300 个出租车营运证全部授予甲出租车公司。随后,针对本市出租车营运证期限不统一,出租车私营与个体经营并存的混乱现象。江夏市客管处根据市政府指示,出台了《江夏市出租车行业改革的具体办法》(以下简称《办法》),《办法》规定:本市所有出租车营运证期限统调整为 6 年。原来属于个体经营的出租车营运证全部由客管处收回,并全部授予乙出租车公司,原个体经营者可以带车继续挂靠乙出租车公司经营,接受乙出租车公司的管理。

41. 下列有关出租车营运许可性质和特点的表述,正确的有( )。

A. 属于有数量限制的许可

B. 属于公共资源的配置许可

C. 属于有期限的许可

D. 属于赋予特定权利的许可

【璧尘解析】ABCD。允许出租车司机进行营运是对公共资源进行有效配置,且出租车营运许可证是有有效期的,所以该许可是属于公共资源的配置许可,也属于有数量限制的许可和有期限的许可。

42. 本案中,江夏市客管处将 300 个出租车营运证全部授予甲出租车公司的行为明显违反了法定程序,根据《行政许可法》的规定,这里的法定程序是指（　　）。

A. 听证程序

B. 书面审查程序

C. 招标、拍卖等竞争程序

D. 考试程序

【璧尘解析】A。《行政许可法》第46条规定，法律、法规、规章规定实施行政许可应当听证的事项，或者行政机关认为需要听证的其他涉及公共利益的重大行政许可事项，行政机关应当向社会公告，并举行听证。第47条规定，行政许可直接涉及申请人与他人之间重大利益关系的，行政机关在作出行政许可决定前，应当告知申请人、利害关系人享有要求听证的权利；申请人、利害关系人在被告知听证权利之日起五日内提出听证申请的，行政机关应当在二十日内组织听证。本案中出租车营运涉及公共利益，应该举行听证。

43. 本案中，出租车营运许可所依据的法律、法规、规章并未修改或者废止，根据《行政许可法》的规定，江夏市客管处要变更出租车营运证的期限，应当具备的条件有（　　）。

A. 出租车营运许可所依据的客观情况发生重大变化

B. 原来确定的出租车营运证期限违法

C. 对利益遭到损害的出租车营运证持有人给予补偿

D. 变更营运证的期限必须是为了公共利益的需要

【璧尘解析】AD。《行政许可法》第8条规定，行政许可所依据的法律、法规、规章修改或者废止，或者准予行政许可所依据的客观情况发生重大变化的，为了公共利益的需要行政机关可以依法变更或者撤回已经生效的行政许可。由此给公民、法人或者其他组织造成财产损失的，行政机关应当依法给予补偿。AD项是先期具备条件，C项是后续补偿。

44. 如果个体出租车司机张某对《办法》不服，那么对张某而言最理想的救济方式为

（　　）。

A. 在客管处收回出租车营运证时要求合理补偿

B. 对客管处收回出租车营运证的行为和《办法》一并申请行政复议

C. 直接对《办法》申请行政复议

D. 直接对《办法》提起行政诉讼

【璧尘解析】AB。根据《行政复议法》第7条规定，公民、法人或者其他组织认为行政机关的具体行政行为所依据的下列规定不合法，在对具体行政行为申请行政复议时，可以一并向行政复议机关提出对该规定的审查申请：……（二）县级以上地方各级人民政府及其工作部门的规定。所以B项正确。行政诉讼的受案范围必须是具体行政行为，该《办法》属于政府的抽象行政行为，不能对此提起行政诉讼。

案例分析题

某市某县烟花爆竹厂未经批准擅自生产烟花爆竹。个体工商户甲从该厂采购烟花爆竹零售。甲的邻居乙从甲处购买了烟花爆竹，因为烟花爆竹本身存在质量问题，结果燃放后将乙的左眼炸瞎。根据法律规定，乙应当获得的各类赔偿费用合计为12万元。事情发生后，该县安全生产监督管理局（以下简称县安监局）和县质量技术监督局（以下简称县质监局）以烟花爆竹厂未经批准擅自生产烟花爆竹以及生产的烟花爆竹不符合保障人身安全的国家标准为由，根据《安全生产法》、《产品质量法》和《烟花爆竹安全管理条例》的规定，联合作出了责令停止生产并处罚款8万元的决定。经查，该烟花爆竹厂现有净资产仅为10万元。

48. 在性质上，县安监局作出的责令烟花爆竹厂停止生产的决定属于（　　）。

A. 行政命令　　　B. 行政处罚

C. 行政强制措施　D. 具体行政行为

【璧尘解析】B。《行政处罚法》第8条规定，行政处罚的种类：（一）警告；（二）罚款；

（三）没收违法所得、没收非法财物；（四）责令停产停业；（五）暂扣或者吊销许可证、暂扣或者吊销执照；（六）行政拘留；（七）法律、行政法规规定的其他行政处罚。县安监局作出的责令烟花爆竹厂停止生产的决定属于行政处罚。

49. 如果烟花爆竹厂以罚款8万元的处罚决定明显不合理为由向法院起诉，而法院在审查后认为罚款处罚显失公正的，那么法院应当作出的判决为（　　）。

A. 维持罚款处罚的判决

B. 撤销罚款的判决

C. 驳回烟花爆竹厂诉讼请求

D. 变更罚款的判决

【璧尘解析】D。《行政处罚法》第54条规定，人民法院经过审理，根据不同情况，分别作出以下判决：（一）具体行政行为证据确凿，使用法律、法规正确，符合法定程序，判决维持。（二）具体行政行为有下列情形之一的，判决撤销或者部分撤销，并可以判决被告重新作出具体行政行为：（1）主要证据不足的；（2）使用法律、法规错误的；（3）违反法定程序的；（4）超越职权的；（5）滥用职权的。（三）被告不履行或者拖延履行法定职责的，判决其在一定期限内履行。（四）行政处罚显失公正的，可以判决变更。根据法律规定，法院可以判决变更具体行政行为。

50. 如果县安监局和县质监局作出罚款处罚决定后，立即对烟花爆竹厂采取强制措施，将8万元罚款缴入国库，那么乙此时可以寻求的救济途径有（　　）。

A. 向县人民政府申请行政复议

B. 向县人民法院提出行政诉讼

C. 向市安监局申请行政复议

D. 向县人民法院提出民事诉讼

【璧尘解析】AB。根据《行政诉讼法》第37条规定，对属于人民法院受案范围的行政案件，公民、法人或者其他组织可以先向上一级行政机关或者法律、法规规定的行政机关申请复议，对复议不服的，再向人民法院提起诉讼，也可以直接向人民法院提起诉讼。法律、法规规定应当先向行政机关申请复议，对复议不服再向人民法院提起诉讼的，依照法律、法规的规定。本案不属于复议前置的情况，当事人既可以提出行政复议，也以直接提起诉讼。根据《行政复议法》第15条规定，对两个或者两个以上行政机关以共同的名义作出的具体行政行为不服的，向其共同上一级行政机关申请行政复议。因此本案的复议机关是县人民政府。

2012 年 B 类

15. 因某县人民政府组织实施保障性安居工程建设的需要，李某位于该县××路的祖屋面临拆迁。根据《国有土地上房屋征收与补偿条例》，有权对李某房屋作出征收决定的主体是（　　）。

A. 县房地产管理局

B. 县住建局

C. 县人民政府

D. 县拆迁办

【璧尘解析】C。《国有土地上房屋征收与补偿条例》第8条规定，为了保障国家安全、促进国民经济和社会发展等公共利益的需要，有下列情形之一，确需征收房屋的，由市、县级人民政府作出房屋征收决定：（1）国防和外交的需要；（2）由政府组织实施的能源、交通、水利等基础设施建设的需要；（3）由政府组织实施的科技、教育、文化、卫生、体育、环境和资源保护、防灾减灾、文物保护、社会福利、市政公用等公共事业的需要；（4）由政府组织实施的保障性安居工程建设的需要；（5）由政府依照城乡规划法有关规定组织实施的对危房集中、基础设施落后等地段进行旧城区改建的需要；（6）法律、行政法规规定的其他公共利益的需要。其中的第（4）项即是本题中的情况，因此C项正确。

16. 违法行为在一定期限内未被发现的，

将不再给予行政处罚。这里的期限被称为处罚时效。根据《行政处罚法》,除法律另有规定外,行政处罚的时效是(　　)。

A. 6个月　　　　B. 1年

C. 3个月　　　　D. 2年

【璧尘解析】D。《行政处罚法》第29条规定,违法行为在二年内未被发现的,不再给予行政处罚。法律另有规定的除外。前款规定的期限,从违法行为发生之日起计算;违法行为有连续或者继续状态的,从行为终了之日起计算。

33. 根据我国相关法律,省级政府规章可以设定的事项有(　　)。

A. 警告　　　　　B. 罚款

C. 行政强制措施　D. 临时性许可

【璧尘解析】ABD。根据《行政处罚法》第13条的规定,尚未制定法律、法规的,省级政府规章对违反行政管理秩序的行为,可以设定警告或者一定数量罚款的行政处罚,因此AB两项正确。《行政强制法》第10条规定,法律、法规以外的其他规范性文件不得设定行政强制措施,因此C项错误。根据《行政许可法》第15条的规定,尚未制定法律、行政法规和地方性法规的,因行政管理的需要,确需立即实施行政许可的,省级政府规章可以设定临时性的行政许可,因此D项正确。

34. 下列属于行政强制措施的有(　　)。

A. 查封、扣押财物

B. 驱散非法集会人员

C. 冻结存款、汇款

D. 加收滞纳金

【璧尘解析】ABC。根据《行政强制法》第9条的规定,行政强制措施包括:(1)限制公民人身自由;(2)查封场所、设施或者财物;(3)扣押财物;(4)冻结存款、汇款;(5)其他行政强制措施。

案例分析题

李某为写一篇关于国务院各部委副职分工的论文,从2011年5月中旬开始,先后向14个部委申请公开各部委副职的分管部门、兼职状况等信息,但有三个部委拒绝公开。2011年9月,李某根据《政府信息公开条例》的规定,将这三个部委告上了法院,要求判决三个部委公开相关信息。在诉讼过程中,三个部委向李某公开了相关信息,李某撤诉。

47.《政府信息公开条例》在法律渊源上属于(　　)。

A. 法律　　　　　B. 规章

C. 地方性法规　　D. 行政法规

【璧尘解析】D。我国的法律渊源包括宪法、法律、行政法规、地方性法规、部门规章、地方政府规章、自治条例和单行条例、特别行政区的法律以及国际条约和国际惯例。行政法规是由国务院根据宪法和法律制定的有关国家行政管理活动的规范性文件的总称。《政府信息公开条例》是由国务院制定的,属于行政法规,因此D项正确。

48. 对本案有管辖权的法院是(　　)。

A. 北京市高级人民法院

B. 三部委所在地的北京市中级人民法院

C. 李某所在地的中级人民法院

D. 三部委所在地的基层人民法院

【璧尘解析】B。本题需要考查行政诉讼案件的级别管辖和地域管辖。关于级别管辖,根据《行政诉讼法》第14条的规定,对国务院各部门或者省、自治区、直辖市人民政府所作的具体行政行为提起诉讼的案件,由中级人民法院管辖。本案被告为国务院各部委,因此应当由中级人民法院管辖。关于地域管辖,该法第17条规定,行政案件由最初作出具体行政行为的行政机关所在地人民法院管辖。本案作出不予公开决定的是国务院部委,其所在地为北京市,因此B项正确。

49. 如果在三部委公开了相关信息后,李某没有撤诉,而是要求继续对本案进行审理,那么法院应当(　　)。

    A. 终止诉讼

    B. 判决确认三部委拒不公开相关信息的行为违法

    C. 裁定驳回李某起诉

    D. 判决驳回李某诉讼请求

【璧尘解析】B。《最高人民法院关于执行〈行政诉讼法〉若干问题的解释》第50条规定,被告改变原具体行政行为,原告不撤诉,人民法院经审查认为原具体行政行为违法的,应当作出确认其违法的判决;认为原具体行政行为合法的,应当判决驳回原告的诉讼请求。本案中,三部委拒绝公开相关信息的行为违法,因此B项正确。

50. 如果李某未提起行政诉讼,而选择申请行政复议,那么行政复议机关依法应当是(　　)。

    A. 拒绝公开相关信息的三部委

    B. 国务院法制办

    C. 全国人大常委会

    D. 国务院

【璧尘解析】A。根据《行政复议法》第14条的规定,对国务院部门或者省、自治区、直辖市人民政府的具体行政行为不服的,向作出该具体行政行为的国务院部门或者省、自治区、直辖市人民政府申请行政复议。对行政复议决定不服的,可以向人民法院提起行政诉讼;也可以向国务院申请裁决,国务院依照本法的规定作出最终裁决。因此,对国务院部门的具体行政行为不服申请行政复议,复议机关是其自身,A项正确。

2013年B类

17. 某船舶修理厂取得了临时占用某处江滩的许可,在许可期限届满没有办理延续许可的情况下,继续占用江滩。为此,某市水利局对船舶修理厂做出责令其在一个月内拆除设施;逾期不拆除的,依法强制拆除,拆除费用由船舶厂负担的决定。根据我国《行政

强制法》,这里的强制拆除属于(　　)。

    A. 行政强制措施　　B. 执行罚

    C. 代履行　　　　　D. 直接强制执行

【璧尘解析】C。代履行是指义务人逾期不履行行政法义务,由他人代为履行可以达到相同目的的,行政机关可以自己代为履行或者委托第三人代为履行,向义务人征收代履行费用的强制执行制度。

35. 某申请人通过电子邮件向某工商局提交工商登记申请,但提交的申请书未采用申请书格式文本,且申请材料不齐全。对此,工商局采取的下列做法不符合法律规定的有(　　)。

    A. 向申请人免费提供申请书格式文本

    B. 以申请材料没有现场提交为由决定不予受理

    C. 以申请材料不全为由决定不予受理

    D. 分三次告知申请人所需要补正的申请材料

【璧尘解析】BCD。行政许可申请可以通过信函、电报、电传、传真、电子数据交换和电子邮件等方式提出。申请材料不齐全或者不符合法定形式的,应当当场或者在五日内一次告知申请人需要补正的全部内容,逾期不告知的,自收到申请材料之日起即为受理。

36. 某市商务局局长陈某未经批准兼任某企业职务并领取薪酬,同时花公款10多万元在媒体上宣传自己。由此可以看出,陈某违反公务员法的行为有(　　)。

    A. 未经批准兼任企业职务

    B. 贪污国家资财

    C. 在兼职单位领取薪酬

    D. 浪费国家资财

【璧尘解析】ACD。根据《公务员法》第53条规定,公务员不得从事或者参与营利性活动,在企业或者其他营利性组织中兼任职务。第42条规定,公务员因工作需要在机关外兼职的,应当经有关机关批准,并不得领取

兼职报酬。贪污国家资财是指国家工作人员利用职务上的便利,侵吞、窃取、骗取或者以其他手段非法占有公共财物的行为。本案中花公款10多万元在媒体上宣传自己,属于浪费国家资财。

案例分析题

> S公司于2007年3月份从药监部门领取到医疗器械许可证,有效期为5年(2007年3月15日—2012年3月14日),随后从工商部门领取了营业执照。2012年3月14日S公司对医疗器械经营许可证提出延续申请,但药监部门一直未作出准予延续许可的决定。2012年8月,药监部门根据群众举报,对S公司的经营活动进行检查,发现该公司确实涉嫌违法经营医疗器械,于是对这些违法经营的医疗器械予以登记保存,并当场对该公司作出了责令停止经营和罚款10000元的书面处罚决定。公司对药监部门的行为不服,欲寻求法律救济。

46. 关于医疗器械经营许可证在有效期届满后的效力,正确的说法是( )。

A. 该许可证失效

B. 该许可证继续有效

C. 该许可证的效力待定

D. 该许可证视为有效

【璧尘解析】A。《行政许可法》第50条规定,被许可人需要延续依法取得的行政许可的有效期的,应当在该行政许可有效期届满三十日前向作出行政许可决定的行政机关提出申请。但是,法律、法规、规章另有规定的,依照其规定。行政机关应当根据被许可人的申请,在该行政许可有效期届满前作出是否准予延续的决定;逾期未作决定的,视为准予延续。许可证是有有效期限的,到期而未延续,该许可证失效。

47. 药监部门对S公司进行检查并对医疗器械采取先行登记保存措施时,合法的做法是( )。

A. 派一名执法人员前往进行检查并采取登记保存措施

B. 执法人员对检查和询问情况制作笔录

C. 未获得药监部门负责人的批准即采取登记保存器械的措施

D. 说明理由但未告知S公司依法享有的权利

【璧尘解析】B。《行政处罚法》第37条规定,行政机关在调查或进行检查时,执法人员不得少于两人,并应当向当事人或者有关人员出示证件,当事人或者有关人员应当如实回答询问,并协助调查或者检查,不得阻挠、询问或者检查应当制作笔录。行政机关在搜集证据时,可以采取抽样取证的方法;在证据可能灭失或者以后难以取得的情况下,经行政机关负责人批准,可以先行登记保存,并应当在七日内及时作出处理决定,在此期间,当事人或者有关人员不得销毁或者转移证据。AC项错误。第31条规定,行政机关在作出行政处罚决定之前,应当告知当事人作出行政处罚决定的事实、理由及依据,并告知当事人依法享有的权利。D项错误。

48. 对S公司的医疗器械经营许可,药监部门依法应作出的处理是( )。

A. 撤销许可

B. 作出准予延续许可的决定

C. 吊销许可证

D. 注销许可

【璧尘解析】D。《医疗器械经营企业许可证管理办法》第32条规定,有下列情形之一的,《医疗器械经营企业许可证》由原发证机关注销:(一)《医疗器械经营企业许可证》有效期届满未申请或者未获准换证的;(二)医疗器械经营企业终止经营或者依法关闭的;(三)《医疗器械经营企业许可证》被依法撤销、撤回、吊销、收回或者宣布无效的;(四)不可抗力导致医疗器械经营企业无法正常经营的;(五)法律、法规规定应当注销《医疗器械经营企业许可证》的其他情形。故本题选D项。

49. 药监部门作出的处罚决定在程序上明显违法,理由是( )。

A. 处罚决定的作出适用了简易程序

B. 处罚决定作出前未向 S 公司说明理由

C. 处罚决定作出后未告知 S 公司享有的权利

D. 作出处罚决定前未听取 S 公司的陈述和申辩

【璧尘解析】A。行政处罚决定作出有简易程序和一般程序之分。《行政处罚法》第33条规定,违法事实确凿并有法定依据,对公民处以五十元以下、对法人或者其他组织处以一千元以下罚款或者警告的行政处罚的,可以当场作出行政处罚决定。这是简易程序的规定。本题中,药监部门作出责令停止营业和罚款 10000 元的书面处罚决定不适用简易程序。

50. 在本案中,不属于行政复议和行政诉讼受案范围的是( )。

A. 药监部门对于是否准予延续许可一直不表态的行为

B. 对医疗器械采取先行登记保存措施的决定

C. 药监部门对 S 公司的生存经营活动进行检查的行为

D. 药监部门责令 S 公司停止经营并罚款 10000 元的处罚决定

【璧尘解析】C。《行政诉讼法》第 2 条规定,公民、法人或者其他组织认为行政机关和行政机关工作人员的具体行政行为侵犯其合法权益,有权依照本法向人民法院提起诉讼。《行政复议法》第 2 条规定,公民、法人或者其他组织认为具体行政行为侵犯其合法权益,向行政机关提出行政复议申请,行政机关受理行政复议申请、作出行政复议决定,适用本法。行政复议和行政诉讼受案范围都是具体行政行为,ABD 三项都属于具体行政行为。C 选项检查行为属于行政机关的日常工作程序,对 S 公司没有造成损害,不具有可诉性。

案例分析题

村民王某和施某两家相邻。2012 年 3 月,施某在两家之间都不享有宅基地使用权的空地上砌了一堵墙。谁知,这堵墙竟成了两家关系恶化的导火索。围绕砌墙的合法性,砌墙后王家的采光、通风、排水等问题,两家互不相让。5 月 4 日,王某、施某又起纷争,施某先动手打了王某,继而双方互殴,王某右踝骨折,施某左上臂挫伤。后经鉴定,王某被打成轻伤。王某要求施某赔偿其因轻伤所受损失,并要求公安机关对施某处以治安处罚。

52. 施某砌墙依法应当得到有关单位或个人的同意。这里的单位或个人不包括( )。

A. 王某　　　　B. 乡人民政府

C. 村委会　　　D. 县人民政府

【璧尘解析】D。相邻不动产的所有人或使用人在行使自己的所有权或使用权时,应当以不损害其他相邻人的合法权益为原则。如果因权利的行使,给相邻人的人身或财产造成危害的,相邻人有权要求停止侵害、消除危险和赔偿损失。在处理相邻关系时,相邻各方应该本着有利生产、方便生活、团结互助、公平合理的原则,互谅互让,协商解决。协商不成,可以请求人民法院依法解决。本案中,村民王某和施某两家相邻,施某应与王某协商,征得王某同意。《土地管理法》规定,农民集体所有的土地依法属于村民集体所有的,由村集体经济组织或者村民委员会经营、管理;已经分别属于村内两个以上农村集体经济组织的农民集体所有的,由村内各该农村集体经济组织或者村民小组经营、管理;已经属于乡(镇)农民集体所有的,由乡(镇)农村集体经济组织经营、管理。

55. 如果公安机关未对王某进行处罚,施某对此不服,向法院起诉,下列说法正确的是( )。

A. 法院不应受理,因为施某先动手打人

B. 如果法院受理,王某可作为第三人参加诉讼

C. 如果法院受理,王某应作为被告参加诉讼

D. 法院不应受理,因公安机关不处罚王某并不损害施某权益

【璧尘解析】B。《最高人民法院关于执行〈行政诉讼法〉若干问题的解释》第12条规定,与具体行政行为有法律上利害关系的公民、法人或者其他组织对该行为不服的,可以依法提起行政诉讼。第24条规定,行政机关的同一具体行政行为涉及两个以上利害关系人,其中一部分利害关系人对具体行政行为不服提起诉讼的,人民法院应当通知没有起诉的其他利害关系人作为第三人参加诉讼。

2014 年 B 类

17. 根据《中华人民共和国行政许可法》的规定,应当通过招标、拍卖等公平竞争方式确定许可人的行政许可是(   )。

A. 药品生产许可

B. 城市燃气供应许可

C. 建筑规划许可

D. 机动车驾驶许可

【璧尘解析】B。《行政许可法》第53条规定,实施本法第12条第2项所列事项的行政许可的,行政机关应当通过招标、拍卖等公平竞争的方式作出决定。具体指的是:有限自然资源的开发利用、公共资源配置以及直接关系公共利益的特定行业的市场准入等,需要赋予特定权利的事项。本题中,城市燃气供应许可是涉及公共资源配置和直接关系公共利益的行业。

32. 关于代履行,下列理解正确的有(   )。

A. 代履行针对的只能是可以由他人代为履行的作为义务

B. 由行政强制执行机关征收的代履行费用由义务人承担

C. 代履行人只能是没有利害关系的第三人

D. 实施代履行之前必须催告义务人履行义务

【璧尘解析】ABD。《行政强制法》第50条规定,行政机关依法作出要求当事人履行排除妨碍、恢复原状等义务的行政决定。当事人逾期不履行,经催告仍不履行,其后果已经或者将危害交通安全、造成环境污染或者破坏自然资源的,行政机关可以代履行,或者委托没有利害关系的第三人代履行。由上述法条可知,代履行人包括行政机关和没有利害关系的第三人,排除 C 选项。第51条规定,代履行的费用按照成本合理确定,由当事人承担。

案例分析题

一场大雨过后,肖某轿车号牌上的一个数字恰巧被树上掉下来的一片树叶所遮挡。肖某开车回家途中,被交警拦下接受检查。肖某因未带驾驶证,轿车被交警扣留。同时,交警以他故意遮挡号牌为由,当场对他作出罚款 200 元的处罚。肖某提出异议,认为自己不存在遮挡号牌的故意,号牌被树叶所遮挡纯属意外。交警未予理会,当场向肖某收缴了 200 元的罚款,并给他写了收条。

41. 在本案中,交警扣留肖某轿车的行为在性质上属于(   )。

A. 行政强制措施　　B. 行政强制执行

C. 行政处罚　　　　D. 行政保管

【璧尘解析】A。行政强制措施,是指行政机关在行政管理过程中,为制止违法行为、防止证据损毁、避免危害发生、控制危险扩大等情形,依法对公民的人身自由实施暂时性限制,或者对公民、法人或者其他组织的财物实施暂时性控制的行为。行政强制措施的种类:(一)限制公民人身自由;(二)查封场所、设施或者财物;(三)扣押财物;(四)冻结存款、汇款;(五)其他行政强制措施。因此,本案中交警扣留肖某轿车的行为属于行政强制措施。故本题答案选 A 项。行政强制执行,是指行政机关或者行政机关申请人民法院,

对不履行行政决定的公民、法人或者其他组织,依法强制履行义务的行为,有代履行和执行罚两种方式。行政处罚是指行政机关或其他行政主体依法定职权和程序对违反行政法规尚未构成犯罪的相对人给予行政制裁的具体行政行为。

42. 根据《中华人民共和国行政强制法》的规定,本案中交警扣留肖某轿车时无需履行的程序义务是(   )。

A. 出示执法证件

B. 当场交付扣留决定书

C. 举行听证

D. 告知扣留轿车的理由和依据

【璧尘解析】C。《行政强制法》第18条规定,行政机关实施行政强制措施应当遵守下列规定:(一)实施前须向行政机关负责人报告并经批准;(二)由两名以上行政执法人员实施;(三)出示执法身份证件;(四)通知当事人到场;(五)当场告知当事人采取行政强制措施的理由、依据以及当事人依法享有的权利、救济途径;(六)听取当事人的陈述和申辩;(七)制作现场笔录;(八)现场笔录由当事人和行政执法人员签名或者盖章,当事人拒绝的,在笔录中注明;(九)当事人不到场的,邀请见证人到场,由见证人和行政执法人员在现场笔录上签名或者盖章;(十)法律、法规规定的其他程序。第24条规定,行政机关决定实施查封、扣押的,应当履行本法第18条规定的程序,制作并当场交付查封、扣押决定书和清单。综上,本题选C项。

43. 本案中,交警没有违法的情形是(   )。

A. 当场作出罚款决定

B. 当场收缴罚款

C. 对肖某的异议不予理会

D. 向肖某出具手写的收据

【璧尘解析】A。《道路交通安全法》第107条规定,对道路交通违法行为人予以警告、处以二百元以下罚款,交通警察可以当场作出行政处罚决定,并出具行政处罚决定书。

A选项正确。《道路交通安全法》第108条规定,当事人应当自收到行政处罚决定书之日起十五日内,到指定的银行缴纳罚款。对行人、乘车人和非机动车驾驶人的罚款,当事人无异议的,可以当场予以收缴罚款。罚款应当开具省、自治区、直辖市财政部门统一制发的罚款收据;不出具财政部门统一制发的罚款收据的,当事人有权拒绝缴纳罚款。故BD两项中的行为违法。《行政处罚法》第32条规定,当事人有权进行陈述和申辩。行政机关必须充分听取当事人的意见,对当事人提出的事实、理由和证据,应当进行复核;当事人提出的事实、理由或者证据成立的,行政机关应当采纳。故C选项中的行为违法。

44. 本案中,交警从树叶挡住了号牌这一事实推论出肖某"故意遮挡号牌"这一法律事实,却并没有证据说明肖某存在遮挡号牌的主观故意。从行政诉讼法的角度看,这属于(   )。

A. 滥用职权

B. 适用法律法规错误

C. 违反法定程序

D. 主要证据不足

【璧尘解析】D。本案中,交警并没有证据说明肖某存在遮挡号牌的主观故意,因此,交警作出的行政处罚决定所依据的主要证据不足。

45. 如果肖某不服交警的处罚及时提起行政诉讼,要求撤销处罚决定,那么法院依法应作出的裁判是(   )。

A. 判决驳回肖某诉讼请求

B. 判决撤销处罚决定

C. 判决确认处罚程序违法

D. 裁定驳回肖某的起诉

【璧尘解析】B。《行政诉讼法》第54条规定,具体行政行为有下列情形之一的,判决撤销或者部分撤销,并可以判决被告重新作出具体行政行为:(1)主要证据不足的;(2)适用法律、法规错误的;(3)违反法定程序的;(4)超越职权的;(5)滥用职权的。本案中,交警作出的行政处罚决定所依据的主要证据不足,法院应判决撤销处罚决定。

2004 年 C 类

22. 行政相对人申请行政复议的一般期限为( )。

A. 15 日　　　　B. 30 日
C. 60 日　　　　D. 90 日

【璧尘解析】C。《行政复议法》第 9 条规定,公民、法人或者其他组织认为具体行政行为侵犯其合法权益的,可以自知道该具体行政行为之日起六十日内提出行政复议申请;但是法律规定的申请期限超过六十日的除外。

2005 年 C 类

7. 行政处分的主要形式是( )。

A. 警告和降级　　B. 拘留和罚款
C. 降级和拘留　　D. 警告和拘留

【璧尘解析】A。《公务员法》第 56 条规定,行政机关公务员处分的种类为:(1) 警告;(2) 记过;(3) 记大过;(4) 降级;(5) 撤职;(6) 开除。

11. 行政机关在作出影响行政相对人权益的决定前,由行政相对人(利害相关人)表达意见、提供证据的程序所构成的法律制度是( )。

A. 听证制度　　　B. 告知制度
C. 证据制度　　　D. 公开制度

【璧尘解析】A。听证是行政机关在作出影响行政相对人合法权益的决定前,由行政机关告知决定理由和听证权利,行政相对人有表达意见、提供证据以及行政机关听取意见、接纳证据的程序所构成的一种法律制度。

26. 部门规章可以设定的行政处罚有( )。

A. 限制人身自由
B. 警告
C. 吊销企业营业执照
D. 罚款

【璧尘解析】BD。《行政处罚法》第 12 条规定,尚未制定法律、行政法规的,前款规定的国务院部、委员会制定的规章对违反行政管理秩序的行为,可以设定警告或者一定数量罚款的行政处罚。

2006 年 C 类

案例分析题

2006 年 3 月 10 日,杨某在甲市乙县县城某宾馆嫖娼,被乙县公安局永华派出所民警当场抓获。3 月 12 日,永华派出所依照《治安管理处罚法》第 66 条的规定,以自己的名义对杨某作出拘留 15 日、罚款 4000 元的处罚决定。杨某认为永华派出所处罚决定程序违法,且自己系第一次嫖娼,永华派出所处罚决定过重,因而向复议机关申请行政复议。经查,杨某在 2005 年 7 月 6 日曾因赌博被治安罚款 200 元。

【法条链接】《治安管理处罚法》第 91 条:治安管理处罚由县级以上人民政府公安机关决定;其中警告、五百元以下的罚款可以由公安派出所决定。

31. 本案中,永华派出所在作出罚款 4 千元的处罚决定前,应当告知杨某( )。

A. 作出处罚决定的事实、理由和依据
B. 有要求听证的权利
C. 有陈述权和申辩权
D. 申请救济的途径和期限

【璧尘解析】ABCD。《行政处罚法》第 31 条规定,行政机关在作出行政处罚决定之前,应当告知当事人作出行政处罚决定的事实、理由及依据,并告知当事人依法享有的权利。所以 A 项正确。第 42 条规定,行政机关作出责令停产停业、吊销许可证或者执照、较大数额罚款等行政处罚决定之前,应当告知当事人有要求举行听证的权利;当事人要求听证的,行政机关应当组织听证。对于个人来说,2000元以上的罚款属于较大数额,应当有权要求举行听证,所以B项正确。《行政处罚法》第32条规定,当事人有权进行陈述和申辩,所以C项正确。《行政处罚法》第39条规定,行政机关依照本法第38条的规定给予行政处罚的,应当制作行政处罚决定书。行政处罚决定书应当载明下列事项:不服行政处罚决定的,申请行政复议或者提起行政诉讼的途径和期限;所以D项正确。

32. 民警在处理本案时,就应否考虑杨某在2005年7月6日曾因赌博被治安罚款200元这一情节存在争议。以下说法正确的是( )。

A. 不应考虑,因为该治安处罚发生在6个月以前

B. 不应考虑,因为两案所针对的违法行为性质不同

C. 应作为加重处罚情节

D. 应作为从重处罚情节

【璧尘解析】A。《治安管理处罚法》第20条,违反治安管理有下列情形之一的,从重处罚:(一)有较严重后果的;(二)教唆、胁迫、诱骗他人违反治安管理的;(三)对报案人、控告人、举报人、证人打击报复的;(四)六个月内曾受过治安管理处罚的。本案发生在六个月之后,不适用加重处罚的条件。

33. 本案中永华派出所在行政法上的地位是( )。

A. 法律、法规授权的组织

B. 受委托的组织

C. 派出机关

D. 派出机构

【璧尘解析】D。人民政府设立的下属机构称为派出机关,人民政府工作部门设立的下属机构称为派出机构。在我国现行的行政管理体制中,派出机关主要有三类:省人民政府派出的行政公署、区人民政府派出的街道办事处和县人民政府派出的区公所。而派出

机构则比较多,如公安局派出的派出所,工商局派出的工商所等。法律、法规授权的组织和受委托的组织的条件是具有管理公共事务职能的非政府组织,是国家机关以外的社会组织。本题中,派出所属于国家行政机关,而非社会组织,因此,AB两项不正确。

34. 本案中有管辖权的复议机关是( )。

A. 乙县公安局

B. 乙县人民政府

C. 甲市公安局

D. 乙县人民政府法制办

【璧尘解析】BC。题干中杨某就派出所的处罚提出行政复议,但并没有明确说明杨某是对拘留或是罚款,还是两者一起提出复议。如果对幅度越权申请复议,有管辖权的复议机关是县公安局和县人民政府;如果对种类越权申请复议,有管辖权的复议机关是市公安局和县公安局,璧尘个人认为试题命制不是很严谨。依据习惯理解,应该是对拘留和罚款行为一起复议,故选BC两项较为适宜。

35. 以下有关复议机关审理本案的说法正确的是( )。

A. 复议机关可以适用调解解决杨某与被申请人之间的行政争议

B. 复议机关应当将永华派出所列为行政复议第三人

C. 复议机关应当在受理行政复议申请之日起30日内作出复议决定

D. 复议机关有权作出变更行政处罚的复议决定

【璧尘解析】BD。《行政复议法》对于是否可以适用调解无明确规定,所以在理论上也认为办理复议案件一般不适用调解。所以,A项不选。《行政复议法》第10条规定,同申请行政复议的具体行政行为有利害关系的其他公民、法人或者其他组织,可以作为第三人参加行政复议。所以,B项正确。第31条规定,行政复议机关应当自受理申请之日

起六十日内作出行政复议决定；但是法律规定的行政复议期限少于六十日的除外。情况复杂，不能在规定期限内作出行政复议决定的，经行政复议机关的负责人批准，可以适当延长，并告知申请人和被申请人；但是延长期限最多不超过三十日。故 C 选项错误。第28条规定，行政复议机关负责法制工作的机构应当对被申请人作出的具体行政行为进行审查，提出意见，经行政复议机关的负责人同意或者集体讨论通过后，按照下列规定作出行政复议决定：……（三）具体行政行为有下列情形之一的，决定撤销、变更或者确认该具体行政行为违法；决定撤销或者确认该具体行政行为违法的，可以责令被申请人在一定期限内重新作出具体行政行为。所以，D 项正确。

2007 年 C 类

8. 关于行政诉讼审判人员的回避，下列说法不正确的是（ ）。

A. 审判人员认为自己与本案有利害关系，应当申请回避

B. 当事人认为审判人员与本案有利害关系，有权申请审判人员回避

C. 院长担任审判长时的回避，由审判委员会决定

D. 当事人对回避决定不服的，可以上诉

【璧尘解析】D。《行政诉讼法》第47条规定，当事人认为审判人员与本案有利害关系或者有其他关系可能影响公正审判，有权申请审判人员回避。审判人员认为自己与本案有利害关系或者有其他关系的，应当申请回避。院长担任审判长时的回避，由审判委员会决定；审判人员的回避，由院长决定；其他人员的回避，由审判长决定。当事人对决定不服的，可以申请复议。因此 ABC 项说法正确，D 项说法错误。

23. 行政机关依据其职权，能够主动作出

的行政行为有（ ）。

A. 行政征用　　　B. 行政裁决

C. 行政调解　　　D. 行政立法

【璧尘解析】AD。以行政机关是否以当事人的申请作为开始具体行政行为的条件为标准，可将行政行为分为依职权行政行为和依申请行政行为两类。其中依职权行政行为是行政机关可以依据其职权，能够主动做出的行政行为，包括行政规划、行政立法、行政命令、行政征收、行政征用、行政处罚、行政强制等。正确答案为 AD 两项。

25. 下列属于我国行政法法律渊源的有（ ）。

A. 国际条约　　　B. 司法判例

C. 行政法规　　　D. 自治条例

【璧尘解析】ACD。我国行政法的法律渊源原则上是成文法，根据其制定机关和效力等级具体表述为：宪法、法律、行政法规、地方性法规、自治条例和单行条例、行政规章、法律解释以及国际条约。

案例分析题

2000 年 9 月，天泉市政府为周某办理了地处水湾村某地块的《集体土地建设用地使用证》（以下简称《土地使用证》），水湾村委会不服，向天泉市法院提起行政诉讼，要求撤销天泉市政府为周某所颁发的《土地使用证》。原告诉称，周某系城镇户口非农业户口。周某没有向水湾村提出宅基地申请，也没有周某单位同意的证明。天泉市政府将这块所有权归水湾村的土地为周某办理了《土地使用证》，属于违反《村庄和集镇规划建设管理条例》的行为。请求法院撤销天泉市政府为周某所颁发的土地使用证。天泉市人民政府辩称，其为周某颁发《土地使用证》事实清楚，证据确凿，应予维持。

36. 天泉市政府为周某颁发《土地使用证》的行为属于（ ）。

A. 抽象行政行为

B. 行政确认

C. 依申请的行政行为

D. 要式行政行为

【璧尘解析】BCD。根据《中华人民共和国土地管理法》第11条的规定,农民集体所有的土地,由县级人民政府登记造册,核发证书,确认所有权。因此B项正确。行政确认是行政机关和法定授权的组织就行政相对人的申请事项,依照法定权限和程序对有关法律事实进行甄别,通过确定、证明等方式决定管理相对人某种法律地位的具体行政行为。因此C项正确,A项错误。要式行政行为是指法律、法规规定必须具备某种方式或形式才能产生法律效力的行政行为。行政确认属于要式行政行为,D项正确。

37. 关于本案诉讼参加人的表述正确的是( )。

A. 被告是天泉市政府

B. 被告是周某

C. 第三人是周某

D. 第三人是天泉市政府

【璧尘解析】AC。行政诉讼中,行政机关为被告人,因此A项正确,B项错误。行政诉讼第三人属于当事人范畴,是与被诉具体行政行为有利害关系,而以自己的名义参加诉讼,并受人民法院裁判并拘束的诉讼主体。本案中周某与被诉的具体行政行为有利害关系,是诉讼第三人。

38. 关于本案的举证责任,下列表述正确的是( )。

A. 水湾村委会应当提供天泉市政府违法颁发《土地使用证》的证据

B. 周某应当提供所在单位同意的证明,以及提出宅基地申请的申请书

C. 天泉市政府应当提供为周某颁发《土地使用证》的证据和所依据的规范性文件

D. 在诉讼过程中,天泉市政府不得自行向水湾村委会和证人搜集证据

【璧尘解析】CD。根据《行政诉讼法》第32条的规定,被告对作出的具体行政行为负有举证责任,应当提供作出该具体行政行为的证据和所依据的规范性文件。AB项错误,C项正确。第33条规定,在诉讼过程中,被告不得自行向原告和证人搜集证据。D项正确。

39. 本案被告的行政行为违法表现是( )。

A. 主要证据不足

B. 滥用职权

C. 不履行法定职责

D. 无违法情形

【璧尘解析】B。本案中,地处水湾村某地块的土地所有权属于集体所有,天泉市政府没有土地的所有权,因此无权为周某办理《土地使用证》,该行为属于滥用职权。

40. 天泉市人民法院应该做出的判决类型是( )。

A. 维持判决　　　B. 变更判决

C. 撤销判决　　　D. 履行判决

【璧尘解析】C。根据《行政诉讼法》第54条的规定,具体行政行为有下列情形之一的,判决撤销或者部分撤销,并可以判决被告重新作出具体行政行为:(1)主要证据不足的;(2)适用法律、法规错误的;(3)违反法定程序的;(4)超越职权的;(5)滥用职权的。因此C项正确。

2008 年 C 类

29. 根据《公务员法》的规定,不得录用为公务员的情形是( )。

A. 曾因违纪受过处分的

B. 曾因个人原因辞去公职

C. 曾因犯罪受过刑事处罚的

D. 曾被开除公职的

【璧尘解析】CD。《公务员法》第24条规定,下列人员不得录用为公务员:(1)曾因犯罪受过刑事处罚的;(2)曾被开除公职的;(3)有法律规定不得录用为公务员的其他情形的。

案例分析题

某镇政府为维护本地区社会稳定组建了社会治安综合治理办公室(以下简称综治办)。该镇农民王某与邻居李某因用水问题产生纠纷,王某用砖块将李某砸伤。综治办接到举报后,遂将王某带到该镇派出所,当即以派出所名义对王某处以10日行政拘留并罚款500元。王某不服,向某律师咨询,寻求法律帮助。

41. 关于本案当事人获得救济的途径,下列表述正确的是( )。

A. 只能申请行政复议

B. 只能提起行政诉讼

C. 可以申请行政复议

D. 可以提起行政诉讼

【璧尘解析】CD。参见2008年B类第41~45题。

42. 如果不服行政复议决定,当事人可以在收到复议决定书之日起( )。

A. 15日内向人民法院提起诉讼

B. 30日内向人民法院提起诉讼

C. 45日内向人民法院提起诉讼

D. 60日内向人民法院提起诉讼

【璧尘解析】A。

43. 如果提起行政诉讼,本案的原告应当是( )。

A. 王某

B. 李某

C. 王某之父

D. 李某之父

【璧尘解析】A。

44. 如果提起行政诉讼,本案的被告应当是( )。

A. 综治办

B. 镇政府

C. 镇派出所

D. 镇派出所的上级公安机关

【璧尘解析】D。

45. 在行政诉讼中,人民法院可能作出的判决是( )。

A. 维持被告所作的具体行政行为的判决

B. 撤销被告所作的具体行政行为的判决

C. 被告赔偿侵害王某所造成的损失的判决

D. 被告重新作出具体行政行为的判决

【璧尘解析】BCD。

2009年C类

10. 除法律、行政法规另有规定外,对于有数量限制的行政许可,两个或者两个以上申请人的申请均符合法定条件、标准的,行政机关作出准予行政许可的决定应当根据( )。

A. 受理行政许可申请的先后顺序

B. 申请行政许可的先后顺序

C. 专家评审委员会的意见

D. 缴纳费用的多少

【璧尘解析】A。《行政许可法》第57条规定,有数量限制的行政许可,两个或者两个以上申请人的申请均符合法定条件、标准的,行政机关应当根据受理行政许可申请的先后顺序作出准予行政许可的决定。

29. 下列关于行政处罚的做法错误的有( )。

A. 某县人民政府委托某企业实施行政处罚

B. 某工商局因当事人的辩解而加重对其处罚

C. 县环保局在听证程序中安排本案调查人员张某主持听证

D. 某卫生局在行政处罚决定前未告知被处罚人行政处罚的依据

【璧尘解析】ABCD。《行政处罚法》第19条规定,受委托组织必须符合以下条件:(一)依法成立的管理公共事务的事业组织;(二)具有熟悉有关法律、法规、规章和业务的工作人员;(三)对违法行为需要进行技术检查或者技术鉴定的,应当有条件组织进行相应的技术检查或者技术鉴定。A选项中的企业不是管理公共事务的事业组织,A项做法错误。第32条规定,当事人有权进行陈述和申辩。行政机关必须充分听取当事人的意见,对当事人提出的事实、理由和证据,应当进行复核;当事人提出的事实、理由或者证据成立的,行政机关应当采纳。行政机关不得因当事人申辩而加重处罚。B项做法错误。第42条规定,听证由行政机关指定的非本案调查人员主持;当事人认为主持人与本案有直接利害关系的,有权申请回避。C项做法错误。第39条规定,行政机关依照本法第38条的规定给予行政处罚,应当制作行政处罚决定书。行政处罚决定书应当载明下列事项:……(三)行政处罚的种类和依据。D项做法错误。

案例分析题

为了让农民能住进小区,某镇政府划出一块耕地,交给开发商建住宅,然后开发商将房屋卖给农民。王某等村民不同意自己耕地被无偿占用,且无力购买经多个环节建起的房子,因此都愿意自己建房子,于是转向镇政府申请住宅用地许可。但在长达1年多的时间里镇政府对这些申请既不予审核,也不报县政府批准,致使需盖新房的村民只能在未获批准的情况下建房,于是,镇政府就招募了一些青壮年组成执法队,将王某等人未经批准新建的房子拆除,并且对每个队员每天支付100元的酬劳,王不服,欲求法律援助。

36. 不属于行政诉讼受案范围的行政行为是(　　)。

A. 镇政府划出一块耕地,交给开发商开发住宅的行为

B. 镇政府组建执法队并支付每人每天100元酬劳

C. 镇政府迟迟不对村民住宅用地申请进行审核的行为

D. 执法队拆除王某等人新建房子的行为

【璧尘解析】B。《行政诉讼法》第2条规定,公民、法人或者其他组织认为行政机关和行政机关工作人员的具体行政行为侵犯其合法权益,有权依照本法向人民法院提起诉讼。本案中,镇政府组建"执法队"、发给执法队员酬劳的行为属于内部行为,并没有侵犯公民的合法权益。因此B选项不属于行政诉讼受案范围。

37. 依《行政许可法》的规定,自受理住宅用地申请之日起计算,镇政府的审查期限为(　　)。

A. 15 日　　　　B. 20 日

C. 30 日　　　　D. 45 日

【璧尘解析】B。《行政许可法》第42条规定,依法应当先经下级行政机关审查后报上级行政机关决定的行政许可,下级行政机关应当自其受理行政许可申请之日起二十日内审查完毕。

38. 镇政府与执法队之间的关系是(　　)。

A. 行政援助　　B. 行政协助

C. 行政协作　　D. 行政委托

【璧尘解析】D。行政委托是行政机关在其职权职责范围内依法将其行政职权或行政事项委托给有关行政机关、社会组织或者个人,受委托者以委托机关的名义实施管理行为和行使职权,并由委托机关承担法律责任。本题中镇政府与"执法队"之间属于行政委托关系,D项为正确答案。行政授权是授权的一种形式,指行政组织内部上级机关把某些权力授予下级行政机关或职能机构,以便下级能够在上级的监督下自主地行动和处理行政事务,所以A项不正确。行政协助是指行政机关之间应当基于行政的整体性、统一性,相互提供协助,共同完成行政管理任务,因此B项不符合。

39. 王某对镇政府不审查住宅用地的申请不服,下列供其选择的救济途径错误的是(　　)。

A. 以镇政府为被申请人向县政府申请

行政复议

B. 直接以镇政府为被告,向县人民法院提起行政诉讼

C. 以镇政府为被申请人,向县国土局申请行政复议

D. 可依法请求县政府或者上级部门责令镇政府在规定期限内进行审批

【璧尘解析】C。《行政复议法》第13条规定,对地方各级人民政府的具体行政行为不服的,向上一级地方人民政府申请行政复议。县国土局是政府工作部门,与镇政府属于同级机关,不能作为复议机关。

40. 如果村民王某对执法队的行为不服提起诉讼并要求赔偿,正确的做法是( )。

A. 以镇政府为被告提起行政诉讼要求国家赔偿

B. 以执法队为被告提起行政诉讼并附带要求民事赔偿

C. 以镇政府为被告提起行政诉讼并附带要求民事赔偿

D. 以执法队为被告提起民事诉讼并要求民事赔偿

【璧尘解析】A。行政赔偿是指行政机关及其工作人员违法行使行政职权,侵犯公民、法人和其他组织的合法权益造成损害的,由国家承担赔偿责任的赔偿。行政赔偿是国家赔偿的主要组成部分。本案中,镇政府与"执法队"是委托关系,因此应由委托机关即镇政府承担法律责任,即应以镇政府为被告提起行政诉讼要求国家赔偿。

2010 年 C 类

10. 某县教育局科员李某因违纪被开除公职,李某对该处分不服,可以寻求的救济途径是( )。

A. 向县人民法院提起行政诉讼

B. 向市教育局提出申诉

C. 向市教育局申请行政复议

D. 向县人民政府申请行政复议

【璧尘解析】B。根据《公务员法》第90条的规定,公务员对涉及本人的人事处理不服的,可以自知道该人事处理之日起三十日内向原处理机关申请复核;对复核结果不服的,可以自接到复核决定之日起十五日内,按照规定向同级公务员主管部门或者作出该人事处理的机关的上一级机关提出申诉;也可以不经复核,自知道该人事处理之日起三十日内直接提出申诉。故选B项。

29. 下列不符合《行政处罚法》规定的有( )。

A. 行政处罚的听证费用由当事人承担

B. 不满 14 周岁的人有违法行为的,应当依法从轻或减轻行政处罚

C. 地方性法规可以设定除限制人身自由、吊销企业企业执照以外的行政处罚

D. 间歇性精神病人实施违法行为的,不应给予行政处罚

【璧尘解析】ABD。《行政处罚法》第42条规定,当事人不承担行政机关组织听证的费用,因此 A 项错误。第 25 条规定,不满十四周岁的人有违法行为的,不予行政处罚,责令监护人加以管教;已满十四周岁不满十八周岁的人有违法行为的,从轻或者减轻行政处罚,B 项错误。第 11 条规定,地方性法规可以设定除限制人身自由、吊销企业企业执照以外的行政处罚,C 项正确。第 26 条规定,间歇性精神病人在精神正常时有违法行为的,应当给予行政处罚,D 项错误。

案例分析题

2009 年 10 月,王旗镇村民王某夫妇未取得准生证生育了第二胎,同年 11 月,受县计生委委托,镇政府向王某夫妇作出征收社会抚养费 15000 元的决定,但未告知其申请行政复议和提起行政诉讼的权力。王某以收费过高以及不能提供收据为由,拒绝交纳。于是,在没有任何机关委托的情况下,镇政府工作人员与村委会干部强行将王某的农用四

轮车拖走以代缴社会抚养费。王某不允,双方冲突中王某被镇政府工作人员打伤。为此,王某花去医疗费500元,误工3天。王某对镇政府和村委会的行为不服,欲寻求法律救济。

【法条链接】《社会抚养费征收管理办法》第4条:社会抚养费的征收由县级人民政府计划生育行政部门作出书面征收决定,县级人民政府计划生育行政部门可以委托乡(镇)人民政府或者街道办事处作出书面征收决定。

41. 镇政府工作人员与村委会干部强行将王某的农用四轮车拖走的行为属于( )。

A. 执行罚

B. 直接行政强制执行

C. 代履行

D. 间接行政强制执行

【璧尘解析】 B。执行罚是一种间接强制执行的手段。它是指有关国家机关对拒不履行已经生效的具体行政行为的当事人进行制裁,以迫使当事人自觉履行该具体行政行为所确定的义务的法律制度。代履行,又叫代执行,是指义务人不履行法律、法规等规定的或者行政行为所确定的可代替作为义务,由行政强制执行机关或第三人代为履行,并向义务人征收必要费用的行政强制执行方法。直接强制执行,是指在采用代执行、执行罚等间接手段不能达到执行目的,或无法采用间接手段时,执行主体可依法对义务人的人身或财产直接实施强制,迫使其履行义务或实现与履行义务相同状态的强制执行方法。故本题选B项。

42. 本案中镇政府及其工作人员的行为有数处违法,计有( )。

A. 2处   B. 3处

C. 4处   D. 5处

【璧尘解析】 C。根据我国《社会抚养费征收管理办法》相关规定,在征收社会抚养费时,应向当事人出具统一印制的收据,并且当事人在规定限期未缴纳的需要依法申请人民法院强制执行。本案中,征收人员既不提供收据,又无强制执行的授权,属于违法行为。同时,在强制执行时将王某打伤,也属于违法行为,需要给予适当的赔偿。镇政府受县计生委委托作出征收抚养费决定,但未知其申请行政复议和提起行政诉讼的权力,应该也是违法行为。但此题纠结之处在于,社会抚养费征收是"怪胎",不属于行政处罚,《社会抚养费征收管理办法》对此程序也没有作出明确规定或是说明。只是在第9条指出,当事人对征收决定不服的,可以依法申请行政复议或者提起行政诉讼。我们正常的社会抚养费征收是准行政处罚程序,即立案—调查—告知权利—作出决定—送达决定书—执行。揣摩出题人意图,答案应为C项,即有4处违法。

43. 若王某不服社会抚养费征收决定,申请行政复议,则复议机关可以是( )。

A. 镇政府   B. 镇党委

C. 县计生委   D. 县政府

【璧尘解析】 D。对受委托的组织作出的具体行政行为不服申请的复议,由委托的行政机关的上一级行政机关管辖。故选D项。

44. 若王某对镇政府工作人员与村委会干部强行拖走其农用四轮车的行为不服,直接向人民法院提起行政诉讼,则被告是( )。

A. 县政府

B. 镇政府

C. 镇政府和村委会

D. 县计生委

【璧尘解析】 D。《行政诉讼法》第25规定,行政机关委托的组织所作出的具体行政行为,委托的行政机关为被告。故选D项。

45. 对于王某的医疗费和误工费,下列说法正确的是( )。

A. 应当由镇政府赔偿

B. 因为王某有过错,所以镇政府可以不赔偿

C. 应当由县计生委赔偿

D. 应由镇政府和村委会负连带赔偿责任

【璧尘解析】C。《国家赔偿法》第7条规定,受行政机关委托的组织或者个人在行使受委托的行政权力时侵犯公民、法人和其他组织的合法权益造成损害的,委托的行政机关为赔偿义务机关。故选C项。

2011年C类

7. 下列不属于行政法调整的社会关系是( )。

A. 因镇政府不偿还农村信用社贷款而引起的社会关系

B. 因消防部门作出火灾事故责任认定而引起的社会关系

C. 因政府征收国有土地上的房屋而引起的社会关系

D. 因行政机关招考公务员而引起的社会关系

【璧尘解析】A。行政法调整行政管理关系。即行政机关、法律法规授权的组织等行政主体在行使行政职权的过程中,与公民法人和其他组织等行政相对人之间发生的各种关系。行政主体与行政相对人之间形成的行政管理关系,是行政关系中的主要部分。行政主体的行政行为,如行政许可、行政征收、行政给付、行政裁决、行政处罚、行政强制等,大部分都是以行政相对人为对象实施的,从而与行政相对人之间产生行政关系。因镇政府不偿还农村信用社贷款而引起的社会关系属于镇政府作为民事主体产生的民事法律关系。

26. 我国法律规定,下列应当获得行政许可后才能从事的活动有( )。

A. 砍伐林木

B. 在农村荒地上建房

C. 房屋产权变更

D. 将农用地转为建设用地

【璧尘解析】ABD。《中华人民共和国森林法》第32条规定,采伐林木必须申请采伐许可证,按许可证的规定进行采伐;农村居民采伐自留地和房前屋后个人所有的零星林木除外。《中华人民共和国土地管理法》第44条规定,建设占用土地,涉及农用地转为建设用地的,应当办理农用地转用审批手续。第62条规定,农村村民住宅用地,经乡(镇)人民政府审核,由县级人民政府批准。房屋产权变更是民事行为,不需要获得行政许可。

案例分析题

某镇政府为了道路拓宽工程建设需要,必须征收村民张某宅基地上的6间住房。在集体土地征收还未报省政府批准的情况下,镇政府就根据自己制定的补偿办法,与张某协商房屋补偿问题,但未能达成协议。为了赶工程,镇长下令公务员李某组织人员,乘张某外出期间,将其中的3间住房强行拆除,并把路铺好。道路建成通车后,镇政府既不与张某协商补偿或赔偿事宜,也不谈征收剩余3间房屋的问题,致使张某不得不每天忍受往来车辆的噪声困扰。

44. 在本案中,张某可以寻求的法律救济途径有( )。

A. 提出民事诉讼

B. 提出行政诉讼

C. 要求行政补偿

D. 要求国家赔偿

【璧尘解析】ABD。《行政诉讼法》第2条规定,公民、法人或者其他组织认为行政机关和行政机关工作人员的具体行政行为侵犯其合法权益,有权依照本法向人民法院提起诉讼。《国家赔偿法》第2条规定,国家机关和国家机关工作人员违法行使职权侵犯公民、法人和其他组织的合法权益造成损害的,受害人有依照本法取得国家赔偿的权利。行政补偿是指国家行政机关及其工作人员在管理国家和社会公共事务的过程中,因合法的行政行为给公民、法人或其他组织的合法权益造成损失,由国家依法予以补偿的制度。

45. 根据《公务员法》,对于公务员李某执行镇长命令一事,下列说法正确的有( )。

A. 李某对执行命令的后果不承担责任

B. 李某应向镇长提出撤销该命令的意见

C. 李某应对执行该命令承担相应的责任

D. 李某对执行命令的后果承担全部责任

【璧尘解析】BC。《公务员法》第54条规定,公务员执行公务时,认为上级的决定或者命令有错误的,可以向上级提出改正或者撤销该决定或者命令的意见;上级不改变该决定或者命令,或者要求立即执行的,公务员应当执行该决定或者命令,执行的后果由上级负责,公务员不承担责任;但是,公务员执行明显违法的决定或者命令的,应当依法承担相应的责任。

案例分析题

某市某县某小区一楼住户王某饲养了一只狼狗,经常半夜吵得邻居不得安宁。某日,狼狗挣脱绳子,窜进了李某未关好窗户的卧室,把李某咬伤,并致李某精神恍惚。为此,李某亲戚何某找王某理论,双方发生争执,并引发肢体冲突。此时,王某的妻弟刘某闻讯赶到,也与何某发生了强烈的肢体冲突,何某因此面部受伤,花去治疗费用5000元。公安派出所民警介入后,对王某作出了行政拘留3日、对刘某作出了行政拘留15日并处罚500元的行政处罚。

49. 在对王某作出的行政处罚决定书上署名的处罚主体依法应当为( )。

A. 县公安局　　　B. 派出所

C. 民警　　　　　D. 县人民政府

【璧尘解析】A。《行政处罚法》第16条规定,国务院或者经国务院授权的省、自治区、直辖市人民政府可以决定一个行政机关行使有关行政机关的行政处罚权,但限制人身自由的行政处罚权只能由公安机关行使。

50. 若刘某对行政拘留处罚决定不服,向市公安局申请行政复议,而复议决定将行政拘15日变更为10日,刘某依然不服,向人民法院提起行政诉讼,则被告应当为( )。

A. 县公安局

B. 派出所

C. 市公安局和县公安局

D. 市公安局

【璧尘解析】D。《行政诉讼法》第25条规定,经复议的案件,复议机关决定维持原具体行政行为的,作出原具体行政行为的行政机关是被告;复议机关改变原具体行政行为的,复议机关是被告。

2012 年 C 类

15. 民族自治地方的人民法院审理行政案件的依据不包括( )。

A. 行政法规

B. 地方性法规

C. 规章

D. 自治条例

【璧尘解析】C。《行政诉讼法》第52条规定,人民法院审理行政案件,以法律和行政法规、地方性法规为依据。地方性法规适用于本行政区域内发生的行政案件。人民法院审理民族自治地方的行政案件,并以该民族自治地方的自治条例和单行条例为依据。ABD三项均为民族自治地方的人民法院审理行政案件的依据,不符合题意。根据该法第53条的规定,人民法院审理行政案件,规章仅为参照适用,而非依据,因此C项符合题意。

案例分析题

刘某在改建自己祖屋时,超出规划许可证范围进行施工。邻居张某向区规划局投诉,认为刘某的施工影响他家的通风和采光,规划局在核实后做出了责令停止施工的决定,但刘某未予理睬,继续施工。区政府接到规划局的报告后,按照《城乡规划法》的规定,由城区行政执法局立即查封施工现场,强制拆除已经建成的构筑物。经调查,刘某的《规划许可证》是执法人员王某在收取刘某送的 4000 元礼金后,违反法定程序颁发的,为此王某受到降级处分。

46. 区行政执法局对施工现场的查封,在法律性质上属于( )。

A. 行政强制措施

B. 行政强制执行方式

C. 直接强制执行方式

D. 行政处罚

【璧尘解析】A。根据《行政强制法》第 9 条的规定,行政强制措施的种类包括:(1)限制公民人身自由;(2)查封场所、设施或者财物;(3)扣押财物;(4)冻结存款、汇款;(5)其他行政强制措施。本案中,区行政执法局对施工现场的查封,属于"查封场所、设施或者财物",A 项正确。

47. 根据《行政许可法》,区规划局在向刘某颁发《规划许可证》之前,应当向张某履行的程序义务是( )。

A. 获得张某的同意

B. 将刘某的许可申请材料寄给张某

C. 将许可事项告知张某并听取其意见

D. 确认张某房屋权属状况

【璧尘解析】C。《行政许可法》第 36 条规定,行政机关对行政许可申请进行审查时,发现行政许可事项直接关系他人重大利益的,应当告知该利害关系人。申请人、利害关系人有权进行陈述和申辩。行政机关应当听取申请人、利害关系人的意见。刘某施工影响到张某家的通风和采光,区规划局有义务将许可事项告知张某并听取其意见。

48. 对于本案中的规划许可,区规划局应当予以( )。

A. 撤回

B. 撤销

C. 注销

D. 吊销

【璧尘解析】B。根据《行政许可法》第 69 条的规定,违反法定程序作出准予行政许可决定的,作出行政许可决定的行政机关或者其上级行政机关,根据利害关系人的请求或者依据职权,可以撤销行政许可。

49. 根据《行政强制法》的规定,区行政执法局在强制拆除刘某已经建成的构筑物之前,不需要履行的程序义务是( )。

A. 制作现场笔录

B. 将限期刘某自行拆除的决定予以公告

C. 听取刘某的陈述和申辩

D. 催告刘某自行拆除

【璧尘解析】D。《行政强制法》第 18 条规定,行政机关实施行政强制措施应当遵守下列规定:(1)实施前须向行政机关负责人报告并经批准;(2)由两名以上行政执法人员实施;(3)出示执法身份证件;(4)通知当事人到场;(5)当场告知当事人采取行政强制措施的理由、依据以及当事人依法享有的权利、救济途径;(6)听取当事人的陈述和申辩;(7)制作现场笔录;(8)现场笔录由当事人和行政执法人员签名或者盖章,当事人拒绝的,在笔录中予以注明;(9)当事人不到场的,邀请见证人到场,由见证人和行政执法人员在现场笔录上签名或者盖章;(10)法律、法规规定的其他程序。该法第 44 条规定,对违法的建筑物、构筑物、设施等需要强制拆除的,应当由行政机关予以公告,限期当事人自行拆除。当事人在法定期限内不申请行政复议或者提起行政诉讼,又不拆除的,行政机关可以依法强制拆除。因此 ABC 三项均属于区行政执法局在强制拆除构筑物之前应当履行的程序义务,不应选。

50. 若王某对降级处分不服,可以寻求的救济途径是( )。

A. 行政仲裁

B. 行政申诉

C. 行政复议

D. 行政诉讼

【璧尘解析】B。对王某的处分属于内部行政处分，并不适用行政仲裁、行政复议和行政诉讼。根据《公务员法》第90条的规定，公务员对涉及本人的降职处理不服的，可以自知道该人事处理之日起30日内向原处理机关申请复核；对复核结果不服的，可以自接到复核决定之日起15日内，按照规定向同级公务员主管部门或者作出该人事处理的机关的上一级机关提出申诉；也可以不经复核，自知道该人事处理之日起30日内直接提出申诉，因此B项正确。

2013年C类

15. 城管执法人员为阻止摊贩继续非法占道经营，暂扣了摊贩兜售的物品，这一行为在法律性质上属于（　　）。

A. 行政强制措施
B. 直接强执行方式
C. 行政处罚
D. 民事侵权行为

【璧尘解析】A。根据《行政强制法》第9条的规定，行政强制措施包括：（1）限制公民人身自由；（2）查封场所、设施或者财物；（3）扣押财物；（4）冻结存款、汇款；（5）其他行政强制措施。本案属于扣押财物。

17. 下列法律中，主要用于调整国家行政机关与公民法人或者其他组织之间关系的是（　　）。

A.《中华人民共和国民法通则》
B.《中华人民共和国农村土地承包法》
C.《中华人民共和国税收征收管理法》
D.《中华人民共和国合同法》

【璧尘解析】C。《民法通则》与《合同法》主要调整平等主体间的关系，而国家行政机关与公民法人或者其他组织之间并不是平等主体间的关系，故AD两项不选。《农村土地承包法》中的发包方是村集体经济组织、村民委员会或村民小组等，国家行政机关与公民

法人或其他组织间的关系不属于其调整范畴，故本题答案为C项。

案例分析题

2012年4月27日，甲在乙经营的小吃店吃完一碗10元的米粉后，出现食物中毒，花费治疗费320元。区卫生局接到医院报告后，立即对乙经营的小吃店进行检查，并委托区疾控中心对该店的米粉进行检查。区疾控中心出具的检测报告证明，该批次米粉明显不符合食品安全标准。经查，小吃店的米粉系从S米粉厂购进。区卫生局于2012年5月3日向乙下达了处罚决定，责令乙立即改正违法行为，罚款人民币5000元，并告知了申请行政复议和提起行政诉讼的权利。乙以不知米粉不合格、应处罚S米粉厂为由，申请行政复议。

46. 区疾控中心出具的检测报告在证明形式上属于（　　）。

A. 书证
B. 物证
C. 鉴定结论
D. 勘验笔录

【璧尘解析】C。鉴定结论是证据的一种。在诉讼中运用专门知识或技能，对某些专门性问题进行检验、分析后所作出的科学判断，称为鉴定。鉴定人对案件中需要解决的专门性问题进行鉴定后作出的结论，称为鉴定结论。本案中，疾控中心对米粉的检测报告是针对食物中毒问题进行科学判断后作出的结论。

47. 区疾控中心在行政处罚法律关系中的地位是（　　）。

A. 受卫生局委托行使行政处罚权的组织
B. 鉴定人
C. 被处罚人之外的利害关系人
D. 当事人

【璧尘解析】B。在诉讼中运用专门知识或技能，对某些专门性问题进行检验、分析后所作出的科学判断，称为鉴定。进行这种鉴定活动的人或组织，称为鉴定人。

49. 乙不服行政处罚决定申请行政复议,最迟不得晚于( )。

A. 2012 年 7 月 2 日

B. 2012 年 6 月 2 日

C. 2012 年 8 月 2 日

D. 2012 年 6 月 3 日

【璧尘解析】A。根据《行政复议法》第 9 条规定,公民、法人或者其他组织认为具体行政行为侵犯其合法权益的,可以自知道该具体行政行为之日起 60 日内提出行政复议申请;但是法律规定的申请期限超过 60 日的除外。本案中,乙申请行政复议的时间从 2012 年 5 月 3 日区卫生局下达处罚决定时起不超过两个月,即 2012 年 7 月 2 日。

案例分析题

村民王某和施某两家相邻。2012 年 3 月,施某在两家之间都不享有宅基地使用权的空地上砌了一堵墙。谁知,这堵墙竟成了两家关系恶化的导火索。围绕砌墙的合法性,砌墙后王家的采光、通风、排水等问题,两家互不相让。5 月 4 日,王某、施某又起纷争,施某先动手打了王某,继而双方互殴,王某右踝骨折,施某左上臂挫伤。后经鉴定,王某被打成轻伤。王某要求施某赔偿其因轻伤所受损失,并要求公安机关对施某处以治安处罚。

52. 施某砌墙依法应当得到有关单位或个人的同意。这里的单位或个人不包括( )。

A. 王某

B. 乡人民政府

C. 村委会

D. 县人民政府

【璧尘解析】D。参见 2013 年 B 类第 52 题。

55. 如果公安机关未对王某进行处罚,施某对此不服,向法院起诉,下列说法正确的是( )。

A. 法院不应受理,因为施某先动手打人

B. 如果法院受理,王某可作为第三人参加诉讼

C. 如果法院受理,王某应作为被告参加诉讼

D. 法院不应受理,因公安机关不处罚王某并不损害施某权益

【璧尘解析】B。参见 2013 年 B 类第 55 题。

2014 年 C 类

案例分析题

H 市 M 县人民政府为了对石膏产业进行转型升级,要求有关部门对小型的以及证照不全的石膏生产企业全部予以关停,其余五家证照齐全的大中型石膏生产企业合并,与引进的投资商张某共同组建 Q 公司,由 Q 公司独家生产石膏。Q 公司的股权配置是:五家大中型石膏生产企业各占 12% 的股份,张某占 40% 的股份。对拒不响应政府要求的所有石膏生产企业,有关部门将予以办理石膏开采许可证延续、工商年检等相关手续。在被合并的五家企业中,甲公司规模最大,前期投入最大,因而损失也最大。

36. 若有关部门关停小型石膏生产企业的理由并非这些企业存在违法行为,则关停决定的法律性质是( )。

A. 行政许可的撤回

B. 行政处罚

C. 行政强制措施

D. 行政命令

【璧尘解析】D。行政许可的撤回是指行政机关已作出行政许可决定,但在生效之前收回已作出的行政许可决定的具体行政行为。本题中的行政许可已经生效,A 选项错误。行政处罚和行政强制措施针对的是企业的违法行为,题干中指明这些企业不是因为存在违法行为被关停的,因此 BC 选项错误。行政命令是行政主体依法要求相对人进行一定的作为或不作为的意思表示,具有强制力。本题中,企业并非存在违法行为而被有关部

门关停属于行政命令。

37. 若强制关停证照齐全的小型石膏生产企业的理由并非这些企业存在违法行为，而是为了公共利益的需要，则这些企业依法有权提出的主张是（　　）。

A. 要求撤销该关停决定

B. 要求给予国家赔偿

C. 要求获得和甲公司一样的待遇

D. 要求给予公平补偿

【璧尘解析】D。国家赔偿一般由国家机关及其工作人员的违法行为引起，国家补偿则由国家的合法行为引起，不以违法为前提。题干是为了公共利益的需要，不是由于违法行为所造成的，所以这些企业依法有权提出给予公平补偿的要求。

38. 若强制关停小型石膏生产企业是因为这些企业存在违法行为，则有关部门在作出关停决定之前无需履行的程序义务是（　　）。

A. 说明理由

B. 将拟作出的关停决定予以公告

C. 告知拟被关停企业有要求听证的权利

D. 听取拟被关停企业的陈述和申辩

【璧尘解析】B。依据《行政处罚法》第31条规定，行政机关在作出行政处罚决定之前，应当告知当事人作出行政处罚决定的事实、理由及依据，并告知当事人依法享有的权利。所以选项A是必经程序义务，不应选。该法第42条规定，行政机关作出责令停产停业、吊销许可证或者执照、较大数额罚款等行政处罚决定之前，应当告知当事人有要求举行听证的权利。所以选项C是必经程序义务，

不应选。该法第32条第1款规定，当事人有权进行陈述和申辩。所以选项D是必经程序义务，不应选。

39. 本案中，M县人民政府为了张某的利益，要求强行将甲公司"收编"到Q公司的行为，从行政诉讼法的角度，最适宜认定为（　　）。

A. 超越职权

B. 违反法定程序

C. 适用法律法规错误

D. 滥用职权

【璧尘解析】D。超越职权，是指行政执法主体及其工作人员所作出的具体行政行为，超越了法律法规所规定的权限范围，或者实施了根本无权实施的具体行政行为。滥用职权，是指行政主体及其工作人员所实施的具体行政行为虽然形式上在法定范围之内，但其内容不符合法律法规设定的目的、精神和原则，不正当地行使职权，通过表面合法的手段达到实质非法的目的和意图。本题中M县政府的行为，从行政诉讼法的角度，最适宜认定为滥用职权。

40. 若甲公司对M县人民政府的行为不服申请行政复议，则行政复议机关是（　　）。

A. M县人民政府

B. M县人民政府法制办

C. H市人民政府法制办

D. H市人民政府

【璧尘解析】D。《行政复议法》第13条规定，对地方各级人民政府的具体行政行为不服的，向上一级地方人民政府申请行政复议。

命题规律及备考建议

　　行政法及行政诉讼法是公共基础知识科目法律部分的重中之重，每年考试一般都会有行政法的案例题，除此之外还有2～3道单选和多选题，分值最高。行政法主要由基础理论、《行政处罚法》、《行政许可法》、《行政诉讼法》、《行政复议法》、《国家赔偿法》、《政府信息公开条例》

和《公务员法》等组成。在考点的分布上,重点是《行政诉讼法》和《行政复议法》,热点是 2012 年新出台的《行政强制法》和 2010 年新修订的《国家赔偿法》。另外值得注意的是,《最高人民法院关于执行〈行政诉讼法〉若干问题的解释》也是历年考试的高频考点。

　　从考题的设计上,行政法的命题特点:一方面多以案例的形式进行考查,注重法条与理论在实际问题中的运用,这就要求考生不仅要熟练掌握法条的规定,还要注重观察现实案例,懂得结合案例来运用法条。另一方面,注重综合考查相关知识点,一般一个案例能涉及多个法,如某行政机关对某公民进行了不当的行政处罚(可考行政处罚种类、程序义务、处罚设置等),执行了不当的行政强制措施(可考行政强制措施类型、程序义务、代履行等),公民权益受到伤害(可考救济途径、期限、国家赔偿等)寻求救济行政复议(可考复议机关的选择)或是诉讼(可考管辖的法院、诉讼判决、回避制度等)。这些考题通常将行政处罚与行政强制结合起来,将《行政诉讼法》和《行政复议法》易混淆部分综合起来考查。这就要求我们在复习的时候,注意对比理解,要吃透法条。在复习对策上,一定要认真研习历年真题。在公共基础知识考试中,行政法部分重复的考点很多,主要考点如受案范围、管辖法院、诉讼判决、程序义务等在历年真题中反复出现,这就需要考生认真研读历年真题,读懂真题背后的知识点,把握命题的规律性。

语文基础与公文写作

分值 类别 \ 年份	2014	2013	2012	2011	2010	2009	2008	2007	2006	2005
A 类	10	8	8	9.2	9.2	9	11	10	11	15
B 类	33.6	10.5	10.5	29	34.2	34.2	51	44	35	20
C 类	35.2	10.5	9.5	9	44	54.2	49	53	54	57

语 文 基 础

历年分值分布

分值 类别 \ 年份	2014	2013	2012	2011	2010	2009	2008	2007	2006	2005
A 类	3	2	2	3.2	3.2	2	3	2	6	5
B 类	3.6	2	3	3	2.2	2.2	4	2	5	9
C 类	5.2	2	2	3	2	2	3	2	3	2

真题分类详解

2004 年 A 类

27. 下列各句中与"诚信给他们厂带来了巨大的经济效益"中的"给"含义、用法相同的是（　　）。

A. 杂草都让大家给清除了

B. 所有的书都已还给图书馆了

C. 所有的手续主任全给我们办好了

D. 省里给了他们学校几个出国考察的名额

【璧尘解析】C。"给"在题干中作为介词，表示对象、目的，相当于"为""替"。A 选项中的"给"系助词，用在某些动词前面，以加强语气。B 选项中的"给"用在动词后面表示交与、付出的意思。D 选项中的"给"作为动词有使对方得到某些东西或某种遭遇的意思。与题干中"给"含义、用法相同的是 C 选项。

28. 下列姓氏按笔画数由小到大的顺序排列应该是(   )。

    A. 孙、杨、贾、曹   B. 杨、孙、贾、曹
    C. 孙、杨、曹、贾   D. 杨、孙、曹、贾

【璧尘解析】A。A 选项"孙"的笔画数为 6,"杨"的笔画数为 7,"贾"的笔画数为 10,"曹"的笔画数为 11。

29. "两条腿哪能跑得过四个轮子?"运用的修辞手法是(   )。

    A. 借喻   B. 对比
    C. 设问   D. 借代

【璧尘解析】D。题干中的"两条腿"意为"步行","四个轮子"则意为"开车",这里运用的是借代的修辞手法。选项中都是常见的修辞手法。借代是指不直说事物的名称,而是用与本事物有密切关系的事物来代替本事物。对比是把两个相反、相对的事物或同一事物相反、相对的两个方面放在一起,用比较的方法加以描述或说明,也叫对照。设问是为了揭示下文,强调某种观点而有意提问。

30. 下列几组词语中内部构造完全相同的一组是(   )。

    A. 领袖、丰富、甘苦、出纳
    B. 雪白、火红、年轻、眼红
    C. 知己、司机、发榜、说明
    D. 性急、国营、政变、田园

【璧尘解析】A。四个选项中的词语都是由两个实语素构成的复合词。复合词的结构关系有联合式、偏正式、动宾式、补充式、主谓式、重叠式等。A 选项的四个词语的内部构造都是联合式结构,符合题干要求,而其他三项则没有完全相同的内部构造,故选 A。

73. 下列几组词语中有错别字的是(   )。

    A. 游弋   镌永   踌躇   褴褛
    B. 干涸   攫取   屠戳   酝酿
    C. 攻讦   遒劲   丛冢   熟稔

D. 拮剧   掮客   慰藉   缜密

【璧尘解析】ABD。A 选项中的"镌永"应为"隽永";B 选项中的"屠戳"应为"屠戮";D 选项中的"拮剧"应为"拮据"。只有 C 选项中没有错别字。故选 ABD。

74. 下列句子句型完全相同的是(   )。

    A. 墙上挂着一面镜子
    B. 房间里孩子在啼哭
    C. 老头儿拄着一根精致的拐杖
    D. 村里来了一个修鞋的

【璧尘解析】AD。AD 选项的句型都是:状语＋谓语＋主语。B 选项的句型是:状语＋主语＋谓语。C 选项的句型是:主语＋谓语＋宾语。

75. 歧义句是指可能有不止一种理解的句子,下列有歧义的句子是(   )。

    A. 战士们在城楼上发现了敌人
    B. 三个报社的记者来了
    C. 咬伤了小学生的狗被处死了
    D. 这里竟然有几本鲁迅的书

【璧尘解析】ABD。A 选项有两种理解:①表示战士们在城楼上,而敌人则不一定在城楼上;②表示敌人在城楼上,而战士们不一定在城楼上。B 选项也有两种理解:①"三个"用来限制记者,即有三个记者来了;②"三个"是限制报社的,即来的记者分别属于三个报社。D 选项也有两种理解:①几本鲁迅写的书②几本鲁迅收藏的书。C 选项只能有一种理解。故选 ABD。

2005 年 A 类

29. 下列句子中,标点符号使用正确的一句是(   )。

    A. 记忆是一个很难捉摸的东西。有些强迫记忆,即使用,不是丢三落四,就是千呼万唤不出来,有的却是另一种情况,一句偶发的戏语,竟变成"永不

消失的电波"。

B. 没有意思硬要说，就是瞎说；意思没有想清楚随便说，就是乱说；那都是没有把话说好。

C. 有的人可能终生是个谜，但只要他是英雄，不管谜面如何，谜底决然是个"公"字。

D. 在黑色的秋夜里，秋虫唧唧，我不知道这是不是因为秋虫有强烈的生命意识？抑或是将生命的全部价值隐含在这微弱却令人感泣的绝响里？

【璧尘解析】C。A 选项中"有些……，有的……"显然是一个并列关系的排比句，应将"有的"前面的"，"改为"；"。B 选项中"那都是没有把话说好"是对前面两个并列句式的总结，因此"都是没有把话说好"前面的"；"应改为"。"。D 选项不是问句，应将第一个"？"改为"，"，第二个"？"改为"。"。

30. 下列各组依次填入横线处的词语，恰当的一组是（　　）。

我始终_____，开始在内心生活得更严肃的人，也会在外在上开始生活得更_____。在一个奢华浪费的年代，我希望能向世界_____，人类真正要的东西是非常之微小的。

A. 确认　朴素　表明
B. 相信　质朴　证明
C. 确认　质朴　证明
D. 相信　朴素　表明

【璧尘解析】D。确认，是指相信、证实。这段话前没有结论性的语句，因此第一个空应选择"相信"，排除 AC；第二个空与奢华浪费相对，应该就选择"朴素"。通过排除后，选择最后一个空为"表明"。题干材料出自美国作家海明威的作品。

31. 下列各句没有语病的一句是（　　）。

A. 奥斯特洛夫斯基不仅顽强地在病榻上与疾病作斗争，还为千千万万的青

年树立了榜样，写下名著《钢铁是怎样炼成的》。

B. 观赏自然风景也是如此，苏东坡有诗云"不识庐山真面目，只缘身在此山中"，就是讲的距离太近而又无法欣赏庐山的自然美这样一种情形。

C. 全球化经营已成为当今大公司的发展战略，而企业兼并则是他们调整经济结构和生产布局的重要手段。

D. 从中西医结合到完成新医学的过程，必须是中医、西医、中西医结合三种力量同时发展，不断使中西医结合向深度广度发展。

【璧尘解析】C。A 选项中关联词"不仅……还"赘余，应删除；B 选项成分缺失，语序混乱，应改为"讲的就是因距离太近……"；D 选项词语赘余，应将"中医、西医、中西医结合三种力量同时发展"中的"结合"删除。

49. 下列各组词语中有错别字的是（　　）。

A. 以警效尤　矫枉过正　委曲求全
B. 蜿蜒绵亘　锱铢必较　峰涌而上
C. 贪赃枉法　天之娇子　淋漓尽至
D. 响遏行云　生搬硬套　相形见绌

【璧尘解析】ABC。A 选项中的"以警效尤"中"警"应为"儆"；B 选项中的"峰涌而上"中"峰"应为"蜂"；C 选项中的"淋漓尽至"的"至"应为"致"。

50. 下列加点字解释有误的是（　　）。

A. 兼传羽怀（双方）
不克自拔（克服）

B. 高城深池（护城河）
浅尝辄止（总是，就）

C. 义愤填膺（胸）
不言而喻（比喻）

D. 百折不挠（弯曲）
同舟共济（过河，渡）

【璧尘解析】AC。A 选项"不克自拔"中

的"克"是"能够"的意思;C选项"不言而喻"中的"喻"为"理解"的意思。

2006年A类

15. "长太息以掩涕兮,哀民生之多艰",这一诗句表达了伟大诗人屈原(　　)。

A. 坚定执著的探求精神

B. 对国家、人民命运的关心

C. 遭受冤屈后的愤怒之情

D. 两次被流放的痛苦之情

【璧尘解析】B。这句诗选自屈原《离骚》。全句的意思可以理解为我常常长声叹息,还掩面哭泣,哀伤人民生活命运的艰难。表达了诗人对国家、人民命运的关心。

案例分析题

　　已经卸任的教育部副部长张保庆去年曾经说过一句话:"不是学校在乱收费,都是地方政府逼着学校乱收费。"张保庆认为,目前许多地方以收费代替政府对教育的投入,这是造成教育乱收费问题的症结。

　　中央的某些指令和政策为何遭到地方或明或暗的抵制和消解?最根本的问题就是各级政府之间的权责不对称。长期以来的惯例是,中央政府有制订政策的权力,但推行政策所需要的财政责任主要由地方政府承担。人们都觉得上面提出的政策设想很好,但通常忘记了一点,即使政策再好,如果没有财政资源相匹配就很难落实。而现有的财政收入分配格局使得地方政府面对上面一个接一个好政策,时而捉襟见肘。于是,地方政府不得不经常扮演"白脸"角色。

56. 下列对"已经卸任的教育部副部长张保庆"的其他表述方法中,最恰当的是(　　)。

A. 已经卸任的原教育部副部长张保庆

B. 已经卸任的教育部原副部长张保庆

C. 教育部原副部长张保庆

D. 原教育部副部长张保庆

【璧尘解析】C。一般而言,已卸任官员统称"某某单位原领导",题中要注意C选项和D选项的区别。D选项"原教育部副部长张保庆"句子有歧义,容易误以为是教育部曾经改组换名,实际上教育部不变,是张保庆卸任副部长,故最恰当的是C选项。

57. 材料中的下列加点词,如果删除会导致原文意思改变的是(　　)。

A. 曾经　　　　B. 目前

C. 主要　　　　D. 不得不

【璧尘解析】ABCD。题中"曾经""目前"表现说话的时态,不能删除,"主要"表示程度,"不得不"与"必须"同义,类似于程度副词,在句中不能删去。因此这四个选项是缺一不可。

58. 材料中的下列加点词,使用恰当的是(　　)。

A. 症结　　　　B. 消解

C. 捉襟见肘　　D. 白脸

【璧尘解析】ABCD。题中"症结""消解""捉襟见肘""白脸"用法准确,符合题意,使用都恰当,因而全选。

59. 下列对材料中划线句子的判断,错误的是(　　)。

A. 这是一个单句,不是复句

B. 这是一个表示递进关系的复句

C. 这是一个表示假设关系的复句

D. 这是一个多重复句,不是单句

【璧尘解析】A。题中划线句子是一个多重复句,不是单句,且这个复句同时兼有表达递进关系和假设关系的作用,故错误的是A选项。

60. 材料中的错别字有(　　)。

A. 0个　　　　B. 1个

C. 2个　　　　D. 2个以上

【璧尘解析】A。文中无任何错别字,因而选择A选项。

2007 年 A 类

15. 下列选项中加点的成语，使用不恰当的是（　　）。

A. 赵本山等的小品《公鸡下蛋》逗得观众捧腹大笑，在笑声中人们心中的所有烦恼、忧愁都付诸东流。

B. 工欲善其事，必先利其器，考试答卷时的书写用笔要挑选好。笔要滑、细、深。滑者流畅，细者清晰，深者醒目。

C. 贺岁片本就是喜庆和哈哈一乐了事的，不必太当真；既要搞笑，又要扮演正人君子，就不免有沐猴而冠的滑稽感。

D. 一些学校将奥数作为选拔优秀学生的必要条件，为了让孩子能进好的学校，一些家长趋之若鹜，纷纷送孩子上奥数班。

【璧尘解析】A。付诸东流是指把东西扔在东流的水里冲走，用在这里显然不妥。

36. 下列句子有语病的是（　　）。

A. 此次大展的一个重要特点，是把流失在海外的滇文化藏品，与云南的藏品共同汇聚在一起，使滇文化的传播影响走到了更高的平台。

B. 中央民族乐团的演员们为观众献上了"步步高""二泉映月"等民乐名曲，在观众雷鸣般的掌声中又加演了"花好月圆"等曲目。

C. 中、俄、印在具体领域增进彼此合作的可能性很大，但建立针对美国等西方国家的战略联盟的可能性，至少在近期内微乎其微。

D. 新年新气象，清除非法短信和品牌形象店等服务工程，使得北京移动服务方面的领先优势更加显著。

【璧尘解析】ABD。A 选项去掉"影响"，应该是"传播"对应"平台"，"影响"对应"水平""层次"；B 选项应在"民乐名曲"后加上"表演"，作为"献上"的宾语中心语；C 选项语句正确；D 选项应在"品牌形象店"前加上"打造"一词，与前面的"清除"相呼应。

2008 年 A 类

13. 结构不同于其他三项的成语是（　　）。

A. 削足适履　　B. 守株待兔
C. 杀一儆百　　D. 防微杜渐

【璧尘解析】D。"削足"以"适履"，"守株"为"待兔"，"杀一"以"儆百"，这三个成语的前后两个短语之间是目的关系。"防微杜渐"前后两个短语之间是并列关系。

14. 下列句子使用比拟修辞格的是（　　）。

A. 蜀道之难，难于上青天
B. 满把银的铜的往柜台上一扔
C. 战士们打得鬼子夹着尾巴逃跑了
D. 落霞与孤鹜齐飞，秋水共长天一色

【璧尘解析】C。比拟是借助丰富的想象，把物当成人来写，或把人当成物来写，或把甲物当成乙物来写。比拟分为拟人和拟物。根据题意，C 选项使用了拟物的手法；A 选项使用了夸张修辞格；B 选项为借代修辞格；D 选项是对偶的修辞格。

38. 下列句子在表述上存在歧义的是（　　）。

A. 老张安排小李去接待来客，过后不大会儿他走了。
B. 在昨天的检查中，三班又查出了几个问题。
C. 刚踏进办公室，就看两位工厂的负责人正焦急地等着我。
D. 对于这件事的处理意见，我们的看法并不一致。

【璧尘解析】AB。A 选项可理解为老张

走了,也可理解为小李走了;B选项可理解为三班是问题的查出者,也可理解为三班是问题的存在者;CD选项正确。

2009 年 A 类

14. 下列选项中,没有错别字的是（　　）。

A. 按部就班　别出心裁　不径而走
B. 无礼漫骂　墨守成规　原形必露
C. 提纲挈领　励精图治　入不敷出
D. 文过饰非　仗义直言　虚无缥缈

【璧尘解析】C。A选项中"不径而走"应为"不胫而走";B选项中"无礼漫骂"应为"无理谩骂","原形必露"应为"原形毕露";D选项中"仗义直言"应为"仗义执言";C选项正确。

32. 下列选项中,加点字的读音完全相同的有（　　）。

A. 和解　　附和
B. 给予　　给养
C. 禁忌　　弱不禁风
D. 弯曲　　是非曲直

【璧尘解析】BD。A选项中"和解"的读音为"hé jiě","附和"的读音为"fù hè";B选项中"给予"的读音为"jǐ yǔ","给养"的读音为"jǐ yǎng";C选项中"禁忌"的读音为"jìn jì","弱不禁风"中"禁"的读音为"jīn";D选项"弯曲"中"曲"的读音为"qū","是非曲直"中的"曲"读音为"qū"。故正确的选项为BD。

2010 年 A 类

19. 下列各组词语,没有错别字的一组是（　　）。

A. 动辄得咎　虚与委蛇　鞭辟入里　垂犯谏言
B. 不容置喙　人才倍出　如愿以偿　率先垂范

C. 令出法随　坐享其成　以德抱怨　凭心而论
D. 风姿绰约　振聋发聩　共商国事　强弩之末

【璧尘解析】A。B选项中"人才倍出"中的"倍"应该为"辈";C选项中"以德抱怨"中的"抱"应该为"报";D选项中"共商国事"中的"事"应该为"是";A选项全部正确。

20. 下列各组汉字,每个字都是多音字的一组是（　　）。

A. 角　横　查　殇
B. 徜　当　岗　港
C. 分　解　按　厦
D. 恶　巷　吓　薄

【璧尘解析】D。A选项中"殇"不是多音字;B选项中"徜"不是多音字;C选项中"按"不是多音字。D选项中,"恶"有四种读音,分别为 è、ě、wū、wù;"巷"有两种读音,分别为 xiàng 和 hàng;"吓"有两种读音,分别为 xià 和 hè;"薄"有三种读音,分别为 bó、bò、báo,因此 D 选项符合题意。

27. 下列对成语中加点字的解释,正确的有（　　）。

A. 引吭高歌(喉咙,嗓子)
B. 诚惶诚恐(诚实,坦诚)
C. 如火如荼(茅草的白花)
D. 不足为训(典范,法则)

【璧尘解析】ACD。B选项中"诚惶诚恐"原是封建社会中臣子向皇帝上奏章时所用的套语,形容非常小心谨慎以至于害怕不安的样子,"诚"是一般指实在、的确的意思,因此 B 选项不正确。

2011 年 A 类

10. 下列句子中,没有错别字的是（　　）。

A. 这种情况如果继续蔓延,将直接威协

行业内逾 7000 人的饭碗

B. 完善排灌设施,发展节水灌盖,加固河流堤岸,搞好清污疏浚

C. 人到七老八十,面如冻梨,痴呆黄老,步履维艰,还教他学什么

D. 他一贯主持公道、抑恶扬善,绝不允许有人持强凌弱、鱼肉百姓

【璧尘解析】C。A 选项中的"威协"应为"威胁"。B 选项中的"灌盖"应为"灌溉"。D 选项中的"持强凌弱"应为"恃强凌弱"。

11. 对下文划线部分依次作出的改动,不必要的是( )。

以苏东坡之才,治国经邦也会有独特的建树,他任杭州太守期间的政绩就是明证。可是,他毕竟太有诗人气质了,禁不住(A)有感便发,不平则鸣,结果总是得罪人。他的诗名(B)流芳百世,冠绝一时,但他的五尺之躯(C)却容不了当权派,(D)无论同党秉政,还是政敌当道,他都照例不受欢迎。

A. 不平则鸣,有感便发

B. 冠绝一时,流芳百世

C. 却见容不了当权派

D. 无论政敌当道,还是同党秉政

【璧尘解析】B。B 选项中的两个分句是按递进关系排列,程度一步步加深。题干材料出自《闲情的分量》(周国平著)。

30. "你来,我去。"这个复句,因语境不同,其两个分句之间可以存立的关系有( )。

A. 假设关系　　　B. 因果关系

C. 选择关系　　　D. 条件关系

【璧尘解析】ABCD。题中"你来,我去。"这个复句,因语境的不同,可以存在的关系有:(1) 假设关系。可以理解为:假如你来了,那么我就去。(2) 因果关系。可以理解为:因为你来了,所以我去。(3) 选择关系。可以理解为:或者你来,或者我去。(4) 条件关系。可以理解为:我去可以,你必须来。

2012 年 A 类

20. 下列各组加点的字,读音全都不同的是( )。

A. 缥缈　漂泊　瓢泼大雨　膘肥体壮

B. 弹劲　骸骨　骇人听闻　言简意赅

C. 酝酿　踉跄　琳琅满目　银铛入狱

D. 悲怆　呛人　沧海桑田　苍白无力

【璧尘解析】B。A 选项中"缥""漂"都念"piāo",C 选项中"琅""银"都念"láng",D 选项中的"沧""苍"都念"cāng",故选择 B 选项。

21. 下列各组词语中,没有错别字的是( )。

A. 恻隐　功败垂成　狭缢　书生意气

B. 会晤　唉声叹气　浩瀚　立竿见影

C. 领衔　强弩之末　抉择　门可罗雀

D. 贯穿　明火执仗　临摹　原气大伤

【璧尘解析】C。A 选项中"狭缢"应为"狭隘";B 选项中"会晤"应为"会晤";D 选项中"原气大伤"应为"元气大伤"。

2013 年 A 类

24. 下列各组词语中,书写全部正确的是( )。

A. 缪误　踩高跷　愤笔疾书　岌岌可危

B. 珍馐　闭门羹　饿殍遍野　各行其事

C. 须臾　捅娄子　知足长乐　声名显赫

D. 修葺　莫须有　器宇轩昂　风姿绰约

【璧尘解析】D。A 选项"缪误"应为"谬误"、"愤笔疾书"应为"奋笔疾书";B 选项"各行其事"应为"各行其是";C 选项"知足长乐"应为"知足常乐"。故正确的选项为 D。

25. 下列句子中,没有语病的是( )。

A. 第一医院采用的这种治疗方法,具有疗程短、见效快、无副作用,从而达到标本兼治的目的。

B. 新的南南合作在刺激发展中国家经济增长的同时,也弥补了新兴经济体过于依靠西方的问题,成为经济危机背景下许多新兴市场国家还能维持较高增长的原因之一。

C. 这次到西藏旅游,是一个难得的开拓视野的一次机会。

D. 在多数百货企业现有的联营模式下,品牌商直接进入商场,品牌、价格与服务同质化严重,使特定百货企业的竞争优势难以体现。

【璧尘解析】D。A选项"具有"后缺少宾语,应在"作用"之后加上"的特点";B选项搭配不当,弥补的应该是"缺陷",而不是"问题";C选项"一个"和"一次机会"语意前后重复。

2014年A类

24. 下列各组对加点词语的解释,有错误的是(   )。

A. 寅吃卯粮(地支的第三位)
锱铢必较(古代重量单位)

B. 铤而走险(古代的兵器)
一板一眼(民族音乐的节拍)

C. 功亏一篑(盛土的筐子)
老生常谈(老书生)

D. 繁文缛节(仪式,规定)
囫囵吞枣(整个儿)

【璧尘解析】B。铤而走险中的"铤"是急走的样子,故B选项有误。

25. 下列各句中加点的词可被括号里的词替代,且句子意思不变的是(   )。

A. 他在自己的科研项目上花了不少工夫(功夫)。

B. 领导应广泛地搜集(收集)基层群众

意见。

C. 产业基础打牢了,在这里安身立命的人才(人材)才有底气。

D. 他尽了最大的努力,但还是没有遏制(遏止)住对方凌厉的攻势,痛失奖杯。

【璧尘解析】C。A选项中"工夫"指时间,"功夫"指做事所耗费的时间和精力,两者意思不等同。B选项中"收"是东西放在眼前,不需要费多大力气就能得到;而"搜"中包含了一个比较辛苦的搜索过程,故"收集"与"搜集"意思也不等同。D选项"遏制"侧重于制约、控制,"遏止"侧重于使停止,意思不同,且与"攻势"搭配,一般都用"遏制",而不用"遏止"。C选项"人才"与"人材"两个词都可表示人的才能或者有才能、才学的人,故本题答案选C。

26. 下列句子中标点不正确的是(   )。

A. 电视剧也开始撒娇卖萌,推出角色中的"表情帝""表情后"。

B. 据介绍,月球车"玉兔"练习走路时,会被一根绳子"悬吊"起来。

C. 廉政反腐的持续推进,必将汇聚更多社会"正能量",纳"两袖清风"的好官,促"明镜高悬"的正气。

D. "处处高压线,处处不带电。"这句坊间的说法,道出了群众对部分单位执纪不严现象的不满。

【璧尘解析】C。C选项"必将汇聚更多社会'正能量'"是对后半句"纳'两袖清风'的好官,促'明镜高悬'的正气"的总起、概括,故"纳"字前面应为冒号。

2004年B类

27. 下列成语中有错别字的一组是(   )。

A. 纨绔子弟   出类拔萃   破绽百出

B. 高屋建瓴   竭泽而渔   越俎代庖

C. 皓首穷经　尔虞我诈　罄竹难书
D. 提纲挈领　滥竽充数　湮没无闻

【璧尘解析】C。C选项"罄竹难书"的"罄"应为"罄"。

28. 对下列加点的字的解释全都正确的一组是（　　）。

A. 不刊（刊登）之论　遍体鳞（鱼鳞）伤　舍本逐（追逐）末
B. 引吭（喉咙）高歌　蜕（脱皮）化变质　责无旁贷（借贷）
C. 所向披靡（倒下）　披（打开）肝沥胆　休（喜乐）戚相关
D. 移风易（改变）俗　措（安排）置失当　铤（利剑）而走险

【璧尘解析】C。A选项中"不刊之论"中的"不刊"是说不可更改,"刊"的意义在古代指削除刻错了的字;B选项中"责无旁贷"的"贷"是推卸之意;D选项中"铤而走险"的"铤"的意思是快走的样子。四个选项中只有C选项的解释全部正确,故选C。

29. 下列姓氏按笔画数由小到大的顺序排列应该是（　　）。

A. 李、乔、曹、周　　B. 乔、李、曹、周
C. 李、乔、周、曹　　D. 乔、李、周、曹

【璧尘解析】D。"乔"的笔画数为6,"李"的笔画数为7,"周"的笔画数为8,"曹"的笔画数为11。

30. 依次填入下面一段文字中横线上的最恰当的一组关联词语是（　　）。

我们确实常常用笔来思想,_____我们不可能用笔来"获得"思想,_____获得思想并不是如此轻而易举的。_____妙笔确实可以生花,_____也离不开笔的根须,离不开笔的根须所仰仗的生活的泥土。

A. 因为　　　　所以　　　　虽然　　　　但
B. 然而　　　　因为　　　　如果说　　　那
C. 虽然　　　　但是　　　　如果说　　　那

D. 因为　　　　所以　　　　如果说　　　那

【璧尘解析】B。关联词辨析是选词填空中经常考查的内容之一,要求考生能在把握分句关系的基础之上作出准确判断。做这类题依靠的是语感和逻辑分析,在句子理解的基础上进行关联词语的运用。通过分析可知,本题选择表示转折关系的关联词,故选B。

71. 下列句子有语病的是（　　）。

A. 我们对任何一个人、一件事,都不能主观、偏见
B. 去年我厂原材料消耗为2000吨,今年经过技术革新,原材料消耗减少了一倍,只有1000吨
C. 墙角有一个冰箱,里面放满了香蕉、苹果等许多水果
D. 她说出了积压在中国妇女心里几千年的话语

【璧尘解析】ABD。A选项把名词误用为动词;B选项数字表述错误,减小的幅度应为"一半"或"几分之几""百分之几";D选项表示的意思不合事理,且词义重叠。

2005年B类

30. 下列各组依次填入横线上的词语,最恰当的一组是（　　）。

①没有哪个企业不看重效益,但不能靠歪门邪道来_____。
②这个工厂优化分配_____,极大地调动了科技人员的积极性。
③有一个贝壳迷花费了近十年的心血,_____到几千种远东出产的贝壳。

A. 盈利　　　机制　　　搜集
B. 营利　　　机制　　　搜集
C. 盈利　　　体制　　　收集
D. 营利　　　体制　　　收集

【璧尘解析】B。盈利是指获得利润;营利是指谋求利润。句①用"营利"更恰当。机

制一般指一个工作系统的组织或部分之间相互作用的过程和方式；体制是指国家机关、企业、事业单位等的组织制度，因而句②应选择"机制"。搜集是指到处寻找（事物），并聚集在一起；收集一般是指平时的习惯性收藏积累。句③选择"搜集"更为恰当。通过排除法，答案为B。

31. "你真聪明，这么多天竟想不出一个好主意。"这个句子运用的修辞格是(   )。

A. 双关　　　　　B. 夸张
C. 反语　　　　　D. 比拟

【璧尘解析】C。反语是指故意使用与本来意思相反的词语或句子去表达本意。结合题目，不难发现修辞格为反语。

32. 下列四个词中，对"说"字注音错误的是(   )。

A. 游说（shuì）
B. 说（shuì）服
C. 说（shuō）嘴
D. 说（shuō）一不二

【璧尘解析】B。说（shuì）服应为"说（shuō）服"。

49. "明代四大奇书"除《金瓶梅》外，还有(   )。

A.《三国演义》　　　B.《水浒传》
C.《红楼梦》　　　　D.《西游记》

【璧尘解析】ABD。《三国演义》《水浒传》《西游记》《金瓶梅》被明末著名通俗文学家冯梦龙称为"四大奇书"，这一称谓一直沿用至今。此外也可用排除法，《红楼梦》属于清朝作品，可以直接排除。

综合分析题

必须承认，布什的欧洲之行基本修复了过去四年风雨飘摇的美欧关系。然而，人们对于目前的美欧关系究竟处于何种状态，依然难以把握。原因在于，美欧对于国际关系

的认识基础并没有得到根本修补；欧洲继续强调稳定优先于民主，外交优先于武力威胁，布什赞扬欧洲为伊朗无核化付出的努力，甚至也一反常态地向伊朗抛出了一个大胡萝卜，不过它至今没有参与同伊朗的谈判，也没有排除对伊朗动武的可能。欧洲国家虽然认真倾听了布什希望其不解除对华武器禁运的请求，但仍然继续着在今年内解除这一禁令的努力，本周一个欧盟代表团将赴美进行解释工作，在气候变暖问题上，除了对环境科技表现出共同的兴趣外，双方的分岐也已显山露水。布什在演讲中高调宣传着专制对自由的威胁，并不断提到叙利亚、伊朗、朝鲜等所谓"流氓国家"。而曾经饱经风霜的欧洲，对这种绝对的、与战争挂钩的自由理论，却仿佛如芒在背。

81. 上面这段文字中错别字有(   )。

A. 1个　　　　　B. 2个
C. 3个　　　　　D. 3个以上

【璧尘解析】C。题中错别字有3个，第一，"人们对于目前的美欧关系究（竞）处于何种状态"应改为"竟"；第二，"双方的分（岐）也已显山露水"应改为"歧"；第三，"不过（它）至今没有参与同伊朗的谈判"应改为"他"。

82. 上面这段文字中成语有(   )。

A. 1个　　　　　B. 2个
C. 3个　　　　　D. 3个以上

【璧尘解析】D。文中共有5个成语，分别是风雨飘摇、一反常态、显山露水、饱经风霜和如芒在背。

83. 上面这段文字中使用了转折关系的句式有(   )。

A. 1个　　　　　B. 2个
C. 3个　　　　　D. 3个以上

【璧尘解析】D。文中共有5个表示转折关系的句式。（1）"然而，人们对于目前的美欧关系究竟处于何种状态，依然难以把握"；（2）"不过它至今没有参与同伊朗的谈判"；（3）"但仍然继续着在今年内解除这一禁令的努力"；（4）"除了对环境科技表现出共同的兴

趣外,双方的分歧也已显山露水";(5)"而曾经饱经风霜的欧洲,对这种绝对的、与战争挂钩的自由理论,却仿佛如芒在背"。

84. "风雨飘摇的美欧关系"这个说法使用的修辞格是(   )。

A. 双关　　　　B. 比喻
C. 借代　　　　D. 夸张

【璧尘解析】B。双关是指在特定的语言环境中,借助语音或词意的联系,故意使语言关联到两种事物,使语句构成双重意义的修辞方式;比喻就是"打比方",即抓住两种不同性质的事物的相似点,用一事物来比喻另一事物;借代是指不直接说出所要表述的人或事物,而借用与其相关的事物来代替;夸张是指为追求某种表达效果,对原有事物进行合乎情理的有意扩大或缩小。结合文中语义,采用的修辞手法应为比喻。

85. "布什赞扬欧洲为伊朗无核化付出的努力,甚至也一反常态地向伊朗抛出了一个大胡萝卜,不过它至今没有参与同伊朗的谈判,也没有排除对伊朗动武的可能。"这个多重复句中包含的层次关系有(   )。

A. 递进　　　　B. 转折
C. 并列　　　　D. 让步

【璧尘解析】ABC。本句中的层次关系依次为递进、转折、并列。

2006年B类

综合分析题

已经卸任的教育部副部长张保庆去年曾经说过一句话:"不是学校在乱收费,都是地方政府逼着学校乱收费。"张保庆认为,目前许多地方以收费代替政府对教育的投入,这是造成教育乱收费问题的症结。

中央的某些指令和政策为何遭到地方或明或暗的抵制和消解?最根本的问题就是各级政府之间的权责不对称。长期以来的惯例是,中央政府有制订政策的权力,但推行政策所需要的财政责任主要由地方政府承担。

人们都觉得上面提出的政策设想很好,但通常忘记了一点,即使政策再好,如果没有财政资源相匹配就很难落实。而现有的财政收入分配格局使得地方政府面对上面一个接一个好政策,时而捉襟见肘。于是,地方政府不得不经常扮演"白脸"角色。

56. 下列对"已经卸任的教育部副部长张保庆"的其他表述方法中,最恰当的是(   )。

A. 已经卸任的原教育部副部长张保庆
B. 已经卸任的教育部原副部长张保庆
C. 教育部原副部长张保庆
D. 原教育部副部长张保庆

【璧尘解析】C。解析参见2006年A类第56~60题。

57. 材料中的下列加点词,如果删除会导致原文意思改变的是(   )。

A. 曾经　　　　B. 目前
C. 主要　　　　D. 不得

【璧尘解析】ABCD。

58. 材料中的下列加点词,使用恰当的是(   )。

A. 症结　　　　B. 消解
C. 捉襟见肘　　D. 白脸

【璧尘解析】ABCD。

59. 下列对材料中划线句子的判断,错误的是(   )。

A. 这是一个单句,不是复句
B. 这是一个表示递进关系的复句
C. 这是一个表示假设关系的复句
D. 这是一个多重复句,不是单句

【璧尘解析】A。

60. 材料中的错别字有(   )。

A. 0个　　　　B. 1个
C. 2个　　　　D. 2个以上

【璧尘解析】A。

2007 年 B 类

9. 对下面这段文字中划线的词语的修改,不恰当的一项是(   )。

外交部发言人秦刚 2006 年 12 月 29 日就联合国秘书长选举问题答记者问时说,新一届联合国秘书长应来自亚洲,是亚洲国家的共同<u>期望</u>,也得到了国际社会的广泛支持。中国将继续坚定支持亚洲人入选。我们对亚洲现有正式候选人均持积极和开放态度,认为完全可以从他们当中产生一位有能力、有<u>威信</u>、能为各方接受的秘书长。<u>质询</u>亚洲候选人的能力是不<u>公平</u>的,我们不能接受。

A. 把"期望"改成"愿望"
B. 把"威信"改成"威望"
C. 把"质询"改成"质疑"
D. 把"公平"改成"公正"

【璧尘解析】D。公平是指处理事情合情合理,不偏袒哪一方面;公正是指公平正直,没有偏私。依据题干意思"公平"较为适宜,故不恰当的选项是 D。

28. 下列各组词语中没有错别字的是(   )。

A. 默默无闻   墨守成规
B. 一鼓作气   悬梁刺骨
C. 走投无路   人情世故
D. 竭泽而鱼   炎手可热

【璧尘解析】AC。B 选项"悬梁刺骨"应为"悬梁刺股";D 选项"竭泽而鱼"应为"竭泽而渔","炎手可热"应为"炙手可热"。

2008 年 B 类

13. 结构不同于其他三项的成语是(   )。

A. 请君入瓮   B. 令人生畏
C. 衣冠禽兽   D. 引狼入室

【璧尘解析】C。请君入瓮、令人生畏、引狼入室是兼语式。衣冠禽兽是偏正式。

29. 下列有语病的是(   )。

A. 飞鸟虽小,但是对飞机而言却是一个很大的威胁,它能像子弹一样击穿飞机
B. 航天工业能否迅速发展,关键在于要培养一批专门技术人才
C. 经理安排小王去接待来客,而他自己却有事儿走了
D. 不管气候和环境都极端恶劣,他们仍然克服了困难,胜利登顶成功

【璧尘解析】B。B 选项"航天工业能否迅速"发展中"能否",与后句中"关键是"是单对应关系,应改为"关键在于是否能培养一批专门技术人才"。

30. 下列加点的字解释正确的是(   )。

A. 敝帚自珍(珍贵)
B. 博闻强识(记)
C. 耳濡目染(清新)
D. 功败垂成(接近)

【璧尘解析】D。"敝帚自珍"中的"珍"是"珍惜"的意思;"博闻强识"中的"识"是"记忆力"的意思;"耳濡目染"中的"濡"是"沾湿"的意思。

31. 结构不同于其他三项成语的是(   )。

A. 叶公好龙   B. 先斩后奏
C. 夜郎自大   D. 毛遂自荐

【璧尘解析】B。B 选项是顺承结构,其他三项为主谓结构。

2009 年 B 类

14. 下列成语无错别字的是(   )。

A. 随声附和   珠联璧合   荒诞不经   徇私舞敝
B. 罄竹难书   流言飞语   曲意逢迎   炙手可热
C. 老生常谈   力挽狂澜   宁缺毋滥   食不果腹

D. 沽名钓誉　不记其数　返璞归真
休养生息

【璧尘解析】C。A选项"徇私舞敝"应为"徇私舞弊"；B选项"流言飞语"应为"流言蜚语"；D选项"不记其数"应为"不计其数"。故正确的选项为C。

32. 下列表述中,正确的选项有(　　)。

A. 班固的《汉书》开创了我国纪传体历史著作的先河

B. "一门三父子,都是大文豪,诗赋传千古,峨眉共比高。"这里的"三父子"指的是苏洵、苏轼和苏辙

C. 朱自清是现代著名作家,《背影》《荷塘月色》《威尼斯》是他的名篇

D. 塑造祥林嫂这一典型形象的小说《祝福》,出自鲁迅的小说集《彷徨》

【璧尘解析】BCD。中国历史上第一部纪传体通史是我国西汉著名史学家司马迁撰写的《史记》,该书被列为二十四史之首。而《汉书》,又名《前汉书》,是中国第一部纪传体断代史。所以A选项错误。

2010 年 B 类

14. 下列各组词语中,没有错别字的一组是(　　)。

A. 安详　耸人听闻　揣摹　踌躇满志

B. 瑕疵　粗制烂造　笼络　负隅顽抗

C. 廉耻　按部就班　诠释　明辩是非

D. 芜杂　金碧辉煌　福祉　水泄不通

【璧尘解析】D。A选项中"揣摹"应为"揣摩"；B选项中"粗制烂造"应为"粗制滥造"；C选项中"明辩是非"应为"明辨是非"；D选项中无错别字。

32. 下列各句中加点的成语,使用恰当的有(　　)。

A. 一番耐心的开导如醍醐灌顶,他心头的重重疑虑全部消失了

B. 受太平洋暖流的影响,春节刚过,北海公园涣然冰释,让喜欢滑冰的人大失所望

C. 犯了错误的应该认真检查自己,无动于衷、文过饰非都是不对的

D. 只有学好外语,同时又有良好的汉语功底,才是成为优秀翻译家的终南捷径

【璧尘解析】AC。A选项中"醍醐灌顶"是指灌输智慧,使人彻底醒悟；B选项中"涣然冰释"形容嫌隙、疑虑、误会等完全消除,用来形容北海公园的风景显然不恰当；C选项中"文过饰非"指用漂亮的言辞掩饰自己的过失和错误,故而正确；D选项中"终南捷径"指求名利的最近便的门路,也比喻达到目的的便捷途径,而D选项所说的是成为优秀翻译家的必备条件,而不是捷径,使用错误。

2011 年 B 类

10. 下列句子中,加点词语运用不恰当的是(　　)。

A. 各级党组织要从我国社会主义现代化建设的实际出发,认真考察和识别干部

B. 创新性应该是学术的生命力所在,同时也是需要培育的,拔苗助长必然会导致创新性的丧失,进而导致一些跟风、模仿的"山寨品"屡禁不止

C. 一条新路,供水部门挖开路面,安装水管;刚填平,煤气公司又挖开安装煤气管;不久,环卫部门又来埋设排污管……如果几个部门协调一下,可节省多少劳力和资金啊

D. 把文化遗产定性为旅游资源,进行竭泽而渔式的开发,是一种极不负责任的行为

【璧尘解析】B。B选项中"屡禁不止"是指多次发布禁止做某件事情的命令却没有达到目的,这种事情仍继续发生,没有停止。而

"山寨品"并非绝对禁止,只是层出不穷,因此"屡禁不止"在此使用不恰当。

11. 下列各句子没有语病的是( )。

A. 对学术上的是非曲直,不宜也不应由法官作出评判,而应由被赋予惩处权的学术共同体或学术委员会处理

B. 自从现在实行股份制后,为了企业巨大的发展与职工的利益直接联系着,所以职工的积极性和创造性不断高涨

C. 由于该县委领导忽视安全生产,以致劳动者生命和财产遭受巨大损失的事故屡屡发生

D. 客观地说,咱们这个地方过去产品的质量不是比沿海的低,就是成本还比沿海的高

【璧尘解析】A。B选项中"为了"使用不当,应改为"因为"或删去。C选项中"财产"可以"遭受巨大损失",但"生命"不可以与此搭配。D选项中关联词语位置不当,应改为"客观地说,咱们这个地方过去不是产品的质量比沿海的低,就是成本比沿海的高"。

12. 对下列词语中加点字,解释错误的是( )。

A. 不堪入目(堪:可以;能够)
B. 不揣冒昧(揣:估量;推测)
C. 不可或缺(或:或者;或许)
D. 不假思索(假:凭借;依靠)

【璧尘解析】C。C选项中"不可或缺"的"或"是稍微的意思。

2012年 B类

12. 下列各句中语意明确,没有语病的是( )。

A. 加强全民环保意识教育,是当前十分至关重要的问题
B. 张强和李伟上课说话,下课后被老师

叫到办公室去了

C. 选修课的开设,使同学们的志趣和特长得到了充分的发挥

D. 我们要保持清醒、理性的头脑,不要被某些盛世景象遮住了眼睛

【璧尘解析】D。A选项"至关"含有"十分"的意思,语义重复;B选项错在表意不明,产生歧义,可以理解为"张强被叫去了办公室",也可以理解为"张强和李伟被叫去了办公室";C选项错在"志趣"和"发挥"搭配不当。故正确选项为D。

17. 下列各句中加点成语使用不正确的是( )。

A. 犯了错误不要讳疾忌医,应当虚心听取群众意见,认真检查,坚决改正
B. 他对历史事件和历史人物的分析,真可谓鞭辟入里,入木三分
C. 你们这群十七八岁的小伙子,正值豆蔻年华,要努力学习才是
D. 国足在世界足坛上的排名每况愈下,真是伤透了广大球迷的心

【璧尘解析】C。"豆蔻年华"是指女子十三四岁时,专指女性,不应该用来形容"十七八岁的小伙子",因而该成语使用不当。

18. 填入下列括号中的字,正确的一组是( )。

(1)对以权谋私、贪赃枉法者务必严惩不( ),决不能姑息迁就。
(2)历史( )予我们每个爱国青年以努力掌握先进科学技术的重任。
(3)有些理论或答案,只要能自( )其说,就应当承认它的合理性。
(4)他如果早日醒悟,怎么会落到今天这样走( )无路的下场!

A. 怠 负 圆 头
B. 贷 负 园 投
C. 贷 赋 圆 投
D. 怠 赋 园 头

【璧尘解析】C。(1)中"贷"有饶恕、宽恕的意思，"怠"则指懒散、轻慢。"严惩不贷"的意思是严厉惩罚，绝不宽恕。故应填入"贷"。(2)中"赋"有给予之意，"负"则指遭受、具有、亏欠等，与"予"搭配的应为"赋"。(3)中"圆"有使满意、使周全的含义，如圆谎、自圆其说等，因此，应填入"圆"。(4)中"走投无路"指无路可走，已到绝境的意思。"投"是投奔的意思，故不能写成"走头无路"。综上所述，本题正确答案为C选项。

2013年B类

21. 下列各组词语中加点的字，读音全部相同的是（　　）。

A. 朔风　夙愿　肃然起敬　追根溯源
B. 炽热　整饬　叱咤风云　插翅难逃
C. 休憩　收讫　乞哀告怜　气宇轩昂
D. 弹劲　隔阂　溘然长逝　欲壑难填

【璧尘解析】B。A选项"朔风"读"shuò"，其他都为"sù"；B选项加点字读音全部为"chì"；C选项中"乞"读音为"qǐ"，其余为"qì"；D选项中"壑"读音为"hè"，"溘"读音为"kè"，其余为"hé"。

22. 下列句子有语病的是（　　）。

A. 很多人争先恐后地在网上交流自救方法，这也反映出我们平时对安全教育重视程度不够，大多数人缺乏这方面的知识
B. 这些农村独居老人的子女常年在外做生意、打工，而老人因故土难离或不愿给子女添麻烦等原因，未能随子女在城市里生活
C. 在科学发展观的引领下，在生态环境容量和资源承载力的约束下，将环境保护作为实现可持续发展的重要支柱成为社会各界的共识
D. 别看我们新来的领导虽然年纪不大，但是人家却有着丰富的工作经验，可

以说是一位"年轻的老革命"，所以很快赢得大家信任

【璧尘解析】D。D选项缺少主语。在"所以"后增加"新来的领导"。

2014年B类

5. 下列词语中的"三"，与"三思而行"中的"三"的意思相近的是（　　）。

A. 三教九流　　B. 三足鼎立
C. 三阳开泰　　D. 三令五申

【璧尘解析】D。三思而行指经过反复考虑，然后再去做，其中的"三"表示多次。三教九流，泛指中国古代的宗教与各种学术流派，是中国古代对人的地位和职业名称划分的等级。三足鼎立，比喻三方面对立的局势，此处的"三"是个实数。三阳开泰，用于岁首祝福，有好运即将降临之意，此处的"三"也是个实数。三令五申，令即命令，申即说明，表示再三命令和告诫，此处的"三"代表多次、反复的意思。故正确选项为D。

2004年C类

18. 下列几组词语中没有错别字的一组是（　　）。

A. 惊慌失措　相形见拙
B. 披星戴月　再接再励
C. 正襟危坐　首屈一指
D. 先礼后兵　计日成功

【璧尘解析】C。A选项中"拙"当为"绌"；B选项中"励"当为"厉"；D选项中"成"当为"程"。故选C。

37. 下列句子有语病的是（　　）。

A. 三个单位领导一个也没有到场。
B. 学生视力下降，主要原因是课程负担重、用眼过度。
C. 在开源节流方面，我们要做的事还很多。

D. 这个炼钢车间由十天开一炉变为五天开一炉,时间缩短了一倍。

【璧尘解析】AD。A选项中"三个单位领导"指代不清,易引起歧义;D选项中数字表述错误,"时间缩短了一倍"应该写成"时间缩短了一半"。

2005 年 C 类

13. 下列句子中属于顺承关系复句的是( )。

A. 我温了酒,端出去,放在门槛上

B. 山朗润起来了,水涨起来了,太阳的脸红起来了

C. 你以为你聪明,人家比你还要聪明

D. 既然矛盾已经暴露,就不应该再回避

【璧尘解析】A。顺承复句中的几个分句表示连续发生的动作和事情,前后有顺序性,不能颠倒。A选项符合先后顺序,B选项属于并列复句,C选项属于转折复句,D选项属于条件复句。

16. 下列各组依次填入横线处的词语,最恰当的一组是( )。

铭心的挫折,有助于驱逐人生的幻想和幼稚,_____了战胜挫折的艰难和壮丽,会使我们更有勇气_____命运的残酷,谁说不期而至不是一种机遇的_____?

A. 体会 顺应 恩赐

B. 体味 正视 赏赐

C. 体验 直面 恩赐

D. 体认 面向 赏赐

【璧尘解析】C。体会是指实践的感受。体验是指通过亲身实践来认识周围的事物。体味是指仔细体会。体认的意思是通过实践认识到。根据题意,第一个空格处应选择"体验"。第二个空格处选择"直面"比顺应、正视、面向更能表现出作者的心态。赏赐一般指地位高的人把财物等给地位低的人;恩赐是指出于同情而给予的恩惠。根据题意,第

三个空格处用"恩赐"更合适一些。

2006 年 C 类

19. "路漫漫其修远兮,吾将上下而求索",这一诗句表达了伟大诗人屈原( )。

A. 坚定执著的探求精神

B. 对国家、人民命运的关心

C. 遭受冤屈后的愤怒之情

D. 两次被流放的痛苦之情

【璧尘解析】A。"路漫漫其修远兮,吾将上下而求索"的句义为在追寻真理方面,前方的道路还很漫长,但我将百折不挠,不遗余力地去追求和探索。诗句表达了诗人坚定执著的探求精神。

24. "四书五经"中的"四书"是指( )。

A. 大学、中庸、论语、孟子

B. 大学、中庸、论语、史记

C. 大学、论语、孟子、史记

D. 论语、孟子、中庸、史记

【璧尘解析】A。我国"四书五经"是"四书"和"五经"的合称,是中国儒家的经典书籍。"四书"又称为"四子书",是指《论语》、《孟子》、《大学》和《中庸》。"五经"是《诗经》、《尚书》、《礼记》、《周易》和《春秋》等五本儒家经典的合称。

28. 下列各组词语中,加点字不全是多音字的是( )。

A. 露怯 迄今 将军 省略

B. 乘客 藩篱 琺琅 膏肓

C. 咀嚼 恪守 陋巷 徜徉

D. 吵闹 蟠桃 戛然 说服

【璧尘解析】ABCD。题干要求找"不全是"多音字,实际上是找"有的不是"多音字。"迄"不是多音词,"琅"和"膏"不是多音字,"徜"不是多音字,"蟠"不是多音字。

2007 年 C 类

6. 下列关于某工程投资数的表述，正确的是（　　）。

A. 2007 年度总需投资 3000 万元
B. 截止 2007 年底总需投资 3000 万元
C. 2007 年底总需投资三千万元
D. 截止 07 年底总需投资三千万元

【璧尘解析】A。B 选项"截止"应为"截至到"。C 选项"三千万元"应为"3000 万元"，前后文中用数值要统一。D 选项除了有 BC 选项的问题外年份不能简写。

21. 对下列词语中加点字的解释，不正确的有（　　）。

A. 同舟共济（过河）　缓不济急（救济）
B. 不足介意（值得）　丰衣足食（足以）
C. 整军经武（治理）　不经之谈（正常）
D. 偃武修文（放下）　偃旗息鼓（放倒）

【璧尘解析】BD。"丰衣足食"中的"足"是充足的意思，"偃武修文"中的"偃"是停止的意思。

2008 年 C 类

13. 结构不同于其他三项成语的是（　　）。

A. 叶公好龙　　B. 先斩后奏
C. 夜郎自大　　D. 毛遂自荐

【璧尘解析】B。B 选项是顺承结构，其他三项为主谓结构。

14. 下列句子分句间用了对偶修辞格的是（　　）。

A. 论季节，北方也许正是漫天风雪，水瘦山寒
B. 沉默呵，沉默！不在沉默中爆发，就在沉默中灭亡
C. 奇山异水，天下独绝
D. 落霞与孤鹜齐飞，秋水共长天一色

【璧尘解析】D。对偶句主要指上下两句字数相等，词性相对、结构相同、平仄相对的句子，对比选项，故正确答案为 D 选项。

31. 下列成语中，加点字书写全错的是（　　）。

A. 失志不渝　披星带月
B. 流光溢彩　鸠占雀巢
C. 坛花一现　火中取荔
D. 披肝历胆　如法炮制

【璧尘解析】AC。正确写法应为：A 矢志不渝 披星戴月；B 流光溢彩 鸠占鹊巢；C 昙花一现 火中取栗；D 披肝沥胆 如法炮制。

2009 年 C 类

14. 下列选项中，加点词使用恰当的是（　　）。

A. 不论树干很滑，他还是尽力爬了上去，把大风吹落的雏鸟放进了鸟巢
B. 只要打通了销售渠道，才能扩大生产规模，从而提高效益
C. 眼下只有适当减少狼群的数量，草原生态就会很快恢复起来
D. 我们之所以要反复强调这件事，是因为有的同志一直我行我素，毫无纪律观念

【璧尘解析】D。ABC 选项均属于关联词前后搭配不当，A 选项应该是"尽管"与"还是"搭配；B 选项应该是"只要"与"就"搭配；C 选项应该是"只有"与"才"搭配。故 D 选项是正确答案。

16. 下列选项中，在结构上不同于其他三项的是（　　）。

A. 接连不断的打击，使他看上去很憔悴
B. 他笑了，因为实验终于成功了
C. 因为雾，古朴的佛塔越发增添了神韵
D. 由于环境的奇特，这里的游客常年不断

【璧尘解析】B。ACD 三项前半句是后半句的原因;而 B 选项刚好相反,后半句是前半句的原因。所以 B 选项在结构上不同于其他三项。

2010 年 C 类

14. "我是个爱清洁讲轶序的人;但是,因为事情头续太多,脑袋里考虑的学术问题和写作问题也不少,而且每天都收到大量的书藉、报刊和信件,转瞬之间就摞成一摞。"这句话中的错误字有( )。

A. 1 个　　　　B. 2 个
C. 3 个　　　　D. 4 个

【璧尘解析】C。本题有 3 处错别字,"轶序"应为"秩序","头续"应为"头绪","书藉"应为"书籍"。故选 C。

15. 下列句子没有语病的一项是( )。

A. 由于企业的发展与职工的利益直接相关,大家的积极性和创造性不断有所高涨

B. 终身教育制度的建立,既然为那些因各种原因未能完成学业的人打开了一扇门,也为那些对知识有着更高需求的人提供了机会

C. 现代经济发展规律表明,无论是单纯依靠行政力量直接配置资源还是完全听任市场配置资源,都不可避免地存在某种局限性

D. 建房难不仅严重地阻碍了农民生活水平的提高,而且有的甚至"四世同堂"

【璧尘解析】C。A 选项中"积极性"、"创造性"与"高涨"搭配不当;B 选项关联词"既然……也"搭配不当,应改为"既……也";D 选项中,"而且……"句与主语"建房难"不搭配。故选 C。

2011 年 C 类

10. 下列句子,没有语病的是( )。

A. 通过"机遇"号火星车对一块火星岩石的分析,科学家发现了硫酸盐等一些必须在液体的条件下才会形成的矿物质

B. 在最近报刊上发表的一系列文章里,给了我们一个十分有益的启示:要形成一个良好的社会风气,就必须端正党员干部作风

C. 寒流入侵我国的路径,不是每次都一样的,这要看北极地带和西伯利亚的冷空气哪一部分气压最高,哪一部分气压最低决定的

D. 建议有关部门能否考虑设立租房介绍所,使动迁居民能及时租到廉价房屋

【璧尘解析】A。B 选项缺少主语,应删去"在"和"里";C 选项句式杂糅,应删去"决定的";D 选项意思重复,应删去"能否"。

11. 下面一段文字,没有用到的修辞方法是( )。

古人形容泰山,说"泰山岩岩",注解人告诉你:岩岩,积石貌。的确这样,山顶越发给你这种感觉。有的石头像莲花瓣,有的像大象头,有的像老人,有的像卧虎,有的错落成桥,有的兀立如柱,有的侧身探海,有的怒目相向。

A. 拟人　　　　B. 引用
C. 夸张　　　　D. 对偶

【璧尘解析】D。"泰山岩岩"出自《诗经》,此处运用的修辞手法是引用。"有的侧身探海,有的怒目相向"运用的修辞手法是夸张和拟人。因而这段文字中没有涉及的修辞方法是对偶。

12. 下列句子,没有歧义的是( )。

A. 科技局的王局长要学习文件

B. 他终于完成环保部分教材的编写任务

C. 有关代表请于3月15日前来报到

D. 没有人知道他是否通过了考试

【璧尘解析】D。A选项"学习文件"可以作名词,也可以作动词。B选项"环保部分教材"容易产生歧义,可以理解为环保部分的教材或有关环保的部分教材。C选项"3月15日前来报到"可以理解成"3月15日来报到",也可以理解成"3月15日之前来报到"。

2012年C类

18. 下列各句中加点成语使用不正确的是(　　)。

A. 犯了错误不要讳疾忌医,应当虚心听取群众意见,认真检查,坚决改正。

B. 他对历史事件和历史人物的分析,真可谓鞭辟入里,入木三分。

C. 你们这群十七八岁的小伙子,正值豆蔻年华,要努力学习才是。

D. 国足在世界足坛上的排名每况愈下,真是伤透了广大球迷的心。

【璧尘解析】C。参见2012年B类第17题。

19. 依次填入下列括号内的字,正确的是(　　)。

(1) 美国政府如果不尽快(　　)弃过时观念,纠正对中国的误解与偏见,中美关系稳定的基石会受到严重腐蚀,进而发生动摇。

(2) 印度洋海啸发生以来,国际社会纷纷伸出援助之手,目前对受灾国的紧急救援工作已基本结束,工作(　　)心已转向灾后恢复和重建。

(3) 传递健康情感、构建和谐社会、培(　　)文明新风是各通信公司应该遵循的基本经营原则。

(4) 1月16日上午,来自社会各阶层的省政协委员,肩负着各界人士的(　　)托,走进了庄严的大会堂,参加第九届省政协会议。

A. 摒　中　育　嘱

B. 抛　重　植　嘱

C. 摒　重　育　重

D. 抛　中　植　重

【璧尘解析】C。培育是指栽种并细心管理、扶植势力或培养人才,而培植则是培养幼小生物,使其发育成长,使某种感情得到发展。依题意,本题应选"培育",排除BD两项。重托是指重大的委托,而嘱托一般是托人办事和托付的意思。依本题题意,应选"重托",排除A选项,故本题答案为C。

2013年C类

21. 下列各组词语中,相同字形的字读音也全部相同的是(　　)。

A. 剥削　削弱　削面　削足适履

B. 挑剔　挑选　挑衅　挑三拣四

C. 论辩　论断　论战　论资排辈

D. 暗藏　珍藏　宝藏　藏龙卧虎

【璧尘解析】C。A选项剥削、削弱、削足适履中的"削"读"xuē",削面中的"削"读"xiāo"。B选项挑剔、挑选、挑三拣四中的"挑"读"tiāo",挑衅中的"挑"读"tiǎo";C选项中的"论"都读"lùn";D选项暗藏、珍藏、藏龙卧虎中的"藏"读"cáng",宝藏中的"藏"读"zàng"。故本题答案选C。

22. 下面句子中的标点符号用法不恰当的是(　　)。

A. 电报应当分别标注"特提""特急""加急""平急"。

B. 我心里默念着"难道他就是——父亲的弟弟?我的亲叔叔?"

C. 法规、规章方面的公文,依照有关规定处理。

D. 多大点事啊!只不过是手表丢了,至于闹出这么大的动静吗?

【璧尘解析】B。B选项正确的标点符号用法应为:我心里默念着"难道他就是父亲的弟弟——我的亲叔叔?"可用破折号表示解释说明的作用。

2014年C类

17. 下列词语中，不能代指括号内的词义的是（　　）。

A. 社稷（国家）

B. 高堂（父母）

C. 手足（兄弟）

D. 桑梓（夫妻）

【璧尘解析】D。桑梓代指家乡、故乡。

33. 下列句子中标点符号使用正确的有（　　）。

A. "振作点，往后的日子还很长。"这句话不晓得让我有多感动。

B. 严禁用公款购买、印制、邮寄、赠送贺年卡、明信片、年历……物品。

C. "转作风"的根本出发点，是要回答好这样一道"必答题"：我是谁，为了谁？

D. 参加的人唱《大笑歌》，跳"大笑操"，越是心情沮丧笑得越大声。

【璧尘解析】ACD。B选项中省略号用法错误，应改为：严禁用公款购买、印制、邮寄、赠送贺年卡、明信片、年历等物品。

命题规津及备考建议

　　语文基础知识在2004年至2006年分值较高，且A，B，C三类各有侧重，2007年起命题风格趋于稳定，分值保持在2～3分，考点主要集中在标点符号、汉字、词汇、语法、修辞和文学常识等部分，近年来呈现出综合性强、难度加大的趋势。但目前大多数职位对学历要求的起点是本科，广大考生对于语文的考试可谓久经沙场，基本不需要再强化了，基础差的考生可以进行有针对性的练习。

公文写作

历年分值分布

分值\年份 类别	2014	2013	2012	2011	2010	2009	2008	2007	2006	2005
A类	7	6	6	6	6	7	8	8	5	10
B类	30	8.5	7.5	6	32	32	47	43	30	11
C类	30	8.5	7.5	6	42	52.2	46	51	51	55

真题分类详解

2004年A类

31. 一份行政公文在一个机关办理完毕的标志是：发文以（　　）为标志，经过承办的收文以（　　）为标志，无须承办的收文以阅后批存为标志。

A. 承办、注办　　　　B. 盖章、注办

C. 盖章、承办　　　　D. 注办、承办

【璧尘解析】B。发文以盖章为标志，经过承办的收文以注办为标志，无须承办的收文以阅后批存为标志。

32. 常见的调查报告标题有三种形式，不包括下列形式中的（　　）。

A. 公文式标题

B. 揭示主题式标题

C. 正副标题式

D. 新闻式标题

【璧尘解析】D。常见的调查报告标题有三种形式，即普通文章式标题、公文式标题和正副标题式。故选D。

33. 档案的整理工作是指按照一定的原则对档案实体进行分类、组合、排列、（　　）和基本编目，使之有序化的过程。

A. 编号　　B. 立卷　　C. 整理　　D. 复制

【璧尘解析】A。按照一定的原则对档案实体进行分类、组合、排列、编号和基本编目，使之有序化的过程被称为档案的整理工作。

34. 会务工作是秘书工作的主要内容之一，其中会后处理工作的主要内容是回收与处理有关文件、纪要工作、（　　）、送站和内部总结工作。

A. 清理会场　　　　B. 财务决算

C. 文书归档　　　　D. 编发文件

【璧尘解析】A。会务工作中的会后处理工作的主要内容包括回收与处理有关文件、纪要工作、清理会场、送站和内部总结工作。

76. 县政府向所属乡镇发文，可适用的文种有（　　）。

A. 决定、通报　　　B. 通知、意见

C. 批复、会议纪要　D. 公告、通告

【璧尘解析】ABC。公告适用于向国内外宣布重要事项或者法定事项，而通告适用于公布社会各有关方面应当遵守或者周知的事项，故均不适用县政府向所属乡镇发文。

公文纠错题

（一）
关于拟建科学馆的请示报告

县政府：

我校是××镇的中心小学。学校建筑面积1.2万平方米，在校学生、教职工800多名。多年来学校防火设施比较简陋，除简易防火工具外，仅有消防栓1处，且因年久失修，达不到喷射要求，一旦发生事故，后果不堪设想。市消防部门多次检查，提出建议，但因缺少资金一直没有按重点防火单位标准建设。为确保安全，做到常备无患，急需修建地下消防栓4处（3栋教学楼各1处，实验室1处），需拨款5万元（计划附后）。此外，为加强学生动手能力的培养，拟建一座科学馆，急需资金50万元（计划附后）。

特此报告，请批准。

××县××镇××小学

二○○三年3月3日

81. 根据公文标题的写作要求，该公文标题存在的主要问题是（　　）。

A. 缺少介词　　　　B. 缺少事由

C. 事由不明　　　　D. 文种不当

【璧尘解析】D。该公文标题存在的主要问题是"请示"与"报告"文种混用，从公文的内容看，此公文应适用"请示"文种。

82. 从主送机关看，该公文存在的问题是（　　）。

A. 党政机关交叉行文

B. 越级行文

C. 多头主送

D. 主送机关不明确

【璧尘解析】B。请示的主送机关只能有一个，即直接上级机关，不能多头主送，也不能越级主送。××镇××小学的请示应送直接上级机关——××县教育局，主送县政府则属于越级行文。

82. 按照公文写作要求，该公文正文的主要问题是（　　）。

  A. 事实陈述不生动

  B. 不符合"一文一事"要求

  C. 提出要求不具体

  D. 语言不够简洁

【璧尘解析】B。请示的请求事项具有单一性，即请示要求一文一事，不可一文多事。

84. 该公文结束语不规范，正确写法应该是（　　）。

  A. 以上报告请审阅

  B. 以上请示请批准

  C. 妥否，请批示

  D. 妥否，请批准

【璧尘解析】C。请示的结语常用："妥否，请批复""特此请示，请予批示""以上请示，请批复""以上意见当否，请指示"等，不可用"可否（妥否、当否），请批准"之类不合逻辑的结束用语。

85. 该公文成文时间不规范之处是（　　）。

  A. 成文时间不准确

  B. 写法不完整

  C. 写法不规范

  D. 成文时间不具体

【璧尘解析】C。成文日期是公文生效的法定时期，按原《国家行政机关公文处理办法》要求用汉字将年、月、日标全，"零"应写为"○"，按新的《党政机关公文格式》（2012年7月1日起实施）则应用"阿拉伯数字将年、月、日标全"。

（二）

关于命名××省省级重合同守信用企业的决定

〔1997〕×政发114号

为了加强企业合同管理，规范经营行为，维护市场秩序，在1995年省政府首批命名省级重合同守信用企业的基础上（×政发〔1995〕103号），今年经各省辖市人民政府推荐和省有关部门考核验收，同时对首批命名

的企业进行了重审，省政府决定命名××石油化工公司等128家企业为××省省级重合同守信用企业（见附件一），并继续确认首批命名的117家企业中的112家为省级重合同守信用企业（见附件）。

希望被命名的企业总结经验，发扬成绩，更好地依法组织生产经营，不断规范自身的合同行为……为我省国民经济持续、快速、健康发展作出更大贡献。

附件：××省省级重合同守信用企业名单（略）

九七年十月十四日

86. 按照完整式标题要求，该文稿标题结构的不规范之处是（　　）。

  A. 缺少文种　　　　B. 缺少事由

  C. 缺少发文机关　　D. 缺少介词

【璧尘解析】C。完整的公文标题由发文机关、事由、文种三要素组成。该文稿标题结构不规范之处在于缺少发文机关。

87. 文稿发文字号存在的问题是（　　）。

  A. 顺序颠倒

  B. 发文字号缺项

  C. 发文字号多项

  D. 缺少发文顺序号

【璧尘解析】A。发文字号由发文机关代字、年份和序号按先后顺序组成，题中的发文字号应为×政发〔1997〕114号。

88. 对照决定文种的写作要求，文稿存在的问题是（　　）。

  A. 附件不全

  B. 语言不贴切

  C. 没有明确命名的企业

  D. 行文关系不明确

【璧尘解析】A。该文稿附件中缺少确认的首批命名的117家企业中的112家企业为省级重合同守信用企业名单。

89. 对照正文内容，文稿标题中事由部分存在的问题是（　　）。

  A. 缺少主题　　　　B. 事由不准确

C. 不是动宾结构　　D. 用词不当

【璧尘解析】B。该文稿除了命名××省省级重合同守信用企业外，还有确认首批命名的117家企业中的112家企业为省级重合同守信用企业，但在标题中没有完全表述出来，标题完整表述应为《省政府关于命名和确认××省省级重合同守信用企业的决定》，故答案为B选项。

90. 文稿的成文时间，不规范之处是（　　）。

A. 成文时间没有删除
B. 成文时间缺项
C. 成文时间混乱
D. 写法不规范

【璧尘解析】D。按原《国家行政机关公文处理办法》要求，成文时间要用汉字将年、月、日标全，"零"应写为"〇"，故答案为D选项。不过，按新的《党政机关公文格式》（2012年7月1日起实施）则应"用阿拉伯数字将年、月、日标全"。

注：此文出自原省人事厅指定教材《语文基础与公文写作》中选用的范文。

2005 年 A 类

公文实务题

××××××××××（标题）

各区县人民政府，市府各委办局，市各直属单位：

2003年，在市委、市政府领导下，全市上下以"三个代表"重要思想为指导，认真学习贯彻党的十六届三中全会和全国再就业工作座谈会精神，与时俱进，开拓创新，劳动和社会保障工作得到显著成效，圆满完成了年初确定的工作目标和任务。两个确保成果继续取得巩固，实现了离退休人员养老金、下岗职工基本生活费和失业保险金100%发放；市场导向和社会援助就业机制基本形成，就业、再就业空间进一步拓展；社会保险覆盖面不断

扩大，保障水平进一步提高；职业技能培训逐步走向市场化、社会化；劳动保障立法步伐加快，依法调节劳资关系，化解社会矛盾的工作机制进一步完善；深化劳动工资分配制度改革取得积极进展；劳动保障信息化水平和街道、社区平台建设处在全国同类型城市前列。

希望受表彰的单位和个人珍惜荣誉，谦虚谨慎，再接再励，为加快推进全市劳动和社会保障工作做出更大贡献！全市上下要学先进、赶先进，进一步增强做好劳动和社会保障工作的历史使命感和责任感，进一步脚踏实地、扎实工作，努力开创我市劳动和社会保障工作的新局面。

为树立典型，表彰先进，激励全市上下进一步做好劳动和社会保障工作，市政府决定：对××区等42家劳动和社会保障工作先进单位和李××同志等77名劳动和社会保障工作先进个人进行表彰（具体名单附后）。

附：××市2003年度劳动和社会保障工作先进单位和先进个人名单

××市人民政府
二〇〇四年二月十八日

51. 本文的公文文种应该是（　　）。

A. 通知　　　　B. 通报
C. 命令　　　　D. 决定

【璧尘解析】D。根据各类文种的适用范围，通报、命令、决定都可用于表彰，如何区分，国务院办公厅《关于实施〈国家行政机关公文处理办法〉涉及的几个具体问题的处理意见》（国办函〔2001〕1号）中曾作如下明确：关于"命令"、"决定"和"通报"三个文种用于奖励时如何区分的问题。各级行政机关应当依据法律的规定和职权，根据奖励的性质、种类、级别、公示范围等具体情况，选择使用相应的文种，根据此公文中表彰的事项，可以用"决定"。

52. 下列关于本文的标题写法（××代表文种名称）最合适的是（　　）。

A. 关于表彰2003年度劳动和社会保障工作先进单位和个人的××

B. 关于 2003 年度劳动和社会保障工作先进单位和个人的表彰××

C. 关于表彰 2003 年度劳动和社会保障工作先进单位和先进个人的××

D. 关于 2003 年度劳动和社会保障工作先进单位和先进个人的表彰××

【璧尘解析】C。根据文件的内容和附件,可以明确受表彰的对象是劳动和社会保障工作的先进单位和先进个人,故最适合的标题应为《市政府关于表彰 2003 年度劳动和社会保障工作先进单位和先进个人的决定》。

53. 本文正文中 6 个加点词使用不当的有( )。

A. 1 个 B. 2 个
C. 3 个 D. 4 个

【璧尘解析】C。6 个加点词中,第 3 个"拓展"、第 5 个"取得"、第 6 个"增强"使用无误。而第 1 个"得到"与第 2 个"取得"不符合汉语搭配习惯,应互换位置,即为"取得显著成效"和"得到巩固";第 4 个"调节"应改为"调整"。

54. 下列对本文的说法正确的是( )。

A. 主送机关不符合"一头主送"原则
B. 附件的位置不对
C. 落款处的发文机关少了"中共××市委"
D. 正文层次逻辑有误,二三自然段颠倒

【璧尘解析】D。本文件是普发性的,主送机关可以不止一个;文件的附件位置正确;从主送机关可看出,文件系由市政府制发,不必加上"中共××市委"。而文中二、三自然段显属层次颠倒,故本题答案为 D。

55. 本文中的错别字有( )。

A. 1 个 B. 2 个
C. 3 个 D. 4 个以上

【璧尘解析】C。"瑾慎"的"瑾"应为"谨","再接再励"的"励"应为"厉","脚塌实地"的"塌"应为"踏"。

注:本文样文出自南京市人民政府关于表彰 2003 年度劳动和社会保障工作先进单

位和先进个人的决定(宁政发〔2004〕28 号)。

公文实务题

王×是某机关党委办公室主任。一天,办公室收到来自下级机关××局党委的一份文件,内容是××局党委关于成立一个专家咨询委员会的打算。王×在该文件眉首写了"请领导办公会议讨论决定"字样。一周后,该机关领导经过研究,同意××局党委的意见,让办公室给××局党委一个答复。××局党委收到答复后不久,又发来一份文件,将专家咨询委员会的组成人员名单报告上来。王×根据领导的决定,再次给××局党委答复表示同意。

根据党的机关公文工作规程,回答下列问题:

56. ××局党委第一次发文经领导审批、签发后转入发文办理,其程序是( )。

A. 核发 B. 登记
C. 印制 D. 分发

【璧尘解析】BCD。按原《中国共产党机关公文处理条例》规定,发文办理指以本机关名义制发公文的过程,包括草拟、审核、签发、复核、缮印、用印、登记、分发等程序。故本题应选 BCD。而新的《党政机关公文处理工作条例》(2012 年 7 月 1 日起施行)将以前的发文办理、收文办理,改为公文拟制和公文办理两部分,公文拟制包括公文的起草、审核、签发等程序,公文办理包括收文办理和发文办理,收文办理包括签收、登记、初审、承办、传阅、催办、答复等程序,发文办理包括复核、登记、印制、核发等程序。

57. 王×在文件眉首写"请领导办公会议讨论决定"的行为是( )。

A. 拟办 B. 催办
C. 承办 D. 请办

【璧尘解析】A。机关党委办公室主任王×对下级机关××局党委的来文提出"请领导办公会议讨论决定"的建议,是提供参谋性意见,供领导审核、批示时参考,该做法属拟办。

58. 王×给××局党委的第一次答复方式应该（　　）。

A. 制发一份批复

B. 制发一份复函

C. 用电话通知

D. 让××局党委来人当面通知

【璧尘解析】B。由于来文未使用"请示"这一文种，是一份"打算"，所以，不宜采用"批复"来回复，而用电话通知或让××局党委来人当面通知，都显得不够郑重，正确的选择是制发一份复函。补充说明：该考题在命题上存在很大的瑕疵，因为按工作职能，上述事项不应由机关党委处理，而且在后面的处理程序上还有许多值得商榷的地方，在当年引起很大争议，不少人认为命题有误。

59. ××局党委第二次发文报告专家咨询委员会组成人员名单，文种应该是（　　）。

A. 报告　　　　B. 请示

C. 意见　　　　D. 函

【璧尘解析】B。××局党委向其上级某机关党委行文的目的，是请求批准专家咨询委员会名单，应使用"请示"这一文种。

60. 王×处理××局党委第二次来文的最恰当的做法应是（　　）。

A. 制发一份复函给××局党委，并将此复函抄送给有关单位

B. 制发一份批复给××局党委，并将此批复连同来文一起登记存档

C. 制发一份批复给××局党委，再制发一份报告给上级主管机关

D. 制发一份批复给××局党委，再制发一份请示给上级主管机关

【璧尘解析】B。下级发来请示，上级答复则应使用"批复"，在归档时，上级的批复与下级的请示为一件，"件"是文书档案的基本保管单位。

2006 年A类

公文实务题

**中国共产党第十六届中央委员会
第四次全体会议
关于调整充实中共中央军事委员会
组成人员的决定**

（2004 年 9 月 19 日中国共产党第十六届中央委员会第四次全体会议通过）

中国共产党第十六届中央委员会第四次全体会议决定：

胡锦涛同志任中共中央军事委员会主席；

徐才厚同志任中共中央军事委员会副主席，增补陈炳德、乔清晨、张定发、靖志远同志为中共中央军事委员会委员。

调整充实后的中共中央军事委员会组成人员：

主　席：胡锦涛

副主席：郭伯雄　曹刚川　徐才厚

委　员：梁光烈　李继耐　廖锡龙
　　　　陈炳德　乔清晨　张定发
　　　　靖志远

41. "决定"的适用范围很广泛，上述材料内容属于（　　）。

A. 对重大行动作出安排

B. 对重要事项作出决策和安排

C. 设置有关机构

D. 发布重要政策、法规

【璧尘解析】B。原《中国共产党机关公文处理条例》第七条第二项明确规定："决定用于对重要事项作出决策和安排。"调整充实中共中央军事委员会组成人员是对重要事项作出的决策和安排。

42. 上述材料属于（　　）。

A. 知照性的决定　　B. 指示性的决定

C. 奖惩性的决定　　D. 部署性的决定

【璧尘解析】A。发出本决定的目的，就是要使全党、全军、全国人民及时知晓中共中

央军事委员会组成人员调整和充实的情况，所以上述材料应属于"知照性的决定"。

43. 上述材料的正文结构属于( )。
A. 纵式结构
B. 横式结构
C. 纵横结合式结构
D. 递进式结构

【璧尘解析】B。公文纵式结构是按时间的推移，或按事物的发展演变过程，或按事理的递进关系来安排层次。横式结构即横向铺排文章的内容，或按事物的组成部分展开，或按空间分布展开，或按事物的性质归纳关系展开，通常表现为条款式、并列式、块块式。纵横结合式结构是指组织材料时，既考虑其时间、发展演变、事理层递等因素，又考虑其内在联系，按问题的不同性质组织材料，形成纵横交叉、经纬结合的结构形式。递进式结构实际上也是纵式结构的一种表现形式。本公文包含着两个组成部分：一是中共中央军事委员会新充实的领导人员名单；二是经过调整后的中央军委全部组成人员名单。这两部分是并列的，应为"横式结构"。

44. 上述材料中标题下括号里的内容表示的是( )。
A. 党的十六届四中全会召开日期
B. 党的十六届四中全会闭幕日期
C. 该"决定"的会议通过日期
D. 该"决定"的公文成文日期

【璧尘解析】CD。"决定"标题下括号内标注的日期——2004年9月19日显然表示的是该"决定"的通过日期。原《中国共产党机关公文处理条例》第八条第十二项规定："决议、决定、条例、规定等不标明主送机关的公文，成文日期加括号标注于标题下方居中位置。"据此，CD选项正确。

45. 下列关于上述材料的说法正确的是( )。
A. 这是一份重要而规范的行政公文
B. 这份公文没有明确的主送机关名称
C. 这份公文没有固定的结束用语

D. 这份公文通过媒体公开发布，不属于正式公文

【璧尘解析】BC。本"决定"是党的机关公文，A项说"这是一份重要而规范的行政公文"，显属错误。原《中国共产党机关公文处理条例》第二十七条明确规定："经批准公开发布的公文，同发文机关正式印发的公文具有同等效力。"D选项说法错误。另外本"决定"没有明确的主送机关，也没有固定的结束用语，故BC选项正确。

2007 年 A 类

13. 江苏省人民政府将《江苏省科技发展"十一五"规划纲要》以通知的形式发给相关下级单位，这一通知属于( )。
A. 普发类通知
B. 转发类通知
C. 印发类通知
D. 批转类通知

【璧尘解析】C。普发类通知是上级机关向下级机关发出的没有特定主送机关的通知。转发类通知用于转发上级机关或同级机关或不相隶属机关的公文给所属单位或人员，让他们周知或执行。印发类通知用于印发本级机关制作的公文给所属机关和人员，让他们周知或执行。批转类通知用于上级机关批转下级机关的公文给所属机关或人员，让他们周知或执行。

14. 向同级机关和不相隶属机关请求批准某事项的公文是( )。
A. 请示
B. 报告
C. 请示报告
D. 函

【璧尘解析】D。用于不相隶属机关之间商洽工作、询问和答复问题、请求批准和答复审批事项的文种是"函"。

35. 行政机关使用、党的机关不使用的公文文种有( )。
A. 命令
B. 决议
C. 议案
D. 通告

【璧尘解析】ACD。以前执行的党政公文有18种,其中原《国家机关行政公文处理办法》规定的13种和原《中国共产党机关公文处理条例》规定的14种,两部分有一些文种重复,其中:命令、议案、通告、公告为行政公文特有,而公报、决议、条例、规定是党的公文所特有。新版的《党政机关公文处理工作条例》(2012年7月1日实施)对以前的党政机关公文进行了合并、统一,目前法定公文主要包括以下15种:决议、决定、命令(令)、公报、公告、通告、意见、通知、通报、报告、请示、批复、议案、函、纪要。

公文实务题

二○○七年二月二十五日,××市委、市政府《关于加快发展旅游业的决定》(××字〔××××〕七号)明确指出,"同意建立旅游建设发展专项资金,其部分资金来源于交通建设附加费的分配,并将此分配比例从原来的5％调高到10％"。对此,我委认为该措施无疑有利于筹集资金,促进旅游业发展。但当初决定征收旅游业交通建设附加费的目的,主要是筹集地铁资金,现要提高旅游专项资金在交通建设附加费中的分配比例,必然减少地铁资金的来源。地铁工程建设07年底总需投资30亿元,筹资任务十分艰巨,而今年地铁资金缺口更大,需开拓更多的资金来源。因此,减少筹集地铁资金的做法会导致工期拖长和投资增大,不利于工程建设。鉴于此,我委建议在地铁建设期内,暂缓调高旅游专项资金在交通建设附加费中的分配比例,仍执行旅游专项资金在交通建设附加费中占百分之五的分配比例不变。

41. 从正文的内容上看,这篇请示属于( )。

A. 请求资金支持的请示

B. 请求批转文件的请示

C. 请求政策支持的请示

D. 请求人力支持的请求

【璧尘解析】C。根据正文内容,该请示属于请求政策支持的请示,即"我委建议在地铁建设期内,暂缓调高旅游专项资金在交通建设附加费中的分配比例,仍执行旅游专项资金在交通建设附加费中占百分之五的分配比例不变"。

42. 按照国家标准《出版物上数字用法的规定》,对文中的数字修改,不正确的一项是( )。

A. "二○○七年二月二十五日"改为"2007年2月25日"

B. "××字〔××××〕七号"改为"××字〔××××〕7号"

C. "百分之五"改为"5％"

D. "5％调高到10％"改为"百分之五调高到百分之十"

【璧尘解析】D。根据《出版物上数字用法的规定》,统计表中的数值,如正负整数、小数、百分比、分数、比例等,必须使用阿拉伯数字。定型的词、词组、成语、惯用语、缩略语或具有修辞色彩的词语中作为语素的数字,必须使用汉字。公历世纪、年代、年、月、日、时、分、秒要求使用阿拉伯数字,由此可知D选项的修改是错误的。发文字号由发文机关代字、年份和序号组成,年份、序号用阿拉伯数码标识;年份应标全称,用六角括号"〔 〕"括入;序号不编虚位(即1不编为001),不加"第"字。

43. 对"07年底总需投资"的修改,最恰当的一项是( )。

A. "截止07年底总需投资"

B. "到2007年底总需投资"

C. "2007年底总需投资"

D. "截止2007年底总需投资"

【璧尘解析】B。"截至"表示到某一时刻,但是并未结束,后面仍继续,"截止"表示到某一时刻,并已结束,而依据给定材料"地铁工程建设07年底总需投资30亿元,筹资任务十分艰巨,而今年地铁资金缺口更大……"。正确选项应为B。

44. 下列可用作这篇请示的结束语的是

( )。

A. 妥否,请告知
B. 妥否,请回复
C. 可否,请批示
D. 特此请示,请批准

【璧尘解析】C。

45. 材料中所列××市委、市政府《关于加快发展旅游业的决定》(××字〔××××〕七号)文件的内容在文中属于( )。

A. 请示缘由　　B. 请示事项
C. 请示标的　　D. 请示主体

【璧尘解析】A。根据给定材料正确的选项应为A。

注:此文材料源自原北京市计委《关于暂缓调高旅游专项资金在交通建设附加费中的分配比例的请示》,内容略有调整。

2008 年 A 类

15. 根据作用和性质不同,公文可分为( )。

A. 上行文、下行文、平行文
B. 通用公文、专用公文
C. 规范性公文、指挥性公文、呈请性公文、知照性公文
D. 收文、发文

【璧尘解析】C。根据公务文书的性质,可将其分为指挥类公文、请求类公文、知照类公文和规范类公文。根据行文方向,可将其分为上行公务文书、下行公务文书、平行文务文书和通行公务文书。从制作的动机看,可将其分为主动文件和被动文件。

16. 行政公文作者是指( )。

A. 制发该公文的机关或机关的法定领导人
B. 草拟该公文的秘书人员
C. 参与该公文形成过程的有关处(科)室
D. 审核该公文的办公室负责人

【璧尘解析】A。公文的作者是法定的,只有依法成立并能以自己的名义行使权力和承担义务的组织或其法定代表人,才能充当公文的作者,包括党政机关、社会团队、企事业单位以及其他组织。内部不具有法人资格的下设部门,对外不能充当公文的作者。

39. 下列关于公文格式的表述,不正确的是( )。

A. 需会议讨论通过的公文,其成文日期以会议通过日期为准
B. 发文机关必须用全称,不能用简称
C. 联合下发的公文,主办机关加盖公章即可
D. 公文如有附件,应在正文左下方标识

【璧尘解析】BCD。发文机关标识必须使用机关全称或规范简称,B项错误;联合上报的公文,由主办机关加盖印章,联合下发的公文,发文机关都应当加盖印章,C项错误;公文如有附件,在正文的最后一行下空一行左空二字标识,D项错误。

公文实务题

下面是一篇存在问题的公文,阅读后回答问题。

××市人民政府文件
××〔2008〕20 号

关于××市人民政府应对雨雪天气保护房屋安全的紧急通报

××、××、××:

近来持续的雪雨天气,已经给各类房屋安全和生产设施带来较大忧患,据不完全统计。

截至昨天上午8时,全市倒塌房屋50多间、蔬菜大棚600多亩,直接经济损失数百万元。为切实维护人民群众生命财产安全,市政府昨夜召开紧急会议,对房屋安全和生产设施问题进行专项研究,现紧急通知如下:

一、由各地经贸部门牵头,组织人员对

所有工业厂房安全状况进行一次彻底检查,对各类安全忧患迅速进行整改,对暂时不能安全使用的厂房,要立即停止使用;

二、由各地房管部门牵头,对市区及城镇居民住房,特别是旧房安全状况进行检查;

三、由各地工商部门牵头,对全市农副产品批发市场、农贸市场的安全状况进行检查;

四、由各地发改部门和石油公司牵头,对城乡加油站安全状况进行检查;

五、由各地农业部门牵头,对全市农业经营大户的生产大棚安全状况进行检查;

······

××市人民政府(印章)

08.1.18

主题词:关于 防灾 安全 紧急通报

46. 本文恰当的标题是( )。

A. 关于××市人民政府应对雨雪天气、保障房屋安全的紧急通报

B. ××市人民政府关于应对雨雪天气保障房屋安全的紧急通报

C. 关于××市人民政府应对雨雪天气保障房屋安全的紧急通知

D. ××市人民政府关于应对雨雪天气保障房屋安全的紧急通知

【璧尘解析】D。根据公文的格式要求,公文标题一般由发文机关、事由和文种三部分并且按此顺序组成。所以排除选项AC。从文中看本公文的文种应属通知而不是通报。故D选项正确。

47. 文中"忧患"一词使用不当,应改为( )。

A. 疾患 B. 后患 C. 隐患 D. 祸患

【璧尘解析】C。"忧患"是忧虑祸患的意思,常用于人;"隐患"的意思是潜在的危险与问题,根据文意应该用"隐患"。

48. 文中主体部分的结构形式是( )。

A. 层进式 B. 并列式

C. 纵式 D. 总分式

【璧尘解析】D。本文先就全市受灾情况进行说明,然后对各部门工作任务进行了分类安排和说明,属于典型的总分结构。

49. 本文恰当的主题词是( )。

A. 通知 防灾 安全

B. 防灾 安全 通报

C. 防灾 安全 通知

D. 通报 防灾 安全

【璧尘解析】C。主题词标注的顺序:先标类别词,再标类属词,最后是文种。新的《党政机关公文格式》(2012年7月1日起实施)已取消主题词这一格式要素。

50. 本文的成文日期,书写规范的是( )。

A. 2008.1.28

B. 08年1月28日

C. 2008年1月28日

D. 二〇〇八年一月二十八日

【璧尘解析】成文日期是公文生效的法定时期,按《国家行政机关公文处理办法》要求用汉字将年、月、日标全,"零"应写为"〇",当年的答案为D。按新的《党政机关公文格式》(2012年7月1日起实施)则应"用阿拉伯数字将年、月、日标全"。现在的答案为C。

2009年A类

15. 通告的适用范围是( )。

A. 向国内外宣布重要事项或法定事项

B. 对重要问题提出见解和处理办法

C. 传达要求下级机关办理和需要有关单位周知或执行的事项

D. 公布各有关方面应当遵守或周知的事项

【璧尘解析】D。通告适用于在一定范围内公布应当遵守或者周知的事项。

公文实务题

2009年1月1日,中共中央、国务院发布了《关于2009年促进农业稳定发展农民持续增收的若干意见》。为贯彻落实这一文件精

神,具体部署有关工作,××市人民政府决定于2009年1月16日发文召开各县(市、区)政府一把手和主管农业领导参加的农村工作会议。

假如由你代拟这份公文,请就下列问题作答。

36. 这份公文的文种应当是(   )。

A. 决定　　　　　　B. 通报

C. 意见　　　　　　D. 通知

【璧尘解析】D。根据给定材料可知这份公文的应该是会议通知。

37. 这份公文属于(   )。

A. 上行文　　　　　B. 下行文

C. 平行文　　　　　D. 通行文

【璧尘解析】B。下行文是指上级机关对所属下级机关的发文,该文件是由市人民政府向各县(市、区)发文,故B选项正确。

38. 这份公文的发文字号应为(   )。

A. ×政发〔2009〕×号

B. ×政发〔2009〕第×号

C. 〔2009〕×政发×号

D. 〔2009〕×政发第×号

【璧尘解析】A。发文字号由发文机关代字、年份和序号组成,年份、序号用阿拉伯数码标识;年份应标全称,用六角括号"〔 〕"括入;序号不编虚位(即1不编为001),不加"第"字。

39. 这份公文的发文机关标识应为(   )。

A. ××市人民政府文件

B. 中共××市委文件

C. ××市政府办公室文件

D. 中共××市委办公室文件

【璧尘解析】A。发文机关由发文机关全称或规范化简称后加"文件"组成,由题干"××市人民政府决定于……召开各县(市、区)政府一把手和主管农业领导参加的农村工作会议"可知发文机关应为"××市人民政府"。因此A选项正确。

40. 这份公文的成文日期正确的书写方式是(   )。

A. 2009年1月16日

B. 2009年一月十六日

C. 二〇〇九年一月十六日

D. 二零零九年一月十六日

【璧尘解析】成文日期是公文生效的法定时期,按原《国家行政机关公文处理办法》要求用汉字将年、月、日标全,"零"应写为"〇",当年答案选C。而按新的《党政机关公文格式》(2012年7月1日起实施)则应"用阿拉伯数字将年、月、日标全"。所以现在选A。

2010年A类

公文实务题

关于2010年部分节假日安排的通知

×××××:

经县政府批准,现将2010年部分节假日安排通知下发给你们。

根据《国务院关于修改〈全国年节及纪念日放假办法〉的决定》,为便于各单位、各部门及早合理安排节假日旅游、交通运输、生产经营等有关工作,经国务院批准,2010年部分节假日放假调休日期的具体安排如下:

一、国庆节:10月1日至7日放假调休,共7天。9月26日(星期日)、10月9日(星期六)上班。

二、元旦:1月1日至3日放假公休,共3天。

三、春节:2月13日至19日放假调休,共7天。2月20日(星期六)、21日(星期日)上班。

四、中秋节:9月22日至24日放假调休,共3天。9月19日(星期日)、25日(星期六)上班。

五、端午节:6月14日至16日放假调休,共3天。6月12日(星期六)、18日(星期日)上班。

六、劳动节:5月1日至3日放假公休,共3天。

七、清明节:4月3日至5日放假公休,

共3天。

节假日期间,各单位、各部门要妥善安排好值班和安全保卫等工作,遇有重大突发事件发生,要按规定及时报告并妥善处治,确保人民群众祥和平安地渡过节日假期。

二〇〇九年×月×日

36. 根据题意,该通知的发文机关应该是( )。

A. ××县人民政府

B. 中共××县委员会

C. ××县人民政府办公室

D. 中共××县委办公室

【璧尘解析】C。根据给定材料中"经县政府批准,"可以判定该通知的发文机关应该是"××县人民政府办公室"。

37. 根据公文写作的要求和惯例,该通知的主送机关,写法恰当的是( )。

A. 各乡、镇人民政府,各直属单位、县政府各部门

B. 各乡镇人民政府、县政府各部门、各直属单位

C. 各乡镇人民政府,各直属单位,县政府各部门

D. 各乡、镇人民政府,县政府各部门、各直属单位

【璧尘解析】D。根据给定材料,该公文应该为发送至各乡、镇和县直部门单位,故写法为"各乡、镇人民政府,县政府各部门、各直属单位"。

38. 根据公文写作的要求,对该通知第二段的行文,修改恰当的是( )。

A. 删除"经国务院批准"

B. 将第二段全部删除

C. 删除"根据《国务院关于修改〈全国年节及纪念日放假办法〉的决定》"和"经国务院批准"

D. 删除"根据《国务院关于修改〈全国年节及纪念日放假办法〉的决定》"

【璧尘解析】B。根据公文写作的要求,

第二段宜全部删除。

39. 该通知对7个节假日的排序不尽合理。根据题意,恰当的排法应是( )。

A. 按节假日时间先后排序

B. 按节假日长短排序

C. 按节假日重要程度排序

D. 按节假日类型排序

【璧尘解析】A。根据《国务院关于修改〈全国年节及纪念日放假办法〉的决定》可以看出,正确排列顺序应当是依据节假日时间先后顺序进行排列。

40. 该通知最后一段中的错别字有( )。

A. 4个   B. 1个

C. 2个   D. 3个

【璧尘解析】C。最后一段"处治"应为"处置","渡过"应为"度过"。

2011 年 A 类

公文实务题

关于维修加固教学楼及办公楼的请示报告

市政府:

前不久发生的地震,对我校的教学楼及办公楼造成了严重破坏,多间教室和办公室出现了不同程度的墙体开裂、变形等情况,严重威胁学生和老师的生命安全。根据市政府召开的抗震减灾扩大会议精神,我校已暂时将教学工作转移到开发区新建的市粮食学校校区内进行,下一步将对教学楼和办公楼进行维修加固。由于资金上存在较大缺口,大约需要500万元左右,特此请市政府拨款。此外拟添购一辆大巴车用于接送师生到新区上课,请求至少补贴10万元以上。

特此报告,请批示。

××市中等职业技术学校

二〇〇八年六月二十五日

36. 根据公文标题的写作要求,该公文标

题存在的主要问题是( )。

A. 缺少主语　　　B. 缺少发文机关

C. 事由不明　　　D. 文种杂糅

【璧尘解析】D。每篇公文只能使用一个文种,"请示报告"是两种法定公文文种在同一标题中同时出现,属于文种杂糅。

37. 从行文关系看,该公文存在的问题是( )。

A. 联合行文　　　B. 越级行文

C. 多头主送　　　D. 交叉行文

【璧尘解析】B。学校应该向教育局申请行政拨款,不能越级向市政府直接行文。故本题答案为B。

38. 按照公文写作的要求,该公文正文的主要问题是( )。

A. 事实陈述不完整

B. 一文多事

C. 提出要求不具体

D. 层次不清

【璧尘解析】B。请示只能一文一事。故本题答案为B。

39. 对该公文中四个划线词语,正确的处理是( )。

A. 删去"大约""至少"

B. 删去"左右""以上"

C. 删去"左右""至少"

D. 四个词语都应删去

【璧尘解析】D。公文语言简要明确,不可含糊,特别是在请示、批复等文件中,四个划线词语表述不清楚都应删去。故本题答案为D。

40. 该公文结束语不规范,正确的写法应该是( )。

A. 妥否,请批示

B. 以上请示请批准

C. 以上报告请审阅

D. 妥否,请批准

【璧尘解析】A。请示结尾的一般用"妥否,请批示""以上请示,如无不妥,请批准"等作为结束语。不可用"可否(妥否、当否),请批准"之类的不合逻辑的用语。故本题答案为A。

2012 年 A 类

22. 下列对公文写作知识对应关系的表述,正确的是( )。

①适用于某市卫生局恳请省歌舞团派人指导联欢晚会的文种　②发文字号构成要素的正确顺序　③适用于某市政府表彰劳动模范事宜的文种　④可以不加盖印章的文种

A. ①—函　②—机关代字、年份、序号　③—决定　④—会议纪要

B. ①—请示　②—机关代字、序号、年份　③—命令　④—函

C. ①—请示　②—机关代字、年份、序号　③—决定　④—函

D. ①—函　②—机关代字、序号、年份　③—命令　④—会议纪要

【璧尘解析】A。函适用于不相隶属机关之间商洽工作、询问和答复问题、请求批准和答复审批事项,发文字号是发文机关按照发文顺序编排的顺序号,由发文机关代字、年份和序号组成。决定适用于对重要事项作出决策和部署、奖惩有关单位和人员、变更或者撤销下级机关不适当的决定事项。原《国家行政机关公文处理办法》规定公文除"会议纪要"和以电报形式发出的以外,应当加盖印章。故本题答案为A。

公文实务题

关于进一步深入打击非法行医的通知

县卫生监督所、各乡镇卫生院、村卫生室:

①近期,我县(药房坐堂行医及无《乡村医生执业证书》的老村医、退休医生)非法行医现象时有发生。②为进一步净化我县医疗服务环境,确实维护人民群众生命财产安全,我局决定在全县范围内继续深入开展打击非法行医工作。③＿＿＿＿＿＿。

一、工作重点

（一）严厉打击无证行医行为。重点打击药房无证行医、老村医未取得有效《乡村医生执业证书》非法行医、兽医看人病、退休医生无有效《医师执业证书》非法行医、村卫生室人员在家或私自设立诊疗场所非法开展诊疗活动等违法行为。

（二）严肃查处医疗机构超出登记的诊疗科目及跨区开展诊疗活动的行为。

（三）严肃查处违法发布医疗广告的行为。

二、工作要求

医疗卫生事业直接关系到广大人民群众的身体健康和生命安全，与广大人民群众切身利益密切相关。各乡镇卫生院、村卫生室要进一步强化责任，统一思想，提高认识，增强工作责任感和紧迫感，切实履行职责，严格监督管理。各乡镇卫生院卫生监督检查员、村卫生室卫生监督信息员要切实履行各自的工作职责，认真做好辖区内非法行医行为信息、证据的收集、核实和上报工作，对玩忽职守不履行职责知情不报的人员，要依法依规追究其相关人员的责任。县卫生监督所要进一步强化监督职责，加强对医疗市场的日常巡查频次，依法严肃查处各种违法行医行为。（下略）

三、工作安排

各村卫生室卫生监督信息员要尽快摸清本村非法行医信息，及时上报所在地卫生院卫生监督协管办公室。（下略）

××县卫生局（印章）

二〇一一年十一月一日

46. 这份公文的标题写作有问题，下列写法最恰当的是（　　）。

A. 关于进一步开展打击非法行医行为的通知

B. 关于继续深入开展严禁非法行医的通知

C. 关于进一步开展打击非法行医工作的通知

D. 关于继续严禁开展非法行医工作的通知

【璧尘解析】C。根据给定材料，正确选项应为C。

47. 下列有关正文开头①的说法，错误的是（　　）。

A. 括号中的文字属于不完全列举表达

B. 正确的写法只需要去掉句中的括号

C. 正确的写法应该删去括号及括号内的文字

D. 括号中的文字不仅多余而且有语病

【璧尘解析】B。根据文意可知，要打击的是药房无证行医的行为以及无《乡村医生执业证书》的老村医、退休医生等人员非法行医现象，合法范围内的药房坐堂行医不在"非法行医"范围之内。因此正确写法不能只去掉句中的括号，B选项说法错误。

48. 下列对正文开头②的修改，恰当的是（　　）。

A. 删去"进一步""继续"

B. 改"工作"为"作为"

C. 改"确实"为"切实"

D. 改"决定"为"打算"

【璧尘解析】C。给定材料②中"确实"用法不当，应当改为"切实"，本题应选C。

49. 下列关于正文开头③的写法，不恰当的是（　　）。

A. 有鉴于此，现作如下通知

B. 现将有关事项通知如下

C. 为此，特作如下通知

D. 现就有关工作通知如下

【璧尘解析】A。"有鉴于此"有建议、劝诚之意，前面多有论据式的阐述，继而以之引出结论性语句。③句主要是为了引出下文工作的安排，而不是得出结论，且文中也不含建议、劝诚之意，因此A选项的写法不恰当，符合题意。

50. 下列对本公文的修改与写法说明，不恰当的是（　　）。

A. "工作重点"（二）中，"跨区域"前面加上"未经许可"

B. "工作要求"的内容最好针对不同情况分条款来写

C. "工作要求"中的划线部分,应移至开头,并在后面加上"然而"

D. "工作重点"(三)中,"违法"前面加上"在媒体上"

【璧尘解析】D。只要是违法发布医疗广告都应受到严厉查处,不仅仅局限于媒体上,因此D选项不恰当。

注:该材料原文出自安徽省太湖县卫生局《关于继续深入开展打击非法行医工作的通知》。

2013 年 A 类

26. 关于使用和管理复制、汇编的公文,下列说法正确的是( )。

A. 复制、汇编的公文视同原件管理

B. 公文的复制件须加盖原发文机关戳记才有效

C. 复制、汇编的公文效力不及原件

D. 汇编本的密级按照编入公文的最低密级标注

【璧尘解析】A。《党政机关公文处理工作条例》第32条规定,复制、汇编机密级、秘密级公文,应当符合有关规定并经本机关负责人批准。绝密级公文一般不得复制、汇编,确有工作需要的,应当经发文机关或者其上级机关批准。复制、汇编的公文视同原件管理。复制件应当加盖复制机关戳记。翻印件应当注明翻印的机关名称、日期。汇编本的密级按照编入公文的最高密级标注。故本题答案为 A。

公文实务题

关于表彰实施科技兴市"1+5"
工程先进单位的通报

各县(市、区)委,各县(市、区)人民政府,市委各部委,市各局委办,市各直属机关:

2011 年以来,我市各县(市、区),各单位、各部门按照市委、市政府的统一安排和( ),加大科技兴市"1+5"工程的实施力度,促进了科技与经济的结合,取得了( )的经济利益和社会效益,两年来,全市共实施科技兴市"1+5"工程 573 项,累计实现产值 89.57 亿元,超额完成了省政府下达我市的目标任务。

为了推进科技兴市"1+5"工程向( )发展,根据市委、市政府的 25 号文件《关于分解科技兴市"1+5"工程目标任务的通知》的要求和市领导有关指示精神,市委、市政府决定对科技兴市"1+5"工程先进单位予以表彰。

中共××市委员会
××市人民政府
2012 年×月×日

46. 下列对该公文标题判断正确的是( )。

A. 双引号应删除

B. 缺少发文机关

C. 事由表述不恰当

D. 文种适用不当

【璧尘解析】B。该文中双引号是特指,一般应保留,事由表述也比较清楚,文种适用也较为妥当(通报、决定均可适用表彰),而标题一般由"发文机关名称+事由+文种"组成。故本题答案为 B。

47. 下列依次适合填入文中横线处的词语是( )。

A. 布署、巨大、纵深

B. 部署、巨大、深度

C. 布置、显著、深度

D. 部署、显著、纵深

【璧尘解析】D。根据题干所表述的意思,正确答案应为 D。

48. 下列对该公文的说法,错误的是( )。

A. 这是一份联合发文

B. 主送机关应顶格书写

C. 这是一份交叉行文

D. 这是一份普发性下行文

【璧尘解析】C。《党政机关公文处理工作条例》规定，同级党政机关、党政机关与其他同级机关必要时可以联合行文。属于党委、政府各自职权范围内的工作，不得联合行文。党委、政府的部门依据职权可以相互行文。一般情况下，党政机关之间不可交叉行文。故本题答案为C。

49. 公文中引用了一份文件，按照引用文件的规范要求，正确的写法是（　　）。

A.《关于分解科技兴市"1＋5"工程目标任务的通知》（××发〔2011〕025号）

B.《关于分解科技兴市"1＋5"工程目标任务的通知》（××发〔2011〕25号）

C.（××发〔2011〕25号）《关于分解科技兴市"1＋5"工程目标任务的通知》

D.（××发〔2011〕025号）《关于分解科技兴市"1＋5"工程目标任务的通知》

【璧尘解析】B。引用公文时应当先引标题，后引发文字号。故本题答案为B。

50. 该公文需拟写一个"附件"，下列写法正确的是（　　）。

A. 附件：《实施科技兴市"1＋5"工程先进单位表彰名单》

B. 附件：实施科技兴市"1＋5"工程先进单位表彰名单

C. 附件一：实施科技兴市"1＋5"工程先进单位表彰名单

D. 附件：1.《实施科技兴市"1＋5"工程先进单位表彰名单》

【璧尘解析】B。《党政机关公文格式》规定，如有附件，在正文下空一行左空二字编排"附件"二字，后标全角冒号和附件名称。如有多个附件，使用阿拉伯数字标注附件顺序号（如"附件：1. ×××××"）；附件名称后不加标点符号。附件名称较长需回行时，应当与上一行附件名称的首字对齐。故本题答案为B。

注：原文出自1997年《内江市人民政府关于表彰实施科技兴市"1＋5"工程先进单位

的通报》，有删改。

2014年A类

公文实务题

××区文化局办公会议同意辖区文化馆《关于固定资产报废的请示》，但因管理权限，需报区财政局审批。同时，议定向区财政局申请"赛龙舟、庆端午"活动经费。局办公室的小吴拟写了给区财政局的公文，正文初稿如下：

"我区文化馆于2013年3月搬迁至新馆，经对原复兴路10号老馆的固定资产全面清算稽查，有一批音响、灯光、打印机……等已损坏或过了使用期限、均已无法继续使用的固定资产，准备报废，经局办公会讨论，决定报送你局审批。另外，根据区政府指示，我局最近将举办'赛龙舟、庆端午'活动，恳请你局拨款20万元作为活动经费。"

然后，小吴在专用发文稿纸的"发文机关标志"栏里填上"××区文化局"和"××区文化馆"，"附件"栏填上"××区文化馆关于固定资产报废的请示"，"抄送"栏填上"区政府、区文化馆"。初稿经过修改。小吴将定稿送局领导审核签发。

46. 根据题意，关于小吴为局里起草的公文文种的选择，下列表述正确的是（　　）。

A. 该事项需报送区财政局审批，应适用"请示"

B. 因报废事项经局领导会议同意，应适用"纪要"

C. 因与区文化馆的请示一起报送，应适用"报告"

D. 文化局和财政局是不相隶属机关，应适用"函"

【璧尘解析】D。《党政机关公文处理工作条例》第8条规定，函适用于不相隶属机关之间商洽工作、询问和答复问题、请求批准和答复审批事项。"区文化局"与"区财政局"属于平级关系，应使用"函"这一文种。

47. 下列关于小吴对初稿中划线部分的

修改,不恰当的是(　　)。

  A. "10 号"改为"十号"

  B. "清算稽查"改为"清理核查"

  C. 删除"……等"

  D. "准备"改为"拟予"

  【璧尘解析】A。根据《出版物上数字用法》的规定,在使用数字进行编号的场合,为达到醒目、易于辨识的效果,应采用阿拉伯数字,因此关于地址中"复兴路10号"的表述是合理的。

  48. 关于小吴所拟写的初稿,下列表述正确的是(　　)。

  A. 初稿有违反公文的行文规则之处

  B. 初稿中应删去"根据区政府指示"

  C. 申请经费事宜应该另起一段来写

  D. 申请经费事宜应作为正文第一段

  【璧尘解析】A。函主旨要单一,要做到一函一事,所以初稿当中不应该出现额外的活动经费请示事项,A选项说法正确。"根据区政府指示",在文中并无不妥,所以无需删除。该公文行文的主要目的就是关于审批"固定资产报废"问题,此事宜的相关内容理当放在正文首段。

  49. 根据题意,关于小吴对专用发文稿纸

三个栏目的处理,下列判断正确的是(　　)。

  A. "发文机关标志"栏填写正确

  B. "附件"栏填写正确

  C. "抄送"栏填写正确

  D. 三个栏目填写都正确

  【璧尘解析】B。根据材料可知"区文化局"向"区财政局"行文,所以"发文机关标志"一栏不能填写"××区文化馆",公文根据需要可同时抄送相关上级机关和同级机关,但不能抄送下级机关,所以"抄送"一栏不能填写"区文化馆"。

  50. 根据题意,关于该公文的发文处理,下列做法正确的是(　　)。

  A. 公文使用A5纸印制

  B. 为该公文标注"秘密"等级

  C. 做好发文登记工作

  D. 专人送给区财政局和区文化馆

  【璧尘解析】C。公文用纸一般采用的是A4型纸;涉密公文根据涉密程度应当标注秘密等级和保密期限,该公文不属于涉密公文;紧急公文或者重要公文应当由专人负责处理,该公文不属于上述情况,按照一般公文发文程序即可。

命题规律及备考建议

  近十年,A类的公文写作命题规律主要有:一是所占分值较高,2005年以前均在10分以上,2006年A类试卷出现主观题后,公文写作的分值有所下降,目前正常恒定在6～8分。二是题型比较固定,一般为1～3个选择题加一组公文实务题(以前为公文纠错题,2005年起改为公文实务题)。三是考点相对比较集中。常见高频考点包括公文格式、行文规则和文书工作基础知识等。复习备考建议在全面掌握公文基础知识的基础上,重点掌握公文格式和行文规则等内容,特别是要重点关注2012年7月1日起施行的《党政机关公文处理工作条例》上新旧考点的变化。

2004 年 B 类

31. 下列文种中属于陈述性的上行公文是（　　）。

A. 请示　B. 报告　C. 议案　D. 意见

【璧尘解析】B。在四个选项中只有 B 选项"报告"属于陈述性的上行公文。

32. 联合行文时确定成文时间的标准是（　　）。

A. 以第一个签发机关负责人签发的日期为准

B. 以最后一个签发机关负责人签发的日期为准

C. 以文件撰写的日期为准

D. 以文件实际发出的日期为准

【璧尘解析】B。公文成文日期以负责人签发的日期为准；经会议讨论通过的公文，以通过日期为准；联合行文，以最后签发机关负责人的签发日期为准；电报以发出日期为准。

33. 调查研究的基本程序可以分为四个环节，即准备工作、调查工作、研究工作和（　　）。

A. 总结工作　　　　B. 报告工作

C. 宣传工作　　　　D. 归档工作

【璧尘解析】A。调查研究的基本程序可以分为准备工作、调查工作、研究工作和总结工作四个环节。

34. 档案工作包括（　　）。

A. 档案收集、档案管理、档案利用三个组成部分

B. 档案收集、档案传递、档案管理、档案利用四个组成部分

C. 档案清理、档案管理、档案利用三个组成部分

D. 档案清理、档案收集、档案管理、档案利用四个组成部分

【璧尘解析】A。档案工作包括档案收集、档案管理、档案利用三个部分。

72. 小王根据某领导要求，要把一次会议记录的代表发言编发一期《会议简报》。按照有关规定，小王可采取的正确做法是（　　）。

A. 请有关代表对自己的发言内容审核签字同意后编发

B. 请该领导对代表的发言内容审核签字同意后编发

C. 无需任何人审核签字同意，直接编发

D. 无需任何人审核签字同意，只要在文末作说明，以示负责

【璧尘解析】AD。根据有关规定小王可采取两种做法：一是请有关代表对自己的发言内容审核签字同意后编发；二是无需任何人审核签字同意，只要在文末作说明，以示负责。

公文纠错题

（一）

关于因交通肇事给予被害人家属抚恤问题的报告

××〔19××〕×号

省政府：

据我省××县人民法院报告，他们对交通肇事〔1〕被害人死亡，是否给予被害人家属抚恤的问题，有不同意见。一种意见认为，被害人是有劳动能力的人，并遗有家属要抚养的，应给予抚恤；被害人若是没有劳动能力的老人或儿童，就不给予抚恤。另一种意见认为，〔2〕是由被害人自己的过失所引起的死亡事故，不管被害人有无劳动能力，都应酌情给予抚恤。我们同意后一种意见。几年来实践经验证明，这样做有利于安抚死者家属。

请批复。

××省高级人民法院

81. 该公文标题的错误是（　　）。

A. 缺少发文机关

B. 事由写法不规范

C. 文种选用错误

D. 标题与内容不一致

【璧尘解析】C。根据公文内容，应选用"请示"，依据请示事项，应该是××省高级人民法院向最高人民法院请示。

82. 对该公文的认识判断有误的一项是（　　）。

A. 主送机关不当

B. 缺少成文时间

C. 发文字号写法不对

D. 结束语写法不规范

【璧尘解析】C。发文字号写法规范（年份使用全称并用六角括号"〔　〕"括入）且位置正确，C选项判断错误。根据该文内容，主送机关应为最高人民法院，公文中也没有标注成文时间。

83. 从发文机关判断，该公文的正确的主送机关是（　　）。

A. 国务院

B. 最高人民法院

C. 全国人民代表大会

D. ××省人民代表大会

【璧尘解析】B。从公文内容看，其主送机关应为最高人民法院。但璧尘个人认为，根据《宪法》和《人民法院组织法》的有关规定，我国上下级法院之间是监督与被监督的关系，就法律适用问题能否向上级法院请示存在争议，此题命制不够严谨。

84. 文稿中〔1〕应填入的动词是（　　）。

A. 至　　B. 置　　C. 致　　D. 制

【璧尘解析】C。"致"有"引起""导致"的意思。

85. 文稿中〔2〕处应填入的关联词语是（　　）。

A. 只有　B. 只要　C. 如果　D. 假设

【璧尘解析】B。题中的情况是条件关系，用"只要"最合适。

注：此文稿正文来自1963年《黑龙江省高级人民法院关于交通肇事是否给予被害人家属抚恤问题的请示》。

（二）

全省1996年度农业秋熟超产增收竞赛活动先进单位通报

×政发（97）第25号

各市县人民政府、省各委办厅局：

1996年，为夺取秋熟农业丰收，实现全省秋粮总产超过1995年、棉花单产超历史、农民增加收入超过计划的目标，省政府在全省开展了农业秋熟超产增收竞赛活动。

为总结经验，表彰先进，省政府决定，对在1996年度全省农业秋熟超产增收竞赛活动中取得优异成绩的×××市人民政府等单位进行表彰，分别授予综合奖和单项奖（获奖名单附后）。希望受表彰的单位再接再厉，继续努力，取得新的成绩。

特此通知。

一九九七年二月二十日

86. 该公文标题写作错误，正确的写法是（　　）。

A. ××省人民政府1996年度农业秋熟超产增收竞赛活动先进单位表彰通报

B. 关于表彰1996年度农业秋熟超产增收竞赛活动先进单位的通报

C. 关于表彰1996年度农业秋熟超产增收竞赛活动先进单位的决定

D. ××省人民政府关于1996年度农业秋熟超产增收竞赛活动先进单位的通知

【璧尘解析】B。公文标题一般由"发文机关＋事由＋文种"组成，有时发文机关可以省略。

87. 该公文发文字号的正确写法应该是（　　）。

A. ×政发〔1997〕25号

B. ×政发（1997）25号

C. ×政发〔1997〕025号

D. ×政发〔97〕25号

【璧尘解析】 A。发文字号由发文机关代字、年份和序号组成。年份、序号用阿拉伯数码，年份使用全称并用六角括号"〔 〕"括入，序号不编虚位（即 1 不编为 001），不加"第"字。

88. 该公文结束语"特此通知"应该（   ）。

　　A. 改为"特此公布"

　　B. 改为"以上通报，希传达执行"

　　C. 删去

　　D. 改为"本通报自发布之日起生效"

【璧尘解析】 C。表彰通报一般不用写结束语，故应删去。

89. 该公文的落款处应该（   ）。

　　A. 写"××省人民政府"

　　B. 加盖印章

　　C. 写"××省人民政府"并盖印章

　　D. 不作任何标识

【璧尘解析】 当年考题的答案为 B。原《国家行政机关公文格式》规定单一机关制发的公文在落款处不署发文机关名称，只标识成文日期，成文日期右空 4 字，加盖发文机关印章。但按最新的《党政机关公文格式》（2012 年 7 月 1 日实施）的有关规定，单一机关行文时，一般在成文日期之上、以成文日期为准居中编排发文机关署名，印章端正、居中下压发文机关署名和成文日期。

90. 联系内容，该公文应该添加的格式要素是（   ）。

　　A. 秘密等级　　　　B. 紧急程度

　　C. 主题词　　　　　D. 附件

【璧尘解析】 D。获奖名单为本公文附件，其作用是对正文内容的补充说明。最新的《党政机关公文格式》已取消主题词。

　　注：此文出自原江苏省人事厅指定教材《语文基础与公文写作》中选用的范文。

2005 年 B 类

50. 某区科技局为举办一场演讲比赛，给区政府送达一份报告，区政府未予回复。根据公文行文规则，下列说法正确的是（   ）。

　　A. 区政府对所有报告事项均可不回复

　　B. 报告是陈述性公文，不可含请示事项

　　C. 科技局没必要呈送这份报告

　　D. 科技局应将报告送区委宣传部

【璧尘解析】 AB。"报告"作为陈述性公文，用于向上级汇报工作，反映情况，提出建议，答复上级机关的询问。"报告"中不可以夹带请示事项，另外"报告"不同于"请示"，上级可以不作回复。科技局向区政府呈送报告是正确的，但它与区委宣传部无隶属关系，所以不必向其呈送报告，不过可以在呈送给区政府时抄送给区委宣传部。

公文实务题

××区教育局关于"两个请示"的批复

×发〔××××〕×号

××学校：

　　你校《关于办学规模和专业设置的请示》和《关于要求增加编制的请示》收悉。现经我局认真研究，作出如下批复：

　　根据教育部《普通中等专业学校设置暂行办法》和你校办学条件，基本上同意你校设置×××、×××和×××四个专业，每个专业每年招收应届初中毕业生八十名，学制三年。学校规模为在校生一千人。为补充办学经费，也可适当招收一些委托生和少量自费生，但收取的学费及其使用要符合有关规定，不要超标。

　　关于增加编制的问题，我局已签署意见送区编制部门，请你们与区编制部门联系。

　　此致。

　　敬礼。

××区教育局

××××年×月×日

51. 该批复存在的最突出的问题是（   ）。

　　A. 标题写作不规范

　　B. 缺少发文字号

C. 违反"一头主送"原则

D. 批准招收委托生和自费生

【璧尘解析】A。该文标题中事由过于笼统,是对谁的请示所作的批复,批复的是什么问题,均不够具体明晰。而且,请示、批复应一文一事,对两份请示应分别批复,不宜合为一文。

52. 下列修改最有必要的是(　　)。

A. 将发文字号移至标题正下方

B. 删除文中"基本上"

C. 将文中的"你校"改为"贵校"

D. 将"现经我局认真研究,作出如下批复"改为"现批复如下"

【璧尘解析】B。A选项发文字号应在标题正下方。C选项上级称下级"你校"是正确的。D选项可改可不改。B选项"基本"二字造成答复意见含糊,不符合公文的写作要求,故应予删除。

53. 下列修改最无必要的是(　　)。

A. 将"八十名"改为"80名"

B. 将"学制三年"改为"学制3年"

C. 将"一千名"改为"1000名"

D. 在"一千名"后面加上"左右"

【璧尘解析】D。ABC三项属同一问题,即把文中的数字由汉字改为阿拉伯字码,按照公文规范要求一般有必要作这样修改,而最无修改必要的是在"一千名"之后加上"左右"二字,该修改会导致批复意见含糊不清。

54. 如果××区教育局单独就××学校《关于办学规模和专业设置的请示》写一份批复,标题的正确写法是(　　)。

A. ××区教育局关于××学校《关于办学规模和专业设置的请示》的批复

B. ××区教育局关于××学校关于办学规模和专业设置的请示的批复

C. ××区教育局关于××学校办学规模和专业设置的批复

D. ××区教育局关于××学校办学规模和专业设置的请示的批复

【璧尘解析】C。AB两项标题中使用了两个介词"关于",显得累赘。D项"关于……

请示的批复","批复"自然是对"请示"的答复,标题中不必显示"请示"。

55. 如果××区教育局把××学校《关于要求增加编制的请示》转给区编制部门,最恰当的做法是(　　)。

A. 在××学校的请示上注明本部门意见,转交区编制部门

B. 将××学校的请示直接转交区编制部门

C. 将××学校的请示退回,让该校直接送区编制部门

D. 为××学校的请示加一个文件头,写上本部门意见,转发给区编制部门

【璧尘解析】D。采用这一做法,既表现了对上级主管部门的尊重,而且明确地表达了本部门的意见。

公文实务题

某市市委和市政府2005年1月6日召开联席会议,会上就一项重要工作即2005年本市区县级领导干部公推公选工作作出安排,决定联合制发一份序号为27号的文件进行部署。1月8日,市委领导签发了该文件。1月9日,市政府领导也签发了该文件。该文件1月10日由市委办公室制发完毕并及时发送出去。1月11日,该文件刊登在该市《××日报》上。

56. 该联合发文性质属于(　　)。

A. 政府部门与相应的党组织联合发文

B. 同级政府之间联合发文

C. 同级党的机关之间联合发文

D. 同级党委、政府之间联合发文

【璧尘解析】D。市委、市政府为同级领导机关,其联合发文为同级党委、政府之间联合发文。

57. 该文件适用的文种应该是(　　)。

A. 决定　　　　B. 通知

C. 通告　　　　D. 会议纪要

【璧尘解析】A。"通知"侧重于告知;"通告"是公布社会各有关方面应当遵守或者周

知的事项时使用的文种；"会议纪要"用于记载会议主要精神和议定事项；"决定"则用于对重要事项做出决策和部署、安排。根据本题所述情况，应使用"决定"这一文种。

58. 该文件的成文时间应该是（　　）。

A. 2005 年 1 月 6 日

B. 2005 年 1 月 8 日

C. 2005 年 1 月 9 日

D. 2005 年 1 月 10 日

【璧尘解析】C。凡联合行文，成文日期署最后签发机关领导人的签发日期。该文件最后签发机关市政府领导人签发时间为 2005 年 1 月 9 日，即作为该文成文日期。

59. 根据行文规则，刊登在《××日报》上的该文件的性质是（　　）。

A. 视同正式文件

B. 视同新闻消息

C. 不作为正式文件

D. 视为文件，但无行政效力

【璧尘解析】A。经批准在官方媒体公开发布的公文视为正式文件。

60. 如果写作该联席会议的纪要，标题写法应该是（　　）。

A.《会议纪要》

B.《关于 2005 年区县级领导干部公推公选工作的会议纪要》

C.《中共××市委市政府联席会议纪要》

D.《××市 2005 年区县级领导干部公推公选工作会议纪要》

【璧尘解析】D。会议纪要标题通常有两种：一是例行办公会议的标题，由"机关名称＋会议名称＋文种"三个要素构成，如《××县人民政府第×次常务会议纪要》；二是专题会议的标题，由"会议名称＋文种"组成，如《全国农村工作会议纪要》。市委、市政府这次联席会专题研究区县级领导干部公推公选工作，采用第二种方式较宜。BD 两项符合这一要求，但 B 项多了介词"关于"。故正确选择是 D 选项。

2006 年 B 类

公文实务题

2000 年 8 月 24 日，国务院发布了新修订的《国家行政机关公文处理办法》（以下简称新《办法》）。某县政府办公室秘书小王去年刚参加工作，在大学里学的是新《办法》，对原来的《办法》并不了解，跟他同办公室的小孙比他早几年工作，已经熟练掌握了原来的《办法》。工作中，两人常常在处理公文的时候因为参照标准不同而发生矛盾。

以下问题就是他们经常遇到的，请你按照新《办法》的规定回答：

71. 机关内设部门如果必须向下一级政府正式行文，只能采用函的形式。而以函的形式只能适用于（　　）。

A. 商洽工作　　　B. 询问和答复问题

C. 审批事项　　　D. 提出意见或建议

【璧尘解析】ABC。原《国家行政机关公文处理办法》第 9 条第 12 项规定，函适用于不相隶属机关之间商洽工作，询问和答复问题，请求批准和答复审批事项。依据这一规定，ABC 三项是正确的。D 项"提出意见或建议"适用的文种应为"意见"，而不是"函"。

72. 有权对外正式行文的机关内设部门是（　　）。

A. 办公厅（室）　　　B. 组织部门

C. 人事部门　　　D. 宣传部门

【璧尘解析】A。原《国家行政机关公文处理办法》第 15 条第 2 款规定："部门内设机构除办公厅（室）外不得对外正式行文。"原《国务院办公厅关于实施〈国家行政机关公文处理办法〉涉及的几个具体问题的处理意见》（国办函〔2001〕1 号）第四条对此又做了具体说明："部门内设机构除办公厅（室）外不得对外正式行文的含义是：部门内设机构不得向本部门机关以外的其他机关（包括本系统）制发政策性和规范性文件，不得代替部门审批下达应当由部门审批下达的事项；与相应的其他机关进行工作联系确需行文时，只能以函的形式行文。"据此,正确选项是 A。

73. 新《办法》对行政机关负责人规定了具有约束力的条款,具体要求是(　　)。

A. 要高度重视公文处理工作

B. 要模范遵守公文处理办法

C. 要加强对公文处理工作的领导和检查

D. 要亲自起草所有对外发布的正式公文

【璧尘解析】ABC。原《国家行政机关公文处理办法》第 6 条规定:"各级行政机关的负责人应当高度重视公文处理工作,模范遵守本办法并加强对本机关公文处理工作的领导和检查。"

74. 在制发一份联合发文时,因联合发文机关和主送机关太多,使公文首页无法显示正文,小王的正确做法是将主送机关名称移至(　　)。

A. 正文之下,附件之上

B. 附件之下,主题词之上

C. 主题词之下,抄送机关之上

D. 抄送机关之下,印发机关之上

【璧尘解析】C。原《国家行政机关公文格式》中规定:"如主送机关名称过多而使公文首页不能显示正文时,应将主送机关名称移至版记中的主题词之下、抄送之上,标识方法同抄送。"

75. 新《办法》规定,除上级机关负责人直接交办的事项外,不得以机关名义向上级机关负责人报送(　　)。

A. 请示　　B. 意见　　C. 报告　　D. 函

【璧尘解析】ABC。原《国家行政机关公文处理办法》第 22 条规定:"除上级机关负责人直接交办的事项外,不得以机关名义向上级机关负责人报送'请示''意见'和'报告'。"D 选项"函"不在此列。

公文实务题

以下是某市文化市场办公室秘书小钱编写的一份简报稿,里面存在不少错误或不当之处,请阅读后按要求完成问题:

第 315 期
会议简报

2006 年 3 月 15 日　　　××文化市场办公室

重视下岗工人再就业扶持政策的有关问题

我市××区下岗工人甲偶然发现,近年来办考试辅导班非常热门,他觉得是个发财的好机会。于是,他找到正在某大学读博士的小舅子乙,乙曾经参加过一次某考试阅卷。乙又找了他的一老同学丙,丙曾经参加过两次该考试,因成绩不合格均未考取。二人经过密谋,公然向社会公开招收某考试辅导班学员。他们四处张贴"牛皮癣"广告,宣称将由"考试研究专家"、"考试阅卷专家"主讲,并在某报刊登招生广告。他们租用教室,每人收取报名费、听课费、讲义费共 500 元。同时,他们购买了一套正规出版的复习考试用书以及其他一些公开出版的复习资料,找了一家私营小印刷厂,采取非法盗印手段将购买的全套书籍合印成一册《火速制胜教材》,又搜罗拼凑了一些散见于各种出版物中的模拟试卷,合印成一册《全真内部套题》,分别以每册 80 元和 20 元卖给学员,并在社会上公开发售。

春节刚过,辅导班热热闹闹地开张了。辅导班共招收 100 多名考生,由于场地太小,显得拥挤不堪,担任主讲的乙、丙上课只是照本宣科,学员们感到被骗。他们找到甲要求全额退款,并要向有关部门举报。甲气急败坏,声称"是你们自己找上门来报名的,又不是我非要你们来的,你们交了钱,我开了课,我们之间就有了法定的合同关系,你们要退款,这是单方违约,你们要承担违约责任!"

接到群众举报后,我办有关人员上门查处,甲辩称:"我是下岗工人,国家鼓励下岗工人再创业,我自强不息,自谋生路,不管你什么法律法规,都应该对我这样的人网开一面才对。再说了,我又没搞'黄赌毒',没搞'打砸抢',我这是为社会培养人才做贡献啊!你们不让我办班,你们帮我解决吃饭问题啊?"甲还声称如果对他查处,他将和家人到市政府门前静坐示威。

编者按:据了解,甲平时的确生活困难。落实下岗工人再就业扶持政策,是直接关系到社会稳定和发展、提高我市人民生活水平、提升我市综合竞争实力的大问题。3月1日,在本办公室主任办公会议上,刘主任在通报了甲事件后指出,本期简报反映的问题值得我们每一个人思考:下岗工人的实际生活困难我们当然要关心,如何保证执法的严肃性,维护市场秩序,又体现以人为本的现代管理理念?

(钱××供稿)

报送:×××××,×××××,×××,×××××

(共印××份)

请回答以下问题:

1. 甲的行为违反了许多现行的法律法规的规定。请列举出其中四个以上法律法规的名称。(5分)

【璧尘解析】《民办教育促进法》《教师资格条例》《著作权法》《著作权法实施细则》《出版管理条例》《印刷业管理条例》等。

2. 请指出该简报格式方面存在的问题。(5分)

【璧尘解析】本简报格式上存在的问题是:

(1)报头中,简报名称与期数的标注位置被上下颠倒。

(2)编发单位与编发日期标注位置被左右颠倒。

(3)"编者按"应在标题之上,而不是在正文之后。

(4)报尾中,"报""送"对象应分行标注。

3. 请根据上述简报内容,以《关于甲私自开办某考试辅导班问题的情况》为题重新撰写简报文稿(含编者按)。要求:改正原简报中的错误,符合简报文稿写作要求,字数在400～500字之间。(15分)

【作答参考】

××简报
第315期

×××文化市场办公室　　2006年3月15日

关于甲私自开办公务员考试辅导班问题的情况

编者按:随着机关事业单位"凡进必考"的深入,各类培训机构应运而生。但目前各类培训市场较混乱,个别机构完全以牟利为目的,打着诱人的招牌,散播虚假广告,通过举办辅导、编印资料等形式牟取暴利。本期简报中甲私自开办公务员考试辅导班便是其中一例。据了解,上述情况在各地较为普遍,需引起有关部门高度重视。

我市××区下岗工人甲偶然发现近年来公务员考试辅导较为火爆,于是,甲找亲戚乙(某大学在读博士)、丙(曾参加过两次公务员考试)等人谋划开办公务员考试辅导班。三人在没有当地教育主管部门进行登记备案、未获得社会力量办学许可证的情况下,向社会公开招生。同时,上述人员还购买正规出版的复习考试资料,采取非法盗印等手段编印所谓"内部资料",在社会上高价出售。

接到考生举报后,我办立即组织人员对甲私自开办考试辅导班的违法违规行为进行调查,甲辩称自己是下岗工人,举办辅导是自谋生路,要求网开一面,并声称如果对他查处,他将和家人到市政府门前静坐示威。据了解,在社会办学培训领域普遍存在管理混乱的现象,建议相关部门加大监管力度,以维护正常的社会办学秩序。

(钱××供稿)

报:×××××、×××××、×××××

送:×××××、×××××、×××××

共印××份

2007年B类

7. 决定作为公文的一个文种,应属于( )。

A. 指示性公文　　B. 决策性公文

C. 呈请性公文　　D. 公布性公文

【璧尘解析】A。决定适用于对重要事项作出决策和部署、奖惩有关单位和人员、变更或者撤销下级机关不适当的决定事项。故正确选项为A。

8. 公文的主要语言特征是( )。

A. 庄重、严谨　　B. 华丽、流畅

C. 威严、有力　　D. 古朴、典雅

【璧尘解析】A。公文语言的主要特点是:庄重、准确、朴实、精炼、严谨、规范。故正确选项为A。

27. 下列发文字号正确的有( )。

A. ×政发〔06〕27号

B. ×政发〔2006〕27号

C. ×政发【2006】第27号

D. ×政办函[2006]27号

【璧尘解析】B。发文字号由发文机关代字、年份和序号组成,年份、序号用阿拉伯数码标识;年份应标全称,用六角括号"〔 〕"括入;序号不编虚位(即1不编为001),不加"第"字。

材料处理题

2007年3月4日17时左右,刘明明等7人乘坐五菱微型面包车行驶到××市××县××村加油站门前时,被后面一辆"依维柯"撞出了10多米远。刘明明的双腿和一只胳膊多处骨折,但神志还很清醒。大家顾不得自己身体上的伤,立即去救护刘明明。

同伴高波回忆当时的情景时说:"危难之时,我们不断地向当地的120、110求救。120回答雪大大,车出不去,110回答已告知巡警,便没了下文。情急之下,我们只好开动遍体鳞伤的五菱面包往前挪,刘明明呆在车里冻得不停地打颤。我见路边有一处小红房子亮着灯,一位打更老汉从窗户玻璃上露出了脸。我立即跪在门外连声喊:'快救命啊!'但老汉就是不开门,我们只好又把车开回到××加油站。加油站业主坚决不让伤者进屋。我扑通一声跪到地上,五菱和依维柯两车的司机孙荣飞、李杰也跪下再三恳求,可是,业主还是不让伤者进屋避寒。我们只好再次开动面包车往前方路上闯。不幸,又在小红房子边抛锚了。"

孙荣飞说:"这时一辆丰田霸道车开过来,车里坐着两个身穿警服的人,他们同意我们上了车。为了日后感谢,我和高波记下了这台车的车牌号。被抬到车上的刘明明这时还很清醒,还能喊叫。但这台丰田车开到离××收费站约200米时,司机却突然停下车说:'这儿有个诊所,你们得下车!我们要去接领导。'高波一听傻了眼,抱着伤者一条腿跪在车上哀求:'行行好,救人救到底,把我们送到医院,哪怕拉到前面的收费站再下车吧!'司机不耐烦地说:'我们把你们拉出了这么远,还不是行好?快点下车!再不下车,我就揍你们!'这时,坐在副驾驶位置上的那位穿警服的人拉开车门,硬是把伤者拖下了车。"

同伴王大鹏说:"这时候,雪下得更大了,风刮得更狂了。看着躺在雪地里的刘明明,我们焦急万分。正发愁时,一辆亮着警灯的警车开了过来。高波当即跪在马路中央,用劲挥舞双手,嘴里拼命地呼喊:'救命啊!救命啊!'可是警车开到离我们两三米远的地方,绕开我们开走了。警车刚开走,一台120出现在马路上。我和高波赶忙跑过去拦车,双双跪在车门前求救。120司机竟然冷冰冰地回答说:'我车后边有人。'使劲一关车门,把车开走了。刘明明这时还能睁一睁眼睛,但喊他已不能答应了。"

高波说:"见找车无望,我们只好把刘明明送往马路边亮着灯的那家小诊所。我和王大鹏跪在门外雪地上苦苦哀求了好几分钟，诊所里那个女人才勉强开了门。我们想把伤者抬到病床上能暖和些，那个女的说啥也不同意，于是只得把刘明明放到了小诊所的水泥地上。放下后我拔腿就往离这儿200米处的××收费站跑，想尽快找车救人。我到收费站没找到车，再跑回诊所一看，刘明明已被拖到了诊所门外的雪地里。"

高波继续回忆说："当我搂着刘明明一点一点地蹭到了诊所旁边的小卖店门前时，我已无法下跪，但见到老板娘我还是哭诉着说：'我给你跪下啦，求你帮忙救救他！'这位老板娘是我遇到的第一个好人，她马上借给我们一辆'倒骑驴'，还让店里一个男伙计帮着把伤者送到了××收费站。一到收费站，我就累得晕倒了。我们遇到的另一个好人是××派出所教导员付红军。正是他驾驶着派出所的'小松花江'车，花了3个半小时终于在深夜23时把刘明明和我们送到了××县的一家骨科医院。医生护士上车给伤者做检查时还有血压，但等抬进医院大厅，就发现他已停止了呼吸。××县公安局法医作出的尸检报告结论是：'死者系交通肇事所致多发骨折死亡。'为救刘明明我们12次下跪。人间还是有慈爱，但来得太迟了！"

1. 读了这篇文章后，结合公务员的职业性质，谈一谈执法者应具备的职业道德素养。（200～300字）

【作答参考】

公务员的权利是人民赋予的，权利来自于人民，服务于人民。以人民的利益为重，是公务员的职业要求。执法者是公务员队伍中的一个特殊群体，要面对广大人民群众，做到急人民群众所急，想人民群众所想，就必须具备最起码的职业道德素质。第一要坚持全心全意为人民服务的宗旨，时刻把群众的利益放在首位。第二要牢记执法者的权利是人民赋予的，要坚持严格执法和热情服务相结合，热忱为广大人民群众服务。第三要有强烈的责任心，遇事要积极主动、快速反应、妥善处理。第四要文明执法，执法者代表国家行使行政权力，执法者要忠于职守，廉洁自律，不得滥用职权。

2. 假如上面这篇文章所反映的事实，是你在刘明明车祸事故过程调查会上获得的信息，请根据这些信息加上必要的补充，整理出一份会议纪要。

要求：符合会议纪要的行文格式；篇幅不少于400字。

【作答参考】

刘明明车祸事故过程调查会会议纪要

2007年×月××日，副县长××在××县政府会议室主持召开刘明明车祸事故过程调查会，县政府办公室、县公安局、县卫生局等有关部门单位负责人以及目击者高波等共20余人参加会议。现将会议主要内容纪要如下：

调查会上，与会人员认真听取了现场目击者高波等人对事故全过程的叙述，县公安局、县卫生局等有关单位和个人对涉及到的相关事宜进行了说明和补充。与会人员对整个事件过程进行梳理、甄别，会议认为，当事人高波等人所述事件经过基本属实，即刘明明事故发生后，其同伴相继拨打120、110求救没有下文，继而到加油站、小诊所等场所寻求帮助未果，路遇民警、120救护车被拒，后虽经小卖店老板××、××派出所教导员付红军等人积极施救，但终于因时间延误太久导致当事人刘明明死亡。

会议认为，刘明明车祸后，其同伴暴雪中12次下跪求助未果，特别是警车绕道、120不救等行为影响恶劣。会议强调，要严格落实责任追究制，追究相关责任人的责任。同时要求有关单位加强对工作人员职业道德教育，切实提升服务水平。

注：此文出自2007年3月22日新华网《车祸后暴雪中12次下跪　警车绕道120不救终失命》。

2008 年 B 类

14. 行政公文作者是指（　）。

A. 制发该公文的机关或机关的法定领导人

B. 草拟该公文的秘书人员

C. 参与该公文形成的有关科（处）室

D. 审核该公文的办公室负责人

【璧尘解析】A。参见 2008 年 A 类第 16 题。

31. 下列关于公文格式表述不正确的是（　）。

A. 如需联合行文，应将主办机关排列在最后

B. 需要会议讨论通过的公文，其成文日期以会议通过日期为准

C. 如有附注，应在成文日期左上方标识

D. 秘密等级和紧急程度如需要同时标识，则前者的位置应位于后者之下

【璧尘解析】ACD。联合行文，应将主办机关排列在最前。附注，居左空二字加圆括号编排在成文日期下一行。如需同时标注份号、密级和保密期限、紧急程度，按照份号、密级和保密期限、紧急程度的顺序自上而下分行排列。

材料处理题

S 河水污染事件

某年 11 月 13 日，J 省 A 市的石化公司双苯厂胺苯车间发生爆炸，成百吨苯流入 S 河，最高检测浓度超过安全标准 168 倍。S 河污染带从 80 公里蔓延到 200 公里，导致下游 S 河沿岸的 B 市出现严重的生态危机。

《A 市日报》从 11 月 14 日到 15 日对此事件作了专门报道，有关领导也亲赴现场部署救援，但爆炸所引起的 S 河污染问题在报道中却只字未提。B 市媒体当时前往采访，也被有关领导和媒体告知 S 河的水质"未受污染"，但事实是 S 河污染已经相当严重。由于 B 市 90% 的饮用水来自 S 河。因此，15 日在污染带进入 B 市环境内后，B 市宣布全市紧急停水 4 天。当时由于 B 市正处于招商引资关键时期及旅游旺季，所以没有公布停水的真正原因，只说是管网维修。

于是，各种猜测、怀疑在社会上出现了："零下 10 度，寒冷的冬天维修管道，根本没有操作性"，"现在正是供暖期，维修 4 天，让百姓生活在冰窖里，稍有理性的人也不会这样做，除非发生重大事件"，"管道维修从来都是分段分块进行的，全市停水，而且 4 天，这不符合常规"等等。关于停水原因的说法也各种各样，如饮用水网中被投入了剧毒氰化钾呀，当地要发生大地震呀……一时间，B 市被笼罩在一片恐慌之中。虽然 B 市政府否定了地震的可能性，但不少 B 市市民都坚信近期会有一场地震。恐慌之下，人们纷纷扑向超市，紧急从超市抢购物资，主要抢购饮用水和食品，导致商场的饮用水一度脱销，并且在大街小巷出现了黑市；火车站、汽车站人山人海，就像春运高峰一样，火车票很快销售一空，人们纷纷向其他城市转移。

1. 根据材料所提供的事实，就建设透明政府的问题谈谈你的看法。篇幅不少于 300 字。

【作答参考】

党的十六届六中全会对构建社会主义和谐社会作出了全面部署，强调要建设服务型政府，强化社会管理和公共服务职能。而建设透明政府是强化社会管理和公共服务职能的重要举措。

经历过非典等各类灾难事件后，人们发现，在这个社会生活深刻变革、各种矛盾相互交织的时代，只有政务公开透明才能进一步实现政府与民心、民意、民情的联动，确保政府更好地为人民服务。近年来许多事实表明，群众知情有助于化解疑虑，政务公开有利于处理危机，反之会给工作带来被动。正如给定材料 S 河水污染事件，因未及时进行向群众进行公开

说明和解释,造成不必要的恐慌和混乱。

如何建设透明政府,重点要做好以下几个方面工作,一要树立以人为本的服务理念,强化透明意识。二要完善政府信息公开制度,依法建设透明政府。三要打造信息综合平台,完善信息处理流程。四要强化问责制,建立完善的监督体系。

2. 根据上述材料,请你以B市人民政府的名义拟一份通告。要求符合通告的格式和语言要求,篇幅不少于400字。

【作答参考】

B市人民政府关于临时停止
市区自来水供水的通告

B政发〔××××〕××号

××××年11月13日,J省A市的石化公司双苯厂胺苯车间发生爆炸,成百吨苯流入S河,造成严重水质污染,因B市90%的自来水水源来自S河,为确保市区内人民群众和机关、企事业单位用水安全,市人民政府决定临时关闭S河B市段取水口,停止向市区供水。现将有关事项通告如下:

一、市区市政供水管网自×月×日×时,将临时停止自来水供应,停水时间约为4天,具体恢复供水时间将另行公告。

二、请市区内机关、企业事业单位、个体户和居民以及供水经营单位提前做好生产、生活用水储备,保证正常生产、生活需要。

三、工商、物价、公安等部门应当加强市场监督和治安管理,维护市场和社会秩序。

四、环保、市政等部门要加强污染水源的监测和处理工作,确保早日恢复正常自来水供应。

五、违反本通告规定的,有关部门或者其授权的单位可以按照有关法规、规章的规定予以处罚。

特此通告。

B市人民政府(章)
××××年×月××日

2009年B类

15. 请示的目的能否实现,关键是(   )。

A. 请示理由是否充分
B. 文本结构是否完整
C. 表述语言是否流畅
D. 逻辑层次是否清楚

【璧尘解析】A。请示是下级机关向上级机关请求对某项工作、问题作出指示,对某项政策界限给予明确,对某事予以审核批准时使用的一种请求性公文,其内容包括提出请示事项和阐述说明道理或事实两项内容。提出请示事项要详细,阐述说明道理要充分,只有这样才能使有关领导心中有数,易下决心。

16. 下列属于行政公文格式必备要素的是(   )。

A. 附注　　　　　B. 附件
C. 签发人姓名　　D. 成文日期

【璧尘解析】D。公文一般由公文份数序号、秘密等级和保密期限、紧急程度、发文单位标识、发文字号、签发人、标题、主送单位、正文、附件说明、成文日期、印章、附注、抄送单位、印发单位和印发日期等要素组成。其中的发文机关标识、发文字号、标题、正文、成文日期、印章、印发机关等要素是一般公文的必备部分,其他要素是否标注要视公文的具体情况而定。

材料处理题

科学发展观的核心是以人为本。但从近期发生的几起安全事故和突发事件不难发现,一些干部仍然把"以人为本"理念放在一边,对人民群众的生命财产极端不负责任。在急功近利思想的主导下,一些干部对明明需要纠正的事,却视而不见;明明按规定不能做的事,却照做不误;把人命关天的大事当成小事。结果是,本来可以解决的问题却小事拖大,本来可以化解在萌芽状态的矛盾却拖成了复杂事件,本来可以立即纠正的错误却延误了时机。尽管 2003 年以来领导干部问责制逐步建立，但少数干部的责任意识还没有完全树立起来，对人民群众的冷暖安危还没有真正放在心上，享乐主义、拜金主义、个人主义仍然在一些干部的身上存在。在这种精神状态下，少数干部难以履行执政为民的职责，难以兑现"对人民负责"的承诺，难以切实维护人民群众的根本利益。这些事故的发生一再表明，少数干部不想负责、不能负责、不会负责的态度一天不除，重大事故的风险就一天不会减少，科学发展的理念就难以在一些干部的心中生根。

1. 请你结合材料，从执法者的角度，简述应如何预防和应对突发事件。

【作答参考】

根据当前基层实际，就预防和应对突发事件提出如下建议：一要坚持以人为本的科学发展观，做到严格执法与热情服务相统一，要牢记群众利益无小事，密切联系群众，积极主动为群众排忧解难。二要处理突发事件，要沉着应对，果断处置。要多措并举，慎用武力。对突发事件的信息公开和发布要及时、准确、客观、全面。三要完善责任追究和问责制度，对纪律松懈、玩忽职守等行为要严肃追究相关人员责任。四要深入开展矛盾纠纷排查，将矛盾最大限度的解决在基层，解决在萌芽状态。五要建立健全突发事件处理预案，加强应急演练，提高处理突发事件的能力。

2. 假如你是××市政府的一名秘书，请你就上述材料中反映出来的问题，代市政府拟定一份下发至各下属单位贯彻执行的意见。

要求：符合意见的格式要求；现象陈述要简练，问题分析要中肯，措施办法要具体。篇幅为 350～400 字。篇末不得署代拟者的真实姓名或化名。署名者，整卷无效。

【作答参考】

关于预防和应对突发事件的意见

各县、区人民政府，市直各部门、企事业单位：

近期，各地安全事故和突发事件频繁发生，给人民群众的生命财产带来损失，也影响了党群干群关系。为深入贯彻以人为本理念，保障人民群众生命财产安全，现就预防和应对突发事件提出如下意见。

一、提高思想认识。要坚持以人为本，牢记群众利益无小事，密切联系群众，主动为群众排忧解难。要采取有效措施，解决少数党员干部享乐主义、拜金主义、个人主义的蔓延。

二、深入隐患排查。各级领导干部特别是主要负责同志要主动深入基层，深入开展矛盾纠纷和安全隐患排查，将矛盾和隐患最大限度的解决在基层，解决在萌芽状态。

三、化解各类矛盾。要积极稳妥地处置各类突发事件，综合运用经济、行政、法律等多种手段化解各类矛盾，维护社会和谐稳定。要加强政务信息公开，打造透明政府，消除误会和隔阂。

四、加强督查考核。要完善责任追究和问责制度，对少数纪律松懈、玩忽职守等行为要严肃追究相关人员责任。要加大督查考核力度，对安全生产和信访稳定等实行"一票否决"。

以上意见，希认真遵照执行。

××市人民政府
××××年××月×日

2010 年 B 类

15. 依据《国家行政机关公文处理办法》，下列表述最准确的是（　　）。

A. 南京市人民政府的议案应按法律程序向江苏省人大提请审议

B. 南京市人民政府的议案应按法律程序向江苏省人大或省人大常委会提请审议

C. 南京市人民政府的议案应按法律程序向南京市人大提请审议

D. 南京市人民政府的议案应按法律程序向南京市人大或市人大常委会提请审议

語文基礎與公文寫作

【璧尘解析】D。议案适用于各级人民政府按照法律程序向同级人民代表大会或者人民代表大会常务委员会提请审议事项。

16. 在有"眉首"的文件中,下列公文格式属于"版记"部分的是( )。

A. 主题词　　　　B. 印章
C. 附注　　　　　D. 成文时间

【璧尘解析】A。原《国家行政机关公文格式》(现已暂停使用)将组成公文的各要素划分为眉首、主体、版记三部分,其中版记的构成要素包括主题词、抄送机关、印发机关和印发时间。

注:新版《党政机关公文处理条例》已取消"主题词"。

写作题

材料一:2009年公安部在《关于严格依法办理侮辱诽谤案件的通知》中明确指出:"近年来,少数地方公安机关在办理侮辱、诽谤案件过程中,不能严格、准确依法办案,引起了新闻媒体和社会各界的广泛关注,产生了不良的社会影响,损害了公安机关形象和执法公信力。""群众从不同角度提出批评、建议,是行使民主权利的表现。如果把群众的批评、牢骚以及一些偏激言论视作侮辱、诽谤,使用刑罚或治安处罚的方式解决,不仅于法无据,而且可能激化矛盾。"

材料二:2010年3月5日,温家宝总理在《政府工作报告》中强调指出:要深入推进政务公开,完善各类公开办事制度和行政复议制度,创造条件让人民批评政府,监督政府,同时充分发挥新闻舆论的监督作用,让权力在阳光下运行。

材料三:不久前,某县公民陈某在网上连续发帖,质疑当地政府与"奸商"勾结,斥巨资搞形象工程并向中纪委举报,该县警方以陈某"侮辱诽谤他人"为由对其作出行政拘留8日的决定。2010年8月9日,市公安局在其官方网站上发出通告称"经复核,撤销对陈某

的拘留决定,责令县警方向陈某赔礼道歉并给予国家赔偿,同时追究相关负责人的责任"。

假如你是一名行政执法人员,将去参加当地媒体就陈某事件举行的专题座谈会,请你结合上述公安部的通知内容和温总理的报告精神,写一篇个人发言稿,谈谈你对这一事件的看法与感想。

要求:1. 自拟题目,篇幅不少于600字;
2. 符合发言稿写作要求,发言稿中的署名一律用"×××"代替,不得出现考生的真名或化名,否则成绩作废。

【作答参考】

在陈某事件专题座谈会上的发言
×××
(×××年××月×日)

尊敬的各位来宾、各位新闻界的朋友们:

大家好!

随着网络技术的迅猛发展,公民通过网络对政府进行批评和监督的问题异军突起,引起了社会的广泛关注和热议。但与此同时,因以网上发帖等方式批评地方政府或官员,被冠以"诽谤罪"而遭牢狱之灾的个案时有发生,××县陈某事件便是其中之一。分析这类事件产生的原因主要有以下几个方面:一是少数官员官本位思想严重,听不进群众的意见和建议,对公众批评和监督较为反感排斥,甚至利用其掌握的权力进行打击报复。二是政府的政务公开工作还存在很多不足,未能及时主动将相关政务信息向民众公开,造成群众对政府工作的质疑。三是制度法制还不够健全完善,对公民表达自身诉求、批评监督政府及官员的合法权益缺少有效保护。

在当前体制转轨、社会转型、思想多元、利益多样的大环境下,政府及官员应拓展多种民意表达渠道,自觉接受公民监督和批评。不能把公权作为个人谋私利的工具,更不能作为打压公民言论自由的工具。××县陈某的事件值得我们深思和反省。

作为一名行政执法人员，首先，我认为公民批评和监督政府，是宪法赋予的正当权利，政府应当积极创造条件让人民批评政府、监督政府，便于政府改进工作；其次，公务人员应该树立为民服务、依法行政的理念，要时刻把群众利益和公共利益放在工作首位。特别是行政执法人员在执法过程中，要坚持以人为本，做到严格执法和热情服务的有机统一。最后，我认为要建立健全相关法律法规，从法律上保证公民的合法权益不受侵害，避免某些官员乱用私权打击报复批评者的案件发生，以保障公民的监督权和批评权充分行使。

我的发言完毕，谢谢大家。

2011 年 B 类

公文实务题

关于做好当前抢收工作的紧急通知

各乡镇党委、人民政府、县委有关单位：

为进一步加大抢收工作力度，确保按时完成麦收任务，经县委、县政府同意，现就做好小麦抢收工作有关事项_____如下：

一、确保留住足够的农业机械在县内作业，并动用一切手段，千方百计联系外地机械来我县作业。

二、确保所有的机械全天 24 小时作业，做到人歇机不歇。

三、确保向农机手提供最优质的服务。

四、确保干部在岗在位，各乡镇要对所有机械逐机包保到人，没有安排干部就农机实行包保的，将追究乡镇主要负责人的责任。

××××年×月×日

31. 根据题意，该公文的发文机关应该是（　　）。
  A. 中共××县委　××县人民政府
  B. 中共××县委
  C. 中共××县委办公室　××县人民政府办公室

  D. ××县人民政府

【璧尘解析】C。根据正文中"经县委、县政府同意"可知，发文机关是县委办公室、县政府办公室联合发文。

32. 填入该公文正文横线处的词语，最恰当的是（　　）。
  A. 部署　　　　　　B. 通知
  C. 布置　　　　　　D. 决定

【璧尘解析】B。根据正文中关于具体事项的描述可知，该公文主要用于指导下级机关进行小麦抢收工作，应该用通知行文。

33. 该公文"一"至"四"项之间的结构关系是（　　）。
  A. 并列　　　　　　B. 总分
  C. 递进　　　　　　D. 对比

【璧尘解析】A。该公文的正文具体事项部分采用的是并列式结构，分条列项的书写方式。每一项要求之间无总分、递进、对比关系。

34. 该公文中划线的词语，使用不当的是（　　）。
  A. 千方百计
  B. 动用一切手段
  C. 人歇机不歇
  D. 包保到人

【璧尘解析】B。"动用一切手段"过于夸张，不符合公文严谨的用语规范。

35. 按照通知的分类，该公文是（　　）。
  A. 发布类通知
  B. 转发类通知
  C. 事项类通知
  D. 指示类通知

【璧尘解析】D。通知一般分为会议通知、工作通知、批转通知和公布类通知，其中工作通知包括一般性通知、指示性通知和任免通知。本题中该公文应为指示类通知。

2012 年 B 类

公文实务题

×××××××××××××

各县、区人民政府,市政府各有关部门,各直属单位:

为做好商贸流通业统计工作,促进我市经济又好又快发展,经市政府同意,现将《××省人民政府办公厅关于做好商贸流通业统计工作的通知》(×政办〔2010〕146 号)转发给你们,同时,市政府决定采取以下措施,请一并贯彻落实。

第一、建立联席会议制度,由市政府副秘书长丁××同志负责( )联席会议,成员为市商务局、统计局、工商局、国税局、地税局、公安局、卫生局、食品药品监督局、文广新局等相关部门负责同志,及时分析研究商贸流通业统计工作存在问题,提出解决办法,共同做好商贸流通业统计工作。

第二、建立商贸流通业统计工作考核制度。从 2011 年起,建立全市商贸流通业统计工作考核制度,每月对各县、区实现社会消费品零售总额情况实行通报,年底对实现社会消费品零售总额增长情况、当年新增限额以上商贸流通企业数量等进行考核,对成绩突出的责任单位给予表彰奖励,对未完成任务的责任单位予以通报批评。

(下略)

二〇一〇年十二月八日

41. 根据材料和公文写作规范,下列关于本公文标题的写法,最恰当的是( )。

A. 关于做好商贸流通业统计工作的通知

B. 关于转发《××省人民政府办公厅关于做好商贸流通业统计工作的通知》

C. 转发××省人民政府办公厅关于做好商贸流通业统计工作的通知

D. 关于贯彻落实××省政府关于做好商贸流通业统计工作的通知

【璧尘解析】C。公文标题一般由"发文机关名称+事由+文种"组成,在转发类公文中,可能会有几个关于出现,一般保留一个引导具体事由而不是引导转发关系的那个"关于"。另外公文标题除法规名称加书名号外,一般不用标点符号。

42. 根据材料,本公文的发文机关应该是( )。

A. ××市人民政府办公厅(室)

B. 中共××市委办公厅(室)

C. ××市人民政府

D. 中共××市委

【璧尘解析】A。根据材料中"经市政府同意,现将《××省人民政府办公厅关于做好商贸流通业统计工作的通知》(×政办〔2010〕146 号)转发给你们"的字样,可以判断发文机关是市人民政府办公厅(室)。

43. 根据公文写作规范,本公文中"第一、""第二、",应该写成( )。

A. "(一)""(二)"

B. "一、""二、"

C. "1. ""2. "

D. "(1)""(2)"

【璧尘解析】B。公文书写形式从左至右横排、横写。其标识第一层为"一、",第二层为"(一)",第三层为"1. ",第四层为"(1)"。故本题答案为 B。

44. 本公文正文第二段中的括号内,最适宜填入的词语是( )。

A. 召集　　　　B. 主持

C. 召开　　　　D. 组织

【璧尘解析】A。根据题意应用"召集"。

45. 根据公文写作规范,本公文结尾处的成文日期,正确的书写位置是( )。

A. 正文下方,右空 2 个字

B. 正文下方,右顶格

C. 正文下方,右空 4 个字

D. 正文下方,居中

【璧尘解析】C。成文日期标注在正文右

下方(右空四字),年月日必须齐全,故本题答案为C。

注:该材料出自蚌埠市人民政府办公室转发安徽省人民政府办公厅《关于做好商贸流通业统计工作的通知》(蚌政办秘〔2010〕88号)。

2013 年 B 类

23. 根据数字使用规范,下列公文中的数字写法正确的是( )。

A. 初步估计共需三十七、八万元

B. 一篇讲话稿长达 5 千 200 多字

C. "文件"二字采用 2 号字体

D. 该村直到 95 年才修通公路

【璧尘解析】C。根据国家标准《出版物上数字用法的规定》,C选项正确。

公文实务题

××××××××××××

各区(县)人民政府,市各局委办,市各直属机关:

近年来,应广大群众的要求,我市逐步放开了烟花爆竹销售市场,但烟花爆竹销售还存在着管理不规范、监督不到位、销售不合法的现象,不仅影响了市场秩序,而且带来了一定的安全隐患。鉴于此,为规范我市烟花爆竹销售市场,保障人民群众节假日期间的生命财产安全,拟采取如下措施:

(一)经营烟花爆竹者应先取得安监部门核发的《烟花爆竹经营(零售)许可证》,再到工商行政管理部门办理登记手续后,方可从事烟花爆竹经营活动。

(二)严禁批发公司将烟花爆竹批发给无《烟花爆竹经营(零售)许可证》的单位、个人,违法者依法严肃处理。

(三)销售烟花爆竹必需到指定的批发公司进货,签订供销合同。

××××

        ××市人民政府(章)

        ××年×月×日

41. 该公文适用的标题是( )。

A. 市人民政府关于加强烟花爆竹销售管理的通告

B. 市人民政府关于加强烟花爆竹销售管理的通报

C. 市人民政府关于加强烟花爆竹销售管理的通知

D. 市人民政府关于加强烟花爆竹销售管理的决定

【璧尘解析】A。根据《党政机关公文处理工作条例》第 8 条的规定,通报适用于表彰先进、批评错误、传达重要精神和告知重要情况。决定适用于对重要事项作出决策和部署、奖惩有关单位和人员、变更或者撤销下级机关不适当的决定事项。通知适用于发布、传达要求下级机关执行和有关单位周知或者执行的事项,批转、转发公文。通告适用于在一定范围内公布应当遵守或者周知的事项。由材料可知,对销售烟花爆竹所做的措施应属于"在一定范围内公布应当遵守或者周知的事项",故本题答案为 A。

42. 下列对该公文主送机关写法的判断,正确的是( )。

A. 应为"各县(区)人民政府,各局委办,各直属机关"

B. 应为"各区、县人民政府,各局委办,各直属机关"

C. 该公文不必拟写主送机关

D. 该公文主送机关拟写正确

【璧尘解析】C。普发性的公文如公告、通告等一般不写主送机关。故本题答案选C。

43. 该公文第(三)条中的错别字有( )。

A. 1个   B. 2个

C. 3个   D. 4个

【璧尘解析】A。该公文第（三）条中有1个错别字，即"必需"应为"必须"。故本题答案选A。

44. 根据现行公文写作规范，下列关于该公文的说法，错误的是（   ）。

A. 正文第一段中"节假日期间的"应该删除掉

B. 正文第一段中"拟采取如下措施"表述不当

C. 该公文属于普发性公文

D. 文中层次序号应写成①②③形式

【璧尘解析】D。结构层次序数，第一层为"一、"，第二层为"（一）"，第三层为"1."，第四层为"（1）"。故本题答案选D。

45. 下列适用于该公文发布方式的是（   ）。

（1）在机关内发文　（2）用明码电报发送　（3）公开张贴　（4）通过公共媒体发布

A.（1）（2）   B.（3）（4）

C.（1）（3）   D.（2）（4）

【璧尘解析】B。通告的发布方式多样，可通过报刊、广播、电视公布，也可以张贴和发文，使公告内容广为人知。故本题答案选B。

2014年B类

22. ××县食品药品监督管理局与县工商行政管理局就准备开展食品安全专项大检查活动事宜联合向上级机关行文。下列做法符合公文规范的是（   ）。

A. 将公文标题写成"关于开展食品安全专项大检查活动的请示"

B. 将公文标题写成"关于开展食品安全专项大检查活动的报告"

C. 该公文的发文字号只标注××县食品药品监督管理局的字号

D. 该公文只标注了××县食品药品监督管理局签发人姓名

【璧尘解析】A。报告适用于向上级机关汇报工作、反映情况，回复上级机关的询问。请示适用于向上级机关请求指示、批准。由题中"准备开展……联合向上级机关行文"，可知是事前请示，所以文种应选择"请示"。联合行文时，使用主办机关的发文字号。此处并未说明哪个部门主导此次活动，所以C选项说法有误。上行文应当标注签发人姓名，该公文属于联合向上行文，所以该公文需标注两个部门签发人的姓名，D选项错误。

23. 四个机关联合发文，签发时，甲机关负责人签发了"同意"，并署有姓名和日期；乙机关负责人只签了姓名；丙机关负责人只画了个圈，写上日期；丁机关负责人出差，委托其他负责人代签了姓名和日期。关于四个机关的签发能否被视为同意发文，下列判断正确的是（   ）。

A. 只有甲同意

B. 只有甲和乙同意

C. 只有丙不同意

D. 四个机关都同意

【璧尘解析】D。《党政机关公文处理工作条例》第22条规定，重要公文和上行文由机关主要负责人签发。……签发人签发公文，应当签署意见、姓名和完整日期；圈阅或者签名的，视为同意。

材料处理题

英国媒体报道，在过去20年，有5名英国男子一直合开一辆车上下班，结果他们省下了10万英镑（约100万元人民币）的油钱。其中年龄最大的奥利弗马上要退休了，他说，拼车的生活令人难忘，他会永远怀念这么多年与他拼车的4位"车伴"。

英国物价很高，油费更是高得惊人，现在，越来越多的英国人开始选择拼车出行，专业拼车网站应运而生。记者登录了一个名叫

"布拉布拉车"的拼车网站。看到主页上有"寻找车辆"和"提供车辆"两类。在"寻找车辆"栏目中,记者在出发地键入"伦敦",在目的地键入"曼彻斯特",共8辆车可供选择。每辆车都注明具体的行程安排和车主信息,包括拼车的时间、地点、车型和车主的年龄、性别、驾驶经验等。还附有车主的照片。

房产中介商伯纳特在接受采访时表示,在英国买车便宜,但养车非常贵。保险费、路税费、年检费、定期保养费等,都是法律硬性规定需缴的费用,开销巨大。如果选择拼车,省钱又省心。以伦敦开往曼彻斯特的拼车为例,早班车5:30,末班车20:30,每辆车都有约15分钟的绕行时间,以方便接乘住在不同地方的拼车者。拼车报价分别有15、16和17英镑三种。如果乘坐英国M公司的大巴,单程最低价都需要28英镑。

伯纳特说,英国许多雇主鼓励雇员参与拼车,除了减少成本开支,还有助于企业树立环保形象、增强社会责任感。因此,在不少上市公司的年度报表里,拼车情况是一项重要的总结内容,上面写着"我们爱护环境,我们鼓励拼车"等。

拼车在一定程度上还有助于解决交通拥堵问题。英国很多地方政府都鼓励将拼车作为上下班通勤的补充,包括伦敦在内的一些城市还专门开通了"拼车专道"。这种车道通常设在公路最左侧,车里有两人以上(含司机)才能驶入,如有车辆违反规定在专用道上行驶,将被处以30英镑的罚款。

根据上述材料,回答下列问题。

1. ××市交通局借鉴上述材料中反映的国外"拼车"的做法和经验。拟在本市出台鼓励市民"拼车"(小客车合乘出行)的举措,借以缓解市内交通拥堵日渐严重的状况。为此,局领导决定向市政府发文请示。请你代拟这份请示。

要求:符合请示的写作要求和格式规范,未知的公文格式要素一律画"××"代替。

(250字左右)(10分)

【作答参考】

××市交通局关于出台鼓励市民"拼车"出行举措的请示

××市政府:

近年来,随着我市机动车保有量不断增加,交通拥堵问题日益严重。为了缓解这一矛盾,我局拟借鉴国外做法经验,出台如下措施,鼓励市民"拼车"(小客车合乘)出行。

一、搭建专门网站。建立专业拼车网站,鼓励相关车辆在网站注册,提供出行信息,方便市民选择。

二、强化宣传引导。通过多种形式宣传拼车出行的优势,鼓励引导更多市民树立环保、节约意识,主动加入"拼车"行列。

三、完善激励政策。在市区部分路段设置专用车道,优先通行"拼车"车辆。出台相关政策,对"拼车"车辆在年检、保险等相关规费予适当优惠。

妥否,请批示。

××市交通局
××年××月××日

2. 假设××市政府批准了市交通局的请示事项,该交通局随即开展工作,在官方网站上发布了一份调查问卷,征求广大网民对"拼车"的意见,同时拟召开新闻通气会,请本市媒体帮助向市民宣传借鉴国外经验、推出"拼车"举措的好处。请你代局领导写一篇在新闻通气会上的发言稿。

要求:结合材料,中心明确,内容充实,语言流畅,符合发言稿格式要求。若涉及姓名等一律以"××"代替。(450字左右)(20分)

【作答参考】

在新闻通气会上的讲话
(××年××月××日)

各位新闻媒体的朋友们:

首先我谨代表市交通局对参加本次新闻

通气会的媒体朋友表示热烈的欢迎!

这次新闻通气会的主题是"鼓励市民'拼车'、倡导绿色出行"。近年来,随着经济社会的发展,全市机动车保有量不断增加,交通拥堵问题也日益严重。为了缓解这一矛盾,我局拟借鉴国外做法经验,倡导市民"拼车"出行。"拼车"其实并不是新鲜事物,在发达国家,尤其是欧美等汽车大国特别盛行。其积极意义主要有以下几个方面:一是可以缓解交通拥堵。市民拼车出行可以减少出行车辆,减少道路拥堵,保证出行顺畅。二是可以降低市民支出。现在居民养车费用逐年攀升,拼车可以有效的节省开支。三是可以减少空气污染。低碳生活无处不在、无处不有,拼车能够减少汽车尾气排放,减轻环境污染。

关于"拼车"的便捷性和安全性,很多人存在顾虑。对此,我局组织专门人员进行深入调研,拿出具体实施意见,包括建立专门拼车网站,出台相关激励政策等,上述意见已报市政府审批。另外,我们还专门在局官方网站上发布了一份调查问卷,征求社会各界对"拼车"的意见建议。

"拼车"出行,事情虽小但意义深远。在此,希望各位媒体朋友积极宣传"拼车"出行的重要意义和具体措施,教育引导广大市民争做绿色出行的宣传者、倡导者和推广者,让我们的家园多一片蓝天,多一丝绿色,多一路畅通。

谢谢大家!

2004 年 C 类

31. 在文件、公文、文书这三个概念中,就其外延而言( )。
A. 文件的外延最大,公文次之,文书最小
B. 公文的外延最大,文件次之,文书最小
C. 文书的外延最大,公文次之,文件最小
D. 公文的外延最大,文书次之,文件最小

【璧尘解析】C。文件、公文、文书的外延就其大小关系而言,文书的外延最大,公文次之,文件最小。

38. 下列说法中正确的是( )。
A. 信息的利用是信息工作的终结目标
B. 公文中出现"二十一世纪"写法是不规范的,应写成"21世纪"
C. "函"和"批复"一样,不得同时抄送给下级机关
D. 给上级机关的"请示",都是具有被动性的公文种类

【璧尘解析】ABC。"请示"一般只写一个主送机关,需要同时送其他机关的,应当用抄送形式,但不得抄送其下级机关,而函的使用相对比较灵活,对于抄送没有明确要求。批复是具有被动性的公文种类,而请示是主动性的公文种类。

39. 根据公文的行文规则,下列几组机关中可以联合发文的是( )。
A. 省委、省政府、省人事厅
B. 省语委、省文化厅、省体委
C. 省委组织部、省政府办公厅、省辖市政府
D. 国家人事部、国家民政部、省政府

【璧尘解析】BCD。原《国家行政机关公文处理办法》规定,同级政府、同级政府各部门、上级政府部门与下级政府可以联合行文;政府与同级党委和军队机关可以联合行文;政府部门与相应的党组织和军队机关可以联合行文;政府部门与同级人民团体和具有行政职能的事业单位也可以联合行文。故正确答案是BCD。

公文纠错题

×发〔2004〕13号
××乡政府关于禽流感会议紧急通知

各单位：

元旦刚过，与我市相邻的地区相继发现禽流感疑似病例，令人恐怖的禽流感正在逼近我市，人民生命财产和家畜性命受到极大威胁。在这千钧一发之际，我市上下闻鸡起舞，立即行动起来，一场拒禽流感于千里之外的人民战争拉开了序幕。为贯彻落实市委、市政府关于全民动员、预防禽流感侵入我市的战略部署，拟于本周三上午在乡政府礼堂召开预防禽流感工作紧急会议。

特此通知。

××市××县××乡政府
二○○三年×月×日

41. 该公文发文字号的不规范之处是（　　）。

A. 标识位置错误

B. 标识项目不全

C. 标识项目顺序错误

D. 标识项目写法错误

【璧尘解析】A。理论上发文字号应于公文标题之下，位置居中。

42. 该公文标题的主要错误是（　　）。

A. 缺少发文机关　　B. 缺少介词

C. 缺少文种　　　　D. 事由写法错误

【璧尘解析】D。公文标题一般由发文机关、事由、文种三部分组成。事由应准确反映公文的主要内容，对于该公文而言，标题应为"××乡政府关于召开禽流感防控会议的紧急通知"。

43. 按同类公文写作要求，该公文正文的最主要问题是（　　）。

A. 事实描述不清

B. 会议时间不明确

C. 会议议题不明确

D. 会议地点不明确

【璧尘解析】B。该公文正文中有"拟于本周三上午"，但未能明确会议的具体时间。故选B。

44. 该公文成文时间存在的问题是（　　）。

A. 书写方法不规范

B. 成文时间不具体

C. 成文时间不准确

D. 成文时间不完整

【璧尘解析】A。按原《国家行政机关公文处理办法》要求，成文时间要用汉字将年、月、日标全，"零"应写为"○"，故答案为A选项。按最新《党政机关公文格式》（2012年7月1日起实施）要求，则应用"用阿拉伯数字将年、月、日标全"。

45. 对照公文，下列说法中表述正确的是（　　）。

A. 这是一份会议通知，可以标识"急件"或"特急"

B. 这份通知的正文符合公文写作要生动形象的要求

C. "特此通知"是结束语，也可以写成"以上通知，希相互传达"

D. "拟于本周三上午"应改为"定于本周三上午"

【璧尘解析】A。紧急公文应当根据紧急程度分别标明"特急""急件"，其他选项表述均不正确或不够严谨。

材料处理题

材料一："158工作室"是南京火车站专为特殊人群服务的，服务对象包括残疾人、老年人、病人以及需要托运大宗行李的旅客，负责托运的就是著名的"红帽子托运队"。

1月16日晚9点多钟，工作室走进5个大学生，要"红帽子"替他们托运行李。但他们除随身携带的小包外，并没有其他的东西，有位男生甚至什么行李也没有。一位姜师傅对他们说，你们并无行李可运，还是到楼上的学生候车室去。出乎姜师傅意料的是，这几位学生竟软磨硬泡起来。检票时间快到了，姜师傅最终还是带着这几位大学生和他们的"行李"从"158工作室"的小门走出了候车厅。当最后一位学生空着手悠闲地闪出门的时候，很多旅客正拖着沉重的行李，在人群中慢慢地向前移动着。

材料二：期末考试一结束，家住徐州的南京某高校学生李某等三人就带着身上所有的钱，相约一起到外面好好放松一下，然后打票乘火车结伴返乡。他们先去看了一场电影，一起逛了商场；看到肯德基店里人头攒动，又进去享受了一顿美餐；看到游戏厅动感闪烁的荧屏，三人又怦然心动，迈了进去。当他们满足而又疲惫地走出游戏厅时，已是夜深人静。三人一摸口袋，都所剩无几，别说回家，就连打车回校的钱都没有了。无奈之下，三人只得到夫子庙派出所求助，值班民警借给他们每人200元钱，三人才得以返乡过节。

上面两则材料反映了当代部分大学生中存在的共性问题，有关高校已经敏锐地注意到了这一点，学生处决定在春季开学后召开一次全校学生大会，集中进行思想教育。现请你结合上述材料，为学生处处长起草一份讲话稿。要求：①标题自拟。②符合讲话稿的文体特点。③字数不少于800字。

【作答参考】

加强思想修养　争当时代先锋
——校学生处××同志在全校
学生大会上的讲话
（×××年×月××日）

同学们：

此次大会是学生处在春季开学后召开的第一次全校学生大会，其主要目的是以道德规范教育为重点，以"立志、修身、博学、报国"为目标，教育引导全校学生进一步加强自身修养、坚定理念信念、提升综合素质。

首先向大家通报近期两则有关大学生的"新闻"。第一件是今年1月16日，5名身无重物的大学生在南京火车站软磨硬泡向专为特殊人群提供服务的"红帽子托运队"寻求帮助。第二件是某高校学生李某等三人，期末考试结束后在娱乐场所消费挥霍，最后在民警的帮助下才得以返乡。上述两件事情虽是偶然，但从一个侧面反映部分大学生中存在的理想信念模糊、价值取向扭曲、社会责任感缺乏、艰苦奋斗精神淡化等问题，需引起我们高度重视。

针对部分大学生在思想道德方面存在的共性问题，学生处决定在全校开展大学生道德规范集中教育活动，同时，借此机会就如何加强思想修养、争当时代先锋提几点意见。

第一，要坚定理想信念。理想指引人生方向，信念决定事业成败。没有理想信念，就会导致精神上"缺钙"。全校学生要坚持用邓小平理论、"三个代表"重要思想和科学发展观武装头脑，坚定理想信念，争当有理想、有本领、有担当、有朝气的青年一代。

第二，要锤炼高尚品格。一个民族的文明素养很大程度上体现在青年一代特别是大学生的道德水准和精神风貌上。全体同学要把正确的道德认知、自觉的道德养成、积极的道德实践紧密结合起来，带头倡导文明新风，主动承担社会责任，以实际行动促进社会的和谐和进步。

第三，要矢志艰苦奋斗。人类的美好理想离不开筚路蓝缕、手胼足胝的艰苦奋斗。全体同学要以艰苦奋斗为荣，以奢侈浪费为耻，坚持从自身做起，从点滴做起，用勤劳的双手、过硬的本领成就属于自己的人生精彩。

第四，要勇于创新创造。创新是民族进步的灵魂，是一个国家兴旺发达的不竭源泉。同学们要主动树立梦想从学习开始、事业靠本领成就的观念，勇于解放思想、与时俱进，敢于上下求索、开拓进取，为了创新创造作出自己应有的努力。

同学们，大学生肩负着更多社会责任和公众期望，在青少年中乃至全社会都有着很强的示范带动作用，希望大学生严于律己、锐意进取，用自身的模范行动为全社会作好表率。

2005 年 C 类

公文实务题

关于印发《物业服务收费明码标价规定》的通知

发改价检〔2004〕1428 号

各省、自治区、直辖市及计划单列市发展改革委(计委)、物价局、建设厅、房产局:

为进一步规范物业服务收费行为,提高物业服务收费透明度,维护业主和物业管理企业的合法权益,促进物业管理行业的健康发展,根据《中华人民共和国价格法》、《物业管理条例》和《关于商品和服务实行明码标价的规定》,我们制定了《物业服务收费明码标价规定》。现印发给你们,请认真贯彻执行。

附:物业服务收费明码标价规定

中华人民共和国国家发展和改革委员会
中华人民共和国建设部
二〇〇四年七月十九日

31. 这份通知属于( )。

A. 事项类通知　　　B. 发布类通知

C. 转发类通知　　　D. 指示类通知

【璧尘解析】B。转发类通知用于转发上级机关、同级机关及不相隶属机关来文;指示类通知用来向下属机关就某一重要方面的工作或问题阐明上级机关的主张或要求,具有严格的指挥性;事项类通知就工作中的具体事项要求周知时使用;发布类通知则用以颁布、公布法规、规章制度。本通知是用来公布自己制定的规章,所以属发布类通知。

32. 这份文件属于( )。

A. 同级政府联合对下级政府发文

B. 同级政府部门联合对下级政府部门发文

C. 同级政府联合对下级政府部门发文

D. 同级政府部门联合对下级政府发文

【璧尘解析】B。本文由国家发改委、建设部联合行文,它们为同级政府部门;受文对象为下级政府的发改委、物价局等部门。这种情况属同级政府部门联合对下级政府部门发文。

33. 如果为这份通知的标题加上发文机关"国家发展改革委"和"建设部",两个机关名称之间应该( )。

A. 写顿号　　　　B. 空半字

C. 空一字　　　　D. 连起来写

【璧尘解析】C。公文标题除法规名称加书名号外,一般不用标点符号。

34. 如果为这份文件添加主题词格式,该格式第一个词和最后一个词分别应该是( )。

A. 印发　规定　　B. 印发　通知

C. 规定　通知　　D. 通知　规定

【璧尘解析】B。关于主题词标注的顺序:先标类别词,再标类属词,然后是文种。新的《党政机关公文格式》(2012 年 7 月 1 日起实施)已取消主题词这一格式要素。

35. 按照规定,下列对该文件的附件采取的做法正确的是( )。

A. 将附件名称加上书名号

B. 在附件名称后面加上书名号和句号

B. 在附件名称后面加上书名号和分号

D. 保持原样不变

【璧尘解析】D。按照公文格式规范要求,公文如有附件,要在正文下一行左空二字处标识"附件"二字,后标全角冒号和名称,附件名称可不加书名标识,附件名称之后也不加标点符号。

作文题

1. 新新化工厂决定调整每天上下班时间,以避开城市交通拥挤的高峰。厂办秘书小张根据厂长办公会议讨论的内容和厂长的指示,写了如下一份文件。厂长看后说小张写得不好,有些方面不符合公文的行文规范。请你按照公文的行文要求和有关文种的写作规范,替小张重新改写。不少于 400 字。

新新化工厂调整每天上下班时间的报告

×发〔2005〕315号

集团总公司：

我厂去年8月由城北迁至城南，作息时间还是执行过去的制度，每天上午八点上班，下午五点下班。由于历史原因，厂里大部分职工现在仍住在城北老厂址附近的职工宿舍区，每天都要穿越整个城区到新厂上班，因为上下班时间正好和全市各单位上下班时间相同，正好处于我市交通高峰时间，职工们平均花在上下班途中的时间超过一个小时，甚至更长。厂里没有专门的上下班班车接送职工，职工们自己乘公交车或者骑自行车上下班，多数职工中途还要转车，所以常常迟到，影响正常工作，还影响他们的正常收入（因为厂里规定每迟到一次扣工资10元），除此以外，更严重的是，他们在路上很容易引发交通事故。自从到新厂来上班，已经发生大小事故七八起，一车间刘××同志在骑车上班途中不幸被汽车撞伤致残，二车间孙××同志甚至在上班途中遭遇车祸，献出了宝贵的年轻的生命。所以，一提起上下班赶路，职工们就苦不堪言，头疼极了。

经过反复调查研究和讨论，我厂决定把每天的作息时间调整一下，上午改成8点半上班，下午下班时间顺延半小时，这样就可以有效地避开上班高峰时间，为职工提供极大的方便，他们的出行速度会大大提高，工作积极性也就得到焕发。

特此报告，请审阅批准。

×× 市新新化工厂
2005年3月1日

【作答参考】

新新化工厂关于调整作息时间的请示

×发〔2005〕315号

集团总公司：

我厂于去年8月迁至城南新厂区，目前仍执行以往上午8时上班、下午5时下班的作息制度。由于历史原因，我厂大部分职工住在城北老厂址附近的职工宿舍区，且因条件限制我厂尚无配置接送职工上下班的专车。因此，家住老厂区附近的员工每天需乘公交车或者骑自行车穿越城区到城南新厂区上班，其时正值全市上下班高峰，交通十分拥堵，乘坐公交也十分困难，有的员工还需中途转车，来回耗时甚多，少数员工因误车常常迟到。更为严重的是，个别职工上班途中急于赶路，在上下班高峰期极易遭遇交通事故，致死致残的惨剧时有发生。对此，广大职工反映强烈，一定程度上影响了生产积极性。

鉴于上述情况，我厂在深入调查研究，广泛征求意见的基础上，拟将本厂作息时间调整为上午8:30上班、下午5:30下班，其余不变，这样可以较好地避开全市上下班高峰，提高职工出行速度，确保我厂生产经营工作的正常开展。

以上请示如无不妥，请批准。

×× 市新新化工厂
2005年3月1日

2. 请你以新新化工厂上级机关的名义写一份答复文件，表示同意该厂更改作息时间的要求。须符合有关公文的写作要求和格式。不超过300字。

【作答参考】

关于同意新新化工厂调整作息时间的批复

×发〔2005〕×号

新新化工厂：

你厂《关于调整作息时间的请示》（×发〔2005〕315号）收悉。现批复如下：

同意你厂从即日起，将上下班时间调整为上午8:30上班、下午5:30下班。希做好职工作息时间调整政策的宣传解释和必要的组织协调工作，保证生产经营活动的顺利开展。

此复。

×× 集团总公司
2005 年 3 月 5 日

2006 年 C 类

29.《国家行政机关公文处理办法》规定，公文应当加盖印章。可以例外的是（　　）。

A. 会议纪要　　　　B. 电报

C. 议案　　　　　　D. 函

【璧尘解析】AB。原《国家行政机关公文处理办法》第 10 条第 9 项规定："公文除'会议纪要'和以电报形式发出的以外，应当加盖印章。"故本题选 AB。新版《党政机关公文处理条例》(2012 年 7 月 1 日施行)规定"有特定发文机关标志的普发性公文和电报可以不加盖印章。"

作文题

下列材料是国务院发展研究中心农村部部长韩俊 2006 年×月×日在北京接受《中国新闻周刊》采访时对记者提出问题的回答。假如你是一名刚参加工作的机关公务员，旁听了韩俊部长的讲话，请你写一份汇报材料，将韩部长接受记者采访以及韩部长的主要观点向镇政府领导班子汇报。要求：汇报情况特别是对韩俊部长的观点归纳要准确、全面，不得简单照抄材料，语言要简洁、流畅，要符合机关事务文书的特点和要求，字数在 600～800 字之间。

中国新闻周刊：2 月 21 日，新华社受权播发了 2006 年一号文件。"新农村"本身并不是一个新概念，那么这次新农村建设"新"在何处？

韩俊：尽管不是新概念，但党的十六届五中全会提出的建设社会主义新农村具有更丰富的内涵和更全面的要求，首先我们进入了工业反哺农业的阶段。在此阶段，我们提出了"生产发展、生活宽裕、乡风文明、村容整洁、管理民主"的发展目标，并且在工作上，提出了一整套综合的思路。

现在一些地方和基层政府把新农村建设片面地、简单地理解成了"新村建设"，而且就农村论农村。这是要纠正的。事实上，光靠中央、光靠财政是不能实现改变农村面貌、缩小城乡差距的目标，最重要的是调动各方面的积极性，发挥城市对农村的带动作用。

中国新闻周刊：中央财政今年新增数百亿支农资金，但是在农村资金仍然大量流出的情况下，这些支农资金对广大农村来说仍然是杯水车薪。并且支农资金能否真正落实到农民头上，发挥效益，一直是大家比较关心的问题，有什么具体措施来保障？

韩俊：这几年我国农业投入上一个突出的问题是：总量有限、效率不高。一是财政支农资金投入渠道多，资金分散，难以形成合力。二是由于基层财政困难，支农资金挤占挪用现象普遍，有相当一部分支农资金被用于各级农口事业单位机构和人员支出，"搞农业吃农业"的现象严重。三是政府投入重农业"大动脉"，轻"毛细血管"。

因此，建设新农村的一个重要课题，就是要抓紧建立规范高效的政府支农资金管理体制和运行机制，整合财政现有各项支农资金，优化投入结构，统筹使用，优先集中用于解决农村最薄弱、农民最急需的问题。建立政府补助，农民自主决策的农村社区公共品供给机制。

中国新闻周刊：一号文件提出，要"不断创新农村体制机制"，体制改革有哪些是今后的重点？

韩俊：今后农村改革的重点主要有以下几方面：一是在全部取消农业税后，全面启动以乡镇机构改革、县乡财政管理体制改革、农村义务教育管理体制改革为核心内容的配套改革；二是从体制和法律上建立保护农民土地权益的长效机制。在工业化和城镇化过程中，一部分农民完全脱离农业，土地向一部分农户集中，实现经营规模的扩大，这是一个必然趋势。但要充分认识到，农村土地使用权的流转和集中具有长期性。农民土地承包经

璧尘公基十年真题分类解析

348

营权的流转,必须坚持依法、自愿、有偿的原则。应着眼于控制耕地征占规模和保护农民合法利益,改革现行的征地制度。土地征用应当有利于使农民富裕,而不是造成大批农民失地失业;应当有利于缩小城乡差距,而不是扩大社会不公;三是从农村实际和农民需要出发,以培育竞争性的农村金融市场、形成合理的农村金融机构体系为目标,加快改革和创新农村金融体制;四是鼓励发展各种类型的农民专业合作经济组织。

中国新闻周刊:一号文件提出,"必须坚持农村基本经营制度,尊重农民的主体地位,不断创新农村体制机制",我们注意到以前的提法是"坚持基本经济制度",这里是否有所改变?

韩俊:这是党在农村的一贯政策。推进新农村建设首先要落实好党在农村的基本政策,不能把新农村建设与先行的农村政策割裂开来,更不是去另搞一套。

其中,土地是农村最基本的生产资料,是农民最基本的生活保障。土地政策与管理制度既关系到农民的经济利益,也影响着社会的和谐与稳定。在推进城市化进程中,既要保证农民的眼前利益,更要保护好农民的长远利益。要按照依法、自愿、有偿的原则,规范土地流转行为,确保农民的权利。

【作答参考】

汇报材料

2006年2月21日,新华社受权播发了2006年一号文件。×月×日,国务院发展研究中心农村部部长韩俊就新出台的中央"一号文件"在北京接受《中国新闻周刊》的采访,现将韩俊同志接受访谈的主要观点整理如下,供领导参阅。

关于"新农村"的内涵和要求,韩俊同志指出,2006年一号文件提出"新农村"与以往相比,具有更丰富的内涵和更全面的要求,其主要发展目标是"生产发展、生活宽裕、乡风文明、村容整洁、管理民主",而不能片面地、简单地理解成了"新村建设"。

关于支农资金问题,韩俊同志指出,这几年我国农业投入上一个突出的问题是:总量有限、效率不高,今年中央财政新增数百亿支农资金,各地要抓紧建立规范高效的政府支农资金管理体制和运行机制,整合财政现有各项支农资金,优化投入结构,统筹使用,优先集中用于解决农村最薄弱、农民最急需的问题。建立政府补助,农民自主决策的农村社区公共品供给机制。

关于农村体制机制改革问题,韩俊同志强调,今后农村改革的重点主要有以下几方面:一是在全部取消农业税后,全面启动以乡镇机构改革、县乡财政管理体制改革、农村义务教育管理体制改革为核心内容的配套改革。二是从体制和法律上建立保护农民土地权益的长效机制。三是从农村实际和农民需要出发,以培育竞争性的农村金融市场、形成合理的农村金融机构体系为目标,加快改革和创新农村金融体制。四是鼓励发展各种类型的农民专业合作经济组织。

关于党在农村的政策有关问题,韩俊同志指出,推进新农村建设首先要落实好党在农村的基本政策,不能把新农村建设与先行的农村政策割裂开来。其中,土地政策与管理制度既关系到农民的经济利益,也影响着社会的和谐与稳定。在推进城市化进程中,既要保证农民的眼前利益,更要保护好农民的长远利益。要按照依法、自愿、有偿的原则,规范土地流转行为,确保农民的权利。

2007年C类

29. 下列关于某工程投资数的表述,正确的是(　　)。

A. 2007年度总需投资3000万元

B. 截止2007年底总需投资3000万元

C. 2007年底总需投资三千万元

D. 截止07年底总需投资三千万元

【璧尘解析】 B。根据《出版物上数字用法的规定》,CD选项有误,A选项缺少具体时间段,正确选项应为 B。

材料处理题

注:报考乡镇职位的优秀村干部考生只做材料处理题(一),其他 C 类考生只做材料处理题(二)。

(一)阅读下面的材料,按材料后面的要求进行公文写作。

为弘扬我县农家美食文化,扩大品牌农产品销售,促进农业旅游发展,带动农民增收,今年下半年,县农林局拟在全县范围内开展评选农家美食村的活动,同时推出一批具有地方特色的农产品,对入选的美食村、农产品将进行重点推介与资金扶持。

请你以幸福村村委会的名义拟定一份参选农家美食村的工作方案。

写作要求:

1. 书写要符合公文的格式要求,结构完整,内容充实,措施具体,预期目标明确;

2. 字数不少于 800 字。

【作答参考】

幸福村村委会关于参选全县
农家美食村的工作方案

为弘扬我县农家美食文化,促进农业旅游发展,县农林局拟在今年下半年在全县范围内开展农家美食村评选活动,根据上级有关要求,结合本村实际,制定如下参选农家美食村工作方案。

一、工作目标

通过参加全县农家美食村评选,挖掘和推广本村特色菜肴和农副产品,促进农村旅游发展,带动农民致富增收,进一步提升我村对外的知名度和美誉度。同时通过参选农家美食村,力争获取上级对我村更多的宣传推介与资金扶持。

二、具体安排

(一)宣传发动阶段(×月×日至×月×日)。通过村办广播、宣传标语、专题会议等多种形式,广泛宣传参加全县农家美食村评选的重要意义,使此项工作家喻户晓、深入人心。组织本村农家乐餐饮店业主、特色农产品专业合作社负责人等重点对象,认真学习上级有关要求,明确农家美食村创建的工作重点和努力方向。

(二)组织自评阶段(×月×日至×月×日)。邀请专业人员对照县林牧局农家美食村选评标准,对本村创建工作进行自评,重点是对本村的特色美食加以遴选、推荐,同时对存在的问题进行整改、完善,通过农家美食村创建,进一步弘扬农家美食文化。

(三)展示推广阶段(×月×日至×月×日)。通过多种方式,对外展示本村特色美食、地方特产、自然风光等,进一步提升我村的对外形象。善于发现美食与旅游资源的结合点,从旅游开发的角度,扩大知名度和影响力,吸引更多的游客光顾我村。

(四)推荐申报阶段(×月×日至×月×日)。按照县农林局和镇政府的统一部署,及时做好农家美食村的材料申报,提前做好迎接上级考核组的评审相关准备工作,确保顺利通过评审验收。

三、组织领导

成立幸福村"农家美食村参选工作领导小组",由村委会主任任组长,各组组长和部分农家乐美食店和农产品专业合作社负责人为成员,领导小组成员具体负责农家美食村参选的组织协调工作,确保活动有声有色,取得预期效果。

幸福村村委会
×年×月×日

(二)请阅读下面的材料,按材料后面的要求进行公文写作。

农民工是农村富余劳动力向城镇转移而形成的一个特殊群体。全国农民工数量已达到 2 亿多人,今后每年还会有 1300 万农民跨入城镇、融入工人阶级队伍。因此,关注农民工的精神文化生活,对于激发农民工的生产积极性和劳动创造性，促进城乡协调发展，构建和谐社会具有十分重要的意义。

一份专题研究报告显示：目前农民工的精神文化生活，包括其生活方式、思想观念、社会心理、感情生活等，与城市居民相比，仍然存在着明显的差异。在生活方式方面，其主流依然是消遣方式单调，生活方式简单。当问及闲暇时间如何度过时，回答睡觉或聊天的占52.2%。在回答"你工作的单位或居住地是否有业余文化生活设施"时，选择"有，比较多"的仅占8%，回答"没有"的达60%之多。在思想观念方面，现代思想意识对农民工的影响正在扩大，但其落后性的一面仍不容乐观。据调查，农民工遇到矛盾纠纷时，31%的人抱着"多一事不如少一事"的态度，默默忍耐，28.6%的人通过打架斗殴等暴力手段解决问题，26%的人选择找熟人调解的方式。在随机访谈中，86%的人相信命运，40%的人承认自己参加过封建迷信活动。在社会心理方面，农民工积极乐观的心态与沉重的心理负担并存。在问及"对自己目前的精神文化生活现状是否满意"时，回答"很满意"的占13.2%，"基本满意"的占41.4%，"不满意"的占34.4%，"非常不满意"的占10.8%。当问及"你认为自己是否受到歧视"时，选择歧视严重的占32.7%，有歧视但不严重的占43.5%。在问及是否有长期留居城市的打算时，仅12.4%的人回答有信心，35.8%的人回答愿意留城但没有信心。在情感生活方面，感情空虚寂寞，爱情婚姻生活潜伏着危机。调查中，在回答"你平时是否感到孤独"时，感到很孤独的占68%，偶尔感到孤独的占19%，不孤独的仅占13%。据某市妇联调查：2003年，农民工离婚的占全市离婚总数的54%，2004年为56%，2005年为57%，农民工日渐成为离婚的主要群体。

针对材料所反映的问题，请你以幸福县政府的名义，就如何全面改善农民工精神文化生活的现状，拟定一份给下级单位的工作意见。

写作要求：

1. 书写要符合意见的公文格式，所提要求要具体，措施要可行；

2. 字数不少于800字。

【作答参考】

<h3>幸福县人民政府关于进一步
加强农民工精神文化建设的意见</h3>

各乡、镇人民政府，县直各部门、各直属企（事）业单位：

为切实保障农民工基本文化权益，丰富农民工精神文化生活，充分发挥文化在提升农民工素质、统筹城乡发展、促进社会和谐等方面的积极作用，现就进一步加强农民工精神文化建设提出如下意见。

一、指导思想

按照体现公益性、均等性、便利性的要求，以满足农民工基本精神文化需求为重点，以公共文化服务体系建设为支撑，逐步形成"政府主导、企业共建、社会参与"的农民工文化工作机制，满足农民工日益增长的精神文化需求。

二、具体举措

（一）加快农民工公共文化基础设施建设。科学统筹规划全县公共文化设施，完善城乡公共文化布局。鼓励和指导重点企业、工业园区等农民工生产生活密集区配套建设固定文化设施，鼓励和指导用工单位在建筑工地等农民工临时性聚居区设置临时性文化设施。

（二）提升城市社区农民工文化服务水平。合理规划和优化配置社区文化设施和服务，构建以社区文化设施为依托的农民工文化服务平台，保证农民工与社区居民具有同等使用和分享社区文化设施和公共服务的机会与权利。

（三）加强企业农民工文化建设。督促和指导企业将农民工文化服务纳入企业文化建设范畴，督促企业严格执行各项法规制度，使农民工有时间、有精力参加文化活动。鼓励和支持企业开设农民工图书室、电子阅览室等文化设施,面向农民工开展演出、讲座、展览等系列文化活动。

三、保障措施

(一)加强组织领导。要高度重视农民工文化工作,加强组织领导和统筹协调,逐步建立健全相关工作机制,形成加强农民工公共文化服务的合力。

(二)加大资金投入。要建立农民工文化专项经费,重点保障农民工专项公共文化服务、特定文化产品购买和专门政策引导等方面的支出。鼓励企业加大农民工文化经费投入,积极引导社会力量参与农民工文化建设。

(三)加强督查考核。要建立健全农民工文化工作考核评估体系及相应的激励约束机制,建立农民工公共文化服务指标体系,实行目标绩效考核。

以上意见,希认真遵照执行。

幸福县人民政府
×年×月×日

2008年C类

32. 下列关于公文格式表述不正确的是( )。

A. 联合行文时,只标明主办机关发文字号

B. 凡是公文,都必须加盖公章

C. 需会议讨论通过的公文,其成文日期以会议通过日期为准

D. 发文机关必须用全称,不能用简称

【璧尘解析】BD。联合行文只标明主办机关发文字号。公文除"会议纪要"和以电报形式发出的以外,应当加盖印章;联合上报的公文,由主办机关加盖印章;联合下发的公文,发文机关都应当加盖印章。成文日期以负责人签发的日期为准,联合行文以最后签发机关负责人签发日期为准,会议讨论通过的公文以通过日期为准。发文机关标识应当为发文机关全称或者规范化简称。

材料处理题

据报道,2007年11月2日清晨8时许,A区B乡派出所来了一位特殊的报案者,36岁的外地男子王柳将捡到的一个装有5000元现金和8张银行卡的手提包交给了派出所民警。与常人不同的是,王柳不仅是一个身体有残疾的人,而且还是一位急需用钱回家的拾荒者。

王柳说:"昨天下午6点左右,我在A区科技大厦附近捡垃圾时,见到地上有个黑色手提包,捡到一看,里面有厚厚的一叠现金和好几张银行卡。尽管我太需要钱了,尽管这里钱相当于我好几年的收入,但是我不能拿别人的钱,更何况失主现在正着急呢!"

派出所民警了解了情况后,立即根据包里的身份证联系到了失主。家住A区C镇的失主Y先生一个多小时后赶到了B乡派出所,他怎么也没有想到这位拾金不昧的人竟是个拾荒者。

1. 假如你是一名乡镇机关工作人员,请结合材料,就乡村的道德文明建设问题提出几条合理化的建议。篇幅不少于200字。(篇末统一署名××镇工作人员,署真实姓名者,全卷无效)

2. 请你以A区人民政府的名义写一份表彰王柳事迹的通报。要求符合通报的格式和语言要求,篇幅不少于400字。

【作答参考】

关于加强农村道德文明建设的建议

根据当前农村实际,就加强农村道德文明建设提出如下建议:一、充分发挥农村基层党组织和广大农民党员在农村道德文明建设中的重要作用。二、充分发挥广大农民群众在农村道德建设中的主体作用,取得广大农民群众的理解、支持和积极参与。三、要积极探索适合农村特点的各种有效形式,深入开展精神文明创建活动。四、增加经费投入,特别是精神文明方面的硬件建设,完善文化阵地,促进农村道

德建设顺利开展。五、加强政策宣传,搞好舆论引导,不断推进农村道德建设的实施。

××镇工作人员:××

××××年×月×日

A区人民政府
关于表彰王柳同志拾金不昧的通报

各乡镇人民政府、街道办事处,区政府各部门、各直属单位:

2007年11月1日下午,王柳同志在A区科技大厦附近捡到一个装有5000元现金和8张银行卡的手提包。尽管王柳同志身有残疾,且家庭经济较为困难,靠拾荒维持生计,但他仍于次日凌晨在第一时间将装有现金、银行卡等物的手提包上交A区B乡派出所。后经派出所民警联系,现金和物品被及时归还到失主手中。

残疾人王柳这种拾金不昧的精神是他崇高的人生观、价值观的集中表现,也是我区深入开展精神文明建设的成果体现。为大力弘扬助人为乐、诚实守信、拾金不昧的良好道德风尚,经研究决定,对王柳同志的拾金不昧的先进事迹在全区范围内进行通报表彰,以资鼓励。

希望王柳同志珍惜荣誉,做好榜样。同时,也希望全区广大干部群众以先进为榜样,做到爱岗敬业、努力工作、拾金不昧、乐于助人,为我区的文明创建做出新的、更大的贡献。

A区人民政府(印章)

2007年×月×日

2009年C类

15. 下列不属于"通报"文种适用范围的是(   )。

A. 表彰先进

B. 批评错误

C. 人事任免

D. 传达重要精神或情况

【璧尘解析】C。原《国家行政机关公文处理办法》的规定,"通报"适用于表彰先进、批评错误、传达重要精神或者情况。因此C选项不属于"通报"文种范围。

32. 下列机关可以联合发文的是(   )。

①中共××市委 ②××市政府 ③××市人事局 ④中共××市委组织部

A. ①与②   B. ②与③

C. ③与④   D. ①与④

【璧尘解析】AC。同级党的机关、行政机关与其他机关必要时可联合行文。联合行文时,联合发文机关对有关问题应协商一致,未经协商一致,不得使用联合名义行文,也不得各自向下行文。

材料处理题

不久前,胡锦涛总书记在"中国十佳大学生村官"周信良的来信上作出了重要批示,"中国十佳大学生村官的创业激情和奉献精神是难能可贵的"。在网民中引起了不小的反响,有些网民认为,胡锦涛总书记为大学毕业生到基层工作指明了方向。

还有些网民表示,应当鼓励大学生当村官,村官是一个培养人,服务社会主义新农村建设的好办法。让有知识的青年到基层成长、锻炼,丰富自己的工作经验和社会阅历,以后再到机关工作就可以"理论+实践",能更好的为社会服务。还有网民表示,国家应该大力支持大学生争当村官的行为,用知识带动农民致富。

1. 请结合材料,简述当代青年应如何树立正确的创业观。(20分)

【作答参考】

勇于创业,善于创业,既是大学毕业生实现就业的务实之举,也是大学毕业生实现人

生理想的重要途径。结合给定材料,笔者认为当代青年应树立如下创业观:

一要把正确的职业理想与务实的就业定位结合起来。在我国高等教育已进入"大众化"的今天,当代青年特别是大学生不能有盲目的优越感,一定要有务实的就业定位,要积极到最需要的基层一线去,把在基层创业作为接受锻炼、实现理想、成就事业的重要舞台。

二要有科学的创业规划。根据社会需求和自身条件,及早做好自己的职业规划,增强就业和创业的能力,并有针对性的进行知识储备和社会实践。

三要有良好的创业心态。面对严峻的就业形势,要摆正心态,充满自信,勇敢地去面对竞争,既不能妄自菲薄,缩手缩脚,不敢"推销"自己,也不能狂妄自大,挑肥拣瘦。

四要加强创业技能培训。要主动参加、接受创业指导和技能培训,提升自身能力素质,为创业提供更有利的条件。

2. 假如你是一名刚刚被选用的村官,请你拟定一份农村工作计划。(30分)

要求:符合计划的格式要求;内容具体可行;篇幅为450~500字。篇末一律署名"村官:×××",署真实姓名或化名者,整卷无效。

【作答参考】

农村工作计划

作为一名即将赴村任职的高校毕业生,我将珍惜难得机遇,充分发挥个人特长,认真做好各项本职工作。现根据××村实际情况,制定全年工作计划如下:

一、坚定信念,扎根基层,尽快转变角色。自觉把人生追求同农村经济社会发展紧密联系起来,安下心、扎下根,争取在1个月内熟悉基层情况,实现角色转换。要以一名年轻基层干部的标准严格要求自己,牢固树立责任意识、服务意识和奉献意识,力争用最短的时间,最有效的工作来赢得群众的认可。

二、努力学习,积极进取,提高能力素质。把加强学习作为提高自身素质、适应本职工作的重要抓手,通过向上级机关领导、农村基层干部和身边普通群众学习,熟悉所在村的基本情况和发展方向,并有针对性地开展各项工作,不断提高自己做好农村工作的能力和水平。

三、勇于实践,大胆创业,推进强村富民。按村"两委"的工作分工,以发展农村经济、兴办社会事业和维护和谐稳定为重点,认真做好本职工作。充分发挥自身专长,带头创业富民,力争年内创办一个创业致富项目,力争带动20名以上富余劳力实现就业,通过创业实践,积累农村工作经验、提高工作能力、赢得群众信任。

大学生村官:×××
××年×月××日

2010年C类

16. 在下列几类公文中,一般不带"附件"的是( )。

A. 印发类公文　　B. 转发类公文
C. 普发类公文　　D. 呈报类公文

【璧尘解析】C。普发性公文指没有特定的主送机关或直接在新闻媒体上公开发表的公文,由于此类公文的对象的普遍性特点一般不带附件。

32. 根据《国家行政机关公文处理办法》规定,部门之间对有关问题未经协商一致,不得各自向下行文,如擅自行文,上级机关应采取的处理办法有( )。

A. 严肃批评　　B. 责令纠正
C. 限期收回　　D. 予以撤销

【璧尘解析】BD。原《国家行政机关公文处理办法》(现已暂停使用)第19条规定,部门之间对有关问题未经协商一致,不得各自向下行文。如擅自行文,上级机关应当责令纠正或撤销。

材料处理题

材料一：2010年中央一号文件指出："加强农村基层组织建设，巩固党在农村的执政基础"，必须"切实维护农村社会稳定。完善党和政府主导的维护群众权益机制，切实解决好农村征地、环境污染、移民安置、集体资产管理等方面损害农民利益的突出问题。加强农村法制教育，畅通农村信访渠道，引导农民群众依法理性表达合理诉求、维护自身权益"。要完善农村工作领导体制和工作机制，必须把重中之重的要求"落实到领导分工、机制设置、干部配备上，不断提高农村工作领导水平。切实加大农村政策落实力度，及时组织专项督查。各级领导干部要弘扬党的优良作风，密切联系群众，创造性开展工作。充分发挥民主党派、人民团体、社会组织和工商企业的作用，形成发展现代农业和建设社会主义新农村的强大合力"。

材料二：报载，××县农民魏××找乡长蒋××说事时，拿起办公桌上一水杯欲喝水，被蒋乡长喝止。两人因此发生口角，并出现肢体冲突。随后，乡长喊来民警，魏××被拘留7日。事后，上级机关决定，免去蒋××和该乡派出所所长张××职务，并责令他们作出深刻检查。此事被网民称为"茶杯门"事件。

第一题

1. 根据材料一，"完善农村工作领导机制和工作机制"的"重中之重"是什么？

2. 针对材料二所反映的事实，概括少数农村领导干部身上存在的主要问题。

【作答参考】

1. 完善农村工作领导机制和工作机制的重中之重是：一是把相关要求落实到领导分工、机构设置、干部配备上，不断提高农村工作领导水平。二是切实加大农村政策落实力度，及时组织专项督查。三是各级领导干部要弘扬党的优良作风，密切联系群众，创造性开展工作。四是充分发挥民主党派、人民团体、社会组织和工商企业的作用，形成发展现代农业和建设社会主义新农村的强大合力。

2. 当前，少数农村干部身上存的主要问题：一是少数农村干部缺乏公仆意识，脱离群众，"执政为民"理念淡薄；二是一些农村干部"官本位"思想深厚，滥用手中权力，法制观念和意识缺乏；三是一些农村干部思想政治素质低下，化解基层矛盾的能力不强，不善于做群众工作。以上问题如果长期存在且得不到有效解决，必将影响到党在农村的执政基础。

第二题

假如你是邻县某乡政府的一名秘书，正打算就材料二所反映的事实编写一份正文标题为《切实维护农民权益》的情况简报，请你：

1. 写出简报报头所包含的格式要素（可文字表述，也可图示）。

2. 写一篇"编者按"。不少于300字。

注：答题中除直接引用材料中的地名、人名等符号外，其他涉及到单位名称、时间、地名、人名等，一律以"××"代替，否则成绩无效。

【作答参考】

情况简报

第××期（总第××期）

××县××乡政府办公室　　××年××月××日

编者按：党的十七大报告明确指出："解决好农业、农村、农民问题，事关全面建设小康社会大局，必须始终作为全党工作的重中之重。"切实维护农村社会稳定，保障农民合法权益是加强农村基层组织建设、巩固党在农村的执政基础的重要内容，更是贯彻执政为民理念的内在要求。然而，当前我国农村基层组织建设却面临着许多亟待解决的问题。近来发生的××地"茶杯门"就是一个典型案例，该县农民魏××找乡长蒋××说事时因拿起办公桌上一水杯欲喝水时与蒋××发生口角和肢体冲突，后来被行政拘留，在社会上引起恶劣影响。"茶杯门"发人深省，面对日益复杂的农村基层组织工作,农村领导干部务必树立"执政为民"的理念,提高思想政治素质,不断完善领导机制和工作体制,创造性地开展各项工作。只有这样,才能进一步夯实党长期执政的基层组织基础。

2011 年 C 类

公文实务题

> ××市人民政府
>
> ×政字〔2010〕30 号
>
> **关于同意成立商务局**
> **商务信息中心的××**
>
> 市商务局:
>
> 贵局"×商字〔2010〕15 号"来文收悉。经研究决定:
>
> 一、基本同意贵局成立商务信息中心
> 二、中心所需人员可在贵局现有人员中心调剂解决
>
> 联系人:×××
> 联系电话:×××××
>
> ××市人民政府(章)
> ××××年×月×日

31. 本公文的文种应该是(   )。
    A. 决定　B. 通知　C. 函　D. 批复

【璧尘解析】D。该公文主要是答复下级机关请示事项,文种应为批复。故本题答案为D。

32. 文中"贵局"一词不妥,恰当的表述是(   )。
    A. 市商务局　　　B. 你局
    C. 市局　　　　　D. 该局

【璧尘解析】B。该公文为下行文——批复,用"你局"较为合适。故本题答案为B。

33. 对文中"联系人""联系号码"的内容,正确的处理是(   )。
    A. 全部删除
    B. 全部保留

C. 只保留联系人姓名
D. 只保留联系电话

【璧尘解析】A。一般"请示"中应当在主体部分的"附注"处注明联系人的姓名和联系电话,其他文种不需要。故本题答案为A。

34. 如果对正文划线部分进行修改,下列说法中最恰当的是(   )。
    A. 分别改成"完全"和"都"
    B. 删掉"基本"和"可"
    C. 删掉"基本",保留"可"
    D. 保留"基本",删掉"可"

【璧尘解析】B。公文特别是批复的意见时应简要明确、态度鲜明,不可含糊,该批复中应明确表示是否同意设立该机构,该机构人员编制如何解决。故本题答案为B。

35. 给本文补写结语,最恰当的写法是(   )。
    A. 特此决定　　　B. 特此通知
    C. 特此批复　　　D. 特此函复

【璧尘解析】C。批复的结束语通常用"此复"或"特此批复"。故本题答案为C。

2012 年 C 类

34. 根据《国家行政机关公文处理办法》,公文处理应当坚持的原则有(   )。
    A. 实事求是　　　　B. 因地制宜
    C. 精简　　　　　　D. 高效

【璧尘解析】ACD。原《国家行政机关公文处理办法》(现已停止使用)规定,公文处理应当坚持实事求是、精简、高效的原则,做到及时、准确、安全。新版《党政机关公文处理工作条例》规定,公文处理工作应当坚持实事求是、准确规范、精简高效、安全保密的原则。

公文实务题

> ××××××××××××××
>
> 各县、区人民政府,市政府各有关部门,各直属单位:

为做好商贸流通业统计工作,促进我市经济又好又快发展,经市政府同意,现将《××省人民政府办公厅关于做好商贸流通业统计工作的通知》(×政府〔2010〕146号)转发给你们,同时,市政府决定采取以下措施,请一并贯彻落实。

第一、建立联席会议制度,由市政府副秘书长丁××同志负责( )联席会议,成员为市商务局、统计局、工商局、国税局、地税局、公安局、卫生局、食品药品监督局、文广新局等相关部门负责同志,及时分析研究商贸流通业统计工作存在问题,提出解决办法,共同做好商贸流通业统计工作。

第二、建立商贸流通业统计工作考核制度。从2011年起,建立全市商贸流通业统计工作考核制度,每月对各县、区实现社会消费品零售总额情况实行通报,年底对实现社会消费品零售总额增长情况、当年新增限额以上商贸流通企业数量等进行考核,对成绩突出的责任单位给予表彰奖励,对未完成任务的责任单位予以通报批评。

(下略)

2010年12月8日

41. 根据材料和公文写作规范,下列关于本公文标题的写法,最恰当的是( )。

A. 关于做好商贸流通业统计工作的通知

B. 关于转发《××省人民政府办公厅关于做好商贸流通业统计工作的通知》

C. 转发××省人民政府办公厅关于做好商贸流通业统计工作的通知

D. 关于贯彻落实××省政府关于做好商贸流通业统计工作的通知

【璧尘解析】C。参见2012年B类第41~45题。

42. 根据材料,本公文的发文机关应该是( )。

A. ××市人民政府办公厅(室)

B. 中共××市委办公厅(室)

C. ××市人民政府

D. 中共××市委

【璧尘解析】A。

43. 根据公文写作规范,本公文中"第一、""第二、",应该写成( )。

A. "(一)""(二)"

B. "一、""二、"

C. "1.""2."

D. "(1)""(2)"

【璧尘解析】B。

44. 本公文正文第二段中的括号内,最适宜填入的词语是( )。

A. 召集   B. 主持

C. 召开   D. 组织

【璧尘解析】A。

45. 根据公文写作规范,本公文结尾处的成文日期,正确的书写位置是( )。

A. 正文下方,右空2个字

B. 正文下方,右顶格

C. 正文下方,右空4个字

D. 正文下方,居中

【璧尘解析】C。

2013年C类

23. 根据数字使用规范,下列公文中的数字写法正确的是( )。

A. 初步估计共需三十七、八万元

B. 一篇讲话稿长达5千200多字

C. "文件"二字可采用2号字体

D. 该村直到95年前后才修通公路

【璧尘解析】C。参见2013年B类第23题。

公文实务题

××县××村是著名的冬枣生产加工基地,冬枣产业是该村的重要经济支柱。该村村口的一座水泥桥是运输冬枣的主要通道。2012年12月8日,该桥大梁出现裂痕,桥面随时有塌落的危险,现已不能通行机动车辆,不仅影响冬枣运输,而且危及过往行人的安全,必须立即对该桥梁进行加固维修。经测算,加固维修工程资金需50万元。该县交通局由于现有资金不足,于2012年12月13日召开局办公会议专门研究了这个问题,会上作出了发文请县里拨款支持30万元工程资金、余款自筹的决定。2012年12月14日,县交通局制发了一份标注"秘密"的文件。

41. 下列标题写法适用于该县交通局行文的是（　　）。

　　A. ××县交通局关于拨款维修××村桥梁的请示报告

　　B. ××县交通局关于拨款维修××村桥梁的报告

　　C. ××县交通局关于拨款维修××村桥梁的请示

　　D. ××县交通局关于申请拨款维修××村桥梁的决定

【璧尘解析】C。题干中由下级单位（县交通局）向上级单位（县政府）请求拨款,故适用于请示文种。请示适用于向上级机关请求指示、批准;报告适用于向上级机关汇报工作、反映情况,回复上级机关的询问;报告适用于对重要事项作出决策和部署、奖惩有关单位和人员、变更或者撤销下级机关不适当的决定事项。故本题答案为C。

42. 该县交通局的行文,正确的主送机关是（　　）。

　　A. 县委　　　　　　B. 县发改局

　　C. 县财政局　　　　D. 县政府

【璧尘解析】D。主送机关是指要求公文予以办理或答复的主要受理机关。县交通局的上级机关应是县政府,而A选项是党的机关而非行政机关,BC选项属于县交通局的同级机关,故本题答案为D。

43. 关于该县交通局行文的成文日期,正确的写法是（　　）。

　　A. 二〇一二年十二月十三日

　　B. 二〇一二年十二月十日

　　C. 2012年12月13日

　　D. 2012年12月14日

【璧尘解析】C。公文成文时间以负责人签发的日期为准,以会议讨论通过的公文,以通过日期为准。另外,根据最新《党政机关公文格式》规定,成文日期中的数字用阿拉伯数字将年、月、日标全,年份应标全称,月、日不编虚位。故本题答案为C。

44. 根据题意,下列说法正确的是（　　）。

　　A. 县交通局的文件应同时抄送县公安局

　　B. 县交通局的文件可派人送到收文机关

　　C. 县交通局应采用与局党委联合发文形式

　　D. 县交通局不应在文件中写具体申请拨款数量

【璧尘解析】B。关于拨款维修××村桥梁的请示不涉及公安部门事项,故不必同时抄送县公安局,也不必与局党委联合发文向上请示,但作为请示应将申请事项在文中表述清楚。故ABD选项均不正确。县交通局的文件可以派人送到收文机关,故本题答案为B。

45. 关于县交通局的行文,下列说法错误的是（　　）。

　　A. 应采用上行文的格式发文

　　B. 可能因行文不规范被退回

　　C. 应标注"机密"或"绝密"字样

　　D. 可标注"特急"或"加急"字样

【璧尘解析】C。国家机密指关系国家的安全和利益,依照法定程序确定,在一定时间内只限一定范围的人员知晓的事项,维修桥梁不属于绝密或机密事项范畴,故不必标注"机密"或"绝密"字样,本题答案为C。

2014年C类

18. 下列关于公文处理的做法,错误的是（　　）。

A. ××县图书馆为申请购置图书经费向县政府办公室发文请示

B. ××县公安局将年度总结作为县政府一份报告的附件

C. ××县人民政府办公室对外发文时写"经县政府同意"字样

D. ××县交警大队将管理路边停车问题的通告刊登在当地晚报上

【璧尘解析】A。A选项,县图书馆是隶属于县文化广电新闻出版局的事业单位,向县政府请示属于越级行文,行文对象错误。报告当中可以有附件的内容,B选项正确。政府办公室重要的发文需要得到政府的同意,C选项正确。通告可以采取张贴、登报或广播等方式公开告知一定范围内的群众,D选项正确。

19. ××局办公室专职从事公文处理工作的小杨,收到一份标注了密级的紧急通知。下列小杨对该公文的处理,不正确的做法是( )。

A. 立即对该通知进行详细的来文登记

B. 未写初步意见立即送领导审阅

C. 向原发文机关询问该通知能否翻印

D. 立即将该通知张贴到单位公告栏里

【璧尘解析】D。将有密级的文件立即张贴在单位的公告栏里显然是错误的。

材料处理题

材料一:目前,一些发达国家已经在"设施蔬菜"生产中大量采用无线传感器管理,调控温度、湿度、营养性供给以及pH值(氢离子浓度指数)、EC值(可溶性盐溶量),使"设施蔬菜"栽培条件达到最适宜水平。荷兰的"设施蔬菜"平均年产量达每亩5万公斤,我国"设施蔬菜"产量仅为其1/4。

材料二:2014年中央1号文件《关于全面深化农村改革加快推进农业现代化的若干意见》指出,要"推进科技创新","建设以农业物联网和精准装备为重点的农业全程信息化和

机械化技术体系"。

材料三:A市是我国蔬菜生产大市,近年来,该市为改变"设施蔬菜"生产智能化水平低、投入产出比不高的状况,积极引进先进农业技术,加大农业科技投入,加强农业科技人员培训,争取多方面的支持和协作.联合科研机构和科技企业开展农业物联网技术应用示范,开启了"智慧农业"的发展道路。如今菜农借助物联网技术,使用被称为"大棚管家"的远程控制终端,可方便地监控温度、湿度。当大棚内的温度、湿度超过或低于设定的标准值时,系统会自动给菜农发手机短信,提醒菜农采取通风,降温或保暖等措施。在改进后的新式蔬菜大棚中,通过电脑中枢操控,还实现了水肥一体化和蔬菜病虫害远程诊断。这种"大棚管家"的用户每户只需要1500元的设备购置费、每月8元的物联网平台功能费和每月5元的手机套餐包月费。目前该市菜农的大棚中已经安装了800多个远程控制终端。然而,还有不少农户大棚条件不够,一些菜农的观念比较保守,"一户一棚"分散经营的现状一时难以改变,这些都在一定程序上制约了"大棚管家"的进一步推广。

根据上述材料,回答下列问题。

1. B市也是蔬菜生产大市,但尚停留在传统的种植阶段,菜农凭经验和感觉种菜。为改变现状,该市农业局拟派6人组成考察团,由副局长王××带队,去A市实地参观考察2天,学习A市的先进经验。请以B市农业局的名义拟写一份参观考察的联系函。

要求:结合材料,符合函的写作要求和格式。250字左右。(10分)

【作答参考】

关于赴A市考察"设施蔬菜"智能化生产的函

A市农业局:

A市是全国蔬菜生产大市,在"设施蔬菜"生产智能化建设方面大胆创新,成效显著,开启了"智慧农业"的发展新道路。为学习贵市先进经验,提高我市"设施蔬菜"生产

水平,我局拟由副局长王××带队赴贵市参观考察,考察计划采取听取介绍、查阅资料、现场走访等形式,时间2天(×月×日—×月×日),考察团将于×月×日到达贵市,请予接洽为感!

联系人:×××　联系电话:××××××

附件:赴A市参观考察人员名单

B市农业局

××年月×日

2. 假如你是B市农业局的考察团成员之一,参观考察后,请代表考察团向局领导写一份材料,简要汇报A市的先进经验,并提出在本市推广运用"大棚管家",实现蔬菜生产智能化的建议。

要求:结合材料,主题明确,内容全面,建议合理。450字左右。(20分)

【作答参考】

情况汇报

A市是蔬菜生产大市,"设施蔬菜"生产智能化一直走在全国前列,近日,我局由副局长王××带队赴A市实地参观考察,现将有

关情况汇报如下:

一、A市特色做法

针对当地"设施蔬菜"生产智能化水平低、投入产出比不高的实际,A市积极引进先进农业技术,加大农业科技投入,加强农业科技人员培训,广泛争取各方支持和协作,农业物联网技术得到广泛运用,广大菜农借助物联网技术,使用被称为"大棚管家"的远程控制终端,大大提高"设施蔬菜"的智能化生产水平,取得较好的经济效益和社会效益。

二、有关工作建议

A市的"智慧农业"的特色做法值得学习借鉴,结合本市实际,就推广运用"大棚管家",提升蔬菜生产智能化水平提出如下建议:一是加强农业物联网技术的宣传,加强相关业务培训,提高菜农的思想认识和信息技术运用能力。二是加强"设施蔬菜"基础设施建设,并有计划、有重点地推进菜农规模化种植,为推广"大棚管家"奠定基础。三是加强与科研机构、科技企业和信息产业部门合作,提高农业物联网技术应用水平。四是出台相关激励政策和举措,进一步调动菜农运用"大棚管家"的积极性。

命题规律及备考建议

纵观B,C类历年真题,2010年以前,B,C类在公文写作方面主要以主观题为主,而且特点非常鲜明:一是分值较高。一般在30～50分。二是题型比较固定。第一题一般是对某现象(问题)的看法或是对策;第二题一般是写一篇应用文,要求符合相应文种的格式和语言要求、篇幅一般不少于400字。2011年起B,C类出现了公务实务题和材料处理题,但在2014年又取消了公文实务题的考查,重新回归对应用文写作的考查。复习备考建议在全面掌握公文基础知识的基础上,重点掌握公文格式和行文规则等内容,特别是要重点关注2012年7月起施行的《党政机关公文处理工作条例》上新旧考点的变化。同时也要多关注常用文种的写作,特别是字数在400～600字左右的文种。

经济知识与科技知识

分值 年份 类别	2014	2013	2012	2011	2010	2009	2008	2007	2006	2005
A类	17.4	16.5	25	16.4	23.4	18.2	9	17	9	10
B类	9.2	16	16.5	4.2	12.4	6.2	12	11	9	15
C类	9.2	8.4	6.4	5.4	6.6	11.6	6	11	13	10

注：经济与科技部分和其他章节的内容交叉融合较为密切，部分真题在其他章节解析。

经济知识

历年分值分布

分值 年份 类别	2014	2013	2012	2011	2010	2009	2008	2007	2006	2005
A类	12.2	12	20.5	15.2	15.2	10	6	6	6	4
B类	7.2	12.5	13	3.2	9.2	4	10	4	9	12
C类	6	6.4	4.4	3.2	4.4	9.4	5	4	12	8

真题分类详解

2004 年 A 类

13. 现代企业制度的核心内容是（　　）。

A. 有限责任制度　　　B. 投资风险制度

C. 法人财产制度　　　D. 股份公司制度

【璧尘解析】C。现代企业制度是以"法人财产制度"为核心内容，以公司制为主要形式。

54. 公有制经济和非公有制经济都是社会主义初级阶段基本经济制度的组成部分，这意味着（　　）。

A. 它们的社会经济性质是一样的

B. 它们对经济发展所起的作用是相同的

C. 它们在市场竞争中的地位是平等的

D. 政府对它们的政策是一致的

【璧尘解析】C。我国《宪法》规定,公有制经济和非公有制经济都是社会主义市场经济的重要组成部分,这就从法律上确定了二者在市场竞争中的平等地位。

55. 我国现阶段,不同国有企业的职工,付出同样的劳动,获得的劳动报酬会有所差别,这是因为( )。

A. 按劳分配要使一部分企业先富起来

B. 按劳分配和按生产要素分配结合起来

C. 按劳分配贯彻效率优先、兼顾公平的原则

D. 按劳分配的实现与企业经营成果联系在一起

【璧尘解析】D。用劳动者的劳动数量和成果结合起来考虑劳动者的报酬,即把按劳分配的实现与企业经营成果联系在一起,是我国现阶段(2004年)不同国有企业的职工付出同样的劳动但报酬却有所差别的原因。

56. 发展社会主义市场经济,必须建立主要由市场形成价格的机制,因为只有这样的价格机制才能( )。

A. 反映价值和供求的变化,引导资源合理配置

B. 保持价格与价值一致,实行等价交换

C. 适应市场供求变化,实现经济协调发展

D. 促进公平竞争,维护消费者应有的权益

【璧尘解析】A。在市场经济中,商品价格受价值和供求关系的影响。市场经济就是提高资源配置效率,能够反映价值和供求变化的价格机制可以引导资源合理配置。

2005 年 A 类

10. 在社会主义市场经济中,宏观调控与微观搞活的关系是( )。

A. 搞好宏观调控,微观自然搞活

B. 完全对立不可兼得

C. 相辅相成互相统一

D. 微观搞活等于搞好了宏观调控

【璧尘解析】C。宏观调控可以为微观经济提供良好的运行环境,微观经济运行健康就会大大降低宏观调控的成本和难度,两者相辅相成,缺一不可。

32. 市场供求的自发调节,被称之为( )。

A. 看不见的手　　　B. 看得见的手

C. 政府失灵　　　　D. 企业行为

【璧尘解析】A。亚当·斯密提出了"看不见的手"的理论,认为市场、市场机制的自发作用是商品经济和谐发展的调节器。"看得见的手"指政府的宏观调控。

33. 总供给是指一国全部企业愿意而且能够提供的总产出量。在封闭经济中,总供给等于( )。

A. 消费+储蓄

B. 储蓄+税收

C. 消费+储蓄+税收

D. 消费+储蓄+税收+进口

【璧尘解析】C。在封闭经济中,总供给等于消费加储蓄加税收之和,如果考虑开放经济,则要再加上进口,同时注意总需求与总产出的区别。

34. 发展中国家用加工的初级产品、半成品和成品出口替代初级产品出口,并以此推动本国的工业化,这被称为( )。

A. 初级产品出口导向型战略

B. 进口替代型战略

C. 出口替代型战略

D. 对外贸易替代型战略

【璧尘解析】C。发展经济学家把发展中国家的外向战略模式分为三种类型:初级产品出口导向型、进口替代型、出口导向型,出

口导向也称出口主导,是指通过扩大出口来带动本国的工业化和经济的持续增长。对原来实行初级产品出口导向模式的国家,则成为出口替代,即用加工的初级产品、半制成品和制成品来替代初级产品出口,并以此来推动本国的工业化。出口替代一般与出口鼓励政策相结合,对外开放度要大一些。出口导向一般也经历两个阶段,第一阶段以劳动密集型工业制成品替代初级产品出口,第二阶段以机器设备如机床、电子仪器等资本密集型产品替代劳动密集型产品出口。本题的正确选项为 C。

2006 年 A 类

11. 提出"管得最合适的政府是最好的政府"这一思想的经济学家是( )。

A. 凯恩斯 B. 大卫·李嘉图
C. 亚当·斯密 D. 马歇尔

【璧尘解析】A。"管得最合适的政府是最好的政府"是经济学家凯恩斯的思想,凯恩斯理论在大萧条之后的一段时间占据主导地位,他更多的强调的是政府这只"看得见的手"。亚当·斯密崇尚自由竞争的市场经济制度,主张尽可能地把政府对社会经济生活的干预降低到最低限度,减少政府管制。大卫·李嘉图把劳动价值论发展到资产阶级政治经济学界限内可能达到的最高高度。

综合分析题

材料一:2006 年,我国劳动力供给总量快速增长,预计全年城镇需要安排就业总量约 2500 万人;从需求情况看,如果经济增长和就业弹性保持近年水平,2006 年可增加就业岗位 800 万个左右,加上自然减员提供的就业岗位,预计今年城镇可新增就业人员约 1100 万人。

材料二:困难地区、困难行业和困难群体的就业问题更为突出。2006 年全国劳动力供给增量中,约有 60%是农村新增劳动力,

其中绝大部分需要到城镇寻找就业机会。同时,高校毕业生依然面临结构性就业难题。2006 年全国普通高校毕业生达 413 万人,比上年增加 75 万人,就业压力进一步加大。

材料三:有专家预测,2006 年大学毕业生的起薪将比 2005 年降低 22%左右,大约在 1200 元。劳动和社会保障部的一项调查显示,2006 年外出务工的月工资平均预期达到 1100 多元。据此,有人得出"大学生身价等同于农民工"的结论。

66. 根据材料一判断,2006 年我国劳动力的总体供求状况为( )。

A. 供大于求约 1700 万人
B. 供大于求约 1100 万人
C. 供大于求约 1900 万人
D. 供大于求约 1400 万人

【璧尘解析】D。材料一中提到"预计全年城镇需要安排就业总量约 2500 万人",而"预计今年城镇可新增就业人员约 1100 万人",可推出 2006 年我国劳动力的总体供求状况为供大于求约 1400 万人。

67. 解决我国就业难题的主要途径有( )。

A. 降低劳动力的供给
B. 降低经济增长和就业之间的弹性系数
C. 促进经济增长
D. 提高经济增长和就业之间的弹性系数

【璧尘解析】CD。在可以预见的相当长时期内,我国的劳动力供给总量是不可能降低的,相反还会进一步提高,故不能选 A 项。经济增长可以增加就业岗位。经济增长与就业之间的弹性系数越高,说明每增长一个百分点所创造的就业岗位越多,反之越低,因此不能选 B。

68. 从材料分析,影响大学毕业生起薪降低的主要因素是( )。

A. 同行业的工资水平
B. 全社会劳动生产率水平

C. 劳动力的供求状况

D. 市场经济的发育程度

【璧尘解析】C。价格主要由供需关系决定。前两组材料主要反映了我国劳动力市场供远大于求的紧张情况。

69. 大学生目前就业压力加大,可行的缓解思路是( )。

A. 调整高校学科失衡问题

B. 发挥政府宏观调控作用

C. 引导毕业生树立理性择业观

D. 统一用人单位的选人政策

【璧尘解析】ABC。用人单位情况千差万别,难以制定出统一的用人政策,故D选项错误。

70. 对于材料中的"大学生身价等同于农民工"这句话,以下说法合理的是( )。

A. 它从一个侧面反映了当前大学生就业形势紧张的状况

B. 它反映了当前大学生的起薪比较低

C. 它是一种夸张的说法,起薪高低并不是反映个人社会作用大小的唯一因素

D. 既然大学生起薪等同于农民工,因此读大学没有必要

【璧尘解析】ABC。D选项在表述上明显有问题,故不选。

2007 年 A 类

6. 下列各项中,属于国家宏观调控的行政手段是( )。

A. 中国人民银行调整银行存贷款利率

B. 国家制定和施行《价格法》

C. 国家物价管理部门确定公共交通收费标准

D. 国家税务管理部门调整消费税税目、税种

【璧尘解析】C。国家宏观调控的手段包括经济手段、法律手段、行政手段等。经济手段是国家运用经济政策和计划,通过对经济利益的调整而影响和调节社会经济活动的措施,它包括财政政策、货币政策、信贷政策、价格政策、汇率政策、税收政策等。法律手段是国家通过制定和运用经济法律法规来调节经济活动的手段。行政手段则是国家通过行政机关,采取行政命令、指示、指标、规定等行政措施来调节和管理经济的手段。

17. 下列属于金融衍生产品的是( )。

A. 股票　　　　B. 债券

C. 股指期货　　D. 活期存款

【璧尘解析】C。金融衍生产品是指以货币、债券、股票等传统金融产品为基础,以杠杆性的信用交易为特征的金融产品,2008年开始的金融危机在一定程度上是金融衍生产品发行过度的结果。

18. 目前我国对外开放战略模式的特征是( )。

A. 出口导向　　B. 进口替代

C. 出口替代　　D. 经济国际化

【璧尘解析】A。参见2005年A类第34题。注意此题的答案只在考试的当年(2007年)具有一定的合理性。

19. 根据投资对象的不同,证券投资基金可分为( )。

A. 封闭式、开放式

B. 股票型、债券型、货币市场型

C. 指数型、保本型

D. 成长型、收益型、平衡型

【璧尘解析】B。根据投资对象的不同,投资基金可分为股票基金、债券基金、货币市场基金、期货基金、期权基金、指数基金和认股权证基金等。

30. 下列不属于按劳分配的有( )。

A. 个体劳动的个人收入

B. 农村专业户的个人收入

C. 私营企业中劳动者的工资收入

D. 国有企业中劳动者的工资收入

【璧尘解析】ABC。按劳分配是社会主义公有制经济中个人消费品分配的基本原则。生产资料公有制是实行按劳分配的前提。在国有企业和集体企业中的劳动者的劳动收入属于通过按劳分配方式取得的,同时只有在这两类企业中的分配理论上属于按劳分配。比如,农民通过承包集体土地种植蔬菜、水果、林木等,获得收入的,都属于按劳分配。因为在农村实行的家庭联产承包责任制是集体经济的典型实现形式,属于公有制经济的范畴。但是,如果农民把自己承包的集体土地,再转包给他人,获得租金收入,那就属于按生产要素分配。

37. 下列收入应计入我国 GDP 的有( )。

A. 面粉厂出售给面包厂的面粉

B. 在上海的英国人工资

C. 面包厂出售给中学生的面包

D. 在纽约的中国人工资

【璧尘解析】BC。GDP 是国内生产总值,是一个区域概念,它是指一国在一定时期内,本国或外国居民生产的最终产品或劳务的价格总和,是衡量一个国家(或地区)综合实力的重要指标。

2008 年 A 类

18. 世界经济的三大支柱性组织是( )。

A. 粮农组织、世界银行、世界贸易组织

B. 国际货币基金组织、世界银行、世界贸易组织

C. 关税同盟、世界银行、世界贸易组织

D. 粮农组织、国际货币基金组织、世界贸易组织

【璧尘解析】B。世贸组织与世界银行、国际货币基金组织一起,并称为当今世界经济体制的"三大支柱"。

19. 提出"劳动是财富之父,土地是财富之母"的是( )。

A. 威廉·配第

B. 亚当·斯密

C. 大卫·李嘉图

D. 卡尔·马克思

【璧尘解析】A。"劳动是财富之父,土地是财富之母"是有"政治经济学之父"之称的威廉·配第所说。他的主要贡献是最先提出了劳动决定价值的基本原理。

20. 一国在一定时期内(通常为一年)生产的各种最终产品和劳务按当年市场价格计算的价值总和,称为一国的( )。

A. 国内生产总值(GDP)

B. 国民生产净值(NNP)

C. 国内生产净值(NDP)

D. 国民生产总值(GNP)

【璧尘解析】A。参见 2007 年 A 类第 37 题。

40. 中央银行一般性货币政策工具主要有( )。

A. 中央银行再贴现率

B. 公开市场业务

C. 发行股票

D. 存款准备金率

【璧尘解析】ABD。货币政策工具是指中央银行为实施货币政策目标,进行金融控制和调节所运用的策略、手段,中央银行一般性货币工具主要有以下三种:存款准备金率、再贴现率和公开市场业务,同时注意三种不同方式的区别及特点。

41. 下列属于完全垄断市场的情形的是( )。

A. 产业绝对集中度为 100%,市场上只有一个提供产品的企业

B. 产业集中度高,市场被极少数大企业垄断

C. 不存在任何相近的替代产品

D. 进入壁垒非常高，其他企业进入该市场极为困难

【璧尘解析】ACD。完全垄断市场的假设条件有三个方面：第一，整个市场的物品、劳务或资源都由一个供给者提供，消费者众多；第二，没有任何接近的替代品，消费者不可能购买到性能等方面相近的替代品；第三，使新的企业无法进入市场，从而完全排除了竞争。注意B选项属于寡头垄断的特点。

42. 长期金融工具包括（ ）。

A. 企业债券　　　　B. 股票

C. 国库券　　　　　D. 银行承兑汇票

【璧尘解析】ABC。长期金融工具是指偿还期限在一年以上的各种金融工具，如股票、企业债券、国库券等。短期金融工具又称货币市场上的金融工具，主要包括本票、汇票、支票、大额定期存单、银行承兑汇票、短期政府公债等。银行承兑汇票一般期限为半年之内。

2009 年 A 类

16. 财政赤字安全警戒线按赤字占 GDP 的比重衡量，它的指标值是（ ）。

A. 1.5%　　　　　B. 2.0%

C. 2.5%　　　　　D. 3.0%

【璧尘解析】D。国际上评价财政赤字风险通常有两个指标：赤字率（财政赤字占 GDP 的比重）不超过 3%，负债率（国债余额占 GDP 的比重）不超过 60%。

17. 下列措施中能够拉动内需的是（ ）。

A. 提高准备金率　　B. 提高利率

C. 降低汇率　　　　D. 降低贴现率

【璧尘解析】D。拉动内需就是扩大国内人们的购买力，让国内有广阔的市场需求。准备金率是银行的准备金与存款总额之比，当中央银行上调存款准备金率时，金融机构可用于贷款的资金减少，不利于拉动内需。利率提高时，信贷就会紧缩，不利于社会资金流动，也就不利于拉动内需。汇率是一国货币兑换另一国货币的比率。汇率的下降会引起进口商品在国内的价格上涨，不利于消费。贴现率是各成员银行将已贴现过的票据作担保，作为向中央银行借款时所支付的利息。当经济萧条时，中央银行降低贴现率，银行就会增加向中央银行的借款，从而准备金下降，利息率下降，扩大了货币供给量，由此起到了拉动内需稳定经济的作用。

25. 现代企业组织制度的主要内容有（ ）。

A. 企业法人制度　　B. 企业组织形式

C. 企业治理结构　　D. 企业管理制度

【璧尘解析】AC。现代企业制度是指以产权制度为基础和核心的企业生产组织形式和管理制度，其主要内容包括：企业法人制度、企业自负盈亏制度、出资者有限责任制度、科学的领导体制与组织管理制度（也称法人治理结构）等。

33. 如果美元对于人民币的汇率持续走高，对我国外贸可能产生的影响有（ ）。

A. 增加出口　　　　B. 减少出口

C. 增加进口　　　　D. 减少进口

【璧尘解析】AD。由于美元对于人民币的汇率持续走高，人民币贬值，会使我国出口商品的外币价格下降，外国对我国出口商品的需求上升，出口规模得以扩大；同时，我国进口商品的成本上升，会抑制国内对进口商品的需求，进口规模得以缩小。

综合分析题

2008 年，在遭遇严重自然灾害和世界金融危机严重影响的不利条件下，我国的宏观经济发展成绩斐然：全国新增就业岗位 1000 万个，失业率与 2007 年持平；国民经济增长速度达到 9%，全国 GDP 超过 30 万亿元；物

价水平从2月份8.7%的高点逐月回落，全年通货膨胀率为5%；对外贸易虽然从11月份起出现减退，但全年进出口总额仍达到2.56万亿美元，增长17.8%；贸易顺差2954.7亿美元，净增加328.3亿美元，增长12.5%；海关税收净入库9161.1亿元，比2007年多收1576.4亿元，增长20.8%，完成全年计划的108.35%。

与此同时，世界金融危机仍在发展，主要发达国家经济衰退。为了进一步应对世界金融危机的影响，保持经济平稳较快发展，我国决定在两年内投入4万亿元拉动内需，制定和实施汽车、钢铁、纺织、装备制造等十大产业调整振兴规划等一系列措施。

66. 上述材料表明，判断宏观经济形势的指标主要有（　　）。

A. 经济增长　　　　B. 物价水平
C. 就业状况　　　　D. 国际收支

【璧尘解析】ABCD。判断宏观经济形势的指标主要有：经济增长率、通货膨胀率、失业率、国际收支。物价水平是衡量通货膨胀的主要指标。

67. 2008年的宏观经济数据表明（　　）。

A. 中国宏观经济发展的基本态势没有改变
B. 中国的宏观经济优于世界其他主要经济体
C. 中国宏观调控措施初步见效
D. 中国经济发展的最困难时刻已经过去

【璧尘解析】ABC。2008年的宏观经济数据不能表明中国经济发展的最困难时刻已经过去。

68. 我国贸易顺差增幅小于对外贸易增幅，其原因主要有（　　）。

A. 我国的贸易效益下滑
B. 多种不利因素导致我国出口下降
C. 扩大进口的政策发挥作用
D. 国际市场部分重要原材料价格上涨

【璧尘解析】BD。贸易顺差是指在特定年度一国出口贸易总额大于进口贸易总额，又称"出超"。对外贸易增幅指的是出口额增幅，贸易顺差增幅小于出口额增幅，其原因就是国际市场部分重要原材料价格上涨，造成出口成本上涨，另外还有多种不利因素，如主要资本主义国家受经济危机的影响，导致我国出口额下降。

69. 国家实施十大产业调整振兴规划，将产生的直接效果是（　　）。

A. 抑制通货膨胀　　B. 拉动内需
C. 稳定进出口　　　D. 推进技术创新

【璧尘解析】BC。国务院制订的十大产业振兴计划几乎都包含了刺激消费、拉动内需的内容，也有利于稳定出口，因为这些产业振兴计划有利于提升我们产品的经济利益。此次对涉及的产业虽然都提出加强技术创新的要求，但是推进技术创新不是其直接效果。

70. 经济平稳较快发展的出发点和落脚点是（　　）。

A. 扩大内需　　　　B. 改善民生
C. 调整经济结构　　D. 转变发展方式

【璧尘解析】B。2009年中央经济工作会议明确提出，把改善民生作为保增长的出发点和落脚点。

2010年A类

11. 由世界银行提出并被多数国家认可和采用，对国内生产总值进行测算的指标是（　　）。

A. 人类发展指数　　B. 环境GDP
C. 绿色GDP　　　　D. 幸福指数

【璧尘解析】C。绿色GDP，指用以衡量各国扣除自然资产损失后新创造的真实国民财富的总量核算指标。简单地讲，就是从现行统计的GDP中，扣除由于环境污染、自然资源退化、教育低下、人口数量失控、管理不善等因素引起的经济损失成本，从而得出真实的国民财富总量。

12. 2010 年 1 月 18 日和 2 月 25 日,中国人民银行分别上调金融机构存款准备金率 0.5%,这一政策属于( )。

A. 紧缩性财政政策

B. 紧缩性货币政策

C. 扩张性财政政策

D. 扩张性货币政策

【璧尘解析】B。财政政策是指政府通过改变政府购买、转移支付、税收等手段,对总需求、总产出施加影响,促使宏观经济运行优化。增加政府购买、增加转移支付、降低税收都会使总需求扩张,所以称为扩张性财政政策,反之则是紧缩性财政政策。货币政策是指政府(中央银行)通过改变货币供给量影响总需求从而影响总产出的政策。货币政策三大工具:法定存款准备金率;再贴现率;公开市场操作。增加货币供给量称为扩张性货币政策,减少货币供给量称为紧缩性货币政策。本题中上调存款准备金率是减少货币的供给量。

33. 凯恩斯认为,人们持有货币的动机有( )。

A. 交易动机　　　　B. 预防动机

C. 收藏动机　　　　D. 投机动机

【璧尘解析】ABD。凯恩斯的《就业利息和货币通论》中认为人们持有货币的动机包括:持币的交易动机、持币的谨慎动机和持币的投机动机。

综合分析题

2009 年虽然是新世纪我国经济发展最为困难的一年,但由于我国政府在应对国际金融危机过程中,采取大规模增加政府投资、大范围实施振兴产业计划、大力推进自主创新、大幅度提高社会保障水平等一揽子计划,加强和改善宏观调控,加大调整经济结构,改善和协调区域经济发展,取得了改革开放和社会主义现代化建设新的重大成就:国内生产总值达到 33.5 万亿元;对外贸易从第三季度止跌回升,进出口总额达到 2.2 万亿美元。今年面临的形势更复杂,任务更艰巨,必须进一步提高宏观调控水平,保持经济平稳较快发展,切实提高发展的可持续性;加快推动经济进入创新驱动内需增长的发展轨道,实现区域经济的协调发展;把扩大内需特别是消费需求与稳定外需结合起来,着力增强经济发展的均衡性;要加大统筹城乡发展的力度,协调推进工业化、城镇化。

61. 我国采取一揽子计划应对国际金融危机的依据有( )。

A. 调控目标的设定必须积极稳妥

B. 调控手段的运用必须相互搭配

C. 宏观调控必须运用多种手段

D. 宏观调控必须逆风向行事

【璧尘解析】ABC。应对金融危机,国家的调控政策必须积极稳妥,调控手段要多样化并且相互搭配而不是逆风向而行。

62. 为改善与协调区域经济的发展,国务院 2009 年通过和发布的区域规划有( )。

A.《促进中部地区崛起规划》

B.《关中—天水经济区发展规划》

C.《江苏沿海地区发展规划》

D.《广西北部湾经济区发展规划》

【璧尘解析】ABC。《广西北部湾经济区发展规划》是 2008 年 2 月 21 日获得批准的,而其他的三个区域规划均为 2009 年通过和发布的。

63. 2009 年我国宏观经济取得成就的最突出表现是( )。

A. 积极培育消费热点

B. 外资进出口持续增长

C. 扩大出口

D. 提高居民消费能力

【璧尘解析】AD。从给定材料中,可以推断出 AD。而从材料"对外贸易从第三季度止跌回升,进出口总额达到 2.2 万亿美元"可以排除 BC。

64. 目前扩大内需的重点主要有( )。

A. 积极培育消费热点

B. 外资进出口持续增长

C. 扩大出口

D. 提高居民消费能力

【璧尘解析】D。此题与时事热点相关，2009年12月5日召开的中央经济工作会议指出，必须坚持改善民生和扩大内需内在统一，更加注重围绕保障和改善民生来谋划发展，把增强居民消费能力作为扩大内需的重点，通过保障和改善民生促进经济结构优化，增强经济发展拉动力。

65. "提高宏观调控水平，保持经济平稳较快发展"的含义是（　　）。

A. 调整经济结构和管理通胀预期

B. 提高政策的针对性和灵活性

C. 调整区域结构和管理通缩预期

D. 把握政策实施的力度、节奏和重点

【璧尘解析】ABD。此题与时事热点有关，温家宝在2010年3月15日政府工作报告中指出：提高宏观调控水平，保持经济平稳较快发展，就是要继续实施积极的财政政策和适度宽松的货币政策，保持政策的连续性和稳定性，根据新形势新情况不断提高政策的针对性和灵活性，把握好政策实施的力度、节奏和重点。处理好保持经济平稳较快发展、调整经济结构和管理通胀预期的关系。

综合分析题

国际金融危机对我国经济的冲击表面上是对经济增长速度的冲击，实质上是对经济发展方式的冲击。综合判断国际国内经济形势，转变经济发展方式已刻不容缓。我国经济发展应由主要依靠投资、出口拉动向依靠消费、投资、出口协调拉动转变，由主要依靠第二产业带动向依靠第一、第二、第三产业协同带动转变，由主要依靠增加物质资源消耗向主要依靠科技进步、劳动者素质提高、管理创新转变。因此，要加快推进经济结构调整，把调整经济结构作为转变经济发展方式的战略重点，按照优化需求结构、供给结构、要素投入结构的方向和基本要求，加快调整国民收入分配结构，加快调整城乡结构，加快推进城镇化；要加快推进产业结构调整。完善现代产业体系，促进三次产业在更高水平上协同发展；要加快推进自主创新，提高自主创新能力，为加快经济发展方式转变提供强有力的科技支撑。

66. 与经济增长相比，经济发展更加强调的内容有（　　）。

A. 实现发展成果合理分配

B. 促进经济增长与环境相协调

C. 经济结构的优化

D. 提高经济增长速度与效益

【璧尘解析】ABCD。经济增长是指一国一定时期内产品和服务量的增加，用来量度的是GDP。而经济发展包含很多内容：经济量的增长；经济结构的改进和优化：技术结构、产业结构、收入分配结构等经济结构的变化；经济质量的改善和提高；经济效益的提高、经济稳定程度、自然环境和生态平衡等。

67. 材料中提到的我国经济发展方式的三个转变表明，经济发展方式主要指的是（　　）。

A. 各种要素组合后推动经济发展的方式

B. 决定经济发展的各要素的积累方式

C. 决定经济发展的各要素的组合方式

D. 决定经济发展的各要素的取得方式

【璧尘解析】ABC。由主要依靠投资、出口拉动向依靠消费、投资、出口协调拉动转变，由主要依靠第二产业带动向依靠第一、第二、第三产业协同带动转变，由主要依靠增加物质资源消耗向主要依靠科技进步、劳动者素质提高、管理创新转变。材料中经济发展方式三个转变，不包括决定经济发展的要素取得方式转变。

68. 调整产业结构是我国转变经济发展方式的战略重点，而在经济结构中处于主导地位的是（　　）。

A. 产业结构　　　　　B. 供给结构

C. 需求结构　　　　　D. 投资结构

【璧尘解析】A。供给结构、需求结构以及投资结构都会依据产业结构进行调整,不同的产业结构会由不同的供需关系进行匹配。

69. 影响产业结构的变动因素有( )。

A. 消费需求　　　B. 经济体制

C. 资源条件　　　D. 科学技术

【璧尘解析】ACD。影响产业结构的变动因素有:资源总量、结构、相对价格以及可移动性、需求结构的变化、国际关系的变化、资源的转换率等。

70. 划分三次产业的依据是( )。

A. 生产要素的密集程度

B. 劳动资料的密集程度

C. 劳动对象的加工程度

D. 社会产品的最终用途

【璧尘解析】C。三次产业的划分最初源于西方经济理论,西方经济学家根据劳动对象进行加工的顺序将国民经济部门划分为三次产业。我国的三次产业划分是:第一产业:农业(包括种植业、林业、牧业、副业和渔业)。第二产业:工业(包括采掘工业、制造业、自来水、电力、蒸汽、热水、煤气)和建筑业。第三产业:除第一、第二产业以外的其他各业,主要是指广义的服务业。

2011 年 A 类

12. 经济活动中短期与长期的划分标准是( )。

A. 可否调整生产规模

B. 是否超过 1 年

C. 可否调整产品结构

D. 是否超过 3 年

【璧尘解析】A。短期指生产者来不及调整全部生产要素,至少有一种生产要素是固定不变的时间周期。长期指生产者可以调整全部生产要素的数量的时间周期。也就是说,短期和长期的划分是以生产者能否变动全部生产要素投入的数量作为标准的,即生

产规模。

13. 在固定资产投资中,房地产开发投资属于( )。

A. 第一产业投资　　B. 第三产业投资

C. 第二产业投资　　D. 新兴产业投资

【璧尘解析】B。房地产业是以土地和建筑物为经营对象,从事房地产开发、建设、经营、管理以及维修、装饰和服务的集多种经济活动于一体的综合性产业,它属于第三产业。相应地,在固定资产投资中,房地产开发投资应属于第三产业投资。但理论界一直对房地产开发投资的产业划分存在争议。

31. 提高最低工资标准可能带来的影响有( )。

A. 缓解物价上涨的影响

B. 加大企业的生产成本

C. 增加转移支付的总量

D. 强化人们的通胀预期

【璧尘解析】ABC。提高最低工资标准,有利于保障低收入劳动者及其家庭的生活水平,缓解物价上涨的影响。提高最低工资标准必然会使企业生产成本加大。政府的转移支付大都具有福利支出的性质,如社会保险福利津贴、抚恤金、养老金、失业补助、救济金以及各种补助费等,因此提高最低工资标准会增加转移支付的总量。通胀预期是指人们已经估计到通货膨胀要来,预先打算做好准备要避免通胀给自己造成损害,不是提高工资标准的影响。

综合分析题

2011 年 3 月 11 日,日本大地震引发核泄漏后,民众心态从关注核泄漏转变为对核辐射的担忧。特别是由于缺乏预防核辐射的科学知识,各种似是而非的信息,如核辐射污染海水会导致未来食盐供应紧张、吃碘盐能防辐射等开始在网络上疯传。

3 月 14 日,资本市场中的部分游资乘势

进行炒作,它们先是大规模吸纳部分盐业类股票,接着在尾盘进行拉升,使得其最终在当日大盘整体下跌中逆势以涨停收盘。随后又在宁波、绍兴等地使当地食盐被抢购一空,制造了局部恐慌,使得"抢盐"风潮愈演愈烈。

这一波抢盐风波从2011年3月15日晚间开始,以浙江为源头,经网络放大,由东向西和由南向北两路交错传递,迅速波及全国。无论大城市还是小县城,乃至偏远山村,食盐都成了紧俏商品,有些商店开始惜售食盐,有些商店则借机抬高食盐售价,部分地区的盐价甚至疯涨十倍以上,全国市场的盐几乎被抢购一空。某些盐业类股票再度逆势涨停,其他涉盐股票也竞相大涨。

抢盐风潮出现后,国家发改委等部门迅速通过媒体发布权威信息,安定民心;商务部要求中国盐业总公司动用库存向市场紧急投放各种盐产品;科技部约请有关专家针对各种传言释疑……

3月18日,全国各地纷纷出现"退盐"现象,抢盐风潮逐渐平息。涉盐股票的股价也在此后的三个交易日中持续下跌。

61. 食盐价格不贵,买多了问题不大,买不到却问题不小。这意味着食盐属于( )。

A. 耐用消费品　　　B. 必需消费品
C. 稀缺消费品　　　D. 低档消费品

【璧尘解析】B。必需消费品是指在日常生活消费中不可缺少的衣、食、住、行等基本生活必需品,包括柴米油盐等。

62. 抢盐风潮中涉嫌违法必究的行为有( )。

A. 个人通过各种通信手段提醒亲朋好友"抢盐"

B. 部分商家惜售食盐

C. 游资制造局部恐慌并操纵涉盐股票的股价

D. 部分商家和店铺借机抬高食盐售价

【璧尘解析】CD。经营者违反价格法规定,相互串通,操纵市场价格,造成商品价格

较大幅度上涨的,应追究其法律责任。

63. 抢盐风潮出现后,政府有关部门采取有力措施进行化解的法律依据有( )。

A.《中华人民共和国放射性污染防治法》

B.《中华人民共和国反不正当竞争法》

C.《中华人民共和国突发事件应对法》

D.《中华人民共和国消费者权益保护法》

【璧尘解析】CD。《突发事件应对法》是应对突然发生,造成或者可能造成严重社会危害,需要采取应急处置措施的自然灾害、事故灾难、公共卫生事件和社会安全事件的法律。《消费者权益保护法》规定消费者享有公平交易的权利。有些商店借机抬高食盐售价的行为,侵害了购盐者公平交易的权利。

64. "吃碘盐能防辐射"等各种似是而非的信息能够迅速传播的原因在于( )。

A. 权威信息的发布比较模糊和缺乏预见

B. 科技知识在民间的普及程度不高

C. 当代通信手段的多样化发展

D. 老百姓的担忧与恐慌情绪不断升级

【璧尘解析】ABCD。"吃碘盐能防辐射"等各种似是而非的信息能够迅速传播的原因在于科技知识在民间的普及程度不高,民众缺乏安全感,担忧与恐慌情绪不断升级,以及权威信息发布比较模糊和缺乏预见。尤其是在通信手段多样化发展的当代,流言的传播速度之快、范围之广是过去无法比拟的。

65. 抢盐风潮的发生和平息过程带给我们的启示是( )。

A. 市场经济中微观主体的情绪感染力往往胜过理性的分析

B. 官方媒体发布的信息必须具有公信力

C. 政府部门必须和相关企业协同一致处置社会经济的失衡

D. 金融资本总是利用社会热点制造恐慌并从中获利

【璧尘解析】ABC。D项说法太绝对,应排除。其余三项说法均正确。

综合分析题

随着中国在国际政治经济活动中的地位提升和角色改变,西方国家对中国开始出现多元化的评价:在2007年夏季达沃斯世界经济论坛大连会议上,中国一度被誉为世界经济的领导国家,形成了所谓的"中国领军论"。2009年和2010年举行的两届世界经济论坛年会上,温家宝总理和李克强副总理分别应邀发表了特别致辞,使中国成为各国关注的焦点,许多国家希望中国在世界经济复苏和重建中发挥更大作用,担当更多重任,提出了所谓的"中国责任论"。在2010年珠海国际航展上,中国对外展示了WJ－600、翼龙等多款无人机后,一些西方国家又针对中国在这一方面的快速发展,开始老调重弹所谓的"中国威胁论"。

66. "中国在国际政治经济活动中的地位提升和角色改变",主要表现有(   )。

    A. 对欧美的进口增加

    B. 人民币兑美元汇率进入"6时代"

    C. 国际货币基金组织大幅度提高中国的特别提款权份额

    D. 中国GDP超过日本,成为世界第二经济大国

【璧尘解析】ABCD。四个选项都可以表现中国在国际政治经济活动中的地位提升和角色改变。

67. 从"中国威胁论"到"中国领军论",再到"中国责任论",其中所折射的世界发展趋势为(   )。

    A. 中国经济引领世界发展

    B. 经济优先发展至上

    C. 对话与和平成为主导

    D. 各国共同平等协商

【璧尘解析】ABCD。AB两项体现了中国领军论,CD两项体现了中国责任论。

68. 西方国家重提"中国威胁论",是因为

(   )。

    A. 中国已经在军事上对别国构成威胁

    B. 中国已经在经济上对别国构成威胁

    C. 中国的国际话语权十分强大

    D. 中国的军事实力显著增强

【璧尘解析】D。中国的国防政策是防御性的,不对任何国家构成威胁,事实上我们也没有威胁到任何国家,A选项错误。中国政府和中国人民正集中精力发展国内经济,一个把物力、财力用于发展经济、改善人民生活的国家是不会对别国构成威胁的,B选项错误。中国的国际话语权虽然明显提升,但C选项表述过于绝对,应排除。

69. 从积极的角度看,中国在世界经济复苏和重建过程中的责任主要是指(   )。

    A. 稳定本国经济发展

    B. 有效应对贸易摩擦

    C. 增加进口减少顺差

    D. 参与国际金融监管

【璧尘解析】ABD。增加进口减少顺差不能表现出中国在世界经济复苏和重建过程中的责任。

70. 西方国家对中国出现多元化评价的原因有(   )。

    A. 中国的发展具有多元性

    B. 冷战思维表现复杂化

    C. 经济政治融合一体化

    D. 西方价值观具有功利性

【璧尘解析】ABD。中国的经济发展方式转变具有多元性、系统性和关联性特征,其核心是促进经济增长由主要依靠投资、出口拉动向依靠消费、投资、出口协调拉动转变,A选项正确。狭义的冷战思维特指冷战结束后,西方大国特别是美国的保守势力妄图建立单极世界,推行霸权主义的一种意识与观念。在冷战思维潜意识的驱动下,容易使简单的事情复杂化,B选项正确。西方价值观具有功利性也是对中国出现多元化评价的原因,D选项正确。

2012 年 A 类

22. 下列被称为"经济宪法"的是(　　)。
A. 破产法
B. 公司法
C. 反垄断法
D. 消费者权益保护法

【璧尘解析】C。反垄断法是维护自由市场机制的基础性法律,有"经济宪法""自由企业的大宪章"之称,我国的《反垄断法》于2008年8月1日起施行。

23. 下列对"通胀预期"的理解,正确的是(　　)。
A. 能够得到准确验证的对未来物价上涨的估计
B. 不影响宏观经济运行的对未来物价上涨的猜测
C. 统计部门发布的关于物价水平的数据分析统计
D. 居民对于未来物价上涨水平的一种心理估计

【璧尘解析】D。通胀预期是指人们已经估计到通货膨胀将出现,预先做好准备,以避免或减小通胀给自己造成的损害。简单地说,就是人们对通货膨胀率(指物价平均水平的上升速度)的心理预期。

24. 金融市场最基本的功能是(　　)。
A. 积累资金
B. 转移风险
C. 转换资金
D. 融通资金

【璧尘解析】D。金融市场是指通过金融工具的交易实现资金融通的机制和关系的总和。

25. 市场价格低于均衡价格将会引起的经济现象是(　　)。
A. 商品短缺
B. 厂商成本增加
C. 商品过剩
D. 厂商赢利增加

【璧尘解析】A。均衡价格是商品的供给价格与需求价格相等时的价格。当市场价格低于均衡价格时,市场上会出现超额需求,从而导致供不应求、商品短缺状况出现。

40. 下列属于极端状态的市场主要有(　　)。
A. 完全竞争市场
B. 垄断竞争市场
C. 寡头垄断市场
D. 完全垄断市场

【璧尘解析】AD。西方经济学将市场类型分为完全竞争市场、完全垄断市场、寡头垄断市场、垄断竞争市场。其中,完全竞争市场是竞争不受任何阻碍和干扰的市场结构;完全垄断市场是在市场上只存在一个供给者和众多需求者的市场结构;寡头垄断市场和垄断竞争市场是介于完全竞争与完全垄断之间的混合市场。

综合分析题

我国是人口大国,劳动者充分就业需求与劳动力素质不相适应的矛盾是长期的。政府要牢固树立以人为本、执政为民的理念,实施更加积极的就业政策,把促进充分就业作为全国建设小康社会的重大战略任务。为此,首先要切实落实就业优先战略。要更加注重选择有利于扩大就业的经济社会发展战略,把扩大就业作为经济社会发展和经济结构调整的重要目标,把转变经济发展方式的过程转变为就业拉动力不断提高的过程。把促进城乡发展一体化的过程转变为统筹城乡就业的过程,实行更加有利于促进就业的产业、财政、金融等政策措施。其次要切实支持劳动者多渠道就业。要加强就业政策与有关经济政策、社会政策的协调和有机结合,完善支持自主创业、自谋职业政策体系,鼓励和支持更多劳动者成为创业者。

61. 目前我国劳动者充分就业需求与劳动力素质不相适应所导致的失业是(　　)。
A. 结构性失业
B. 周期性失业
C. 自愿性失业
D. 摩擦性失业

【璧尘解析】A。结构性失业,主要是由

于经济结构发生了变化,现有劳动力的知识、技能、观念、区域分布等不适应这种变化,与市场需求不匹配而引发的失业。

62. 政府要把促进充分就业作为全面建设小康社会的重大战略任务。下列对"充分就业"的理解,正确的是(   )。

A. 消除了结构性失业和自愿性失业的就业状态

B. 所有愿意工作的人都能按照他们的意愿接受的工资找到工作

C. 百分之百的劳动力都找到了工作,实际的社会失业率为零

D. 消除了摩擦性失业和周期性失业的就业状态

【璧尘解析】B。充分就业是指在某一工资水平之下,所有愿意接受工作的人,都获得了就业机会。充分就业并不等于全部就业或者完全就业,仍然会存在摩擦性失业和结构性失业。充分就业与一定的失业率并存,但是失业的间隔期很短。

63. 暂缺。

64. 我国要实行更加有利于促进就业的产业政策。下列关于"产业政策"的说法,正确的是(   )。

A. 产业政策主要影响经济的短期发展

B. 产业政策基本上是一种需求管理政策

C. 产业政策基本上是一种供给管理政策

D. 产业政策调节时间跨度小、见效快

【璧尘解析】C。由于改造产业结构、实现产业结构的优化,必须经过长期的努力,因此产业政策影响经济的长期发展,AD 两项错误。此外,通过促进或限制某些产业的发展,调整各产业之间的相互关系,使供给总量和结构都能满足需求,这是一种供给管理政策。

65. 政府要完善支持自主创业、自谋职业政策体系,鼓励和支持更多劳动者成为创业者。下列对"自主创业"的理解,正确的是(   )。

A. 自主创业的内在要求是自主择业

B. 自主创业是自主择业的起点和基础

C. 自主创业是个人根据自己意愿和社会需求主动选择职业的过程

D. 自主创业是个人发挥主观能动性开辟新工作岗位的过程

【璧尘解析】D。自主创业,是指劳动者主要依靠自己的资本、资源、信息、技术、经验以及其他因素自己创办实业,解决就业问题。

注:材料选自 2012 年 2 月 20 日胡锦涛在中共中央政治局第三十二次集体学习时的讲话。

综合分析题

2012 年世界经济形势总体上仍然十分严峻复杂,世界经济复苏的不确定性上升,为此,我们要更加注重统筹国内国际两个大局,继续抓住科学发展这个主题和加快转变经济发展方式这条主线,牢牢把握扩大内需这一战略基点,牢牢把握发展实体经济这一坚实基础,牢牢把握加快改革创新这一强大动力,牢牢把握保障和改善民生这一根本目的。2012 年我国经济工作要继续实施积极的财政政策和稳健的货币政策,保持宏观经济政策的延续性和稳定性,增强政策调整的针对性、灵活性、前瞻性,继续处理好保持经济平稳较快发展、调整经济结构、管理通胀预期的关系,加快推进经济发展方式转变和经济结构调整,着力扩大国内需求,着力加强自主创新和节能减排,着力深化改革开放,着力保障和改善民生,保持经济平稳较快发展。

66. 2012 年世界经济复苏的不确定性上升,产生这种不确定性的主要因素有(   )。

A. 中东局势动荡引起石油价格波动

B. 欧债危机蔓延恶化

C. 人民币贬值的压力没有根本缓和

D. 美国经济复苏乏力

【璧尘解析】ABD。中东石油价格的波动和欧债危机都是具有全球性影响的事件,使世界经济复苏的不确定性上升。美国是世

界最大经济体,其经济复苏乏力会给世界经济复苏带来很大变数。

67. 国际经济会影响国内经济,所以我国要更加注重统筹国内国际两个大局,国际经济影响国内经济的主要途径有( )。

A. 汇率变动　　　B. 人口流动

C. 资本流动　　　D. 国际贸易

【璧尘解析】ACD。人口流动虽然会对国内经济产生一定影响,但不是国际经济影响国内经济的主要途径,因此 B 选项排除。

68. 我国要牢牢把握发展实体经济这一坚实基础。下列属于实体经济的有( )。

A. 工业　　　　　B. 农业

C. 金融　　　　　D. 商业

【璧尘解析】ABD。实体经济是指物质的、精神的产品和服务的生产、流通等经济活动。实体经济除了包括农业、工业、交通通信业、商业服务业、建筑业等物质生产和服务部门以外,还包括教育、文化、知识、信息、艺术、体育等精神产品的生产和服务部门。C 选项金融属于虚拟经济。

69. 我国要着力加强自主创新和节能减排。下列属于"十二五"规划确定的排放总量应该减少的主要污染物有( )。

A. 化学需氧量　　B. 氨氮

C. 氮氧化物　　　D. 二氧化硫

【璧尘解析】ABCD。国务院印发的《"十二五"节能减排综合性工作方案》对化学需氧量、二氧化硫、氨氮和氮氧化物排放总量的减少都作出了规定,因此 ABCD 四项均正确。

70. 我国要保持经济平稳较快发展和物价总水平基本稳定。影响物价总水平基本稳定的主要因素有( )。

A. 家庭收入水平　　B. 货币发行量

C. 银行信贷规模　　D. 财政赤字额

【璧尘解析】BC。社会商品的总体物价水平由货币发行量决定。此外,银行信贷规模也是影响物价稳定的重要因素,因此 BC 两项正确。

2013 年 A 类

8. 下列措施属于健全收入再分配调节机制的是( )。

A. 提高劳动者工资收入

B. 加强个人所得税调节

C. 促进就业的机会公平

D. 加强国企高管薪酬管理

【璧尘解析】B。十八大报告指出,初次分配和再分配都要兼顾效率和公平,再分配更加注重公平。完善劳动、资本、技术、管理等要素按贡献参与分配的初次分配机制,加快健全以税收、社会保障、转移支付为主要手段的再分配调节机制,ACD 选项属于初次分配内容。

29. 在某国,同样一杯咖啡对本国顾客的售价是 0.5 美元,但对别国旅游者的售价是 1.2 美元。这种情况违背的 WTO 原则是( )。

A. 国民待遇原则

B. 知识产权保护原则

C. 公平竞争原则

D. 特惠制原则

【璧尘解析】A。国民待遇原则是指对其他成员方的产品、服务或服务提供者及知识产权所有者和持有者所提供的待遇,应不低于本国同类产品、服务或服务提供者及知识产权所有者和持有者所享有的待遇。

30. 下列不属于居民资产所得的是( )。

A. 年终福利　　　B. 存款利息

C. 股票红利　　　D. 基金分红

【璧尘解析】A。资产所得主要是指通过资本、技术和管理等要素与社会生产和生活活动所产生的收入。即家庭拥有的动产(如银行存款、有价证券)和不动产(如房屋、车辆、收藏品等)所获得的收入,包括出让财产使用权所获得的利息、租金、专利收入;财产营运所获得的红利收入、财产增值收益等。

43. 下列属于宏观调控措施的有（　　）。

A. 发改委发布产业政策指导计划

B. 商业银行在基准利率上实施利率浮动

C. 银行实行有选择的信贷管制

D. 企业要求海关加快出口退税

【璧尘解析】ABC。宏观调控主要有经济手段、行政手段、法律手段。经济手段包括财政政策和计划，行政手段则是政府发布的经济命令，法律手段主要是政府制定的法规和政策等，选项中 ABC 都是经济手段。

综合分析题

党的十八大报告强调，要牢牢把握扩大内需这一战略基点，充分发挥消费促进经济增长的作用。扩大内需的措施之一是创新销售方式。近年来，网络销售的发展迅速。每年的 11 月 11 日，已经成为网民们的购物狂欢节。2012 年 11 月 11 日，某网络销售平台采用全场五折等促销手段，通过电子网络共销售了 191 亿元的商品，这一天该平台的销售盛况空前，第 1 分钟，就有 1000 万人同时涌入"商场"，此后每分钟进入的人都达到 5 位数以上，有的购物者为了购买心仪的商品，前一天晚上 10 点钟就坐到了电脑前面，有的购物者为避免一张卡刷爆，准备了好几张卡。许多网店早在 3 个月前就已备货，但这一天仍然手忙脚乱。当然，有些网店借机清理库存或者捆绑销售，还有个别网店利用价格作弊以牟利，特别让消费者不爽的是，有些网店迟迟配送，导致收到所购货物的时间要比平常多一个星期甚至更长。

66. 牢牢把握扩大内需是现阶段我国经济发展的战略基点。下列有利于扩大内需的有（　　）。

A. 千方百计扩大就业

B. 大力发展实体经济

C. 提高银行存款利率

D. 努力降低流通成本

【璧尘解析】ABD。扩大内需即刺激消费、扩大投资，根据此意，ABD 符合题意，而 C 选项是抑制消费。

67. 某网络销售平台当天能够实现 191 亿元商品销售额的主要原因有（　　）。

A. 网络销售的商品价格比较低

B. 网上购物没有风险

C. 这些商品在市场上都十分紧俏

D. 商家以让利方式拓展市场

【璧尘解析】AD。根据上述材料可知，能够实现 191 亿元商品销售额的主要原因是，采用全场五折或包邮等促销手段，而 BC 选项在材料中没有体现。

68. 根据材料，少数网店的违法违规行为主要有（　　）。

A. 实行商品捆绑销售

B. 借机清理库存商品

C. 不按约定及时配送

D. 利用价格作弊牟利

【璧尘解析】ACD。根据上述材料，B 选项不能归为违法违规行为，只是商家利用现有的机会，实行库存商品处理，ACD 项涉及违法违规行为。

69. 材料中反映的网络销售特点有（　　）。

A. 经营成本较低

B. 结算方便安全

C. 营业时间灵活

D. 不受地域限制

【璧尘解析】ACD。从上述材料可得出，网络销售的特点有 ACD 三个选项，而 B 选项中的"结算方便安全"没有提及到。

70. 上述材料给我们的启示有（　　）。

A. 网络销售发展很快但需要进一步规范

B. 节庆营销是扩大消费的有效手段

C. 网络销售必须适当限制

D. 现代商贸必须创新销售方式

【璧尘解析】ABD。ABD 选项从给定材料中均可以推出,但没有提到要适当限制网络销售。

2014年A类

27. 在城市化过程中,服务业往往会向大城市聚集,导致出现这种现象的原因不包括( )。

A. 大城市消费需求庞大

B. 大城市人力资源丰富

C. 大城市运营成本较低

D. 大城市信息传递便捷

【璧尘解析】C。大城市的运营成本较高一些,这是显而易见的,故选C。

28. 汇率变动会对经济主体产生重要影响,下列经济主体从本国货币升值中获益的是( )。

A. 出国留学的本国学生

B. 从事出口业务的国内企业

C. 购买了大量外汇的国内商业银行

D. 不用进口仪器的科研机构

【璧尘解析】A。本国货币升值,每单位本国货币可兑换更多的外汇,对于出国留学的本国学生来说,能换取更多的外汇,属于获益方。

29. 当代世界区域经济一体化迅速发展,涌现出许多区域一体化组织。中国参加的亚太经合组织(APEC)属于( )。

A. 共同市场   B. 自由贸易区

C. 关税同盟   D. 非贸易协定

【璧尘解析】D。共同市场是指成员国之间不仅实现贸易自由化,并允许生产要素在成员间可以完全自由移动,亚太经合组织不符合该特点,A选项不选。作为亚洲及太平洋地区最具影响力的经济合作官方论坛,亚太经合组织也没有采取自由贸易区和关税同盟的形式,而是采取了更为松散和开放的组织形式,它是主要以峰会的形式形成的松散

的合作体,所以它属于非贸易协定。

44. 影响房租变化的主要因素有( )。

A. 房屋租赁市场的供求关系

B. 银行利率

C. 房价

D. 水电价格

【璧尘解析】AC。影响价格的因素是价值和供求关系,因此影响房租的因素即为房价和房屋租赁市场的供求关系。

综合分析

2013年12月10日至13日,中央经济工作会议在北京举行。会议分析了国内外经济形势,对2013年经济工作进行了总结,并提出了2014年经济工作的总体要求和主要任务。

为贯彻落实中央经济工作会议精神,某市专门召开会议研究部署2014年经济工作。会议根据本市钢铁、水泥等行业产能过剩,外向型经济比重较大等实际情况,决定将2014年全市地区生产总值增长目标由2013年的10%调整为9.5%;同时,城镇居民人均可支配收入和农村居民纯收入增长幅度分别比2013年提高0.5和1个百分点。会议强调,要大力调整产业结构,着力化解产能过剩。大力发展战略性新兴产业,加快发展现代农业,提高第三产业比重,要着力保障和改善民生,把做好就业工作摆到突出位置,努力解决好住房问题。加大环境治理和保护生态的力度。会议决定改进对县区及乡镇工作的考核办法,根据各地的工作基础,资源条件设置各有侧重、各有特色的考核指标体系,在考核指标中突出人民群众生活满意度、生态环境保护等民生指标,取消了GDP及其增长率排名。

66. 关于该市2014年地区生产总值增长目标的调整,下列说法正确的有( )。

A. 这有利于化解产能过剩

B. 这有利于促进产业结构调整

C. 这有利于提高经济发展质量和效益

D. 这有利于应对国际经济形势变化带来的风险和挑战

【璧尘解析】ABCD。生产总值增长目标的调整，有利于资源的有效配置，能够使过剩的产能得到缓解，调整产业结构，使经济发展更高效，也能够避免国际经济形势变化带来的风险。

67. 下列措施符合该市会议精神的有( )。

A. 新上水泥项目

B. 推广循环农业

C. 发展观光旅游

D. 扶持现代物流

【璧尘解析】BCD。该市的会议精神提到，大力发展战略性新兴产业，加快发展现代农业，提高第三产业比重。B选项体现了发展现代农业，CD选项体现了发展第三产业。而A选项水泥属于产能过剩行业，不能不断地新上项目，不符合会议精神。

68. 提高第三产业比重的直接作用有( )。

A. 优化产业结构

B. 扩大消费需求

C. 增加就业岗位

D. 压缩行政开支

【璧尘解析】ABC。提高第三产业比重，可以促进经济的发展，优化产业结构；可以提高人民生活水平，改善生活质量，从而扩大消费需求；可以扩大就业领域和增加就业人数。跟压缩行政开支无关。

69. 关于保障和改善民生，下列说法正确的有( )。

A. 保障和改善民生是扩大内需的有效途径

B. 保障和改善民生是发展的出发点和落脚点

C. 保障和改善民生的头等大事是实现教育公平

D. 保障和改善民生是社会建设的重点

【璧尘解析】ABD。保障和改善民生，既拉动消费，又增加投资，是扩大内需的重要途径，A选项正确。经济发展的出发点和落脚点是保障和改善民生，B选项正确。就业是民生之本，是保障和改善民生的头等大事，C选项说法错误。加强社会建设，必须以保障和改善民生为重点，D选项正确。

70. 该市对县区及乡镇工作考核办法的改进措施，体现的基本思路有( )。

A. 更加注重以GDP为指标的经济增长

B. 更加注重全面协调可持续发展

C. 一切从实际出发，不搞一刀切

D. 以人为本，关注民生

【璧尘解析】BCD。材料中"根据各地的工作基础、资源条件设置各有侧重、各有特色的考核指标体系"体现了一切从实际出发，不搞一刀切，C选项正确。"在考核指标中突出人民群众生活满意度"体现了以人为本，关注民生，D选项正确。"生态环境保护的指标"体现了注重全面协调可持续发展，B选项正确。"取消了GDP及其增长率排名"与A选项说法相反，排除A选项。

2004 年 B 类

55. 根据现代企业制度的基本特征，企业拥有包括国家在内的出资者投资形成资产的( )。

A. 出资者所有权

B. 全部法人财产权

C. 资产所有权

D. 部分法人财产权

【璧尘解析】B。企业中的国有资产所有权属于国家，企业拥有包括国家在内的出资者投资形成资产的全部法人财产权，成为享有民事权利、承担民事责任的法人实体。

56. 我国经济发展带动全局的战略重点是( )。

A. 把农业放在发展国民经济的首位，加

强农业的基础地位,保证能源和交通发展

B. 教育和科学

C. 培植社会主义市场经济体制

D. 与世界经济接轨

【璧尘解析】A。把农业放在发展国民经济的首位,加强农业的基础地位,保证能源和交通发展是我国经济发展带动全局的战略重点。

58. 企业在一些要素数量固定的情况下,通过增加可变要素数量来获得更多产量是有限的,这就是( )。

A. 规模效应　　　B. 边际效用递增

C. 边际效用递减　D. 规模报酬

【璧尘解析】C。边际效用递减规律是指:如果一种生产要素的数量保持不变,不断追加另一种生产要素到一定程度,最后追加的一单位可变要素所带来的产出增加量将越来越小。

78. 世界经济呈现区域集团化的特点,主要表现在( )。

A. 欧洲共同体正谋求建立一个前所未有的高度统一化组织

B. 美国也着手建立区域集团化组织

C. 亚太地区集团化动向更加活跃

D. 美国、西欧、日本相互抗争局面发生转移

【璧尘解析】ABC。世界经济呈现区域集团化的特点包括:欧洲共同体正谋求建立一个前所未有的高度统一化组织,美国也着手建立区域集团化组织,亚太地区集团化动向更加活跃。

79. 市场的要素包括( )。

A. 市场空间位置

B. 市场的主体

C. 市场的客体

D. 市场的组织方式

【璧尘解析】BCD。市场有三个构成要素:市场主体即交易当事人;市场客体即交易对象;市场组织方式即市场主体以何种方式展开交易。

80. 一个完全竞争的市场有以下的假设构成( )。

A. 市场中存在大量的买卖者

B. 市场中的买者和卖者信息充分

C. 任何个体买卖的行为都不足以影响价格

D. 产品是同质的

【璧尘解析】ABCD。一个完全竞争的市场的假设有:市场中存在大量的买卖者,他们信息充分,任何单个的行为都不足以影响价格,同时产品是同质的,资源流动自由。

2005 年 B 类

12. 市场经济是一种( )。

A. 基本经济制度　　B. 经济运行方式

C. 资本组织形式　　D. 生产经营方式

【璧尘解析】B。市场经济实质上是一种经济运行方式,它同计划经济一样本身没有姓社姓资之分。它也不是某种具体的资本组织形式和生产经营方式。

18. 转移性支出,是经过政府财政之手,将某部门、集团和个人的部分收入转移到另一部门、集团和个人手中。这是一种( )。

A. 政府内部的资金流动

B. 中央政府的经济行为

C. 政府的投资行为

D. 收入再分配的方式

【璧尘解析】D。转移性支出是收入再分配的一种方式。根据转移性支付的主体不同,转移性支出分为两种类型:一是政府对微观经济主体的转移性支出,包括各类补贴、补助金和津贴、公债利息支出、社会保障支出、资本转移等;它体现的是政府的非市场性再

分配活动。二是上下级政府之间的转移性支付,包括中央政府对地方政府的转移性支付和地方政府中的上级政府对下级政府的转移性支付。

19. 税收是国家财政收入的重要来源,其特征是(　　)。

A. 强制性、公平性、合理性

B. 强制性、普遍性、合理性

C. 强制性、无偿性、公平性

D. 强制性、无偿性、固定性

【璧尘解析】D。税收是指国家为实现其职能,凭借政治权力,按照法律规定的标准和程序,无偿参与社会产品和国民收入分配并取得财政收入的一种形式。其特征包括强制性、无偿性和固定性。强制性指国家以社会管理者身份,用法律形式对征、纳双方权利与义务的制约。无偿性指国家征税对具体纳税人既不需要直接偿还,也不付出任何形式的直接报酬。固定性指国家征税必须通过法律形式,事先规定课税对象和课征额度。

20. 商品的社会属性是(　　)。

A. 价值　　　　　　B. 使用价值

C. 价格　　　　　　D. 交换价值

【璧尘解析】A。价值体现商品生产者之间相互交换和比较他们的劳动的经济关系,是商品的社会属性。

33. 在国内生产的商品出口离境之后,可以得到相应的(　　)。

A. 出口免税　　　　B. 出口减税

C. 出口征税　　　　D. 出口退税

【璧尘解析】D。出口退税是指对出口货物退还其在国内生产和流通环节实际缴纳的产品税、增值税、营业税和特别消费税。这样做可以使本国产品以不含税成本进入国际市场,与国外产品在同等条件下进行竞争,从而增强竞争能力,扩大出口创汇。

34. 运用官方储备的变动或向外短期借款,来对付国际收支的短期性失衡的做法,被称为(　　)。

A. 外汇管制政策　　B. 外汇调整政策

C. 外汇缓冲政策　　D. 需求管理政策

【璧尘解析】C。外汇缓冲政策是指一国建立外汇平准基金,运用官方储备的变动或向外短期借款来对付国际收支的短期失衡。该政策适用于由季节性变动或不正常的资本流动所造成的国际收支失衡。汇率调整政策是指一国货币当局在发生逆差时宣布实行本币的法定贬值而顺差时实行本币的法定升值的政策。该政策旨在改变外汇的供求关系,并经由进出口商品的价格变化,资本融进、融出的实际收益或成本的变化等渠道来实现政策目标。需求管理政策是指运用扩张或紧缩性财政政策和货币政策来控制需求总量,进而消除国际收支的失衡。

43. 下列属于通货膨胀的经济现象是(　　)。

A. 需求扩张　　　　B. 存贷增加

C. 价格上涨　　　　D. 价格下降

【璧尘解析】C。通货膨胀是指纸币的发行量超过流通中所需要的数量,从而引起纸币贬值、物价上涨的经济现象。其实质是社会总需求大于社会总供给。与通货膨胀相反,通货紧缩通常表现为物价低迷,大多数商品和劳务价格下跌。它的实质是社会总需求持续小于社会总供给,商品卖不出去,导致存货增加。需求扩张是通货膨胀的原因之一,价格上涨是通胀的经济现象。

综合分析题

为了树立省会的文明形象并提升城市品位,2004年10月,××市人民政府出台了"二环线以内禁止中巴营运"的文件。市政府要求:①公交部门新增300台豪华公交车和400~600辆高档的士;②部分原由中巴车运营的线路将由公交车代替,客流不足的线路将由政府财政出钱补贴;③公交车将普遍进入社区并延时运营,方便群众出行;④退出城区后,所有中巴车将由原来的个体经营为主转变为联营、国营、合资经营,走集团化规模经营之路,而且对提前迁出城区的中巴车给予一定的补偿。

96. 政府出台"二环线以内禁止中巴营运"的规定说明(　　)。

A. 市场是市场经济中的一种资源配置方式

B. 市场经济条件下政府不能干预中巴车市场

C. 市场经济条件下政府能够干预中巴车市场

D. 计划是市场经济中的一种资源配置方式

【璧尘解析】CD。市场经济条件下政府对市场进行干预和调控,是为了克服市场失灵,弥补市场机制的缺陷或不足。主要措施包括:通过法律手段来限制垄断和反对不正当竞争;提供公共物品和公共服务;纠正市场的信息不对称;调整收入分配,维护社会公平等。

97. 市场失灵表现在(　　)。

A. 垄断　　　　B. 公共产品生产

C. 外部性　　　D. 收入分配悬殊

【璧尘解析】ABCD。市场失灵主要表现在:①外部性问题。外部性包括正外部性和负外部性。前者如私人阳台上种植的花草对行人所产生的愉悦作用等,后者如大气污染等。②垄断。③信息不对称。信息不对称是指在竞争的市场中,消费者和生产者作为交易的双方,对其交易信息的了解是不完全和不对称的。④市场机制不能保证公共物品的供给。⑤容易造成收入分配不公。

98. 从经济学角度看,政府对客流不足的线路和提前迁出城区的中巴车给予一定的补偿,说明(　　)。

A. 政府调节失灵

B. 政府提供公共产品应该付出必要的代价

C. 政府在提供私人产品

D. 公共产品的提供需要进行成本收益分析

【璧尘解析】B。排除AC选项显而易见。政府提供公共产品考虑的是社会效益,而非经济效益,所以排除D选项。

99. 政府出台"二环以内中巴禁运"规定的目的是为了(　　)。

A. 维护公有制为主体的多种所有制结构

B. 维护按劳分配为主体的分配结构

C. 克服市场制度可能产生的外部性问题

D. 维持有效的市场竞争秩序

【璧尘解析】C。经济外部性是经济主体(包括厂商或个人)的经济活动对他人和社会造成的非市场化的影响。在现实生活中,解决外部性问题主要采取政府管制、采取惩罚性税收或补助,颁发经营许可证等办法。

100. 由上述资料可知,中巴营运市场是一个(　　)。

A. 完全竞争市场

B. 不完全竞争市场

C. 资本市场

D. 劳动力市场

【璧尘解析】B。不完全竞争市场的重要表现是政府干预经济活动。

2006年B类

14. 资本国际化的根本动因是(　　)。

A. 资本无限增值的本性

B. 推动世界经济共同发展

C. 争夺国际市场

D. 生产国际化的发展要求

【璧尘解析】A。用排除法容易剔除B,因为经济全球化并没有带有普遍的发展和繁荣。争夺国际市场、生产国际化归根结底都是为了实现资本的增值,即资本的逐利性。

15. 经济全球化是人类交往发展的结果,其实质是在新科技革命条件下( )。

A. 人类改造社会能力的加强

B. 发展对外贸易和文化交流

C. 生产的社会化和分工的发展

D. 人类改造自然能力的提高

【璧尘解析】C。用排除法容易剔除B,文化的交流与经济全球化是两回事。经济既包含人与人的关系,也包含人与自然界的关系,因此选A与D都不全面。

29. 下列关于世界经济发展不平衡的说法,错误的是( )。

A. 它仅仅表现在发达资本主义国家和发展中国家之间

B. 它的一个重要表现是南北贫富悬殊进一步拉大

C. 它在战后突出地表现在发达资本主义国家内部

D. 它既表现在经济实力的不平衡上,也表现在经济增长速度的不平衡上

【璧尘解析】A。A选项说法过于绝对。

37. 被称为社会活动"内在稳定器"的是( )。

A. 财政政策　　B. 科技政策

C. 投资政策　　D. 产业政策

【璧尘解析】A。财政政策的稳定性强,有"内在稳定器"之称,注意税收政策在一定程度上也有稳定器的功能,尤其是累进税制。

综合分析题

材料一:2006 年,我国劳动力供给总量快速增长,预计全年城镇需要安排就业总量约 2500 万人;从需求情况看,如果经济增长和就业弹性保持近年水平,2006 年可增加就业岗位 800 万个左右,加上自然减员提供的就业岗位,预计今年城镇可新增就业人员约 1100 万人。

材料二:困难地区、困难行业和困难群体的就业问题更为突出。2006 年全国劳动力供给增量中,约有 60% 是农村新增劳动力,其中绝大部分需要到城镇寻找就业机会。同时高校毕业生依然面临结构性就业难题。2006 年全国普通高校毕业生达 413 万人,比上年增加 75 万人,就业压力进一步加大。

材料三:有专家预测,2006 年大学毕业生的起薪将比 2005 年降低 22% 左右,大约在 1200 元。劳动和社会保障部的一项调查显示,2006 年外出务工的门工资平均预期达到 1100 多元。据此,有人得出"大学生身价等同于农民工"的结论。

66. 根据材料一判断,2006 年我国劳动力的总体供求状况为( )。

A. 供大于求约 1700 万人

B. 供大于求约 1100 万人

C. 供大于求约 1900 万人

D. 供大于求约 1400 万人

【璧尘解析】D。参见 2006 年 A 类第 66~70 题。

67. 解决我国就业难题的主要途径有( )。

A. 降低劳动力的供给

B. 降低经济增长和就业之间的弹性系数

C. 促进经济增长

D. 提高经济增长和就业之间的弹性系数

【璧尘解析】CD。

68. 从材料分析,影响大学毕业生起薪降低的主要因素是( )。

A. 同行业的工资水平

B. 全社会劳动生产率水平

C. 劳动力的供求状况

D. 市场经济的发育程度

【璧尘解析】C。

69. 大学生目前就业压力加大,可行的缓解思路是( )。

A. 调整高校学科失衡问题

B. 发挥政府宏观调控作用

C. 引导毕业生树立理性择业观

D. 统一用人单位的选人政策

【璧尘解析】ABC。

70. 对于材料中的"大学生身价等同于农民工"这句话,以下说法合理的是( )。

A. 它从一个侧面反映了当前大学生就业形势紧张的状况

B. 它反映了当前大学生的起薪比较低

C. 它是一种夸张的说法,起薪高低并不是反映个人社会作用大小的唯一因素

D. 既然大学生起薪等同于农民工,因此读大学没有必要

【璧尘解析】ABC。

2007 年 B 类

14. 由于经济总是在某个经济周期中波动,所以社会的生产与就业就表现为( )。

A. 稳定地不断增长

B. 总是按一定的比例增长

C. 周期性的规律增长

D. 周期性但没有一定规律的增长

【璧尘解析】D。任何一个国家的经济运行都不可能表现为直线式的增长,而是呈现出一定的波动。在时间序列上,一国经济总量呈现扩张、收缩、再扩张、再收缩的变化,表现在社会的生产和就业就是周期性但没有一定规律的增长。

15. 除了特殊情况,一般不采取生产配额。因为配额造成的后果是( )。

A. 损害了消费者的权益

B. 形成了不公平竞争

C. 产生了欺骗他人的激励

D. 提高了产品价格

【璧尘解析】B。从广义上说,配额是对有限资源的一种管理和分配,是对供需不等或者各方不同利益的平衡,因此形成了不公平竞争。

16. 具有高科技含量、高文化附加值的各类创新型产业所形成的经济形态可以被称作是( )。

A. 创意经济　　　　B. 知识经济

C. 信息经济　　　　D. 市场经济

【璧尘解析】B。知识经济是以知识为基础的经济,与农业经济、工业经济相对应的一个概念,是一种新型的富有生命力的经济形态。创新是知识经济发展的动力,教育、文化和研究开发是知识经济的先导产业。

33. 在一个完善的市场经济体系中,社会经济增长的前提条件是( )。

A. 经济的自由

B. 资源供应的充足

C. 财产权的明晰

D. 科技的不断进步

【璧尘解析】A。在一个完善的市场经济体系中,社会经济增长的条件主要有经济的自由、资源供应的充足、科技的不断进步等,此题具有一定的争议,尤其是BC选项。

2008 年 B 类

5. 我国多数国有大中型企业采取股份公司形式,这是因为股份公司( )。

A. 是公有制实现的唯一形式

B. 体现了公有制的特征

C. 是职工当家作主的一种有效形式

D. 是适合社会化大生产的一种企业组织形式

【璧尘解析】D。股份制是一种适合社会化大生产和商品经济与市场经济制度发展的企业组织形式和管理方式,它在推动资本主义发展和社会进步中起了巨大作用。

15. 市场机制中的核心机制是( )。

A. 信息机制　　　　B. 激励机制

C. 价格机制　　　　D. 竞争机制

【璧尘解析】C。市场机制核心是价格机

制。价格机制是价值规律的外在表现,是实现资源配置的有效机制。

16. 社会总需求是指对一国总产出的意愿购买量,它包括(   )。

A. 企业需求、家庭需求和政府需求

B. 居民消费需求、企业投资需求、政府购买需求和出口需求

C. 劳动力需求、要素需求和科技需求

D. 工资、利润和折旧

【璧尘解析】B。总需求是指对一国总产出的意愿总购买。在封闭经济中,总需求包括居民消费需求、企业投资需求和政府购买需求。如果考虑开放经济,则需要加上出口需求。

17. 发展中国家在经济成长的初期阶段宜采取的发展战略是(   )。

A. 进口替代   B. 出口替代

C. 自主创新   D. 出口导向

【璧尘解析】A。参见 2005 年 A 类第 34 题。

33. 下列属于世界性经济组织的是(   )。

A. 国际货币基金组织

B. 世界银行

C. 亚洲开发银行

D. 世界贸易组织

【璧尘解析】ABD。三大世界性经济组织包括国际货币基金组织、世界银行、世界贸易组织。亚洲开发银行是亚洲和太平洋地区的区域性金融机构。

综合分析题

材料一:2006 年 12 月 26 日,方便面中国分会在北京召开一届八次峰会,研究棕榈油和面粉涨价引起的企业成本增加问题。会议商定高价面(当时价格每包 1.5 元以上)、中价面(当时价格每包 1 元以上)和低价面(当时价格每包 1 元以下)涨价的时间和实施步骤。从 2007 年 7 月 26 日开始,占据我国大部分市场的中低价方便面价格整体上调,最高提价幅度达到 40%,平均提价幅度在 20%,导致方便面集体涨价事件。

材料二:针对方便面集体涨价事件,8 月 16 日,国家发展和改革委员会发布了《对方便面价格串通案调查情况的通报》,认定方便面集体涨价已经构成相互串通、操纵市场价格的行为,并责令方便面中国分会立即改正错误,消除不良影响。

81. 在方便面涨价事件中,方便面中国分会和相关企业的行为(   )。

A. 扰乱了正常的市场秩序

B. 阻碍了经营者间的正当竞争

C. 损害了消费者的合法权益

D. 规范了方便面的价格

【璧尘解析】ABC。方便面统一涨价,是一种经过协调而统一进行的价格同盟。所达成的"一致意见",抹杀了企业间的个体差异和企业经营战略。

82. 有关部门对方便面集体涨价事件的处理表明,行政机关依法履行的职能是(   )。

A. 经济调节职能   B. 市场监督职能

C. 社会管理职能   D. 公共服务职能

【璧尘解析】B。有关部门对方便面集体涨价事件的处理是行政机关指导、约束市场主体及其交易、竞争行为,属于市场监督职能范畴。

83. 有关部门对方便面中国分会和相关企业串通涨价行为的定性表明(   )。

A. 方便面价格应由市场调节,但调价行为必须符合法律和政策的规定

B. 方便面是基本消费品,必须由政府规定价格

C. 方便面价格应由政府调节,政府可以根据市场供求状况规定价格

D. 方便面是基本消费品,其价格应由政府与行业协调后共同确定

【璧尘解析】A。经营者之间不得通过协

议、决议或者协调等串通方式统一确定、维持或变更价格,应该由市场调节。

84. 下列有关行业协会的表述正确的有( )。

A. 行业协会是中介性质的社会团体
B. 我国《宪法》有关结社自由的规定是行业协会的合法性根据
C. 行业协会应恪守行业规则,加强行业自律
D. 行业协会应该保护行业内的平等竞争,维护企业的合法利益

【璧尘解析】ABCD。行业协会是行业企业的业主自行组织,符合社会团体法律法规,经社团登记管理部门合法登记的社会团体、社会中介组织。行业协会是自律性组织,代表企业利益并为企业服务,在市场经济条件下为同行企业在竞争与合作中协调关系。

85. 国家发展和改革委员会责令方便面中国分会立即改正错误、消除影响的行为属于( )。

A. 行政监察行为　　B. 行政指导行为
C. 具体行政行为　　D. 抽象行政行为

【璧尘解析】C。具体行政行为是指行政机关行使行政权力,对特定的公民、法人和其他组织作出的有关其权利义务的单方行为。抽象行政行为,是指国家行政机关制定法规、规章和有普遍约束力的决定、命令等行政规则的行为。行政监察行为是指行政监察机关依法对国家行政机关及公务员的行政行为进行的监督检查行为。行政指导行为是指行政主体为谋求当事人作出或不作出一定行为以实现一定行政目的而在其职权范围内实施的指导、劝告、建议、鼓励等行政行为。

2009 年 B 类

6. 根据 WTO 农业协议的"绿箱"政策,我国农业实现可持续发展必须建立健全的制度是( )。

A. 农产品补贴制度

B. 土地承包经营权流转制度
C. 农产品质量保障制度
D. 农业生态环境补偿制度

【璧尘解析】D。WTO 农业协议把国内支持政策主要划分为三类:绿箱政策、黄箱政策和蓝箱政策。绿箱政策以政府提供一般性服务、农业安全和环境保护为主要内容,具体包含农业科研、病虫害防治、基础设施等服务措施,对资源停用计划提供的结构调整补助,以及对结构调整提供的投资补贴、环境保护补助、地区性援助等措施。

17. 2009 年 1 月 1 日起,我国增值税全面转型,该转型是( )。

A. 从生产型转为收入型
B. 从收入型转为消费型
C. 从生产型转为消费型
D. 从收入型转为生产型

【璧尘解析】C。从 2009 年 1 月 1 日起,我国在全国范围内实现增值税由生产型转为消费型。税制方面最显著的变化即是固定资产进项税额可抵扣,这一重大变化将解决固定资产部分增值税重复征税问题。

18. 下列属于积极的财政政策的措施是( )。

A. 降低税率
B. 降低再贴现率
C. 降低存款准备金率
D. 公开市场业务

【璧尘解析】A。财政政策工具主要有两类:一是支出类,有变动政府购买支出、改变政府转移支出;二是收入类,有税收、公债。增加政府购买、增加转移支付、降低税收都会使总需求扩张,称为积极的财政政策。货币政策三大工具:法定存款准备金率、再贴现率、公开市场业务。

33. 产业组织政策的目的是( )。

A. 保护合理竞争

B. 限制垄断

C. 促进规模经济

D. 实现产业结构优化

【璧尘解析】ABCD。产业组织政策是指政府为优化产业内资源的有效配置,保证公共利益,调整产业内企业间关系和企业市场行为,推动产业振兴所采取的公共政策的总和。它的实质,是政府通过协调竞争与垄断的矛盾,维持、健全市场秩序,利用市场机制发展经济,政府的直接目标是促进和实现有效竞争。

2010 年 B 类

17. 由生产技术水平决定的生产资料和劳动力之间的量的比例,被称为( )。

A. 资本的价值构成

B. 资本的技术构成

C. 资本的有机构成

D. 资本的物质构成

【璧尘解析】B。资本价值构成是指资本在价值形态上由不变资本和可变资本所构成的数量比例。资本的技术构成是指生产资料和劳动力之间的数量比例,它是从资本的物质形态上来看的。

18. 下列属于政府转移支付的是( )。

A. 降低所得税率   B. 增加投资支出

C. 提高所得税率   D. 增加社保支出

【璧尘解析】D。参见 2005 年 B 类第 18 题。

33. 下列属于间接税的有( )。

A. 个人所得税   B. 关税

C. 公司所得税   D. 烟草税

【璧尘解析】BD。表面上负有纳税义务的纳税义务人,将自己的税款用提高价格或提高收费标准等方法加于所销售商品之上,由消费者负担或用其他方式转嫁给别人,导致纳税人与负税人不一致,由此产生了间接税。世界各国多以关税、消费税、销售税、货物税、营业税、增值税等税种为间接税,直接税和间接税的区别就是能否转嫁。

综合分析题

2009 年 12 月召开的中央经济工作会议提出,2010 年经济工作的总体要求是:全面贯彻党的十七大和十七届三中、四中全会精神,以邓小平理论和"三个代表"重要思想为指导,深入贯彻落实科学发展观,保持宏观经济政策的连续性和稳定性,继续实施积极的财政政策和适度宽松的货币政策,根据新形势新情况着力提高政策的针对性和灵活性,特别是要更加注重提高经济增长质量和效益,更加注重推动经济发展方式转变和经济结构调整,更加注重推进改革开放和自主创新、增强经济增长活力和动力,更加注重改善民生、保持社会和谐稳定,更加注重统筹国内国际两个大局,努力实现经济平稳较快发展。

51. 在国家宏观调控中,实施积极的财政政策和适度宽松的货币政策属于( )。

A. 法律手段   B. 经济手段

C. 计划手段   D. 行政手段

【璧尘解析】B。积极的财政政策和适度宽松的货币政策都是经济政策,属于宏观调控中的经济手段。

52. 下列措施属于实施适度宽松的货币政策的有( )。

A. 优化信贷结构

B. 实施结构性减税

C. 减发长期建设国债

D. 保持货币信贷合理充裕

【璧尘解析】AD。优化信贷结构、保持货币信贷合理充裕都属于适度宽松的货币政策,其他两项不是。

53. 我国经济发展方式转变的内容有( )。

A. 由主要依靠投资、出口拉动向依靠消费、投资、出口协调拉动转变

B. 由主要依靠第二产业带动向依靠第一、第二、第三产业协同带动转变

C. 由主要依靠资本密集型产业向主要依靠技术密集型产业转变

D. 由主要依靠增加物质资源消耗向主要依靠科技进步、劳动者素质提高、管理创新转变

【璧尘解析】ABD。胡锦涛在十七大报告中指出："要坚持走中国特色新型工业化道路，坚持扩大国内需求特别是消费需求的方针，促进经济增长由主要依靠投资、出口拉动向依靠消费、投资、出口协调拉动转变，由主要依靠第二产业带动向依靠第一、第二、第三产业协同带动转变，由主要依靠增加物质资源消耗向主要依靠科技进步、劳动者素质提高、管理创新转变。"

54. 加快经济发展方式转变的重点有（　　）。

A. 优化经济结构

B. 推进节能减排

C. 引导产业有序转移

D. 提高自主创新能力

【璧尘解析】ACD。ACD三项是胡锦涛同志2010年2月3日在省部级主要领导干部"深入贯彻落实科学发展观加快经济发展方式转变"专题研讨班开班式上讲话中提到的加快经济发展方式转变的重点。

55. 下列属于经济结构内容的有（　　）。

A. 生产结构　　　　B. 分配结构

C. 交换结构　　　　D. 消费结构

【璧尘解析】ABCD。社会经济结构是指同生产力发展的一定阶段相适应的生产关系的总和。生产关系是以生产资料所有制为基础，是由生产、分配、交换和消费四个环节构成的统一体。

2011 年 B 类

13. 产业政策的主要内容不包括（　　）。

A. 产业分配政策　　B. 产业结构政策

C. 产业技术政策　　D. 产业组织政策

【璧尘解析】A。一般认为，产业政策主要由产业结构政策、产业组织政策、产业技术政策和产业布局政策等几部分组成。

14. 下列按季度统计的消费价格指数变动数据中，符合全年通货膨胀定义的是（　　）。

A. 6.5%；4.8%；3.9%；3.2%

B. -2.8%；2.3%；6.5%；7.7%

C. 0.0%；4.4%；3.6%；8.4%

D. 3.2%；4.4%；5.1%；6.4%

【璧尘解析】D。通货膨胀表现在CPI上是指，CPI在一定时期内持续上涨，并且连续涨幅在3%以上才构成通胀。

28. 宏观经济政策达到预期效果所需要的外部条件有（　　）。

A. 公众的预期水平比较高

B. 政策设计考虑各种因素

C. 社会经济的发展比较稳定

D. 微观主体具有完全的理性

【璧尘解析】CD。宏观经济政策的预期效果受多方面条件的制约。单从外部条件来讲，理性人假设，即微观主体具有完全的理性是最重要的条件。B选项属于政策研究问题，属内部条件。C选项是宏观经济政策良好实施的大环境，应选。

2012 年 B 类

22. 截至2011年12月，中国加入世界贸易组织已有（　　）。

A. 5 年　　　　　B. 10 年

C. 15 年　　　　D. 20 年

【璧尘解析】B。2001年12月11日，我国正式加入世界贸易组织。

23. 2012年2月2日，温家宝总理在会见德国总理默克尔时说，在当前世界经济形势依然严峻的背景下，解决欧债问题十分紧迫和重要。这里的"债"是指（　　）。

A. 主权债务　　　B. 企业债务
C. 银行债务　　　D. 个人债务

【璧尘解析】A。欧洲债务危机是以主权债务危机的形式出现的,因为它起源于国家信用,即政府的资产负债表出现问题。

26. 货币在表现和计量商品价值时执行的职责是(　　)。

A. 支付手段　　　B. 价值尺度
C. 流通手段　　　D. 价格标准

【璧尘解析】B。货币的基本职能包括价值尺度、流通手段、支付手段、贮藏手段和世界货币。价值尺度是用来衡量和表现商品价值的一种职能,是货币的最基本、最重要的职能之一。

28. 国际社会为协调相互间的货币政策和加强合作所建立的政府间金融机构是(　　)。

A. 世界银行
B. 国际货币基金组织
C. 国际金融公司
D. 国际清算组织

【璧尘解析】B。国际货币基金组织是政府间国际金融组织,它的宗旨是通过一个常设机构来促进国际货币合作,稳定国际汇兑,消除妨碍世界贸易的外汇管制,在货币问题上促进国际合作,并通过提供短期贷款,满足成员国国际收支暂不平衡时产生的外汇资金需求。

36. 下列属于极端状态的市场主要有(　　)。

A. 完全竞争市场
B. 垄断竞争市场
C. 寡头垄断市场
D. 完全垄断市场

【璧尘解析】AD。参见 2012 年 A 类第 40 题。

综合分析题

2012 年,我国要继续加强和改善宏观调控,促进经济平稳较快发展,要深入分析经济发展和运行趋势变化,准确把握宏观调控的力度、节奏、重点,要继续实施积极的财政政策和稳健的货币政策。财政政策要继续完善结构性减税政策,加大民生领域投入,积极促进经济结构调整,严格财政收支管理,加强地方政府债务管理。货币政策要根据经济运行情况,适时适度地进行预期微调,综合运用多种货币政策工具,保持货币信贷总量合理增长,优化信贷结构,发挥好资本市场的积极作用,有效防范和及时化解潜在金融风险,财政政策和信贷政策都要注重加强与产业政策的协调和配合,充分体现分类指导、有扶有控、继续加大对"三农"、保障性住房、社会事业等领域的投入,继续支持欠发达地区、科技创新、战略性信息产业、国家重大基础设施在建和续建项目、企业技术改造等,要加强预算管理,严格控制一般性财政支出。

56. 我国要继续加强和改善宏观调控,下列对宏观调控的理解,错误的是(　　)。

A. 宏观调控的主体是市场,调控的客体是政府和企业
B. 宏观调控是对国民经济总体发展所进行的总量控制
C. 宏观调控是一切社会化大生产和市场经济所共有的
D. 宏观调控的主要任务是实现总量平衡和结构优化

【璧尘解析】A。宏观调控是国家综合运用各种手段对国民经济进行的调节与控制,它的主体是国家,而不是市场,因此 A 选项说法错误。

57. 我国当前的财政政策要继续完善结构性减税政策,下列对结构性减税的理解,错误的是(　　)。

A. 结构性减税追求的目标是纳税人实际税负水平的下降
B. 结构性减税是针对特定税种,基于特

定目的而实行的税负水平削减

C. 结构性减税是税负水平维持不变的，有增有减的结构化调整

D. 结构性减税是有别于大规模的减税，是小幅度、小剂量的税负水平削减

【璧尘解析】C。所谓结构性减税就是"有增有减，区别对待"的一种税制改革方案。结构性减税不同于大规模的、全面的减税，而是实行小幅度、小剂量，在不影响国家财政收入的前提下，有选择性地在某些方面或者行业，从量上减少税负水平。因此，C选项"税负水平维持不变"的说法错误。

58. 我国要继续加大对保障性住房的投入，下列不属于保障性住房的是（　　）。

A. 经济适用房　　　　B. 小产权房

C. 公共租赁房　　　　D. 廉租房

【璧尘解析】B。保障性住房是指政府为中低收入住房困难家庭所提供的限定标准、限定价格或租金的住房，一般由廉租房、经济适用房、公共租赁房和政策性租赁住房构成。

59. 我国政府要继续加大对战略性新兴产业的支持，下列属于战略性新兴产业的是（　　）。

A. 装备制造业　　　　B. 绿色建筑业

C. 节能环保产业　　　D. 汽车制造产业

【璧尘解析】C。2010年10月，国务院下发了《关于加快培育和发展战略性新兴产业的决定》，《决定》指出，根据战略性新兴产业的特征，立足我国国情和科技、产业基础，现阶段将重点培育和发展节能环保、新一代信息技术、生物、高端装备制造、新能源、新材料、新能源汽车等产业。

60. 政府要加强预算管理，严格控制一般性财政支出，下列属于一般性财政支出的是（　　）。

A. 公务用车购置及运行经费

B. 国防经费

C. 教育经费

D. 工业商业金融等事务经费

【璧尘解析】A。一般性财政支出包括会议、接待、购车、出国（境）、文件、通信等行政经费支出，出国（境）经费、车辆购置及运行费、公务接待费等支出就是要严格控制的一般性财政支出。

2013年B类

24. 市场经济运行的基本要求是（　　）。

A. 市场出清　　　　B. 公平竞争

C. 价格固定　　　　D. 卖方主权

【璧尘解析】B。公平竞争是指竞争者之间所进行的公开、平等、公正的竞争。公平竞争对市场经济的发展具有重要的作用，它可以调动经营者的积极性，使他们不断完善管理，向市场提供质优价廉的新产品，它可以使社会资源得到合理的配置，并最终为消费者和全社会带来福利。

26. "金砖五国"与"新钻11国"统称为新兴经济体，这些国家目前在经济发展方面的共同特征是（　　）。

A. 增长速度较快　　　B. 收入分配均衡

C. 人均收入最高　　　D. 开放程度最大

【璧尘解析】A。十多年来，随着金砖国家经济的迅速增长，全球经济结构板块重心漂移速度加快，中国、印度等新兴经济体飞速前进。它们的共同特征就是增长速度较快。

33. 下列属于完善初次分配机制的举措有（　　）。

A. 促进就业的机会公平

B. 促进中低收入职工工资合理增长

C. 多渠道增加居民财产性收入

D. 集中财力保障和改善民生

【璧尘解析】ABC。十八大报告指出，要"完善劳动、资本、技术、管理等要素按贡献参与分配的初次分配机制，加快健全以税收、社会保障、转移支付为主要手段的再分配调节机制"。继续完善初次分配机制的举措有：促

进就业机会公平;提高劳动者职业技能;促进中低收入职工工资合理增长;加强国有企业高管薪酬管理;完善机关事业单位工资制度;健全技术要素参与分配机制;多渠道增加居民财产性收入;建立健全国有资本收益分享机制;完善公共资源占用及其收益分配机制。

40. 在世界现代化进程中,英美、德国、日本的市场经济运行模式明显存在差别,但都比较成功。下列对这一现象的认识,正确的有( )。

A. 市场经济运行模式可以而且应当多样化

B. 各国从本国国情出发确定市场经济运行模式

C. 市场经济运行模式能够改变和决定国情

D. 任何市场经济运行模式都会获得成功

【璧尘解析】AB。世界经济合作与发展组织在1991年提出了成功的市场经济的三种运行模式:美国、英国的消费者导向型市场经济体制,又称自由市场经济;日本、法国的行政管理导向市场经济体制;德国和北欧一些国家的社会市场经济体制。不管采用哪一种市场经济运行模式,都是从本国国情出发,而不是市场经济运行模式决定国情;如果采用不适合国情的市场经济运行模式,就不可能成功。

综合分析题

2001—2006年,韩国、中国台湾的六家企业合谋操纵液晶面板价格,在中国大陆实施价格垄断。2013年1月4日,国家发改委宣布对上述六家企业的行为依法作出处理,责令其退还国内彩电企业多付的价款,处以没收和处罚总金额达3.53亿元的处罚。随后,这六家企业表示接受处罚,并承诺今后将严格遵守我国法律,自觉维护市场竞争秩序,尽最大努力向中国彩电企业公平供货。目前这六家企业已将多收的1.72亿元全部退还,同时宣布将对我国彩电企业内销电视提供的面板无偿保修服务期限由18个月延长到36个月。

对国家发改委的处罚决定,大部分人拍手称好,但也有人认为,这一罚单分量太轻,不能起到足够的震慑作用。目前电视面板正在逐步转向OLED面板,并且未来几年内OLED面板极有可能会替代液晶面板。OLED面板技术具自发光、不需背光源、对比度高、厚度薄、视角广、反应速度快、使用温度范围广等特性,被认为是下一代的平面显示器新兴应用技术。目前全球拥有OLED面板产业化能力的只有韩国的两家受罚企业,所以,有一些彩电企业担心,它们仍然有可能继续操纵价格,而严重危及我国的彩电生产。

56. 国家发改委作出处罚的法律依据是( )。

A.《中华人民共和国价格法》

B.《中华人民共和国消费者权益保护法》

C.《中华人民共和国合同法》

D.《中华人民共和国产品质量法》

【璧尘解析】A。《中华人民共和国价格法》第14条规定,经营者不得有下列不正当价格行为:相互串通,操纵市场价格,损害其他经营者或者消费者的合法权益;第40条:经营者有本法第14条所列行为之一的,责令改正,没收违法所得,可以并处违法所得五倍以下的罚款;没有违法所得的,予以警告,可以并处罚款;情节严重的,责令停业整顿,或者由工商行政管理机关吊销营业执照。

57. 国家发改委依法处罚六家企业的事实表明( )。

A. 我国大陆的液晶企业不可能发生类似情况

B. 国内彩电企业从此不再受制于韩国企业

C. 维护竞争秩序是政府管理部门的重要责任

D. 我国已经在电视面板国际市场具有充分话语权

【璧尘解析】C。从题中可以看出，在市场没办法对企业自行调控的时候，政府就需要对此进行宏观调控。

58. 关于 OLED 面板技术的应用，下列说法正确的是（　　）。

A. 使用时对环境条件的适应能力提高
B. 电荷通过时有机材料发光速度缓慢
C. 能够存储更多的信息
D. 可以接收更多的电视频道

【璧尘解析】A。从 OLED 面板技术具有自发光、不需背光源、对比度高、厚度薄、视角广、反应速度快、使用温度范围广等特性可以看出，它使用的时候对环境条件的适应能力较高。

59. 针对目前只有两家韩国受罚企业拥有 OLED 面板产业化能力，可能继续操纵价格的情况，我国进行应对的最佳措施是（　　）。

A. 对操纵价格的行为实施更为严厉的处罚
B. 鼓励本国彩电企业积极介入产业链上游
C. 联合美、欧共同抵制操纵价格的行为
D. 限制彩电产业使用和推广 OLED 的行为

【璧尘解析】B。这两家韩国企业可能继续操纵市场的根本原因是它们有先进的技术，因此我国要应对的最佳措施是从根本上解决自己较为落后的技术问题，鼓励本国彩电企业积极介入产业链上游。

60. 这则材料对我们的启示是（　　）。

A. 液晶面板未来仍将是我国彩电产品的主导趋势
B. 国内彩电企业应该不断扩大液晶面板的产能
C. 打破操纵价格行为只能依靠企业自律
D. 加强自主创新才能摆脱境外企业对我们的行业垄断

【璧尘解析】D。创新是一个国家兴旺发达的不竭动力，加强行业的自主创新也能让这个行业保持活力，保持竞争力。

2014 年 B 类

4. 下列可以用于国家宏观调控的金融工具是（　　）。

A. 保险保单　　　B. 短期国债
C. 公司股票　　　D. 银行支票

【璧尘解析】B。短期国债是一国政府为满足先支后收所产生的临时性资金需要而发行的短期债券，是国家宏观调控的金融工具的一种。

8. 关于当代国际服务贸易，说法不正确的是（　　）。

A. 国际服务贸易发展速度高于国际货物贸易
B. 发达国家在国际服务贸易中处于绝对优势
C. 国际服务贸易不包括国际教育服务
D. 国际金融服务属于国际服务贸易

【璧尘解析】C。随着国际分工和国际产业结构的迅速调整，以及第三产业的日益发展和国际间经济交流的不断扩大，国际服务贸易发展速度超过了国际货物贸易，受到各国政府的重视。A 选项正确。服务贸易地区呈现出不平衡趋势，发达国家在国际服务贸易中处于绝对优势地位，具有巨额的服务贸易顺差。B 选项正确。国际服务贸易包括国际教育服务、国际金融服务等种类。C 选项错误，D 选项正确。

9. 低碳生活既是一种生活方式，更是一种环保责任，下列不属于低碳生活方式的是（　　）。

A. 出行乘坐公交车
B. 电脑屏幕调暗
C. 使用太阳能热水器
D. 使用一次性纸杯

【璧尘解析】D。低碳生活是指生活作息

时要尽量减少所消耗的能量,特别是二氧化碳的排放量,减少对大气的污染,减缓生态恶化。使用一次性纸杯不利于节能环保,不属于低碳生活方式。

11. 自 2013 年 7 月 20 日起,我国全面放开金融机构贷款利率管制,对这一举措说法不正确的是( )。

A. 这是我国全面放开金融机构利率管制之后的又一重大举措

B. 这有利于金融机构采用差异化的定价策略

C. 这有利于金融机构不断提高自主定价能力,转变经营模式

D. 这有利于优化金融资源配置,更好地发挥金融支持实体经济的作用

【璧尘解析】A。全面放开贷款利率管制,有利于促进金融机构采取差异化的定价策略,降低企业融资成本;有利于金融机构不断提高自主定价能力,转变经营模式,提升服务水平;有利于优化金融资源配置,更好地发挥金融支持实体经济的作用,更有力地支持经济结构调整和转型升级。我国没有全面放开金融利率管制,目前只是放开贷款利率管制,存款利率管制并没有放开,故 A 选项说法错误。

24. 为应对国内外经济形势的变化,某股份有限公司准备关闭部分加工基地,实施发展战略的重大调整。对于这一决策,该公司具有最终决定权的机构是( )。

A. 监事会　　　　B. 董事会

C. 职工代表大会　　D. 股东大会

【璧尘解析】D。在股份有限公司里,股东大会是公司的最高权力机构,具有最终决定权。

33. GDP 是衡量经济增长的重要指标,但有局限性。下列关于 GDP 局限性的说法,正确的有( )。

A. 它不能完全反映经济活动的总量

B. 它不能准确反映经济活动的质量和效益

C. 它不能准确反映社会分配和民生改善

D. 它不能准确反映经济增长对资源环境造成的负面影响

【璧尘解析】ABCD。GDP 是一国(或地区)所有常住单位在一定时期内生产的全部最终产品和劳务的市场价值,它大体反映着社会财富的增长和生产力的提高。但是 GDP 也有一定的缺陷,主要有:不能完全反映经济活动的总量,不能准确反映经济活动的质量和效益,不能准确反映经济结构,不能准确反映社会分配和民生改善,不能准确反映经济增长对资源环境造成的负面影响等。

2004 年 C 类

25. 下列不属于经济管理学科的是( )。

A. 工商管理学　　B. 企业管理学

C. 银行管理学　　D. 教育管理学

【璧尘解析】D。教育管理学总体上属于社会科学的边缘学科,既是教育科学的组成部分,又是管理科学的一个分支。

2005 年 C 类

17. 投资变化所导致的国民收入的成倍增加现象,被称为( )。

A. 加速效应　　　B. 挤出效应

C. 乘数效应　　　D. 政策效应

【璧尘解析】C。乘数效应指一个变量的变化以乘数加速度方式引起最终量的增加。当政府投资或公共支出扩大、税收减少时,对国民收入有加倍扩大的作用,从而产生宏观经济的扩张效应;反之会产生紧缩效应。挤出效应是指政府支出增加所引起的私人消费或投资降低的效果。财政政策效应的含义是财政政策对社会经济活动产生的有效作用;在财政政策的有效作用下,社会经济作出的

20. 中小企业在技术创新中的作用是（　　）。

A. 成为承担风险的企业家的培养基础

B. 一般都在高技术领域

C. 用人机制灵活

D. 进入和退出容易

【璧尘解析】A。中小企业在技术创新中的作用有三点：第一，从企业的创办者来看，这些人大多是来自大企业、科研机构或者大学的高级技术人员，以自己所拥有的技术成果为基础来进行创业，更注重产品和生产的技术细节。第二，中小企业因为承担了技术创新过程中具有的与不确定性相关的种种风险而实际上充当了技术创新中试验基地的角色，充当了新兴产业的探路者的角色。第三，中小企业是承担技术创新风险的企业家的培训基地。

29. 不属于资本市场上的金融工具有（　　）。

A. 汇票　　　　　　B. 本票

C. 支票　　　　　　D. 股票

【璧尘解析】ABC。短期金融工具又称货币市场上的金融工具，它主要包括本票、汇票、支票、大额定期存单、银行承兑汇票、短期政府公债等；长期金融工具是指资本市场上的金融工具，包括中长期政府公债、股票。

综合分析题

2005年2月25日，国家统计局局长在国务院新闻办举行的新闻发布会上宣布，2004年我国国内生产总值为136515亿元，同比增长9.5％。2004年我国居民消费价格同比上涨3.9％，涨幅比上年提高2.7个百分点，其中粮食价格上涨26.4％。全年城镇新增就业人员980万人，比预期目标多80万人。全年有510万下岗人员实现了再就业。年末城镇登记失业率为4.2％，比上年末下降0.1个百分点。

46. 材料中的"国内生产总值"的英文缩写不正确的是（　　）。

A. CPU　　　　　　B. GDP

C. GNP　　　　　　D. NNP

【璧尘解析】ACD。GDP是英文Gross Domestic Production的缩写。

47. 材料中的"国内生产总值"正确的表述是（　　）。

A. 一国居民在一定时期内生产的全部最终产品和劳务的市场价格总额

B. 一国居民在一定时期内生产的最终产品和劳务的市场价格总额

C. 一国在一定时期内所生产的全部产品和劳务的市场价格总额

D. 一国在一定时期内，在其领土范围内，本国和外国居民生产的最终产品和劳务的价格总额

【璧尘解析】D。参见2007年A类第37题。

48. "2004年我国居民消费价格同比上涨3.9％"，涉及的宏观经济目标是（　　）。

A. 经济增长　　　　B. 价格稳定

C. 充分就业　　　　D. 社会稳定

【璧尘解析】B。党的十六大明确指出："要把促进经济增长，增加就业，稳定物价，保持国际收支平衡作为宏观调控的主要目标。"在此题的情境中，价格上涨直接涉及价格稳定（B项），但价格升降与经济增长没有必然联系。

49. "全年城镇新增就业人员980万人"，涉及的宏观经济目标是（　　）。

A. 经济增长　　　　B. 人口增长

C. 充分就业　　　　D. 社会稳定

【璧尘解析】AC。参见上一题。就业机会增多，根本上归功于经济增长，所以A选项也正确。

50. "国家统计局"是（　　）。

A. 行政主体　　　　B. 经济主体

C. 公民主体　　　　D. 社会主体

【璧尘解析】A。中华人民共和国国家统计局是国务院直属机构，主管全国统计和国

民经济核算工作,是一级政府机构,是行政主体。

2006 年 C 类

2. 世界贸易组织是（　　）。
A. 保护国际贸易的政治组织
B. 专门协调国际贸易关系的国际组织
C. 协调国际间各种关系的政治组织
D. 协调发展中国家贸易的经济组织

【璧尘解析】B。世界贸易组织是当代最重要的国际经济组织之一,目前拥有 158 个成员国,成员国贸易总额达到全球的 97%,有"经济联合国"之称。

7. 从物质内容来看,社会财富是由（　　）。
A. 资本构成的
B. 交换价值构成的
C. 价值构成的
D. 使用价值构成的

【璧尘解析】D。在一切社会里,社会财富的物质内容都是由所有商品的使用价值构成的。

8. 下列对循环经济理论理解错误的是（　　）。
A. 循环经济节约了资源,但制约着国内生产总值的提高
B. 发展循环经济有利于实现人的全面发展和社会的全面进步
C. 循环经济是转变经济增长方式的有效途径
D. 发展循环经济需要国家的宏观调控

【璧尘解析】A。循环经济就是在物质的循环、再生、利用的基础上发展经济,是一种建立在资源回收和循环再利用基础上的经济发展模式,以"减量化、再利用、资源化"为原则,生产的基本特征是低消耗、低排放、高效率。

12. 资本国际化的根本动因是（　　）。

A. 资本无限增值的本性
B. 推动世界经济共同发展
C. 争夺国际市场
D. 生产国际化的发展要求

【璧尘解析】A。参见 2006 年 B 类第 14 题。

18. 证明债权关系或所有权关系的合法凭证是（　　）。
A. 金融工具　　　　B. 信用工具
C. 货币工具　　　　D. 财政工具

【璧尘解析】A。金融工具是指证明债权债务关系或所有权关系并据以进行货币资金交易的合法凭证,分为债权凭证和所有权凭证。信用工具是记载债权人权利和债务人义务的凭证。

20. 现代信息社会的基础设施是（　　）。
A. 电力网　　　　　B. 电视网
C. 交通网　　　　　D. 电信网

【璧尘解析】D。人类社会已经存在的几种重要的社会基础设施如下。交通运输:运河、公路、铁路、航空;能源（动力）传输:水力,电力网,蒸汽管道、天然气和输油管道;通信传输:信件、报纸、电话、电报、电视和无线电广播、网络。信息社会的基础设施就是信息网络。

30. 企业产权制度的形式有（　　）。
A. 承包制　　　　　B. 工厂主制
C. 合伙制　　　　　D. 公司制

【璧尘解析】ABCD。企业可以分为以下三类:业主制企业、合伙制企业、股份制公司。产权制度是以所有权为依托,对财产权利关系所确立的规则。

综合分析题

2005 年 11 月 3 日,央视新闻联播报道,第一款使用中国人自主研发 CPU 的龙芯电脑在江苏开始批量生产,已经形成年产 40 万套电子产品的生产能力,标志着我国整个电子产业在世界产业链的中下游开始向上游迈

出坚实的第一步。而承担这一重要任务的却是国内生产床上用品的龙头企业:江苏梦兰集团。

梦兰集团涉足IT产业是梦兰实现跨行业发展的一个突破口。不过,在一个已经完全被跨国公司垄断的领域,风险毕竟很大。最终吃下定心丸的是江苏扶持自主创新的新机制。目前在江苏高新项目除了能享受各种优惠政策之外,省财政还设专款扶持,这种机制对科技成果转化来说,不但是催化剂,更是稳定剂。

龙芯产业基地对未来有着明确的目标。他们第一步的选择是做消费性产品,可以自己做拥有自主知识产权的产品,也可以做一些代工产品,目的都在于既降低成本,也让消费者都能接受。到第二阶段的时候,他们就会亮出自己的旗帜,生产出属于自己核心竞争力的产品。在这个阶段,将目标瞄准了内地政府的采购订单或者学校的订单,可以满足政府机关以及学校的需求,更重要的是可以保密。到了第三阶段,当产品注入了更高的科技含量的时候,也被市场认可的时候,这时就外销了。这是公司发展的高级阶段,也就是赚取技术附加利润。

41. 与产业链概念相关的是( )。
　　A. 价值链　　　　B. 生产链
　　C. 信息链　　　　D. 商品链

【璧尘解析】ABD。产业链是指某种产品从原料、加工、生产到销售等各个环节的关联,早在1958年赫希曼的《经济发展战略》中就从产业的前向联系和后向联系的角度论述了产业链的概念。与产业链相关的还有价值链、生产链、供应链、商品链等不同概念。

42. 跨行业发展就是实施( )。
　　A. 低成本战略　　B. 差异化战略
　　C. 集中化战略　　D. 多元化战略

【璧尘解析】BD。跨行业意味着公司的业务活动不再集中于某一行业和某种产品,据此可剔除C;企业在跨行业初期,需要增加大量投入,不仅不会降低成本,还会增加成本,故不能选A;跨行业意味着公司业务活动

的多元化,多元化同时意味着差异化。

43. 自主创新主要包括( )。
　　A. 集成创新
　　B. 模仿创新
　　C. 原始创新
　　D. 引进消化吸收再创新

【璧尘解析】ACD。自主创新包括原始创新、集成创新和引进消化吸收再创新。

44. 从材料看,江苏扶持自主创新的机制包括( )。
　　A. 提供相关优惠政策
　　B. 设立省级财政专款
　　C. 畅通产品外销渠道
　　D. 扩大高等院校规模

【璧尘解析】AB。材料中明确提及"目前在江苏高新项目除了能享受各种优惠政策之外,省财政还设专款扶持,这种机制对科技成果转化来说,不但是催化剂,更是稳定剂"。

45. 材料中"赚取技术附加利润"是指( )。
　　A. 依靠科技获得的收益
　　B. 依靠资本获得的收益
　　C. 依靠人力获得的收益
　　D. 依靠资源获得的收益

【璧尘解析】A。题干中明确提到"技术"二字,A与题干基本上是同义反复。

2007 年 C 类

11. 在经济学意义上,失业率是( )。
　　A. 失业人数占劳动力人数的百分比
　　B. 失业人数占社会总人数的百分比
　　C. 失业人数占就业人数的百分比
　　D. 劳动力人数占失业人数的百分比

【璧尘解析】A。失业率是指失业人口占劳动人口的比率(一定时期全部就业人口中有工作意愿而仍未有工作的劳动力数字),旨在衡量闲置中的劳动产能,是反映一个国家或地区失业状况的主要指标。

13. 具有高科技含量、高文化附加值的各

类创新型产业所形成的经济形态可以被称作
是（　　）。

　　A. 信息经济　　　　B. 知识经济
　　C. 创意经济　　　　D. 市场经济

【璧尘解析】B。参见 2007 年 B 类第
16 题。

27. 下列收入应计入我国 GDP 的有
（　　）。

　　A. 南汽公司的小轿车销售
　　B. 在上海的美国人工资
　　C. 南京市民的私家车转让
　　D. 在纽约的中国人工资

【璧尘解析】AB。GDP 是指国内生产总
值，不包括境外的，排除 D 选项；GDP 包括两
项生产的物品与劳务，但并不包括涉及过去
生产的东西的交易，排除 C 选项；另外，它是
用最终产品来计量的。

28. 对完全垄断厂商来说（　　）。

　　A. 提高价格一定能够增加收益
　　B. 降低价格一定会减少收益
　　C. 提高价格未必能增加收益
　　D. 降低价格未必减少收益

【璧尘解析】CD。参见 2008 年 A 类第
41 题。AB 选项说法太绝对。

2008 年 C 类

5. 市场机制作用得到充分发挥的前提是
（　　）。

　　A. 完备、统一的市场体系
　　B. 计划与市场相结合
　　C. 政府加强宏观调控
　　D. 政府放弃宏观调控

【璧尘解析】A。市场机制作用得到充分
发挥的前提是完备、统一的市场体系。

15. 社会总需求是指对一国总产出的意
愿购买量，它包括（　　）。

　　A. 企业需求、家庭需求和政府需求

B. 居民消费需求、企业投资需求、政府
购买需求和出口需求
C. 劳动力需求、要素需求和科技需求
D. 工资、利润和折旧

【璧尘解析】B。参见 2008 年 B 类第
16 题。

16. 区域经济一体化程度最高的是
（　　）。

　　A. 欧盟
　　B. 亚太经济合作组织
　　C. 北美自由贸易区
　　D. 东盟

【璧尘解析】A。完全经济一体化是经济
一体化的最高阶段，其成员国在经济、金融、
财政等政策上完全统一，在国家经济决策中
采取同一立场，区域内商品、资本、人员等完
全自由流动，使用共同货币。

24. 下列属于完全垄断市场的情形是
（　　）。

　　A. 市场上只有一个企业生产和销售某
　　　　一种商品
　　B. 产业集中度极高，市场被极少数大企
　　　　业垄断
　　C. 不存在任何相近的替代产品
　　D. 其他任何企业进入该市场极为困难，
　　　　或者是根本不可能的

【璧尘解析】ACD。参见 2008 年 A 类第
41 题。

33. 市场机制主要有（　　）。

　　A. 竞争机制　　　B. 经营机制
　　C. 价格机制　　　D. 供求机制

【璧尘解析】ACD。市场机制是指在竞
争性市场上需求、供给和价格之间互相制约
的联系和运动。

2009 年 C 类

18. 下列措施中能够拉动内需的是

（   ）。

    A. 提高准备金率   B. 提高利率

    C. 降低贴现率   D. 降低汇率

【璧尘解析】C。参见 2009 年 A 类第 17 题。

24. 经济全球化的根本动力是（   ）。

    A. 生产和交换的全球化

    B. 分配和消费的全球化

    C. 科学技术革命

    D. 生产力的发展

【璧尘解析】CD。按照历史唯物主义的观点，生产力和生产关系的矛盾运动是推动人类社会发展的根本动力。科技发展历来是人类社会进步和世界经济发展的源泉。AB 选项是 CD 选项发展的结果。

33. 汶川大地震发生后，中央政府向灾区拨付大量的救灾资金，这一行为属于（   ）。

    A. 财政转移支付   B. 增加货币投放

    C. 实施公共救助   D. 提高收入水平

【璧尘解析】AC。财政转移支付主要是指上下级预算主体之间按照法定的标准进行的财政资金的相互转移。其中专项转移支付重点用于教育、医疗卫生、社会保障、支农等公共服务领域。"救灾资金"具有公共救助性质，AC 项符合题意。货币投放是国家银行调节市场货币流通的一种手段。

综合分析题

改革开放以来，我国农民人均纯收入不断增加，从 1996 年到 2007 年，农民人均纯收入年增长率 5.56%，其中有 5 个年份达到了 6%。2004—2007 年，农民人均纯收入年均增长 7.5%。我国城乡居民收入比（以农民收入为 1）1986 年是 1∶86，2000 年是 2∶79，2007 年是 3∶33。目前占总人口近 2/3 的农村居民购买了全国约 1/3 的消费品。

十七届三中全会明确提出，力争农民人均收入 2020 年比 2008 年翻一番。意味着在今后 12 年间，农民人均纯收入年均增长达到

5.95%。所以，实现农民收入翻一番的目标难度是很大的，不能掉以轻心，更不能有丝毫的懈怠。一定要高度重视，加倍努力，扎实工作，毫不动摇地把促进农民收入作为农村工作的中心。

46. 从材料中可以看出，我国农民收入增长的基本情况是（   ）。

    A. 增长势头良好

    B. 与城市居民收入差距很大

    C. 年均增长不平衡

    D. 与城市居民收入差距很小

【璧尘解析】AB。2004 年到 2007 年农民人均纯收入年均增长 7.5%，高于从 1996 年到 2007 年的平均增长率 5.56%，因此可以看出我国农民收入增长势头良好。A 选项正确。从 1986 年、2000 年、2007 年三年的城乡居民收入比的逐渐增大可以看出我国农民与城市居民收入差距拉大。B 选项正确，D 错误选项。从材料中的数据可以看出，农民人均纯收入是逐年平稳增长的，C 选项不正确。

47. 从材料中可以看出（   ）。

    A. 农民的消费水平不高

    B. 农民的消费品购买力约占全国消费品购买力的 1/3

    C. 农民的收入约占全国消费品购买力的 1/3

    D. 农民的消费水平大大低于城市居民

【璧尘解析】AD。农村居民购买了全国约 1/3 的消费品并不代表农民的消费品购买力约占全国消费品购买力的 1/3。消费品与购买力并不是同一概念，B 选项偷换概念，错误。同理，C 选项错误。

48. 实现农民收入翻一番的目标难度很大，不能掉以轻心，更不能有丝毫懈怠，是因为（   ）。

    A. 农民人均纯收入年增长 5.95% 的目标不会轻易实现

    B. 实现农民人均纯收入持续增长难度很大

    C. 国际粮食价格持续上涨

    D. 国际粮食价格持续下跌

【璧尘解析】A。材料第一段中提到1996—2007年农民人均纯收入平均增长为5.56%。如果要实现农民收入翻一番的目标,意味着今后的12年间,农民人均纯收入要增长到5.95%,5.56%与5.95%之间是有较大距离的,很难轻易实现,所以A选项正确。材料中说"改革开放以来,我国农民人均纯收入不断增加,可见实现农民人均纯收入持续增长难度并不大",B选项错误。CD选项材料中并未提及,排除。

49. 促进农民增收的意义主要有( )。

    A. 改善民生   B. 扩大内需

    C. 巩固工农联盟   D. 保证社会稳定

【璧尘解析】ABCD。促进农民增收的意义首先在于改善民生,保证社会稳定。农民收入增多,购买力必然增强,对扩大内需起着积极作用。重视"三农"问题,促进农民增收,可以进一步巩固工农联盟,体现社会主义制度的优越性。

50. 增加农民收入的根本措施有( )。

    A. 提高粮食收购价格

    B. 调整农业结构

    C. 增加对农民的直接补贴

    D. 扩大农民就业

【璧尘解析】B。要大力调整农业结构,向农业的深度和广度进军,全面提高农业的素质和效益,这是增加农民收入的根本途径。AC选项属于国家对农民的政策保证,而D选项属于社会环境保证,都属于外因,不是根本措施。

2010年C类

17. 对整个利率体系具有决定性影响的利率是( )。

    A. 市场利率   B. 名义利率

    C. 浮动利率   D. 基准利率

【璧尘解析】D。名义利率指银行挂牌的利率。市场利率是资本市场上由借贷资金的供求关系直接决定并由借贷双方自由议定的利息率。浮动利率是一种在借贷期内可定期调整的利率。基准利率是在整个利率体系中起核心作用并能制约其他利率的基本利率。特点是它是一个市场化的利率,能够充分地反映市场供求关系;它是一个传导性利率,在整个利率体系中处于支配地位,关联度强,影响大;最后有一定的稳定性,便于控制。

18. 提升企业核心竞争力、促进产业升级的最直接有效的途径是( )。

    A. 品牌营销   B. 扩大规模

    C. 降低成本   D. 创新发展

【璧尘解析】D。创新发展既能提高企业的劳动生产率从而降低成本,又能促进产业的优化升级,是企业发展切实可行的途径。

25. 与经济增长相比,经济发展更加强调的内容有( )。

    A. 促进经济结构优化

    B. 提高经济增长的速度与效益

    C. 实现发展成果的合理分配

    D. 促进经济增长与资源环境相协调

【璧尘解析】ABCD。参见2010年A类第66题。

33. 如果人民币升值,将带来的影响有( )。

    A. 中国出口的商品价格下降

    B. 有利于外国对中国的出口

    C. 中国进口的商品价格下降

    D. 有利于中国扩大对外出口

【璧尘解析】BC。人民币升值会使我国的出口商品的价格上升,降低我国商品的竞争力,不利于我国的出口。同时,降低了我国进口商品的价格。

2011年C类

13. 下列不计入国民生产总值的是( )。

    A. 私营企业产值

    B. 中外合资企业产值

    C. 外资企业产值

D. 股份制企业产值

【璧尘解析】C。参见 2007 年 A 类第 37 题。

14. 提高最低工资标准可能带来的影响，不包括（ ）。

A. 加大企业的生产成本

B. 增加转移支付的总量

C. 缓解物价上涨的影响

D. 强化人们的通胀预期

【璧尘解析】D。参见 2011 年 A 类第 31 题。

28. 农民人均纯收入构成中包括（ ）。

A. 家庭经营收入 B. 经济赔偿收入

C. 财产性收入 D. 工资性收入

【璧尘解析】ACD。"纯收入"指的是农村居民当年从各个来源渠道得到的总收入，相应地扣除获得收入所发生的费用后的收入总和，按收入来源的性质，可分为工资性收入、家庭经营收入、财产性收入和转移性收入。

2012 年 C 类

26. 我国个人所得税中工资、薪金所得适用的税率是（ ）。

A. 超额累退税率

B. 超额累进税率

C. 从价税率

D. 从量税率

【璧尘解析】B。根据《个人所得税法》的规定，工资、薪金所得，适用超额累进税率，税率为 3％至 45％。

27. 下列被称为"经济宪法"的是（ ）。

A. 破产法

B. 公司法

C. 反垄断法

D. 消费者权益保护法

【璧尘解析】C。参见 2012 年 A 类第

22 题。

35. 下列属于极端状态的市场主要有（ ）。

A. 完全竞争市场

B. 垄断竞争市场

C. 寡头垄断市场

D. 完全垄断市场

【璧尘解析】AD。参见 2012 年 A 类第 40 题。

37. 下列属于金融市场的有（ ）。

A. 技术市场 B. 债券市场

C. 股票市场 D. 商品市场

【璧尘解析】BC。金融市场是指资金供应者和资金需求者双方通过信用工具进行交易而融通资金的市场。按金融交易的对象，金融市场可分为银行同业拆借市场、票据贴现市场、国库券市场、外汇市场、股票市场、债券市场、期货市场、期权市场等。

2013 年 C 类

8. 下列执行流通手段职能的货币是（ ）。

A. 偿还贷款的现金

B. 发放工资的现金

C. 购物消费的现金

D. 预交租金的现金

【璧尘解析】C。货币具有交换媒介、价值尺度、支付手段和价值贮藏四大职能。AB 两项属于支付手段的体现。C 项为流通手段。D 项属于贮藏手段的体现。

24. 下列金融机构中以存款作为主要资金来源的是（ ）。

A. 中央银行 B. 证券公司

C. 信托公司 D. 商业银行

【璧尘解析】D。中央银行是专门从事货币发行，执行对银行业务的监督和管理，执行国家经济政策的特殊金融机构。商业银行以

吸收存款作为主要资金来源,用以发放贷款,以利润为主要经营目标。信托业务的本质是受人之托,代人理财。

25. 下列不属于居民资产所得的是( )。
A. 年终福利　　　B. 存款利息
C. 股票红利　　　D. 基金分红
【璧尘解析】A。年终福利不属于居民资产性收入。

26. 20世纪90年代以来,世界新经济形成和迅猛发展的核心是( )。
A. 市场便利化　　B. 产业化浪潮
C. 贸易自由化　　D. 高科技创新
【璧尘解析】D。创新是企业长盛不衰的源泉,是新经济的核心。

39. 下列关于经济增长与经济发展,正确的有( )。
A. 经济增长必然促进经济发展
B. 经济增长可能促进经济发展
C. 经济发展以经济增长为基础
D. 经济增长以经济发展为基础
【璧尘解析】BC。经济增长可以促进经济发展;经济发展以经济增长为基础。参见2010年A类第66题。

40. 在世界现代化进程中,英美、德国、日本的市场经济运行模式明显存在差别,但都比较成功。下列对这一现象的认识,正确的有( )。
A. 市场经济运行模式可以而且应当多样化
B. 各国应从本国国情出发确定市场运行模式
C. 市场经济运行模式能够改变和决定国情
D. 任何市场经济运行模式都会获得成功
【璧尘解析】AB。参见2013年B类第

40题。

2014年C类

20. 关于当代国际服务贸易,下列说法不正确的是( )。
A. 国际服务贸易发展速度高于国际货物贸易
B. 发达国家在国际服务贸易中仍处于绝对优势地位
C. 国际服务贸易不包括国际教育服务
D. 国际金融服务属于国际服务贸易
【璧尘解析】C。随着国际分工和国际产业结构的迅速调整,第三产业的日益发展和国际间经济交流的不断扩大,国际服务贸易发展速度超过了国际货物贸易,受到各国政府的重视。A选项正确。服务贸易地区呈现出不平衡趋势,发达国家在国际服务贸易中处于绝对优势地位,具有巨额的服务贸易顺差。B选项正确。国际服务贸易包括国际教育服务、国际金融服务等种类。C选项错误,D选项正确。

21. 一般来说,在通货紧缩时期,黄金饰品的价格走势是( )。
A. 上涨　　　　B. 降低
C. 先涨后降　　D. 先降后涨
【璧尘解析】B。通货紧缩时期,市场上流通的货币量减少,人们的购买力随之下降,这会影响物价的下跌。同理,黄金饰品的价格走势应该为降低。

34. 产能过剩是目前我国经济面临的突出问题,下列举措有利于化解产能过剩的有( )。
A. 推动企业兼并重组
B. 应用新技术淘汰落后产能
C. 进行科学的产业布局
D. 加大基础设施投资力度
【璧尘解析】ABC。产能过剩一般是指生产能力的总和大于消费能力的总和。如果加大基础设施投资力度,在投资加大条件下,产品的同质性或者重复建设,以及产业结构性失衡问题会导致行业产能过剩。D选项不利于化解产能过剩。

命题规律及备考建议

经济知识内容包括微观经济、宏观经济、国际经济、金融经济、产业经济等内容。经济方面的考核应用性较强且与实际联系较为密切,近几年的国考以及江苏、浙江、上海、山东、广东等具有代表性的考卷均加大了经济政策应用等方面的考核力度,尤其在欧债危机及全球经济萎靡不振的大背景下,对财政政策、货币政策及产业政策具体应用的考查比重进一步提升。江苏公基考卷每年涉及经济科技部分的内容为10～25分,题型以单项选择、多项选择和综合材料题为主。对经济与科技,特别是经济学的考查非常灵活,对于非经济专业的考生而言,不要纠结于抽象的经济学理论知识,而要通过总结考卷中具有代表性的相关知识点,进一步加强理解与应用,力争花最少的时间将经济学方面的分数拿全。

科 技 知 识

历年分值分布

分值\年份\类别	2014	2013	2012	2011	2010	2009	2008	2007	2006	2005
A类	5.2	4.5	4.5	1.2	8.2	8.2	3	11	3	6
B类	2	3.5	3.5	1	2.2	2.2	2	7	0	3
C类	3.2	2	2	2.2	2.2	2.2	1	7	1	2

真题分类详解

2004年A类

16. 实施可持续发展战略必须正确处理经济发展与( )的关系。

A. 政治体制改革

B. 精神文明建设

C. 改造自然

D. 人口、资源、生态环境

【璧尘解析】D。1987年,联合国环境与发展大会在《我们共同的未来》的报告中,提出了"可持续发展"的战略思想。1992年,世界"环境与发展"首脑会议通过《21世纪议程》,表明可持续发展已成为人类面向21世纪的共同选择。正确处理经济发展与人口、资源、生态环境的关系是实施可持续发展战略的关键所在。

58. 现代科学革命是由( )拉开序幕的。

A. 牛顿力学和哥白尼日心说

B. 道尔顿原子论和达尔文进化论

C. 量子力学和爱因斯坦相对论

D. 系统论和耗散结构理论

【璧尘解析】C。第一次科学革命发生在

17世纪前后以牛顿力学为核心的近代科学革命,其主要内容还有哥白尼的日心说和拉瓦锡的氧化理论;近代科学在19世纪取得了一大批成果,如道尔顿的原子论、门捷列夫的元素周期表、能量守恒转化定律、麦克斯韦的电磁理论和达尔文的进化论,此称为第二次科学革命;由19世纪末至今是现代科学革命,由量子力学和爱因斯坦的相对论拉开序幕。20世纪30年代提出量子化学和核物理,50年代DNA双螺旋的发现开始了生物学革命。

59. 网络技术是由（　　　）。
A. 传感技术与计算机技术融合形成
B. 通信技术构成
C. 计算机技术构成
D. 通信技术与计算机技术融合形成
【璧尘解析】D。网络是交流信息、传播信息、共享信息的通道和手段;计算机技术与通信技术的融合形成"多媒体通信网络",实现"多媒体通信网络"的技术称为网络技术。

60. 现代生物技术是以（　　　）的建立为标志的。
A. DNA重组技术　　B. 细胞工程
C. 酶工程　　　　　D. 发酵工程
【璧尘解析】A。现代生物技术是在传统生物技术基础上发展起来的,以DNA重组技术的建立为标志,以现代生物学研究成果为基础,以基因或基因组为核心,并辐射到各个生物科技领域。

2005年A类

37. 以下属于生物技术的是（　　　）。
A. 眼角膜移植
B. 人工合成胰岛素
C. 克隆技术
D. 心脏搭桥手术
【璧尘解析】C。生物技术也译成生物工程,包括基因工程(克隆)、细胞工程(杂交培育优良品种)、发酵工程(抗生素、氨基酸和食品添加剂等)和酶工程(多种生物酶)。

综合分析题

最近,江苏省绘出了一个软件产业发展路线图:一是到2010年,全省软件业的销售1000亿,电子信息产品制造业销售收入10000亿,信息服务业营业收入1000亿;二是IT人才的拥有量要在全国居第一位;三是要有一批软件开发的著名公司。

目前世界著名的大公司的70%在江苏建立了研发中心、分公司或办事处,如摩托罗拉、微软、爱立信、三星等都在南京建立了研发机构。朗讯等正重点开发第三代移动通讯和网络技术。

由于大公司研发中心和分支机构的建立,使江苏软件产业出现了飞速发展的喜人局面。宁、苏、锡、常等地都相继建立了软件园,其中江苏软件园是国务院公布的十大软件园之一,入园企业已有200多家。目前,全省共有2000多家软件企业,软件从业人员3万多人,2004年江苏软件出口5000万美元。

96. 由于软件产品消耗的物质最少,投入产出率最高,所以发展软件产业是一种（　　　）。
A. 可持续发展　　　B. 高速发展
C. 和谐发展　　　　D. 稳定发展
【璧尘解析】A。本题考查考生对"可持续发展"概念的理解和把握。实施可持续发展战略的实质是既要考虑当前发展的需要,也要考虑未来发展的需要,不能以牺牲后代人的利益为代价,来换取当代人的一时利益。在本题中,软件产业消耗能源极少,能够保证本产业的长期发展,因而它属于可持续发展。

97. 读IT专业不等于就是IT人才,培养IT人才最好的场所是（　　　）。
A. 实验室　　　　　B. 图书馆
C. 课堂　　　　　　D. 研发中心
【璧尘解析】D。本题是情景题,答案从

给定材料中就可以推出。读 IT 专业自然大多在学校的课堂(C 项)、图书馆(B 项)和实验室(A 项)中。既然读 IT 专业不等于就是 IT 人才,言外之意只有在研发中心才(D 项)能培养出 IT 人才。

98. 江苏要成为软件大省,最重要的资源优势是( )。

A. 人才　　　　　B. 资金
C. 技术　　　　　D. 管理

【璧尘解析】A。在 21 世纪,人才成为综合国力竞争的焦点,也必然是区域经济竞争的制高点。江苏省规划到 2010 年软件人才全国第一,因此人才是江苏省建设软件大省的最重要资源。

99. 第三代移动通讯技术的英文缩写是( )。

A. GSM　　　　　B. CDMA
C. 2G　　　　　　D. 3G

【璧尘解析】D。3G(D 项)是英文 3rd Generation 的缩写,指第三代移动通信技术。

100. 当前世界上高技术企业国际合作的一个新趋势是在海外设立( )。

A. 营销机构　　　B. 生产机构
C. R&D 机构　　　D. 金融机构

【璧尘解析】C。本题材料中的"目前世界著名的大公司的 70% 在江苏建立了研发中心、分公司或办事处",反映出当前世界上高技术企业国际合作的一个新趋势是在海外设立研发中心。R&D 是研发机构(Research and Development)的英文缩写。

2006 年 A 类

24. 下列变化中,都属于化学变化的一组是( )。

A. 动植物呼吸,水受热沸腾
B. 汽油挥发,土壤酸化
C. 食物腐败,煤气燃烧
D. 瓷碗破碎,岩石风化

【璧尘解析】C。化学变化是指相互接触的分子间发生原子或电子的转换或转移,生成新的分子并伴有能量的变化的过程;化学变化实质是旧键的断裂和新键的生成。化学变化过程中常常伴随物理变化。食物腐败和煤气燃烧都属于化学变化。

25. 当代思维科学的进步主要依赖于( )。

A. 哲学　　　　　B. 心理学
C. 教育学　　　　D. 脑科学

【璧尘解析】B。思维科学的发展进步主要是与心理科学发展密切相关的。哲学、教育学与脑科学虽然与思维科学发展相关,但并不是思维科学进步的根本原因。

26. 福特汽车公司发明流水线属于技术创新中的( )。

A. 节约劳动型　　B. 节约资本型
C. 产品创新型　　D. 市场创新型

【璧尘解析】A。技术创新可以分为三种基本形式:(1)节约劳动型,即经过技术创新,在单位产品中,劳动要素投入的下降幅度比资本要素投入的下降幅度要大;(2)节约资本型,即经过技术创新,在单位产品中,资本要素投入的下降幅度比劳动要素投入的下降幅度要大;(3)中性创新型。

2007 年 A 类

20. 1856 年,法国组建了世界上第一个现代天气服务系统,开展天气预报服务,天气预报的产生是源于( )。

A. 好奇　　　　　B. 生产
C. 生活　　　　　D. 战争

【璧尘解析】D。1854 年,和沙皇俄国作战的英法联合舰队被暴风雨消灭。拿破仑三世命令巴黎天文台调查风暴的原因。天文学家勒威耶搜集了大量气象资料,弄清了"布雷克夫"风暴的来由并写了一份调查报告,建议建立气象观测网,利用电报快传气象情报,绘制天气图,这样就可以预报天气了。

21. 引起温室效应的主要物质是( )。

A. 氨氧化物

B. 二氧化氨

C. 二氧化碳

D. 二氧化硫

【璧尘解析】C。温室效应主要是由于燃烧煤炭、石油和天然气释放出大量二氧化碳气体进入大气造成的。二氧化碳气体具有吸热和隔热的功能。它在大气中增多的结果是形成一种无形的玻璃罩,使太阳辐射到地球上的热量无法向外层空间发散,对紫外线进行反射,其结果是地球表面变热。

22. 科学技术研究中"马太效应"导致的结果是( )。

A. "扶强抑弱"现象

B. "扶弱抑强"现象

C. "强弱均扶"现象

D. "强弱均抑"现象

【璧尘解析】A。"马太效应"是指任何个体、群体或地区,一旦在某一个方面(如金钱、名誉、地位等)获得成功和进步,就会产生一种积累优势,就会有更多的机会取得更大的成功和进步。

23. 标志着人类首次关注环境问题的著作是( )。

A.《生存的蓝图》

B.《增长的根据》

C.《寂静的春天》

D.《只有一个地球》

【璧尘解析】C。《寂静的春天》作者是美国海洋生物学家蕾切尔·卡逊。该书是人类首次关注环境问题的著作。它那惊世骇俗的关于农药危害人类环境的预言,不仅受到与之利害攸关的生产与经济部门的猛烈抨击,也强烈震撼了社会广大民众,引发了公众对环境问题的关注,促使环境保护问题提到了

各国政府面前,也促使联合国于1972年6月12日在斯德哥尔摩召开了"人类环境大会",并由各国签署了《人类环境宣言》,开始了环境保护事业。

38. 下列属于生命现象本质内容的有( )。

A. 运动机制　　　B. 自复制

C. 呼吸　　　　　D. 自组织

【璧尘解析】BD。生命现象是蛋白质存在形式,其最本质的内容是"自我复制"和"自我组织"。

39. 下列属于世界卫生组织提出的健康观念有( )。

A. 物理健康　　　B. 生理健康

C. 心理健康　　　D. 精神健康

【璧尘解析】BCD。世界卫生组织提出"健康不仅是躯体没有疾病,还要具备心理健康、社会适应良好和有道德"。因此,现代人的健康内容包括躯体健康、心理健康、心灵健康、社会健康、智力健康、道德健康、环境健康等。

综合分析题

材料一:1687年,牛顿出版了《自然哲学的数学原理》,1765年一种全新的蒸汽机在瓦特的手中诞生了,1776年,亚当·斯密的《国富论》出版。如果说,牛顿为工业革命创造了一把科学的钥匙,瓦特拿着这把钥匙开启了工业革命的大门,那么,亚当·斯密则是挥动一只看不见的手,为工业革命的推进创造了一个新的经济秩序。

材料二:在美国商务部的大门口刻有林肯总统的一句话:"专利制度就是将利益的燃料添加到天才之火上。"美国人第一次把专利权写入了宪法。

美国人在工业领域最富革命性的创造,是"福特式生产方式"的出现,就如第一次工业革命时期诞生了现代意义的工厂,福特的

这一创造成为人类生产方式变革进程中的又一个里程碑。

材料三：世界上第一台计算机在美国宾夕法尼亚大学诞生，象征着第三次工业革命即将来临，美国率先占领了信息时代的制高点。

今天，美国在科研和开发上的投入仍居世界首位，相当于其他最富裕的西方7国的总和，使美国保持创新活力的，还有它的四千多所大学和70%的高等教育入学率。美国所拥有的全世界最庞大的高等教育系统，使它获得了信息时代的核心竞争力。

71. "瓦特拿着这把钥匙开启了工业革命的大门"，这句话说明瓦特开创了（　　）。

A. 生产—技术—科学模式

B. 技术—生产—科学模式

C. 科学—生产—技术模式

D. 科学—技术—生产模式

【璧尘解析】D。这把钥匙首先是一门科学，应用的时候是一门技术，然后变成了一种生产模式。

72. "福特式生产方式"的基本特征是（　　）。

A. 产品创新　　　B. 工艺创新

C. 市场创新　　　D. 组织创新

【璧尘解析】D。组织创新是组织所进行的一项有计划、有组织的系统变革过程。"福特式生产方式"是通过流水线作业的大批量生产的方式，改进的是工作流程。

73. 亚当·斯密的"看不见的手"是指（　　）。

A. 资源分配模式

B. 宏观调控政策

C. 市场运行规律

D. 对外贸易战略

【璧尘解析】C。"看不见的手"是18世纪英国经济学家亚当·斯密1776年在《国富论》中提出的。市场在供给和需求之间，根据价格的自然变动，引导资源向着最有效率的方面配置。这时的市场就像一只"看不见的

手"，在价格机制、供求机制和竞争机制的相互作用下，推动着生产者和消费者做出各自的决策。

74. 林肯总统那句话，说明专利制度的特征有（　　）。

A. 激励创新　　　B. 促进模仿

C. 提倡复制　　　D. 保持发明

【璧尘解析】AD。林肯总统说，"专利制度就是将利益的燃料添加到天才之火上。"说明专利制度具有激励创新、保持发明等特征。

75. 根据上述资料，可以归纳出建设创新型国家的基本条件有（　　）。

A. 科技创新　　　B. 市场经济

C. 专利复制　　　D. 教育改革

【璧尘解析】AD。从"美国在科研和开发上的投入仍居世界首位"和"美国所拥有的全世界最庞大的高等教育系统，使它获得了信息时代的核心竞争力"这两句话可以知道科技创新和教育改革在建设创新型国家中扮演着重要的角色。

2008年A类

22. 信息技术是指（　　）。

A. 信息的获取技术

B. 信息的获取、传递技术

C. 信息的获取、传递和处理技术

D. 信息的加工处理技术

【璧尘解析】C。信息技术主要指利用电子计算机和现代通信手段获取信息、传递信息、存储信息、处理信息、显示信息、分配信息。

23. 19世纪末物理学的三大发现是（　　）。

A. X射线、放射性、电子

B. 生物进化论、细胞学说、能量守恒和转化定律

C. 相对论、量子力学、宇宙学

D. 信息论、控制论、系统论

【璧尘解析】A。19世纪末20世纪初物

理学的三大发现是 X 射线（1896 年）、放射性（1896 年）、电子（1897 年），标志着现代物理学的开始。

43. 下列属于第二次科学革命取得的主要成果是（　　）。

A. 拉瓦锡的氧化理论

B. 麦克斯韦的电磁理论

C. 道尔顿的原子论

D. 爱因斯坦的相对论

【璧尘解析】BC。参见 2004 年 A 类第 58 题。

2009 年 A 类

18. 蓝蓝的天空中的蓝色形成的原因是（　　）。

A. 大气对太阳辐射的散射作用

B. 大气对太阳辐射的吸收作用

C. 大气对太阳辐射的反射作用

D. 大气对地面辐射的吸收作用

【璧尘解析】A。太阳光射入大气层后，空气分子和微尘将太阳光向四周散射。太阳光谱中以红光波长最长，橙色、黄色、绿色、蓝色光的波长逐渐变短，波长最短的蓝光能量最大，碰到空气分子和微尘时，很容易发生散射现象，因此我们看到天空呈现出蓝色。本题出自 2007 年山东行测真题第 106 题。

34. 科学技术领域中所说的研发活动通常包括（　　）。

A. 基础研究　　　B. 试验发展

C. 应用研究　　　D. 市场开发

【璧尘解析】ABC。研发活动包括基础研究、应用研究和试验发展三类活动。

综合分析题

提高自主创新能力，建设创新型国家，是我国国家发展战略的核心。实施这一战略，需要加快实施国家中长期科技发展规划纲要，大力鼓励和提倡自主创新；深化科技体制改革，发挥企业在技术创新和创业投资发展过程中的主体作用；做强做大装备制造业；支持和推进高新技术的研发和产业化，发展高新技术产业群，创造新的社会需求；继续实施科教兴国战略、人才强国战略和知识产权战略。

71. 建设创新型国家的核心是（　　）。

A. 科技　　　　　B. 人才

C. 教育　　　　　D. 体制

【璧尘解析】B。2008 年 10 月，全国政协副主席、科技部部长万钢在"第五届世界华人论坛"作《建设创新型国家呼唤高层次创新人才》的报告时指出，创新人才是建设创新型国家的核心要素，在提高自主创新能力中发挥着不可替代的作用。

72. 我国大力鼓励和提倡自主创新，自主创新的方式主要有（　　）。

A. 联合创新

B. 原始创新

C. 集成创新

D. 引进消化吸收再创新

【璧尘解析】BCD。自主创新不仅仅指本土创新或完全依靠自己的创新，而且还包括内外技术的集成创新和对外生产技术引进后的消化吸收再创新。因此，自主创新可以理解为具有三种基本的创新形式，即原始创新、集成创新、引进消化吸收再创新。

73. 下列对创业投资的理解，正确的有（　　）。

A. 创业投资是向具有高成长潜力的未上市创业企业进行权益性投资

B. 创业投资的回报主要通过权益转让获得资本增值收益

C. 创业投资是低风险高收益的投资

D. 创业投资是缓解高科技中小企业融资难的有效途径

【璧尘解析】ABD。创业投资是指向具有高成长潜力的未上市创业企业，特别是中小创新型企业进行权益性投资,并为之提供创业管理服务,以期所投资企业发育成熟或相对成熟后主要通过权益转让获得资本增值收益的一种投资行为,它是一种高风险高收益的投资,C项错误。

74. 国家支持和推进高新技术的研发和产业化。下列属于高新技术的有(　　)。

A. 空间技术

B. DNA 重组技术

C. 海洋淡水资源开发技术

D. 无线电通信技术

【璧尘解析】ABCD。高新技术包括:(1)电子与信息技术;(2)生物工程和新医药技术;(3)新材料及应用技术;(4)先进制造技术;(5)航空航天技术;(6)海洋工程技术;(7)核应用技术;(8)新能源与高效节能技术;(9)环境保护新技术;(10)现代农业技术;(11)其他在传统产业改造中应用的新工艺、新技术。

75. 高新技术产业群是把生产过程和产品建立在高新技术基础上所形成的产业群,其特点是(　　)。

A. 技术密集度高

B. 技术创新速度快

C. 具有高附加值

D. 产业关联效应大

【璧尘解析】ABCD。高新技术产业是指技术密集度高、技术革新速度快、具有高附加值、能节约资源的产业。这种产业由于所得弹性高因而能带来高速增长并能对相关产业产生大的波及效果。

2010 年 A 类

13. 生物体中的蛋白大都属于(　　)。

A. 结合蛋白　　　B. 球蛋白

C. 组蛋白　　　　D. 清蛋白

【璧尘解析】A。结合蛋白质是单纯蛋白质和其他化合物结合而成,被结合的其他化合物通常称为结合蛋白质的非蛋白部分(辅基)。生物体中的蛋白大都属于结合蛋白。

34. 目前海水淡化技术主要有(　　)。

A. 脱硫法　　　　B. 反渗透膜法

C. 蒸馏法　　　　D. 淡化法

【璧尘解析】BC。目前海水淡化的技术主要有蒸馏、冻结、反渗透、离子迁移、化学法等。在 2010 年 5 月举办的"上海世博会"中,首次设置了"城市最佳实践区"。"大阪馆"是此区域中日本唯一的参展展馆。日东电工株式会社在"大阪馆"内向世人展示行业最高端技术之一的反渗透膜技术,引起社会的广泛关注。本题命题者的灵感或许源自于此。

综合分析题

自 1851 年英国伦敦举办首届世界博览会以来,各国都把举办世博会作为展示新产品和新技术的舞台,塑造形象的窗口。创新是世博会永恒的主题。每一届世博会都非常注重生动具体形象地演绎这一主题,上海世博会也是如此。以中国馆为例,该馆以"城市发展中的中华智慧"为主题,系统地展示以和谐为核心的中华智慧,全面展示中华文明魅力和悠久历史文化,揭示现代化国际大都市的深厚文化底蕴。

为了办好这届世博会,上海做出了不懈的努力。上海世博会的选址位于黄浦江西岸、卢浦大桥与南浦大桥之间的滨水区,场馆建设充分运用最新科技,处处体现了绿色、节能、低碳。根据《中国 2010 年上海世博会环境报告》。上海水环境质量稳中趋好,空气质量优良率连续 6 年稳定在 85% 以上,2008 年,全市万元生产总值化学需氧量和二氧化硫排放量比 2000 年分别降低了 71% 和 67%,全市所有燃煤电厂,共 1067 万千瓦装机容量的燃煤机组安装了烟气脱硫设施,基本实现电厂脱硫全覆盖。上海的努力是中国的缩影。中国的节能减排是一场攻坚战和持久战,只要不懈努力,就一定能够实现经济社会的可持续发展。

71. 每一届世博会都注重演绎"创新"主题,目的在于( )。

A. 展示本民族智慧

B. 揭示主办城市文化底蕴

C. 展示新产品新技术

D. 塑造国家形象

【璧尘解析】ABCD。结合给定材料,ABCD 选项均正确。

72. 2010 年上海世博会的主题是( )。

A. 和谐,让生活更美好

B. 智慧,让生活更美好

C. 城市,让生活更美好

D. 科技,让生活更美好

【璧尘解析】C。2010 年中国上海世博会以"城市,让生活更美好"为主题。

73. 上海世博会所体现的先进理念是( )。

A. 经济世博   B. 科技世博

C. 生态世博   D. 文化世博

【璧尘解析】BCD。"科技世博"、"绿色世博"、"人文世博"是上海世博会的理念。

74. 材料中提到煤根据含硫量可分为高硫煤和低硫煤,其中高硫煤是指硫的含量大于( )。

A. 2%   B. 3%

C. 0.5%   D. 1%

【璧尘解析】B。含硫量小于 1%的是低硫煤,含硫量 1%~3%的为中硫煤,含硫量大于 3%的为高硫煤。

75. 中国的节能减排是一场攻坚战和持久战,其重点有( )。

A. 大力推进工业、交通和建筑节能,提高能源效率

B. 积极推进环境整治、加强环境保护

C. 统筹规划,积极实施宏观调控

D. 加强国际合作,积极应对气候变化

【璧尘解析】ABD。2010 年温家宝在政府工作报告中强调:打好节能减排攻坚战和持久战。一要以工业、交通、建筑为重点,大力推进节能,提高能源效率。二要加强环境保护。三要积极发展循环经济和节能环保产业。四要积极参与应对气候变化国际合作,推动全球应对气候变化取得新进展。

2011 年 A 类

32. 当前我国改善空气质量的主要措施有( )。

A. 绿化生态环境   B. 提倡清洁能源

C. 实施集中供暖   D. 减少污水排放

【璧尘解析】ABCD。我国改善空气质量的主要措施有:(1) 植树造林,绿化生态环境;(2) 提倡清洁能源,减少车辆废气排放;(3) 工业合理布局,搞好环境规划;(4) 改变能源结构,推广清洁燃料,使用清洁生产工艺,减少污染物排放;(5) 强化节能,提高能源利用率、区域集中供暖供热;(6) 强化环境监督管理和老污染源的治理,实施总量控制和达标排放;(7) 解决好煤烟型污染、扬尘污染等污染问题。

2012 年 A 类

26. 下列动物中,不属于"活化石"的是( )。

A. 扬子鳄   B. 大熊猫

C. 中华鲟   D. 金丝猴

【璧尘解析】D。活化石是指在种系发生中的某一线系长期未发生前进化,也未发生分支进化,更未发生线系中断,而是处于停滞进化状态的结果,并仍然现存的种类。在中国被誉为"活化石"的动物有:大熊猫、中华鲟、扬子鳄、娃娃鱼等。

27. DNA 双螺旋结构的发现,奠定了一项科学研究的重要基础。这项科学研究指的是( )。

A. 生物化学   B. 基因工程

C. 物理化学   D. 分子工程

【璧尘解析】B。基因工程又称为DNA重组或分子水平的杂交。1953年,沃森和克里克发现了DNA双螺旋的结构,开启了分子生物学时代,使遗传的研究深入到分子层次,奠定了基因工程的基础。

28. 下列被称为"鱼鳞天"的是(　　)。
　　A. 卷积云　　　　　B. 尾迹云
　　C. 积雨云　　　　　D. 地震云

【璧尘解析】A。卷积云的云块很小,成行、成群排列分布在高空,状似鱼鳞或轻风吹过水面引起的波纹,故称其为"鱼鳞天"。

41. "苹果"创始人乔布斯的主要贡献有(　　)。
　　A. 组装了世界上第一台电脑
　　B. 图形用户界面
　　C. 发明了鼠标
　　D. 移动计算革命

【璧尘解析】BD。2011年10月,IT业界名人乔布斯去世。他的贡献主要在图形用户界面和移动计算革命两方面。鼠标是由美国人道格拉斯·恩格尔巴特发明的。世界上第一台电脑是由美国的约翰·文森特·阿塔纳索夫和他的研究生克利福特·贝瑞开发。

2013年A类

31. 下列选项与第三次科技革命相关的是(　　)。
　　A. 内燃风车　　　　B. 网络消费
　　C. 按揭消费　　　　D. 潮汐发电

【璧尘解析】B。第一次科技革命,以18世纪末蒸汽机的发明和应用为主要标志。第二次科技革命以电机的发明为起点,以电力的广泛应用为标志,推动了生产技术由一般的机械化到电气化、自动化转变,改变了人们的生活方式。第三次科技革命是以原子能、电子计算机、空间技术和生物工程的发明和应用为主要标志,涉及信息技术、新能源技术、生物技术、空间技术等诸多领域的一场信息控制技术革命。

32. 下列不符合发展低碳经济要求的是(　　)。
　　A. 发展城市公共交通
　　B. 利用风能和太阳能
　　C. 推行无纸化办公
　　D. 扶持小造纸企业

【璧尘解析】D。低碳经济是指在可持续发展理念指导下,通过技术创新、产业转型、新能源开发等多种手段,尽可能地减少煤炭石油等高碳能源消耗,减少温室气体排放,达到经济社会发展与生态环境保护双赢的一种经济发展形态。

33. 通常被人们称为地球之肺的是(　　)。
　　A. 海洋　　　　　　B. 湿地
　　C. 森林　　　　　　D. 草原

【璧尘解析】C。生物学家曾说,"森林是地球之肺"。森林与人类的发展,与自然界的生态平衡息息相关。而湿地被称为"地球之肾"。

44. 城市雾霾天气及其危害的说法,正确的有(　　)。
　　A. 主要组成包括二氧化碳、氮氧化物和可吸入颗粒物
　　B. 能见度很低时就会发生雾霾天气
　　C. 天气会影响人体呼吸系统的正常工作
　　D. 天气是心血管疾病患者的"健康杀手"

【璧尘解析】CD。雾霾的主要成分是二氧化硫、氮氧化物和可吸入颗粒物,雾霾天气会影响人体呼吸系统的正常工作,是心血管疾病患者的"健康杀手"。

2014 年 A 类

30. 关于技术创新,下列说法不正确的是( )。

A. 要以企业为主体

B. 要以市场为导向

C. 要以财政投入为基础

D. 要产学研相结合

【璧尘解析】C。技术创新体系包括以企业为主体,市场为导向,产学研相结合,故不正确的是 C 选项。

31. 夏天吃冰激凌,打开包装,冰激凌会冒"白汽"。对"白汽"解释正确的是( )。

A. 冰激凌融化产生"白汽"

B. 冰激凌升华产生"白汽"

C. 冰激凌周围的水蒸气液化产生"白汽"

D. 冰激凌汽化产生"白汽"

【璧尘解析】C。夏天气温较高,冰激凌的温度较低,其周围空气中的水蒸气遇冷液化成小水滴,呈雾状,所以会冒"白汽"。

32. 第二代电子计算机使用的是( )。

A. 电子管

B. 晶体管

C. 集成电路

D. 大规模集成电路

【璧尘解析】B。计算机的发展第一代从 1946 年算起,是电子管时代;第二代从 1956 年算起,是晶体管时代;第三代从 1964 年算起,是中小规模集成电路时代;第四代从 1973 年算起,是大规模和超大规模集成电路时代。目前,电子计算机的发展已进入第五代,即人工智能计算机时代。

33. 按时间先后顺序排序为( )。
①第一台电子计算机诞生 ②DNA 双螺旋结构的发现 ③第一颗人造卫星发射成功 ④第一座核反应堆成功运行

A. ①③②④ B. ①④③②

C. ④①②③ D. ④①③②

【璧尘解析】C。1942 年 12 月 2 日,美国率先实现了铀原子核可控链式裂变反应,建成了世界上第一座核反应堆。1946 年 2 月 14 日,世界上第一台电子计算机在美国宾夕法尼亚大学诞生。1953 年 4 月 25 日,沃森和克里克在《自然》杂志上发表文章,提出 DNA 双螺旋结构,开启了分子生物学的辉煌时代。1957 年 10 月 4 日,前苏联发射了世界上第一颗人造地球卫星,开创了人类航天新纪元。故本题答案为 C 选项。

45. 与第三代移动通信技术相比,下列属于第四代移动通信技术优势的有( )。

A. 通信速度快 B. 网络频谱宽

C. 通信灵活 D. 容量无限

【璧尘解析】ABC。第四代移动通信技术的主要优势表现在:(1) 通信速度更快;(2) 网络频谱更宽;(3) 通信更加灵活;(4) 智能性能更高;(5) 兼容性能更平滑;(6) 提供各种增值服务;(7) 实现更高质量的多媒体通信;(8) 频率使用效率更高;(9) 通信费用更加便宜。第四代移动通信技术是容量大,而不是容量无限。

2004 年 B 类

12. 实现社会经济可持续发展的关键是( )。

A. 速度、比例和效率的统一

B. 经济发展与人口、资源、环境的统一

C. 科技、教育为经济建设服务

D. 大力发展第三产业

【璧尘解析】B。参见 2004 年 A 类第 16 题。

59. 历史上第一次重大的科学革命发生在( )。

A. 16 世纪前后 B. 17 世纪前后

C. 18 世纪前后　　D. 19 世纪前后

【璧尘解析】B。参见 2004 年 A 类第 58 题。

60. SARS病毒研究属于（　　）。
　　A. 现代生物技术　　B. 绿色技术
　　C. 信息技术　　D. 复杂性科学

【璧尘解析】D。当代复杂性科学是一门交叉学科，它主要研究复杂系统和复杂性，其中典型的系统或现象有混沌、分形、复杂适应系统等。应用案例有：海岸线测量与分形理论；金融突发事件的复杂性；流行病研究的复杂性。

2005 年 B 类

35. 科学与技术的联系在于（　　）。
　　A. 二者都使用仪器设备
　　B. 科学为技术提供理论基础，技术为科学提供研究手段
　　C. 二者都要用科学方法
　　D. 科学革命与技术革命交替发生

【璧尘解析】B。科学和技术之间的联系：一方面科学研究为技术的发展提供理论基础，特别是现代科学对技术开发有巨大的推动作用。另一方面，技术的发展又为自然科学研究提供新的研究工具、探索手段和物质基础，技术上的需要更推动了科学理论的研究。

36. 我国登月计划的主要目的是（　　）。
　　A. 显示我国的航天实力
　　B. 参与国际太空技术合作
　　C. 赶超发达国家
　　D. 提升我国的综合国力

【璧尘解析】B。登月计划的主要目的是参与国际太空技术合作。

37. 有助于保护环境、节约能源、促进人类与自然和谐发展的技艺、方法的总称叫做

（　　）。
　　A. 纳米技术　　B. 绿色技术
　　C. 新材料技术　　D. 新能源技术

【璧尘解析】B。绿色技术不是某一种技术或产业部门的技术，而是一门系统技术。它有四个层次：第一层次是环境立法与管理；第二层次是清洁生产；第三层次是环境污染控制；第四层次是发展绿色产品。

2007 年 B 类

17. 以下对"数字地球"理解正确的是（　　）。
　　A. 一个完整的地球信息模型
　　B. 有关地球的信息和数据
　　C. 研究全球变暖的一种方法
　　D. 研究地球的科学体系

【璧尘解析】A。"数字地球"是一个以地球坐标为依据的、具有多分辨率的海量数据和多维显示的地球虚拟系统。此题的命制与 2006 年 8 月首次国际数字地球峰会在新西兰召开的时事背景有关。

34. 细胞系统的基本功能包括（　　）。
　　A. 汲取能量　　B. 传递信息
　　C. 分化　　D. 合成

【璧尘解析】ABC。细胞系统具有汲取能量、传递信息、分化等功能。

综合分析题

2006 年"十一五"规划的开局之年，全国各省市 GDP 快速增长的"成绩单"令人瞩目，与之相伴，能源消耗和主要污染物排放物"红灯"频闪。

上半年，全国单位 GDP 能耗同比上升 0.8%，主要污染物排放也不降反升。按照"十一五"规划纲要，单位国内生产总值能源消耗要降低 20% 左右，主要污染物排放减少 10%，完成上述两个"硬指标"的压力显而易见。

向高能耗宣战——7月26日，中央召开节能工作会议，国家发展和改革委员会与各省区市政府和千家高耗能企业签订了节能目标责任书；国家发改委、能源办、质检总局和国资委等联合开展了"千家企业节能行动"，针对燃煤工业锅炉（窑炉）改造、建筑节能工程等"十大节能工程"……

对高污染整顿——7月，环保总局与河北等9个省（区）政府签订了"十一五"污染物总量的减排目标责任书；10月，国家环保总局勒令违反"三同时"（即建设项目中防治污染的设施与主体工程同时设计、施工、投产使用）规定的山东沾化民用热电量产扩建工程等8个项目停止试生产和限期整改；对"十五"期间审批的2435建设项目逐一进行环保监督检查……

在各部委打出的降耗减排"组合拳"作用下，地方政府也层层落实"军令状"，将压力和目标分解到每个地区、每个企业甚至每个岗位，将节能和环保指标纳入地方官员和企业负责人的考核内容，并不断加快整顿步伐。

56. 能源消耗和主要污染物排放量"红灯"源于（　　）。

A. 环境成本过高

B. 企业违法成本太低

C. 环保执法不力

D. 发展经济的"GDP崇拜"

【璧尘解析】BCD。能源消耗和主要污染物排放量超标与环境成本过高没有直接关系。

57. 实现节能降耗的"硬指标"的关键在于（　　）。

A. 形成合理的资源、能源价格体系

B. 以重工业拉动经济增长

C. 切实转变经济增长方式

D. 将"绿色GDP"纳入对地方政府的考核指标体系

【璧尘解析】C。对资源和能源价格体系进行重大调整，可以引导现有的能源和资源高消耗型增长方式实现根本转变。同时，将

"绿色GDP"纳入对地方政府的考核评价体系，也可以激励地方政府转变政绩观。这两个方面都是手段，最关键的还是经济增长方式的转变。

58. 确定与经济发展相适应的降耗指标，要综合考虑（　　）。

A. 地方的经济发展水平、产业结构

B. 单位生产总值能耗情况

C. 能源消费总量、人均能源消费量

D. 能源自给水平

【璧尘解析】ABC。能源的自给水平的高低跟降耗指标无关。

59. 造成我国单位GDP能耗较高、资源环境压力较大的原因在于（　　）。

A. 社会心理不成熟

B. 相关法规、政策、标准、制度不完善

C. 能源资源价格水平不尽合理

D. 节能技术的研发和推广应用滞后

【璧尘解析】BCD。社会心理是指在一段特定的时期内弥漫在社会及其群体中的整个社会心理状态，是整个社会的情绪基调、共识和价值取向的总和。与资源环境压力较大没有关联。

60. 以下合理的说法有（　　）。

A. 能效标准应当成为投资项目的重要约束条件

B. 应建立一种资源使用补偿机制，平衡不同地区的发展要求

C. 要从制度、结构和技术等方面拿出切实有效的硬措施来

D. 应在全国范围内实行统一的能耗指标

【璧尘解析】ABC。各地区的发展是不平衡的，所以在全国范围内实行统一的能耗指标是不可行的、不现实的。

2008年B类

18. 下列物质属于纯净物的是（　　）。

A. 氨水　　　　　　B. 漂白粉

C. 冰醋酸　　　　D. 空气

【璧尘解析】C。纯净物是由同种物质组成的,它具有一定的化学组成,可以用一种化学式来表示。纯净物具有一定的性质(如有固定的熔、沸点)。冰醋酸是无水乙酸,属于纯净物。

34. 喜马拉雅山脉是由两大板块相互挤撞形成的褶皱山脉,这两大板块是(　　)。

A. 太平洋板块　　　B. 印度洋板块
C. 亚欧板块　　　　D. 南极洲板块

【璧尘解析】BC。中国地处欧亚板块东南部,为印度洋板块、太平洋板块所夹峙。自始新生代以来,印度洋板块向北俯冲,产生强大的南北向挤压力,致使青藏高原快速隆起,形成喜马拉雅山脉,这次构造运动称为喜马拉雅运动。

2009 年 B 类

19. 蓝蓝的天空中的蓝色形成的原因是(　　)。

A. 大气对太阳辐射的吸收作用
B. 大气对太阳辐射的散射作用
C. 大气对太阳辐射的反射作用
D. 大气对地面辐射的吸收作用

【璧尘解析】B。参见 2009 年 A 类第 18 题。

34. 通过自然变化或人工经营可以不断形成,并能被人类反复利用的可再生资源有(　　)。

A. 生物资源　　　　B. 气候资源
C. 矿物资源　　　　D. 土地资源

【璧尘解析】ABD。不可再生资源主要指自然界的各种矿物、岩石和化石燃料,例如煤、石油、天然气、金属矿产、非金属矿产等。可再生资源是通过自然变化或人工经营可以不断形成,并因而能被人类反复利用的资源,如生物资源、土地资源、气候资源等。

2010 年 B 类

19. 1999 年 9 月,中国科学院遗传研究所获准参加的国际重大科研活动是(　　)。

A. 生物克隆计划
B. 国际人类基因组计划
C. 破译人类遗传密码计划
D. 人类胰岛素结晶计划

【璧尘解析】B。1999 年 7 月 7 日,中国科学院遗传研究所人类基因组中心注册参与国际人类基因组计划,同年 9 月,国际协作组接受了我国申请,并为中国划定了所承担的工作区域——位于人类 3 号染色体短臂上。

34. 目前海水淡化技术主要有(　　)。

A. 脱硫法　　　　　B. 反渗透膜法
C. 蒸馏法　　　　　D. 硫化法

【璧尘解析】BC。参见 2010 年 A 类第 34 题。

2011 年 B 类

15. 按照联合国的分类方法,科学研究的三大类型是(　　)。

A. 理论研究、应用研究和开发研究
B. 基础研究、应用研究和开发研究
C. 理论研究、技术研究和开发研究
D. 基础研究、技术研究和开发研究

【璧尘解析】B。联合国的分类方法,是将科学研究分为三大类型,即基础研究、应用研究和开发研究。

2012 年 B 类

19. DNA 双螺旋结构的发现,奠定了一项科学研究的重要基础。这项科学研究指的是(　　)。

A. 生物化学　　　　B. 基因工程
C. 物理化学　　　　D. 分子工程

【璧尘解析】B。参见 2012 年 A 类第

27题。

29. 下列动物中,不属于"活化石"的是( )。

A. 扬子鳄　　　　B. 大熊猫
C. 中华鲟　　　　D. 金丝猴

【璧尘解析】D。参见 2012 年 A 类第 26题。

37. 下列关于 PM2.5 的说法,正确的有( )。

A. PM2.5 可以称为可入肺颗粒物
B. PM2.5 是指大气中直径小于或等于 2.5 微米的颗粒物
C. PM2.5 会严重影响空气质量
D. PM2.5 在天气晴朗时会很快消失

【璧尘解析】ABC。PM2.5 是指大气中直径小于或等于 2.5 微米的颗粒物,也称为可入肺颗粒物。PM2.5 含有大量的有毒、有害物质且在大气中的停留时间长、输送距离远,因而对人体健康和大气环境质量的影响很大。PM2.5 颗粒极其细微,扩散性很强,所以受天气的影响很大。一般来说,天气晴朗时 PM2.5 的浓度较高,而刮风、下雨时浓度则较低。

2013 年 B 类

27. 目前我国城市居民供水常用的消毒方法是( )。

A. 紫外线消毒　　　B. 氯消毒
C. 汞消毒　　　　　D. 臭氧消毒

【璧尘解析】B。我国城市居民供水目前普遍采用的消毒方法为氯化工艺消毒。

28. 下列做法不符合发展低碳经济要求的是( )。

A. 发展城市公共交通
B. 利用风能和太阳能
C. 推行无纸化办公

D. 扶持小造纸企业

【璧尘解析】D。参见 2013 年 A 类第 32题。

39. 每年 12 月 1 日是"世界艾滋病日"。"红丝带"是关注艾滋病的国际符号,其含义主要有( )。

A. 关心所有艾滋病患者和受艾滋病影响的人
B. 希望艾滋病感染者的生活质量逐步提高
C. 支持对艾滋病患者的有效治疗和继续教育
D. 为开展艾滋病项目研究募集的大量的基金

【璧尘解析】ABC。"红丝带"的含义有三个方面:(1)关心与关注。给那些艾滋病病毒感染者和受到艾滋病直接影响的人提供关怀和帮助。(2)希望。红丝带象征着希望。希望改善艾滋病病毒感染者和艾滋病病人的生活质量。(3)支持。支持研究有效疫苗和治疗方法的种种努力。D 选项是中国预防性病艾滋病基金会等公益组织的职能,应排除。

2014 年 B 类

25. 关于热气球升到高空的原因,下列描述正确的是( )。

A. 和掷石子一样,热气球是依靠惯性升上高空的
B. 和火箭升空一样,热气球受到燃料燃烧产生的推力
C. 和氢气球升空一样,热气球受到空气对其向上的浮力
D. 和风筝升空一样,热气球受到风的推力

【璧尘解析】C。热气球升空的原理是球囊内空气被加热后密度变小,质量轻于球囊外相同体积的冷空气,于是球囊产生浮力而升空。

2004 年 C 类

28. 核能发电的特点是（　　）。
A. 对环境污染较大
B. 对环境污染较小
C. 安全性差
D. 燃料含量不丰富

【璧尘解析】B。核能发电的特点是：燃料能量高度集中；对环境污染较小，不会造成空气污染和温室效应，但要防范核泄漏；安全性强；燃料储藏量极为丰富。

29. 人类经历的第一次技术革命的标志是（　　）
A. 蒸汽机　　　　B. 电力应用
C. A 和 B　　　　D. 计算机

【璧尘解析】A。参见 2013 年 A 类第 31 题。

2005 年 C 类

18. 以下各项中，属于空间技术的是（　　）。
A. 探空气球　　　B. 人工降雨
C. 卫星通讯　　　D. 大气环流探测

【璧尘解析】C。空间技术是探索、开发和利用太空以及地球以外天体的综合性工程技术，亦称航天技术。它主要由三部分组成，即运载火箭、空间飞行器以及地面发射和调控系统。1957 年 10 月 4 日，苏联成功发射了世界上第一颗人造地球卫星，标志着人类跨入了航天时代。空间技术的应用包括：卫星通信、广播；卫星导航定位；陆地和海洋资源调查和测绘；气象与灾害预报；军事应用等。

19. 下列各项中，不属于新能源技术的是（　　）。
A. 核电站　　　　B. 长效碱性电池
C. 风力机　　　　D. 潮汐发电机

【璧尘解析】B。新能源是指那些正在开发利用、尚未普遍使用的能源，包括太阳能、生物质能、核能、风能、地热能、海洋能等一次能源以及二次电源中的氢能等。

2006 年 C 类

20. 现代信息社会的基础设施是（　　）。
A. 电力网　　　　B. 电视网
C. 交通网　　　　D. 电信网

【璧尘解析】D。人类已经经历的几种重要的社会基础设施：交通运输：运河、公路、铁路、航空。能源（动力）传输：水力、电力网、蒸汽管道、天然气和输油管道。通信传输：信件、报纸、电话、电报、电视和无线电广播、网络。信息社会的基础设施就是信息网络。

2007 年 C 类

14. 被第 26 届国际天文学联合会大会"开除"出太阳系行星行列的是（　　）。
A. 金星　　　　　B. 冥王星
C. 水星　　　　　D. 海王星

【璧尘解析】B。在 2006 年举行的第 26 界国际天文联会中通过的第 5 号决议中，冥王星被划为矮行星，并命名为小行星 134340 号，从太阳系九大行星中被除名。所以现在太阳系只有八颗行星，即水星、金星、地球、火星、木星、土星、天王星和海王星。

29. 细胞系统的基本功能包括（　　）。
A. 汲取能量　　　B. 传递信息
C. 分化　　　　　D. 合成

【璧尘解析】ABC。参见 2007 年 B 类第 34 题。

综合分析题

公民具备基本科学素质一般指了解必要的科学技术知识，掌握基本的科学方法，树立科学思想，崇尚科学精神，并具有一定的应用它们处理实际问题、参与公共事务的能力。

根据有关调查,我国公民科学素质水平与发达国家相比差距甚大。公民科学素质水平低下,已成为制约我国经济发展和社会进步的瓶颈之一。

公民科学素质建设是坚持走中国特色的自主创新道路,建设创新型国家的一项基础性社会工程,是政府引导实施、全民广泛参与的社会行动。改革开放以来,特别是实施科教兴国战略以来,我国公民科学素质建设有了较大的发展,但仍存在许多问题。人均接受正规教育年限低于世界平均水平;因长期受应试教育影响,学生科学素质结构存在明显缺陷;社会教育、成人教育的发展尚不全面和深入。公民缺少接受终身教育的机会;科普长效运行机制尚未形成;科普设施、队伍、经费等资源不足;大众传媒科技传播力度不够、质量不高;公民科学素质建设的公共服务未能有效满足社会需求;公民提升自身科学素质的主动性尚未充分调动。

全民科学素质行动计划旨在全面推动我国公民科学素质建设,通过发展科学技术教育、传播与普及,尽快使全民科学素质在整体上有大幅度的提高,实现到本世纪中叶我国成年公民具备基本科学素质的长远目标。

(材料来自《全民科学素质行动计划纲要》)

46. 公民的科学素质的内涵是(   )。

A. 民主意识的理论基础

B. 具备一定的科学知识、科学方法、科学思想、科学精神

C. 具有一定的应用科学方法处理实际问题的能力

D. 先进文化的核心内容

【璧尘解析】BC。从材料第一段可知。

47. 公民科学素质水平低下是制约我国经济发展和社会进步的瓶颈之一,主要理由是(   )。

A. 建设创新型国家,需要广大公民具备基本科学素质作为基础和支撑

B. 只有提高广大公民的科学素质,才能

培养出数以亿计的高素质劳动者

C. 只有不断提高科技工作者的科学素质,才能增强自主创新能力

D. "化巨大的人口压力为人力资源优势"的任务尚未完成

【璧尘解析】ABC。第三段材料指出:"公民科学素质建设是坚持走中国特色的自主创新道路,建设创新型国家的一项基础性社会工程,是政府引导实施、全民广泛参与的社会行动",据此可以判断ABC选项均正确。D选项材料并未提及,应排除。

48. 目前,公民科学素质建设存在的问题主要集中在(   )。

A. 科学教育的质量

B. 科普资源的开发

C. 公民主动性的调动

D. 政府重视的程度

【璧尘解析】ABCD。从材料中:"长期受应试教育影响,学生科学素质结构存在明显缺陷;社会教育、成人教育的发展尚不全面和深入。公民缺少接受终身教育的机会;科普长效运行机制尚未形成;科普设施、队伍、经费等资源不足;大众传媒科技传播力度不够、质量不高;公民科学素质建设的公共服务未能有效满足社会需求;公民提升自身科学素质的主动性尚未充分调动。"可知答案为ABCD。

49. 公民科学素质建设是一项(   )。

A. 社会工程   B. 政府行为

C. 社会行动   D. 群众行为

【璧尘解析】AC。"公民科学素质建设是坚持走中国特色的自主创新道路,建设创新型国家的一项基础性社会工程,是政府引导实施、全民广泛参与的社会行动。"从这句话可知AC两项正确。C项"社会行动"包含了BD两项的内容,所以BD两项理应排除。

50. 公民科学素质建设的主要途径有(   )。

A. 科学技术开发   B. 科学技术教育

C. 科学技术传播   D. 科学技术普及

【璧尘解析】BCD。材料最后一段提到"通过发展科学技术教育、传播与普及,尽快使全民科学素质在整体上有大幅度的提高",据此推断,公民科学素质建设的主要途径为科学技术的教育、传播与普及。

2008 年 C 类

34. 下列属于第二次科学革命取得的主要成果的是( )。
   A. 拉瓦锡的氧化理论
   B. 麦克斯韦的电磁理论
   C. 道尔顿的原子论
   D. 爱因斯坦的相对论

【璧尘解析】BC。参见 2004 年 A 类第 58 题。

2009 年 C 类

19. 磁悬浮列车速度快、无噪声、无污染、无振动,它所使用的材料主要是( )。
   A. 信息材料　　　B. 纳米材料
   C. 智能材料　　　D. 超导材料

【璧尘解析】D。磁悬浮列车车厢的两侧,安装有磁场强大的超导电磁铁。车辆运行时,这种电磁铁的磁场切割轨道两侧安装的铝环,致使其中产生感应电流,同时产生一个同极性反磁场,并使车辆推离轨面在空中悬浮起来。

34. 通过自然变化或人工经营可以不断形成,并能被人类反复利用的可再生资源有( )。
   A. 生物资源　　　B. 气候资源
   C. 矿物资源　　　D. 土地资源

【璧尘解析】ABD。参见 2009 年 B 类第 34 题。

2010 年 C 类

19. 生态系统中的分解者是( )。
   A. 绿色植物　　　B. 食草动物
   C. 微生物　　　　D. 食肉动物

【璧尘解析】C。在生态系统中,植物属于生产者,动物属于消费者,微生物属于分解者。

34. 按获得的方法划分,能源可分为一次能源和二次能源,下列属于一次能源的有( )。
   A. 煤炭　　　　　B. 石油
   C. 风能　　　　　D. 电力

【璧尘解析】ABC。一次能源是指自然界中以原有形式存在的、未经加工转换的能量资源,又称天然能源,包括化石燃料(如原煤、原油、天然气等)、水能、风能、太阳能、地热能、海洋能和潮汐能等。二次能源是指由一次能源经过加工转换以后得到的能源,例如电力、煤气、汽油、柴油、液化石油气、沼气、氢气和焦炭等。

2011 年 C 类

15. 我国自主研制的月球探测卫星"嫦娥一号""嫦娥二号"成功发射并完成预定任务,标志着中国航天航空探测技术已经进入( )。
   A. 近空领域　　　B. 中空领域
   C. 深空领域　　　D. 远空领域

【璧尘解析】C。"嫦娥一号""嫦娥二号"成功发射并完成预定任务,标志着中国航天航空探测技术已经进入深空领域。

29. 当前我国改善空气质量的重要措施有( )。
   A. 绿化生态环境　　B. 减少污水排放
   C. 提倡清洁能源　　D. 实施集中供暖

【璧尘解析】ABCD。参见 2011 年 A 类第 32 题。

2012 年 C 类

20. 在日常生活中,尼龙、涤纶、丙纶、维尼纶等纺织产品可以统称为( )。

A. 蛋白质纤维　　　　B. 亚麻纤维

C. 膳食纤维　　　　　D. 合成纤维

【璧尘解析】D。合成纤维是化学纤维的一种,是用合成高分子化合物做原料而制得的化学纤维的统称,主要包括丙纶、腈纶、维尼纶、涤纶、尼龙等。

29. 下列被称为"鱼鳞天"的是( )。

A. 卷积云　　　　　B. 尾迹云

C. 积雨云　　　　　D. 地震云

【璧尘解析】A。参见 2012 年 A 类第 28 题。

2013 年 C 类

27. 下列关于酸雨危害的说法,错误的是( )。

A. 损坏文物古迹　　B. 造成土壤污染

C. 影响城市景观　　D. 导致气温升高

【璧尘解析】D。酸雨能使混凝土、砂浆和灰砂砖等表面硬化,出现空洞和裂缝,导致强度降低,从而损坏文物古迹;酸雨可导致土壤酸化;酸雨能使建筑材料变脏,变黑,影响城市市容质量和城市景观。

28. 下列选项与第三次科技革命密切相关的是( )。

A. 内燃机车　　　　B. 网络购物

C. 按揭消费　　　　D. 潮汐发电

【璧尘解析】B。参见 2013 年 A 类第 31 题。

2014 年 C 类

22. 关于技术创新,下列说法不正确的是( )。

A. 要以企业为主体

B. 要以市场为导向

C. 要产学研相结合

D. 要以财政投入为基础

【璧尘解析】D。技术创新体系包括以企业为主体、市场为导向、产学研相结合。故不正确的为 D 选项。

23. 第二代电子计算机使用的是( )。

A. 电子管

B. 晶体管

C. 集成电路

D. 大规模集成电路

【璧尘解析】B。参见 2014 年 A 类第 32 题。

24. 关于热气球升到高空的原因,下列描述正确的是( )。

A. 和掷石子一样,热气球是依靠惯性升上高空的

B. 和火箭升空一样,热气球受到燃料燃烧产生的推力

C. 和氢气球升空一样,热气球受到空气对其向上的浮力

D. 和风筝升空一样,热气球受到风的推力

【璧尘解析】C。参见 2014 年 B 类第 25 题。

35. 下列医学检查项目属于放射检查的有( )。

A. 胸部透视　　　　B. B 超

C. 核磁共振　　　　D. 脑电图

【璧尘解析】AD。B 超是利用超声波的物理特性进行诊断和治疗的一种诊断方法。核磁共振主要是由原子核的自旋运动引起的。

命题规律及备考建议

科技部分考查的内容包括科技创新、科学前沿、科技常识等内容。以前一般以常识性考点居多,重点是考查考生的知识储备。近来有结合最新时事热点展开的趋势,如在 2013 年考了城市雾霾,网络购物;2012 年考了 PM2.5,"苹果"创始人乔布斯等;2011 年考了"嫦娥二号"登月等,这种命题趋势值得关注。另外需要特别提醒的是,近年来,在国考和部分省市的省考中,科技常识模块的命题呈现出一些新的趋势,即科技成果或事件发生时间,特别是多个重大科技成果或事件先后排序类考题受到命题者的青睐,复习备考时需引起足够重视。

历 史 知 识

历年分值分布

分值 年份 类别	2014	2013	2012	2011	2010	2009	2008	2007	2006	2005
A类	2	2	2	2	2.2	2	0	4	4	3
B类	1.2	2	2.2	2.2	2.2	1	0	3	8	3
C类	1.2	2	2	2.2	2.2	1	1	3	4	1

真题分类详解

2004 年 A 类

44. 洋务运动的指导思想是(   )。

A. "全盘西化"

B. "西体中用"

C. "中体西用"

D. "师夷长技以制夷"

【璧尘解析】C。19 世纪中国的洋务派发起向西方学习的洋务运动,其指导思想是"中体西用",即"中学为体,西学为用"。D 选项"师夷长技以制夷"是著名思想家魏源所著的中国认知海外第一书——《海国图志》中的至理哲言,意思是通过学习西方的先进军事技术寻求御侮强国之道。

45. 戊戌变法的失败反映了中国(   )的软弱性和阶级局限性。

A. 地主阶级

B. 农民阶级

C. 资产阶级

D. 民族资产阶级

【璧尘解析】D。戊戌变法指 1898 年(农历戊戌年)以康有为为首的改良主义者发起的维新运动,最终以失败而告终,变法共进行了 103 天,故又称为"百日维新"。戊戌变法为更完全意义上的中国资产阶级革命作了政治和思想上的准备,其失败也反映了中国民族资产阶级的软弱性和阶级局限性。

46. 工业革命打破了原来欧亚大陆农耕社会发展水平大体平衡的格局,最终形成(   )。

A. 西方主宰东方的局面

B. 西方独霸东方的局面

C. 东方从属于西方的局面

D. 东方平等于西方的局面

【璧尘解析】C。工业革命是指资本主义的手工工场向大机器生产过渡,及其由此伴随产生的社会生产关系的大变革。工业革命最先在英国发生。工业革命让西方无论从科技还是经济上都远远领先于东方,这打破了原来欧亚大陆农耕社会发展水平大体平衡的格局,最终形成东方从属于西方的局面。工业革命发生顺序及完成时间:英国—法国(18世纪60年代)—美国(19世纪中期)—德国(19世纪70年代)。

47. 日本的倒幕运动的胜利为明治维新提供了重要保证,它提出的口号是(　　)。
A.“全盘西化”　　B.“文明开化”
C.“富国强兵”　　D.“尊王攘夷”
【璧尘解析】D。在19世纪中叶日本武装倒幕运动中,倒幕派提出的口号是“尊王攘夷”,实质是推翻幕府统治。倒幕运动的胜利为明治维新提供了重要保证。

48. 富兰克林·罗斯福“新政”的理论基础是英国的(　　)。
A. 凯恩斯主义　　B. 重农主义
C. 伯恩斯坦主义　D. 重商主义
【璧尘解析】A。1933年3月4日,富兰克林·罗斯福出任美国总统,他上任后宣布实施“新政”,即政府通过行政手段对经济进行干预和调节,以克服危机,其理论基础是英国的凯恩斯主义。凯恩斯否定古典经济学理论,认为市场不存在自动达到充分就业均衡的机制,并创立了自己的宏观经济理论。

2005 年 A 类

38. 西方侵略者洗掠并烧毁了被誉为“万园之园”的圆明园是在(　　)。
A. 第一次鸦片战争
B. 第二次鸦片战争
C. 甲午战争
D. 中法战争
【璧尘解析】B。1856年,英、法两国以亚罗号事件和马神甫事件为借口,组成英法联军,发动了第二次鸦片战争。1860年10月,英法联军洗掠并烧毁了被誉为“万园之园”的圆明园。

39. 1928年7月,南京国民政府宣布进入(　　)。
A.“训政时期”　　B.“军政时期”
C.“宪政时期”　　D.“特别时期”
【璧尘解析】A。孙中山把建立民国的程序分为军政时期、训政时期、宪政时期三个时期。南京国民政府在全国统一后,于1928年国民党召开二届五中全会,宣告“军政时期”结束,进入“训政时期”。所谓“训政”就是国民党实行一党专政,就是蒋介石独裁专制。

40. 古希腊文明又称(　　)。
A. 海洋文明　　B. 河流文明
C. 高山大陆文明　D. 平原文明
【璧尘解析】A。古希腊紧邻地中海和爱琴海,是海洋文明(西方文明)的源头,所以古希腊文明又称海洋文明、爱琴文明。

2006 年 A 类

14. 我国科举制度在北宋时期得到了进一步的发展,创立了(　　)。
A. 武举　　B. 殿试
C. 糊名法　D. 进士科
【璧尘解析】C。隋炀帝时,废除九品中正制,设立进士科,标志着科举制度正式确立。到了唐代时,科举制度逐渐完备起来。考试的科目分常科和制科两类。每年分期举行的称常科,由皇帝下诏临时举行的考试称制科。唐代取士,不仅看考试成绩,还要有知名人士的推荐。因此,考生纷纷奔走于公卿门下,向他们投献自己的代表作,叫投卷。向礼部投的叫公卷,向达官贵人投的叫行卷。宋代的科举,大体同唐代一样,有常科、制科和武举。从宋代开始,科举开始实行糊名和誊录,并建立防止徇私的新制度。明王朝建立,科举制进入了它的鼎盛时期,明代正式科举考试分为乡试、会试、殿试三级。

27. 中国抗日战争的起点是(　　)。

A. 一二九运动　　B. 九一八事变
C. 七七事变　　　D. 西安事变

【璧尘解析】B。1931 年 9 月 18 日，日军挑起皇姑屯事件，发动侵华战争，是中国抗日战争的起点。一二九运动发生在 1935 年，是一次群众性抗日救亡运动。七七事变标志着日本发动全面侵华战争，而西安事变发生在七七事变后。2005 年是抗日战争胜利六十周年，故在 2006 年 4 月的考试中出现此题。

28. 第二次世界大战后规划和平体制的一项重大成就是制定(　　)。

A.《开罗宣言》　　B.《联合国宪章》
C.《同盟国宣言》　D.《波茨坦公告》

【璧尘解析】B。联合国于 1945 年 10 月 24 日正式成立。《联合国宪章》的制定和联合国的诞生是现代国际关系史上的一件大事，也是二战后规划和平体制的一项重大成就。如果知道 2005 年是抗日战争胜利六十周年暨反法西斯战争胜利六十周年，就能理解为何在 2006 年 4 月的考试中出现此题了。

29. 2005 年，抗日战争胜利、西藏自治区成立、新疆维吾尔自治区成立依次为(　　)。

A. 70 周年、60 周年、50 周年
B. 70 周年、60 周年、60 周年
C. 60 周年、40 周年、50 周年
D. 60 周年、50 周年、40 周年

【璧尘解析】C。此题貌似时政题，但从某种意义上说也是历史题，命题背景解析同上。抗日战争开始于 1931 年的九一八事变，结束于 1945 年 8 月 15 日，日本裕仁天皇通过广播发表《终战诏书》，宣布无条件投降。1949 年新疆和平解放，1955 年 10 月 1 日成立新疆维吾尔自治区。1965 年 9 月 1 日，西藏自治区第一届人民代表大会第一次会议在拉萨举行，宣告西藏自治区正式成立。

2007 年 A 类

5. 五四运动以前的历次革命运动失败的根本原因是(　　)。

A. 没有先进阶级的科学革命理论作指导
B. 没有充分发动群众，依靠群众
C. 没有分清谁是真正的敌人，谁是真正的朋友
D. 没有实行革命的统一战线

【璧尘解析】A。鸦片战争后，无论是太平天国农民革命运动，还是资产阶级改良的戊戌维新运动，或者是资产阶级领导的辛亥革命，其失败的根本原因，无一不是由于没有先进阶级的科学革命理论作指导，毛泽东思想正是应中国民族民主革命继续发展的需要而产生的。

24. 孙中山在《民报》发刊词中将同盟会纲领概括为(　　)。

A.“民族、民权、民生”
B.“民有、民治、民享”
C.“自由、平等、博爱”
D.“联俄、联共、扶助农工”

【璧尘解析】A。1905 年 8 月，中国同盟会在日本东京成立，孙中山提出的“驱除鞑虏，恢复中华，创立民国，平均地权”的主张，被确定为同盟会的革命纲领。这一主张也被解释为“三民主义”即民族、民权、民生。

25. 真正意义上的“世界史”的起点是(　　)。

A. 文艺复兴　　B. 地理大发现
C. 工业革命　　D. 启蒙运动

【璧尘解析】B。命题源自当年（2006 年）热播电视纪录片《大国崛起》。《大国崛起》第一集——海洋时代（开篇·葡西）序言中说，绝大多数历史学家认为公元 1500 年前后是人类历史的一个重要分水岭，从那个时候开始，人类的历史才称得上是真正意义上

的世界史。

40. 墨子倡导的仁人君子的美德有（　　）。

　　A. 强不执弱　　　　B. 众不劫寡

　　C. 富不侮贫　　　　D. 贵不傲贱

　　【璧尘解析】ABCD。2006 年 4 月胡锦涛同志在访问耶鲁大学的演讲中提到中华文明早有"强不执弱，富不侮贫"的传统，命题灵感源自于此。《墨子·兼爱》："天下之人皆相爱，强不执弱，众不劫寡，富不侮贫，贵不傲贱，诈不欺愚。凡天下祸篡怨恨，可使毋起者，以相爱生也。是以仁者誉之。"

2009 年 A 类

19. 新文化运动兴起的标志是（　　）。

　　A. 严复翻译《天演论》

　　B. 孙中山发表《民报》发刊词

　　C. 陈独秀创办《新青年》杂志

　　D. 鲁迅发表《狂人日记》

　　【璧尘解析】C。新文化运动的主要内容是：提倡民主政治，反对封建专制；提倡科学，反对迷信；提倡新文学和白话文，反对旧文学和文言文。新文化运动的兴起以 1915 年 9 月陈独秀创办《新青年》杂志为标志。

20. 人民解放军占领南京的时间是（　　）。

　　A. 1949 年 2 月 23 日

　　B. 1949 年 3 月 23 日

　　C. 1949 年 4 月 23 日

　　D. 1949 年 5 月 23 日

　　【璧尘解析】C。1949 年 4 月 23 日，解放军占领国民党的政治中心南京，宣告了国民党统治的灭亡。

2010 年 A 类

14. 对洋务派兴办洋务事业的指导思想

最先作出完整表述的人是（　　）。

　　A. 冯桂芬　　　　B. 曾国藩

　　C. 李鸿章　　　　D. 张之洞

　　【璧尘解析】A。对洋务派兴办洋务的指导思想最先作出比较完整表述的是冯桂芬，他在《校邠庐抗议》一书中说："以中国之伦常名教为原本，辅以诸国富强之术。"这个思想后来就被进一步概括为"中学为体，西学为用"。

35. 孙中山领导的同盟会先后发动过多次武装起义，下列属于同盟会领导的武装起义有（　　）。

　　A. 金田起义　　　　B. 黄花岗起义

　　C. 武昌起义　　　　D. 南昌起义

　　【璧尘解析】BC。金田起义是由洪秀全、杨秀清等领导的。南昌起义是由周恩来、谭平山、叶挺、朱德、刘伯承等领导的。

2011 年 A 类

15. 出席中国共产党第一次全国代表大会的 12 名党员代表所代表的党员数为（　　）。

　　A. 40 多名　　　　B. 50 多名

　　C. 70 多名　　　　D. 100 多名

　　【璧尘解析】B。中国共产党第一次全国代表大会于 1921 年 7 月 23 日至 31 日在上海租界召开。出席大会的各地代表共 12 人，代表着全国 50 多名党员。2011 年是中国共产党建党九十周年，命题灵感或是源自于此。

16. 抗日战争时期，下列四人在对日作战中以身殉国的国民党将领是（　　）。

　　A. 左权　　　　B. 罗炳辉

　　C. 叶挺　　　　D. 戴安澜

　　【璧尘解析】D。在中华民族抗战中，国民党将领戴安澜将军率中国远征军入缅作战，以身殉国，堪称"域外死忠第一人"，抗战胜利后追认为革命烈士。而左权、罗炳辉和叶挺均是共产党将领。2010 年是抗日战争胜利六十五周年,故在次年年初的考试中出现此题属预料之外,却也在情理之中。

2012 年 A 类

29. 下列属于"丝绸之路"上保留至今的文明遗迹是(   )。

A. 云冈石窟　　　B. 龙门石窟

C. 莫高窟　　　　D. 大足石刻

【璧尘解析】C。丝绸之路是指西汉时由张骞出使西域开辟的以长安(今西安)为起点,经甘肃、新疆,到中亚、西亚,并联结地中海各国的陆上通道。云冈石窟在山西,龙门石窟在河南,大足石刻在重庆,莫高窟在甘肃的敦煌,故正确选项为 C 选项。

30. 在南京大屠杀中保护了许多难民的德国人是(   )。

A. 拉贝　　　　　B. 辛德勒

C. 魏特琳　　　　D. 汉斯

【璧尘解析】A。约翰·拉贝系生于汉堡市的德国商人,以其在南京大屠杀中救了大约 20 多万中国人而闻名,被世人尊敬地称为"中国的辛德勒"。其记录南京大屠杀真相的《拉贝日记》被誉为中国版的辛德勒名单。此题的命制与 2011 年底南京热播的电影《金陵十二钗》有关。

42. 中国历史上的人工运河以南北走向居多,其原因有(   )。

A. 中国南北走向的河流较少

B. 中国南粮北运的需要强烈

C. 东西向没有物资运输的需要

D. 开挖东西走向的运河困难

【璧尘解析】AB。我国历史上的人工运河多是南北走向,这一方面是因为我国的河流自然走向大多是东西走向,南北方向的水运不便,另一方面则是因为南货北运和人员往来的需要强烈。

2013 年 A 类

34. 严复比较系统完整地介绍了当时西方的某一先进理论,被康有为称为"中国西学第一人",这一理论指的是(   )。

A. 天体运行论　　B. 生物进化论

C. 流体动力论　　D. 热能传感

【璧尘解析】B。严复完成了赫胥黎所著的《天演论》的翻译工作,文中"物竞天择""适者生存"的生物进化理论阐发其救亡图存的观点。

35. 1978 年以来,我国对外开放过程中发生过一些重大的历史事件,对下列历史事件按时间先后排序,正确的是(   )。

A. 设立 4 个经济特区、开放 14 个沿海港口城市、开发开放浦东、加入 WTO

B. 开放 14 个沿海港口城市、设立 4 个经济特区、加入 WTO、开发开放浦东

C. 设立 4 个经济特区、开发开放浦东、开放 14 个沿海港口城市、加入 WTO

D. 开放 14 个沿海港口城市、开发开放浦东、加入 WTO、设立 4 个经济特区

【璧尘解析】A。党中央、国务院在 1980 年批准设置了深圳、珠海、汕头、厦门四个经济特区,并于 1984 年决定在 14 个沿海开放城市中设立经济技术开发区,1990 年 4 月,进一步开发开放上海浦东新区。

2014 年 A 类

34. 第二次世界大战中,世界人民为了战胜法西斯,建立了广泛的反法西斯同盟。该同盟形成的标志是(   )。

A.《大西洋宪章》的发表

B.《联合国家宣言》的签署

C.《开罗宣言》的签署

D.《波茨坦公告》的发表

【璧尘解析】B。1942 年 1 月 1 日,26 个国家在华盛顿签署了《联合国家宣言》,宣言

的签署和发表,标志着国际反法西斯同盟正式建立。

35.歌曲《红米饭南瓜汤》中"穿草鞋背土枪,反围剿斗志旺,毛委员和我们在一起,天天打胜仗"描述的是哪个历史时期(   )。

A. 北伐战争时期

B. 抗日战争时期

C. 土地革命战争时期

D. 解放战争时期

【璧尘解析】C。歌曲中提到了"反围剿斗志旺",体现的是红军反围剿斗争时期,时间是在1930年到1934年,这段时期也大约是土地革命战争时期(1927—1937年)。

2004年B类

7.中国近代首先喊出"振兴中华"口号的是(   )。

A. 孙中山　　　　B. 毛泽东

C. 周恩来　　　　D. 邓小平

【璧尘解析】A。孙中山是中国资产阶级民主革命的先行者,他是近代中国首先喊出"振兴中华"口号的人。

45.明确提出了"物竞天择,适者生存"的竞争法则的是(   )。

A.《新学伪经考》　　B.《天演论》

C.《变法通义》　　　D.《孔子改制考》

【璧尘解析】B。严复着手译述的《天演论》是英国自然科学家赫胥黎的著作。该书系统介绍了达尔文的生物进化论,以"物竞天择,适者生存"的论点,号召人们救亡图存,对当时的思想界有很大影响。

46.戊戌变法为更完全意义上的中国(   )革命作了政治上和思想上的准备。

A. 封建地主阶级　　B. 农民

C. 资产阶级民主　　D. 无产阶级

【璧尘解析】C。康有为等领导的戊戌变

法虽然以失败而告终,但宣扬西方资本主义民主精神,为更完全意义上的中国资产阶级民主革命作了政治上和思想上的准备。

47.推翻英国殖民统治,赢得民族独立,建立美洲第一个独立国家的是(   )。

A. 墨西哥　　　　B. 加拿大

C. 美国　　　　　D. 巴西

【璧尘解析】C。1775年至1783年,北美殖民地人民经过8年的战争推翻了英国殖民统治赢得民族独立,建立了美洲第一个独立国家美国。它为美国资本主义迅速发展奠定了基础,并对法国大革命和拉丁美洲的独立运动产生了积极影响。

48.19世纪70年代完成工业革命的国家是(   )。

A. 法国　　　　　B. 德国

C. 美国　　　　　D. 加拿大

【璧尘解析】B。普法战争后,德国实现了国家统一,并从法国取得了阿尔萨斯、洛林富矿区和50亿法郎赔款,这进一步加速了德国工业革命的进程。19世纪70年代末德国完成了工业革命。

49.富兰克林·罗斯福推行"新政",即政府通过(   )手段对经济进行干预和调节,以克服危机。

A. 行政　　　　　B. 法律

C. 经济　　　　　D. 教育

【璧尘解析】A。富兰克林·罗斯福上台后,采取行政的手段对经济进行干预和调节,克服了经济危机,取得很大成效。

2005年B类

38.近代中国第一次提出推翻清政府、建立资产阶级民主共和国的组织是(   )。

A. 华兴会　　　　B. 光复会

C. 兴中会　　　　D. 同盟会

【璧尘解析】C。1894年,孙中山在檀香山组建了中国最早的资产阶级的革命小团队——兴中会,在近代中国第一次提出推翻清朝专制政府,建立资产阶级民主共和国的政治目标。兴中会的成立,标志着资产阶级革命派的初步形成和民主革命运动的开端。

39. 解放战争时期,三大战役中最先打响的是( )。

A. 平津战役　　　B. 淮海战役
C. 渡江战役　　　D. 辽沈战役

【璧尘解析】D。三大战役时间顺序是辽沈战役、淮海战役、平津战役。从1948年9月到11月,人民解放军迅速歼灭了国民党在东北的有生力量,为解放军进军华北和华东战场提供了稳固的后方。

40. 1955年4月在印度尼西亚召开的万隆会议,又称( )。

A. 亚欧会议　　　B. 亚非会议
C. 亚非拉会议　　D. 不结盟会议

【璧尘解析】B。1955年4月18—24日在印度尼西亚万隆举行了亚非会议,又称万隆会议。中国总理周恩来率代表团参加。万隆会议倡导的号召亚非人民团结一致,反对帝国主义与殖民主义,争取和维护民族独立,维护世界和平和发展各国人民间的友谊,被通称为"万隆精神"。命题背景估计是因为当时考试时(2005年4月)适逢万隆会议召开50周年。

2006年B类

6. 联合国机构中对各成员国唯一拥有约束力的是( )。

A. 安全理事会　　B. 联合国大会
C. 秘书处　　　　D. 国际法院

【璧尘解析】A。根据联合国宪章的宗旨及原则,安理会负有维持国际和平与安全的责任,是唯一有权采取强制行动的联合国机构。

9. 英国发动鸦片战争的主要目的是( )。

A. 保护鸦片贸易
B. 侵占中国领土
C. 打开中国商品市场
D. 争取外交主动权

【璧尘解析】C。1840年6月到1942年8月,英国政府以保护鸦片贸易为借口发动对华侵略战争——鸦片战争,其主要目的想改变英国对华贸易逆差的不利局面,借机打开中国市场。

11. 第二次世界大战末期,最先明确规定将台湾归还中国的国际公约是( )。

A.《开罗宣言》　　B.《波茨坦公告》
C.《同盟国宣言》　D.《联合国宪章》

【璧尘解析】A。《开罗宣言》中,关于中国的领土主权问题,中美双方同意:日本用武力从中国夺去的东北各省、台湾和澎湖列岛,战后必须归还中国。2005年是抗日战争胜利六十周年暨反法西斯战争胜利六十周年,故在2006年4月的考试中出现此题。

12. 提出对中国实行"门户开放"政策的帝国主义国家是( )。

A. 日本　　　　　B. 德国
C. 英国　　　　　D. 美国

【璧尘解析】D。门户开放政策是由美国首先提出来的。它的主要内容是在整个中国范围,列强都有进行贸易的权利。其主要精神是利益均沾,机会平等。"门户开放"政策标志着美国已经形成自己独立的侵华政策,是美国侵华行动的"里程碑"。

27. 下列关于太平天国运动的说法,错误的是( )。

A. 太平天国运动受到了西方宗教思想的很大影响

B. 太平天国运动给满清王朝的统治以沉重的打击

C. 西方列强从未插手太平天国运动

D. 太平天国领导内讧严重削弱了自己的力量

【璧尘解析】C。1851年1月，洪秀全率领"拜上帝会"在广西金田村起义，建号太平天国。1853年，太平天国定都天京，颁布了《天朝田亩制度》。领导集团内部矛盾激化引发的天京事变大伤了太平天国的元气，1856年8月天京事变的爆发使太平天国由盛转衰，1864年7月湘军攻破天京，标志着太平天国运动的失败。这场农民战争历时14年，涉及18个省区，沉重的打击了清王朝的腐朽统治，并英勇打击了外国侵略者。

32. 下列关于五四运动说法，正确的是（　　）。

A. 近代中国第一次彻底的反帝反封建的革命运动

B. 标志着新民主主义革命的开端

C. 为中国共产党的成立作了思想上和干部上的准备

D. 开创了"科学、民主、进步、爱国"的"五四精神"

【璧尘解析】ABCD。五四运动是1919年5月4日发生在北京以青年学生为主的一场学生运动，以及包括广大群众、市民、工商人士等中下阶层广泛参与的一次示威游行、请愿、罢课、罢工、暴力对抗政府等多形式的爱国运动。五四运动是中国人民彻底的反对帝国主义、封建主义的爱国运动，是中国旧民主主义革命的结束和新民主主义革命的开端，促进了马克思主义在中国的传播及其与中国工人运动的结合，从而在思想上和干部上为中国共产党的建立准备了条件。

34. 下列属于祭祖聚族的节日是（　　）。

A. 春节　　　　　　B. 清明节

C. 中秋节　　　　　D. 重阳节

【璧尘解析】BD。除夕、清明、中元、重阳是中国传统节日里祭祖的四大节日，正确选项为BD。

36. 中国古代儒家伦理思想在义利关系上，强调（　　）。

A. 重义轻利　　　　B. 见利思义

C. 先义后利　　　　D. 重利轻义

【璧尘解析】ABC。孔子在《论语·宪问》中提到"见利思义"，荀子认为，义重于利，义先于利，先义后利者荣，先利后义者辱。荣者常通，辱者常穷。

2007年B类

18. 作为世界三大宗教之一的伊斯兰教的经典是（　　）。

A.《金刚经》　　　　B.《道德经》

C.《圣经》　　　　　D.《古兰经》

【璧尘解析】D。世界三大宗教是指佛教、基督教、伊斯兰教。《古兰经》是伊斯兰教创始人穆罕默德的说教集录，后来成为伊斯兰教的经典，"古兰"一词意为"宣读"、"诵读"或"读物"，复述真主的话语之意。《金刚经》是佛教重要经典，全名为《金刚般若波罗蜜经》。《道德经》，又称《道德真经》，传说是春秋时期的老子所撰写，是道家哲学思想的重要来源。《圣经》是基督教的正式经典，又称《新旧约全书》，被奉为教义和神学的根本依据。

20. 1970年刚刚上任的联邦德国总理、二战中反纳粹的英勇斗士勃兰特，在波兰华沙犹太人纪念碑前作出的令人震惊的动作是（　　）。

A. 拂袖而去　　　　B. 慷慨陈词

C. 跪倒在地　　　　D. 号啕大哭

【璧尘解析】C。1970年12月7日，正在波兰访问的联邦德国总理勃兰特在向华沙犹太人死难者纪念碑献上花圈后，肃穆垂首，突然间双腿下跪,并发出祈祷,勃兰特的下跪使全世界为之震惊,被称为"欧洲约一千年来最强烈的谢罪表现"。注意此题的命制背景,2006 年 8 月 15 日,日本首相小泉纯一郎悍然在日本战败日参拜靖国神社。小泉纯一郎登上首相宝座后先后六次参拜靖国神社,一而再、再而三地伤害了东亚人民的感情。

35. 近五百年来,真正意义上拥有过世界霸权的国家有( )。

    A. 荷兰   B. 英国

    C. 德国   D. 美国

【璧尘解析】ABCD。这题和 2007 年 A 类第 25 题出处是一样的。《大国崛起》其中第一集——海洋时代中写道:五百年来,在人类现代化进程的大舞台上,相继出现了九个世界性大国,它们是葡萄牙、西班牙、荷兰、英国、法国、德国、日本、俄罗斯和美国。

2009 年 B 类

35. 抗日战争时期,中国共产党在重庆公开发行的报刊有( )。

    A.《解放日报》   B.《新华日报》

    C.《群众》周刊   D.《光明日报》

【璧尘解析】BC。《解放日报》是在延安发行的中共中央机关报,《光明日报》创刊于 1949 年 6 月 16 日,最初是由中国民主同盟主办。而《新华日报》和《群众》周刊是中国共产党在国统区唯一合法的报刊,为宣传抗日争取民主产生了积极的作用。《新华日报》和《群众》周刊现为中共江苏省委机关报刊。

2010 年 B 类

20. 对洋务派兴办洋务事业的指导思想最先作出比较完整表达的是( )。

    A. 曾国藩   B. 李鸿章

    C. 张之洞   D. 冯桂芬

【璧尘解析】D。参见 2010 年 A 类 14 题。

35. 孙中山领导的同盟会先后发动过多次武装起义,下列属于同盟会领导的武装起义有( )。

    A. 武昌起义   B. 南昌起义

    C. 金田起义   D. 黄花岗起义

【璧尘解析】AD。南昌起义是中国共产党领导的武装起义,金田起义是太平天国领导的武装起义。

2011 年 B 类

16. 出席中国共产党第一次全国代表大会的 12 名党员代表所代表的党员数为( )。

    A. 40 多名   B. 70 多名

    C. 50 多名   D. 100 多名

【璧尘解析】C。参见 2011 年 A 类 15 题。

30. 抗日战争爆发后,国民政府组织了一场规模空前的工业大迁徙运动。下列说法正确的有( )。

    A. 迁徙前,中国工业主要集中在沿海和东北地区

    B. 具体负责组织工厂迁徙的机构是国民政府资源委员会

    C. 大多数工商业资本家反对迁徙

    D. 政府对搬迁的民营工厂不予补助

【璧尘解析】AB。在 20 世纪 30 年代,中国的工业绝大部分分布于东部沿海地区。"七七"事变后,许多有识之士比如中华国货联合会代表三百余家工厂要求政府组织内迁。1937 年 7 月 21 日,南京方面召开会议研究此问题,由资源委员会召集各部筹办。有关迁移费问题,行政院一开始只同意下拨 15 万元,后经钱昌照(资源委员会副主任)从资源委员会处拨借了 56 万元,供迁移工厂之用。

2012 年 B 类

21. 洋务运动期间,李鸿章在南京设立的军工企业是(　　)。

A. 江南制造局　　B. 江宁织造府
C. 金陵机器局　　D. 建康船政局

【璧尘解析】C。1865 年,李鸿章将原苏州洋炮局迁往南京,扩充后建立金陵机器制造局,简称"金陵机器局""金陵制造局"。"江南制造局"又称"上海制造局",是洋务派开设的规模最大的近代军工企业。

40. 下列属于我国古代农业水利重大工程的有(　　)。

A. 都江堰
B. 郑国渠
C. 苏北灌溉总渠
D. 京杭大运河

【璧尘解析】AB。战国时期的都江堰和郑国渠属于我国古代农业重大水利工程。苏北灌溉总渠工程于 1951 年开工,不属于古代农业水利工程。京杭大运河主要用于交通运输,而非农业水利。

2013 年 B 类

29. 严复比较系统完整地介绍了当时西方的某一先进理论,被康有为称为"中国西学第一人"。这一理论指的是(　　)。

A. 天体运行论　　B. 热能传感论
C. 流体动力论　　D. 生物进化论

【璧尘解析】D。参见 2013 年 A 类第 34 题。

2014 年 B 类

1. 第二次世界大战中,世界人民为了战胜法西斯建立了广泛的反法西斯同盟,该同盟形成的标志是(　　)。

A.《大西洋宪章》的发表
B.《联合国家宣言》的签署
C.《开罗宣言》的签署
D.《波茨坦公告》的发表

【璧尘解析】B。参见 2014 年 A 类第 34 题。

30. 1981 年 6 月 27 日至 29 日召开党的第十一届六中全会,是我党历史上一次重要会议,这次会议的重大贡献之一是(　　)。

A. 科学评价了毛泽东和毛泽东思想的历史地位
B. 作出了把工作重心转向经济建设的战略决策
C. 提出了党在社会主义初级阶段的基本路线
D. 确立了中国特色社会主义建设的基本纲领

【璧尘解析】A。十一届六中全会一致通过的《关于建国以来党的若干历史问题的决议》,对建国 32 年来党的重大历史事件特别是"文化大革命"作出了正确的总结,实事求是地评价了伟大领袖和导师毛泽东同志在中国革命中的历史地位,充分论述了毛泽东思想作为我们党的指导思想的伟大意义。

2004 年 C 类

9. 人民解放军解放全国大陆的时间是(　　)。

A. 1949 年 10 月　　B. 1950 年 5 月
C. 1951 年 5 月　　D. 1951 年 10 月

【璧尘解析】D。1951 年 10 月西藏解放,这标志着中国人民解放军解放了全国大陆。

17. 世界三大宗教是(　　)。

A. 佛教,基督教,道教
B. 基督教,伊斯兰教,道教
C. 伊斯兰教,道教,佛教
D. 伊斯兰教,佛教,基督教

【璧尘解析】D。世界三大宗教是佛教、伊斯兰教、基督教。

23. 孙中山的旧三民主义即民族主义、民权主义和(　　)。

A. 民本主义　　　B. 民主主义

C. 民生主义　　　D. 民治主义

【璧尘解析】C。1905年8月，中国同盟会在日本东京成立，孙中山提出的"驱除鞑虏，恢复中华，创立民国，平均地权"的主张，被确定为同盟会的革命纲领。这一主张也被解释为"三民主义"即民族、民权、民生。

24. 最先发生和完成工业革命的国家是(　　)。

A. 荷兰　　　B. 英国

C. 法国　　　D. 美国

【璧尘解析】B。英国最先发生和完成工业革命，继英国之后，工业革命相继扩展到西欧和北美。

2005年C类

30. 辛亥革命失败的原因包括(　　)。

A. 中国民族资产阶级的软弱性、妥协性

B. 没有马克思主义政党的领导

C. 没有发动广大民众

D. 没有提出明确的反帝纲领

【璧尘解析】ACD。辛亥革命的失败，客观上是由于帝国主义和封建势力对革命的联合压迫，主观上是由于中国资产阶级自身存在的软弱性和妥协性，缺乏坚决反帝反封建的勇气，他们不能依靠广大民众从而无法战胜强大的敌人。

2006年C类

6. 近代中国人民反侵略斗争的第一面光辉旗帜是(　　)。

A. 义和团的反帝斗争

B. 太平天国抗击洋枪队的斗争

C. 三元里人民的抗英斗争

D. 大沽口自卫反击战

【璧尘解析】C。三元里人民的抗英斗争是近代中国人民第一次大规模的反侵略斗争，是近代中国人民反侵略斗争的第一面光辉旗帜。

9. 我国封建社会家长专制体制下最有效的统治方式是(　　)。

A. 清静无为，垂拱而治

B. 严刑峻法，重典立威

C. 以民为本，实行仁政

D. 恩威并用，宽猛相济

【璧尘解析】D。"清静无为，垂拱而治"是道家统治方式，"严刑峻法，重典立威"是法家统治方式，"以民为本，实行仁政"是儒家主张的统治方式，"恩威并用，宽猛相济"是道家统治方式与法家统治方式的融合，是中国古代最有效的统治方式。

17. 洋务运动是近代中国的一场自强运动。下列不属于洋务运动的是(　　)。

A. 创办军工企业

B. 试行君主立宪制

C. 兴办军事学堂

D. 派遣留学生

【璧尘解析】B。洋务运动是地主阶级发动的一场以"富国强兵"为目标的改良运动，其根本目的是为了维护封建专制制度，没有也不可能提出试行君主立宪制。

26. 下列不属于祭祖聚族的节日是(　　)。

A. 春节　　　B. 清明节

C. 中秋节　　　D. 重阳节

【璧尘解析】AC。参见2006年B类第34题。

2007 年 C 类

7. 下列选项中,采用联邦制国家结构形式的是(   )。

A. 法国、瑞典　　　B. 瑞士、美国
C. 中国、越南　　　D. 韩国、荷兰

【璧尘解析】B。联邦制是若干个单位联合组成的统一国家,它是一种多中心的复合共和制。美国是世界上第一个建立现代联邦制的国家,另外还有俄罗斯、德国、印度、巴西、瑞士、加拿大等。单一制是指由若干不享有独立主权的一般行政区域单位组成统一主权国家的制度,主要有中国、英国、法国、日本、意大利、西班牙、葡萄牙、荷兰等。

15. 春秋战国时期,首开私人办学的是(   )。

A. 孔子　　　　　B. 墨子
C. 老子　　　　　D. 庄子

【璧尘解析】A。孔子之前,"学在官府",三代的庠序学校的教育都由官府掌管。孔子突破教育由政府垄断的格局,开创私人办学之先河。私学不仅补官学之不足,而且促使学校的多元化。

30. 赤壁之战为三国鼎立奠定了基础。这里的"三国"包括(   )。

A. 魏国　　　　　B. 秦国
C. 蜀国　　　　　D. 吴国

【璧尘解析】ACD。从公元 220 年起,在我国历史上先后建立了魏、蜀、吴三个国家。它们三分东汉州郡之地,各霸一方,互相对峙,这种政治局面被习惯称为"三国鼎立"。

2008 年 C 类

18. 1917 年俄国二月革命后,列宁在《四月提纲》中制定的计划是(   )。

A. 由民主革命向社会主义革命过渡
B. 由旧民主主义革命向新民主主义革命过渡

C. 由社会主义向共产主义过渡
D. 由社会主义革命向社会主义建设过渡

【璧尘解析】A。1917 年 4 月,列宁发表《四月提纲》,制定了由民主革命向社会主义革命过渡的计划。

2009 年 C 类

35. 五四运动前后,李大钊宣传介绍俄国革命和马克思主义的主要著作有(   )。

A.《法俄革命之比较观》
B.《庶民的胜利》
C.《科学的社会主义》
D.《我的马克思主义观》

【璧尘解析】ABD。1917 年俄国十月革命胜利后,李大钊同志备受鼓舞,连续发表《法俄革命之比较观》《庶民的胜利》《布尔什维克主义的胜利》《新纪元》等文章和演讲,热情讴歌十月革命。1919 年他在《新青年》发表的《我的马克思主义观》,系统介绍马克思主义理论,在当时的思想界产生了重要影响。《科学的社会主义》为巴金所著。此题命题背景:2009 年是李大钊同志诞辰 120 周年。

2010 年 C 类

20. 由中国人自主设计和建造的中国第一条铁路是(   )。

A. 湖广铁路　　　B. 成渝铁路
C. 京张铁路　　　D. 沈大铁路

【璧尘解析】C。1904 年詹天佑担任京张铁路总工程师,主持从北京到张家口铁路筑路工程,1909 年京张铁路全线通车。命题背景:2009 年是京张铁路建成通车一百周年。

35. 19 世纪 60 年代到 90 年代洋务运动创办的新式学堂主要类型有(   )。

A. 翻译学堂　　　B. 工艺学堂

C. 经济学堂　　D. 军事学堂

【璧尘解析】ABD。洋务运动是洋务派在"自强""求富"的口号下进行的一系列活动。其中,创建新式学堂是其重要内容之一。当时创制的学堂主要有三种类型,即翻译学堂、工艺学堂和军事学堂。京师同文馆是我国近代第一所新式学堂。

2011 年 C 类

2. 中国共产党第一次提出反帝反封建的民主革命纲领的时间是(　　)。

A. 党的"三大"　　B. 党的"一大"
C. 党的"四大"　　D. 党的"二大"

【璧尘解析】D。中共"二大"制定了党的最高纲领和最低纲领。第一次明确提出了彻底的反帝反封建的民主革命纲领,为中国各族人民的革命斗争指明了方向。"一大"的中心议题是正式建立中国共产党。"三大"的中心议题是讨论全体共产党员加入国民党,建立国共合作统一战线的问题。"四大"的中心议题是研究和讨论中国共产党如何加强对日益高涨的革命运动的领导、工人阶级如何参加民族革命运动以及党在组织上和群众工作上如何进行准备的问题。

30. 下列关于中国共产党建党的叙述,正确的是(　　)。

A. 第一个中国共产党早期组织成立于1920 年
B. 中共"一大"的召开,正式宣告中国共产党成立
C. 在法国留学的中国先进分子,成立了共产党早期组织
D. 共产党北京支部创办了《共产党》(月刊)刊物

【璧尘解析】ABC。1920 年 8 月,上海共产主义小组正式成立,是中国共产党成立的最早的党组织。中央"一大"宣告了中国共产党的正式成立。1921 年,周恩来、赵世炎、刘清扬等在法国巴黎也建立了由留学生中先进分子组成的共产党早期组织。《共产党》月刊于1920 年 11 月 7 日在上海创刊,为上海共产主义小组主办的理论刊物。2011 年是建党九十周年,故当年考题中出现与建党相关的考点。

2012 年 C 类

21. 1853 年,太平军定都南京后,改南京为(　　)。

A. 建邺　　B. 秣陵
C. 天京　　D. 建康

【璧尘解析】C。1851 年 1 月,洪秀全率领"拜上帝会"在广西金田村起义,建号太平天国。1853 年,太平天国定都天京,颁布了《天朝田亩制度》。

22. 下列属于"丝绸之路"上保留至今的文明遗迹是(　　)。

A. 云冈石窟　　B. 龙门石窟
C. 莫高窟　　D. 大足石刻

【璧尘解析】C。参见 2012 年 A 类 29 题。

2013 年 C 类

29. 1971 年 10 月,联合国大会以压倒多数的票数决定恢复中华人民共和国在联合国的合法权利。这一重大事件发生的原因是多方面的,下列关于原因的分析,正确的是(　　)。

A. 西方主要发达国家对新中国的态度很友善
B. 新中国赢得了广大发展中国家的长期积极支持
C. 蒋介石集团当时已宣布自动退出联合国
D. 新中国已经成为当时世界格局中最重要的国家

【璧尘解析】B。1971 年 10 月 25 日,联合国第二十六届大会通过第 2758 号决议,明确"承认中华人民共和国政府的代表是中国在联合国的唯一合法代表,中华人民共和国是安理会五个常任理事国之一",并立即把国民党集团的代表从联合国及其所属一切机构中驱逐出去。

30. 根据邓小平的构想,1987 年党的十三大正式确定了社会主义现代化建设"三步走"的发展战略。下列关于"三步走"发展战略的说法,正确的是( )。

A. 它明确了全党的工作重心必须向经济建设转移

B. 它标志着我国的社会主义现代化建设全面展开

C. 它对落后国家加快发展国民经济具有普遍的指导意义

D. 它进一步解决了我国现代化建设目标步骤等全局性重大问题

【璧尘解析】D。1978 年党的十一届三中全会作出了把工作重点转移到社会主义现代化建设上来的战略决策。党的十二大制定了开创社会主义现代化建设新局面的纲领,标志着我国社会主义现代化建设的全面展开。"三步走"发展战略是从我国的国情出发制定的,对于落后国家加快发展国民经济不具有普遍的指导意义。

2014 年 C 类

25. 歌曲《红米饭南瓜汤》中唱道:"穿草鞋背土枪,反围剿斗志旺,毛委员和我们在一起,天天打胜仗。"这首歌描述的情境所处的历史时期是( )。

A. 北伐战争时期

B. 抗日战争时期

C. 土地革命战争时期

D. 解放战争时期

【璧尘解析】C。参见 2014 年 A 类第 35 题。

┌─────────────────────┐
│ 命题规津及备考建议 │
└─────────────────────┘

大纲要求掌握的历史知识部分的内容包括中国近现代史和世界现代史。每年的分值 1~2 分,从江苏公考历年试卷的命题情况来看,以往其考点基本出自原省人事厅指定用书《综合基础知识》,近年来有结合时事展开的趋势。复习备考以掌握史实为基础,并结合最新时政适当展开,融会贯通。

另外,在国考和其他省份的常识判断中,历史模块的命题呈现出两种新的命题趋势:一是历史事件排序类考题受到命题者的青睐;二是多个历史事件(人物)与对应的朝代时期的综合考查,详见 2015 版《璧尘公基笔记》。

主观题精讲

真题分类详解

2006年A类

五、材料处理题(共25分)

材料一：我们政权的制度是采取议会制呢，还是采取民主集中制呢？我们采用民主集中制，而不是资产阶级议会制。议会制，袁世凯、曹锟都搞过，已经臭了。在中国采用民主集中制是很合适的。……我看我们可以这样决定，不必搞资产阶级的议会制和三权鼎立等。

材料二：我们的制度是人民代表大会制度，共产党领导的人民民主制度，不能搞西方那一套。我们实行的就是全国人民代表大会一院制，这最符合中国实际。

材料三：人民代表大会制度是我们党长期进行人民政权建设的经验总结，也是我们党对国家事务实施领导的一大特色和优势。

请回答以下问题：

1. 在我国为什么不能搞资产阶级的三权分立制？（10分）

2. 我国人民代表大会制度的特点和优势是什么？如何进一步完善？（15分）

【作答参考】

第一题

三权分立制是国家的立法、行政、司法权分别由独立机关单独行使、相互制衡的制度。三权分立是同资本主义经济和政治特征相适应的基本政治制度，并为绝大多数的资本主义国家所采用，我国不能实行三权分立制，原因主要有三个方面：其一，我国不存在三权分立制的经济基础。我国以公有制为主体的所有制关系决定了劳动者之间的根本利益是一致的，他们之间不存在资本主义社会那种深刻的利益对抗关系。其二，我国不存在实行三权分立的历史前提。我国的人民代表大会制度、共产党领导的多党合作和政治协商制度等具有中国特色的社会主义民主政治制度，是我们党领导人民进行长期革命斗争的产物，是人民群众的历史选择。其三，我国实行的建立在民主集中制原则基础上的人民代表大会制度，一方面体现了广泛的人民民主，另一方面，又保证了人民意志的统一和国家权力的统一，保证了决策的效率。

第二题

我国人民代表大会制度是在总结长期革命政权建设经验的基础上建立起来的，是具有中国特色的政权组织形式和适合我国国情的根本政治制度，其主要特点和优点有：第一，人民代表大会制度充分体现了一切权力属于人民的原则，能够充分发挥最广泛的人民民主。第二，人民代表大会制度充分体现了民主集中制原则，既能保证中央集中统一领导，又能充分发挥地方的主动性和积极性。第三，人民代表大会制度有利于实现中国共产党对国家事务的领导，有利于国家的统一和稳定，是建设社会主义民主的重要途径和形式。第四，人民代表大会制度采取协商和表决相结合的原则，有利于保证国家重大决策的正确性和科学性，有利于巩固安定团结的政治局面。

如何进一步完善我国人民代表大会制度：一要完善选举的程序，扩大差额选举的比例；二要加强人大的立法职能和监督职能；三要加强人民代表会上与会后的职能；四要密切人大与群众的联系；五要自觉、主动接受人民的监督。

2007 年 A 类

四、简析题（共 25 分）

简述我国政府的公共权力与公务员职业道德的关系。

【作答参考】

公务员职业道德素质如何，不仅关系到其能否正当行使公共权力、高效履行岗位职责，更关系着党和政府的形象。所以作为公务员必须处理好公共权力和公务员职业道德之间的关系。

首先，公务员的职业道德建设直接关系

着公共权力行使的好坏。公务员是公共权力的直接行使者，只有具备全心全意为人民服务的道德情操才能真正行使好公共权力。公务员的权力来源于人民，而权力又指向公共利益，这一切决定着职业道德建设不仅是公务员个人安身立命之本，更关乎着党和政府的执政基础。因此，加强职业道德建设对于公务员正确行使公共权力，提高执政水平具有重要意义。

其次，公务员只有具备良好的职业道德形象，人民才会放心地赋予其公共权力。公务员是连接政府和群众的桥梁纽带，具有管理、传递、实施、控制、协调等执行作用。只有遵纪守法、廉洁奉公、全心全意为人民服务，处处起到模范带头作用，才能取得群众的信任，人民群众才会放心地把权力交给公务员。

因此，公共权力与公务员的职业道德是相辅相成的，作为公务员必须提高思想认识，认真履行岗位职责，权衡好公共权力与职业道德二者之间的关系。

2008 年 A 类

四、论述题（共 25 分）

论述我国行政管理体制改革与改善民生的关系。

【作答参考】

党的十七大对加快行政管理体制改革，建设服务型政府，切实改善民生提出了明确要求，行政管理体制改革是深化社会体制改革的重要环节，对于建设社会主义和谐社会，促进社会公平与正义具有十分重要的意义，是改善民主的根本保证。

改革开放以来，特别是近年来，我国在行政管理体制改革方面取得较大进展，对改善民主有巨大的促进作用。但在一些地方"重发展、轻民生，重管理、轻服务，重经济、轻社会"的问题依然突出。切实保障改善民生、构建社会主义和谐社会给行政管理体制改革提出了更高、更多、更为紧迫的要求。

行政管理体制改革是改善民生的重要保障，针对现阶段行政管理体制改革方面存在的问题，我们要着力在转变职能，理顺关系，优化结构，提高效能等行政体制改革的重点环节上下工夫，切实把政府职能转变到经济调节、市场监管、社会管理、公共服务上，特别是在公共服务上，真正把改善民生的各项举措落到实处。

同时，民生改善的过程也是政府行政体制改革成效的具体体现，对行政管理体制改革有巨大的促进作用。因此我们要正确把握行政管理体制改革与改善民生的关系，深化政府行政管理体制改革，形成权责一致、分工合理、决策科学、执行顺畅、监督有力的行政管理体制，切实实现好、发展好、维护好最广大人民群众的根本利益。

2009 年 A 类

六、简析题(共 14 分)

温家宝总理最近多次强调："在经济困难面前，信心比黄金和货币更重要。"请你联系实际谈谈对这句话的理解和认识。

【作答参考】

在经济困难面前，信心比黄金和货币更重要。这是党和国家领导人针对当前经济形势作出的重要判断和论述，对于指导当前各项工作具有十分重要的意义。

经济发展离不开信心的支撑。积极的心态、坚定的信心是战胜困难的重要力量。尽管受金融危机的影响较为严重，但我们有能力、有信心战胜危机，因为我们具备许多有利的因素，比如良好的经济基础，灵活审慎的宏观调控措施，我国经济发展的巨大潜力，等等。因此，无论外部环境多么艰难，内部挑战多么严峻，只要政策对路，坚定信心，我们就一定能够战胜困难、转危为机。

信心只有付诸行动，才能取得实实在在

的效果。作为一名机关工作人员，我们要坚定信心，迎难而上，用党员干部工作的信心，带动企业家投资信心和群众的消费信心，只有这样，才能更好地保持经济平稳较快增长，推动经济社会发展实现新的飞跃。

2010 年 A 类

六、论述题(共 14 分)

请阐述提升公务员执行力与建设服务型政府的关系。

【作答参考】

政府执行力是以政府为主的公共部门执行法律法规、方针政策、规划计划、决策政令的能力，具体到微观层面，主要是指人的执行能力，即从政府决策者到部门领导再到一般公务员，在面对执行问题时所体现的能力。

党的十七大报告中指出："加快行政管理体制改革，建设服务型政府。"服务型政府的内涵和核心是贯彻以人为本理念，强调民本位、权利本位和社会本位，以追求社会和公民公共利益，解决社会公共问题，有效满足社会公众需求目标。实现这一目标，政府执行力是不可忽视的核心要素，也是政府组织更好地履行职责的重要前提。因此，建设服务型政府的关键在于政府的执行力，提高政府执行力是建设服务型政府的本质要求。

公务员作为政府行政管理的运作者，是管理国家事务的主体，承担着提供公共服务和促进经济发展的重要责任。提高公务员的执行力是提高行政效率的力量源泉，是提高行政执行力的基本保障。因此提高公务员的执行力也是建设服务型政府的保障，是每个公务员的责任和追求。

2011 年 A 类

四、论述题（共 20 分）

某市政府为创建全国文明城市花了很大工夫，在迎接上级检查评估小组检查期间，强制关闭辖区内上百家小理发店、小餐馆；原来设在街头成为城市一道"风景"的报刊亭也全部被移至室内经营。这种措施，受到不少市民的认同和赞许，但理发店、小餐馆、报刊亭的经营者却面对经营损失叫苦不迭。"这是政府的命令。"城市一位政府官员在接受采访时称，"政府这样做完全是出于善意，带来的好处大家也都是看得见的。虽然超出了行政职权范围，但为了创建全国文明城市，树立城市的美好形象，我们不得不这样做，也是合情合理的吧"。然而，有关法律专家指出，这种所谓的"行政善意"，其实仍不免让人产生隐忧。

请结合材料，对政府的这种"行政善意"作出分析和评价。

【作答参考】

行政善意是指政府及相关部门出于善意、正面的考虑，而采取的一些有违于行政职权的措施。上述材料中某市政府为创建全国文明城市采取的"非常之举"，其动机无可厚非，其做法从某种意义上讲也是合情合理的，但这种做法超出了行政职权范围，是不合法的。

任何政府对于任何一项行政措施的实施，都应有其考量。政府为了公共管理的需要行使职权应当支持。但是，权力并不是自由的。政府的权力只限于法律明确赋予的范围，法律无明确规定的权力，政府绝对不可以行使，否则就是越权、违法。政府的职责范围必须具有限度，越界使用权力，会致使政府行为的不确定，从而导致人们的社会行为无所适从，这无疑是市场机制的灾难。

为了创建全国文明城市强制关闭辖区内的小理发店、小餐馆不仅涉嫌权力越界，而且

还容易引起法律纠纷。《行政处罚法》中有规定，行政机关违法实行检查措施或者执行措施，给公民人身或者财产造成损害、给法人或者其他组织造成损失的，应当依法予以赔偿。而并不会因为有了"政府的命令"，理发店、小餐馆、报刊亭即使有损失也没有办法，其经营者完全可以通过诉讼渠道向政府索赔损失。

因此，即使出于善意，权力也不能越界，行政机关也不能做"合情合理不合法"和超出了职权范围的事情。为文明城市创建需要简单地关闭小理发店、小餐馆和报亭以及禁止小商小贩当街经营的做法，显然是欠妥的。

2012 年 A 类

四、论述题（共 20 分）

一项新的政策出台后，常有少数人为牟取不正当利益，想方设法钻政策的"空子"。比如，有的人为多拿拆迁补偿办假离婚；有的企业为享受税收优惠搞假合资；有的地方以"情况特殊"为由，制定出一些"土规定""土政策"。

请从政策执行力的角度，谈谈你对"钻政策空子"这一现象的看法。（篇幅为 300～350 字）

【作答参考】

政府新政策的出台旨在施惠于民，却被某些人钻了"空子"，牟取不正当利益，这说明政策执行力不强。执行力是政府工作的生命，关系到国家的兴衰成败和政权的巩固与否。如果执行力弱，就会导致政令不畅、有令难行，政策落实就会受到影响。因此，提升政府公共政策的执行力至关重要。

为了防止此类现象发生，保证新政策顺利实施，政府部门必须提高政策执行力。一是加强业务学习。只有认真研习相关政策法规，熟知相关情况，才能保证政策执行时不给人"空子"可钻。二是完善管理体系。明确政策执行主体的职责范围，提高办公效率，保证

政策顺利实施。三是加强廉洁自律。加强政策执行人员作风建设，提高其廉洁自律意识，杜绝通过拉拢公职人员导致"钻政策空子"的状况。四是严格监督检查。健全完善监督体系，加强监督检查，发现问题及时纠正和处理。

2013 年 A 类

四、论述题（共 20 分）

前不久，某市公布的《义务教育阶段入学积分方案》规定，外来人员子女将以家长的学历、职称等打分，按从高分到低分录取。对此，有人指责这一政策具有歧视性，该市某职能部门负责人表示，"本地现在无法满足所有外来人员子女的教育需求，只能先解决我们比较需要的人，在教育资源有限的情况下，出台这样的政策是务实的，也是无奈的选择，对该政策的指责实际上是对这一政策的误读"。

请结合上述材料，从政策制定的角度，谈谈对类似"政策误读"现象的看法。（篇幅为 250～300 字）

【作答参考】

政策制定是指为解决某个社会问题通过政策分析、论证和审查等环节形成正式政策的过程。所谓政策误读是指公众对公共政策目的、内容、措施等方面的误解或质疑。文中该官员的言论实际是对政策瑕疵、政策失误的辩解，另外出台类似政策也是无奈之举。

造成"政策误读"的原因是多方面的：如政策制定本身存在失误、特定群体的利益冲突、政策制定不透明或信息不对称、公众理解上的偏差等。如何减少政策"误读"。一是政策制定要科学公正，尽可能满足绝大多数群体现实需求。二是新政出台之前应广泛征求民意，提高政策制定的透明度。三是做好新政的宣传解释，对公众的意见要及时回应。四是建立健全信息反馈收集机制，对政策进行及时完善。

2014 年 A 类

六、论述题（共 15 分）

某地规定，居民申请一套公租房，需要提供 7 个证件，还要经过"三审三公示"程序，前后至少要等待 90 天。面对如此繁琐耗时的行政审批流程，许多公租房的需求者望而却步，导致该地不少公租房空置。对此，当地相关部门解释："之所以要求提供这么多证件，是为了分配的公平公正；之所以需要等待这么长时间，是因为需要公示，而没有公示就谈不上公开。总不能为了省时省事，而影响政策的公正性吧？"有专家指出，这种说辞只是注意了政策的公正性，而忽略了政策执行的效率。

请结合给定材料，从政策惠民的角度，阐述应该如何认识和处理好政策公正性与政策执行效率的关系。（篇幅为 300 字左右）

【作答参考】

政策公正性是指在资源配置过程中公众能够获得同等的待遇以及分享的机会。政策执行效率是国家行政部门通过运用各种手段将公共政策的内容转化为现实的效率。政策公正性与执行效率都关系到政策实施的效果。政策公正性与政策执行效率之间不是简单的对立关系，而应该是辩证统一的，所以在实际工作中要辩证统一地处理二者的关系。

相关部门将审批过程繁琐的原因归结为为了保证公租房分配的公平公正，理由显然不充分。相关部门可以在保证政策公正的基础上简化审批程序、提高审批效率，达到二者的统一。一项政策的执行应该真实地方便人们的生活和工作，真正达到政策惠民的目的。以公租房的分配为例，在分配过程中当然要坚持公正的原则，但是同时也应该注意这种公正如何在现实中有效率地实现。

2011 年 B 类

六、材料处理题(共 30 分)

医务界流传着这样一个"四句话说死病人"的故事。一位农村患者好不容易借了钱,去他认为"水平高"的县医院挂了一个专家号。专家见面看了看检查报告,连续说了三句话:"你来晚了""没治了""回家吧!"这时病人的精神快受不了了,急忙央求医生:"大夫,你给看看还有什么其他办法,求求你了。"医生又说了第四句话:"你早干什么去了?"病人当即晕倒在地,再也没有醒来。

这个案例或许比较极端。常见的情况往往是,患者看病是多问几句就会遭到医生的白眼。不少患者都受到过类似的"教训":"你只要照我说的去做,问那么多干嘛?""我是医生还是你是医生?"……

有学者和医务工作者认为,一些医生的这种"知识傲慢""技术傲慢"是缺少人文关怀的表现。他们建议在对医务工作者的教育培训中,要加大伦理、法律、心理学、社会学等体现人文精神的内容,以引起医务工作者对医学人文的重视,并自觉地把这种人文关怀落实到行医的过程中。

作为一个以救死扶伤为天职的特殊职业,医生几乎每天都要和死神打交道。因此,面对疾病和死亡,他们更多的会保持一种理性、冷静的姿态。这正如电视剧《医者仁心》里一位医生所说:"我们要保持绝对的冷静,因为还有下一个生命垂危的患者等着我们去救治。我们是做不到上一分钟还痛哭流涕,下一分钟就站在手术台上,切开另一个人的胸膛。"也许这就是医生的"职业性冷静",但这种职业性冷静是有限度的。也就是说,作为一名医生,可以"冷面",但不可以"冷血";可以外表冷静,但不可以内心冷酷。医生对患者的同情,虽然不一定要用眼泪,但不能没有仁心。

问题一:结合材料,阐述什么是医生的"仁心"?(要求:100~300 字)(10 分)

问题二:你认为一名国家行政执法人员应该如何在工作中体现"仁心"?(要求:200~400 字)(20 分)

【作答参考】

第一题

从材料中可以看出,"仁心"并不是对医务人员专业技术方面的要求,而是在救死扶伤中体现出对病人的人文关怀,是一种发自内心的善意和关心。医生被尊称为白衣天使,是人民群众生命安全的守护者,医生的"仁心"是病人战胜疾病的动力之一,是体现医院公益性质的重要特征,也是推动医患关系和谐的内在要求。医生的"仁心"体现在多方面,如一句温暖病人的话语,对患者的同情之心,耐心地回答病人的疑问,细致地为病人服务,等等。医生要怀有一颗"仁心",抵制"知识傲慢""技术傲慢",自觉地关心病人、同情病人。

第二题

作为一名行政执法人员,一言一行代表着党和政府的形象,体现着党和政府的为人民服务的执政理念,因此,在执法过程中,要主动从思想和行动上加强与人民群众的联系,体现政府工作人员的"仁心",具体要做到以下几个方面:第一,在思想上树立全心全意为人民服务的理念,不仅要坚持依法执法、严格执法,更要把以人为本、文明执法贯穿始终。第二,严格按照法定程序办案执法,不随意改变处罚幅度、简化执法程序、滥用执法职权。第三,注重自身素质提升,把创建学习型队伍放在更加突出的位置,增强执法队伍的法制意识、纪律意识、群众意识和服务意识。第四,不断创新执法模式,完善执法机制,转变工作作风,真正做到"权为民所用、情为民所系、利为民所谋"。

2012年 B类

六、材料处理题(共25分)

城管执法队员李某在商业中心巡逻时,见沈某正在摆摊与人赌象棋残局,便劝其离开。过了半个小时,李某再次巡逻至此,发现沈某仍在原地摆摊,就再次劝其离开。沈某争辩说:"我不是在赌钱,是在发扬国粹!"李某说:"这里是商业中心区,你就是发扬国粹,也不能在这个地方摆摊!请你务必离开。如果你不愿意,我只有报警了。"话音刚落,沈某拿起折叠凳打在李某脸上,李某一边后退,一边用手阻挡,但沈某仍紧追不放。在追打过程中,李某始终没有还手。经诊断,李某头部血肿,口腔壁多处划破。

事后有市民说,现在不是提倡"柔性执法"吗,对沈某这样的人,劝说不动就算了,在商业中心区摆个地摊,也不是什么大事。也有市民说,李某太软弱了,他应该制止沈某行凶,要是执法人员连自己都保护不了,老百姓还能指望他们什么!而李某单位的领导在接受记者采访时则认为,城管工作得罪人,容易引起纠纷,所以我们要求执法人员不能动手,做到打不还手,骂不还口。

(1)根据上述材料,从依法行政的角度,谈谈你对"柔性执法"的看法。(篇幅为150~200字)(10分)

(2)假如你是一名行政执法人员,在执法过程中遇到类似情况,你会怎么做?(篇幅为250~300字)(15分)

【作答参考】

第一题

柔性执法是一种"理性、平和、文明、规范"的执法,适度减少执法的强制力,扩大教育面,有助于实现法律效果和社会效果的有机统一。材料中城管队员李某对沈某的教育和劝导属于柔性执法。柔性执法在内容上更加侧重服务、宣传、教育和引导,对于推行人性化执法具有重要的现实意义。行政人员应坚持"游刃有余、进退自如"的执法策略以及"管事不出事"的工作底线,采取批评、教育、警告、处罚等多种形式,争取群众的理解与支持。

第二题

作为一名行政执法人员,一言一行代表党和政府的形象。我们的工作面向基层群众,群众难免出现抵触情况。面对此类问题,我们要沉着冷静,妥善处理。一是保持冷静克制,以教育督促为主,对行政相对人采取积极的指导、建议、提醒和劝告等非强制性方法,争取相对人自觉主动纠正违法行为。二是在上述措施仍无法达到预期效果的情况下,权衡多方面因素,将严格按照法定程序采取必要的处罚或强制措施,以维护公共利益和社会秩序。三是在平时执法过程中加大与公安、文化、交通等职能部门的联动配合,建立健全相关工作机制,提高执法效果。四是在执法过程中做到有理有节,注意方法策略,依法保护自己不受非法伤害。

2013年 B类

六、材料处理题(共25分)

市民李某开私家车送朋友到火车南站,正要离开时,遇到焦急万分的外地人王姓夫妇求助,原来他们误将火车南站当作自己的乘车地点——火车北站,李某急人所难,遂开车将王姓夫妇送至火车北站,王姓夫妇下车时给李某30元钱表示感谢,李某再三推脱未果,只好收下。就在李某准备离开时,市运管处执法人员将其拦下,认定李某是开"黑车"从事非法营运,要按有关规定处罚,李某反复解释自己不是"黑车"司机,而是做好事帮忙,30元钱是王姓夫妇为表示感谢硬塞给他的,何况这30元钱还不足以支付车辆过路费和汽油费,更不要说赚钱了。这时眼看现场围观群众越来越多,执法人员担心事态扩大,于是对李某说:"你是不是做好事助人为乐我们不管,你没有营运许可又收了人家的钱,就是违法行为,按规定就要处罚,否则我们就失职了,你就别让我们为难了!"随即让李某驾车一同去市运管处处理。有人当场将此事编发了一条微博,立刻引发了网民的热议。那对王姓夫妇在回家途中获知此事,立刻发微博表示要为李某作证。

1. 请对上述执法人员的言行作出评价。(150~200字)(10分)

2. 假如你是一名行政执法人员,上述案例对于你今后做好执法工作有哪些启示?(250~300字)(15分)

【作答参考】

第一题

作为运管部门的执法人员,依据所见情形拟对私家车主李某进行处理,该做法属于正常履行执法职能的行为。但其言行有不当之处:一是没有深入细致了解情况就草率做出处罚决定。二是不尊重公民的抗辩权利,没有客观听取李先生的解释。三是没有根据实际情况选择合理的方式,案例中的情形可通过沟通和教育等方式更好地解决,不应直接简单作出处罚。四是引发负面效应,不利于实现法律效果和社会效果的有机统一。

第二题

假如我是一名行政执法人员,将从以下几方面开展今后的执法工作:一是执法必有依。法治意识是每一位执法人员必须具备的,在行政执法过程中,应严格遵循依法行政、合理行政、公开行政等基本原则。二是执法必有据。在执法过程中以事实为依据,做到客观、全面、公开,不能主观武断判定事实,应认真听取当事人的申诉意见和在场人员提供的信息,不随意执法,任意处罚。三是坚持以人为本,倡导"柔性执法"。在实际执法过程中使用积极、有效的沟通方式,争取群众的理解与支持。同时坚持宣传、教育、引导和处

罚并举,努力实现法律效果和社会效果的有机统一。

2011年C类

六、材料处理题(共30分)

所谓职场"灰色技能",主要是指喝酒、唱歌、打扑克、搓麻将等吃喝玩乐方面的"特长"。有调查显示,70.7%的人认为在职场竞争中具备"灰色技能"很重要,其中20%的人表示非常重要,65.6%的人表示自己具备"灰色技能"。更有企业在招聘时,公开考察应聘者的"灰色技能"。"不看能力看酒力",使得许多应聘者不得不使用这种职场潜规则,甚至有人在上大学时,就刻意在吃喝玩乐上下工夫。对这种在社会上大有愈演愈烈之势的"灰色"现象,很多人也已经见怪不怪,甚至推波助澜,趋之若鹜,而有识之士则呼吁应该予以制止。

问题一:材料中列举的三个百分比的调查结果意味着什么?(要求:100~300字)(10分)

问题二:造成"灰色"现象愈演愈烈的原因有哪些?如何从源头上制止这种现象?(要求:200~400字)(20分)

【作答参考】

第一题

材料中列举的三个百分比的调查结果意味着所谓的"灰色技能"得到社会大众的普遍认可。一些应聘者为了找到一份比较满意的工作,除了利用各种关系走捷径、找门路、跑关系外,还积极培养提升"灰色技能"。应聘者热衷此类"技能"原因是多方面的,特别是与用人单位的用人导向密切相关。激烈的就业竞争,使很多大学生不得不向现实妥协,练"灰色技能"来增加求职砝码。其实,这是一种舍本逐末的做法。

第二题

"灰色技能"是一种极不健康的现象，其无限扩散严重败坏社会风气，侵蚀青少年的价值观和人生观，也影响企业的长远发展和核心竞争力的提升。分析其产生的原因：一是不良社会风气的影响，社会主义市场经济体制不完善，社会诚信的保障机制缺乏，导致违反经济发展规律的行为。二是政府职能和大学"社会教育"缺位，对社会主流意识形态和价值观的教育引导有待加强。三是个人思想意识的偏差，许多大学生认为掌握一两门"灰色技能"的确可以增加职场的软实力，将精力过多用在学"灰色技能"上。

如何从源头上制止这种现象，应从以下几个方面着手：一是加大社会诚信教育，宣传、弘扬正确的世界观、人生观和价值观，让"灰色"技能失去生存的土壤。二是政府部门特别是各级领导干部要做好表率，引导良好的社会风气。三是深化高等教育体制改革，主动适应社会需求和就业市场的变化，加强大学生诚信教育，提升学生的诚信意识。四是引导和督促用人单位树立正确的选人用人观，注重员工的真才实学，推动企业的健康发展。

2012 年 C 类

六、材料处理题(共 25 分)

某报记者在某乡镇采访时了解到，改革开放以来，当地有不少居民通过经商、外出打工、土地补偿等途径，腰包鼓了起来。由于基层文化设施缺乏、生活单调等多方面原因，造成精神空虚、无所事事，有的人大肆挥霍、铺张浪费，有的人染上了赌博的恶习。

当地某基层管理干部在接受记者采访时说，钱是他们自己的，怎么花是他们自己的事，如果他们犯了法，自然有司法机关管。再说，现在基层政府的事已经够多了，想管也管不过来。

(1)你如何看待该基层干部的上述说法？(篇幅为 150~200 字)(10 分)

(2)请从基层社会管理的角度，就材料中反映的问题，谈谈你的建议。(篇幅为 250~300 字)(15 分)

【作答参考】

第一题

该基层干部的说法是不负责任的，同时也从一个侧面反映了少数基层干部综合素质不高，公共服务意识不强。首先，乡镇基层政府是农村经济建设和社会发展的具体组织者，当地居民精神文化生活、基层文化设施建设等情况与其工作息息相关；其次，居民精神空虚、赌博等问题如果处理不好，将会影响农村的和谐稳定和经济发展，作为基层政府绝不能因事务繁多而视而不见。

第二题

针对基层文化设施匮乏、居民精神空虚等问题，应从以下几个方面着手：一是提高对农村精神文明建设重要性的认识。加强基层干部队伍建设，引导切实履行工作职责，加强组织领导，确保基层文化建设落到实处。二是加快农村公共文化基础设施建设。科学统筹规划农村公共文化设施，完善城乡公共文化布局。加大农村文化建设的投入，完善乡镇文化站、村"农家书屋"、农民休闲健身广场、电子阅览室等基础设施建设。三是开展丰富多彩的群众文化生活。结合农村居民特点，开展形式多样、内容丰富，群众喜闻乐见的文体活动，满足农村居民的业余文化需求。四是加强法治教育，形成良好的社会治安氛围。

2013 年 C 类

六、材料处理题(共 25 分)

某地乡镇工作者中存在这一现象：对能够显著拉动 GDP 增大、增加财政收入的工作，如招商引资、上大项目等高度重视，对公共服务尤其是需要大量资金投入的公益性项目，如环境污染治理、乡村道路建设、公共文化设施建设等则重视不够；对上级政府布置的、纳入考核内容的"硬"任务高度重视，而对一些能够满足当地群众需要，但未列入考核体系的"软"任务则重视不够；对容易做，见效快的工作积极去办，对矛盾多、难度大的事则能拖则拖。

当地一位镇长说："乡镇工作头绪多、任务重、资源少，只能抓重点，我们这样做，也是没办法的办法。"

1. 对镇长的说法作出评析。（150～200字）(10分)

2. 谈谈你对改变上述现象的建议。（250～300 字）(15分)

【作答参考】

第一题

该镇镇长说法不正确，有推卸责任之嫌，中国共产党领导下的各级人民政府是人民的政府，群众满不满意，高不高兴，答不答应，是衡量政府工作的唯一标准。这位镇长所谓的"抓重点"实际上是重经济、轻民生，重眼前利益、轻长远利益的错误政绩观，没有把人民群众的根本利益作为工作的出发点和落脚点。乡镇工作即使困难重重，作为基层干部也要创造条件多为群众办实事、解难事，杜绝应付考核、好大喜功的工作作风。

第二题

上述现象主要体现了地方政府存在重政绩、轻民生，工作态度消极懈怠等问题，建议如下：第一，以科学发展观为指导，合理设置考评指标，改革考核评价方法，强化考核结果运用，并充分发挥考核评价的导向作用和监督作用。第二，乡镇政府要坚持以人为本，自觉改进工作方式，转变工作职能，推进经济发展和民生改善。第三，加强基层公务人员思想作风建设，引导和帮助基层公务员特别是党员干部树立科学的发展观和正确的政绩观，正确看待和运用手中的权力，多为百姓办实事、办好事。第四，健全完善监督检查机制，加强思想教育和作风专项督查，切实提高基层干部履职能力。

命题规律及备考建议

主观题 A 类试卷是从 2006 年开始出现的，2006—2010 年题型先后历经了材料分析题、简述题、论述题、简析题，再到论述题，其题目一般分为两类：一种是关系题，即试述××××与××××两者的关系；另一种是解释题，类似于面试中典型的综合分析题。2011 年起命题风格趋于稳定，表现为典型的论述题，即给定一段材料，主要与政府工作及公务员行为有关，谈谈看法。而 B、C 类试卷的主观题在 2004—2010 年一直以应用写作的形式出现，2011 年起出现材料处理题，与 A 类有点类似，即给定一段材料，主要与政府工作及公务员行为有关，问题一般为两道：一是现象分析，二是对策建议。2014 年命题规律又发生了变化，重新回归 2011 年以前风格，即 A 类考查综合分析，B、C 类考查应用写作。复习备考建议，以中国政府与政治中公共服务和行政管理等相对章节理论为基础，结合最新的社会重点热点难点事件，多进行理性思考，在答题上按照是什么（现象评说）、为什么（原因分析）、怎么办（对策探讨）思路进行归纳和提炼。而对于应用写作的备考可参考《璧尘公基笔记》常用公文写作章节。

后　记

　　《璧尘公基十年真题分类解析》各部分作者及分工如下：中国特色社会主义理论体系、当代中国政府与政治、语文基础与公文写作由璧尘编写，马克思主义哲学、毛泽东思想概论、国家机关工作人员职业道德、历史知识部分由安心编写，经济与科技部分由emoji、安心编写，法律部分由刹那编写。时政部分因时效性较强，对备考参考价值不大，故未收录。全书由璧尘统稿。

　　在本书的编写过程中，我们借鉴了部分专家学者的研究成果，在此向这些作者表示诚挚的谢意。先锋书城和江苏大学出版社对本书的出版给予了大力支持，在此一并表示衷心的感谢。